本书是国家社科基金重大项目"实现中华民族伟大复兴中国梦的基本问题研究"（13&ZD006）结项（免鉴定）成果。

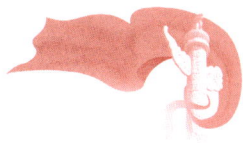

SHIXIAN ZHONGHUA MINZU WEIDA FUXING
ZHONGGUOMENG DE JIBEN WENTI YANJIU

实现中华民族伟大复兴
中国梦的基本问题研究

孙来斌 等 著

人民出版社

目　　录

导论:具有强大号召力和感染力的"中国梦"

一、引起广泛关注的时代话题:党的 十八大以来中国梦研究述评

实现中华民族伟大复兴的中国梦,是以习近平同志为核心的党中央提出的重要思想。2012 年 11 月 29 日,习近平在国家博物馆参观《复兴之路》展览时指出:"现在,大家都在讨论中国梦,我以为,实现中华民族伟大复兴,就是中华民族近代以来最伟大的梦想。"①此后,"中国梦"成为贯穿习近平系列重要讲话的一根红线,成为国内外广泛关注的热点话题。

(一)国内相关研究述评

为了集中说明问题,我们对国内相关研究的梳理,重点围绕中国梦的概念提出、基本内涵、形成发展、基本特征、重要功能、重大意义、国际比较、机遇挑战、实现条件、实现路径等十个方面展开。

1. 关于中国梦概念的提出②

有学者考证后提出,"中国梦"一词最早出自宋朝诗人郑思肖(1241—1318 年)的《德祐二年岁旦》。诗中说:"一心中国梦,万古下泉诗。"据诗评家解释,这里的"中国"意指"中原"。

较早明确提出现代中国梦概念的是吴建民、李培林、李君如等。原外交学院院长吴建民于 2006 年提出"中国梦"概念,并于 2006—2008 年连续三年举

---

① 《十八大以来重要文献选编》(上),中央文献出版社 2014 年版,第 84 页。
② 参见孙来斌、黄兰:《中国梦研究述评》,《当代世界与社会主义》2013 年第 4 期。

办"中国梦与和谐世界"研讨会,引发了国内外各界对"中国梦"的关注与讨论。李培林教授在 2005 年第 3 期的《经济导刊》发表的《社会流动与中国梦》、中共中央党校原副校长李君如在 2006 年第 8 期的《新远见》发表的《中国梦》,是较早阐发现代"中国梦"概念的文章。

还有其他人士为现代中国梦概念的形成作过贡献。其中,2010 年,相蓝欣在《2025 中国梦》一书中提出,未来十几年,能否成就一个能为世界上大多数人所理解、接受的"中国梦",将决定中国以怎样的姿态屹立于 2025 年。

有学者认为,与"中国梦"紧密相连的"中华民族伟大复兴"概念,是江泽民在党的十五大报告中正式提出的,他在哈佛大学演讲中也明确提出了"实现中华民族的伟大复兴,争取对人类作出新的更大的贡献"的奋斗目标。胡锦涛在 2008 年 12 月 31 日发表纪念《告台湾同胞书》30 周年讲话,强调了海峡两岸同胞为实现中华民族伟大复兴共同奋斗的理念,由此掀起了思想理论界有关探讨的高潮。

思想理论界普遍认为,习近平阐发中国梦之前,学界、民间的有关探讨不集中、不系统,关于中国梦的界定和理解也各不相同;习近平关于中国梦的阐发,标志着这一概念由学界、民间的个人观点上升为新的中央领导集体的认识,标志着这一概念的定型化、科学化。2012 年 11 月 29 日,新一届中央领导参观"复兴之路"展览时,习近平引用"雄关漫道真如铁"、"人间正道是沧桑"、"长风破浪会有时"三句诗,形象地展现了近代以来先进的中国人为民族复兴奋斗的昨天、今天、明天,第一次明确提出、阐发了实现中华民族伟大复兴的中国梦。自此,全国上下掀起了对中国梦探讨的高潮,各大报纸、学术期刊纷纷聚焦"中国梦"。

2. 关于中国梦的基本内涵

习近平指出:中国梦"核心内涵是中华民族伟大复兴","基本内涵是实现国家富强、民族振兴、人民幸福","中国梦的本质是国家富强、民族振兴、人民幸福"。从已有研究来看,对于中国梦基本内涵,既有共识性理解,又存在差异化解读。其中,共识性理解表现为高度认同习近平对中国梦基本内涵的科学阐释。差异化解读主要存在两种思路,一种是从构成三要素理解中国梦基本内涵,另一种是从关涉主体理解中国梦基本内涵。

(1)从构成要素解读中国梦内涵

其一,明确中国梦基本内涵的三大构成要素。有学者提出,"从基本内涵来看,中国梦一是强调国家富强,二是强调民族振兴,三是强调人民幸福"①。也有学者提出,中国梦的科学内涵是实现国家富强、民族振兴、人民幸福。其中,实现中华民族伟大复兴,是中国梦的目标指向和核心内容,实现国家富强、民族振兴、人民幸福是中国梦的本质内涵。② 这种理解在现有研究中具有相当的代表性。

有学者提出,实现中华民族伟大复兴绝不仅是一句豪言壮语,而是有着十分深刻的内涵,这就是让国家更强盛、人民更幸福,中华民族对世界作出更大贡献。③ 其中,"民族振兴"被"中华民族对世界作出更大贡献"所替代。这种理解可以视为对"民族振兴"的进一步展开,基本符合中国共产党对"民族振兴"的一贯理解。有学者也指出,实现中华民族伟大复兴的中国梦,它包括了国家富强、民族振兴、人民幸福三方面的基本内涵,三个方面相互区别,又彼此联系,缺一不可,只有三个方面的梦想同时实现,才是中国梦的真正实现。还有学者提出,简而言之,中国梦的内涵就是国家富强和民族振兴,即"每一个中华儿女共同期盼的民族伟大复兴梦想"。④

对此,有学者特别强调,中国梦的基本含义,就是习近平明确指出的:"实现中华民族伟大复兴的中国梦,就是要实现国家富强、民族振兴、人民幸福。"无论我们怎样理解中国梦,都不能离开习近平所讲的中国梦的基本含义。⑤

其二,中国梦基本内涵构成三要素的内在逻辑。

有学者指出,从个体看,它是中华儿女的富民梦;从集体看,它是强国梦;

---

① 韩振峰:《简论"中国梦"的十个鲜明特征》,《社会主义研究》2013 年第 5 期。
② 黄立群:《略论"中国梦"的基本特征》,《理论导报》2014 年第 8 期。
③ 辛鸣:《"中国梦":内涵·路径·保障》,《人民日报》2013 年 1 月 4 日。
④ 马亚男、纪亚光:《"中国梦"的思想政治教育功能初探》,《思想政治教育研究》2013 年第 5 期。
⑤ 韩庆祥、王海滨:《中国梦:根本前提、精神实质和实现路径》,《中国梦:教育变革与人的素质提升》(上),北京师范大学出版社 2013 年版,第 9—13 页。

从民族看,它是中华民族复兴梦。富民梦是基石,强国梦是关键,复兴梦是目标,三者缺一不可。①

有学者认为中国梦构成一个巨大体系,包括实现梦想的政治前提"国家梦",即社会主义中国更加繁荣富强,也包括实现梦想的可靠保障"民族梦",即中华民族为人类文明作出更大贡献,也包括实现梦想的根本目的"人民梦"。②

也有学者提出,中国梦拥有清晰的层次性,即国家富强是根本要求,是使中国不受侵略、人民不受欺压的重要保证;民族振兴是重要前提,是使中华民族继续延续、创造、繁荣中华文明的重要条件;人民幸福是基本诉求,是使中国人民实现自由而全面发展的必备要素。③

还有学者提出,中国梦是国家富强梦、民族复兴梦和人民幸福梦三者有机统一。④

(2)从关涉主体把握中国梦内涵及其逻辑

其一,有学者从集体与个人关系层面,将中国梦内涵归并为宏观和微观两个层面,从宏观而言,是整个国家和民族;从微观而言,是每一个中国人。个人梦想是国家和民族梦想的组成部分,它的实现又离不开国家和民族的整体际遇。⑤

其二,还有学者从整体与个体关系层面指出,中国梦以实现国家富强、民族振兴、人民幸福为本质内涵,它包括整体上的民族复兴、国家强盛之梦,和个体上的生活幸福、人生出彩之梦。⑥

其三,有学者从国家与个人关系层面提出,"中国梦的内涵涉及国家和个人两个层面,二者相辅相成、相互促进、不可偏废"。"中国梦的国家层面内

① 叶再春:《"中国梦"随想》,《前线》2013年第1期。
② 薛明珠、陈树文:《中国梦基本问题的理论阐释》,《学术探索》2014年第11期。
③ 王向明:《"中国梦"的内在逻辑——学习习近平总书记系列重要讲话体会之四十九》,《前线》2014年第8期。
④ 汪宗田、王雷灵茜:《中国梦的内涵及其辩证特征》,《江汉大学学报》(社会科学版)2014年第1期。
⑤ 王伟光:《唯物史观视野下的中国梦》,《求是》2014年第7期。
⑥ 曹显明:《"中国梦"的价值理念解读——以与美国梦的比较为视角》,《社会科学家》2013年第8期。

涵:国家富强和民族振兴;中国梦的个人层面内涵:人民幸福。"①

其四,有学者从形而上与形而下的关系层面指出:"只有将国家梦想、民族梦想的'形而上'与底层社会大众的个体梦想的'形而下'有机结合起来,实现个体与群体价值目标的相互交融。"②

其五,还有学者从大与小关系层面出发,将民族复兴梦和个人幸福梦形象地称为"大梦"与"小梦",并强调指:从静态分析看,小梦以大梦为依托和追求,大梦以小梦为动力与目的。一个个小梦的实现,就是在向大梦一步步迈进。从动态转化看,如何实现大梦与小梦的双向互动与动态平衡,才是关键之所在。国家富强是个人幸福的外在保障和必要前提,人民幸福则是国家富强的最终目的与价值所在。③

习近平总书记特别强调,对于中国梦的理解在基本内涵上可以做适当拓展,"但不能脱离中华民族伟大复兴这个主题"④。因此,无论是哪种解读思路,都要符合中国梦内涵生成的历史、逻辑与现实。

3. 关于中国梦的历史发展

理解中国梦,不能脱离中国梦的历史,把握中国梦的历史既是理解中国梦的首要前提,也是理解中国梦的内在要求。在学界现有成果中,具有突出的历史意识和历史自觉,十分重视从历史层面考察中国梦。总体来看,在学界关于中国梦的历史发展方面的考察中,大体上以三种形态的"中国梦"为主:一是历史形态的"中国梦",二是理论形态的"中国梦",三是战略形态的"中国梦"。

(1)关于历史形态的"中国梦"

其一,五个时期划分法。有学者提出,中国梦以 1949 年为界可以分为两大历史阶段。其中,新中国成立前分为三个时期:1840 年到 1895 年,中国梦

---

① 盛亚军:《从国家和个人两个层面审视中国梦的内涵》,《重庆社会主义学院学报》2013 年第 5 期。
② 倪明胜:《中国梦的理论蕴含、逻辑维度与实践进路》,《理论探讨》2014 年第 6 期。
③ 孙来斌、刘近:《比较视野下"中国梦"的多维透视》,《学校党建与思想教育》2013 年第 10 期。
④ 中共中央文献研究室:《习近平关于实现中华民族伟大复兴的中国梦论述摘编》,中央文献出版社 2013 年版,第 10 页。

在传统思想和旧体制内艰难萌生;1895 年到 1919 年,中国梦在"救亡图存"和"振兴中华"主题下迅速展开;1919 年到 1949 年,中国人民在共产党领导下实现民族独立和人民解放梦想。新中国成立后包括两个时期:1949 年到 1978 年,中国梦确立社会主义制度和方向、奠定富强基础;1978 年以来,中国梦在中国特色社会主义道路上展现出光明前景。①

其二,三个时期划分法。有学者指出,中国梦体现了近代梦、现代梦与当代梦的统一。所谓的近代梦,是指中华民族在近代的梦想。中华民族的近代梦,包括地主阶级洋务派的自强求富梦、农民阶级的太平天国梦、资产阶级改良派的君主立宪梦、资产阶级革命派的人民共和梦等。所谓的现代梦,是指中华民族在现代的梦想。中华民族的现代梦,主要是在中国共产党领导下以推翻帝国主义、封建主义、官僚资本主义三座大山为主要目标的新民主主义革命梦。所谓的当代梦,主要是以实现社会主义"三大改造"为主要目标的社会主义革命之梦和以实现富强民主文明和谐的社会主义现代化为主要目标的社会主义建设之梦。②

(2)关于理论形态的"中国梦"

其一,中国梦是中国共产党思想理论的继承与发展。有学者提出,中国梦是在新的历史起点上对毛泽东赶超战略的承接和对邓小平接近战略的发展,其时间维度是中华人民共和国成立 100 年时实现社会主义现代化、赶超世界发达国家。③ 有学者提出,中国梦与历届党代会报告中所提及的诸多施政目标和建设任务是高度一致的,是"全面建成小康社会,建设富强民主文明和谐的社会主义现代化国家"这一类过往执政党行动纲领最新的凝练化的表述。④

其二,从民族复兴战略思想的层面指出中国梦蕴含重大的理论创新。有学者指出,首次明确指出中国梦是近代以来中华民族最伟大的梦想,系统阐释

---

① 张可荣:《民族复兴中国梦的生长历程》,《长沙理工大学学报》(社会科学版)2013 年第 5 期。

② 魏广志:《中国梦的基本涵义、奋斗目标及其实现途径》,《桂海论丛》2013 年第 6 期。

③ 汪青松:《论中国梦的时空维度》,《马克思主义与现实》2017 年第 5 期。

④ 胡宗山:《论实现"中国梦"的国际机遇与挑战》,《社会主义研究》2013 年第 5 期。

了中国梦的源起及中国人民可歌可泣的奋斗历程,中国梦的实现路径、精神支撑、力量源泉;首次科学阐明了伟大梦想与中国特色社会主义伟大事业、党的建设新的伟大工程、具有许多新的历史特点的伟大斗争之间的关系;首次明确诠释中国梦与世界的关系,表示"实现中国梦给世界带来的是和平,不是动荡;是机遇,不是威胁";"中国梦既是中国人民追求幸福的梦,也同各国人民追求幸福的梦想相通"。从历史长时段来看,习近平总书记关于民族复兴的重要论述承前启后的意义和作用十分突出,使近代以来特别是中国共产党诞生后持续发展的民族复兴思想达到了一个新的高度。①

其三,习近平总书记对中国梦的科学阐发的三个阶段。其中,第一阶段是参观"复兴之路"展览,提出中国梦理念。在这次讲话中,对于中国梦的形成历史、主要内容、基本关系、领导核心、实现路径以及具体步骤等很多方面都进行了重点强调。虽然这次讲话篇幅不长,但是内容丰富,寓意深远,是对中国梦理念最为浓缩的一次集中阐释。第二阶段是2013年3月第十二届全国人民代表大会第一次会议上,习近平发表重要讲话,9次提到"中国梦"。习近平总书记在此次讲话中再一次深刻论述了中国梦的时代意义、科学内涵和实现途径等重大问题,初次提出并深入阐发了包括中国道路、中国精神、中国力量在内的一系列新的重要概念。第三个阶段是在近期一系列讲话中,习近平系统阐发中国梦的思想内涵,包括中国梦的概念界定、中国梦的时间进度、中国梦的领导核心、中国梦的主体力量、中国梦的和平形象、中国梦的实现路径等。总的来看,近期一系列重要讲话具有全面性、系统性和逻辑性的鲜明特征。②

(3)关于战略形态的"中国梦"

关于战略层面的中国梦的形成发展,现有研究重点集中在中国梦与"两个一百年"奋斗目标的内在关系,存在两种不同的理解。

其一,"第二个百年"奋斗目标的实现意味着中国梦的实现。

有学者提出,近代中国实现民族复兴伟大梦想的执着追求,大体可以分为

---

① 夏春涛:《习近平民族复兴思想的历史地位》,《人民论坛》2017年第24期。
② 孙来斌主编:《中国梦之中国复兴》,武汉大学出版社2015年版,第10—50页。

实现国家独立、民族解放与建成社会主义现代化强国两个重要历史阶段。实现国家独立与民族解放,是建成社会主义现代化强国的必要前提和基础;实现社会主义现代化,是国家富强、民族复兴与人民幸福的必然追求和美好愿景。因此,中国近代民族振兴的追梦历程分为两个阶段,包括:1840—1949 年,是实现国家独立和民族解放的中国梦;1949—2049 年,是实现社会主义现代化的强国梦。①

正是基于这种理解,有学者直接将中国梦等同于"两个一百年"奋斗目标。这种观点认为,中国梦的核心内容可以概括为"两个一百年"的目标,即到 2021 年中国共产党成立 100 周年和 2049 年中华人民共和国成立 100 周年时,实现中华民族的伟大复兴。②

其二,中国梦的最终实现是"两个一百年"奋斗目标实现基础上的继续发展。

有学者指出,从时间维度和发展阶段上来看,中国梦有近期目标、中期目标和远期目标。近期目标是在 2010 年,即建党 100 年时全面建成小康社会;中期目标是新中国成立 100 年时,即"在 21 世纪中叶基本实现现代化,达到中等发达国家水平,建成富强、民主、文明、和谐的社会主义现代化国家";远期目标是实现中华民族的伟大复兴,即"在本世纪中叶以后继续奋斗,全面实现现代化,接近、赶上和超过世界发达国家"③。

有学者指出,"中国梦是国家情怀、民族情怀、人民情怀相统一的梦,基本内涵就是国家富强、民族振兴、人民幸福"。这三者相互联系、相辅相成,包含了全面建成小康社会的目标,也包含了建设社会主义现代化国家的目标,还包含了实现中华民族伟大复兴的目标。实际上成为新的"三步走"战略,到第三步战略目标实现时,也就是中国梦实现之时。④

有学者指出,到 2020 年实现国内生产总值和城乡居民人均收入比 2010

① 刘泾:《中国梦的历史脉络与中国道路的现实选择》,《科学社会主义》2014 年第 2 期。
② 李辽宁:《对外话语体系创新与"中国梦"的国际认同》,《思想理论教育》2016 年第 11 期。
③ 石仲泉:《"中国梦"四题》,《理论视野》2014 年第 2 期。
④ 刘云山:《推动形成实现中国梦的强大精神力量》,《党建》2013 年第 6 期。

年翻一番,即两个数字都要翻番。在此基础上,还要在建党 100 周年时建成现代化国家。进一步,就是要实现中华民族伟大复兴。这样一些连贯的目标,构成了非常豪迈的中国梦。①

还有学者直接明确指出,中国梦拥有明确的阶段性,即它的完全实现需要党带领全国人民依次完成全面建成小康社会,基本建成富强民主文明和谐的社会主义现代化国家,实现中华民族伟大复兴的三大阶段性目标。②

4. 关于中国梦的基本特征

从现有研究来看,学界十分注重对中国梦的基本特征的总结和提炼。大体上存在以下两种特征。

(1)统一性特征

其一,中国梦的主体统一。一种侧重国与家的角度理解整体性,一种是侧重民族和个人的关系角度理解整体性,此外,也有侧重从集体与个人的关系角度理解整体性。其中,关于四个层面的统一整体,有学者提出,中国梦是"国家梦"、"民族梦"、"政党梦"与"人民梦"的有机统一,是集体梦想与个体梦想的综合交融,具有整体性特征。③

其二,中国梦的时空统一。有学者强调从时间维度看,中国梦体现了历史、现实与未来的统一。从空间维度看,中国梦是中国与世界的统一。④

其三,中国梦的利益统一。有学者将整体性或者统一性称为是中国梦的最大特点,它把国家的、民族的以及个人的利益紧紧联系在一起。⑤

(2)多重性特征

其一,三重特征说。有学者提出,中国梦表现出强烈的精神象征性、实践

① 李忠杰:《"四个全面"战略布局演进脉络与重大意义》,《人民论坛》2015 年第 6 期。
② 王向明:《"中国梦"的内在逻辑——学习习近平总书记系列重要讲话体会之四十九》,《前线》2014 年第 8 期。
③ 张明:《"中国梦"的特征、价值导向与实现路径》,《新疆师范大学学报》(哲学社会科学版)2013 年第 4 期。
④ 汪宗田、王雷灵茜:《中国梦的内涵及其辩证特征》,《江汉大学学报》(社会科学版)2014 年第 1 期。
⑤ 刘云山:《推动形成实现中国梦的强大精神力量》,《党建》2013 年第 6 期。

主题性和文化自觉性三大特征。① 也有学者指出,中国梦理论具有彻底性、包容性和开放性。② 还有学者提出,作为中国梦,必须同时具备历史厚重性、人民厚望性和载物厚德性的"三厚"特点。所谓"历史厚重性",是指中国梦必须承载中华民族几千年的求索心路,特别是盛世时代的辉煌和近百年的屈辱所凝结的历史启示与发展图景;所谓"人民厚望性",是指中国梦必须体现中国人民现今共同性、共识性的最重大、最深沉、最渴望的理想与追求;所谓"载物厚德性",是指中国梦必须具有道德价值,能提升国人的精神境界,能提高国家的国际形象,能提供追梦的巨大动力。③

其二,四重特征说。有学者提出,中国梦的基本特征主要表现为科学性、民族性、实践性、开放性。有学者提出,中国梦具有整体性、历史性、时代性、多样性等诸多基本特征。④ 有学者提出,中国梦具有广泛性、包容性、科学性和长远性。⑤

其三,五重特征说。有学者提出,中国梦凝结着近代以来中国历代志士仁人的理想、当代中国的追求和未来中国的走向,具有人民性、共享性、和平性、梯度性、应然性等基本特征。⑥ 有学者提出,中国梦是当代中国复兴梦,具有实践性、理论性、时代性、民族性、开放性。⑦

其四,八重特征说。有学者提出,中国梦的基本特征表现为未来性、目标性、丰富性、主题性、民族性、开放性、人民性、激励性八个方面。⑧ 也有学者提出,中国梦体现了历史性与时代性、理想性与现实性、集体性与个体性、民族性

---

① 崔华华、翟中杰:《"中国梦"的文化特征、功能及其实现》,《探索》2014 年第 4 期。
② 王彩云、李文文:《"中国梦"的意识形态功能》,《济南大学学报》(社会科学版) 2015 年第 4 期。
③ 刘社欣:《准确把握"中国梦"的科学内涵》,《南方日报》2013 年 9 月 16 日。
④ 姚月红:《论"中国梦"的基本特征》,《毛泽东思想研究》2014 年第 4 期。
⑤ 秦宣:《准确把握"中国梦"的科学内涵和时代特征》,《思想理论教育》2013 年第 6 期。
⑥ 周利生、王钰鑫:《论中华民族伟大复兴中国梦的基本特征》,《桂林航天工业学院学报》2017 年第 1 期。
⑦ 张志丹:《中国梦:当代中国主流意识形态重构的新飞跃》,《南京政治学院学报》2016 年第 1 期。
⑧ 徐治彬:《"中国梦"的八个基本特征》,《思想政治工作研究》2013 年第 6 期。

与世界性的统一等基本特征。①

其五,十重特征说。有学者提出,中国梦具有整体性、时代性、科学性、导向性、人民性、共享性、历史性、现实性、发展性、实践性十个方面的特征。②

总之,关于中国梦的特征解读,重点不在于特征提炼的数量,也不能为了特征而特征,重点是要从贴切的特征描述中深刻理解和把握中国梦的这些鲜明特征,只有这样才能正确理解和准确把握中国梦的基本内涵和精神实质所具有的重要方法论启迪。

5. 关于中国梦的重要功能

学界对于中国梦的功能分析,涉及经济、政治、意识形态、国际政治等多个角度,具体来说,主要包括以下几个方面。

(1)价值导向功能

有学者指出,中国梦具有强大的精神召唤与价值引领作用。中华民族伟大复兴既是一种历史规律性逻辑指向,更是一种精神价值追求。③ 有学者指出,中国梦正以其独特方式发挥着巨大的精神凝聚作用、思想动员作用和实践引导作用。中国梦具有鲜明的现实性,是因中国人民发展中国特色社会主义的伟大实践而不断实现着的梦想,因而具有强烈的实践性。中国梦是建立在以中国共产党人为代表的人民群众对自己的理想追求高度自觉自信基础上的梦想,因而具有鲜明的价值理性。也就是说,"中国梦"重新将"实现中华民族的伟大复兴"确认为中国这一共同体的共同愿景,从而为中国人确立了基本共识和共同价值追求。④

(2)思想凝聚功能

有学者指出,实现中国梦战略构想的历史资源具有民族性的特点。这一特点决定了战略构想的价值目标同主体联系的直接性以及可达成性,决定了主体

---

① 谢莉、高正礼:《"中国梦"基本特征的多维探析》,《高校辅导员学刊》2013 年第 6 期。

② 韩振峰:《简论"中国梦"的十个鲜明特征》,《社会主义研究》2013 年第 5 期。

③ 任平:《"什么是中国梦、怎样实现中国梦":中国特色社会主义当代出场的根本旨趣》,《马克思主义研究》2014 年第 6 期。

④ 颜德如、迟晓蕾:《"中国梦"对共同体价值的重塑及其政治意义》,《政治学研究》2013 年第6 期。

对战略构想的价值目标认同的一致性和实现目标的紧迫性。实现中国梦战略构想的社会资源具有广泛性的特点。这一特点使得战略构想可激起社会上各个阶级、阶层和群体的共鸣,从而形成无比宏大的行动阵营,还使得战略构想可催生出无比强大的正能量,从而有利于化社会上的消极因素为积极因素。①

（3）文化支撑功能

有学者提出,中国梦具有强大的文化功能。首先便是能够整合社会共识。其次,在实践中引领全面复兴。最后是塑造共同理想。它唤醒了中华民族的集体记忆,塑造着中华民族的共同理想,具有强大的"指南针"功能。② 有学者指出,"中国梦"对当代中国而言首先是对民族信心的提振。其次,"中国梦"的提出有助于稳固发展共识。最后,"中国梦"的提出有利于凝聚中国力量。③

（4）中国梦的其他重要功能

有学者探讨"中国梦"凸显了思想政治教育的价值追求;"中国梦"拓展了思想政治教育的理论视野。④ 还有学者认为"中国梦"是当代中国的意识形态,其主要作用是它具有意识形态的功能。具有理论武装功能、社会整合功能、合法性供给功能和国家形象塑造功能。⑤ 也有学者对"中国梦"的军事外交战略功能进行三个层面的阐释:国际战略层面,为建设"合作共赢世界"作贡献;国家利益层面,营造互信合作的总体国家安全环境;军队现代化建设层面,在紧跟新军事变革步伐中实现"强军梦"。⑥

6. 关于中国梦的重大意义

中国梦本身蕴含着诸多重大意义,可以从多方面加以挖掘。学界对于中

---

① 俞良早:《实现中国梦战略构想的历史资源和社会资源及其特点》,《江汉论坛》2017 年第 2 期。

② 孙来斌、谢成宇:《中国梦的文化意蕴》,《当代世界与社会主义》2014 年第 6 期。

③ 颜德如、迟晓蕾:《"中国梦"对共同体价值的重塑及其政治意义》,《政治学研究》2013 年第 6 期。

④ 马亚男、纪亚光:《"中国梦"的思想政治教育功能初探》,《思想政治教育研究》2013 年第 5 期。

⑤ 王彩云、李文文:《"中国梦"的意识形态功能》,《济南大学学报》(社会科学版)2015 年第 4 期。

⑥ 汪红伟:《"中国梦"与中国军事外交的战略功能》,《探索》2014 年第 6 期。

国梦的重大意义研究有如下主要认识。

第一,塑造中国国际形象。中国的梦想不仅关乎中国命运,也关系世界的命运。

第二,推动大众化传播。有学者提出,中国梦是马克思主义中国化、时代化的又一具体表现,它以新内涵丰富和发展了中国特色社会主义理论体系,是中国共产党治国理政的最新理念,它的提出既突出了中华民族伟大复兴的顶层设计,也突出了摸着石头过河的实践路径。

第三,贡献性意义。有学者指出,中国梦对世界具有"生存性贡献"、"发展性贡献"、"文化性贡献"、"和平性贡献"、"开拓性贡献"。①

7. 关于中国梦的机遇挑战

中国梦的实现不会一帆风顺。一定意义上讲,中国梦的实现过程就是抓住机遇与应对挑战的过程。实现中国梦需要对重大机遇与严峻挑战形成清晰的认识和全面的把握,这也成为学界研究的重要领域。

(1)实现中国梦必须抓住机遇、应对挑战

有学者提出,机遇总是与挑战并存,并非谁的恩赐。实现中国梦必须正确处理机遇与挑战的关系。② 有学者指出,经过革命、建设和改革,我们比历史上任何时期都更接近实现中华民族伟大复兴的目标,比历史上任何时期都更有信心、更有能力实现这个目标。在实现中华民族伟大复兴的历史征程中,我们站在了一个新的历史起点上。但是,实现中国梦不可能一帆风顺,越接近目标,面临的风险就越大,遇到的问题就越复杂。新情况新问题和老问题叠加交织在一起,成为继续推进中国特色社会主义伟大事业、实现"两个一百年"奋斗目标和中华民族伟大复兴的中国梦的现实羁绊。③

(2)实现中国梦需要应对的诸多挑战

其一,三重挑战说。有学者提出,影响中国梦实现的障碍包括"学理层面

① 张胜、王斯敏:《中国梦的现实观照和天下情怀》,《光明日报》2016 年 11 月 30 日。
② 李君如:《论"中国梦"与改革开放》,《北京日报》2013 年 5 月 27 日。
③ 董振华:《论"四个伟大"》,《学习时报》2017 年 8 月 9 日。

的理论内涵建构不足"、"国人的主体性意识薄弱"、"沉重的现实"。①

其二,四重挑战说。有学者提出,实现中国梦不会是一帆风顺,会遇到很多"中国难题"。第一个难题就是存在"利益铁藩篱"。第二个难题就是存在着"制度天花板"。第三个难题就是存在着社会流动的"堰塞湖"。第四个难题就是存在着特权的"金钟罩"、"铁布衫"和"隐身衣"。② 也有学者指出,中国梦面临包括经济发展不平衡和不可持续表现出的脆弱性、国际核心竞争力有待增强、国内社会矛盾凸显、党风政风不良现象产生的消极影响等四个方面的挑战。③

其三,五重挑战说。有学者指出,第一个重大挑战是人口结构转型。第二个重大挑战是资源短缺。第三个重大挑战是中国正在进行的技术革命。第四个重大挑战是中国同时进行着多项重大变化。最后一个重大挑战,应该说是一个特殊的挑战。如此快节奏和多层次的变化,导致人们对社会道德和价值观的一致定义变得尤为困难。④ 也有学者指出,中国综合国力的不平衡性及其在国际社会的外溢、国际形势的复杂多变、世界主要大国战略东移以及中西、中外在政治制度、历史文化以及意识形态等方面的客观差异都构成对中国梦的重大国际挑战。⑤

其四,十重挑战说。有学者提出,中国梦实现有十个方面的挑战,一是和平发展与维护海洋权益的挑战,它直接关系到国家统一梦与海洋强国梦的实现。二是冲破国际反华势力围堵与确立新型大国关系的挑战,它直接关系到中国融入世界的步伐与和平发展的国际环境。三是不断完善国家发展战略立体图景并使之得到广泛认同的挑战,它直接关系到中国道路的坚守、中国精神的弘扬和中国力量的凝聚。四是传承与创新中华文明、实现文明超越的挑战,它是中国梦之为中国梦的根本问题。五是解决"钱学森之问"的挑战,它直接

① 李娉、高宏洲:《"中国梦"的建构与实现》,《天中学刊》2015 年第 2 期。
② 辛向阳:《实现中国梦要破解四道"中国难题"》,《理论学习》2013 年第 8 期。
③ 叶飞霞:《在把握机遇迎接挑战中实现中国梦》,《光明日报》2013 年 12 月 7 日。
④ 李侃如:《实现中国梦的要素与挑战》,《社会科学报》2013 年 12 月 12 日。
⑤ 胡宗山:《论实现"中国梦"的国际机遇与挑战》,《社会主义研究》2013 年第 5 期。

关系到教育强国梦和人才强国梦的实现。六是应对社会矛盾多发、加强社会建设的挑战,它直接关系到人民安康、社会和谐梦的实现。七是消除贫富悬殊的挑战,它直接关系到共同富裕与人民幸福梦的实现。八是预防与惩治腐败的挑战,它最终关系到党的执政地位的巩固和社会的长治久安。九是保护生态环境、建设生态文明的挑战,它关系到美丽中国梦的实现和中华民族的永续发展。十是解决好超级人口问题的挑战,它同样是一个关系到中华民族永续发展的核心问题。①

(3)实现中国梦牢牢把握的历史机遇

其一,实现中国梦与国际环境。这其中总体和平与稳定的国际环境、中国日益提高的国际影响力、中国梦在话语方面的国际可通约性优势。②

其二,实现中国梦与全球化。有学者指出,第一,全球化为全面建成小康社会营造了良好的外部环境;第二,全球化为借鉴人类一切文明成果创造了有利的条件;第三,全球化为中国现代化进程提供了有益的参照;第四,全球化为凝聚中国力量带来前所未有的便利。③

其三,实现中国梦与世界经济格局。世界经济发生结构性调整给实现中国梦带来新机遇。世界经济区域结构正在改变,亚太地区日益成为中心。④

其四,实现中国梦与中国共产党。有学者特别强调,中国共产党的高度自觉是实现中国梦的根本优势。中国共产党的高度自觉所取得的理论、制度、道路成果,为中国梦的实现提供了根本性的支撑。⑤

此外,还有学者从文化传统、历史经验、群众基础等方面提出,考察了实现中国梦的有利条件。

总之,习近平总书记指出:"中国仍然是世界上最大的发展中国家,创造

---

① 张可荣:《民族复兴中国梦的生长历程》,《长沙理工大学学报》(社会科学版)2013年第5期。

② 胡宗山:《论实现"中国梦"的国际机遇与挑战》,《社会主义研究》2013年第5期。

③ 黄秋生、罗成翼:《全球化时代实现中国梦的机遇与挑战》,《南华大学学报》(社会科学版)2014年第4期。

④ 叶飞霞:《在把握机遇迎接挑战中实现中国梦》,《光明日报》2013年12月7日。

⑤ 叶飞霞:《在把握机遇迎接挑战中实现中国梦》,《光明日报》2013年12月7日。

13亿人的幸福美好生活绝非易事。中国在发展道路上仍然面临不少困难和挑战。实现中华民族伟大复兴的中国梦,还需要付出长期艰苦的努力。"①正所谓,行百里者半九十。无论是从现实挑战来看,还是从历史机遇来看,中国梦的实现都是一个艰巨而伟大的历史过程。

8. 关于中国梦的比较分析

中国梦具有广阔的国际视野。习近平总书记曾指出:"中国梦要实现国家富强、民族复兴、人民幸福,是和平、发展、合作、共赢的梦,与包括美国梦在内的世界各国人民的美好梦想相通。"②中国梦与世界其他国家的梦想的比较是学界研究的重要方面,其中又以中国梦与美国梦的比较最为集中,大体存在两种致思路径,一种是差异化分析,侧重考察中国梦与美国梦的差别;另一种是相通性分析,侧重中国梦与美国梦的共性。

(1)中国梦与美国梦的比较研究的差异化分析

其一,民族性差异。有学者提出,中国梦作为中华民族的家园之梦,有着鲜明的民族特色。这个特色最直接地区别于"美国梦"。"美国梦"是一个个人奋斗、个人成功的梦想,中国梦是以群体性自我意识为基础的人生理想和社会理想。中国人对自我的意识,从开始就是在一个群体中的自我意识,它没有西方基督教传统才能形成的个体的自我意识。在中国这样一个世俗的文明中,每个个人对自己的理解,自我觉知从最开始就是一个群体性的自我意识,开始就把自己理解为是家庭中的一员,进而扩展为社会的一员,国家的一员,天下的一员。③

其二,制度性差异。有学者认为,"共享性"让中国梦区别于英国梦、美国梦等以往一切社会的"梦"。④ 有学者指出,中国梦质的规定性在社会主义。⑤有学者指出,中国梦的独特性首先在于中国所处的独特发展阶段,同美国梦与

---

① 习近平:《促进共同发展 共创美好未来》,《人民日报》2013年6月7日。
② 《习近平谈治国理政》第1卷,外文出版社2018年版,第279页。
③ 孙利天、张岩磊:《"中国梦"的民族特点和世界意义》,《长白学刊》2014年第2期。
④ 周利生、王钰鑫:《论中华民族伟大复兴中国梦的基本特征》,《桂林航天工业学院学报》2017年第1期。
⑤ 毛自鹏:《"中国梦"的历史文化基础及其质的规定性》,《科学社会主义》2014年第4期。

欧洲梦不同,中国梦是一个发展中国家的梦想。中国梦的独特性还在于它是建立在中华文明基础上的梦想,具有典型的中国风格和中国气派。中国梦另一个根本上的独特性还在于中国的社会主义属性。社会主义的目标和共产主义的理想始终是中华民族复兴之梦的底色。①

其三,价值性差异。有学者指出,美国梦基于"个人奋斗至上"的个人主义价值观;与之相反,中国梦是立足于集体主义价值观,强调人民至上,始终坚持人民群众创造历史,创造美好未来的观点。人民至上并不是某个个人至上,人民作为一种集体的概念,也正是我们集体主义价值观的体现。②

有学者指出,历史铸就的中国梦有着不同于美国梦的鲜明特点。美国梦更强调个人梦想、个人奋斗和个人解放,崇尚比尔·盖茨、施瓦辛格式"个人奋斗"英雄,因而带有鲜明的个人主义、自由主义的价值观色彩;中国梦的本真内涵表现为民族复兴、国家富强、人民幸福三者的高度统一。③

有学者提出,对比"美国梦","中国梦"理应能够从理论和实践层面批驳部分中国人的感性直观:"美国梦"代表着最大化的个人自由、最先进的物质进步和最丰富尤其是最平等的成功机会,实际上,美国梦的深层意义就是一个粉碎他人梦想而成就自己梦想的梦。从哲学角度看,自由主义、个人主义、平民主义、实用主义、竞争主义和征服主义等构成美国梦的基本精神原则。④

其四,前途性差异。有学者指出,美国梦已经出现危机。诺贝尔经济学奖获得者约瑟夫·斯蒂格利茨2013年2月在《纽约时报》发表的文章中说:"一项又一项的研究揭示,'美国是机会之地'的说法只是个神话。美国自称'机会之地'或者至少机会比其他地区多,这在100年前也许是恰当的。但是,至少20多年来的情况不是这样。"由此推论:如果中美两国的政治体制安排都

① 吴海江、杜彦君:《国际比较视野下的美国梦、欧洲梦和中国梦》,《思想理论教育》2013年第11期。
② 师帅朋:《中国梦社会共识的形成思考》,《西安建筑科技大学学报》(社会科学版)2017年第2期。
③ 任平:《"什么是中国梦、怎样实现中国梦":中国特色社会主义当代出场的根本旨趣》,《马克思主义研究》2014年第6期。
④ 陈相光:《中国梦:作为意识形态范畴的价值逻辑》,《岭南学刊》2016年第5期。

继续按现在的逻辑发展下去的话,中国梦实现的前景应比美国梦的前景更为光明和精彩。一个差别,对当前现状和未来前景来看,普遍对中国梦充满信心。①

也有学者强调,美国梦已经发生了变化。美国梦主要指通过个人努力拼搏取得成功和实现幸福的梦想。平等是美国梦实现的基本条件,个人奋斗则是其实现路径。当前,越来越多的美国人对美国梦失去信心,人人享有追求幸福的美国梦变成了人人享有幸福的梦,人们越来越不再愿意经过个人努力拼搏而实现个人梦想。其原因包括收入差距大、宏观经济不景气、政府不能正确发挥作用等方面。据调查,2001年时有34%的美国人已不再相信美国梦有实现的可能性,只有51%的人还相信美国梦实现的可能。经过次贷危机,相信美国梦能够实现的美国人只能会更少了。

有学者认为,中国梦与美国梦的不同是必然的,这是由历史、文化、经济、地理等因素决定的。②

(2)中国梦与美国梦比较研究的相通性分析

其一,狭义的美国梦与个体的中国梦之间存在相通性。

有学者指出,"中国梦"与"美国梦"作为中美两个不同国家的"梦想",在世界观、价值观、指导思想和文化背景、实现道路和未来前景等方面都存在诸多差异,但"中国梦"与"美国梦"作为两国所追求的梦想和目标,它们在发挥激励导向作用、实现的依靠力量、作为一个历史过程等方面也具有相通性。③

有学者指出,中国梦和美国梦分别是两国在各自历史发展过程中形成的具有自身特征的价值理念和理想追求。虽然中国梦和美国梦的内涵、目的、实现方法等方面都有很大的区别,但是它们也有相通的地方,即都体现了对未来美好社会生活的向往。④

---

① 张维为:《美国梦的困境与中国梦的前景》,《红旗文稿》2014年第5期。
② 石毓智:《中国梦区别于美国梦的七大特征》,《人民论坛》2013年第15期。
③ 孟献丽、王荻秋:《差异、相通与互鉴:"中国梦"与"美国梦"之比较》,《江苏师范大学学报》(哲学社会科学版)2016年第6期。
④ 周勇军:《论中国梦和美国梦的异同》,《中共福建省委党校学报》2014年第12期。

有学者指出,在广泛讨论中国梦的今天,人们经常提及美国梦。美国梦可以在两个层次上探讨,一个是狭义的、生活版的美国梦,也就是美国社会长期以来构建的一种想象乃至信仰,即一个人只要遵守规则,努力工作,不论其出身和背景,最终都可能获得成功。另一个是广义的、政治版的美国梦,它更多地强调美国的政治制度安排,包括美国人自己界定的民主、自由、人权等。中国梦其实也可以在这两个层面进行讨论。在狭义的生活层面,中国梦与美国梦的差别不大。①

有学者提出,对内,中国梦可与强调集体主义传统的中国传统文化和家国互联的现实国情相通约、相统一。对外,它又因为强调通过个人的奋斗以创造美好幸福生活的个体性取向而与美国梦、欧洲梦中的价值理念相通约、相统一,因而容易在国际社会中得到回应。②

其二,人民幸福中国梦包含个体优先发展特质的美国梦。

有学者提出,"中国梦"是包含了"美国梦"特质的世界梦。"美国梦"是阶层的公平发展梦,是公民的富裕幸福梦,是"小河满大河满"的个体优先发展梦,因而也是中国梦内涵之内的人民幸福梦。中国梦,前期看有中国特色性,放眼看有世界普适性。③

在两种思路基础之上,我们应当树立一种辩证性认识。有学者强调,一方面,中国梦具有适应世界潮流的"梦想一般",因而"与包括美国梦在内的世界各国人民的美好梦想相通",从这个意义上说,可谓"同一个地球,同一个梦想";另一方面,中国梦确实是具有自身特色的"中国特殊",她并非是对他国梦想的机械移植和复制,而是以历史唯物主义为指导,摒弃了西方政治学的基本价值悬设——崇尚"弱肉强食的丛林法则"以及"国强必霸的霸权梦"。④我们应当看到中国梦与世界梦的关系。对此有学者提出做到辩证把握中国梦

---

① 张维为:《美国梦的困境与中国梦的前景》,《红旗文稿》2014 年第 5 期。
② 胡宗山:《论实现"中国梦"的国际机遇与挑战》,《社会主义研究》2013 年第 5 期。
③ 刘社欣:《准确把握"中国梦"的科学内涵》,《南方日报》2013 年 9 月 16 日。
④ 张志丹:《中国梦:当代中国主流意识形态重构的新飞跃》,《南京政治学院学报》2016 年第 1 期。

与美国梦的关系。

9. 中国梦的实现条件

习近平总书记在参观复兴之路展览时指出:"实现中华民族伟大复兴是一项光荣而艰巨的事业,需要一代又一代中国人共同为之努力。空谈误国,实干兴邦。我们这一代共产党人一定要承前启后、继往开来,把我们的党建设好,团结全体中华儿女把我们国家建设好,把我们民族发展好,继续朝着中华民族伟大复兴的目标奋勇前进。"①这一讲话实际上阐明了中国梦的若干条件。思想理论界围绕这一讲话精神进行了研讨。

(1)关于思想条件

有学者强调解放思想的意义,认为改革开放以来的实践表明,解放思想、冲破思想樊笼,是我们取得实践成功的重要前提。只有人们思想大解放、观念大转变、精神大振奋,才有可能经济大发展、市场大繁荣、社会大进步。因此,中国梦的实现,首要条件在于必须解放思想,冲破保守、僵化等落后思想观念的束缚。有学者强调社会主义核心价值观的作用,认为它构成中国梦不可或缺的价值内核,实现中国梦离不开它的思想保证。中国梦从理想变成现实的过程,同时也是社会主义核心价值观一步步落地生根的过程,因此,实现中国梦要与培育和践行社会主义核心价值观有机融合、同步推进。有学者强调弘扬中国优秀传统文化是实现中国梦的重要条件,认为中国人历来有向往未来美好生活的文化传统,中国传统文化意蕴"致广大而尽精微",为实现中国梦提供了常读常新、受用不尽的思想资源。其中,有学者提出,要重新发掘和利用中国古代的"小康"、"大同"等思想的合理因素;实现中国梦要大力弘扬范仲淹倡导的"两忧"理念,即"居庙堂之高则忧其民,处江湖之远则忧其君"。有学者强调,要实现中国梦,既要广泛吸收借鉴今天世界各国人民创造的一切有益经验智慧,更要深入挖掘我们悠久历史文化中的价值理念、道德规范和治国智慧,按照时代特点和要求、新进步新进展,对传统文化进行创造性转化、创

---

① 《习近平谈治国理政》第 1 卷,外文出版社 2018 年版,第 36 页。

新性发展。①

（2）关于政治条件

有学者强调中国特色社会主义制度是实现中国梦的政治条件。它具有最大限度地整合社会资源、集中力量办大事的体制机制优势;具有最大限度地发扬人民民主、激发全社会创造活力的政治优势;具有推动科学发展、和谐发展的经济优势;具有最大限度地维护社会公平正义、促进社会和谐、实现共同富裕的社会优势等。

有学者强调,当前中国政治模式是实现中国梦的前提条件。衡量一个国家的政治模式是否成功,标准是多维的,但最主要的是看它能否促进和保证该国经济社会快速、全面、稳定的发展,并在此基础上提高综合国力和人民的福祉。由此判断,中国现有的政治模式是成功的,实现中国梦必须坚持这一成功的政治模式。一些学者强调,坚持中国共产党的领导是实现中国梦的政治保障。其中,有学者指出,确保党对整个国家和社会生活的统一领导,是中国特色社会主义与生俱来的一个内在规定。这个内在规定,深刻反映了中华民族复兴伟业对其政治统率的必然要求。有学者进一步指出,21世纪的中国共产党要领导全国人民实现中华民族伟大复兴的目标,必须全面加强党的执政能力建设、先进性和纯洁性建设,不断增强自我净化、自我完善、自我革新、自我提高能力,增强执政兴国意识、执政为民的宗旨意识和执政安邦忧患意识。

（3）关于综合条件

更多的学者从宏观角度论述了实现中国梦的综合条件。其中,有学者强调,实现中国梦,需要坚强领导、实干精神、大众共识。有学者提出,党的正确领导是实现中国梦的政治保证,综合国力的提升是实现中国梦的物质保证,中华民族对于自身发展道路的信心是中国梦的强大动力。有学者认为,实现中国梦,道路是决定因素,发展是根本因素,实干是关键因素。还有学者指出,实现中国梦,除了需要良好的内部条件以外,还需要有利的外部条件,即国际上对中国的包容、理解、支持。

① 景俊海:《中华优秀传统文化是实现中国梦的智慧宝库》,《求是》2015年第15期。

10. 中国梦的实现路径

习近平总书记首先明确指出,实现中国梦必须走中国道路,必须弘扬中国精神,必须凝聚中国力量。在党的十九大报告中,习近平总书记又特别强调,实现伟大梦想,必须进行伟大斗争,建设伟大工程,推进伟大事业。学界围绕"三个必须"、"四个伟大"等重要论述展开了深入研究。

(1)实现中国梦必须坚持和遵循"三个必须"

有学者指出,实现中国梦的途径包括三个方面,经济建设是兴国之要,中国精神是强国之魂。在经济发展的基础上,弘扬中国精神是实现中国梦的重要条件。人民是历史的创造者,群众是真正的英雄。广大人民群众的团结奋斗是实现中国梦的主体力量。[1]

实现中华民族伟大复兴的中国梦必须走中国道路、弘扬中国精神、凝聚中国力量。[2] 有学者指出,中国精神的集中体现,就是社会主义核心价值观。如果没有共同的核心价值观,一个民族、一个国家就会魂无所定、行无所依。一个时代有一个时代的精神,一个时代有一个时代的价值观念。实现中国梦必须弘扬核心价值观所彰显的中国精神。[3] 还有观点指出,我们党要团结带领全国各族人民完成新时代实现中华民族伟大复兴的历史使命,就必须传承好各民族优秀文化。[4]

(2)实现中国梦必须坚持和推进"四个全面"的战略布局

有学者指出,全面建成小康社会是实现伟大梦想的关键一步,为伟大梦想实现奠定坚实基础;伟大梦想的实现需要构建系统完备、科学规范、运行有效的制度体系,这就要求通过全面深化改革,不断完善中国特色社会主义制度;伟大梦想的实现离不开党的领导;伟大梦想的实现需要稳定和谐的社会氛围,这就要求全面依法治国,使国家治理现代化沿着法治化轨道前进,从而确保我

---

① 王伟光:《唯物史观视野下的中国梦》,《求是》2014 年第 7 期。
② 肖贵清:《实现中国梦的根本途径、精神支撑、力量之源》,《思想理论教育》2013 年第 11 期。
③ 艾斐:《核心价值观为实现中国梦提供思想保证》,《人民日报》2016 年 5 月 10 日。
④ 李昌平:《夯实"同心共筑中国梦"的思想基础》,《求是》2018 年第 2 期。

国经济社会发展在深刻变革中保持强大的发展动力又井然有序。①

有学者指出,实现中国梦离不开"四个全面"战略布局提供的坚实基础和强大动力,而"四个全面"战略布局离不开实现中国梦的价值引领和目标指向。在当代中国,"四个全面"战略布局承载着实现中国梦的重大使命,体现着实现中国梦的理论旨趣,汇聚着实现中国梦的强大力量,昭示着实现中国梦的必由之路。其中,"四个全面"战略布局为实现中国梦夯实牢固物质基础;"四个全面"战略布局为实现中国梦提供可靠制度保障;"四个全面"战略布局为实现中国梦展示光明前景。②

(3)实现中国梦要坚持和发挥"四个伟大"的战略思考

有学者提出,"四个伟大"的提出是党的一个重大理论创新。伟大斗争、伟大工程、伟大事业、伟大梦想是我们党提出的一组有高度概括性的命题和概念。伟大斗争的全称表述是"必须进行具有许多新的历史特点的伟大斗争";伟大工程的全称表述是推进"党的建设新的伟大工程";伟大事业的全称表述是推进"中国特色社会主义伟大事业";伟大梦想的全称表述是"实现中华民族伟大复兴的中国梦"。党的十九大报告提出"四个伟大",是将其作为一个完整的理论概念使用的。伟大斗争、伟大工程、伟大事业、伟大梦想是一个整体,紧密联系、相互贯通、相互作用。党的十九大报告在"新时代中国共产党的历史使命"中,用实现中华民族伟大复兴的中国梦把它们贯通起来,这就是"实现伟大梦想,必须进行伟大斗争";"实现伟大梦想,必须建设伟大工程";"实现伟大梦想,必须推进伟大事业"。③

有学者指出,实现中华民族伟大复兴中国梦的思想,是习近平对时代新变化中坚持和发展中国特色社会主义的战略思考,成为中国特色社会主义新时代的重要标识。实现中国梦必须走中国道路,这就是中国特色社会主义道路。实现中华民族伟大复兴的中国梦,是习近平新时代中国特色社会主义思想的

---

① 袁久红:《"四个全面"战略布局是新时代治国理政总方略》,《经济日报》2017年12月11日。
② 姜建成、佘明薇:《"四个全面"战略布局对实现中国梦的价值蕴涵》,《苏州大学学报》(哲学社会科学版)2016年第2期。
③ 曲青山:《党的十九大报告蕴含的逻辑结构》,《中国社会科学报》2018年1月11日。

宏伟奋斗目标和崇高精神境界的深刻表达。①

（二）国外相关研究述评

虽然习近平提出中国梦理念的时间不长，但是迅速引起了国外学界、政界的广泛关注和热议。如果稍加追溯，我们还可以对此前国外对"中国模式"等与中国梦的相关问题略作关注。

1. 国外相关研究的演进

综观国外相关研究的学术史，可以分为以下三个时期：

第一个时期：改革开放以后至 2001 年，以关注中国为开端，以质疑中国为主线

中国共产党的十一届三中全会开启了中国改革开放的新时代。随着改革开放的推进和中国经济的迅猛发展，国外媒体和研究者对中国的关注度也不断上升。在关注中国的过程中，"质疑中国"的声音不断响起，代表性的论著主要有：

1994 年的《谁来养活中国？》（*Who will Feed China?*）。它最初是美国世界观察研究所所长 Lester R. Brown 在《世界观察》杂志（1994 年第 9—10 期）上发表的长篇报告。一年以后又出版了同名单行本。布朗在对中国和国际机构发布的相关统计数据所作的大量分析基础上，得出了下述结论：中国的辘辘饥肠将剥夺不发达国家穷人的生存权利，并且还会对世界经济、政治、自然生态系统都产生难以预计的破坏。文章和书一经发表立即在全世界引起了巨大的反响，几乎所有重要的国际性报刊和新闻机构都在显要位置发表了报道和评论，其中包括《纽约时报》、《华盛顿邮报》、《洛杉矶时报》、《华尔街日报》等主流媒体。

1997 年的两本著作：《中国餐桌》和《即将到来的美中冲突》。《中国餐桌》（*At China Table*）由世界银行出版，该书认为未来中国基本上能够实现粮食的自给自足，即使在最糟糕的情况下，进口量也不会超过 1 亿吨；《即将到

---

① 顾海良：《历史视界　时代意蕴　理论菁华——习近平新时代中国特色社会主义思想研究》，《当代世界与社会主义》2017 年第 6 期。

来的美中冲突》(*The Coming Conflict with China*),作者是美国《时代》周刊驻北京首任记者理查德·伯恩斯坦和美国外交政策研究所亚洲计划主任罗斯·芒罗,中文翻译版由新华出版社同年出版,该书被认为是这一时期"中国威胁论"的代表作。

1999 年的一篇文章:《中国重要吗?》(*Does China Matter?*)。它发表于美国《外交事务》杂志,作者是伦敦国际战略研究所研究部主任杰拉德·西格尔(Gerald Segal)。西格尔认为中国只是二流国家、一个理论上的强国,中国虽然具有伟大潜力,但是将永远只是潜力。

2001 年的《中国即将崩溃》(*The Coming Collapse of China*)。它的作者是美籍华裔律师章家敦(Gordon G.Chang)。书中提出:中国现行的政治和经济制度最多只能维持 10 年。与其说 21 世纪是中国的世纪,还不如说中国正在崩溃。

第二个时期:2002 年至 2012 年党的十八大召开之前,"中国梦"一词首次出现在海外人士的视野

2002 年初出版的 *The China Dream:the elusive quest for the greatest untapped market on earth* 一书,拉开了"中国梦"一词的序幕。该书的作者乔·史塔威尔(Joe Studwell),曾经在中国居住了整整 10 年,专门报道中国的外资情况。书中将中国经济比喻为一座建在沙滩上的大厦,劝告西方投资者不要轻信来自中国的所谓市场机遇。该书同年在台湾翻译出版了中文版,译者将书更名为《中国热》;同年 6 月,新加坡《商业时报》发表了大卫·休斯(David Hughes)的《西方人的"中国梦"能否成真?》再次告诫想进入中国市场的西方人:在中国做生意不能指望一蹴而就,在中国取得最终的成功是一个长期而艰难的过程,人们应该做好打持久战的准备,因此绝对不适合没有耐心或者优柔寡断的人。

从 2003 年至 2005 年,研究中国得出的主要结论,集中于肯定中国发展所取得的成就。例如,2004 年斯蒂芬·罗奇的《我们为什么要感谢中国》一文,肯定了中国已成为周边地区乃至全球经济增长的重要发动机;2005 年英国原财政大臣戈登·布朗(James Gordon Brown)提出了"中国的崛起和下一阶段

的全球化是一种机遇",前美国副国务卿佐利克(Robert Zoellick)视中国为一个"利益攸关方"(stakeholder)。

2006年,詹姆斯·法洛斯的《寄自明日广场的明信片》一文,再一次把人们的视线拉向"中国梦"。在作者看来,单个个人面临的中国梦问题是拜金主义,即除了金钱以外不再梦想别的东西。虽然中国梦的确切含义并不清楚,但是中国人如何定义、追求他们的梦想将对世界其他国家产生重要影响。中国整个经济面临的问题是,如同曾经的日本一样,追赶消费驱动型的美国经济模式的中国梦是否会建立起一种与之不同的长期发展模式;同年发表的另外几篇文章,也涉及对中国的探究:莫妮卡·亨格林的《中国的成功,西方的机遇》,认为西方不需要"胡思乱想",需要做的就是踏踏实实地提高自己的竞争力,并确定和中国合作的长期战略,否则将失去千载难逢的共同发展机遇;德米特里·克里莫夫的《没有中国人我们将无法生活》,塞思·佩特的《中国被误解了》等。

2011年,时任国家主席的胡锦涛访问芝加哥,环球时报的《芝加哥欲借中国过寒冬兴奋迎接"中国梦"》一文,以"当中国梦遇到美国梦,将会怎样"的发问,引起了人们对于"美国梦"与"中国梦"的关注。

2012年党的十八大召开之前,"中国梦"一词频频出现。4月份的《非洲人欲在华追求"中国梦"》报道,认为随着中国加大与非洲的接触,中国也日益成为吸引非洲人前来经商的目的地,非洲人渴望在中国获得成功。5月份美国《大西洋》月刊网站的《什么是中国梦?》一文,认为回答"什么是中国梦"的问题毫无意义,因为在可预见的未来,数亿人实现个人和家庭梦想将充分满足中国的雄心;10月托马斯·弗里德曼的《要"中国梦"不要"美国梦"》提出:习近平有一个有别于"美国梦"的"中国梦"吗? 如果习近平带给中国正在兴起的中产阶层(3亿人,到2025年预计将增至8亿人)的憧憬与美国梦(大型汽车、大房子,大家都吃麦当劳的巨无霸)一样,那么人类将需要再有一个地球,"中国需要有自己的梦想,绝不意味着美国人或欧洲人就不需要重新定义他们的梦"。

第三个时期:2012年党的十八大召开以来,"中国梦"成为西方媒体和研

究者关注的焦点

2012年11月党的十八大召开之后,尤其是习近平参观国家博物馆展览过程中发表重要讲话以来,国外掀起了研究"中国梦"的高潮:印度ZEE新闻网解读习近平的讲话时,认为"实现中华民族伟大复兴"这一"中国梦"就是中国要变成全球强国。文章说,新一届中共中央政治局常委参观的《复兴之路》展览以鸦片战争为开篇,那段历史讲述了中国人如何抵抗从印度出发侵犯中国的英国殖民者;美国《大西洋月刊》谈论"什么是中国人的中国梦"时,认为那是无数家庭和个人组建起来的集体梦想,往往是祖孙几代人的梦想,包含着人们对医疗保障、接受高等教育的期盼;罗苹·梅瑞迪丝的《龙与象:中国、印度崛起的全球冲击》,将外国人心中的"中国梦"归纳为三个阶段:1978年到1989年期间,一些人实现了处于新生儿阶段的"中国梦"。1989年到2008年,更多梦圆中国的外国人从中国的发展中获益。从2008年至今,当越来越多的中国人到海外生活、消费时,外国人对"中国梦"有了新的理解。对于那些追求"中国梦"的外国人来说,"中国梦"又有新的含义。怀有"中国梦"的外国人中有赴华"淘金"的商人、外交领域的"中国通"、酷爱中国功夫的"大侠"、来中国发展的运动员、教练员或演员等,他们心怀的"中国梦",意味着能长时间在中国生活和工作、赚更多的钱、在中国买房和旅游、甚至与心爱的中国姑娘结婚,"中国梦"意味着不断尝试和探索。

2013年两会的召开,对"中国梦"的研究进一步深化。韩国《朝鲜日报》在习近平当选国家主席、中央军委主席的第二天,就已在标题中点明,中国梦扬帆起航,未来10年,中国会从区域强国升级为全球强国,在经济总量方面也有望超过美国;美国有线电视新闻网(CNN)认为,国家主席习近平在人大发表的重要讲话中向国民承诺,他领导的政府将致力实现中国梦;《华尔街日报》以《习近平的"中国梦"和"强军梦"》为题,挖掘、分析并梳理了中国梦的具体内涵与语境,认为通过给"中国梦"赋予新内涵,习近平已经把它变成了一个折射施政理念的代表性说法;美国《星岛日报》分析了"中国梦"和"美国梦"的异同,认为"中国梦"的核心是民族复兴,强调团结和集体利益,同时与人民生活互相结合,为民族带来幸福前景。这个梦想实现的目标,已不单纯是经济发展的成就,而在于国人生活和国家水平的全面提升;埃及前驻华大使穆罕默德·贾拉尔认为,"中国梦"是为了让更多的中国人过上好日子;俄罗斯科学院远东研究所研究员罗曼诺夫指出,"中国梦"关乎中国的发展和繁荣,"中国梦"需要世界,世界也需要"中国梦";日本《外交学者》杂志网站将"中国梦"理解为一种"集体承诺";法国参议院副主席拉法兰将"中国梦"界定为个人幸福与集体幸福之间的一种平衡;日本《产经新闻》认为,这一"朴素的愿望"体现了"无法抗拒的民族感情";英国《每日邮报》称"中国梦"将萦绕新世界;日本朝日电视台认为,中国领导人旨在以"中国梦"唤起对未来的期待感;俄罗斯《莫斯科共青团员报》说,现在中国的新领导人将带领人民实现"中国梦";英国《金融时报》网站认为中国新领导人将尽力实现中国梦,城市化将是梦想的一部分。

2. 国外相关研究的问题域

概括起来看,国外关于中国梦相关研究主要涉及以下五个问题。

(1)中国梦的提出有必要吗

研究者普遍认为,提出中国梦非常有必要。理由在于,对于国民来说,中国梦源于经历三十多年改革开放后中国人民对更高质量生活的向往,它将提升中国国民的进取心,中国人拥有梦想无论对中国人本身还是对世界,都是件好事、也是完全必要的;对于海外侨胞而言,中华民族的伟大复兴同样是全体海外华侨华人的中国梦,生活在海外的华侨华人盼着中国梦早日实现;对于中共领导人来说,中国梦表明中共带领全国人民迈向复兴之路的决心。中国领导人重温历史提出中国梦,它一方面说明现在的中国比历史上任何时期都更接近民族伟大复兴的目标,另一方面也显示了中国共产党有信心、有能力领导中国人民实现这个伟大目标。因此,在新一届领导人主政的十年里,中国需要自己的梦想。

(2)中国梦的内涵是什么

代表性的观点主要有三种:"两层次说"、"四层次说"和"多标准论"。

"两层次说"。该说强调从国家和个人的两个层面来界定中国梦的内涵,有的研究者提出中华民族的伟大复兴和实现个人价值、把个人发展与国家发展结合起来即是中国梦的内涵;有的研究者认为,从国家层面来讲,中国梦是要为个人的发展提供各种保证。对于每个具体的中国人来说,中国梦的内涵和核心既要实现自我(自强不息,以德载物)、回馈社会(己所不欲,勿施于人),同时也要强调拥抱自然(道法自然,天人合一)。

"四层次说"。该说提出,中国梦的第一个层次是体现在经济实力和综合实力强大的"强国梦",第二个层次是强国必须与人民的富足和幸福紧密联系,第三个层次是两岸同胞共同努力携手推动实现这一民族理想,第四个层次是中国梦既属于中国也应对世界有所贡献。

"多标准论"。持该论者普遍认为中国梦的内涵极为宽泛,既有中国的发展,也有世界的进步;既有物质财富的极大丰富,也有蓝天碧水的环境改善;既有经济上的强大,也要有政治上的强大,同时文化上的影响力和创造力也不可忽视。

(3)中国梦的实现途径如何

有的研究者强调改革开放和建设中国特色社会主义,"为中国开启实现'中国梦'的大门找到了一把胜利的'钥匙'";有的研究者提出加强国际体系框架内的合作将有助于中国梦的实现;有的研究者认为中国应该妥善处理国际关系和同周边国家的关系;有的研究者认为,中国梦的主要动力有三大来源:追求经济腾飞,生活改善;追求公平正义,文化繁荣;追求富国强兵,国家统一,世界和平。在三大动力来源的基础之上,就要求中国有远见有胆识有智慧的公民、团体及领导人能及时准确找到整合协调这三大动力源的共同支点,形成发展进步的兼容合力;还有的研究者积极主张走城市化道路帮助中国亿万农民实现他们的梦想。

(4)中国梦将对世界产生怎样的影响

研究者普遍认为中国梦将对世界产生重要影响,有的研究者认为它将对世界经济贸易产生积极影响;有的研究者则认为13亿多中国人还在追求更富裕的生活,在国际大舞台上,这种经济力量将转化为政治优势;有的研究者提出中国梦不仅仅属于中国,也能与周边国家共同分享;有的研究者从习近平表述中国梦的与"复兴"的关联中,认为"复兴"这个概念正重塑全球权力分配,中国复兴不仅是全球化的催化剂,而且通过开启新的经济、政治、外交、知识和艺术视野,它还扩展了"地球村",也扩大了在一定程度上收缩了 5 个世纪的世界体系。

(5)中国梦与美国梦有什么不同

认为二者之间差异性并不大的观点占多数,"殊途同归论"和"异床同梦论"即是其中的代表。"殊途同归论"者认为,美国梦和中国梦实质上殊途同归,中式和美式的理想生活基本一致。"异床同梦论"者的观点与之相似,认为中国梦和美国梦之间不存在必然的冲突,恰恰相反,在很多基本原则上,中美可谓是"异床同梦"。中国梦和美国梦,是两个文明对于人类共同面对问题所给出的解答和发展模式。

二、需要不断深化的研究课题:关于
中国梦基本问题研究的意义

(一)对已有相关代表性成果的评价

国内学术界、思想界关于实现中华民族伟大复兴中国梦的思想前史不过几年时间,习近平正式提出这一新理念也不长,较之于其他成熟研究,该课题在研究方法、深度、广度、角度上还存在差距,但是研究取得的进展很快,并且表现出如下几个特点:

1. 关注热度迅速提升,近期相关成果"井喷式"涌现

2018 年 10 月 8 日,我们利用中国知网论文数据库并以"篇名"为检索方式,可以搜索出 2003 年以来公开发表的标题含"中国梦"的有关文章,不难发现从 2003 年至 2013 年,发文量总体呈逐年上升之势(见表 0-1);自 2013 年至 2018 年,发文量总体呈逐渐减少之势。其中,2012 年 11 月 29 日习近平提出和阐发"中国梦",是一个重要的历史节点。以此为起点,探讨文章呈"井喷式"涌现,其中,仅 2013 年,就刊发了 7564 篇。这还不包含大量主题为"中国梦"探讨,但标题中未出现该词的文章。而在 2012 年 11 月 29 日之前,有关文

章所使用的"中国梦"含义不尽相同,且文学作品、准文学作品比较多。

表 0-1　2003 年以来中国知网收录的标题含"中国梦"的文章篇数

年份	2003	2004	2005	2006	2007	2008	2009	2010	2011	2012	2013	2014	2015	2016	2017	2018
文章篇数	8	10	24	30	18	35	39	60	71	163	7564	5422	3453	2172	1665	776

2. 研究覆盖面广,内容涉及社会生活各个方面

从近期出现的相关研究论著来看,研究内容覆盖面广,几乎涵盖了经济、政治、文化、科技、军事、国防、外交等各个领域,涉及许多学科。反思一下出现这一现象的原因,答案既有可能在于"中国梦"所指的"中华民族伟大复兴"乃是一个极具包容性的概念,必然涉及社会生活的各个方面;也有可能在于"中国梦"内涵的多维性、价值的吸引力,各界人士因之而参与讨论,从各方面发表意见。对此,我们可以从迄今报刊有关发文量排名窥见某些端倪。一个很有趣的现象在于,根据中国知网统计表明,截至 2018 年 10 月 8 日,在标题含有"中国梦"的文章刊载量前十名的纸质媒体,均为报纸(见表 0-2),而无论是从报纸的性质还是文章探讨的内容来看,覆盖范围都比较广泛。

表 0-2　标题含有"中国梦"的文章报刊刊文量排名前十

排名	报刊名称	刊文量(篇)
1	光明日报	293
2	人民日报	223
3	中国社会科学院报	141
4	学理论	133
5	才智	108
6	歌曲	101
7	人民论坛	89
8	新华每日电讯	75
9	中学政治教学参考	74
10	解放军报	69

3. 研究人员层次高,许多来自重要机构

从参与讨论的人员来看,体现出如下几个特点:(1)来源多、分布广,既有来自高等学校的教学科研人员,也有来自社科院系统、党校系统的研究人员,还有许多来自中央研究机构的领导同志、研究人员。(2)社会影响力大、知名度高,其中有许多全国知名的领导、专家和学者。(3)理论和实践结合,既有专门从事理论工作的学者,也有大量从事实际工作的人士。总的特点就是参与讨论者普遍层次较高。

总之,国内思想理论界有关研究在内容上涵盖"中国梦"的思想渊源、理论内涵、现实意义等方面,研究成果快速增多,研究视野不断开阔。现有成果为本课题研究提供了良好基础。但是,从另一方面来看,由于真正开展研究的时间不长,目前研究尚处于起步阶段,因而不可避免地呈现出宣传性研究成果较多,基础性研究较少;阐释性成果较多,对策性成果较少等过程中的不足。根据我们的判断,本课题领域的研究在今后一段时期将呈现如下发展态势:(1)研究重心从表层走向深入,即由起初的宣传性解读为主,转向深度理论挖掘;(2)研究方法由单一走向综合。即由起初的政治理论角度研究为主,转向哲学、经济学、历史学、政治学、社会学等多学科综合研究;(3)研究旨趣从理论走向实践。即由起初的一般性理论研究为主,转向重在提出具有针对性的政策建议。本课题的研究将着力体现这一研究趋势。

综上表明,本课题研究还存在很大的深度发掘和学术创新的空间。

(二)关于中国梦研究的趋势前瞻

通过上述方面的研究回顾,我们能够看到中国梦的理论研究与阐释已经相当系统和深入,取得的相关论著成果也数以万计。与此同时,我们仍会发现到中国梦的研究还有相当大的思想空间,需要理论工作者继续努力研究。在这里,我们主要从基础性和前沿性两个方向加以总结。

一方面,中国梦研究中,有一些基础性的问题仍然存在认识分歧,甚至曲解的观点。需要通过进一步的研究加以澄清。对于这些问题,需要在已经取得的很多理论共识和实践共识的基础上通过进一步研究加以澄清。其中之一便是关于比较视野下中国梦内涵解读的逻辑问题。有学者质疑中国梦是不合逻辑的。这种否定性观点的逻辑认为,一方面强调中国的社会主义国家梦,与资本主义国家讲究个人利益的梦不同;另一方面,习近平在与奥巴马会晤时说两国的梦想是相通的。刚说完是两种梦,结果又相通了。也有学者在关于中国梦与美国梦的相通性理解中认为,中国梦包含了美国梦的主要特质,体现出了一种潜在的趋同化、同质化的倾向。关于中国梦世界意义的阐释的限度问题。不可否认,中国梦是具有国际眼光、世界情怀的伟大梦想。这是毋庸置疑的。对于中国梦的世界意义的解读,需要防止出现普世化倾向,也应当找到合理的普适化限度。

另一方面,需要继续加强新时代背景下实现美好生活中国梦的基本问题研究。比如,关于中国梦与习近平新时代中国特色社会主义思想的内在关系问题,有学者指出,在对中华民族发展历史与当代中国现实和未来走向的探索中,习近平提出实现中华民族伟大复兴中国梦并进行深刻阐述,铸就了习近平新时代中国特色社会主义思想的宏伟奋斗目标和崇高精神境界。① 对于新时代中国梦实现战略步骤和基本方略问题,有学者指出,当前,新时代的中国共产党人在习近平新时代中国特色社会主义思想的引领下,以永不懈怠的精神状态和一往无前的奋斗姿态,立足新的时代,把握新的矛盾,制定了新的发展方略,确立了新的奋斗目标,规划了新的历史征程。②

(三)对本课题研究意义的说明

基于以上分析,我们认为,本课题以"实现中华民族伟大复兴中国梦的基本问题研究"为选题,既着力吸收和借鉴现有研究成果,又力图弥补现有研究之不足,重点在"基本问题"做文章,因而具有独特的选题价值。加之实现中华民族伟大复兴中国梦理念本身的独特魅力和重大价值,本课题研究更是具有重要的理论和实践意义。

1. 本课题研究的理论意义

本课题研究的理论意义,从根本上说,就是有助于厘清实现中华民族伟大

---

① 顾海良:《宽广的历史视野　深厚的时代意蕴——深入领会习近平新时代中国特色社会主义思想》,《经济日报》2017 年 10 月 27 日。

② 金民卿:《理解中国特色社会主义新时代重大意义的三个维度》,《青海社会科学》2017 年第 6 期。

复兴中国梦理念的基本理论问题。具体而论,主要表现在以下几个方面:

(1)本课题研究有助于推动马克思主义学说在当代中国的发展

自鸦片战争以来,中华民族逐渐陷入"落后就要挨打"的历史困境。经过艰辛的探索,中国共产党以马克思主义为思想武器,通过新民主主义革命,建立新中国,实现中华民族伟大复兴的第一步,这就是国家独立与统一。1978年以来,中国特色社会主义建设道路是走向实现中华民族伟大复兴的新阶段,追逐中国梦展现出社会主义的强大活力,这表明,马克思主义在当代社会有着巨大的生命力。尽管如此,马克思主义学说是否过时? 这依旧是自马克思主义学说诞生以来,学术界一直争论不休的话题。特别是当今,马克思主义学说面临着诸多挑战,如因全球性问题而使人类社会发展陷入整体困境,这迫切需要马克思主义学说的新解释;在应对各种社会新问题时,各种理论学说和价值观的冲突与交锋直接冲击着马克思主义学说;等等。这一切来自实践和理论的挑战需要马克思主义学说不断进行自我创新。本课题以"实现中华民族伟大复兴中国梦的基本问题"为主题的研究,以中国特色社会主义建设实践为现实依据,以"马克思主义原理的普遍性与中国特色社会主义建设的特殊性关系"为主线,着力于解决马克思主义在当代发展的重大理论问题,这些重大理论问题包括:其一,唯物史观是我们认识、解决中华民族伟大复兴中所面临的各种社会问题的理论基础。其二,中华民族的伟大复兴是一个古老民族在全球资本主义主导体系中通过社会主义道路的复兴,这是我们认识、解决各种社会问题的前提。其三,中华民族伟大复兴的客观事实将证明,社会主义终将取代资本主义,是人类社会发展的基本规律。其四,马克思主义学说的各个具体理论在实现中华民族伟大复兴建设实践中的发展。这涉及社会主义建设的各个具体领域,如"以人为本"理念与马克思主义"人的价值"思想,社会主义改革与马克思主义"改革"思想,"和谐世界"建设与马克思主义"国际合作"思想,等等。通过对以上重大理论问题的解答,将在实现中华民族的伟大复兴历史征程中,进一步丰富和发展马克思主义学说。

(2)本课题研究有助于推动中国特色社会主义理论体系的发展

中国特色社会主义理论体系,是实现中华民族伟大复兴中国梦的行动指南。中国特色社会主义建设道路,就是实现中华民族伟大复兴的唯一正确道路。但是,在世情、国情、党情发生深刻变化的新形势下,中国特色社会主义建设实践面临前所未有的新挑战,迫切需要进行理论创新,及时回答社会主义建设实践提出的新问题和新矛盾。本课题以"实现中华民族伟大复兴中国梦的基本问题"为主题的研究,将着力于深化对马克思主义中国化的内在规律、中国共产党执政规律、社会主义建设规律、人类社会发展规律的认识,推动中国特色社会主义理论体系的不断完善和发展。其一,以实现中国梦与马克思主义中国化进程的相辅相成为历史依据,通过结合新世纪实现中国梦的时代条件,深入系统总结马克思主义中国化的历史进程和基本经验,探讨中国特色社会主义理论体系形成的理论基础。其二,以坚持中国共产党领导为宗旨,围绕党新时期面临的执政考验、党的执政能力建设、党自身的先进性和纯洁性建设,从理论上系统深化对中国共产党执政规律的认识。其三,以中国特色社会主义实践为现实依据,以初级阶段的中国国情为逻辑起点,以坚持党的基本路线进行"五位一体"战略布局建设为实现路径,以促进人的全面发展和逐步实现全体人民共同富裕为核心价值,建设富强、民主、文明、和谐的社会主义现代化中国为战略目标,探讨中国特色社会主义建设的内在规律。其四,以人类社会发展规律为导向,围绕中国特色社会主义建设成就及其对中华民族复兴的意义、对人类和平与发展的意义、对世界社会主义事业发展的意义三大内容。

(3)本课题研究有助于中国精神研究的创新

习近平总书记指出,伟大的民族精神为中国发展和人类文明进步提供了强大精神动力。中国精神根植于实现中华民族伟大复兴的历史进程和实践之中。一百多年来,中国人民依靠自强不息、勇于奋斗的中国精神,求得民族独立和人民解放,彻底改变中国贫穷落后的面貌,踏上国家繁荣富强和人民共同富裕的民族伟大复兴道路。中国精神因此是实现中国梦的精神动力。但是,时代条件的变化、社会制度的变革、民众利益的分化,要求中国精神的研究不断创新以适应新时期的新要求。本课题以"实现中华民族伟大复兴中国梦的基本问题"为主题,着力于解决中国精神研究的三大理论问题:其一,通过明确中国精神的构成要素,即知识体系、价值观念、政治信仰,准确把握中国精神与实现中华民族伟大复兴之间的逻辑联系。其二,通过明晰中国精神的社会作用,即包括"激发人民创造力、规范人们行为和凝聚社会向心力"在内的三大作用,探索中国精神在随着时代变化而不断演变中推进中华民族伟大复兴的内在规律。其三,通过以继承优秀的中华文化为前提,以吸收人类创造的一切优秀文明成果为导向,以促进社会共识为目标,深入研究中国精神的培育机制探讨中国精神作为实现中华民族伟大复兴精神动力的重要价值。以此不断推动中国精神研究的自我革新,使其真正发挥实现中国梦的精神动力作用。

(4)本课题研究有助于推动中国和平发展理论的建构

中华民族伟大复兴之路,实质是中国的和平发展道路。改革开放三十多年来,中国走出一条以和平方式崛起的发展道路,相比较于历史上世界大国的兴起,中国和平发展道路是一条既争取和平的国际环境发展自身,又以自身的发展促进世界和平的道路。中国梦是中国的梦,也是世界的梦。但是,在一个依旧由西方资本主义强国所主导的全球资本主义体系里,坚持社会主义道路的中国,实现强国富民梦想的和平发展道路面临着诸多质疑,这些质疑要求我们从理论上更加清楚地阐明中国和平发展的动力、途径和目标,明确中国正在走一条以和平的方式发展于世界的伟大复兴之梦。本课题以"实现中华民族伟大复兴中国梦的基本问题"为主题的研究,着力于解决中国和平发展如下理论问题,其一,通过深入研究中国和平发展道路的具体内涵、显著特征和价值取向三大要素,明确把握实现中华民族伟大复兴中国梦与中国和平发展道路之间的逻辑联系。其二,通过纵向考察中国和平发展道路的历程与基本经验,深入分析中国和平发展道路面临的国内、国际两大困境,进一步明确和平发展是实现中华民族伟大复兴的根本途径及其发展的内在规律。以上理论问题的解答,将有助于中国和平发展理论的建构。

2. 本课题研究的实践意义

新中国成立70多年来,特别是改革开放40多年来,中国社会主义建设取得巨大的建设成就,为实现中华民族伟大复兴创造重要条件。当今,在新的历史起点,继续推进实现中华民族伟大复兴的大业正处于重要战略期,中国面临着重大发展机遇,也面临着前所未有的挑战。本课题以"实现中华民族伟大复兴'中国梦'基本问题"为主题的研究,对于抓住机遇、迎接挑战,着力解决好影响实现中华民族伟大复兴的突出矛盾和问题,有着重要的现实意义。

(1)本课题研究将积极助推"全面建设小康社会"战略目标的实现

中国梦是强国富民的梦。富国强民的社会是全面小康社会。经过改革开放三十多年的努力,中国摆脱贫困状况,总体上进入小康社会。党的十八大报告明确提出 2020 年要实现全面建成小康社会,这也是实现中华民族伟大复兴的重要目标。全面建设小康社会建设,是以社会主义市场经济体制的建立与完善为前提和基础。改革开放以来,中国政府通过不断完善和发展社会主义市场经济体制,推动国民经济持续、快速、健康的发展,为全面建成小康社会奠定雄厚的物质基础。但是,继续保持国民经济持续、快速、健康的发展,面临着四大挑战:其一,经济发展不平衡的挑战,既包括社会贫富分化差距过大,也包括东、中、西部的区域差距,更包括城乡差距;其二,生态环境恶化的挑战。中国在快速工业化和现代化进程中对环境的严重污染所导致的生态恶化,已是中国经济保持可持续发展的瓶颈;其三,资源短缺特别是能源短缺挑战。中国传统工业的高资源(能源)消耗和中国人均资源占有量低的状况制约着中国的经济发展;其四,中国对外开放中的经济安全挑战。通过扩大对外开放,中国现代化建设获得有利的国际资源,在对外开放中维护国家主权和经济安全,是一个重要的问题。以上四大挑战直接关系到全面建成小康社会战略目标的实现。因此,在已有的发展成就基础上,本课题以"实现中华民族伟大复兴中国梦的基本问题"为主题的研究,紧紧抓住中国经济发展面临的四大挑战,以加快完善社会主义市场经济体制改革为宗旨,以全面建成小康社会为目标,通过深入研究,探讨推动经济更有效率、更加公平、更可持续发展的举措,将为实现中华民族伟大复兴中国梦创造有效的经济体制保障并奠定丰厚的物质基础。

(2)本课题研究将服务于"持久稳定与繁荣"的和谐社会建设

建立"民主法治、公平正义、安定有序、充满活力、诚信友爱、人与自然和谐相处"的和谐社会,实现中国社会"持久稳定与繁荣",这是实现中华民族伟大复兴中国梦的社会基础,也是中国梦的价值追求。很显然,以公平正义为主旨,以保障和改善民生为重点,以民主法治为保障,和谐社会建设取得重大进展。但是,继续推进和谐社会建设,面临着如下挑战:第一,社会利益分化严峻,贫富分化加剧,人与人之间的关系紧张;第二,政治权力缺乏有效制约产生严重的腐败,人与政府的关系紧张;第三,思想道德素质出现滑坡现象。以上三大挑战所引起的社会焦虑,使实现中国梦的现代化建设面临着一系列两难抉择:既要促进平等竞争,又要促进共同富裕;既要参与竞争,实现先富一步,又要节制竞争,避免两极分化;既要靠竞争激发活力,又要协调融洽氛围。因此,本课题以"实现中华民族伟大复兴中国梦的基本问题"为主题的研究,围绕中国现代化建设的诸多两难抉择,以"公平正义为主旨,以保障和改善民生为重点,以民主法治为保障"的和谐社会建设为宗旨,以全面提高人民的物质文化生活需求为目标,通过深入研究中国和谐社会建设中存在的挑战,提出相应的改进措施,为中国梦的实现创造持久稳定与繁荣的社会基础。

(3)本课题研究将努力献智于人类命运共同体的构建

在人类历史从未这样紧密联系在一起的今天,通过改革开放,中国成功地走出一条和平发展道路,中国与世界的关系发生历史性的改变,中国已成为世界的中国。中国谋求建设"持久和平、共同繁荣"的和谐世界,为中国梦创造有利的国际条件。但是,随着中国的日渐崛起,中国作为既是东方文明代表,又是世界上最大发展中国家的社会主义国家,实现中国梦的现代化建设的重任使中国与世界各国的利益分歧与矛盾前所未有加剧,有的长期存在,甚至严重地影响到中国现代化进程。本课题以"实现中华民族伟大复兴中国梦的基本问题"为主题,以"中国是世界的中国"为出发点,以推动"持久和平、共同繁荣"的和谐世界建设为宗旨,通过深入分析中国和平发展道路面临的诸多挑战,提出应对之策,将为中国梦的实现创造有利的国际资源并促进人类和平与共同进步。

面对以上国内、国际社会的建设困境,本课题通过深入系统总结实现中华民族伟大复兴中国梦的经验教训,探讨改进措施,提出政策建议,这对于深化改革开放战略,提高中国共产党领导实现中华民族伟大复兴中国梦的执政能力,具有重要的现实意义。

三、寻求富有特色的研究视角:中国梦 基本问题研究的几点说明

中国梦是当前流行的政治话语,也是思想理论界关注的热点问题。关于中国梦何以能以及如何去研究的问题,属于研究的前提性、基础性问题,确有必要以适当的方式加以讨论。

(一)关于中国梦基本问题研究的可能性

经常有人问:中国梦作为一种主流政治话语,它可以作为思想宣传、社会舆论的主题,但能否作为一个课题来研究呢? 在我们看来,将中国梦的基本问题作为一项课题来开展研究,条件已经成熟。理由有三:

其一,研究的理论基础日趋成熟。任何真正的研究,都必须有一定的理论支撑和方法工具。我们以为,马克思主义及其中国化的理论成果,就是中国梦研究的理论基础。关于中国梦的有关研究,无疑可以从马克思主义的社会发展理论、社会意识理论之中发掘深层的理论根据,并以中国特色社会主义理论体系本身内容的坚持与发展、成熟与稳定为前提条件。经过改革开放四十多年的理论创新和实践总结,中国特色社会主义理论体系日益成熟,并且已经得到广泛接受和认可。而习近平总书记近期一系列重要讲话精神,特别是他关于实现中华民族伟大复兴中国梦的一系列重要讲话精神,思想深刻,内涵丰富,是理解和研究中国梦的重要依据。这既为实现中国梦提供了有力的思想保障,也为研究中国梦奠定了坚实的理论基础。

其二,研究的实践根据日益充分。问题就是时代的口号。中国梦决非当代中国共产党人的主观臆造、理论发明,而是对中华民族伟大复兴追求的自觉表达。中国梦的提出,具有广泛的现实基础。当下的中国,正在经历从传统到现代的转型,既遭遇其他国家也曾经历的传统与现代、城市与乡村、富裕与贫困、效率与公平、发展与秩序等发展悖论,也遭遇自己特有的资本主义与社会主义、公有制与市场经济、先富与共富等转型冲突;正处于从中等收入国家向中等发达国家迈进的战略机遇期,也面临如何避免"中等收入陷阱"的危险

期;正处于距离实现民族复兴理想最近的历史关节点,也进入了改革的深水区和攻坚期;既因发展成就而具有梦想未来美好生活的充足底气,也因发展中的问题而产生向往美好生活的迫切需要。这些方面的问题,既表明中国梦的提出可谓恰逢其时,也构成了中国梦研究的实践根据和问题域。

其三,中国梦本身值得深入研究。中国梦并不高深,每个人都可以谈论它,这正是它的魅力之所在。但是,一般性的谈论,与学术上的研究,毕竟不是一回事。从理论上而言,关于中国梦的科学内涵、重大价值、实现路径、评价体系、实现主体,构成中国梦的本体论、价值论、实践论、评价论、主体论,深究起来,这些都是值得认真研究的基本问题。例如,厘清中国梦的科学内涵,是有关研究的立论基点。习近平总书记近期在不同场合多次阐发中国梦,学术界消化和研究这些讲话精神需要一个过程。其中,如何从学理上阐释中国梦的科学内涵,特别是阐明它与美国梦、德国梦、韩国梦等的共性与区别,显得极其重要。再如,关于中国梦的理论意义和实践价值,也是值得重点研究的问题。从理论上看,它具有哪些价值,对马克思主义理论特别是对中国特色社会主义理论作出了哪些新的贡献? 从实践上看,它能够解决什么问题? 对凝聚民族共识、消除社会矛盾、引领社会发展的作用何以得到体现? 它的世界意义如何? 又如,近几年有研究者发布"中华民族复兴指数",这本是一件很正常的学术成果发布,但结果往往引来媒体的逆向热炒、网民的普遍质疑。可见,如何评价中国梦的实现程度,是一件非常严肃也是比较困难的事情。这其中不仅关涉如何确立中国梦的指标体系,即中国梦指标体系确立的依据、原则、维度、标准、具体指标及其权重问题,而且关涉如何评价中国梦的实现程度,即中国梦实现的评价方法问题。

从学科的角度看,马克思主义理论、哲学、经济学、历史学、政治学等学科都可以从不同角度介入研究,不同的学科具有不同的优势。例如,对于中华民族何以能够追赶发达国家从而实现民族复兴这个问题,可以从发展经济学的后发优势理论中得到解释;对于中国精神之于中国梦实现的作用,可以从马克思主义理论关于人的自觉能动性、精神需要、精神转化、意志合力等理论中得到解释。对于中国梦所具有的凝聚人心功能,无疑可以从政治学、社会学的社会整合理论关于文化共识能够消除隔阂、弥合分歧的分析中得到说明。

(二)关于中国梦基本性质的科学定位

当前,国内外对中国梦给予了高度关注,但是也出现了一些不同的看法。如何回应有关看法,并科学定位中国梦,也是我经常遇到的问题。

其一,中国梦究竟是不是一种新提法? 对于这个问题,应该从两个层面来看。首先,从词语上看,"中国梦"可能算不上新提法了,甚至可以说由来已久。有学者做过考证,认为"中国梦"一词最早出自宋朝诗人郑思肖(1241—1318年)的《德祐二年岁旦》,诗中说:"一心中国梦,万古下泉诗"。当然,此诗所言的"中国",主要是"中原",因而其"中国梦"主要是指收复中原的梦想。近些年来,以"中国梦"为题的文艺作品也不时出现,其中,黄沾作词、赵文海编曲的歌曲《中国梦》流传甚广,著名歌手罗文、吕方先后都演唱过。从理论上看,吴建民、李君如、李培林、李源潮等政界、学界人士,近年来先后探讨过"中国梦",但具体所指内涵不一,其中有的是指海外学子回国报效祖国的梦,有的是指中国在某一方面发展强大的梦。其次,从概念上,"中国梦"是一个崭新的概念,是以习近平为总书记的中央领导集体提出的新理念。对此,我们可以重温一下习近平2012年11月29日在参观国家博物馆"复兴之路"展览时的一段话。他说:"现在大家也在讨论中国梦,何谓中国梦? 我以为实现中华民族的伟大复兴就是中华民族近代最伟大的中国梦。"可见,习近平在第一次公开论述中国梦时,就既注意到了近年来社会各界的有关讨论,又明确提出了自己的看法,将中华民族的伟大复兴作为中国梦的思想内核。此后,他又在多个场合对中国梦的基本内涵、重要价值、实现路径等问题,发表了一系列讲话,赋予中国梦以崭新的时代意蕴,给它深深地打上了新的中央领导集体的烙印,使之具有确定的内涵和外延,作为一个新的概念趋于定型。因此,虽然此前出现了从不同角度关于中国梦的讨论,但是大多属于个人的学术思考和一般讨论,毫无疑问都具有重要意义,但在概念的内涵、价值等方面与习近平的阐发不属于一个层次,因而大体可视为中国梦的思想前史。因此可以说,习近平关于中国梦的阐发,标志着这一概念由学界、民间的个人观点上升为新的中央领导集体的认识,标志着这一概念的定型化、科学化。

其二,究竟该从哪个角度来界定中国梦?换言之,它到底是一个"重要理论"、"重大战略",还是一种"形象表达"?在我们看来,对这个问题的回答,不仅关涉对中国梦的定位,而且关涉对它的研究态度。毫无疑问,中国梦具有理论、战略等多方面的意义。首先,由于习近平在多个场合对其作过系列阐发,因此,它具有一定的理论形态和丰富的思想内容,毫无疑问,经过进一步的深化、拓展和一段时间的理论沉淀,它的理论特色将更加明显和突出。其次,由于它高度概括了新的中央领导集体的执政理念,又与中国共产党第十八次全国代表大会重申的"两个一百年"的奋斗目标直接相连,因此,它具有重要的战略意义。但是,在我们看来,中国梦所实现的话语创新、所具有的精神文化特色更为突出。近代以来,中华民族一直期盼实现伟大复兴。对于这一期盼,先后有过不同的概括和表达,诸如奋斗目标、民族理想等。相比其他提法而言,中国梦的提法富于想象力。它既准确表达了奋斗目标、民族理想的含义,又因"梦"给人以遐想,这不仅表现在它为每个中华儿女留下了自己的想象空间,而且因与其他国家人民的梦想相通而便于国际交流。与此同时,中国梦的提法具有大众性,便于传播,易于接受。话语是时代的记录,话语的创新为人们追寻时代的发展轨迹提供了敏感信息。"中国梦"以及与之相关的中国道路、中国精神、中国力量、中国故事、中国声音等话语的高频使用和广泛传播,表明当代中国社会政治生活中形成了新的话语群。这一话语群的形成,实现了学术话语与政治话语、民间话语与官方话语、中国话语与外国话语之间的有效对接,具有重要的象征意义,不仅体现了新的中央领导集体亲民务实、善于沟通的新形象,而且成为中华民族在精神文化上"站起来"、"富起来"的文化标识。"中国梦是一种形象的表达,是一个最大公约数,是一种为群众易于接受的表达"。我们认为,习近平总书记的这段话,其实对中国梦给予了准确的定位:它是对中华民族伟大复兴理想的一种形象表达。

(三)关于中国梦基本问题研究的思路与方法

根据国家社科规划办提出的"体现问题意识"、"有限研究目标"的要求,本课题研究内容不求大而全,力求抓住若干重点、弄清基本问题。除研究现状进行总体把握以外,选择上述六个问题作为研究内容,并专设5个子课题。其中,首席专家除全面组织课题研究以外,将重点研究实现中华民族伟大复兴中国梦的历史形成、重大价值,并将历史形成中的部分内容并入子课题1,组织专班研究;将重大价值研究的"世界意义"相对独立,组织专班研究;其他四个问题,均单设子课题进行研究。需要说明的是,本总结报告的叙述逻辑与子课题顺序,两者之间并没有严格地体现——对应的关系。

表0-3　总课题与子课题、子课题与子课题之间的逻辑关系

子课题序号	子课题名称	与其他子课题的关系	与总课题的关系
一	实现中华民族伟大复兴中国梦的科学内涵研究	回答"是什么"的问题,是其他子课题研究之基础	总课题之"本体论"
二	实现中华民族伟大复兴中国梦的世界意义研究	部分回答"为什么"的问题,是其他子课题研究的价值指向	总课题之"价值论"
三	实现中华民族伟大复兴中国梦的实现路径研究	回答"怎么办"的问题,将其他子课题思考的问题变为现实	总课题之"实践论"
四	实现中华民族伟大复兴中国梦的评价体系研究	回答"是否实现"的问题,判断中国梦是否实现、实现程度如何	总课题之"评价论"
五	实现中华民族伟大复兴中国梦的大众认同研究	回答"依靠谁、为了谁"的问题,是对其他子课题的总结性考察	总课题之"主体论"

到底该怎样研究中国梦,是否就是根据领导人的讲话做阐释? 这也是我经常被问到的问题。在我们看来,根据领导人的讲话做一些适当的阐释工作是必要的,但不能止步如此。我们提倡如下的研究理路:认真领会中国共产党第十八次全国代表大会和习近平近期一系列重要讲话的精神,坚持以马克思主义的立场、观点和方法为指导,紧紧围绕中国梦的基本问题,着力体现以历史考察为背景、以理论分析为基础、以现实问题为入口、以国际经验为参照、以提出对策为重点的研究思路。具体来说,就是按照历史—理论—现实—未来的研究思路,拟采用如下基本研究方法:

其一,理论与实践相结合。研究中国梦,绝不意味着躲在幽静的书斋做无

43

谓的思辨,更不能完全基于有关文字资料来说梦、解梦。中国梦是一个理论性和现实性很强的课题,因此,应该提倡理论与实践相结合的方法,既从理论上厘清中国梦的内涵、条件、路径和评价体系等基本理论,从理论上着力探讨中国梦的历史与现实、内涵与价值,揭示其多维意蕴,同时也要从实践上总结中国梦的条件、进程、路径,调研干部群众对中国梦理念的了解程度、认同程度,进而为开显中国梦的理论内涵、提出促进中国梦实现的政策建议。其中,关于中国梦的价值研究,既要凸显中国梦的世界意义,更要注重发掘其中国意义,尤其要深入挖掘中国梦提出的实践动因。同时,注重反映中国梦在表达方式、话语创新、议题设置等方面所具有的理论价值。

其二,历史研究与比较研究相结合。中国梦"既深深体现了今天中国人的理想,也深深反映了我们先人们不懈追求进步的光荣传统"。因此,应把它放在近现代中国历史乃至整个五千年中国历史的宏阔背景下加以考量,系统梳理中国梦的历史渊源,在历史研究的基础上更进一步丰富和拓展对中国梦的内涵和意义的认识。正所谓"不数既往,不能知将来;不求远因,不能明近果"。当然,关于中国梦的历史研究,要努力实现理论的升华,避免停留在历史现象简单描述的层面。加强中国梦历史解读的厚重感,需要对"中华民族"、"伟大复兴"等相关概念给予观照。同时,纵观世界历史,一个大国崛起的过程,无不伴随着全体国民共同的期待与奋斗,由此锻造出国家民族独特的气质与精神。美国梦、德国梦、韩国梦等,莫不如此。但是,由于历史境遇、文化传统、发展道路、制度选择等方面的不同,中国梦与美国梦、德国梦、韩国梦等既有共性、更有区别。通过比较它们的基本内涵、实现途径等,可以从更开阔的视野来认识和把握中国梦的丰富内涵和重大价值。

其三,量化研究与质性研究结合。如何探讨中国梦的现实条件、把握广大干部群众对其了解和认同程度?我们主张用数字说话。例如,关于中国梦的认同研究,可以选取几所高校同一届部分专业大学生作为群体样本,考察当前他们的个人理想的表现方式、对中国梦的了解和认同程度,从而为有关分析提供实证材料的支撑。关于中国梦的评价研究,拟对评价体系的设置需要进一步进行调整与优化,而评价指标的选定应与中国梦的科学内涵保持一致,注重吸收和借鉴西方经济学、行为心理学等学科的评价方法,努力实现动态评价与静态评价的有机结合。同时,也要充分利用其他一些社会科学研究方法,如个案研究方法、历史研究方法、比较研究方法、访谈研究方法、实地考察研究方法等质性研究方法进行补充,做到量化研究与质性研究相互补充,通过多元研究来探讨中国梦的丰富内涵、重大价值、实现路径等。

(四)努力做出具有新意的研究成果

关于实现中华民族伟大复兴的研究,成果丰硕;关于实现中华民族伟大复兴中国梦的研究,方兴未艾。因此,以中国梦为主要对象的任何真正意义上的研究,在一定程度上说对于本课题的研究都有贡献、具有新意。本课题研究的创新意图和预计突破之处主要体现在问题选择、学术观点、研究方法、分析工具、文献资料等方面。

1. 本课题研究在问题选择方面的新意

本课题根据实现中华民族伟大复兴中国梦理念提出时间不长、研究方兴未艾的实际,力求搞清基本理论和基本实践问题,围绕实现中华民族伟大复兴中国梦基本问题展开研究,并选择以内涵如何(实现中华民族伟大复兴中国梦的科学内涵)、价值何在(着重突出实现中华民族伟大复兴中国梦的世界意义)、如何实现(实现中华民族伟大复兴中国梦实现的基本路径)、如何评价其实现程度(实现中华民族伟大复兴中国梦实现的评价体系)以及如何用之凝聚社会共识(实现中华民族的伟大复兴中国梦大众认同)为子课题,着重开展研究。这些问题,既相对独立,联成整体,构成了当前关于中国梦研究需要高度重视、亟待厘清的重大基本问题。

其一,关于实现中华民族伟大复兴中国梦的科学内涵,是有关课题的"本体论"。理论界、学术界正在着力挖掘,但亟待形成更多的学术共识。本课题选择作为基本问题之一,力图在现有研究基础上全面开显中国梦的科学内涵和精神实质。

其二,关于实现中华民族伟大复兴中国梦的重大价值,是本课题研究的"价值论"。目前学界主要关注它的实际运用价值,缺少对其理论价值、理论底蕴的研究和挖掘。对其世界意义,尚处于宣传阶段,缺少深入的学术阐释。

其三,关于实现中华民族伟大复兴中国梦的实现路径,是本课题研究的"实践论"。目前学界主要根据习近平的有关讲话,集中在走中国道路、弘扬中国精神、凝聚中国力量三个大的方面,尚未形成微观的深入探讨。

其四,关于实现中华民族伟大复兴中国梦实现的评价体系,是本课题研究的"评价论"。这是一个具有前瞻性、复杂性的问题,也是目前学界尚未给予重视的问题。

其五,关于实现中华民族伟大复兴中国梦的认同问题,是本课题研究的"主体论"。这是一个关于开展"中国梦"主题教育、宣传活动,以期形成人民的共识的实践性问题。目前宣传部门和教育部门正在组织动员,急需理论支撑。

总之,本课题研究所确立的子课题,都是关于实现中华民族的伟大复兴中国梦的基本理论和实践问题,属于有待深入、有待重视、亟待研究的重大问题。

2. 本课题研究在学术观点方面的新意

本课题在占有相关资料、借鉴既有观点的基础上,力图在如下问题的研究上体现学术观点的创新:

其一,关于实现中华民族伟大复兴中国梦的历史形成。"中国梦"是当代中国流行的主流政治话语,但是它具有深厚的历史底蕴。许多现有研究对此缺少应有的关注;不少现有研究成果对此虽有充分关注,但对中国梦新理念体现的继承与超越重视不够,因而有的将之简单地看成"老话新说",有的将之等同于"中山梦"、"中共梦"。本课题认为,中国梦的形成过程,是由两个世纪、八个阶段所组成的一条连续发展、环环相扣的历史链条;注重中国梦理念的历史底蕴,同时强调它的超越;突出中国共产党在其形成过程的主导作用,同时强调中国人民的主体作用,这是本课题在此问题上体现的新意。

其二,关于实现中华民族伟大复兴中国梦的科学内涵。随着习近平总书记对中国梦的多次阐发,其蕴含的丰富内涵已经开始得到学界的认识和重视。本课题认为,中国梦既承继历史,也直面现实;既指向未来,也激励当下;既属于民族,也属于个人;既属于中国,也属于世界;既有同于"美国梦",更有异于"美国梦"。可以说,本课题从这些维度所作的全面解读和阐释,是具有一定新意的。

其三,关于实现中华民族伟大复兴中国梦的重大价值。对于中国梦理念所具有的重大价值,目前学界尚缺少必要的关注。本课题认为,从现实来看,它对内具有弥合分歧、凝聚共识、激励精神、指引前途等重大价值;对外具有展现中国形象、促进对外宣传、分享发展智慧、共筑和谐世界等世界意义。从理论上看,它体现了马克思主义的发展理论、社会意识理论、群众史观,以及发展经济学中的后发优势理论、社会学中的社会整合理论、政治学中的政治动员理论等。从我们掌握的研究资料来看,这样的价值发掘无疑具有较强的学术新意。

其四,关于实现中华民族伟大复兴中国梦的实现路径。从现有报刊文章来看,关于中国梦实现路径的分析,有的对习近平的有关讲话重视不够,解读和阐释具有太多的主观性;有的重视了习近平总书记的讲话精神,但大多做了读报式的解读。本课题力图从多学科结合的角度,深入阐释走中国道路、弘扬中国精神、凝聚中国力量对于实现中国梦的意义,研究其具体战略、举措;同时,提出"提升中国形象"也是实现中国梦的必要路径的新观点,以期为党和政府决策提供参考。

其五,关于实现中华民族伟大复兴中国梦实现的评价体系。如前所述,这是一个具有前瞻性、复杂性的问题,目前尚未引起学界的充分重视。本课题提出坚持以人为本、集体主义等评价原则,定性分析与定量分析相结合、动态分析与静态分析相结合、阶段性目标与终极目标相结合的评价方法,应该说这些观点是具有前沿性和新颖性的。

其六,关于实现中华民族伟大复兴中国梦的大众认同。近期,宣传部门和教育部门多次组织动员开展中国梦的宣传教育活动。如何使这些活动开展得成功有效,使中国梦的理念更进一步深入人心,亟待理论支撑。本课题基于个体意识与群体意识、个人理想与社会理想、接受和认同的辩证关系,从提高广大干部群众对中国梦的认知度、认同度的角度出发,针对不同职业、年龄结构、知识背景的群体,分别提出深化宣传教育的一系列理论设计、实施举措,具有理论上的新颖性和实践上的针对性。

3. 本课题研究方法和分析工具方面的新意

其一,运用多元结合的研究方法。本课题是一个理论与实际相结合的既具有理论性同时现实针对性很强的研究课题,要求在研究过程中采取多元研究方法对课题进行全方位透视。本课题研究的特色是把多元的研究方法运用于课题研究中,通过理论研究与实际研究相结合、历史研究与比较研究、量化研究与实证研究等多元研究方法,对实现中华民族伟大复兴中国梦的基本问题进行调查研究,并在此基础上系统分析应用的特点,提出有针对性的建议对策方案。这也正是课题首席专家倡导的在坚持马克思主义立场、观点和方法的基础上把多元科学研究方法运用于本学科领域,实现马克思主义理论研究科学化和学科化的理念在本课题的应用,体现了本课题的研究特色。

其中,目前国内思想理论界对实现中华民族伟大复兴中国梦的研究主要着眼于历史研究、理论研究和经验研究,虽然有学者进行过一些国家经济发展、综合国力评价的实证研究,但却较少有学者提出对中国梦的基本问题进行实证研究、实验研究。本课题运用实证研究方法对中国梦的认同现状进行系统的实证研究,并且选择试点单位,对在不同群体中开展对中国梦的认知、认同情况进行实验研究,提出研究咨询报告和实验报告,提升了本课题研究的科学性。

其二,运用多学科的分析工具。课题首席专家在十余年前注意到,世界体系论并不受某个学科的局限,而将经济学的规范分析、社会学的实证分析、历史学的过程分析、哲学的整体分析等方法融合到一起,试图全方位地揭示不发达产生的根源以及走出不发达的路径。这一方法论特征具有重要的现实意义。当代发展问题是一个复杂繁难的研究课题,关涉到许多学科。目前,各学科都很重视发展问题的研究,但是,又存在着各学科各自为政的状况,研究水平亟待提高。[1] 因此,当时曾提出一种构想:集各学科之长,整合研究力量,交叉融合,构建一个新的"大"发展学——广义发展学。从这种意义上说,我们非常愿意将本课题的研究视为广义发展学的一种尝试。具体而论,除运用马

---

[1] 孙来斌、颜鹏飞:《依附论的历史演变及当代意蕴》,《马克思主义研究》2005 年第 4 期。

克思主义理论、哲学、历史学的研究方法外,还力图借鉴发展经济学的后发优势理论、比较优势理论、现代创新理论等分析工具,来分析实现中华民族伟大复兴的各种优势与不足;运用社会心理学、政治传播学的分析工具,来分析干部群众对于中华民族伟大复兴中国梦的了解、认同程度;运用测量学、评价学、计量学、统计学的方法,对中国梦的实现程度、认同程度等有关实验研究和实证研究的数据进行科学分析,从而为课题研究提供可靠的数据材料支撑。

第一章　中国梦的历史形成

　　自 2012 年开始,随着多个场合的多次阐释,"中国梦"已经成为国内与国际持续关注的热词。尽管谈论的主体、切入的角度和具体的理解各有不同,但都离不开一个共同的认识基础和理解前提,即要遵从于、立足于、忠实于中国梦的历史。可以说,这既是准确把握中国梦的首要前提,也是系统理解中国梦的基本要求。这一点在习近平总书记关于实现中华民族伟大复兴中国梦系列重要讲话中集中体现为一个突出特征,那就是具有鲜明的历史思维,蕴含着科学而深刻的历史观。2015 年,中国举办世界历史科学大会,习近平总书记在贺信中特别强调从历史的视角审视中国梦的重要性。他指出:"中国有着 5000 多年连续发展的文明史,观察历史的中国是观察当代的中国的一个重要角度。不了解中国历史和文化,尤其是不了解近代以来的中国历史和文化,就很难全面把握当代中国的社会状况,很难全面把握当代中国人民的抱负和梦想,很难全面把握中国人民选择的发展道路。中国人民正在为实现中华民族伟大复兴的中国梦而奋斗,需要从历史中汲取智慧。"[1]2016 年,他再次指出:"历史是一面镜子,它照亮现实,也照亮未来。了解历史、尊重历史才能更好把握当下,以史为鉴、与时俱进才能更好走向未来。"[2]"历史是一面镜子,从历史中,我们能够更好看清世界、参透生活、认识自己;历史也是一位智者,同历史对话,我们能够更好认识过去、把握当下、面向未来。"[3]在习近平关于实现

---

① 习近平:《致第二十二届国际历史科学大会的贺信》,《人民日报》2015 年 8 月 24 日。

② 习近平:《携手共创丝绸之路新辉煌——在乌兹别克斯坦最高会议立法院的演讲》,《人民日报》2016 年 6 月 23 日。

③ 习近平:《在中国文联十大、中国作协九大开幕式上的讲话》,《人民日报》2016 年 12 月 1 日。

中华民族伟大复兴中国梦的系列重要论述中,我们不难获得一种重要启示,就是重视历史地审视中国梦和重视审视中国梦的历史,作为一个问题的两个方面,都同等重要。归结起来,就是实现中国梦,离不开对中国梦历史的认知和运用。具体来说,中国梦的历史主要包括历史根基、初步萌生、逐步清晰与科学概括四个主要阶段。

一、中国梦的历史根基

纵观历史,在人类社会发展的伟大进程中,但凡能够不断创造伟大历史的伟大民族都会拥有伟大梦想,并且会始终将其深植于本民族长期积淀的历史厚土之中。就此而言,中国梦可以说体现得尤为突出。中国梦从来都不是异想天开,也并非虚无缥缈,它本身有着深厚的历史根基。如果讨论中国梦,首先要从中国梦的历史出发。习近平总书记指出:"历史是现实的根源,任何一个国家的今天都来自昨天。只有了解一个国家从哪里来,才能弄懂这个国家今天怎么会是这样而不是那样,也才能搞清楚这个国家未来会往哪里去和不会往哪里去。"[1]可以说,从开始到现在,一路走来,中国梦所经历的沧桑巨变都离不开其所依存的历史根基。习近平总书记还特别指出,"一个民族的历史是一个民族安身立命的基础"[2],"脱离了中国的历史,脱离了中国的文化,脱离了中国人的精神世界,脱离了当代中国的深刻变革,是难以正确认识中国的"[3]。从习近平强调的四个"脱离"中,我们可以看到,中国梦的历史根基主要有两个方面的意义。一方面,植根于历史根基之上的中国梦,从辉煌历史中找到了实现中华民族伟大复兴的历史参照。另一方面,植根于历史根基之上的中国梦,从深厚的历史中又获得了中华优秀传统文化的精神滋养和文化营养。

---

① 习近平:《在布鲁日欧洲学院的演讲》,《人民日报》2014 年 4 月 2 日。
② 习近平:《在纪念毛泽东同志诞辰 120 周年座谈会上的讲话》,《人民日报》2013 年 12 月 27 日。
③ 习近平:《在布鲁日欧洲学院的演讲》,《人民日报》2014 年 4 月 2 日。

（一）历史上的强大与中国梦的历史参照

在中国梦的"史前史"①时期，中国先后出现过开皇之治、光武中兴、开元之治、永乐之治等盛世景象，被当时欧洲的哲学家、政治家们称赞为"安邦治国的最高典范"②，这无不印证了中华文明的辉煌与古代中国的富强。在相当长的历史时期内，古代中国都位居世界大国之列，并且多次成为首屈一指的世界强国。美国学者亨廷顿在谈到古代中国时指出，"唐、宋、明时的中国，在财富、领土、军事力量以及艺术、文化和科学成就上都远超欧洲"③。同为美国学者的保罗·肯尼迪也在其《大国的兴衰》中写道："近代以前时期的所有文明中，没有一个国家的文明比中国文明更发达、更先进。"④因此，对于今日之中国梦而言，古代中国曾经铸就的昔日辉煌和创造的诸多伟大成就都无疑构成了重要的历史参照，从以下方面，我们可以得到更加具象的认识。

1. 人口城市化方面

一直以来，城市化水平都是衡量和体现一个国家和地区社会经济发展状况的重要指标。它集中反映了一个地区城镇常住人口占该地区常住总人口的比例。总体来看，影响一个地区城市化进程的因素很多，但是对于古代中国而言，最具有决定性影响的是农业生产力。⑤ 我国古代以农业立国，农耕文明长期居于世界领先水平。在古代中国，伴随着农业文明的发展，城市化的进程也已经表现出相当迅速的发展。对于这种迅速程度，我们可以从最大城市居民人口和全国总人口两个方面加以把握。

其中，以最大城市的居民人口为例，有学者提出，与西方中世纪同时期的中国，至少有六七个城市人口已经达到百万以上。在此主张之外，还有一些学

---

① 史前史作为历史学的重要概念，主要指没有明确的文献资料记载以前所经历的历史阶段。在此借指中国梦萌生之前的历史。

② ［德］夏瑞春编：《德国思想家论中国》，陈爱政等译，江苏人民出版社1997年版，第84页。

③ ［美］塞缪尔·亨廷顿：《文明的冲突与世界秩序的重建》，周琪、张立平等译，新华出版社2002年版，第35页。

④ ［美］保罗·肯尼迪：《大国的兴衰——1500—2000年的经济变迁与军事冲突》，陈景彪等译，国际文化出版社2006年版，第4—6页。

⑤ 参见赵冈：《中国城市发展史论集》，新星出版社2006年版，第85页。

者相对保守地估计,百万以上人口的城市大概在三个左右。其中,公元 8 世纪,"唐代长安城面积超过 80 平方公里,人口超过 100 万,宫殿金碧辉煌,佛寺宝塔高耸,东西两市十分繁荣。诗人岑参就有'长安城中百万家'的诗句。"① 北宋时期,国家税收峰值达到 1.6 亿贯,是当时世界上最富裕的国家。在金人入侵之前,当时都城开封的人口大概也达到 85 万。"那个时候,伦敦、巴黎、威尼斯、佛罗伦萨的人口都不足 10 万,而我国拥有 10 万人口以上的城市近 50 座。"② 还有研究数据显示,到南宋末期,也就是 13 世纪晚期,"中国当时最大的城市杭州,已经拥有近 700 万人口;截止到那时,中国成为世界上城市化程度最高的社会,城市人口大约占到全国总人数的 10%"③。"在罗兹曼所研究的那个时期,中国拥有 1 万或 1 万以上居民的城市的数量在 4.1 万到 6 万个之间,而在欧洲,达到这一标准的城市在 2.2 万到 3.4 万之间。据罗兹曼估计,各个朝代的首都一般都有 100 万左右的人口,同时还有一些人口超过 30 万的城市(在唐朝和明朝中期各有一个,在清朝早期有 3 个,在清朝末期有 9 个)。在欧洲,1500 年时,4 个最大的城市是米兰、巴黎、威尼斯(人口 10 万左右)和那不勒斯(人口 15 万左右);1650 年时,4 个最大的城市是阿姆斯特丹、那不勒斯(人口分别是 17.5 万和 17.6 万)、伦敦(人口 40 万)和巴黎(人口 43 万);到了 1800 年,4 个最大的城市是维也纳(人口 23.1 万)、那不勒斯(人口 42.7 万)、巴黎(人口 58.1 万)和伦敦(人口 86.6 万)。"④ 在 14 世纪中叶以前,当时中国大致处于元朝时期,"西欧只有四个号称为巨型城市,而每一个巨型城市人口均不超过 10 万。"⑤ 其中,佛罗伦萨是 9 万人,米兰是 7.5 万人,威尼斯是 9 万人,热那亚是 8 万人。到十四世纪后半叶,也就是明朝时期,尤

① 习近平:《在省部级主要领导干部学习贯彻党的十八届五中全会精神专题研讨班上的讲话》,《人民日报》2016 年 5 月 10 日。

② 习近平:《在省部级主要领导干部学习贯彻党的十八届五中全会精神专题研讨班上的讲话》,《人民日报》2016 年 5 月 10 日。

③ [英]马丁·雅克:《当中国统治世界——中国的崛起和西方世界的衰落》,张莉、刘曲译,中信出版社 2010 年版,第 63 页。

④ [英]安格斯·麦迪森:《中国经济的长期表现——公元 960—2030 年》,伍晓鹰、马德斌译,上海人民出版社 2011 年版,第 34 页。

⑤ 参见赵冈:《中国城市发展史论集》,新星出版社 2006 年版,第 89—90 页。

其是在明太祖改建后的十年左右,南京赶上开罗成为世界上的最大城市,直至15世纪才被北京所接替。对于北京而言,在接替南京之后,"除了17世纪短时间内亚格拉、君士坦丁堡和德里曾向它的居首地位挑战外,北京一直是世界最大的城市,直到1800年前后才被伦敦超过"①。

从国家总人口方面来看,"1700年中国已经有2亿人口,1800年达到3亿。到1850年人口超过4亿,在150年间人口猛增一倍"②。古代中国从1700年到1820年间,人口从1.38亿增长到3.81亿,增长速度几乎是同期日本人口增长速度的8倍,欧洲的2倍。正如当时法国重农主义经济学家魁奈所说:"全欧洲的总和也没有这样多的人家。"③与此同时,"需要注意的是,古代中国在城镇化进程中,也遇到了与现代一样的问题,突出的是区域发展不均衡,水平参差不齐。如在明代,东南沿海地区市镇较为集中,发展较快,据《中国古代的市场与贸易》里的数据,苏州7县有市镇95个,平均每县约14个;松江府3县有62个市镇,平均每县约21个。北方、中西部地区分布则较少"④。还有研究对春秋战国以来的城市人口比重也进行了相应的比例测算,其中,西汉为17.5%,唐朝为20.8%,宋朝为22.0%,清朝为7%左右⑤。也有研究者在综合中外学者观点的基础上指出:"坊郭户占总人口比例,西汉在30%上下;宋代在12%左右;明代约为9.7%。到了清代,'城里人'绝对总数超过2500万,但城里人所占比例并不高,有学者推算,仅为宋代的一半左右。"⑥即便是新中国成立之初,城镇总人口也只是在5766万左右,城镇人口比重大约为10.6%,大概相当于1850年英国的城市化水平。可见,古代中国的城镇数量一直在增加,城乡人口比例却一直下降,这与农业人口基数越来越大有关。但是,古代中国人口的大量增长并没有导致整个社会生活水平的全面下滑。

---

① [美]施坚雅主编:《中华帝国晚期的城市》,叶光庭等译,中华书局2010年版,第32页。
② [美]石约翰:《中国革命的历史透视》,王国良译,东方出版中心1998年版,第106页。
③ [法]弗朗斯瓦·魁奈:《中华帝国的专制制度》,谈敏译,商务印书馆1992年版,第41页。
④ 参见倪方六:《中国古时的城镇化:最早的"城里人"是什么人?》,《北京晚报》2013年7月7日。
⑤ 参见赵冈:《中国城市发展史论集》,新星出版社2006年版,第84页。
⑥ 倪方六:《中国古时的城镇化:最早的"城里人"是什么人?》,《北京晚报》2013年7月7日。

2. 经济总量方面

在历史上,"我国曾经是世界上的经济强国"①。从全世界范围内来看,古代中国在经济总量方面曾经长期处于领先地位。美国前国务卿基辛格在《论中国》中就曾专门谈到这一点。他在研究后得出的结论中特别指出,"过去的2000 年里,有1800 年中国在世界国内生产总值中所占的比例都要超过任何一个欧洲国家"②。还有统计数据显示,在1750 年,英国工业生产总值只占世界的1.9%,而中国占32%。一直到1860 年时,英国占比首次达到19.9%,而同时期的中国占比为19.7%,也就是在第一次鸦片战争20 年后,英国才第一次以微小的优势在经济总量占比上超过中国。即便是到了乾隆末年,中国经济总量仍然位居世界第一位,对外贸易也是处于长期出超的地位。英国学者马丁·雅克在《当中国统治世界》一书中,通过一个形象化的比喻指出:"18世纪的中国仍然是世界上最大的经济体,其次是印度,欧洲充其量只是经济大球场上中等水平的球员。"③

当时很多欧洲经济学家们都持有类似的观点。其中,从1767 年开始,深受当时古代中国思想影响的法国重农主义的知识领袖、经济学家弗朗斯瓦·魁奈,在《中华帝国的专制制度》中做出过如下评价:"自从欧洲人用支那一词来命名这个帝国(这个名称沿用至今)以后,不论在哪一个时代,都没有人能够否认这是世界上最美丽的国家,是已知的人口最稠密而又最繁荣的王国。像中国这样一个帝国,其大小与整个欧洲相埒,宛如整个欧洲联合起来。……毋庸置疑,这是世界上已知的最美丽、人口最密集、最繁华的王国。中华帝国不亚于一个统一在同一王朝之下的欧洲。"④一些西方学者还有研究认为,在中国问题上,魁奈的观点对英国古典政治经济学家亚当·斯密的思想也产生过直接影响。而亚当·斯密随后在其代表作《国富论》中也曾多次提及"中国

---

① 习近平:《在网络安全和信息化工作座谈会上的讲话》,《人民日报》2016 年4 月26 日。
② [美]亨利·基辛格:《论中国》,胡利平等译,中信出版社2012 年版,第8 页。
③ [英]马丁·雅克:《当中国统治世界——中国的崛起和西方世界的衰落》,张莉、刘曲译,中信出版社2010 年版,第65 页。
④ [法]弗朗斯瓦·魁奈:《中华帝国的专制制度》,谈敏译,商务印书馆1992 年版,第39 页。

富有"的观点。在 1776 年的观察中,他指出,当时的中国比欧洲的任何国家都更为富有。

3. 科学技术方面

"我们有 5000 多年源远流长的文明历史,是世界古代文明中唯一没有中断而延续至今的。在有史籍记载的多数时间里,中华民族在经济、科学、文化、艺术等诸多领域都走在世界前列。"[1]在人类科技文明发展史上,尤其是在工业革命发生前的几千年时间里,中国一直处于世界的第一方阵之中。[2] 历史上,"中国的科学技术成就不逊于西欧诸国、印度和阿拉伯各国,而且往往有过之而无不及"[3]。古代中国在科技发展上的成就和先进程度,也在当时的西方人眼中留下了深刻印象。到现在我们还可以从一些历史著作中找到相关的记述。比如,在 17 世纪后期,一位来自葡萄牙的传教士安文思在北京生活了 29 年之久。他在书中曾这样写道:"古人告诉我们,亚洲人赋有大智。如果他们有关于中国的知识,他们就会更加坚持自己的看法。因为,如果说最快和最易作出最好发明的人,可以说中国人是比其他人更精明和聪慧的,中国人应当被视为优于其他民族,他们首先发明了字、纸、印刷、火药、精瓷。"[4]

根据《自然科学大事年表》记载显示,公元 16 世纪以前,世界上影响人类生活的最重要的科技发明和发现,中国占到了 175 项,远远超过同时代的欧洲。[5] 其中,在被称为"中国文艺复兴时期"的北宋,更是先后出现了"新儒家思想的诞生、火药的发明、灰泥和雕版印刷术的使用、书籍的广泛发现以及数学、自然科学、天文和地理等学科的重大进展","中国不仅是当时世界上文化修养最高和数学水平最强的社会,其发明创造也是首屈一指的。相比之下,北宋结束长达两个世纪之后,欧洲的文艺复兴才姗姗而来"[6]。马丁·雅克指

---

① 习近平:《在香港特别行政区政府欢迎晚宴上的致辞》,《人民日报》2017 年 7 月 1 日。
② 习近平:《在布鲁日欧洲学院的演讲》,《人民日报》2014 年 4 月 2 日。
③ [美]亨利·基辛格:《论中国》,胡利平等译,中信出版社 2012 年版,第 7 页。
④ [葡]安文思:《中国新史》,何高济译,大象出版社 2004 年版,第 56 页。
⑤ 《自然科学大事年表》,上海人民出版社 1975 年版,第 20 页。
⑥ [英]马丁·雅克:《当中国统治世界——中国的崛起和西方世界的衰落》,张莉、刘曲译,中信出版社 2010 年版,第 63 页。

出："雕版印刷图书的发行,大百科全书的出版、日益增多的进京赶考者、数学
领域取得巨大进步(尤其是代数的发展)以及学者阶层的出现,使中国成为当
时世界上最能识字算术的社会。……那时的欧洲还处于望尘莫及的境地。"①

　　在5000多年文明发展进程中,中华民族创造了高度发达的文明,中国古
代在众多科技领域取得了举世瞩目的成就,对包括亚洲和西方在内的世界文
明的发展,产生了巨大而深远的影响。一方面,对于东方世界或周边国家来
说,"中世纪时期,欧洲国家还大量借用中国的新式发明,包括纸张、指南车、
独轮手推车、船尾舵、手纺车和雕版印刷术。那时,中国依然是东亚最先进的
文明国家,对其邻国拥有巨大的影响力,这些国家长期以来……都对中华文明
的优越性表现出虔诚的敬意。"②"哪怕是地区性的竞争对手和外来征服者也
分别在不同程度上吸收了中华文明,作为自己合法性的标志。"③对此,习近
平指出："我国发展历史上长期处于世界领先地位,我国思想文化、社会制
度、经济发展、科学技术以及其他许多方面对周边发挥了重要辐射和引领
作用。"④

　　另一方面,对于西方世界来说,中国古代科技文明同样产生了巨大的影
响。马克思曾专门谈到,中国古代科学进步和技术发展对于世界历史尤其是
西方资本主义发展的深刻影响。他指出："火药、指南针、印刷术——这是预
告资产阶级社会到来的三大发明。火药把骑士阶层炸得粉碎,指南针打开了
世界市场并建立了殖民地,而印刷术则变成新教的工具,总的来说变成科学复
兴的手段,变成对精神发展创造必要前提的最强大的杠杆。"⑤习近平还进一
步引用英国哲学家培根的话来强调古代中国的科技发展及其地位："印刷术、火

①　[英]马丁·雅克:《当中国统治世界——中国的崛起和西方世界的衰落》,张莉、刘曲译,中
　　信出版社2010年版,第63页。
②　[英]马丁·雅克:《当中国统治世界——中国的崛起和西方世界的衰落》,张莉、刘曲译,中
　　信出版社2010年版,第63页。
③　[美]亨利·基辛格:《论中国》,胡利平等译,中信出版社2012年版,前言第XIII页。
④　习近平:《在省部级主要领导干部学习贯彻党的十八届五中全会精神专题研讨班上的讲
　　话》,《人民日报》2016年5月10日。
⑤　《马克思恩格斯文集》第8卷,人民出版社2009年版,第338页。

药、指南针,这3种发明曾改变了整个世界事物的面貌和状态,以致没有一个帝国、教派和人物能比这3种发明在人类事业中产生更大的力量和影响。"①

总而言之,古代中国在科技文明发展上曾经在相当长的历史时期都处于世界领先的地位,古代中国科技发展的世界地位和世界影响是毋庸置疑的。对此,习近平做过比较系统和全面的总结。他指出:"我们的先人们发明了造纸术、火药、印刷术、指南针,在天文、算学、医学、农学等多个领域创造了累累硕果,为世界贡献了无数科技创新成果"②,"形成了系统化的知识体系,取得了以四大发明为代表的一大批发明创造"③。

4. 国土疆域方面

自秦始皇统一六国开始,古代中国才终于结束了春秋战国时期诸侯割据的混乱局面,建立了中国历史上第一个大一统的封建帝国。后来从汉武帝开始,古代中国统治疆域的地理版图已经十分辽阔,到了唐朝盛世时期更是达到1000多万平方公里。历史学家顾颉刚和史念海在合著《中国疆域沿革史》中写道,"论唐代疆域者,每称开元之时为极盛","较诸汉武之时已过矣"。他引述《旧唐书·地理志》指出,盛唐疆域"东至安东府,西至安西府,南至日南郡,北至单于府。""然此仅就国内而言,若羁縻州、县之设立,尤属广泛,自高丽以至于波斯,无往无唐官吏之足迹,其疆域之广大,自古以来未尝有也。"④再后来,元世祖忽必烈开辟元帝国,至元成宗时,"安南乃内附,南洋诸国若马八儿(Maabar)、马兰丹、苏木都剌(Sumatar)皆遣使贡方物。元代版图至此而极大"⑤。疆域的总面积约有1500多万平方公里,远超汉唐盛世时期,达到古代中国国土面积的峰值。公元1368年,朱元璋称帝,建立大明王朝,其疆域范围

① 习近平:《在省部级主要领导干部学习贯彻党的十八届五中全会精神专题研讨班上的讲话》,《人民日报》2016年5月10日。
② 习近平:《在中国科学院第十七次院士大会、中国工程院第十二次院士大会上的讲话》,《人民日报》2014年6月10日。
③ 习近平:《为建设世界科技强国而奋斗——在全国科技创新大会、两院院士大会、中国科协第九次全国代表大会上的讲话》,人民出版社2016年版,第4页。
④ 顾颉刚、史念海:《中国疆域沿革史》,商务印书馆1999年版,第134页。
⑤ 顾颉刚、史念海:《中国疆域沿革史》,商务印书馆1999年版,第180页。

东南到海及海外诸岛,西南包括今西藏、云南,东北直抵日本海、鄂霍次克海、乌第河流域,西到河套平原及西喇木伦河流域,西北到达新疆哈密。

进入清朝以后,尤其是经过康熙六十余年的励精图治,清朝的统一局面开始得到进一步巩固。在此期间,随着清朝设立台湾府,古代中国的疆域总面积也最终定格为 1300 多万平方公里。① 至乾隆时期,臻于极盛,疆域北接西伯利亚,东临太平洋,东到台湾及其附属岛屿,南到南海诸岛,西至葱岭,东北至外兴安岭、库页岛。此时的疆域面积与明代相比是有过之而无不及,成为亚洲东部最大的、中央集权空前绝后的封建帝国。尽管与古代中国版图的历史峰值相比较而言,此时的疆域面积已有一定幅度的收缩,但直接管辖权和实际控制力却都达到了极致。

对于今日之中国梦而言,过去的强盛与曾经的辉煌无疑是一笔巨大而丰厚的历史遗产,不仅为我们源源不断地提供强大的精神力量,更为重要的意义在于,为我们提供了关于民族复兴的历史参照②,有助于我们更好地理解和把握中华民族伟大复兴的命题主旨。对此,习近平特别强调,"实现中华民族伟大复兴,就是中华民族近代以来最伟大的梦想"③。在后来的重要讲话中,习近平又特别强调,对于中国梦的理解在基本内涵上可以做适当拓展,"但不能脱离中华民族伟大复兴这个主题"④。就此而言,要做到准确把握中国梦,首先意味着如何正确认识中华民族伟大复兴的精神实质和精髓要义。对此,我们认为至少可以从以下方面加以具体把握。

第一,实现中华民族伟大复兴,不是要恢复到古代中国历史鼎盛时期的疆域版图,不是要谋求霸权,不是要进行对外侵略扩张,中国无意威胁其他国家。

一方面,无论是从遵守通行的国际法律法规,还是从中国共产党一直以来

---

① 参见刘克振:《简述古代中国之强大》,《武警学院学报》1998 年第 3 期。

② 当然,除了在经济总量、人口规模、科技文化、领土主权方面之外,要真正实现中国梦显然还有其他很多方面需要努力。

③ 习近平:《承前启后　继往开来　继续朝着中华民族伟大复兴目标奋勇前进》,《人民日报》2012 年 11 月 30 日。

④ 习近平:《在同全国总工会第一届领导班子成员集体谈话时的讲话》,《习近平关于实现中华民族伟大复兴的中国梦论述摘编》,中央文献出版社 2013 年版,第 10 页。

的主张来看,实现中华民族伟大复兴都不可能、也不会是去改变现有的领土事实。1960年5月,当英国著名军事将领蒙哥马利问,五十年后中国强大了会怎样时,毛泽东明确地回答说:"五十年以后,中国的命运还是九百六十万平方公里。中国没有上帝,有个玉皇大帝。五十年以后,玉皇大帝管的范围还是九百六十万平方公里。"①1989年5月16日,邓小平与戈尔巴乔夫的会谈中也曾谈及这个问题。邓小平指出:讲清历史问题对解决遗留问题有好处。但是,"历史帐讲了,这些问题一风吹。"②除了提出对于过去发生的争论"一风吹"、"不算旧账向前看"的主张之外,邓小平还及时地提出了"冷静观察、沉着应付、韬光养晦、有所作为"的外交方针。在这种方针指导下,"中国不侵略别人,对任何国家都不构成威胁"③。1990年12月,在同几位中央负责同志的谈话中,邓小平再次强调,"我们千万不要当头,这是一个根本国策","中国永远不称霸,中国也永远不当头"。④

不争霸的外交主张也成为后来中国共产党人坚持的基本立场。1999年10月,在英国剑桥大学的演讲中,江泽民表示:"中国的发展和强盛不会对任何人构成威胁,而只会促进世界的和平、稳定和发展。永远不称霸,这是中国人民对世界的庄严承诺。"⑤2000年11月,胡锦涛在法国国际关系研究所的演讲中也指出,"中国始终是维护亚洲和世界和平稳定的重要力量","中国发展不会对任何国家构成威胁,只会有利于地区和世界和平与繁荣"。⑥ 2009年4月,胡锦涛重申,"不论现在还是将来,不论发展到什么程度,中国都永远不称霸"⑦。党的十八大以来,针对那种将发展后块头越来越大的中国视为一种可怕存在的"中国威胁论",习近平也多次进行驳斥并反复重申,中国永远不称

---

① 《毛泽东文集》第8卷,人民出版社1999年版,第189页。
② 《邓小平文选》第3卷,人民出版社1993年版,第295页。
③ 《邓小平文选》第3卷,人民出版社1993年版,第294页。
④ 《邓小平文选》第3卷,人民出版社1993年版,第363页。
⑤ 江泽民:《在英国剑桥大学的演讲》,《人民日报》1999年10月23日。
⑥ 《胡锦涛文选》第1卷,人民出版社2016年版,第520页。
⑦ 胡锦涛:《在会见参加中国人民解放军海军成立60周年庆典活动的29国海军代表团团长时的讲话》,《人民日报》2009年4月24日。

霸,中国不是"可怕的牛魔王"①,也不会是"可怕的'墨菲斯托'"②。可以说,层出不穷的"中国威胁论"像天方夜谭一样,是对当下中华儿女奋力实现的中华民族伟大复兴中国梦的最大误解。在领土主权问题上,中国共产党人从始至终向世人传达的信息都是明确的,那就是实现中华民族伟大复兴中国梦,"不是复兴封建帝国的旧梦"③。因此,中国梦不能被简单地理解为要求恢复过去的疆域版图,中国无意于搞军备竞赛和军事扩张。

另一方面,中华民族伟大复兴虽然不追求恢复到鼎盛时期的领土疆域,但也并不等同于放弃固有领土的主权主张。中国将坚定不移维护自己的国家主权、安全、发展利益。对此,习近平曾特别强调:"实现祖国完全统一,是中华民族根本利益所在,也是全体中华儿女的共同愿望和神圣职责。确保国家完整不被分裂,维护中华民族根本利益,是全体中华儿女共同意志,是不可阻挡的历史潮流。""近代以来,中国经历了长达百余年的国破山河碎、同胞遭蹂躏的悲惨历史,所有中华儿女对此刻骨铭心。维护国家主权和领土完整,绝不容忍国家分裂的历史悲剧重演,是我们对历史和人民的庄严承诺。一切分裂国家的活动都必将遭到全体中国人民坚决反对。我们绝不允许任何人、任何组织、任何政党、在任何时候、以任何形式、把任何一块中国领土从中国分裂出去!"④这也是理解中华民族伟大复兴的一个不可或缺的重要方面。

总之,应该客观地、历史地看待中华民族伟大复兴的中国梦,理性地对待中国的不断发展和日益壮大。基辛格说过:"21世纪中国'崛起'并非新生事物,而是历史的重现。……中国重回世界舞台中心,既是作为一个古老文明的传承者,也是作为依照威斯特伐利亚模式行事的现代大国。"⑤更早些时候,拿破仑对中国有过一个描述:中国是一头沉睡的狮子,当这头睡狮醒来时,世界

---

① 习近平:《共创中韩合作未来　同襄亚洲振兴繁荣——在韩国国立首尔大学的演讲》,《人民日报》2014年7月5日。
② 习近平:《在德国科尔伯基金会的演讲》,《人民日报》2014年3月30日。
③ 朱春奎:《中国梦的科学内涵与实现路径》,《人民论坛》2013年第13期。
④ 习近平:《在纪念孙中山先生诞辰150周年大会上的讲话》,《人民日报》2016年11月12日。
⑤ [美]亨利·基辛格:《世界秩序》,胡利平、林华、曹爱菊译,中信出版社2015年版,第286页。

都会为之发抖。对此,习近平特别指出:"中国这头狮子已经醒了,但这是一只和平的、可亲的、文明的狮子。"①实现中华民族伟大复兴的中国梦,不会对其他国家和地区安全构成威胁,同时在国家核心利益方面,要旗帜鲜明、坚持原则、毫不妥协,坚决加以维护,绝不容忍国家分裂的历史悲剧重演。

第二,实现中华民族伟大复兴意味着重新跻身世界先进民族行列,为人类作出更大贡献。为人类、为世界文明作出更大贡献是中国共产党人反复强调的一个问题。1956年8月,毛泽东在八大预备会第一次会议上的讲话中就曾指出:"六亿人口的国家,在地球上只有一个,就是我们。过去人家看我们不起是有理由的。因为你没有什么贡献。"②"如果不是这样,那我们中华民族就对不起全世界各民族,我们对人类的贡献就不大。"③同年9月24日,在同参加中国共产党八大的南斯拉夫共产主义者联盟代表团的谈话时,毛泽东又说道,中国是一个大国,它的人口占全世界人口的四分之一,可是"它对人类的贡献是不符合它的人口比重的",这种状况一定要改变。1956年11月,在纪念孙中山先生诞辰90周年时,毛泽东专门撰写纪念文章《纪念孙中山先生》,再次重申了这一点。他指出:"事物总是发展的。一九一一年的革命,即辛亥革命,到今年,不过四十五年,中国的面目完全变了。再过四十五年,就是二千零一年,也就是进到二十一世纪的时候,中国的面目更要大变。中国将变为一个强大的社会主义工业国。中国应当这样。因为中国是一个具有九百六十万平方公里土地和六万万人口的国家,中国应当对于人类有较大的贡献。而这种贡献,在过去一个长时期内,则是太少了。这使我们感到惭愧。"④

中国进入改革开放的新时期之后,邓小平也特别谈道中国在自身发展的同时,也要致力于为人类作出更大贡献的问题。1978年3月,在全国科学大会开幕式上的讲话中,邓小平指出:"毛泽东同志经常教导我们:'中国应当对于人类有较大的贡献。'在科学技术方面,我国古代曾经创造过辉煌的成就,

---

① 习近平:《在中法建交五十周年纪念大会上的讲话》,《人民日报》2014年3月29日。
② 《毛泽东文集》第7卷,人民出版社1999年版,第88页。
③ 《毛泽东文集》第7卷,人民出版社1999年版,第89页。
④ 《毛泽东文集》第7卷,人民出版社1999年版,第156—157页。

四大发明对世界文明的进步起了伟大作用。但是我们祖先的成就,只能用来坚定我们赶超世界先进水平的信心,而不能用来安慰我们现实的落后。我们现在在科学技术方面的创造,同我们这样一个社会主义国家的地位是很不相称的。"①1984 年 5 月,邓小平在会见巴西总统菲格雷多时说:"我国是社会主义国家,国民生产总值达到一万亿美元,日子就会比较好过",到那个时候"中国就会对人类有大一点的贡献"。②

1998 年 5 月,在庆祝北京大学建校 100 周年大会上,江泽民指出:"到建国 100 周年时,我国的社会主义现代化将会胜利地得到基本实现。到那时,无数志士仁人梦寐以求的振兴中华的理想将变成现实,中国人民将过上中等发达水平的富裕文明生活,中华民族将对人类作出更大贡献。"③江泽民又指出:"中国作为疆域辽阔、人口众多、历史悠久的国家,应该对人类有较大贡献。中国人民所以要进行百年不屈不挠的斗争,所以要实行一次又一次的伟大变革、实现国家的繁荣富强,所以要加强民族团结、完成祖国统一大业,所以要促进世界和平与发展的崇高事业,归根到底就是为了一个目标:实现中华民族的伟大复兴,争取对人类作出新的更大的贡献。"④在庆祝中国共产党成立 90 周年大会上的讲话中,胡锦涛也指出:"我们将坚持不懈为人类和平与发展的崇高事业作出自己的努力,争取对人类作出新的更大的贡献。"⑤

党的十八大以来,习近平也曾多次强调中国要为人类发展作出更大贡献。在 2012 年到 2016 年的几次重要讲话中,习近平反复指出:"中国将始终做全球发展的贡献者。"⑥"为人类不断作出新的更大的贡献,是中国共产党和中国人民早就作出的庄严承诺。中国共产党和中国人民从苦难中走过来,深知和平的珍贵、发展的价值,把促进世界和平与发展视为自己的神圣职责。"⑦"我

---

① 《邓小平文选》第 2 卷,人民出版社 1994 年版,第 90 页。
② 《邓小平文选》第 3 卷,人民出版社 1993 年版,第 57 页。
③ 江泽民:《在庆祝北京大学建校一百周年大会上的讲话》,《人民日报》1998 年 5 月 5 日。
④ 《江泽民文选》第 2 卷,人民出版社 2006 年版,第 63 页。
⑤ 胡锦涛:《在庆祝中国共产党成立 90 周年大会上的讲话》,《人民日报》2011 年 7 月 2 日。
⑥ 习近平:《在亚洲基础设施投资银行开业仪式上的致辞》,《人民日报》2016 年 1 月 17 日。
⑦ 习近平:《在庆祝中国共产党成立 95 周年大会上的讲话》,《人民日报》2016 年 7 月 2 日。

们的责任,就是要团结带领全党全国各族人民,接过历史的接力棒,继续为实现中华民族伟大复兴而努力奋斗,使中华民族更加坚强有力地自立于世界民族之林,为人类作出新的更大的贡献。"①习近平指出:"中华民族,具有 5000 多年绵延不绝的文明历史,为人类文明进步作出了不可磨灭的贡献。"②"未来岁月里,中国人民和中华民族也必将为人类和平与发展的崇高事业不断作出新的更大的贡献!"③

实现中华民族伟大复兴意味着为人类文明作出更大贡献,只是两者关系的一个方面。习近平还特别强调了两者关系的另一个方面,也就是为人类作出更大贡献要以中华民族伟大复兴为前提。2013 年 10 月,习近平在印度尼西亚国会发表题为《携手建设中国—东盟命运共同体》的演讲。在这次演讲中,他指出:"新中国成立 60 多年来特别是改革开放 30 多年来,中国走出了一条成功的发展道路,取得了举世瞩目的发展成就。中国对未来发展作出了战略部署,明确了奋斗目标,即到 2020 年实现国内生产总值和城乡居民人均收入比 2010 年翻一番,全面建成小康社会;到本世纪中叶建成富强民主文明和谐的社会主义现代化国家,实现中华民族伟大复兴。这是中华民族和中国人民的百年夙愿,也是中国为人类作出更大贡献的必要条件。"④2014 年,在德国科尔伯基金会的演讲中,习近平再次指出,中国只有努力实现自己的发展目标,"才能为世界作出更大贡献"⑤。如果没有中华民族伟大复兴,也就谈不上为人类发展作出更大贡献。

与此同时,习近平进一步明确地对"作出更大贡献"的内涵进行了丰富和拓展。除了科学技术方面,还特别涉及包括解决人类问题而提出中国方案和贡献中国智慧,为世界各国改革发展提供"中国经验"、"中国思路",为全球治

① 习近平:《人民对美好生活的向往　就是我们的奋斗目标》,《人民日报》2012 年 11 月 16 日。
② 习近平:《在纪念毛泽东同志诞辰 120 周年座谈会上的讲话》,《人民日报》2013 年 12 月 27 日。
③ 习近平:《在纪念孙中山先生诞辰 150 周年大会上的讲话》,《人民日报》2016 年 11 月 12 日。
④ 习近平:《携手建设中国—东盟命运共同体——在印度尼西亚国会的演讲》,《人民日报》2013 年 10 月 4 日。
⑤ 习近平:《在德国科尔伯基金会的演讲》,《人民日报》2014 年 3 月 30 日。

理提供"中国态度"、"中国主张"等方面的贡献。2016年5月,他在哲学社会科学工作座谈会上的讲话中指出:"中国古代大量鸿篇巨制中包含着丰富的哲学社会科学内容、治国理政智慧,为古人认识世界、改造世界提供了重要依据,也为中华文明提供了重要内容,为人类文明作出了重大贡献。"①习近平的这些重要论述表明,中国人民对人类发展的贡献是多维度、多领域的。

像很多伟大国家和优秀民族一样,中国梦同样希望重现历史上的辉煌并希望能够将其保持下去。当然,复兴不等于复古,强大不等于自大。正如一位哲学家所说:过去存在于我们的未来之中。作为世界上众多伟大梦想中的一员,我们要实现的民族复兴不是重回旧制,也不是争当横行世界的未来霸主,而是重新回到世界先进国家行列,与世界各国人民一道,为人类的文明进步作出更大的贡献。

第三,实现中华民族伟大复兴不仅意味着中国梦展现出光明前景,更意味着前进道路并不平坦,仍然需要一个长期奋斗的历史过程。

前途是光明的,道路是曲折的。"这是一切正义事业发展的历史逻辑。"②从实现进程来看,在实现中华民族伟大复兴之前也常常意味着一种长期衰落的痛苦记忆,甚至在相当长的历史时期内都处在一种发展的低潮之中。站在历史低谷中来实现伟大的理想,是没有平坦大道可走的。正是这种艰巨性、复杂性说明,"伟大的事业之所以伟大,不仅因为这种事业是正义的、宏大的,而且因为这种事业不是一帆风顺的"③。在这种历史基础上,提出实现中华民族的伟大复兴中国梦,无疑充分体现了中国共产党人坚强的毅力、超强的勇气和不懈的追求。除此之外,一个民族要想从低谷中彻底走出来,除了勇气和毅力之外,还应当做好充足的准备和科学的谋划。中国共产党第十八次全国代表大会提出"两个一百年"的奋斗目标。其中,第二个百年奋斗目标是到21世纪中叶,基本建成富强民主文明和谐的社会主义现代化国家,在整体上赶上和

① 习近平:《在哲学社会科学工作座谈会上的讲话》,《人民日报》2016年5月19日。
② 习近平:《在纪念毛泽东同志诞辰120周年座谈会上的讲话》,《人民日报》2013年12月27日。
③ 习近平:《在纪念孙中山先生诞辰150周年大会上的讲话》,《人民日报》2016年11月12日。

达到中等发达国家水平。而就目前而言,中国与世界最发达国家相比还有不小的差距。根据有关研究的测算数据,目前我国的人均国内生产总值只相当于日本的 10%。从现在开始,在三十多年后,我国的经济总量即使超过了最发达国家的水平,但从人均指标来看,差距仍然很大。可以说,在中国这样一个世界上最大的发展中国家,"创造 13 亿人的幸福美好生活绝非易事"①。总之,"实现中国现代化,实现中华民族伟大复兴,实现全体中国人民共同富裕,我们还有很长的路要走,还有很多困难和风险要去战胜"②。

从现实国情来看,经过四十多年的改革开放,中国取得了巨大的举世瞩目的成就,实现了跨越式发展,人民生活也发生了翻天覆地的变化。"我国在世界经济和全球治理中的分量迅速上升,我国是世界第二经济大国、最大货物出口国、第二大货物进口国、第二大对外直接投资国、最大外汇储备国、最大旅游市场,成为影响世界政治经济版图变化的一个主要因素。"③无论是从人民的获得感,还是国家的国际地位的变化来看,"作为有着 13 亿多人口的国家,中国用几十年的时间走完了发达国家几百年走过的发展历程,无疑是值得骄傲和自豪的"④。对此,习近平就特别指出:"改革开放以来,我国经济社会发展取得了举世瞩目的成就,经济总量跃居世界第二,众多主要经济指标名列世界前列。同时,必须清醒地看到,我国经济规模很大、但依然大而不强,我国经济增速很快、但依然快而不优。"⑤党能够在成绩面前保持清醒,离不开对国家所处历史方位的清晰把握。

2012 年,在第十八届中央政治局第一次集体学习时的讲话中,习近平特别指出,"不仅在经济总量低时要立足初级阶段,而且在经济总量提高后仍然

---

① 习近平:《促进共同发展,共创美好未来——在墨西哥参议院的演讲》,《人民日报》2013 年 6 月 7 日。
② 习近平:《在纪念孙中山先生诞辰 150 周年大会上的讲话》,《人民日报》2016 年 11 月 12 日。
③ 习近平:《在省部级主要领导干部学习贯彻党的十八届五中全会精神专题研讨班上的讲话》,《人民日报》2016 年 5 月 10 日。
④ 习近平:《在布鲁日欧洲学院的演讲》,《人民日报》2014 年 4 月 2 日。
⑤ 习近平:《在中国科学院第十七次院士大会、中国工程院第十二次院士大会上的讲话》,《人民日报》2014 年 6 月 10 日。

要牢记初级阶段;不仅在谋划长远发展时要立足初级阶段,而且在日常工作中也要牢记初级阶段"①。2014年,在庆祝中华人民共和国成立65周年招待会上的讲话中,习近平也指出:"中国仍处于并将长期处于社会主义初级阶段的基本国情没有变,实现13亿多人共同富裕任重道远。"②2017年,在省部级主要领导干部专题研讨班上发表重要讲话时,习近平再次强调,全党要牢牢把握社会主义初级阶段这个最大国情,牢牢立足社会主义初级阶段这个最大实际。③

　　除了总体上谈基本国情之外,习近平在多次出访以及对外演讲中谈得更加具体,通过大量的数据来全面说明中国的实际国情。"根据联合国标准,中国还有1.28亿人生活在贫困线以下。"④这是2013年的数据。2014年,"人均国内生产总值还排在世界第八十位左右"⑤。与2013年相比,中国人均国内生产总值的世界排位虽然有所上升,但不容忽视的是,根据2015年的数据,"中国的人均国内生产总值仅相当于全球平均水平的三分之二、美国的七分之一,排在世界80位左右"⑥。按照中国的标准,还有7000万人没有脱贫。"2016年底,全国农村贫困人口还有4300多万人。"⑦"按照联合国标准,中国还有2亿左右人口生活在贫困线以下。"⑧这也意味着中国要在2020年实现现有标准下7000多万贫困人口的全部脱贫,"这差不多相当于法国、德国、英

①　习近平:《紧紧围绕坚持和发展中国特色社会主义　学习宣传贯彻党的十八大精神——在十八届中共中央政治局第一次集体学习时的讲话》,《人民日报》2012年11月19日。

②　习近平:《在庆祝中华人民共和国成立65周年招待会上的讲话》,《人民日报》2014年10月1日。

③　习近平:《认真学习贯彻习近平总书记在省部级主要领导干部专题研讨班上重要讲话精神》.《人民日报》2017年8月5日。

④　习近平:《永远做可靠朋友和真诚伙伴——在坦桑尼亚尼雷尔国际会议中心的演讲》,《人民日报》2013年3月26日。

⑤　习近平:《携手追寻民族复兴之梦——在印度世界事务委员会的演讲》,《人民日报》2014年9月19日。

⑥　习近平:《在华盛顿州当地政府和美国友好团体联合欢迎宴会上的演讲》,《人民日报》2015年9月24日。

⑦　习近平:《在深度贫困地区脱贫攻坚座谈会上的讲话》,《人民日报》2017年9月1日。

⑧　习近平:《共倡开放包容　共促和平发展——在伦敦金融城市长晚宴上的演讲》,《人民日报》2015年10月23日。

国人口的总和"①。在这些数据面前,我们能够更加深刻地体会到一点,那就是"中华民族伟大复兴绝不是轻轻松松就能实现的,我国越发展壮大,遇到的阻力和压力就会越大"②。要让 14 多亿人生活更加美好,中国人民仍然还有很长的路要走,还需要进行长期艰苦努力。

基于对中国梦实现过程长期性特征的清醒认识,习近平将实现中国梦比喻为中国共产党要完成的又一次"新的长征"。2016 年 10 月,在纪念红军长征胜利 80 周年大会上的讲话中,习近平指出:"每一代人有每一代人的长征路,每一代人都要走好自己的长征路。今天,我们这一代人的长征,就是要实现'两个一百年'奋斗目标、实现中华民族伟大复兴的中国梦。今天的长征同当年的红军长征相比,同改革开放以来我们已经走过的新长征之路相比,虽然在环境、条件、任务、力量等方面有一些差异甚至有很大不同,但都是具有开创性、艰巨性、复杂性的事业。"③2016 年 12 月,在纪念万里同志诞辰 100 周年座谈会上的讲话中,习近平再次指出:"我们党正带领人民走在实现'两个一百年'奋斗目标、实现中华民族伟大复兴中国梦的新长征路上。"④

总之,必须充分认识到实现中华民族伟大复兴是一个动态的、长期的历史过程。邓小平说:"我们搞社会主义才几十年,还处在初级阶段。巩固和发展社会主义制度,还需要一个很长的历史阶段,需要我们几代人、十几代人,甚至几十代人坚持不懈地努力奋斗,决不能掉以轻心。"⑤2014 年 5 月,在与北京大学师生座谈会上,习近平特别强调:"行百里者半九十。距离实现中华民族伟大复兴的目标越近,我们越不能懈怠,越要加倍努力。"⑥他激励大家,在实现中国梦的"新长征路上,每一个中国人都是主角、都有一份责任"⑦。他也号召

① 习近平:《在布鲁日欧洲学院的演讲》,《人民日报》2014 年 4 月 2 日。
② 习近平:《在中国科学院第十七次院士大会、中国工程院第十二次院士大会上的讲话》,《人民日报》2014 年 6 月 10 日。
③ 习近平:《在纪念红军长征胜利 80 周年大会上的讲话》,《人民日报》2016 年 10 月 22 日。
④ 习近平:《在纪念万里同志诞辰 100 周年座谈会上的讲话》,《人民日报》2016 年 12 月 6 日。
⑤ 《邓小平文选》第 3 卷,人民出版社 1993 年版,第 379—380 页。
⑥ 《习近平谈治国理政》第 1 卷,外文出版社 2018 年版,第 167 页。
⑦ 习近平:《在全国政协新年茶话会上的讲话》,《人民日报》2016 年 12 月 31 日。

大家,"只要我们 13 亿多人民和衷共济,只要我们党永远同人民站在一起,大家撸起袖子加油干,我们就一定能够走好我们这一代人的长征路"①。

(二)传统文化的血脉与中国梦的语境

一般来说,对于特定对象的理解准确与否,很大程度上与被理解对象所在的文化语境是否相符合密切相关。从这种角度来看,理解者只有将思维观念置于被理解者的生成及其存在的文化语境之中,才能够对后者形成足够客观的、历史的和真实的思想认识。这一点具体到中国梦而言,也不例外。习近平指出:"中华民族有着深厚文化传统,形成了富有特色的思想体系,体现了中国人几千年来积累的知识智慧和理性思辨。"②这使得中华优秀传统文化先在地构成了我们理解中国梦必须进入的文化语境。而前者对于后者所具有的重要意义,在习近平相关重要讲话中的常用语词中可见一斑。比如,2014 年 9 月,在纪念孔子诞辰 2565 周年国际学术研讨会上,习近平这样说道:"优秀传统文化是一个国家、一个民族传承和发展的根本,如果丢掉了,就割断了精神命脉。"③同年 10 月,习近平在文艺工作座谈会上的讲话中指出:"求木之长者,必固其根本;欲流之远者,必浚其泉源。"中华优秀传统文化是中华民族的精神命脉,也是我们在世界文化激荡中站稳脚跟的坚实根基。④ 2016 年 2 月,在中国文联十大、中国作协九大开幕式上的讲话中,习近平再次指出:"中华文化延续着我们国家和民族的精神血脉。"⑤

实际上,中华民族在漫长历史发展中所形成的独具特色的文化传统,至少可以从两个方面加以理解。一方面,在 5000 多年的历史变迁中,始终一脉相承,它已经深深地"积淀着中华民族最深层的精神追求,代表着中华民族独特的精神标识,为中华民族生生不息、发展壮大提供了丰厚滋养"⑥。从另外一

---

① 《国家主席习近平发表二〇一七年新年贺词》,《人民日报》2017 年 1 月 1 日。
② 习近平:《在哲学社会科学工作座谈会上的讲话》,《人民日报》2016 年 5 月 19 日。
③ 习近平:《在纪念孔子诞辰 2565 周年国际学术研讨会暨国际儒学联合会第五届会员大会开幕会上的讲话》,《人民日报》2014 年 9 月 25 日。
④ 习近平:《在文艺工作座谈会上的讲话》,《人民日报》2015 年 10 月 15 日。
⑤ 习近平:《在中国文联十大、中国作协九大开幕式上的讲话》,《人民日报》2016 年 12 月 1 日。
⑥ 《习近平谈治国理政》第 1 卷,外文出版社 2018 年版,第 260 页。

个角度来看,当代中国是古代中国的延续和发展。这就要求我们必须认识到,中华优秀传统文化对中国梦的影响是一个历史的过程。它不仅深深地影响了中国梦的昨天,也正在影响着中国梦的今天,并将继续影响中国梦的明天。正如习近平所说:"要认识今天的中国、今天的中国人,就要深入了解中国的文化血脉,准确把握滋养中国人的文化土壤。"①总之,只有感触中国梦背后深厚而有力的文化脉动,才能够更加深刻地把握中国梦的总体面貌。换言之,中国梦无论是哪种形象的形塑和展现,都与中华优秀传统文化的浸润与滋养息息相关。

1. 人民幸福之追求

当前,我们正处于如期全面建成小康社会的决胜阶段。作为第一个百年奋斗目标,"全面建成小康社会"这一目标本身就与中华文化存在直接的联系。其中的"小康"一词就是来自中国古代经典《礼记·礼运》。古人在《礼记·礼运》中具体而生动地描绘了"小康"社会和"大同"社会的状态,中国共产党人借此表达当代中国人民对于美好生活的理想追求和未来中国的发展目标。可以说,用传统概念表达现代理想,"既符合中国发展实际,也容易得到最广大人民理解和支持"②。

从最终意义上来讲,"全面建成小康社会,实现中国梦,就是要实现人民幸福"③。习近平指出:"全面建成小康社会,不是一个'数字游戏'或'速度游戏',而是一个实实在在的目标。在保持经济增长的同时,更重要的是落实以人民为中心的发展思想,想群众之所想、急群众之所急、解群众之所困,在学有所教、劳有所得、病有所医、老有所养、住有所居上持续取得新进展。人民群众关心的问题是什么? 是食品安不安全、暖气热不热、雾霾能不能少一点、河湖能不能清一点、垃圾焚烧能不能不有损健康、养老服务顺不顺心、能不能租得

---

① 习近平:《在纪念孔子诞辰 2565 周年国际学术研讨会暨国际儒学联合会第五届会员大会开幕式上的讲话》,《人民日报》2014 年 9 月 25 日。
② 习近平:《在纪念孔子诞辰 2565 周年国际学术研讨会暨国际儒学联合会第五届会员大会开幕会上的讲话》,《人民日报》2014 年 9 月 25 日。
③ 习近平:《携手消除贫困　促进共同发展——在 2015 减贫与发展高层论坛的主旨演讲》,《人民日报》2015 年 10 月 17 日。

起或买得起住房,等等。相对于增长速度高一点还是低一点,这些问题更受人民群众关注。如果只实现了增长目标,而解决好人民群众普遍关心的突出问题没有进展,即使到时候我们宣布全面建成了小康社会,人民群众也不会认同。"①因此,在现实生活当中,人民幸福的因素很多,但大都与社会民生有着不可分割的密切联系。就此而言,我们要实现的人民幸福很大程度上可以理解为民生幸福。

而从概念的生成和发展来看,在现有的可查文献中,民生一词的使用可以追溯到春秋时期。《左传·宣公十二年》记载春秋时期晋国大夫栾书使用了"民生之不易"、"民生在勤"等表述。《左传·成公十六年》载申叔之言:"民生厚而德正,用利而事节,时顺而物成。"至晚清民国时,随着民众地位提升,百姓生活日渐在社会政治生活中占有支配地位,"民生"一词成为重要的政治词汇之一。②

无论是"小康社会",还是"民生幸福"都说明中华文化历来注重以民为本,尊重人的尊严和价值。在社会历史发展过程中,古代中国逐渐形成了丰富的民本思想。中华经典《尚书》中就提出"民惟邦本,本固邦宁"、"天地之间,莫贵于人"等思想,旨在强调执政者要致力于利民、裕民、养民、惠民。先秦时期,一些思想家也敏锐地意识到了民生幸福直接关系政权稳定和国家发展的重大问题。他们大都以史为鉴,进一步发展了古代中国的民本思想。其中,管子主张将富民作为治国的第一要务。正如管子所言:"凡治国之道,必先富民。民富则易治也,民贫则难治也。"这种认识在先秦诸子中也是独一无二的。他认识到民众生活改善的重要性,尤其是富民对于增强国家经济实力的巨大作用。孔子也提出:"不患寡而患不均,不患贫而患不安。"孟子曾说:"老吾老以及人之老,幼吾幼以及人之幼。"荀子则提出了著名的"舟水之喻",成为中国古代民本思想史发展中的又一典型代表。荀子有言:"君者,舟也;庶人者,水也。水则载舟,水则覆舟。"其核心思想要义旨在强调社会普通民众

① 习近平:《从解决好人民群众普遍关心的突出问题入手 推进全面小康社会建设——在中央财经领导小组第十四次会议上的讲话》,《人民日报》2016年12月22日。
② 孙来斌、刘近:《中国民生概念发展史论要》,《湖北社会科学》2014年第6期。

对于君王统治的重要意义。荀子认为,统治者若得到百姓的拥护,就能够拥有天下。"国者,得百姓之力者富,得百姓之死者强,得百姓之誉者荣。三得者具而天下为之,三得者亡而天下去之。"①汉代思想家刘安在《淮南子·氾论训》说过:"治国有常,而利民为本。"这些思想对于当代中国梦有很重要的借鉴价值。

2. 爱国主义传统

"伟大的事业需要伟大的精神。实现中华民族伟大复兴的中国梦,是当代中国爱国主义的鲜明主题。"②对于中国梦与爱国主义的关系,简单地说,一方面,实现中国梦的过程离不开爱国主义;另一方面,爱国主义贯穿实现中华民族伟大复兴中国梦的全过程。正如习近平在欧美同学会成立一百周年庆祝大会上的讲话中指出的那样:"在中华民族几千年绵延发展的历史长河中,爱国主义始终是激昂的主旋律,始终是激励我国各族人民自强不息的强大力量。"③在实现中华民族伟大复兴的历史征程中,爱国主义始终在强有力地激发着中华儿女与祖国同呼吸共命运的民族情感。正是在爱国主义情感的激励之下,一代又一代仁人志士和民族英雄夙夜在公、前赴后继,"在那个风雨如晦的年代,中华民族从未屈服,无数仁人志士前仆后继,探求救国救民的道路,进行可歌可泣的抗争"④。他们以"穷则独善其身,达则兼济天下"的满腔情怀,以"富贵不能淫,贫贱不能移,威武不能屈"的青云之志,以"人生自古谁无死,留取丹心照汗青"的悲壮与豪迈,以"天下兴亡,匹夫有责"的使命与责任,"为天地立心、为生民立命、为往圣继绝学、为万世开太平"。⑤

"古往今来,任何一个有作为的民族,都以自己的独特精神著称于世。爱

---

① 参见赵凤岐:《构建社会主义和谐社会与中华文明》,《中国社会科学院院报》2007年3月1日。
② 习近平:《大力弘扬伟大爱国主义精神　为实现中国梦提供精神支柱》,《人民日报》2015年12月31日。
③ 习近平:《在欧美同学会成立100周年庆祝大会上的讲话》,《人民日报》2013年10月22日。
④ 习近平:《在纪念孙中山先生诞辰150周年大会上的讲话》,《人民日报》2016年11月12日。
⑤ 参见程冠军:《"中国梦"的历史渊源和时代意义》,《新重庆》2013年第6期。

国主义是中华民族民族精神的核心。"①爱国主义是常写常新的主题,之所以常写常新,就在于它是具体的和现实的。中国历史发展过程中有很多对爱国主义的文学注解。范仲淹的"先天下之忧而忧,后天下之乐而乐",陆游的"王师北定中原日,家祭无忘告乃翁"、"位卑未敢忘忧国"、"夜阑卧听风吹雨,铁马冰河入梦来",文天祥的"人生自古谁无死,留取丹心照汗青",林则徐的"苟利国家生死以,岂因祸福避趋之",等等,都以全部热情为祖国放歌抒怀。②尤其是从革命战争年代一直流淌在中国人民血液中的那种高尚的家国情怀。尽管爱国主义的表现形式往往会随着历史的发展而发展,但其实质并没有变。中国梦作为爱国梦,在根本上就要求个人始终自觉地将人生追求同伟大祖国的繁荣发展结合起来,"把个人梦与中国梦紧密联系在一起"③。习近平在深情阐述中国梦时就特别指出,"国家好,民族好,大家才会好"④。这简短而质朴的语言,深刻地揭示出了国家命运与个人发展之间内在的辩证关系。

　　一方面,国家的前途命运对于个人的前途命运而言具有重要的基础性作用。熟悉中国近代史的人都明白,如果国家处于太平盛世,一片欣欣向荣、朝气蓬勃,那么老百姓就会有幸福的生活。反之,整个国家处于饥寒交迫的状态,整个民族走向衰败落寞的境地,任何个人的日子也不会好多少。无论承认与否,历史和现实都反复告诉我们一点:"每个人都有理想和追求,都有自己的梦想。但是,离开了国家的发展、社会的进步、民族的振兴,任何人的梦想和追求都难以变成现实。"⑤另一方面,大家好,国家才会好。中国梦的伟大之处就体现在一个个五彩斑斓的个体梦想中。对此,习近平指出:"我们要认识到,千家万户都好,国家才能好,民族才能好。国家富强,民族复兴,人民幸福,不是抽象的,最终要体现在千千万万个家庭都幸福美满上,体现在亿万人民生

①　习近平:《在纪念中国人民抗日战争暨世界反法西斯战争胜利 69 周年座谈会上的讲话》,《人民日报》2014 年 9 月 4 日。
②　习近平:《在文艺工作座谈会上的讲话》,《人民日报》2015 年 10 月 15 日。
③　习近平:《在庆祝"五一"国际劳动节暨表彰全国劳动模范和先进工作者大会上的讲话》,《人民日报》2015 年 4 月 29 日。
④　《习近平谈治国理政》第 1 卷,外文出版社 2018 年版,第 36 页。
⑤　石平:《国家好,民族好,大家才会好》,《求是》2013 年第 6 期。

活不断改善上。"①与此同时,中国梦的实现离不开千千万万中华儿女的蓬勃力量。也就是说,再美好的理想都需要用行动来将其化为现实,这就需要广大人民群众一起贡献自身的力量,进而汇聚起磅礴的中国力量。

实现中国梦更加需要大力弘扬爱国主义优良传统,在全社会进一步激发起爱国主义精神。其中,一个至关重要的问题,就是要深刻把握中华民族伟大复兴的历史、现实和未来,深刻了解中国梦的昨天、今天和明天,深刻了解个人前途与民族命运之间的密切联系。只有在此基础之上,我们才能从理性的高度自觉地培养和保持爱国主义情感,才能"始终把国家富强、民族振兴、人民幸福作为努力志向,自觉使个人成功的果实结在爱国主义这棵常青树上"②。在中华民族伟大复兴的历史征程中,每个人都必须大力弘扬伟大的爱国主义精神,就必须要以一种历史责任感、历史使命感和主人翁的姿态为实现伟大梦想添砖加瓦。

3. 改革创新精神

改革创新精神内在包括改革与创新两个主体概念。但是这两个概念并非毫无关联,而是有着深刻的一致性。习近平在谈到改革创新之间的一致性及其意义时指出:"改革,最本质的要求就是创新。中华民族是具有伟大创新精神的民族,以伟大创造能力著称于世。"③20 世纪 70 年代,英国考古学家格林·丹尼尔在《最初的文明——文明起源的考古学》一书中,提出了"原创文明"(Primary Civilization)的概念。作者特别强调,东方文明的中心在环太平洋的东亚大陆,以中国的两河流域(黄河和长江)为主干。作为重要的、也是当前世界仅存的原创文明,中华文明生生不息,代代相传,其生命力之所以能够源源不断,其关键在于中华文明历来高度重视改革创新,并将此作为矢志不渝的目标追求。比如,古人在《诗经》中很早就提出"周虽旧邦,其命维新"。作为中华文明追求美好、敢于创新的代表,《周易》同样蕴含着丰富的改革创新思想。它承认变革创新的客观性与普遍性:"不可为典要,唯变所适","穷则变,变则通,通则久","天地革而四时成,汤武革命,顺乎天而应乎人"。因

---

① 习近平:《在会见第一届全国文明家庭代表时的讲话》,《人民日报》2016 年 12 月 16 日。
② 习近平:《在欧美同学会成立 100 周年庆祝大会上的讲话》,《人民日报》2013 年 10 月 22 日。
③ 习近平:《在全国政协新年茶话会上的讲话》,《人民日报》2014 年 1 月 1 日。

此，"革之时义大矣哉"。在经典《大学》中，古人还提出，"苟日新，日日新，又日新"。毫不夸张地说，"中国过去之所以能成就伟大，原因就在于那种自发性的创造行为，给了它不断复兴传统和推陈出新的无穷力量"①。

"创新是民族进步之魂。"②中华民族的改革创新精神还一直渗透在中华民族的实践历史之中。从整体来看，古代中国历史发展的进程充分表明，历代有所作为的政治家和思想家都反对因循守旧、泥古不化。他们始终坚持在改革创新中寻找能够推动社会变革、发展和进步的前进方向和实现道路。战国时期的商鞅变法、赵武灵王的"胡服骑射"、西汉晁错的变法、汉武帝刘彻的独尊儒术、隋炀帝的科举制度、北宋的王安石变法、明代的张居正变法、清朝维新派的"戊戌变法"，这些历史活动不论初始目标以及最终成效如何，但有一点是确定的，那就是在它们背后发挥着巨大推动力的都是追求改革创新的思想意识。正如习近平所指出，创新是引领发展的第一动力。"创新是民族进步的灵魂，是一个国家兴旺发达的不竭源泉，也是中华民族最深沉的民族禀赋"③。

总之，"要发展就要变，不变就不会发展"④。"越是伟大的事业，往往越是充满艰难险阻，越是需要开拓创新。"⑤实现中国梦尤其如此。只有从这种意义上，我们才能够更加深刻地理解为什么说改革开放是决定当代中国命运的关键一招，也是实现中华民族伟大复兴的关键一招。当下这个关键时期，中国正在进行的经济、政治、社会、文化体制的全面深化改革，恰恰是这种改革创新精神的历史继续和生动再现。在必须再次大力进行改革创新的关键时刻，"我们一定要以更大的政治勇气推进改革开放，敢于啃硬骨头，敢于涉险滩、闯难关，不断为中国发展提供强大动力"⑥。

---

① ［法］勒内·格鲁赛：《中国简史》，赵晓鹏译，九州出版社2016年版，第232—233页。
② 习近平：《在中国科学院第十七次院士大会、中国工程院第十二次院士大会上的讲话》，《人民日报》2014年6月10日。
③ 习近平：《在同各界优秀青年代表座谈时的讲话》，《人民日报》2013年5月5日。
④ 《邓小平文选》第3卷，人民出版社1993年版，第283页。
⑤ 习近平：《在纪念邓小平同志诞辰110周年座谈会上的讲话》，《人民日报》2014年8月21日。
⑥ 习近平：《在纪念中国人民抗日战争暨世界反法西斯战争胜利69周年座谈会上的讲话》，《人民日报》2014年9月4日。

4. 民族复兴的文化力量

习近平指出:"中华民族生生不息绵延发展、饱受挫折又不断浴火重生,都离不开中华文化的有力支撑。"①也就是说,文化复兴是中华民族伟大复兴的前提和基础。纵观人类社会发展进步,作为人类生活的重要组成部分,精神文化因素的发展是人类发展的题中应有之义。有着5000多年文明史的中华民族历来重视精神文化生活,并且深谙"仓廪实、衣食足"与"知礼节、知荣辱"的内在逻辑。② 站在这个角度来看,"没有中华文化繁荣兴盛,就没有中华民族伟大复兴"③。

文化复兴是中华民族伟大复兴的重要内容构成。习近平指出:"没有文明的继承和发展,没有文化的弘扬和繁荣,就没有中国梦的实现。中华民族的先人们早就向往人们的物质生活充实无忧、道德境界充分升华的大同世界……实现中国梦,是物质文明和精神文明比翼双飞的发展过程。"④人类社会进步的历史也充分表明,一个民族在物质上不能贫困,在精神上同样也不能贫困;从另外的角度来说,"没有人民精神世界的极大丰富,没有全民族创造精神的充分发挥,一个国家、一个民族不可能屹立于世界先进民族之林"⑤。习近平还指出:"实现我们的发展目标,不仅要在物质上强大起来,而且要在精神上强大起来。"⑥后来在中国文联十大、中国作协九大开幕式上的讲话中,习近平再次强调:"实现中华民族伟大复兴,需要物质文明极大发展,也需要精神文明极大发展。"⑦

实现文化复兴意味着树立和坚定中国特色社会主义文化自信。"文化是一个国家、一个民族的灵魂。历史和现实都表明,一个抛弃了或者背叛了自己

---

① 习近平:《在中国文联十大、中国作协九大开幕式上的讲话》,《人民日报》2016年12月1日。
② 孙来斌:《中国梦的精神滋养和文化追求》,http://opinion.people.com.cn/n/2014/0917/c1003-25679482.html,2014年9月17日。
③ 习近平:《在文艺工作座谈会上的讲话》,《人民日报》2015年10月15日。
④ 习近平:《在联合国教科文组织总部的演讲》,《人民日报》2014年3月28日。
⑤ 《胡锦涛文选》第2卷,人民出版社2016年版,第538页。
⑥ 习近平:《在同全国劳动模范代表座谈时的讲话》,《人民日报》2013年4月29日。
⑦ 习近平:《在中国文联十大、中国作协九大开幕式上的讲话》,《人民日报》2016年12月1日。

历史文化的民族,不仅不可能发展起来,而且很可能上演一幕幕历史悲剧。"①
在文化复兴与文化自信之间存在密切的逻辑关系。一方面,文化自信始终是
文化复兴的重要标志,影响一种文化能不能复兴的因素很多,但是判断一种文
化是不是真正复兴,在最根本上是取决于人们对于该文化是否表现出足够充
分的自信。另一方面,文化复兴是文化自信的内在要求。对自己的文化充满
自信,一定会努力实现文化的更加繁荣。尤其是历史上出现过巨大动荡的民
族更是有着这种要求。要充分彰显文化自信,就是要求不断实现这种文化力
量,使其始终保持一种繁荣发展的兴盛状态。而对于中华民族文化复兴而言,
就是要树立和坚定中国特色社会主义文化自信。

要实现文化复兴意味着在继承中超越、在传承中创新的文化自觉。习近
平着重指出:对于中华文化而言,"既需要薪火相传、代代守护,也需要与时俱
进、推陈出新"②。因此,在中华民族伟大复兴的历史进程中,一方面,文化传
承绝不能走向文化保守和文化复古,不能只是再现昔日的文化样态或者简单
地恢复传统文化;另一方面,文化创新也绝不可以放弃文化传承,不能脱离文
化母体,拒绝和疏离传统文化。从根本上来说,文化复兴意味着文化传承与创
新的统一,要求实现有扬弃的继承,要求在继承中发展。而推动文化发展和文
化复兴的关键在于文化创新。

总之,文化上的复兴与精神上的强大,绝不意味着孤芳自赏、妄自尊大,主
要体现为民族凝聚力、精神创造力的不断强大。正是从这种意义上来说,"发
展社会主义先进文化,是建设中国特色社会主义的应有之义,是马克思主义政
党思想精神上的旗帜,是推动我国经济社会发展的必然要求,是实现中华民族
伟大复兴的显著标志"③。

5. 爱好和平的基因

习近平指出:"和平发展思想是中华文化的内在基因。"④"中华民族的血

① 习近平:《在中国文联十大、中国作协九大开幕式上的讲话》,《人民日报》2016 年 12 月 1 日。
② 习近平:《在哲学社会科学工作座谈会上的讲话》,人民出版社 2016 年版,第 17 页。
③ 《胡锦涛文选》第 2 卷,人民出版社 2016 年版,第 538 页。
④ 习近平:《深化合作伙伴关系　共建亚洲美好家园——在新加坡国立大学的演讲》,《人民日报》2015 年 11 月 8 日。

液中没有侵略他人、称霸世界的基因。"①自古以来,中华民族就是爱好和平的民族,走和平发展道路,不是权宜之计,"是中华民族优秀文化传统的传承和发展"②。从思想传统来看,"以和为贵、与人为善、己所不欲、勿施于人等理念在中国代代相传,深深植根于中国人的精神中,深深体现在中国人的行为上"③。从对外实践来看,在国际关系交往中,中国始终秉承"强不执弱"、"富不侮贫"的精神,主张"协和万邦",力做"和平的大块头"。从消除误解来看,这些年来与经济快速发展和综合实力不断增强相伴而来的是,一方面中国的块头儿越来越大,另一方面一些人开始戴着有色眼镜看待中国,甚至不遗余力地渲染"中国威胁论"。各色版本、种种论调可以说是层出不穷,不绝于耳,无一例外地"认为中国发展起来了必然是一种'威胁',将中国梦曲解为'扩张梦'、'霸权梦',一定会跌入所谓大国冲突对抗的'修昔底德陷阱'"④。但是,只要熟悉中国历史的人都知道,中国自古就深刻总结出了"国虽大,好战必亡"的箴言。

"几千年来,和平融入了中华民族的血脉中,刻进了中国人民的基因里。"⑤基辛格曾在书中写道:"在宋朝(公元 960—1279 年),中国的航海技术即居世界之首,其舰队可以将中国带入一个探险和征服的时代。然而中国没有攫取海外殖民地。"⑥"古代中国曾经长期是世界强国,但中国对外传播的是和平理念,输出的是丝绸、茶叶、瓷器等丰富物产。"⑦对此,习近平在德国科尔伯基金会的演讲中向西方精英人士作过重点说明。他指出:"中国历史上曾

① 习近平:《在中国国际友好大会暨中国人民对外友好协会成立 60 周年纪念活动上的讲话》,《人民日报》2014 年 5 月 16 日。
② 《习近平谈治国理政》第 1 卷,外文出版社 2018 年版,第 247 页。
③ 习近平:《在中国国际友好大会暨中国人民对外友好协会成立 60 周年纪念活动上的讲话》,《人民日报》2014 年 5 月 16 日。
④ 中共中央宣传部编:《习近平总书记系列重要讲话读本(2016 年版)》,学习出版社 2016 年版,第 15 页。
⑤ 习近平:《共同构建人类命运共同体——在联合国日内瓦总部的演讲》,《人民日报》2017 年 1 月 20 日。
⑥ [美]亨利·基辛格:《论中国》,胡利平等译,中信出版社 2012 年版,第 4 页。
⑦ 习近平:《携手追寻民族复兴之梦——在印度世界事务委员会的演讲》,《人民日报》2014 年 9 月 19 日。

经长期是世界上最强大的国家之一,但没有留下殖民和侵略他国的记录。"①
600 多年前,比意大利航海家哥伦布(1451—1506 年)稍早的中国航海家郑和
(1371—1433 年),率领当时世界上最强大的船队,曾经七下西洋,到达太平洋
和西印度洋,远航次数比哥伦布还多三次,到访过 30 多个国家和地区,没有占
领一寸土地,所到之处不是散播战争的火种,而是栽种了和平的鲜花,播撒了
和平友谊的种子。可以说,"爱好和平的思想深深嵌入了中华民族的精神世
界,今天依然是中国处理国际关系的基本理念"②。

　　中华文明和平发展的理念和传统也深深影响着一代又一代的中国共产党
人。毛泽东曾指出:"中国党是个马列主义的政党,中国人民是爱好和平的。
我们认为,侵略就是犯罪,我们不侵略别国一寸土、一根草。我们是爱好和平
的,是马克思主义的。在国际上,我们反对大国主义。"③邓小平也指出:"如果
中国有朝一日变了颜色,变成一个超级大国,也在世界上称王称霸,到处欺负
人家,侵略人家,剥削人家,那么,世界人民就应当给中国戴上一顶社会帝国主
义的帽子,就应当揭露它,反对它,并且同中国人民一道,打倒它。"④正是这种
爱好和平的历史传统和维护和平的责任担当,中国共产党和中国人民才更有
底气地向世界庄严宣告:"实现中国梦给世界带来的是和平,不是动荡;是机
遇,不是威胁。"⑤

　　与此同时,"我们一定要抓住机遇,集中精力把自己的事情办好,使国家
更加富强,使人民更加富裕,依靠不断发展起来的力量更好走和平发展道
路"⑥。在我们看来,"每个国家在谋求自身发展的同时,要积极促进其他各国
共同发展。……只有各国共同发展了,世界才能更好发展"⑦。可以说,当代

① 习近平:《在德国科尔伯基金会的演讲》,《人民日报》2014 年 3 月 30 日。
② 习近平:《在纪念孔子诞辰 2565 周年国际学术研讨会暨国际儒学联合会第五届会员大会开幕会上的讲话》,《人民日报》2014 年 9 月 25 日。
③ 《毛泽东文集》第 7 卷,人民出版社 1999 年版,第 123 页。
④ 《邓小平在联大第六届特别会议上的发言》,《人民日报》1974 年 4 月 11 日。
⑤ 《习近平接受拉美三国媒体联合书面采访》,《人民日报》2013 年 6 月 1 日。
⑥ 《习近平谈治国理政》第 1 卷,外文出版社 2018 年版,第 248 页。
⑦ 习近平:《顺应时代前进潮流　促进世界和平发展——在莫斯科国际关系学院的演讲》,《人民日报》2013 年 3 月 24 日。

中国跨越式发展的历史和现实,一方面否定了传统的暴力崛起的逻辑,另一方面也否定了传统的崛起必然导致暴力扩张的宿命。中国的和平发展道路实现了对资本主义现代化模式的成功超越,它始终昭示世人:国家发展与民族振兴并非只有战争起家、掠夺致富这一条路,以和平的方式发展、以文明的姿态崛起将是未来世界的优先选项。①

总之,每一个民族都有自己独特的优秀传统文化,它是民族繁衍生息、梦想汲取力量的根基和血脉。作为中华民族的精神之根和文化之魂,中华优秀传统文化历史源远流长、内容博大精深,蕴含着丰富的思想资源和强大的精神力量。站在历史的今天,中国梦始终没有离开来自中华优秀传统文化的营养、涵养和滋养。中国梦承载着中华民族既古老又常青的光荣与梦想,浓缩着五千年中华文明的优秀文化基因,使其展现出来古老东方独具特色的精神特质和文明气息。实现中华民族伟大复兴的梦想之所以格外具有感召力、凝聚力和引领力,很重要的原因也在于它具有中华优秀传统文化的深厚底蕴。正所谓"不忘本来才能开辟未来,善于继承才能更好创新"。"实现中华民族的伟大复兴,离不开中华优秀传统文化的精神滋养、力量支撑。"②因此,实现中国梦必须充分挖掘中华优秀传统文化的宝贵资源和正能量。在实现中国梦的历史征程中,不断实现中华优秀传统文化的创造性发展和创造性转化,为实现伟大复兴的中国梦源源不断地提供强大的精神动力。

二、中国梦的初步萌生

习近平指出:"历史是从昨天走到今天再走向明天,历史的联系是不可能割断的,人们总是在继承前人的基础上向前发展的。古今中外,概莫能外。"③

---

① 韩庆祥、陈曙光:《中华民族伟大复兴的世界意义》,《人民日报》2016 年 5 月 5 日。

② 孙来斌:《中国梦的精神滋养和文化追求》,http://opinion. people. com. cn/n/2014/0917/c1003-25679482. html,2014 年 9 月 17 日。

③ 习近平:《领导干部要读点历史——在中央党校 2011 年秋季学期开学典礼上的讲话》,《学习时报》2011 年 9 月 5 日。

这一重要论述对于我们把握中国梦的历史有着重要的历史方法论启示。把握中国梦的历史发展过程，十分重要的一点就是要准确把握中国梦的历史起点。这是一个前提性的问题，不能有丝毫模糊。对于中国梦的历史起点问题，习近平在很多场合的多次讲话中反复强调过。在正式提出"中国梦"之前，他曾指出："一八四〇年鸦片战争以来的中国近现代历史，是一部中国人民为实现中华民族独立、解放和伟大复兴而不懈奋斗的历史。"[1]在党的十八大之后，习近平在历次谈到中国梦及其历史发展时，都一直强调中国梦的历史要从中国近代开始。可以说，中国梦的历史就等于中国的近现代史。而中国梦的历史起点也就是中国近代史的历史起点。

2012 年 12 月，在广州战区考察工作时，习近平指出："实现中华民族伟大复兴，是中华民族近代以来最伟大的梦想。"[2]同年同月，在会见香港特别行政区行政长官梁振英时，习近平又指出："实现中华民族伟大复兴是中华民族近代以来最伟大的梦想。"[3]2013 年 3 月，习近平指出："实现中华民族伟大复兴，是近代以来中国人民最伟大的梦想。"[4]2013 年 5 月，习近平指出："中华民族历经磨难，自强不息，从未放弃对美好梦想的向往和追求。实现中华民族伟大复兴的中国梦是近代以来中华民族的夙愿。"[5]2013 年 6 月，他又说："实现中华民族伟大复兴是近代以来中华民族最根本的梦想。"[6]2013 年 12 月，习近平指出："近代以来，中华民族始终有一个梦想，这就是实现中华民族伟大复兴。"[7]2014 年 5 月，习近平指出："建设富强民主文明和谐的社会主义现代化国家，实现中华民族伟大复兴，是鸦片战争以来中国人民最伟大的梦想，是

[1] 习近平：《领导干部要读点历史——在中央党校 2011 年秋季学期开学典礼上的讲话》，《学习时报》2011 年 9 月 5 日。
[2] 《习近平谈治国理政》第 1 卷，外文出版社 2018 年版，第 219 页。
[3] 《习近平谈治国理政》第 1 卷，外文出版社 2018 年版，第 226 页。
[4] 习近平：《顺应时代前进潮流　促进世界和平发展——在莫斯科国际关系学院的演讲》，《人民日报》2013 年 3 月 24 日。
[5] 《习近平谈治国理政》第 1 卷，外文出版社 2018 年版，第 56 页。
[6] 习近平：《促进共同发展，共创美好未来——在墨西哥参议院的演讲》，《人民日报》2013 年 6 月 7 日。
[7] 习近平：《在纪念毛泽东同志诞辰 120 周年座谈会上的讲话》，《人民日报》2013 年 12 月 27 日。

中华民族的最高利益和根本利益。"①2015 年 10 月,习近平指出:"我说过,实现中华民族伟大复兴,是近代以来中国人民最伟大的梦想。"②2016 年 11 月,习近平指出:"实现中华民族伟大复兴,是中华民族近代以来最伟大的梦想,也是我们这一代人的历史使命。"③

自近代以来,全体中华儿女为了实现民族复兴的中国梦,前赴后继,不懈奋斗,为民族独立、人民解放和国家富强做出了巨大努力。毛泽东在《论人民民主专政》曾这样写道:"自从一八四〇年鸦片战争失败那时起,先进的中国人,经过千辛万苦,向西方国家寻找真理。洪秀全、康有为、严复和孙中山,代表了在中国共产党出世以前向西方寻找真理的一派人物。"④也正是在这些先人前辈的艰辛探索中,中国梦开始初步萌生;也正是在不同的历史时期,中国梦表现出不同的历史形态样貌。从阶段性角度来看,中国梦的初步萌生大致经历了农民阶级的"太平天国梦"、地主阶级的"自强梦"、资产阶级改良派的"少年中国梦"与资产阶级革命派的"复兴中华梦"等四个阶段。

(一)农民阶级的抗争与洪秀全的"太平天国梦"

伴随着鸦片战争的失败,中国社会逐步沦为半殖民地半封建社会。中国人民开始遭受来自封建主义和帝国主义的双重压迫。从 19 世纪 40 年代到 60 年代,各地民众的起义和革命浪潮席卷中国,其中最为著名、也最有影响的当属太平天国运动。历史学家范文澜将太平天国运动与五四运动并谈,他认为"太平革命是中国历史上划时代的大事件,与五四运动同为一百年来历史上两大转变时代的标帜"⑤。"它从 1850 年到 1864 年席卷了中国中南部"⑥,"汇合成一个强大的革命"⑦。太平天国运动是中国两千多年来农民战争发展

---

① 习近平:《青年要自觉践行社会主义核心价值观——在北京大学师生座谈会上的讲话》,《人民日报》2014 年 5 月 5 日。
② 习近平:《在文艺工作座谈会上的讲话》,《人民日报》2015 年 10 月 15 日。
③ 习近平:《在中国文联十大、中国作协九大开幕式上的讲话》,《人民日报》2016 年 12 月 1 日。
④ 《毛泽东选集》第 4 卷,人民出版社 1991 年版,第 1469 页。
⑤ 《范文澜全集》第 6 卷,河北教育出版社 2002 年版,第 481 页。
⑥ 参见[美]白约翰:《中国革命的历史透视》,王国良译,东方出版中心 1998 年版,第 120—121 页。
⑦ 《马克思恩格斯全集》第 9 卷,人民出版社 1961 年版,第 109 页。

的最高阶段,在一定程度上也可以称得上是在民族复兴历史征程中出现的一次伟大实践。

19世纪40年代中期,家境穷困而又屡试不第的广东秀才洪秀全进入广西传教,广收信徒,创立拜上帝会,该会初期主要是宗教团体和客家人的兄弟组织。其初始教义十分简单:"世人肯拜上帝者,无灾无难,不拜上帝者,蛇虎伤人。敬上帝者不拜别神,拜别神者有罪。"①洪秀全尽管重视宗教活动,但对他来说,宗教实际上只是充当一种工具,在他的头脑中最为重要的是自己的政治梦想。1851年,洪秀全发动金田起义。1850年首义之后,太平军继续北上打向长江流域,然后攻打地处东部、围有城墙的南京。1853年,太平天国奠都南京,改南京称天京,要求合法地统治帝国②,开始成为与清朝封建地主政权相对峙的农民政权。自封天王的洪秀全在当年冬天便颁布了着手实施社会改造的施政纲领《天朝田亩制度》。作为长期以来农民阶级反封建斗争的产物,《天朝田亩制度》是一个以土地问题为中心,涉及政治、经济、军事、文化各个方面的国家政权建设总纲,也是一个构建理想"天国"的总体设计方案。从纲领的整体目标来看,太平天国试图在其控制的范围之内建立一个"有田同耕,有饭同食,有衣同穿,有钱同使,无处不均匀,无人不饱暖"的理想社会。在这样的理想社会里,力图实现人人平等,消灭私有财产和社会分工,也禁止任何商品经济的活动,整个社会被人为地改造成只保留整齐划一的小农经济的国度。

《天朝田亩制度》的制度设计和实践的理想确实是美好的,它直接反映了农民要求摆脱剥削,建立"无处不均匀,无人不饱暖"的理想社会的基本要求。然而,试图在以小农经济为生产力基础的社会中,建立公有制的生产关系,这种做法显然是与生产关系一定要适合生产力性质的基本经济规律相违背的。在太平天国时代,整个社会还没有出现绝对意义上的新的生产力和新的生产关系,也没有绝对意义上的新的阶级力量,更没有完全先进的阶级政党。从农

---

① 　陈恭禄:《中国近百年史》,商务印书馆2012年版,第24页。
② 　[美]孔飞力:《中华帝国晚期的叛乱及其敌人:1796—1864年的军事化与社会结构》,谢亮生等译,中国社会科学出版社1990年版,第7页。

民的主观要求出发,提出带有浓厚的绝对平均主义色彩的土地纲领,是不难理解的,从一定意义上还是值得肯定的。也恰恰是因为这一点,无论农民阶级提出的施政方案的初衷多么美好,最终也只能是沦为一种幻想,最终也注定是归于落空。正是由于自身所带有的空想性和落后性,在《天朝田亩制度》颁布后,再加上战事环境及其他现实原因,许多列出的措施并未在太平天国统治区域内得到有效实施。虽然太平天国政权最终不得不放弃《天朝田亩制度》,但它仍然对封建土地所有制造成了不小的冲击和破坏。

从 1855 年开始,太平天国的统治政策开始发生转变。其中,最为重要的是在经济领域中,私营工商业开始被允许存在。太平天国通过废除封建性的行业垄断,采取轻税政策,进一步促进了私营工商业的发展。这些举措也从客观上适应了江南地区商品经济比较发达的实际和经济规律。在农业和手工业发展的基础上,太平天国后期占领区的工商业得到了一定程度的发展,呈现出相对繁荣的喜人景象。尤其是在太平军占领浙江西部以后,市场经营活动并未受到非常严重的影响。其中,吴兴县乌镇,地位"近两省三府交界处,极大市肆,丝业所萃"。宁波、嘉兴等地"人烟转盛,一城市富民往来贸易,货物充斥,初不知为乱世"。而当太平军占领宁波时,上海怡和洋行在向香港总行的报告中这样说道:太平军"急欲恢复商业贸易"。在这种政策下,江苏省的宜兴"市最盛者为大浦,左右设卡尤密,商贾云集,交易日数十万金"。同样地处苏南地区的吴江同里镇也同样是"市上热闹,生意繁盛,较平时数倍"。无锡东亭"商贾往来如织,小市遂为雄镇",其他"各镇口热闹如城市"。总之,在太平天国占领的苏南和浙江地区,手工业发达,贸易繁荣,商业兴盛,商品经济在原有基础上,得到了进一步地发展。①

1859 年,太平天国经历了天京事变的严重内讧而元气大伤。洪秀全的族弟洪仁玕从香港北上到达天京,向洪秀全提出实行革新的建议。作为本族中人,和洪秀全一样,洪仁玕早年也曾是屡试不第。此外,他还"和邻居冯云山

---

① 罗尔纲:《太平天国史》(第 2 册),中华书局 1991 年版,第 943 页。

是最早皈依洪秀全所创宗教的人"①，并且熟读《圣经》，"对天王的启示、堂兄与上帝及耶稣的亲缘关系深信不疑"②。这些都使得洪仁玕能够很快得到洪秀全的信任和赏识。到达天京后不久，洪仁玕便被直接封为干王，身兼"精忠军师""总理朝政"以及"外国事务总管"等数个重位要职。在短短三个月后，身负重任的洪仁玕便进一步提出了较《天朝田亩制度》更为符合客观实际的新政纲领——《资政新篇》。此前，魏源等人曾提出"师夷之长技以制夷"的主张，地主阶级改革派也希望向西方学习，但这种学习更多地是停留在器物层面，并且是一种被动的行为选择。在太平天国时期，具有资产阶级思想的早期改良主义的代表人物王韬曾为孙中山润色《上李鸿章书》，也试图通过太平天国政权来推行资本主义措施，但没有达到《资政新篇》的历史高度。

当然，《资产新篇》的提出有多方面因素的作用。其中首先得益于洪仁玕曾长期留居香港，正是在这种生活经历中，使得他潜移默化地接受很多西方资本主义的科学文化思想，从而才有机会成为当时"唯一对兴起于中国内陆的这股势力有第一手了解且又与外国人有接触的人"③。除此之外，洪仁玕之所以能够将这些关于西方世界的情况加以综合、整理，进而发展出一个发展资本主义经济的计划，并将其作为挽救太平天国的方案，也受益于太平天国地区商品经济发展和资本主义因素成长的经济条件。与此同时，不可否认的是，任何人的思想认识水平都不可避免地会受到历史时代不同程度的约束和限制。当时，西方世界历史发展进入资本主义自由发展的阶段，中国社会内部也开始孕育着资本主义萌芽，时代发展的巨大洪流也不可避免地对思想文化等上层建筑领域产生直接的影响。但是总的来说，在当时的中国社会，洪仁玕提出的《资政新篇》可以说是这一进步思潮中最突出的部分，是对当时时代潮流最强烈的反映。

从施政主张来看，洪仁玕在《资政新篇》中诸多构想的核心在于提倡实施"与番人并雄之法"，也就是倡导和发展资本主义。在总体上，洪仁玕提出的

① ［美］裴士锋：《天国之秋》，黄中宪译，社会科学文献出版社2014年版，第15页。
② ［美］史景迁：《太平天国》，朱庆葆等译，广西师范大学出版社2011年版，第343页。
③ ［美］裴士锋：《天国之秋》，黄中宪译，社会科学文献出版社2014年版，第12页。

政策主要包括经济、政治、文化、社会、外交五个部分。其中,在基础设施建设上,主张效仿西方资本主义国家,兴车马、舟楫之利①,发展交通运输事业,比如兴建铁路、公路网络以及疏浚河道等等。他还主张吸取欧美先进的科学技术,发展近代机器制造业、采矿业和冶炼业。发展金融事业,包括开设银行,印发银纸,推广保险等,一方面可以提高商业交易的效率,另一方面又可以保护行商不受强盗打劫。在文化教育上,他主张开办学馆,学习西方先进的科学与技术知识,提升民众文化素质。在社会建设上,他主张查禁鸦片,禁止贩卖人口,主张废除缠脚等旧陋习,力促僧尼道士还俗,取缔各种封建迷信活动,大力兴办医院等社会福利事业。在外交政策上,他反对闭关自守,主张同资本主义国家开展自由贸易,加强对外的文化交流。此外,他还主张推行资本主义式的雇佣劳动,"准富者请人雇工,不得买奴";为了保证社会劳动力的基本供应,又主张通过教育和行政强制的手段,使普通民众都能够从事一定职业,以满足生产活动不断发展对劳动力的客观需求。他还制定了若干鼓励和保护资本主义经济发展的政策和措施,而且主张采取资本主义的经营管理方式、方法。

这一纲领的提出,体现了当时以洪仁玕为代表的一些思想开放的人士要求学习西方资本主义,从而使中国摆脱贫穷和落后的强烈愿望。这些主张使《资政新篇》成为当时一个相当明确和比较彻底的资本主义性质的纲领。一方面,它比较彻底地抛弃了《天朝田亩制度》的空想性和落后性,克服了小生产者的保守观念和闭塞意识,主动地迎合了历史发展的潜在趋势。另一方面,它更为太平天国指出了一条通过开明专制进而走上资本主义发展道路的新方向。洪仁玕敏锐地发现西方世界最值得中国学习的东西。《资政新篇》最大的亮点在经济部分,它提出了一个发展资本主义的纲领。在当时,《资政新篇》代表着中国最完整和相当先进的近代化方案,代表着中国最完善的发展资本主义,建设近代化国家的政治纲领。

一般而言,一种可能性要转化为现实性离不开一些基本的足够成熟的必要条件。尽管从思想价值来说,《资政新篇》处于当时中国时代进步思潮的顶

---

① 扬州师范学院中文系编:《洪仁玕选集》,中华书局 1978 年版,第 13—14 页。

端。但不可否认的是,它即便颁布了,却仍然没有具备全面实施和完全实现的充足条件。一方面,虽然自明清以来,中国社会内部已经开始孕育出资本主义生产关系的萌芽,但是还远未成为足以冲破和取代封建主义的新的生产方式。正是由于这种生产力与生产关系的不成熟性,直到太平天国时代,足够先进的资产阶级还尚未形成,从而缺乏实行资本主义政策的基本的主体力量。另一方面,农民阶级和手工业劳动者本身并不是一个十分自觉的阶级。他们无法充当新的生产力发展的代言人,仅仅依靠本阶级自身的力量,既无力挣断旧的社会制度的羁绊,也无法从根本上触动和改变封建主义的生产关系。太平天国只能循着旧式农民战争的覆辙随之发展并最终失败。但是,中国人民还是通过太平天国运动,在推动中国革命的发展,甚至是人类历史的进步方面,超过了古今中外任何一次农民战争所能产生的历史效应,在中华民族伟大复兴的坎坷进程中书写了浓墨重彩的一笔。

(二)地主阶级的抗争与洋务派的"自强梦"

第二次鸦片战争后,一方面是破门而入的西方列强,另一方面又是接踵而至的农民起义,风雨飘摇的清王朝已经深陷内外交困的双重压力之下。在这样的统治困局面前,19 世纪 60 年代,清政府就未来政策举行了一系列重大讨论。于是洋务派基本勾画出了"自强梦"的大体轮廓。正如习近平指出的:"早在 19 世纪中叶,中国在列强坚船利炮撞击之下,被迫打开国门,开始了被称为'洋务运动'的早期工业化。"[①]

1. 洋务派"自强梦"的发生背景

洋务运动之所以在 19 世纪 60 年代出场,这绝不是历史的偶然。

首先,洋务运动时期,中国社会仍然是自然经济占据主导地位,但是随着两次鸦片战争之后,西方资本主义经济因素开始带入并产生影响,中国的封建自然经济逐渐解体。

其次,当时,太平天国运动给清政府的统治造成了直接的并且是相当严重

---

① 习近平:《携手共进,谱写中非合作新篇章——在中非企业家大会上的讲话》,《人民日报》2015 年 12 月 5 日。

的冲击,而第二次鸦片战争之后,外国公使可以自由进驻北京,洋务运动被视为清政府在内外交迫下不得已而为之的选择。

再次,洋务运动的产生有着深刻的思想传统。经过鸦片战争和第二次鸦片战争之后,在东南沿海地区任职的一些官员和知识分子开始有意识地关注西方世界。其中,比较早的有杨炳南撰写的《海录》,之后又有林则徐的《四洲志》、魏源的《海国图志》、徐继畬的《瀛环志略》等书问世。他们在书中开始向国内介绍其他国家的地理、历史以及政治体制方面的情况,但是最令之感到震动和冲击的还是西方国家的坚船利炮。① 比如,林则徐在禁烟和抗英的斗争过程中,就发现外国侵略者的军事优势,在于先进的军械火器。他也直接向外国购买过一些枪炮,而且还仿照外国舰船样式,试造过战舰。他所提出的"师夷之长技以制敌"主张,就是要学习外国制造船炮的技术,借以抵抗外国侵略者的入侵。在林则徐被革职流放新疆伊犁之后,魏源继续发挥林则徐"师夷之长技以制夷"的思想主张。他根据所得到的相当有限的资料,完成了《海国图志》一书的编著工作。在魏源看来,"夷之长技"主要是指西方先进国家的科学技术,但不再仅仅是舰船技术,而是具体包括三个方面,即战舰、火器、养兵练兵之法。在林则徐、魏源的首倡和共同影响下,尤其是在第二次鸦片战争后至同治中兴,"师夷长技"已成为当时的显学,形成一股影响极广的社会思潮。但是,这种学习的局限性在于仅仅停留在军事技术层面,难免有些失之肤浅。加之林则徐被发配新疆,没能得以充分实施。直到后来,"师夷制夷"的思路才在洋务运动中得到发挥。②

最后,洋务运动的产生有着短暂的和平环境。第二次鸦片战争之后,清政府与外国侵略者之间出现了暂时的"友好"局面。在共同镇压太平天国的过程中,中外反动势力开始勾结到一起。这种中外"和好"的局面,客观上为洋务运动营造了一个短暂但有利的发展环境。

总之,洋务运动在内忧外患的双重压迫下而兴起。它的出现是以自身经

---

① 陈旭麓:《论"中体西用"》,《历史研究》1982 年第 5 期。
② 刘近、孙来斌:《"中国梦"总体形象的多维聚焦》,《南通大学学报》(哲学社会科学版)2013 年第 5 期。

济发展为前提,以平定政治动荡为政治动机,以早期启蒙为思想引导,再加之与西方势力关系的暂时向好等诸多条件共同作用下产生的。

2. 洋务派"自强梦"的主要作为

洋务运动是从 19 世纪 60 年代至 90 年代长达三十多年的时间里,中国进行的一场向西方学习的近代工业化运动。其中,在洋务运动前期以"自强"为口号,主要发展军用工业。洋务运动后期以"求富"为目标,主要发展民用工业。对于这种变化,李鸿章曾说道:"'欲自强,必先裕饷;欲濬饷源,莫如振兴商务。'于是,洋务运动成为'富强相因'的运动。"①总的来看,洋务运动涉及的范围相当广泛,几乎涵盖了经济、军事、文化教育、政治、外交等诸多方面。

第一,在军事方面,富国强兵,抗外国侵略,挽救民族危亡。1863 年,在一份题为《江苏巡抚李鸿章致总理衙门原函》奏章中,李鸿章以相对委婉的语气提出建议:鉴于中国近年来连吃败仗,"中国文武制度,事事远出西人之上。独火器万不能及。"他还告诫当时中国的士大夫阶层再也不能小觑外国的发明了,"中国欲自强,则莫如学习外国利器,欲学习外国利器,则莫如觅制器之器,师其法,而不必尽用其人。"后来,在李鸿章等人的主持和推动下,一大批大型近代军事工业相继问世。与此同时,当时的各个省份也开始纷纷设立机器局。整个洋务运动期间先后总计成立了 21 家军工企业。②

第二,在经济方面,为了解决创办军事工业经费不足的问题,到洋务运动后期,洋务派开始由开办军用工业的"求强"转入举办民用工业的"求富"。当然,洋务运动的重点之所以由"求强"转向"求富",除了支撑以"求强"为目标的军事工业这一直接原因外,也和外国资本主义对中国的经济侵略不断加强进而引发经济自发抵制有关。最为重要的是,洋务派的活动特别是经济活动,促进了资本主义在传统的封建经济中间不断萌生和发展。但是,从客观的历史逻辑上看,洋务运动已经开始走向洋务派目的的反面。因为其目的是维护清政府为首的封建主义秩序的"体",而他们"师夷长技"的结果却发展了资本

---

① 夏东元:《洋务运动发展论》,《社会科学战线》1980 年第 3 期。
② 参见李侃等:《中国近代史》,中华书局 1994 年版,第 132 页。

主义。①

第三,在教育方面,为培养新式洋务人才,洋务派相继创办了一批"西文""西艺"的新式学堂。到洋务运动后期,洋务派开始认识到,"求强"的军事工业与"求富"的民用工业必须齐头并进,互为支撑。这就使得对"向西方学习"的要求随着洋务企业的扩展而扩展。首先是 1862 年,时任江苏巡抚的李鸿章与恭亲王奕䜣、曾国藩奏请同治皇帝,京师同文馆在原俄文馆扩建的基础上设立。同文馆附属于总理衙门,主要负责培养翻译和外交人才。1863 年,李鸿章再次奏请在上海设立与京师同文馆相类似的机构,而后上海广方言馆也得以顺利创立。这些机构主要招收 14—20 岁之间的满汉学生和 20 岁以上已有功名的人入馆学习。馆内设有英、法、德文班,学习期为三年,学员毕业后被直接派充到各个衙门从事翻译。通过招收当地少年入馆学习外语,中国开始更多的了解外部世界,为中国的近代化提供了人才储备。其中,在甲午中日战争之前,1876 年,福州船政学堂还先后三次通过选拔向英国、法国、德国等国派出留学生,学习近代海军知识。1880 年,李鸿章在天津设立水师学堂,任命留学英国、学习海军回国的严复为总教习,对北洋水师的军官进行教育和训练。总的来看,洋务派进行的文化教育建设涉及的领域是比较广泛的,它培养了包括翻译、外交、律例、科学技术、企业管理、电报、矿务、冶炼、机械制造、水陆军事等等多领域的专门人才。综观以上内容,不难看出,洋务运动对中国教育的近代化在客观上起到了积极的推进作用。

3. 洋务派"自强梦"的积极意义

洋务派提出向西方学习,尽管所学与所获并没有完全满足当时社会发展的要求,但无疑是顺应了历史发展的时代潮流,其积极意义是值得肯定的。

首先,洋务运动提升了科学技术在中国的社会地位。"科技是国家强盛之基。""鸦片战争之后,中国更是一次次被经济总量、人口规模、领土幅员远远不如自己的国家打败。历史告诉我们一个真理:一个国家是否强大不能单就经济总量大小而定,一个民族是否强盛也不能单凭人口规模、领土幅员多寡

---

① 夏东元:《洋务运动发展论》,《社会科学战线》1980 年第 3 期。

而定。近代史上,我国落后挨打的根子之一就是科技落后。"①一个国家强大与否与科技发展直接相关。科技发展又离不开整个社会对于科学技术的重视程度。在人类科学技术发展史上,古代中国曾经长期处于领先地位。但是在西方进入第一次科技革命后,自我优越感十足的晚清政府,仍然陶醉于"天朝上国"的迷梦而不能自省。面对屡遭侵略的屈辱现实,一心自强的洋务派将目光聚焦于如何提升自身科学技术水平。

其次,洋务运动的诸多努力在很大程度上扭转了"重文轻技"的传统落后观念。通过设立新式学堂,大力引进西方科学知识,第一次将西方自然科学和工业技术带入学校,并造就了一批具有资产阶级思想的知识分子和专业人才。"这些人中,一部分在洋务派官僚集团中做了走卒,但也有些人因接触西洋事物而接触了新的思想,对资本主义思想在中国的传播,起了桥梁作用"②,特别是增强了整个民族对于科学技术的重视程度。

再次,洋务运动推动了中国近代军事国防事业的发展。

最后,洋务运动培养了翻译人才,促进了中国近代外交事业的发展。"洋务运动中翻译人才的培养与使用,不仅仅限于对外交涉中的译员,随着洋务事业发展,他们被逐渐地更多地使用于对西方科学技术乃至社会政治等方面的书籍的翻译。"③清政府意识到不仅要培养科学技术人才,也开始重视外交以及必需的翻译人才的培养和使用。

4. 洋务派"自强梦"的历史局限

不可否认的是,洋务派在寻求"自强"和推动"自富"的过程中,取得了一定的历史成绩。但是,这场运动从一开始就存在着自身无法摆脱的束缚和难以突破的历史局限。

首先,帝国主义绝不愿意,也绝不允许中国通过这场向西方学习的洋务运动而富强起来。西方列强不会希望中国建立完备的工业体系,他们自始至终

---

① 习近平:《在中国科学院第十七次院士大会、中国工程院第十二次院士大会上的讲话》,《人民日报》2014 年 6 月 10 日。

② 中国史学会主编:《洋务运动》第 1 册,上海人民出版社 1961 年版,序第 3 页。

③ 夏东元:《洋务运动史》,华东师范大学出版社 1996 年,第 148 页。

都只是将中国作为其殖民地和商品倾销市场。洋务派对于西方列强的这种立场缺乏清晰认识,即便认识到也是无力改变的。其次,清朝统治集团中旧势力依旧强大,洋务派推动自强运动的诸多努力很难得到十分彻底地实施。再次,洋务运动的种种建设并没有真正深入封建制度本身。最后,洋务运动的根本局限在于落后的生产力。正如有学者指出,洋务运动其实是在进行一种现代意义上的产业移植。当时,中国的农业经济基础根本不足以催生出现近代的资本主义和资本主义工业。通过从西方移植近代资本主义和工业,与当时的经济环境是不相匹配的,与当时的政治环境也是不相适应的。自给自足的农业文明无意也无力为近代工业发展提供充足的剩余劳动力和产品市场以及消费阶层,这是表现在经济领域中最为根本的矛盾。

总之,洋务派将"师夷之长技以自强"视为救亡图存的唯一途径。尽管他们并未局限于技术层面,而是拓展到了外交、教育、经济等诸多领域。但由于自身的缺陷,尤其是受到"中体西用"思维定式的束缚,运动本身仅仅在封建制度的框架内进行一系列器物革新,最终也未能实现富国强兵、抵御外辱的目标。不可否认,从历史发展来看,洋务运动使得国人的眼界大开,为近代中国的思想启蒙提供了基础。此后出现的戊戌变法、旧民主革命等改革和斗争尝试,在思想准备上莫不受益于此。"洋务运动以适应时代潮流的变革开始,以应该变革而不去采取变革措施因而违反时代潮流而结束。"①它的命运告诉我们,政治体制与经济基础之间如果不能相互匹配,注定是会失败的。

(三)资产阶级改良派与梁启超的"少年中国梦"

19世纪末,帝国主义对中国的侵略仍然是步步紧逼。在中日甲午战争后,清政府在战争中完败,也宣告了"洋务运动"的彻底破产。蕞尔小国日本打败"天朝上国",举国上下一片哗然,整个中国社会产生巨大震撼。加之丧权辱国的《马关条约》的签订,再次引发了帝国主义列强瓜分中国的狂潮。在《辛丑条约》签订以后,清政府一方面对外大肆借债,另一方面对内疯狂镇压国人,竭力保护外国人在中国的特殊权益。《马关条约》和《辛丑条约》规定的

---

① 夏东元:《洋务运动发展论》,《社会科学战线》1980年第3期。

对外赔款更是高达白银六亿八千万两(还没有包括利息在内),而清政府每年的财政收入只有八千万两左右,国家财政在事实上已经完全破产。[1] 就是在如此深重的民族危机面前,清政府的很多朝臣中却还普遍地残存着"签约后可保十年无事"的幻想。然而,为时不久,各国列强已纷纷乘机在中国强占租借地、划分势力范围、争夺借款和路矿权益。疆域辽阔的中国大地,几乎无处不被帝国主义的势力所染指。中国这个东方大国至此已是体无完肤。有感于此,维新志士谭嗣同于悲痛之中更是用血和泪写下了这样的诗句:"世间无物抵春愁,合向苍冥一哭休。四万万人齐下泪,天涯何处是神州!"[2]在民族遭受空前危机的时刻,面对这样的时局,已经开始觉醒的中国近代民族资产阶级也准备登上历史舞台。

以康有为、梁启超为代表的资产阶级改良派,提出了改良图强的政治主张。而作为中国近代思想启蒙者,梁启超也是率先使用了"民族主义""中华民族"等体现整体主义取向的称谓。1902 年,他首先使用了"中华民族"一词,后在 1905 年的《历史上中国民族之观察》一文中提到"中华民族自始本非一族,实由多民族混合而成"。"中华民族"概念的形成为中华民族复兴观念的酝酿奠定了重要基础。在痛陈清朝帝国腐败和衰落的同时,对中华民族的未来充满信心。梁启超还在《少年中国说》中象征性地描绘了他的"少年中国梦",进而表达了对国家独立、民族富强的强烈而又美好的期望。他写道:"红日初升,其道大光;河出伏流,一泻汪洋;潜龙腾渊,鳞爪飞扬;乳虎啸谷,百兽震惶;鹰隼试翼,风尘吸张;奇花初胎,矞矞皇皇;干将发硎,有作其芒。"梁启超希望新的中国应当如少年一样"思将来,生希望","进取","日新","敢破格","盛气豪壮";希望新的中国应当像"朝阳"、"乳虎"、"白兰地"、"春前之草",如"大洋海之珊瑚",如"长江之初发源",富有朝气充满信心敢于进取。[3]梁启超的"少年中国梦"通过诗化的形式传达了当时千千万万中国人的心愿,

① 金冲及:《辛亥革命的历史地位》,《人民日报》2011 年 9 月 7 日。
② 蔡尚思、方行编:《谭嗣同全集》(增订本)(上),中华书局 1981 年版,第 448 页。
③ 《梁启超选集》(下),中国文联出版社 2006 年版,第 539 页。

喊出了几亿中华儿女的心声——"我心目中有一少年中国在"①。

喊出"少年中国梦"只是第一步。在甲午战争战败的刺激和冲击下,到底如何才能实现"少年中国梦"?资产阶级改良派在反思历史的基础上得到了深刻的认识。他们认为,中国衰落的根源并非在于器物而是在于制度。在1901年,梁启超曾对李鸿章为首的洋务运动作过比较细致的梳理。梁启超将洋务运动总结为两大方面,更多的意义在于强调洋务运动并未在政治制度和体制上有过多少改动。在此基础之上,包括梁启超在内的资产阶级改良派提出效法日本的主张,也就是通过采取非暴力的政治改良方式,达到走上西方资本主义君主立宪之路的目的。

与洋务运动相比较而言,这种思路有它的进步意义和可取之处。正如后来一些历史学家指出的那样,"我们甲午战败(1895),非由于器械之不精也,资源之不广也,或人才之不足也。我们之败,是败在颟顸落伍、贪污无能的政治制度——我们的'祖制',也就是属于前一形态的老制度。搞'坚船利炮'搞了数十年,至此朝野上下始如大梦初醒。原来没有个赶上时代的政治制度,则纵有超等的坚船利炮,旧瓶装新酒,也无济于事"②。在1895年5月1日,梁启超协助康有为联合在北京参加会试的1200多名举人发动了历史上著名的"公车上书",向清政府提出了"拒和""迁都""变法"三项政策要求,掀起了中国近代资产阶级维新运动的第一个高潮;在1898年6月11日至9月21日的"百日维新"中,梁启超成为康有为最有力的助手之一,与康有为一起草拟了新政的几乎全部条令,谋划了整个变法的具体事宜。

与此同时,康有为也在"上书"中表达了对于变法的基本认识。他特别强调变法的必要性和紧迫性,认为当今之世,乃是中国4000年20朝未有之巨变,图保自存之策,舍变法外别无他图。同时,他还指出:"今之为治,当以开创之势治天下,不当以守成之势治天下,当以列国并立之势治天下,不当以一统垂裳之势治天下。盖开创则更新百度,守成则率由旧章,列国并立,则争雄

① 明铭:《重温"少年中国"梦——对梁启超上个世纪之交文化选择的再认识》,《山东师大学报》(社会科学版)1997年第2期。

② 唐德刚:《从晚清到民国》,中国文史出版社2015年版,第153页。

角智,一统垂裳,则拱手无为。"①继而,康有为在上书中,特别引证中外历史上因守旧而亡国的历史教训,并且以激烈的言词警告光绪皇帝。他指出:"蚁穴溃堤,衅不在大。职恐自尔之后,皇上与诸臣,虽欲苟安旦夕,歌舞湖山而不可得矣,且恐皇上与诸臣,求为长安布衣而不可得矣。"②同时,康有为还强调:"宗社存亡之机,在于今日;皇上发愤与否,在于此时。……否则沼吴之祸立见,裂晋之事即来,职诚不忍见煤山前事也。"③

康有为本人十分清楚"上书"中的这些言论可能会成为招致祸端的"罪言"。但是在他看来,只要能够推动其变法事业,"虽以狂言获罪,虽死之言,犹生之年也"④。其间,当"上书"递至工部时,工部大臣尚书松溎恶其伉直而不愿为其向上代呈。但因康有为言辞极为激烈,京师一时间遍为传抄,后来经过给事中高燮曾(1841—1917)抗疏举荐,才被光绪皇帝所知晓。然而,这一耽搁已经是半年之后的事了。当光绪皇帝看到这份"上书"时,肃然动容,并对军机大臣说:"非忠肝义胆,不顾死生之人,安敢以此直言陈于朕前乎!"于是康有为被命令具体统筹全局。在所上呈的统筹全局折中,康有为提出了三项比较具体的变法主张:(一)大誓群臣以定国是;(二)立对策所以征贤才;(三)开制度局而定宪法。其中,制度局下设 12 局。并说:"国是定,而议论一";"下情咸通,群才辐辏";"制度局之设,尤为变法之原"。⑤ 光绪皇帝采纳了康有为的意见,并在 1898 年 6 月 11 日下诏"明定国是",宣布变法。

随后,光绪皇帝召见康有为进一步询问具体政策。鉴于清政府中很多朝臣的巨大阻力,为了更顺利地实施变法,康有为提出了有所保留的变法建议。他在非常重要的一点建议中指出:"勿去旧衙门,而惟增置新衙门,勿黜革旧大臣,而惟渐擢小臣,多召见才俊志士,不必加其官,而惟委以差事,赏以卿衔,许其以专折奏事足矣。"⑥此外,康有为还先后向光绪皇帝进呈《俄大彼得变法

---

① 中国史学会主编:《戊戌变法》第 2 册,神州国光社 1953 年版,第 140 页。
② 《康有为全集》第 4 集,中国人民大学出版社 2007 年版,第 3 页。
③ 《康有为全集》第 4 集,中国人民大学出版社 2007 年版,第 7 页。
④ 中国史学会主编:《戊戌变法》第 2 册,神州国光社 1953 年版,第 196—197 页。
⑤ 中国史学会主编:《戊戌变法》第 2 册,神州国光社 1953 年版,第 199—200 页。
⑥ 梁启超:《戊戌政变记》,中华书局 1954 年版,第 16 页。

考》《日本明治变政考》《波兰分灭记》《法国革命记》《列国统计比较表》等。鉴于变法所需,光绪皇帝破格提拔谭嗣同、杨锐、林旭、刘光第以四品京卿衔入值军机章京,显示了光绪帝对变法的支持和重视。正当变法事宜初有头绪之时,以慈禧太后为首的封建反动势力迅速反扑,突然发动宫廷政变,使得变法最终归于失败。

后来,资产阶级改良派对这次变法运动的失败进行了自我反思,也肯定了百日维新在思想启蒙方面的作用。其中,梁启超在《康有为传》中写道:"戊戌维新之可贵,在精神耳!若其形式,则殊多缺点,殆犹大辂之仅有椎轮,木植之始见萌坼也。当时举国人士,能知欧美政治大原者,既无几人,且掣肘百端,求此失彼,而其主动者,亦未能游西域读西书,故其措置不能尽得其当,殆势使然,不足为讳也。若其精神,则纯以国民公利公益为主,务在养一国之才,更一国之政,采一国之意,办一国之事,盖立国之大原,于是乎在。精神既立,则形式随之而进,虽有不备,不忧其后之不改良也,此戊戌维新之真相也。"①梁启超上述所言,质朴而且实际,没有过分之处。

比较客观地评价一个政治运动,除了参与者的视角之外,还要从历史的角度来看。运动的功过,不是看它比后来者少做了些什么,而是看它比其前者多做了些什么。从这个角度来看,戊戌维新运动比起此前的洋务运动要更显深入,也更显进步。尽管在形式上,维新变法仍然是自上而下的改良运动,但它发生在民族危机空前严重的形势之下。这个时期,民族资产阶级刚刚登上政治舞台,当时的革命尚处于起步阶段,西方政治发展的更多情况还未能在国人中产生普遍广泛的影响。正因如此,"变法维新"的旗帜就更显得颇具政治号召力和现实影响力。如梁启超所言,"自今以往,中国革新之机,如转巨石于危崖,遏之不可遏,必达其目的地而后已,此事理所必至然也"②。尤其是,维新变法的目的在于打破旧的制度束缚,学习西方资本主义,发展农工商业,改革旧的政治体制,培养新的人才,使社会有所进步,使国家趋于富强。这无论

---

① 梁启超:《南海康先生传》,北京出版社1999年版,第11页。
② 梁启超:《南海康先生传》,北京出版社1999年版,第484页。

在解放人的思想，或在促进生产力的发展方面，都具有积极的作用，这也正是戊戌变法所表现出来的历史价值。

从结果或形式的角度来说，维新运动是失败的。导致失败的因素很多，但有一点很重要，那就是资产阶级改良派自身发展还不够成熟。一方面主张要改变封建的中国为资本主义的中国，但另一方面又需要依靠光绪皇帝下诏发令，这反映出刚开始走上政治舞台的近代中国资产阶级在经济上、政治上的软弱性。这一点在康有为身上体现得很充分。康有为作为维新运动的倡导者和领导者，被西方一些历史学家称为维新运动的教主。他一方面"能将日本所采取的措施的成就，和所有中国政治家们的昏聩糊涂作一番对照"；另一方面，他又"没有推翻清朝和驱逐满洲官吏的思想；他的目的是要使皇上赞助维新，并向满清官吏指出彻底改组政府机构的明智和必要"①。他推崇西方君主政体，主张实行君主立宪，极力反对共和政体，拒绝与孙中山为代表的资产阶级革命民主派合作。在变法失败几年之后，康有为还公开表示，"中国只可君主立宪，不能行共和革命，若行革命，则内讧分争，而促外之瓜分"。也有西方学者指出："他的理想是要'使中国成为仅有一名义上的世袭统治者的共和国了'，换一句话说，就是君主立宪政体；他又声称'中国不能成为一个共和国'，又说'中国的政治演变自然地导向君主政体'。"②"戊戌变法"实质上是非常"温和"的，但最后却受到异常"激进"手段的对待。"六君子"喋血菜市口，康有为、梁启超等被迫流亡海外，新政尽废。身处海外的康有为开始组织保皇会，开始逐渐地走向反动。这又体现出资产阶级改良派的不彻底性和反动性，只是希望通过改革的方式来继续维护封建制度的统治。

总之，从现实价值和后续影响来说，戊戌变法运动有着斩草开山之功。资产阶级改良派发动的这一场引起社会震动的剧烈斗争，可以称之为一场不可忽视的政治改革和思想解放运动。这场变法运动直接冲击了维护封建势力的

---

① ［美］马士：《中华帝国对外关系史》第 3 卷，张汇文等译，商务印书馆 1960 年版，第 141 页。
② ［美］马士：《中华帝国对外关系史》第 3 卷，张汇文等译，商务印书馆 1960 年版，第 141—142 页。

传统思想,进而将民主进步之光带给了中国民众①,因此被视为后来资产阶级革命派的起点。随着清政府保守派不能再容忍主张改良者发展之时,寄希望于自上而下和平变革的想法已经越发显得虚幻,推动社会变革的力量开始向旧体制之外寻找。在此情况下,留学生、会党等社会下层便不可阻挡地成为了当时未来变革的主要动力。这种力量要求一定要用暴力从根本上打破、推翻腐朽的封建专制,这也意味着一场更加彻底的社会革命即将到来。

(四)资产阶级革命派与孙中山的"复兴中国梦"

1894 年 6 月,由于受到西方文化的熏陶以及维新派改良主义的影响,孙中山也上书李鸿章具体陈述改良思想在中国实施的良好前景。但是,他的观点并未受到采纳,甚至连面见李鸿章的机会都没有得到。在进京上书受挫之后,孙中山恰好赶上中国军队在朝鲜牙山战役中大败的消息传来,而清政府竟然表现得丝毫无所触动,依旧在一门心思地赶修颐和园,大肆操办慈禧太后的六十大寿庆典。紧接着在同年 7 月,中日甲午战争终于全面爆发。此时的孙中山已经在开始思考一个根本性的问题:"满清政府可以比做一座即将倒塌的房屋,整个结构已从根本上彻底地腐朽了,难道有人只要用几根小柱子斜撑住外墙就能够使那座房屋免于倾倒吗?"②以孙中山为代表的资产阶级革命派越发认识到,自上而下和平改革之路几无可能。他们不得不彻底放弃一味依靠改良的幻想,开始着手采取革命手段以求彻底推翻封建制度,以挽救民族危亡。

同年 11 月,孙中山在美国檀香山创立了中国第一个具有资产阶级政党雏形性质的兴中会。在亲自草拟的《檀香山兴中会章程》中第一条,孙中山便开宗明义地指出:"是会之设,专为振兴中华、维持国体起见。"③正如习近平指出的,"孙中山先生为当时中国的积贫积弱痛心疾首,第一个响亮喊出'振兴中华'的口号"④。"振兴中华"的口号的提出,成为中华民族复兴观念的先声,极大地振奋了中华民族的雄心斗志,成为了代表当时中国人民的历史最强音。

---

① 参见汤志钧:《戊戌维新与学习西方》,《历史研究》1988 年第 4 期。
② 金冲及:《辛亥革命的历史地位》,《人民日报》2011 年 9 月 7 日。
③ 中国社科院近代史研究所编:《孙中山全集》第 1 卷,中华书局 1981 年版,第 19 页。
④ 习近平:《在纪念孙中山先生诞辰 150 周年大会上的讲话》,人民出版社 2016 年版,第 3 页。

"兴中会"的成立也成为了孙中山开始走上革命道路、践行"振兴中华"理想的第一步。它也标志着中国近代新生的资产阶级民主革命力量正式登上历史舞台。此后,孙中山致力于探寻民族复兴之路,并把一生献给了实现民族复兴的伟大事业。1895 年 2 月,他又创立了香港兴中会,在《香港兴中会章程》中,孙中山重申,"本会之设,专为联络中外有志华人,讲求富强之学,以振兴中华、维持国体起见"①。正是在反复重申的章程中,孙中山将革命的目的与中国的富强和振兴更密切地联系起来。作为中国近代最早感应世界潮流、对世界大势具有深刻把握的资产阶级政治家,孙中山忧心如焚地关注着中华民族的历史境遇,及时揭示和提炼了关系民族前途和命运的历史使命,也使杂乱无章的历史大潮具有了鲜明的时代主题。

孙中山曾多次阐发他对实现"振兴中华"的无限期盼和美好憧憬。1904 年 8 月,在《中国问题的真解决》中,孙中山就对实现振兴之后的中国进行过一番美好畅想。他强调:"一旦我们革新中国的伟大目标得以完成,不但在我们的美丽的国家将会出现新纪元的曙光,整个人类也将得以共享更为光明的前景,普遍和平必将随中国的新生接踵而至,一个从来也梦想不到的宏伟场所,将要向文明世界的社会经济活动而敞开。"②1906 年,在给外国友人的信中,孙中山又提到,中国这样一个"占世界人口四分之一的国家的复兴,将是全人类的福音"③。孙中山的上述思想在后期也得到了进一步发展,在中国共产党的实践中也得到了继承并且逐步化为现实。

在后期所作的题为《民族主义》的演讲中,孙中山对于"民族复兴"问题继续进行了较为全面和系统的阐发。其中,首先是关于民族复兴的历史急迫性问题,他这样说道:"中国从前是很强很文明的国家,在世界中是头一个强国",但是"到现在还不如殖民地","处于极危险的地位"。其次是关于民族复兴与民族精神的关系问题,他从民族固有道德的角度指出,民族复兴很重要的一点就是要"恢复民族的地位",而要恢复民族地位,要恢复民族精神、恢复固

---

① 中国社科院近代史研究所编:《孙中山全集》第 1 卷,中华书局 1981 年版,第 22 页。
② 中国社科院近代史研究所编:《孙中山全集》第 1 卷,中华书局 1981 年版,第 255 页。
③ 中国社科院近代史研究所编:《孙中山全集》第 1 卷,中华书局 1981 年版,第 319 页。

有道德,恢复民族精神才可以恢复民族主义,"到了民族主义恢复了之后,我们才可以进一步去研究怎么样才可以恢复我们民族的地位","有了固有的道德,然后固有的民族地位才可以图恢复";再次是关于民族复兴与西方强国的关系问题,孙中山十分强调要向西方学习,尤其是"去学欧美之所长,然后才可以和欧美并驾齐驱"。他指出,"中国的人口比日本多十倍,领土比日本大三十倍……如果中国能够学到日本,只要用一国便变成十个强国。到了那个时候,中国便可以恢复到头一个地位"。最后,关于中华民族复兴的世界意义,孙中山也做了比较明确的说明,即"中国如果强盛起来,我们不但是要恢复民族的地位,还要对于世界负一个大责任"。[1]

对于当时的中国社会而言,"振兴中华"伟大理想的提出尽管是历史使然和历史必然,但也足以称为伟大之举。不过,孙中山并没有满足于此,而是开始着手将其化为现实。关于振兴中华的实现途径问题,在孙中山的头脑中也经历了一个从模糊到逐步清晰的过程。而这种过程性便直接体现在各种失败的反复起义之中。在"兴中会"成立后,在孙中山的领导下曾经举行过多次试图推翻清王朝的武装起义,都是因为革命力量的准备不足而宣告失败。在革命道路上,孙中山虽然是屡遭挫折,但却始终不改其志向。1905 年 7 月,他又在日本东京联合其他进步革命团体组成了中国第一个全国性的资产阶级政党——中国同盟会,从而使中国民主革命运动有了一个统一的领导核心,中国民主革命也由此拉开了大幕,进入了一个崭新的历史阶段。

在沿承兴中会章程的基础之上,同盟会的革命宗旨进一步丰富和发展成为"驱除鞑虏,恢复中华,建立民国,平均地权"。同年 11 月,孙中山在同盟会机关报《民报》创刊的《发刊词》中又将这一革命宗旨概括为"民族、民权、民生"三大主义,即著名的"三民主义"。三民主义是孙中山从强烈的救国愿望出发,在长期的革命斗争实践过程中,一方面通过艰苦探索,同时也吸收了中西方有识之士有关人本思想而提出的政治纲领。这个政治纲领尽管呈现出较为浓厚的资产阶级色彩,但却不应因此而过于苛求孙中山先生,因为任何思想

---

[1] 中国社科院近代史研究所编:《孙中山全集》第 9 卷,中华书局 1981 年版,第 242—253 页。

的提出都不可能脱离历史和时代所提供的理论基础和思想条件。我们应当看到,它的进步意义是巨大的,它真正使中国资产阶级具有了一个完整的建设资产阶级民主共和国的政治纲领。孙中山提出的"振兴中华"的口号也因此而被赋予了全新而充实的内涵。

在武昌起义之前,中国同盟会曾在中国多个地方组织革命起义活动,试图推翻清王朝的统治,但是都没有取得成功。直到1911年10月,辛亥起义大获成功。胡锦涛指出:"它开创了完全意义上的近代民族民主革命,极大推动了中华民族的思想解放,打开了中国进步潮流的闸门,为中华民族发展进步探索了道路。"①辛亥革命之后,孙中山亲自主持制定了一系列政治、经济、社会、文教等方面的革新政策和法令,体现了他对于全面实现社会现代化的理想追求与历史自觉。

但是辛亥革命的成果最终被篡夺,没能改变中国的社会性质和人民的命运。尽管如此,孙中山也丝毫没有放弃。他认为,"建设为革命之唯一目的",并一直致力于未来中国的规划设计。"他坚信,革命成功以后,经过全民族努力,中国一定能够迎头赶上世界先进国家。他满怀豪情地说:'一旦我们革新中国的伟大目标得以完成,不但在我们的美丽的国家将会出现新纪元的曙光,整个人类也将得以共享更为光明的前景。'"②在1917年到1920年期间,孙中山先后完成了由《孙文学说》《实业计划》《民权初步》三部分构成的《建国方略》。其中,对未来中国实现现代化的设想集中于《实业计划》之中。在这个庞大的总体构想中,孙中山尤其重视港口和铁路等交通基础设施的建设。

习近平在纪念孙中山先生诞辰150周年大会上的讲话中指出:"孙中山先生在从事紧张的革命活动的过程中,一直思考着建设中国的问题。1917年到1919年,他写出《建国方略》一书,构想了中国建设的宏伟蓝图,其中提出要修建约16万公里的铁路,把中国沿海、内地、边疆连接起来;修建160万公里的公路,形成遍布全国的公路网,并进入青藏高原;开凿和整修全国水道和

① 胡锦涛:《在纪念辛亥革命100周年大会上的讲话》,《人民日报》2011年10月9日。
② 习近平:《在纪念孙中山先生诞辰150周年大会上的讲话》,《人民日报》2016年11月12日。

运河,建设三峡大坝,发展内河交通和水利、电力事业;在中国北部、中部、南部沿海各修建一个世界水平的大海港;大力发展农业、制造业、矿业等。孙中山先生擘画的这个蓝图,显示了他对中国发展的卓越见解和强烈期盼。"①当然,除了以上物质生产和经济建设之外,孙中山还分别提出了关于社会建设和心理建设的规划,只是没有机会变为现实。在当时,"有的外国记者认为孙中山先生的这些设想完全是一种空想,是不可能实现的"②。

历史最终证明,不触动封建统治根基的旧式农民战争、地主阶级的自强运动、各种名目的改良主义、资产阶级革命派领导的民主主义革命,以及其他照搬西方资本主义政治制度模式的种种方案,都不能完成中华民族救亡图存的民族使命和反帝反封建的历史任务,"都不能让中国的政局和社会稳定下来,也都谈不上为中国实现国家富强、人民幸福提供制度保障"③。正如毛泽东指出的那样:"中国人向西方学得很不少,但是行不通,理想总是不能实现。多次奋斗,包括辛亥革命那样全国规模的运动,都失败了。"④习近平在纪念毛泽东同志诞辰 120 周年座谈会上的讲话中也做过深刻的历史总结。他指出:"实现中华民族伟大复兴始终是近代以来中国人民最伟大的梦想。无数志士仁人前仆后继、不懈探索,寻找救国救民道路,却在很长时间内都抱憾而终。太平天国运动、戊戌变法、义和团运动、辛亥革命接连而起,但农民起义、君主立宪、资产阶级共和制等种种救国方案都相继失败了。"⑤

总之,辛亥革命"开创了完全意义上的近代民族民主革命,打开了中国进步闸门,传播了民主共和理念,极大推动了中华民族思想解放,以巨大的震撼力和影响力推动了中国社会变革"⑥。辛亥革命成功的最大历史意义在于推

① 习近平:《在纪念孙中山先生诞辰 150 周年大会上的讲话》,《人民日报》2016 年 11 月 12 日。
② 习近平:《在纪念孙中山先生诞辰 150 周年大会上的讲话》,《人民日报》2016 年 11 月 12 日。
③ 习近平:《在庆祝全国人民代表大会成立 60 周年大会上的讲话》,《人民日报》2014 年 9 月 6 日。
④ 《毛泽东选集》第 4 卷,人民出版社 1993 年版,第 1470 页。
⑤ 习近平:《在纪念毛泽东同志诞辰 120 周年座谈会上的讲话》,《人民日报》2013 年 12 月 27 日。
⑥ 习近平:《在纪念孙中山先生诞辰 150 周年大会上的讲话》,《人民日报》2016 年 11 月 12 日。

翻了清王朝统治，结束了统治中国几千年的君主专制制度。但是，"由于历史进程和社会条件的制约，辛亥革命虽然没有改变旧中国半殖民地半封建的社会性质，没有改变中国人民的悲惨命运，没有完成实现民族独立、人民解放的历史任务"①。"胜利果实很快被封建余孽和野心家篡夺了，中国继续在战乱和贫困中沉沦。"②"中国依然是山河破碎、积贫积弱，列强依然在中国横行霸道、攫取利益，中国人民依然生活在苦难和屈辱之中。"③先进的中国人不得不继续寻找新的复兴之方向。

三、中国梦的逐步清晰

中国共产党第十八次全国代表大会报告指出："在中国这样一个经济文化十分落后的国家探索民族复兴道路，是极为艰巨的任务。"④对此，毛泽东早就指出，"从鸦片战争反对英国侵略起，后来有太平天国的战争，有甲午战争，有戊戌维新，有义和团运动，有辛亥革命，有五四运动，有北伐战争，有红军战争，这些虽然情形各不相同，但都是为了反抗外敌"⑤。但是，"很奇怪，为什么先生老是侵略学生呢？中国人向西方学得很不少，但是行不通，理想总是不能实现。多次奋斗，包括辛亥革命那样全国规模的运动，都失败了"⑥。对于这个问题，历史给出了最终回答：要想将中华民族伟大复兴的中国梦化为现实，离不开获得中国人民拥护与支持的领导力量——中国共产党，离不开随时代不断发展的科学理论——马克思主义，更离不开适应中国国情的发展道路——中国特色社会主义道路。"我们党领导的革命、建设、改革伟大实践，

① 习近平：《在纪念孙中山先生诞辰150周年大会上的讲话》，《人民日报》2016年11月12日。
② 王幸生：《为了伟大的中国梦——学习习近平总书记参观〈复兴之路〉展览时的重要讲话》，《求是》2013年第2期。
③ 习近平：《在庆祝全国人民代表大会成立60周年大会上的讲话》，《人民日报》2014年9月6日。
④ 胡锦涛：《坚定不移沿着中国特色社会主义道路前进　为全面建成小康社会而奋斗——在中国共产党第十八次全国代表大会上的报告》，《人民日报》2012年11月18日。
⑤ 《毛泽东选集》第2卷，人民出版社1991年版，第563—564页。
⑥ 《毛泽东选集》第4卷，人民出版社1991年版，第1469—1470页。

是一个接续奋斗的历史过程,是一项救国、兴国、强国,进而实现中华民族伟大复兴的完整事业。"①与整个事业过程的最终呈现相伴而来的是,中国梦也逐渐变得越来越清晰起来。

（一）中国共产党的成立与中国命运的转折

辛亥革命"只把一个皇帝赶跑,中国仍旧在帝国主义和封建主义的压迫之下,反帝反封建的革命任务并没有完成"②。中华民族要复兴,中国人民要解放,救亡图存的民族使命迫在眉睫,必须寻找一种新的力量,提出一种新的方案,开辟一条新的道路。也就是"必须找到能够指导中国人民进行反帝反封建革命的先进理论,必须找到能够领导中国社会变革的先进社会力量"③。在这种强烈的时代要求之下,中国共产党将马克思主义与中国工人阶级运动相结合,最终成为了团结和带领中国人民实现中华民族伟大复兴的领导力量,从而促成了中华民族历史命运的伟大转折。

在庆祝中国共产党成立90周年大会上的讲话中,胡锦涛指出,中国共产党的诞生是两个"必然产物",它"是近现代中国历史发展的必然产物,是中国人民在救亡图存斗争中顽强求索的必然产物"④。从另一个角度来说,这里所谈的两个"必然产物"也就是两个"选择",即历史的选择和人民的选择。

为什么中国共产党的成立是近现代中国历史发展的必然产物? 为什么历史最终选择了中国共产党? 在这里,历史的选择,可以首先理解为一种选择的历史。中国共产党作为历史选择的一种结果,经历了一个选择的历史过程。此前,我们已经大致回顾了中国梦的萌生历程,从中可以看到,在中国共产党成立之前,为了实现民族复兴、民族独立,农民阶级、地主阶级、资产阶级,都先后登上中国历史舞台的中心,纷纷提出各自的救国救民的道路主张和政治方案。从太平天国的农民起义到地主阶级的洋务运动,从民族资产阶级改良派

① 习近平:《在纪念毛泽东同志诞辰120周年座谈会上的讲话》,《人民日报》2013年12月27日。
② 《毛泽东选集》第2卷,人民出版社1991年版,第564页。
③ 胡锦涛:《在庆祝中国共产党成立90周年大会上的讲话》,《求是》2011年第13期。
④ 胡锦涛:《在庆祝中国共产党成立90周年大会上的讲话》,《求是》2011年第13期。

的变法维新到资产阶级改革派的辛亥革命,种种力量轮番上场、各显其能,但最终都是归于失败。

在此之前,对于中华民族和中国人民来说,中华民族伟大复兴仍是一种可望而不可即的奢求和妄想。其中的原因可以从经济、政治、文化、军事等多方面进行总结,但是一个最根本的原因在于,这些阶级及其无法突破的历史局限性。这些缺陷使其无论如何努力,仍然无法成为团结和带领人民大众的坚强的领导核心。尽管这些阶级都曾有机会登上历史舞台并做出自己的最大努力,但是没有获得历史的"青睐"。然而历史的脚步不会就此停顿,历史的选择与选择的历史也并未就此终止。在民族危亡的关键时刻,中国共产党拿到了可能改变中国历史的入场券。需要指出的是,能够成为被选择的对象之一并最终获得历史的选择,中国共产党的成立绝不是一种偶然,也不是一种革命输入的"条件反射",而是有着充分的历史根据。也就是说,中国共产党的成立是建立在各种条件已经成熟、完全具备的基础之上的结果。

首先,俄国十月革命后,马克思主义在中国开始广泛传播,为中国共产党成立准备了思想基础。在鸦片战争后的很长一段时间里,中国人没有什么可以救亡图强的有效思想武器,封建主义顽固思想一败涂地,改良主义思潮很快败下阵来。不得已,中国一些人士从西方资产阶级革命时代的武器库中学来了进化论、天赋人权论和资产阶级共和国等思想武器和政治方案,也因无效而宣告破产。1917年,俄国爆发了十月革命,开辟了人类历史的新纪元,对包括中国在内的落后国家产生了巨大影响。"十月革命一声炮响,给我们送来了马克思列宁主义。"①之后,中国爆发了彻底的反帝反封建的五四爱国运动。在五四运动中,具有初步共产主义思想的知识分子,选择马克思主义作为思想武器。马克思主义由此开始得到广泛传播。据统计,从十月革命胜利的消息传到中国至1922年初,先后有近30种马克思主义经典著作被译成中文。国内除了《新青年》《星期评论》等主要刊物大量刊载翻译介绍马克思主义的著作文章外,几乎绝大部分报刊都曾从不同角度翻译介绍过马克思主义。这些

---

① 《毛泽东选集》第4卷,人民出版社1991年版,第1471页。

文章对帮助中国的先进分子和无产阶级学习、掌握和运用唯物史观,认识帝国主义的本质以及认识世界社会主义运动与中国封建统治者之间的关系十分有益。

在五四运动时期,正如马克思主义的诞生和发展必然要经过无数次的战斗一样,马克思主义在中国的传播也经历了反复的理论斗争。实用主义、基尔特社会主义,费边行会社会主义、新村主义、工读互助主义等小资产阶级社会主义思想在当时的中国都曾风靡一时。马克思主义并不是正式的官方思想,而仅仅作为诸多思潮中的一家,甚至被当权者仇视为"异端邪说"。因此,中国早期的马克思主义者面临的一个重要任务就是同这些反马克思主义思潮进行了激烈的理论较量和思想交锋。此外,在他们当中有的人抛弃之前的资产阶级民主主义的信念,转向马克思主义的立场,并非屈从于任何压力,也不是追逐新潮。他们之所以选择马克思主义,只是因为它作为严密的科学理论比之其他任何一种学说都更加能够解决中国的问题,是救治中国的真理。正因为如此,在十月革命和五四运动的推动下,作为思想论战的最终胜利者,马克思主义在中国迅速传播开来,影响也不断扩大,并进一步巩固了马克思主义的思想阵地。中国人民从此拥有了强大的思想武器,从而为中国共产党的产生奠定了思想基础。

其次,作为独立政治力量的中国工人阶级,在五四运动中第一次登上历史舞台,为中国共产党的成立准备了更为坚实的阶级基础。随着中国近代工业的发展,中国工人阶级队伍经历了一个从小到大的壮大过程。五四运动前,中国近代产业工人已达260多万人。经过长期斗争的锤炼,他们的斗争水平有了很大提高。从1912年到1919年,工人阶级共举行罢工130余次。这些罢工多数以经济斗争为主,也开始出现了具有政治诉求的罢工和斗争。只是在五四运动中,中国工人阶级终于挺身而出,站到了革命斗争的最前列,也使五四运动由此展现出了新面貌,极大地增强了这一运动"彻底地不妥协地反帝国主义和彻底地不妥协地反封建主义"[①]的历史意义。

---

① 《毛泽东选集》第2卷,人民出版社1991年版,第699页。

　　中国工人阶级是伴随着外国资本主义、中国早期官僚资本和民族资本主义这三种近代工业形式的出现而产生和发展的。随着自身参与到五四运动中去,中国工人阶级也充分展现出自己的独特阶级优势:深受帝国主义、封建主义和资产阶级的三重压迫,从诞生之日起,它就以旧制度"掘墓人"的姿态,不断地进行着斗争,其革命性比其他任何阶级都表现得更加坚决和彻底;高度集中在上海等沿海中心城市的大工厂里,易于形成强大的力量;大部分出身于农民阶级,与农民阶级有着天然的密切联系,易于形成牢固的工农联盟。这些优点决定了只有中国工人阶级才是中国革命的领导阶级,也只有工人阶级才能为中国共产党的成立奠定坚实的阶级基础。

　　最后,五四运动开启了马列主义与中国工人运动初步结合之门,从而为党的成立做了思想上和干部上的准备。五四爱国运动初期阶段,斗争活动的主力军是青年学生。6月5日以后,中国工人阶级作为觉悟了的独立的政治力量登上历史舞台。运动也随之突破了学生和知识分子的范围,形成了以工人阶级为主力的全国性群众运动。一大批具有初步共产主义思想的知识分子,纷纷深入到工人群众中去,了解工人疾苦,向工人宣传、普及马克思主义理论知识,将自己的立足点真正置于工人阶级之上。一部分工人也在与这些马克思主义者的接触过程中,逐渐接受了马克思主义的理论主张,进一步增强了自身的阶级意识和思想觉悟。经过革命知识分子所起的中间桥梁作用,马克思主义在中国与工人运动实现了初步的结合。正是在这个意义上,毛泽东指出,五四运动为中国共产党的成立作了思想上和干部上的准备。

　　在以上国内条件的基础上,加上来自共产国际的指导和帮助,1921年7月中国共产党在上海诞生了。从此,中国革命有了新的指导思想,有了新的领导力量,有了新的革命主力,有了新的革命方向,中国革命的面貌从此焕然一新。

　　中国共产党成立之后,至少存在三种力量有可能成为主导中国历史走向的领导者。如果说中国共产党成立是历史的选择,那么,能否从诸多政治势力中脱颖而出,则最终取决于能否赢得人民的选择。历史的选择说到底就是人民的选择,但两者之间又不能完全等同。历史的选择只是过去式和完成式;人民的选择则不仅是过去式,更是一种现在式、将来式。人民的选择本身就是一种历史过程,而历史的选择最终又是由人民来完成的。人民的选择与历史的选择之间呈现的就是这样一种既有重叠,又不完全等同的逻辑关系。

邓小平同志曾说道:"中国一向被称为一盘散沙,但是自从我们党成为执政党,成为全国团结的核心力量,四分五裂、各霸一方的局面就结束了。"①为什么中国共产党能够成为领导核心,成为执政党。原因有很多,包括科学的思想武器、正确的发展道路等等,但最根本的决定性作用还是在于人民和人民的选择。而且人民的选择并不是一劳永逸的,也不是一成不变的。中国共产党成立时只有53名党员,但经过后来5年的发展,到1926年已经壮大成为一个拥有6万党员的全国性大党。这种巨大的发展足以作为中国共产党赢得人民选择的有力证明。此时,我们不禁要问,为什么中国共产党能够如此迅速地赢得人民的选择,能够成为团结和带领人民的领导核心呢? 对于中国共产党来说,要回答这个问题,其实也就是要回答"我是谁""依靠谁""为了谁"的问题。

首先,中国共产党来自人民。不同于历史上的其他政党,作为无产阶级政党,中国共产党来自人民,本身就是人民的一部分,是人民中的先进分子为了实现工人阶级和人民群众的利益而组织起来的。中国共产党是工人阶级的政党,它的成员来自工人阶级和人民群众,是人民群众不可分割的组成部分,而且是其中最先进、最觉悟的部分。中国共产党来自人民,生长与活动在人民中间,与人民群众保持着天然的联系,被人民群众视为自己的组织,得到了广大人民的拥护和支持。中国共产党具有其他任何政党无法相比的政治优势。1945年,毛泽东说:"我们共产党人区别于其他任何政党的又一个显著的标志,就是和最广大的人民群众取得最密切的联系。"②总之,中国共产党是中国工人阶级的先锋队,是中华民族和中国人民的先锋队。它能够赢得人民的选择,说明它是来自于人民的党,属于人民的党,它是在"人民之内",不是"人民之外",更不是凌驾于人民之上。

---

① 《邓小平文选》第2卷,人民出版社1994年版,第267页。
② 《毛泽东选集》第3卷,人民出版社1991年版,第1094页。

其次,中国共产党根植于人民。历史唯物主义认为,人民群众是历史的创造者。中国共产党始终和中国人民在一起,始终以人民群众作为自身的力量源泉。中国共产党坚信只有"人民才是真正强大的力量","真正的铜墙铁壁是群众,是千百万真心实意地拥护革命的群众"。① 中国共产党深深植根于人民群众之中,结成了牢不可破的血肉关系,为取得革命的最终胜利奠定了牢固的基石。对此,1949 年,美国大使司徒雷登面对国民党高官时指出,"共产党战胜你们的不是飞机大炮,而是赢得的民心"②。总之,中国共产党的每一步前进、每一步壮大都离不开中国人民的强大支持。

最后,中国共产党造福于人民。中国共产党党章明确规定:中国共产党是中国工人阶级的先进的有组织的部队,代表中华民族与中国人民的利益。在《共产党宣言》中,马克思恩格斯指出,"共产党人是各国工人政党中最坚决的、始终起推动作用的部分。"③1941 年,毛泽东指出:"共产党是为民族、为人民谋利益的政党,它本身决无私利可图。"④"共产党人为工人阶级的最近的目的和利益而斗争,但是他们在当前的运动中同时代表运动的未来。"⑤从反面来看,如果背离了无产阶级的利益,也就无法在当前运动中代表运动的未来。⑥ 也就是说,人民跟哪个党走,哪个党才有前途;而人民跟谁走,不是看谁说得好听,而是看谁能够真正代表和实现自己的利益,给自己带来实实在在的福祉。

中国共产党从成立起,就把中华民族复兴必须解决的争取国家独立和工业化这两大问题当成了自己最近的奋斗目标,把做中国工人阶级的和中华民族的先锋队当成了自己的历史使命,把解放劳苦大众和复兴中华民族这两大任务当成了自己必须挑起的革命重担。从成立之初,中国共产党就毫不隐讳自己的阶级观点,宣称是中国无产阶级的先锋队,随即领导和发动工人阶级开

① 《毛泽东选集》第 1 卷,人民出版社 1991 年版,第 139 页。
② 参见孙来斌:《践行群众路线是实现中国梦的关键》,《光明日报》2014 年 9 月 17 日。
③ 《马克思恩格斯文集》第 2 卷,人民出版社 2009 年版,第 44 页。
④ 《毛泽东选集》第 3 卷,人民出版社 1991 年版,第 809 页。
⑤ 《马克思恩格斯文集》第 2 卷,人民出版社 2009 年版,第 65 页。
⑥ 孙来斌:《践行群众路线是实现中国梦的关键》,《光明日报》2014 年 9 月 17 日。

展了一系列的工人运动,为工人阶级争取基本权益。

土地革命战争时期,共产党人通过"打土豪,分田地",使广大农民得到了最大实惠,也使中国共产党赢得了占中国人口大多数的广大农民的真心爱戴和拥护。抗日战争时期,中国共产党通过建立抗日民族统一战线,通过建立"三三制"政权、减租减息等一系列政策,迅速扩大了社会基础,最大限度地把各种抗日力量团结了自己的周围,也最大限度地激发了各阶层人民群众的抗日热情。解放战争时期,共产党人通过实行人民民主统一战线,实现了工农商学兵的全国大联合,特别是实行了全面而彻底的土地改革运动。1947 年 9月,中国共产党颁布《中国土地法大纲》,开始实行平分土地政策。到 1949 年上半年,近 1 亿农民获得了土地,实现了自己千百年来的梦想。

近代以来,"争取民族独立、人民解放,实现国家富强、人民富裕,成为中国人民必须完成的历史任务"①。这两大历史任务直接规定了中国历史发展的方向,也直接决定了中国各种政治力量的历史地位。两大任务贯穿了中国梦的整个发展过程。无论是哪个历史任务的完成,都必须获得人民的选择。

中国共产党是在中国人民顽强前行的伟大斗争中诞生的。"自成立之日起,中国共产党就以实现中国人民当家作主和中华民族伟大复兴为己任。"②以 1840 年为标志,中国开始了屈辱的历史,也开启了追寻中国梦的历史。将近一百年,中国人在追梦,但没有找到出路。维新派、君主立宪派、旧民主主义革命派等提出各自的设计方案,这些尝试的最终结果都是归于失败。中国共产党提出了与它们不同的方案构想,尤其是把马克思主义作为实现民族独立和人民解放的最好武器。中国共产党带领人民建立了人民民主专政的国家政权;结束了旧中国四分五裂的局面,实现了国家统一和各民族大团结。新民主主义革命的胜利和新中国的成立,为实现中华民族伟大复兴扫清了障碍、奠定了根本前提,终于实现了两个"不可逆转":"从根本上改变了中国人民和中华民族的前途命运,不可逆转地结束了近代以后中国内忧外患、积贫积弱的悲惨

---

① 胡锦涛:《在庆祝中国共产党成立 90 周年大会上的讲话》,《人民日报》2011 年 7 月 2 日。

② 习近平:《在庆祝全国人民代表大会成立 60 周年大会上的讲话》,《人民日报》2014 年 9 月 6 日。

命运,不可逆转地开启了中华民族不断发展壮大、走向伟大复兴的历史进军,使具有 5000 多年文明历史的中国面貌焕然一新,中华民族伟大复兴展现出前所未有的光明前景。"①总而言之,"中国产生了共产党,这是开天辟地的大事变。这一开天辟地的大事变,深刻改变了近代以后中华民族发展的方向和进程,深刻改变了中国人民和中华民族的前途和命运,深刻改变了世界发展的趋势和格局"②。

(二)社会主义制度的确立与实现民族复兴的基本前提

从地主阶级开明派的"师夷制夷"到地主阶级洋务派的自强运动,从资产阶级改良派的戊戌变法到资产阶级革命派的辛亥革命,"由于制度和传统等等的束缚,这些尝试先后以失败而告终"③。种种失败无不告诉我们,只有推翻旧的制度、建立新的制度,才能为中国梦的实现提供最基本也是最根本的保障。

1979 年,在理论务虚会上的讲话中,邓小平指出:"社会主义革命已经使我国大大缩短了同发达资本主义国家在经济发展方面的差距。我们尽管犯过一些错误,但我们还是在三十年间取得了旧中国几百年、几千年所没有取得过的进步。"④

1981 年,中国共产党通过的《历史决议》也指出:"中国共产党在中华人民共和国成立以后的历史,总的说来,是我们党在马克思列宁主义、毛泽东思想指导下,领导全国各族人民进行社会主义革命和社会主义建设并取得巨大成就的历史。社会主义制度的建立,是我国历史上最深刻最伟大的社会变革,是我国今后一切进步和发展的基础。"⑤

1989 年,在庆祝新中国成立 40 周年大会上的讲话中,江泽民指出:"中华人民共和国成立以来的四十年,是中国历史发生翻天覆地变化的四十年,是经

① 胡锦涛:《在庆祝中国共产党成立 90 周年大会上的讲话》,《求是》2011 年第 13 期。
② 习近平:《在庆祝中国共产党成立 95 周年大会上的讲话》,《人民日报》2016 年 7 月 2 日。
③ 孙来斌、薛金华:《世界现代化语境下的中国模式》,《湖湘论坛》2010 年第 1 期。
④ 《邓小平文选》第 2 卷,人民出版社 1994 年版,第 167 页。
⑤ 《三中全会以来重要文献选编》(下),人民出版社 1982 年版,第 794 页。

历艰难曲折、战胜种种困难、不断发展进步的四十年,是中华民族扬眉吐气、独立自主、在国际事务中日益发挥重要作用的四十年。"①

2006 年,在庆祝建党 85 周年暨党员先进性教育总结大会上的讲话中,胡锦涛指出:"在社会主义革命和建设时期,我们确立了社会主义基本制度,在一穷二白的基础上建立了独立的比较完整的工业体系和国民经济体系,使古老的中国以崭新的姿态屹立在世界的东方。"②

总的来说,社会主义制度的确立,是实现中华民族伟大复兴中国梦的基本前提。而具体来说,社会主义制度的确立对于中国梦所具有的重大历史意义,大体体现在以下方面。首先,社会主义制度的确立为实现中华民族伟大复兴中国梦提供了政治保障。"以毛泽东同志为核心的党的第一代中央领导集体带领人民,在迅速医治战争创伤、恢复国民经济的基础上,不失时机提出了过渡时期总路线,创造性地完成了由新民主主义革命向社会主义革命的转变,使中国这个占世界四分之一人口的东方大国进入了社会主义社会,成功实现了中国历史上最深刻最伟大的社会变革。"③尤其是在经济极端困难的情况下,"在不长的时间里,我国社会就发生了翻天覆地的变化,建立起独立的比较完整的工业体系和国民经济体系,独立研制出'两弹一星',成为在世界上有重要影响的大国"④,"积累起在中国这样一个社会生产力水平十分落后的东方大国进行社会主义建设的重要经验"⑤。总之,"新民主主义革命的胜利,社会主义基本制度的确立,为当代中国一切发展进步奠定了根本政治前提"⑥。

其次,社会主义制度的确立为实现中华民族伟大复兴中国梦提供了制度

---

① 《十三大以来重要文献选编》(中),人民出版社 1991 年版,第 611 页。
② 胡锦涛:《在庆祝中国共产党成立 85 周年暨总结保持共产党员先进性教育活动大会上的讲话》,《人民日报》2006 年 7 月 1 日。
③ 习近平:《在纪念毛泽东同志诞辰 120 周年座谈会上的讲话》,《人民日报》2013 年 12 月 27 日。
④ 习近平:《在纪念毛泽东同志诞辰 120 周年座谈会上的讲话》,《人民日报》2013 年 12 月 27 日。
⑤ 习近平:《在纪念毛泽东同志诞辰 120 周年座谈会上的讲话》,《人民日报》2013 年 12 月 27 日。
⑥ 习近平:《在纪念毛泽东同志诞辰 120 周年座谈会上的讲话》,《人民日报》2013 年 12 月 27 日。

基础。习近平指出：“中国共产党领导中国人民取得革命胜利后，国家政权应该怎样组织？国家应该怎样治理？这是一个关系国家前途、人民命运的根本性问题。经过实践探索和理论思考，中国共产党人找到了答案。”①新中国成立后，我国建立起了从政治到经济、从中央到地方的一系列基本制度。“这样一套制度安排，能够有效保证人民享有更加广泛、更加充实的权利和自由，保证人民广泛参加国家治理和社会治理；能够有效调节国家政治关系，发展充满活力的政党关系、民族关系、宗教关系、阶层关系、海内外同胞关系，增强民族凝聚力，形成安定团结的政治局面；能够集中力量办大事，有效促进社会生产力解放和发展，促进现代化建设各项事业，促进人民生活质量和水平不断提高；能够有效维护国家独立自主，有力维护国家主权、安全、发展利益，维护中国人民和中华民族的福祉。”②

在实施和运行过程中，对基本政治制度的一些具体方面也有过不少改革。总体来说，上述基本的政治制度经受了中国政治实践的反复检验，被证明是与中国特殊国情完全相适合的，并且至今仍在继续坚持和不断发展与完善之中。基本经济制度虽然根据生产力发展水平有较大改变，但仍然是以公有制和按劳分配的制度为主体，国有经济仍然控制着关系国家经济命脉的主要领域和关键部门，在国家的整个经济活动中仍然发挥着主导作用。正是建立了这些制度，为我们提供了稳定的政治环境、有力的组织保障和广阔的活动平台。

再次，社会主义制度的确立为实现中华民族伟大复兴中国梦奠定了物质技术基础。在改革开放之前的 30 年，中国建立的是一整套计划经济体制，在改革开放后，逐步被改变为社会主义市场经济体制。但是，新中国通过没收官僚买办资产阶级的资产、改造资本主义工商业的企业和连续五个五年计划的经济建设而积累起来的全民所有制和集体所有制的巨大的物质财富，在进入新时期之后仍然发挥了重要作用。在那个时期建立起来的计划经济体系，也

---

① 习近平：《在庆祝全国人民代表大会成立 60 周年大会上的讲话》，《人民日报》2014 年 9 月 6 日。

② 习近平：《在庆祝全国人民代表大会成立 60 周年大会上的讲话》，《人民日报》2014 年 9 月 6 日。

为计划经济向社会主义市场经济体制的平稳过渡提供了基本的工作机构和宝贵的干部队伍,为在社会主义市场经济条件下实施宏观调控提供了必要的经验。20世纪70年代,国际环境的改变,也为后来的对外开放政策作了必要的准备和铺垫。

改革开放之前,经过30多年坚持不懈的艰苦奋斗,新中国在旧中国遗留下来的"一穷二白"的基础上,改变了旧中国工业集中于沿海地区的不合理布局,等等。这都为改革开放后制造业和高科技产业的迅猛发展、粮食总产量的大幅度提高、乡镇企业的"异军突起"、人民生活由基本温饱发展到总体小康,以及经济总量跃居世界前列等等巨变,提供了雄厚的物质基础。

在新中国成立之初,全国的科技人员总共不到5万人,高级科研人员更是不足1000人;地质队伍也仅有800名职工,技术人员只有200人。经过29年的努力,高校毕业生累计295万人,中专毕业生累计520万人。到1966年,科研机构已达1600个,其中科技人员434.5万人。这些都为改革开放后的经济、科技大发展,准备了必要的人才条件。① 正因为如此,我们党在评价改革开放前特别是"文化大革命"前十年在经济技术方面的贡献时特别指出:"我们现在赖以进行现代化建设的物质技术基础,很大一部分是这个期间建设起来的;全国经济文化建设等方面的骨干力量和他们的工作经验,大部分也是在这个期间培养和积累起来的。"②

最后,社会主义制度的确立及其探索为实现中华民族伟大复兴中国梦提供了正反两方面经验。我们党在改革开放前30年积累的经验中,有正面的也有反面的。但无论哪种经验,都是宝贵财富,都对改革开放起了重要的借鉴作用。说正面经验对改革开放有意义比较好理解,为什么说反面经验对改革开放也有意义呢? 对于这个问题,1986年9月,邓小平在接受美国哥伦比亚广播公司迈克·华莱士采访时指出:"善于总结'文化大革命'的经验,提出一些

---

① 朱佳木:《从改革开放前后两个时期的相互关系上认识中国特色社会主义道路的内涵》,《当代中国史研究》2008年第1期。
② 《三中全会以来重要文献选编》(下),人民出版社1982年版,第804页。

改革措施,从政治上、经济上改变我们的面貌,这样坏事就变成了好事。"①
1988 年 9 月,他在会见捷克斯洛伐克总统胡萨克时谈到"文化大革命"时说过
一段话,也能够让我们从中受到很大启发。他说:"没有'文化大革命'的教
训,就不可能制定十一届三中全会以来的思想、政治、组织路线和一系列政策。
三中全会确定将工作重点由以阶级斗争为纲转到以发展生产力、建设四个现
代化为中心,受到了全党和全国人民的拥护。为什么呢? 就是因为有'文化
大革命'作比较,'文化大革命'变成了我们的财富。"②

　　在纪念毛泽东同志诞辰 120 周年座谈会上的讲话中,习近平也高度肯定
了改革开放前中国进行社会主义探索的历史贡献。他指出:"道路决定命运,
找到一条正确道路是多么不容易。中国特色社会主义不是从天上掉下来的,
是党和人民历尽千辛万苦、付出各种代价取得的根本成就。改革开放前的社
会主义实践探索,是党和人民在历史新时期把握现实、创造未来的出发阵地,
没有它提供的正反两方面的历史经验,没有它积累的思想成果、物质成果、制
度成果,改革开放也难以顺利推进。一切向前走,都不能忘记走过的路;走得
再远、走到再光辉的未来,也不能忘记走过的过去。"③我们之所以能实行改革
开放的政策,之所以能在中国特色社会主义道路上不断接近中国梦,与改革开
放前正反两方面的经验都是分不开的。

　　总而言之,"中华人民共和国的成立,不仅是中华民族发展史上的一个伟
大事件,也是人类发展史上的一个伟大事件"④。"我们党团结带领中国人民
完成社会主义革命,确立社会主义基本制度,消灭一切剥削制度,推进了社会
主义建设……完成了中华民族有史以来最为广泛而深刻的社会变革,为当代
中国一切发展进步奠定了根本政治前提和制度基础,为中国发展富强、中国人

---

① 《邓小平文选》第 3 卷,人民出版社 1993 年版,第 172 页。
② 《邓小平文选》第 3 卷,人民出版社 1993 年版,第 272 页。
③ 习近平:《在纪念毛泽东同志诞辰 120 周年座谈会上的讲话》,《人民日报》2013 年 12 月
　　27 日。
④ 习近平:《在庆祝中华人民共和国成立 65 周年招待会上的讲话》,《人民日报》2014 年 10
　　月 1 日。

民生活富裕奠定了坚实基础。"①"以毛泽东同志为核心的党的第一代中央领导集体的探索和实践,为当代中国一切发展进步奠定了根本政治前提和制度基础,为开创中国特色社会主义提供了宝贵经验、理论准备、物质基础。"②只有社会主义制度的确立,中华民族才得以大踏步地赶上时代前进的步伐,迎来伟大复兴的光明前景。如同盖楼一样,房子盖得高、盖得快、盖得好,最重要的是地基打得牢。从这个意义上也可以说,社会主义制度的确立在客观上为中国梦的进一步发展铺平了道路。

(三)中国特色社会主义的选择与实现民族复兴的道路

随着"文化大革命"的结束和党的十一届三中全会的召开,中国共产党带领中国人民开始重新回到实现民族复兴的伟大征程的正轨上来。对于中国共产党来说,实现中华民族伟大复兴与建设社会主义是一个问题的两个方面。也正是在改革开放之后,中华民族伟大复兴的时代命题才又重新出现在中国共产党的字典之中。

1987年,在党的十三大报告中最早使用了"中华民族伟大复兴"标准表述。这次报告指出,我国社会主义初级阶段是"实现中华民族伟大复兴的阶段"。在党的十三届四中全会以后,江泽民又多次强调和使用过这个表述,并且比较细致地描绘了实现中华民族伟大复兴的宏伟蓝图。③ 归纳起来有如下几个方面:一目标是:"到本世纪中叶,我们要基本实现社会主义现代化,实现中华民族的伟大复兴。"④二中华民族伟大复兴的主要标志是:"一个要把有中国特色社会主义事业建设成功,一个要完成祖国统一大业,这是实现中华民族伟大复兴的两个主要标志。"⑤三实现中华民族伟大复兴的时间表是:"建国一百年时,我国的社会主义现代化将会胜利地得到基本实现。到那时,无数志士

---

① 习近平:《在庆祝中国共产党成立95周年大会上的讲话》,《人民日报》2016年7月2日。

② 习近平:《在学习〈胡锦涛文选〉报告会上的讲话》,《人民日报》2016年9月30日。

③ 参见侯远长:《实现中华民族伟大复兴的中国梦》,《郑州大学学报》(哲学社会科学版)2013年第4期。

④ 《十五大以来重要文献选编》(下),人民出版社2003年版,第1821页。

⑤ 江泽民:《更紧密团结起来争取社会主义现代化事业新胜利 全国政协举行新年茶话会 全国政协新年茶话会上的讲话》,《人民日报》1997年1月2日。

仁人梦寐以求的振兴中华的理想将变成现实,中国人民将过上中等发达水平的富裕文明生活,中华民族将对人类作出更大贡献。"①2001年,在庆祝中国共产党成立80周年大会上的讲话中,江泽民指出:"从二十世纪中叶到二十一世纪中叶的一百年间,中国人民的一切奋斗,则是为了实现祖国的富强、人民富裕和民族的伟大复兴。这个历史伟业,我们党领导人民已经奋斗了五十年,取得了巨大的进展,再经过五十年的奋斗,也必将胜利完成。"②四是论述了中华民族伟大复兴历史进程的三个发展阶段和三大历史贡献。在党的十六大报告中,江泽民第一次论述了中国共产党实现中华民族伟大复兴征程中的三个发展阶段。他指出,新民主主义革命的胜利,完成了民族独立和人民解放的历史任务,"为实现中华民族伟大复兴创造了前提;由新民主主义到社会主义的过渡,实现了中国历史上最伟大最深刻的社会变革","开始了在社会主义道路上实现中华民族伟大复兴的历史征程"。正是从"十一届三中全会以来,我们党找到建设中国特色社会主义的正确道路,赋予民族复兴新的强大生机。中华民族的伟大复兴展现出灿烂的前景"③。

中国共产党第十七次全国代表大会报告指出:"中国特色社会主义道路,就是在中国共产党领导下,立足基本国情,以经济建设为中心,坚持四项基本原则,坚持改革开放,解放和发展社会生产力,巩固和完善社会主义制度,建设社会主义市场经济、社会主义民主政治、社会主义先进文化、社会主义和谐社会,建设富强民主文明和谐的社会主义现代化国家。"④党的十八大报告继续明确指出:"实践充分证明,中国特色社会主义是当代中国发展进步的根本方向,只有中国特色社会主义才能发展中国。"⑤

上述重要论述深刻揭示了当代中国走向光明未来的正确道路和根本途

① 《江泽民文选》第2卷,人民出版社2006年版,第125页。
② 《江泽民文选》第3卷,人民出版社2006年版,第298—299页。
③ 《江泽民文选》第3卷,人民出版社2006年版,第574页。
④ 胡锦涛:《高举中国特色社会主义伟大旗帜　为夺取全面建设小康社会新胜利而奋斗——在中国共产党第十七次全国代表大会上的报告》,《人民日报》2007年10月25日。
⑤ 胡锦涛:《坚定不移沿着中国特色社会主义道路前进　为全面建成小康社会而奋斗——在中国共产党第十八次全国代表大会上的报告》,《人民日报》2012年11月18日。

径。习近平指出:"以邓小平同志为核心的党的第二代中央领导集体的探索和实践,实现了党和国家工作中心的转移,开启了改革开放的新征程,确立了社会主义初级阶段基本路线,成功开创了中国特色社会主义。以江泽民同志为核心的党的第三代中央领导集体的探索和实践,坚定捍卫中国特色社会主义,确立了社会主义市场经济体制的改革目标和基本框架,全面推进党的建设新的伟大工程,成功把中国特色社会主义推向 21 世纪。"①

中国梦与中国特色社会主义本身就是不可分离的共生组织。对中国梦充满信心,最根本的在于对中国特色社会主义充满自信,"使中国特色社会主义道路始终成为中华民族创造辉煌的必由之路,始终成为中华民族实现伟大复兴的必由之路,始终成为中华民族为人类作出新的更大贡献的必由之路"②。

首先,这条道路坚持把实现中华民族伟大复兴作为根本目标指向。如习近平指出的:"中国特色社会主义,承载着几代中国共产党人的理想和探索,寄托着无数仁人志士的夙愿和期盼,凝聚着亿万人民的奋斗和牺牲,是近代以来中国社会发展的必然选择,是发展中国、稳定中国的必由之路。"③"党和国家的长期实践充分证明,只有社会主义才能救中国,只有中国特色社会主义才能发展中国。只有高举中国特色社会主义伟大旗帜,我们才能团结带领全党全国各族人民,在中国共产党成立 100 年时全面建成小康社会,在新中国成立 100 年时建成富强民主文明和谐的社会主义现代化国家,赢得中国人民和中华民族更加幸福美好的未来。"④

其次,这条道路坚持把实现全体人民共享发展成果作为基本着眼点。中国特色社会主义道路的最大亮点之一,恰恰在于把实现全体人民共同富裕作为基本着眼点牢牢拧住不放。这条道路从我国社会主义初级阶段的基本国情出发,将效率与公平有机统一起来,既注重通过大力解放和发展社会生产力,

---

① 习近平:《在学习〈胡锦涛文选〉报告会上的讲话》,《人民日报》2016 年 9 月 30 日。
② 习近平:《在 2015 年春节团拜会上的讲话》,《人民日报》2015 年 2 月 18 日。
③ 习近平:《紧紧围绕坚持和发展中国特色社会主义 学习宣传贯彻党的十八大精神》,《人民日报》2012 年 11 月 19 日。
④ 习近平:《紧紧围绕坚持和发展中国特色社会主义 学习宣传贯彻党的十八大精神》,《人民日报》2012 年 11 月 19 日。

为实现共同富裕创造丰厚物质基础;又注重通过完善收益分配制度、维护社会公平正义、促进和改善民生等,为实现共同富裕提供制度和政策保障。改革开放以来,中国特色社会主义道路引领我们在逐步走向共同富裕方面创造出了令世界瞩目的东方奇迹,从而也使它积蓄并显示了非凡的社会凝聚力。总而言之,"这是一条把人民利益放在首位的道路。中国秉持以人民为中心的发展思想,把改善人民生活、增进人民福祉作为出发点和落脚点,在人民中寻找发展动力、依靠人民推动发展、使发展造福人民"[1]。

最后,这条道路坚持把亚太梦、世界梦作为义不容辞的重要使命,它必将日益增强国际影响力,为人类发展贡献智慧。中国推动世界的和谐、繁荣,体现了中国特色社会主义道路自觉担当的国际道义和使命,也是中国特色社会主义道路在全球范围更好发挥作用和影响的必要条件。由此出发,很长一个时期以来,我们积极倡导并推动世界各种文明和社会制度在竞争比较中取长补短,在求同存异中共同发展;积极倡导并推动构建平等均衡的跨国发展伙伴关系,以利于经济全球化朝着普惠共赢的方向演进;积极倡导并推动世界各国站在整个人类的高度同舟共济,联手应对全球性危机和挑战,等等,从而既增进了人类社会的福祉,又扩大了中国特色社会主义道路在国际社会的影响。

习近平指出:"党的十八大以来,在新中国成立特别是改革开放以来我国发展取得的重大成就基础上,党和国家事业发生历史性变革,我国发展站到了新的历史起点上,中国特色社会主义进入了新的发展阶段。中国特色社会主义不断取得的重大成就,意味着近代以来久经磨难的中华民族实现了从站起来、富起来到强起来的历史性飞跃,意味着社会主义在中国焕发出强大生机活力并不断开辟发展新境界,意味着中国特色社会主义拓展了发展中国家走向现代化的途径,为解决人类问题贡献了中国智慧、提供了中国方案。"[2]可以确

① 习近平:《共担时代责任　共促全球发展——在世界经济论坛2017年年会开幕式上的主旨演讲》,《人民日报》2017年1月18日。
② 习近平:《高举中国特色社会主义伟大旗帜　为决胜全面小康社会实现中国梦而奋斗——在省部级主要领导干部"学习习近平总书记重要讲话精神,迎接党的十九大"专题研讨班开班式上的讲话》,《人民日报》2017年7月28日。

信，随着推动建设和谐世界的深入拓展，中国特色社会主义道路将会愈加具有国际影响力，也必将为促进人类社会文明进步发挥越来越大的作用。对此，习近平特别强调："中国由新民主主义走向社会主义，开创和拓展中国特色社会主义道路，使社会主义这一人类社会的美好理想在古老的中国大地上变成了具有强大生命力的成功道路和制度体系。这不仅为中华民族实现伟大复兴提供了重要制度保障，而且为人类社会走向美好未来提供了具有充分说服力的道路和制度选择。"①

总之，"中国特色社会主义道路，是实现我国社会主义现代化的必由之路，是创造人民美好生活的必由之路"②。中国特色社会主义道路作为我们党为实现国家繁荣富强和人民幸福富裕，为促进世界和平与发展而作出的伟大抉择，同社会主义的价值目标、人民群众的利益诉求、人类社会的发展趋势是完全一致的。只要沿着中国特色社会主义道路坚定地走下去，一定能够不断地创造出令人豪迈的历史辉煌，也必然会愈加展现出更加令人振奋的光明前景。③ 因此，以高远的政治底气坚定中国特色社会主义道路自信，应当始终成为当代中国共产党人心中的一种坚定信念。

四、中国梦的科学概括

随着中国四十年来取得的巨大成就，中华民族伟大复兴展现出前所未有的光明前景。与此同时，在"三步走"战略、"新三步走"战略基础上，党的十八大报告提出"两个一百年"的奋斗目标。可以说，我们从来没有如此地接近中国梦，而越是接近越是离不开伟大精神动力的支撑。与此同时，中国的迅速崛起引起西方发达国家的担忧和敌视。因此，中国未来的发展需要创新话语体

---

① 习近平：《在庆祝中华人民共和国成立 65 周年招待会上的讲话》，《人民日报》2014 年 10 月 1 日。
② 习近平：《紧紧围绕坚持和发展中国特色社会主义　学习宣传贯彻党的十八大精神——在十八届中共中央政治局第一次集体学习时的讲话》，《人民日报》2012 年 11 月 19 日。
③ 章传家：《坚定当代中国的道路自信》，《光明日报》2012 年 12 月 30 日。

系,在国内既能够凝聚全党和全国人民的思想共识,在国际上又能够传递中国积极友好的形象,创造有利的国际环境。正是在这种背景之下,习近平提出了中国梦的理念。此后,在十二届全国人大一次会议上的讲话和一系列重要讲话中,中国梦得到了更加系统的阐发和科学的概括。

（一）参观"复兴之路"展览:提出中国梦理念

2012年11月29日,习近平带领新一届中央政治局常委集体参观"复兴之路"大型展览。在参观过程中,习近平发表了重要讲话。他表示,"复兴之路"这个展览,回顾了中华民族的昨天,展示了中华民族的今天,宣示了中华民族的明天,给人以深刻教育和启示。他用"雄关漫道真如铁"来比喻中华民族的昨天。近代以后,中华民族所遭受的苦难之重、付出的牺牲之大,在世界历史上都是罕见的。但是,中国人民从不屈服,不断奋起抗争,终于掌握了自己的命运,开始了建设自己国家的伟大进程,充分展示了以爱国主义为核心的伟大民族精神。他用"人间正道是沧桑"来比喻中华民族的今天。改革开放以来,通过总结历史经验和不断艰辛探索,终于找到了实现中华民族伟大复兴的正确道路,取得了举世瞩目的成果。这条道路就是中国特色社会主义。他用"长风破浪会有时"来比喻中华民族的明天。经过鸦片战争以来170多年的持续奋斗,中华民族伟大复兴展现出光明的前景。现在,我们比历史上任何时期都更接近中华民族伟大复兴的目标,比历史上任何时期都更有信心、有能力实现这个目标。①

在参观展览之前,党的新一届领导集体已经注意到社会关于中国梦的讨论。针对什么是中国梦的问题,习近平指出:"实现中华民族伟大复兴,就是中华民族近代以来最伟大的梦想。"②习近平还进一步指出,个人命运与国家命运和民族命运有着十分紧密的关系。通过回顾中国近代以来的历史,习近平用质朴而又深刻的语言告诉我们:"国家好,民族好,大家才会好。"③因此,实现中华民族伟大复兴,就需要一代又一代中国人的共同努力。习近平明确

---

① 习近平:《承前启后　继往开来　继续朝着中华民族伟大复兴目标奋勇前进》,《人民日报》2012年11月30日。

② 《习近平谈治国理政》第1卷,外文出版社2018年版,第36页。

③ 《习近平谈治国理政》第1卷,外文出版社2018年版,第36页。

表示:"我们这一代共产党人一定要承前启后、继往开来,把我们的党建设好,团结全体中华儿女把我们国家建设好,把我们民族发展好,继续朝着中华民族伟大复兴的目标奋勇前进。"①在讲话的最后,习近平再次重申党的十八大确定的"两个一百年"的奋斗目标。他指出:"到中国共产党成立 100 年时全面建成小康社会的目标一定能实现,到新中国成立 100 年时建成富强民主文明和谐的社会主义现代化国家的目标一定能实现,中华民族伟大复兴的梦想一定能实现。"②

由此能够发现,习近平对中国梦的形成历史、主要内容、基本关系、领导核心、依靠力量、实现路径以及具体步骤等很多方面都进行了着重强调。虽然这次重要讲话篇幅不长,但是内容丰富,寓意深远,可以视作对中国梦理念最为浓缩的一次集中性阐释。

(二)人大会议上的讲话:阐明中国梦的实现路径

2013 年 3 月 17 日,在第十二届全国人民代表大会第一次会议上,习近平继参观"复兴之路"展览之后,再次深刻阐释了中国梦的时代意义、科学内涵和实现途径等一系列重大问题。在这次同样以中国梦为主题的讲话中,习近平还进一步提出了包括中国道路、中国精神、中国力量在内的一系列新的重要概念,并且同时对这些概念作了深入阐发。

首先,习近平着重强调了中国梦的时代意义。中国梦提供了一种可以凝聚共识的普遍认同的理想信念。习近平从中华文明出发,高度评价了中华文化的历史辉煌,而在这种历史过程中很重要的一点就是形成了我们共同坚守的理想信念。这也是"中国梦"的重要意义所在。他指出:"中华民族具有 5000 多年连绵不断的文明历史,创造了博大精深的中华文化,为人类文明进步作出了不可磨灭的贡献。经过几千年的沧桑岁月,把我国 56 个民族、13 亿多人紧紧凝聚在一起的,是我们共同经历的非凡奋斗,是我们共同创造的美好

---

① 习近平:《承前启后 继往开来 继续朝着中华民族伟大复兴目标奋勇前进》,《人民日报》2012 年 11 月 30 日。
② 习近平:《承前启后 继往开来 继续朝着中华民族伟大复兴目标奋勇前进》,《人民日报》2012 年 11 月 30 日。

家园,是我们共同培育的民族精神,而贯穿其中的、更重要的是我们共同坚守的理想信念。"①中国梦是中华民族根本利益的形象诠释。习近平也指出凝聚共识的中国梦才符合人民的根本利益。"实现'两个一百年'奋斗目标,需要全社会方方面面同心干,需要全国各族人民心往一处想、劲往一处使。如果一个社会没有共同理想,没有共同目标,没有共同价值观,整天乱哄哄的,那就什么事也办不成。我国有 13 亿多人,如果弄成那样一个局面,就不符合人民利益,也不符合国家利益。"②习近平还强调指出:"建设富强民主文明和谐的社会主义现代化国家,实现中华民族伟大复兴,是鸦片战争以来中国人民最伟大的梦想,是中华民族的最高利益和根本利益。"③中国梦是中国共产党历史责任的郑重宣誓。他指出:"建设富强民主文明和谐的社会主义现代化国家,是我们的目标,也是我们的责任,是我们对中华民族的责任,对前人的责任,对后人的责任。"④这些重要论述共同彰显了中国梦的时代意义。

其次,习近平间接明确了中国梦的科学内涵。习近平指出:"实现全面建成小康社会、建成富强民主文明和谐的社会主义现代化国家的奋斗目标,实现中华民族伟大复兴的中国梦,就是要实现国家富强、民族振兴、人民幸福。"⑤也就是说,实现中国梦就是实现国家富强、民族振兴、人民幸福。尽管没有直接加以界定,但是能够看到,中国梦的基本内涵就是国家富强、民族振兴和人民幸福。正因如此,我们才说中国梦既是今日中国人的共同梦想,也是历代先进中国人不断奋斗的目标。

最后,习近平系统阐发了实现中国梦的主要路径。习近平指出:"面对浩浩荡荡的时代潮流,面对人民群众过上更好生活的殷切期待,我们不能有丝毫自满,不能有丝毫懈怠,必须再接再厉、一往无前,继续把中国特色社会主义事

---

① 习近平:《在第十二届全国人民代表大会第一次会议上的讲话》,《人民日报》2013 年 3 月 18 日。
② 习近平:《在网络安全和信息化工作座谈会上的讲话》,《人民日报》2016 年 4 月 26 日。
③ 习近平:《在网络安全和信息化工作座谈会上的讲话》,《人民日报》2016 年 4 月 26 日。
④ 《习近平谈治国理政》第 1 卷,外文出版社 2018 年版,第 169 页。
⑤ 习近平:《在第十二届全国人民代表大会第一次会议上的讲话》,《人民日报》2013 年 3 月 18 日。

业推向前进,继续为实现中华民族伟大复兴的中国梦而努力奋斗。"①而要最终实现中国梦就必须始终坚持中国道路、弘扬中国精神、凝聚中国力量。

实现中国梦必须坚持中国道路。中国共产党深知道路决定命运,要想发展,要想持续健康稳定的发展,就需要找到一条正确的道路。历史反复告诉我们,"中国的发展,关键在于中国人民在中国共产党领导下,走出了一条适合中国国情的发展道路"②。而从根本性质上来说,中国道路不是什么别的路,就是指中国特色社会主义道路。从历史发展上来看,中国道路来之不易,它是历史的选择,具有深厚的历史渊源。"它是在改革开放 30 多年的伟大实践中走出来的,是在中华人民共和国成立 60 多年的持续探索中走出来的,是在对近代以来 170 多年中华民族发展历程的深刻总结中走出来的,是在对中华民族 5000 多年悠久文明的传承中走出来的。"③

从实践基础来看,这是一条从本国国情出发确立的道路。正如习近平指出的那样,"独特的文化传统,独特的历史命运,独特的基本国情,注定了我们必然要走适合自己特点的发展道路"④。中华民族是具有非凡创造力的民族,不仅创造了伟大的中华文明,还能够继续拓展和走好适合中国国情的发展道路。习近平还要求,我们一定要增强对中国特色社会主义的理论自信、道路自信、制度自信,坚定不移沿着正确的中国道路奋勇前进。

实现中国梦必须弘扬中国精神。中国梦的实现离不开中国精神的强力引领。习近平强调:"一个民族的复兴需要强大的物质力量,也需要强大的精神力量。没有先进文化的积极引领,没有人民精神世界的极大丰富,没有民族精神力量的不断增强,一个国家、一个民族不可能屹立于世界民族之林。"⑤这一

① 习近平:《在第十二届全国人民代表大会第一次会议上的讲话》,《人民日报》2013 年 3 月 18 日。
② 习近平:《共担时代责任　共促全球发展——在世界经济论坛 2017 年年会开幕式上的主旨演讲》,《人民日报》2017 年 1 月 18 日。
③ 习近平:《在第十二届全国人民代表大会第一次会议上的讲话》,《人民日报》2013 年 3 月 18 日。
④ 《习近平谈治国理政》第 1 卷,外文出版社 2018 年版,第 156 页。
⑤ 习近平:《在文艺工作座谈会上的讲话》,《人民日报》2015 年 10 月 15 日。

点对于中国梦而言,尤其重要。习近平强调:"实现'两个一百年'奋斗目标、实现中华民族伟大复兴的中国梦是长期而艰巨的伟大事业。伟大事业需要伟大精神。"①2016年,习近平再次强调:"实现中华民族伟大复兴,是一场震古烁今的伟大事业,需要坚忍不拔的伟大精神。"②

中国精神就是指以爱国主义为核心的民族精神,以改革创新为核心的时代精神。"这种精神是凝心聚力的兴国之魂、强国之魂。"③爱国主义是把中华民族紧紧团结在一起的精神力量,而改革创新则是鞭策我们在改革开放中与时俱进的精神力量。在弘扬中国精神的过程中,又必须突出中国梦这一重大主题,因为它深刻揭示了个人幸福梦与民族复兴梦的辩证统一,深刻揭示了中华民族复兴与人类和平发展的良性互动,给全体中华儿女以巨大的精神激励。

实现中国梦必须凝聚中国力量。中国力量是什么? 总的来说,中国力量就是指中国各族人民大团结的力量,也就是人民的力量。我们知道,"中华民族5000多年的文明史,中国人民近代以来170多年的斗争史,中国共产党90多年的奋斗史,中华人民共和国60多年的发展史,都是人民书写的历史"④。中华民族伟大复兴中国梦的历史也是人民书写的。正是从这种角度,习近平指出,中国梦是民族的梦,也是每个中国人的梦。只要中华民族的每一分子紧密团结,万众一心,为实现共同梦想而共同奋斗,就能够汇聚起无比强大的圆梦力量。在这个过程中,每个人的梦想也能够拥有更多的机会和更广的空间。这里的"更多的机会"其实也就是"三个共同享有":共同享有人生出彩的机会,共同享有梦想成真的机会,共同享有同祖国和时代一起成长与进步的机会。有了中国梦这个共同梦想,有了更多的机会,再加上我们的共同奋斗,一切美好的东西都能够创造出来。所以说,"全体人民同心同德、团结奋进,关

---

①　习近平:《在文艺工作座谈会上的讲话》,《人民日报》2015年10月15日。

②　习近平:《在中国文联十大、中国作协九大开幕式上的讲话》,《人民日报》2016年12月1日。

③　习近平:《在第十二届全国人民代表大会第一次会议上的讲话》,《人民日报》2013年3月18日。

④　习近平:《在纪念毛泽东同志诞辰120周年座谈会上的讲话》,《人民日报》2013年12月27日。

乎国家前途命运,关乎人民幸福安康"①。全国各族人民一定要牢记使命,心往一处想,劲往一处使,用 14 亿人的智慧和力量汇集起不可战胜的磅礴力量。

习近平在第十二届全国人大一次会议闭幕会上的重要讲话,再一次将全党和全国人民的目光聚焦于"中国梦",既回应了人民群众对"中国梦"的热切期待,更发出了用实际行动实现"中国梦"的动员令,让每一位中华儿女心潮澎湃,备感振奋。"中国梦"不是凭空想象,更不是海市蜃楼,它有着强有力的现实落点:从发展道路到实现力量,从民族精神到理想信念,从整个民族到每个个人。可以说,在这次讲话中,习近平对如何实现复兴梦想、怎样凝聚圆梦力量,有了更加深入而深刻的阐述。同时,习近平还特别强调:"中国梦归根到底是人民的梦,必须紧紧依靠人民来实现,必须不断为人民造福。"②中国共产党人深知,"中国梦是人民的梦,必须同中国人民对美好生活的向往结合起来才能取得成功"③。因此,作为实现中国梦的领导力量,中国共产党必须坚持人民主体地位,不断扩大人民民主,坚持推进依法治国,坚持和完善人民代表大会制度的根本政治制度、中国共产党领导的多党合作和政治协商制度、民族区域自治制度以及基层群众自治制度等基本政治制度,建设服务政府、责任政府、法治政府、廉洁政府,充分调动人民积极性。④

(三)其他一系列重要讲话:系统阐发中国梦的精神实质及其实现路径

近些年来,习近平在多个场合发表了一系列重要讲话,紧紧围绕中国梦这个核心主题进行了密集性的系统阐发,具体包括中国梦的基本内涵、领导核心、主体力量、实现路径等方面,从而进一步丰富和发展了关于中国梦的思想体系。总的来说,近期的一系列讲话尽管内容各有侧重,但是仍然体现出了鲜明的全面性、系统性和逻辑性特征。

---

① 《习近平谈治国理政》第 1 卷,外文出版社 2018 年版,第 168 页。
② 习近平:《在第十二届全国人民代表大会第一次会议上的讲话》,《人民日报》2013 年 3 月 18 日。
③ 习近平:《在华盛顿州当地政府和美国友好团体联合欢迎宴会上的演讲》,《人民日报》2015 年 9 月 24 日。
④ 习近平:《在第十二届全国人民代表大会第一次会议上的讲话》,《人民日报》2013 年 3 月 18 日。

　　第一，关于中国梦的概念界定。

　　在提出中国梦之后，中国梦已经成为一个比较成熟的概念。从概念层面来说，一个概念的形成需要具备内涵和外延两个方面的构件。内涵决定了外延的范围，而外延的范围又体现了内涵的主旨。对于中国梦来说，经过习近平的反复阐释，已经成为一个科学概念，并非只是一个口号或者标语。

　　在内涵层面，2013 年 3 月，习近平指出："实现中华民族伟大复兴，是近代以来中国人民最伟大的梦想，我们称之为'中国梦'，基本内涵是实现国家富强、民族振兴、人民幸福。"①2013 年 6 月，在接受拉美三国媒体的联合书面采访时，习近平再次强调："在新的历史时期，中国梦的本质是国家富强、民族振兴、人民幸福。"②2013 年 10 月，在同全国总工会新一届领导班子成员集体谈话时的讲话中，习近平又着重强调了中国梦的核心主题。他指出："中国梦是一种形象的表达，是一个最大公约数，是一种为群众易于接受的表述，核心内容是中华民族伟大复兴，可以适当拓展，但不能脱离中华民族伟大复兴这个主题。"③2013 年 12 月，在主持十八届中央政治局第十二次集体学习时，习近平指出："中国梦意味着中国人民和中华民族的价值体认和价值追求，意味着全面建成小康社会、实现中华民族伟大复兴，意味着每一个人都能在为中国梦的奋斗中实现自己的梦想，意味着中华民族团结奋斗的最大公约数，意味着中华民族为人类和平与发展作出更大贡献的真诚意愿。"④通过"四个意味着"集中说明了中国梦的价值意义、本质内涵与世界意义。2014 年 6 月，在会见第七届世界华侨华人社团联谊大会代表时的讲话中，习近平简明有力地指出："中国梦是国家梦、民族梦，也是每个中华儿女的梦。"⑤2014 年 11 月，在澳大利亚联邦议会的演讲中，习近平重申："中国人民正在为实现中华民族伟大复

① 习近平：《顺应时代前进潮流　促进世界和平发展——在莫斯科国际关系学院的演讲》，《人民日报》2013 年 3 月 24 日。
② 《习近平接受拉美三国媒体联合书面采访》，《人民日报》2013 年 6 月 1 日。
③ 习近平：《竭诚服务职工群众维护职工群众权益　为实现中国梦再创新业绩再建新功勋——同中华全国总工会新一届领导班子的集体谈话》，《人民日报》2013 年 10 月 24 日。
④ 《习近平谈治国理政》第 1 卷，外文出版社 2018 年版，第 161 页。
⑤ 《习近平谈治国理政》第 1 卷，外文出版社 2018 年版，第 64 页。

兴的中国梦而不懈奋斗。中国梦就是要实现国家富强、民族振兴、人民幸福。"①从这些重要论述中,我们能够清晰地看到,无论是基本内涵、本质内涵还是核心内容,都是对中国梦概念的内涵所进行的准确阐发。与此同时,习近平还在很多重要场合的重要讲话中,从概念的外延角度,对中国梦进行了更加丰富的说明。

2013 年 5 月,在主持十八届中央政治局第六次集体学习时,习近平指出:"建设生态文明,关系人民福祉,关乎民族未来。"②2013 年 7 月,在致生态文明贵阳国际论坛 2013 年年会的信中,习近平也专门指出:"走向生态文明新时代,建设美丽中国,是实现中华民族伟大复兴的中国梦的重要内容。"③中国政府将继续加大自然生态系统和环境保护力度,着力解决雾霾等一系列问题,努力建设天蓝地绿水净的美丽中国。④ 2014 年 11 月,在 APEC 欢迎宴会上的致辞中,习近平谈及社会各界围绕"APEC 蓝"的讨论,再次表达了对改善生态民生的关切。他表示:"希望北京乃至全中国都能够蓝天常在,青山常在,绿水常在,让孩子们都生活在良好的生态环境之中,这也是中国梦中很重要的内容。"⑤

除了中国梦的生态内容和绿色追求之外,习近平还强调了航天事业对于中国梦的意义。其中,在 2013 年的两次关于航天事业的讲话中,习近平指出:"发展航天事业,建设航天强国,是我们不懈追求的航天梦"⑥,"载人航天事业的成就,充分展示了伟大的中国道路、中国精神、中国力量,坚定了全国各族人民实现中华民族伟大复兴的中国梦的决心和信心"⑦。另外,在 2014 年,

---

① 习近平:《携手追寻中澳发展梦想并肩实现地区繁荣稳定——在澳大利亚联邦议会的演讲》,《人民日报》2014 年 11 月 18 日。

② 《习近平谈治国理政》第 1 卷,外文出版社 2018 年版,第 208 页。

③ 习近平:《致生态文明贵阳国际论坛 2013 年年会的贺信》,《人民日报》2013 年 7 月 21 日。

④ 参见习近平:《让工程科技造福人类、创造未来——在 2014 年国际工程科技大会上的主旨演讲》,《人民日报》2014 年 6 月 4 日。

⑤ 习近平:《在 APEC 欢迎宴会上的致辞》,http://news.xinhuanet.com/world/2014 - 11/11/c_1113191112.htm。

⑥ 习近平:《发展航天事业 建设航天强国为实现航天梦谱写新的壮丽篇章》,《人民日报》2013 年 6 月 12 日。

⑦ 习近平:《在会见神舟十号飞船飞行任务航天员和参研参试人员代表时的讲话》,《人民日报》2013 年 7 月 27 日。

习近平也先后两次对体育梦与中国梦的关系进行了论述。他指出："我们每个人的梦想、体育强国梦都与中国梦紧密相连。"①"中国人民正在为实现中华民族伟大复兴的中国梦不懈奋斗。体育是提高人民健康水平的重要手段，也是实现中国梦的重要内容。"②也就是说，航天梦、体育梦都是实现中国梦的重要组成部分。

需要指出的是，从外延来说，中国梦涉及内容很广，全部都一一谈及到位并不现实，也没有必要。一般来说，中国梦的实现是一个全面的、系统的工程，涉及方方面面的工作。中国特色社会主义伟大事业的五个布局都可以纳入中国梦的外延之内。因此，我们要从中国梦的高度来认识我们所在的领域、所从事的事业，将个人的工作自觉地纳入中国梦的基本范畴中去，以此激发我们为梦想奋斗、为事业献身的精神。

第二，关于中国梦的时间进度。

除了从概念层面对中国梦进行阐发之外，习近平还将"两个一百年"奋斗目标与中国梦联系起来，从时间进度上让中国梦变得更加可见、可盼。中国共产党对于实现中国梦有着一以贯之的时间意识。

从之前对习近平相关论述的梳理中，也可以看到，在很多场合的讲话中，习近平反复强调，实现中华民族伟大复兴的中国梦是近代以来的夙愿，是中国各族人民的共同愿景。同时，伟大梦想并不是"鸳鸯蝴蝶派"和"虚无缥缈派"，它更多时候是以一种可以进一步感知的具体目标存在和展开的。尤其是在向国际社会介绍和宣传中国梦时，习近平十分重视并反复明确地将中国梦的实现等同于"两个一百年"奋斗目标的实现。当然，作为一种对中国梦的解释，"两个一百年"奋斗目标更多地是明确了实现中国梦的时间表和任务书。这一点给国际社会留下了深刻印象，并且得到西方各界的肯定和赞赏。比如，英国48家集团俱乐部主席也指出，没有其他国家能像中国那样，既有长

---

① 习近平：《把个人梦和体育强国梦汇入到实现中国梦的伟大奋斗中——在看望索契冬奥会中国体育代表团时的讲话》，《人民日报》2014年2月8日。

② 《习近平欢迎出席青奥会开幕式的国际贵宾》，《人民日报》2014年8月17日。

远的发展规划又有短期的发展目标。①

2013年3月,在俄罗斯莫斯科国家关系学院的演讲中,习近平指出:"到2020年国内生产总值和城乡居民人均收入将在2010年的基础上翻一番,在中国共产党建党100年时全面建成小康社会,在新中国成立100年时建成富强民主文明和谐的社会主义现代化国家。"②同月,在金砖国家领导人第五次会晤时作题为《携手合作 共同发展》的主旨讲话中,习近平再次向世界传达,"中国将相继朝着两个宏伟目标前进:一是到2020年国内生产总值和城乡居民人均收入比2010年翻一番,全面建成惠及十几亿人口的小康社会。二是到2049年新中国成立100年时建成富强民主文明和谐的社会主义现代化国家"③。

2013年4月,在博鳌亚洲论坛年会上的主旨演讲中,习近平指出:"我们的奋斗目标是,到2020年国内生产总值和城乡居民人均收入在2010年的基础上翻一番,全面建成小康社会;到本世纪中叶建成富强民主文明和谐的社会主义现代化国家,实现中华民族伟大复兴的中国梦。"④

2013年5月,接受拉美三国记者联合书面采访时,习近平指出:"我们的奋斗目标是,到2020年国内生产总值和城乡居民人均收入在2010年基础上翻一番,全面建成小康社会;到本世纪中叶,建成富强民主文明和谐的社会主义现代化国家,实现中华民族伟大复兴的中国梦。"⑤

2013年10月,在印度尼西亚国会的演讲中,习近平指出:"中国对未来发展作出了战略部署,明确了奋斗目标,即到2020年实现国内生产总值和城乡居民人均收入比2010年翻一番,全面建成小康社会;到本世纪中叶建成富强

① 《中国共产党为什么行》,《人民日报》2017年9月19日。
② 习近平:《顺应时代前进潮流 促进世界和平发展——在莫斯科国际关系学院的演讲》,《人民日报》2013年3月24日。
③ 习近平:《携手合作 共同发展——在金砖国家领导人第五次会晤时的主旨讲话》,《人民日报》2013年3月28日。
④ 习近平:《共同创造亚洲和世界的美好未来——在博鳌亚洲论坛2013年年会上的主旨演讲》,《人民日报》2013年4月8日。
⑤ 《习近平谈治国理政》第1卷,外文出版社2018年版,第56页。

民主文明和谐的社会主义现代化国家,实现中华民族伟大复兴。这是中华民族和中国人民的百年夙愿。"①

2014年3月和7月,在德国科尔伯基金会的演讲和韩国国立首尔大学的讲话中,习近平先后两次明确地向世界传达中国梦就是"两个一百年"奋斗目标。"中国已经确定了未来发展目标,这就是到2020年国内生产总值和城乡居民人均收入比2010年翻一番、全面建成小康社会,到本世纪中叶建成富强民主文明和谐的社会主义现代化国家。我们形象地把这个目标概括为实现中华民族伟大复兴的中国梦。"②

2014年8月,在蒙古国国家大呼拉尔的演讲中,习近平讲道:"中国人民正在致力于实现'两个一百年'奋斗目标,努力到2020年全面建成小康社会,到本世纪中叶建成富强民主文明和谐的社会主义现代化国家。我们形象地把这个目标概括为实现中华民族伟大复兴的中国梦。"③

2014年9月,在印度世界事务委员会的演讲中,习近平也指出:"中国确定了自己的发展目标,这就是到2020年国内生产总值和城乡居民人均收入比2010年翻一番、全面建成小康社会,到本世纪中叶建成富强民主文明和谐的社会主义现代化国家。我们形象地把这个目标概括为实现中华民族伟大复兴的中国梦。"④

2014年11月,在澳大利亚联邦议会的演讲中,习近平再次指出:"中国梦就是要实现国家富强、民族振兴、人民幸福。我们的发展目标是,到2020年国内生产总值和城乡居民人均收入比2010年翻一番、全面建成小康社会,到本

---

① 习近平:《携手建设中国—东盟命运共同体——在印度尼西亚国会的演讲》,《人民日报》2013年10月4日。

② 习近平:《共创中韩合作未来　同襄亚洲振兴繁荣——在韩国国立首尔大学的演讲》,《人民日报》2014年7月5日。

③ 习近平:《守望相助,共创中蒙关系发展新时代——在蒙古国国家大呼拉尔的演讲》,《人民日报》2014年8月23日。

④ 习近平:《携手追寻民族复兴之梦——在印度世界事务委员会的演讲》,《人民日报》2014年9月19日。

世纪中叶建成富强民主文明和谐的社会主义现代化国家。"①

2015 年 9 月,在华盛顿州当地政府和美国友好团体联合欢迎宴会上的演讲中,习近平指出:"发展依然是当代中国的第一要务,中国执政者的首要使命就是集中力量提高人民生活水平,逐步实现共同富裕。为此,我们提出了'两个一百年'奋斗目标,就是到 2020 年实现国内生产总值和城乡居民人均收入比 2010 年翻一番,全面建成小康社会;到本世纪中叶建成富强民主文明和谐的社会主义现代化国家,实现中华民族伟大复兴。"②

2017 年 7 月,在省部级主要领导干部"学习习近平重要讲话精神,迎接党的十九大"专题研讨班开班式上的讲话中,习近平指出:"到 2020 年全面建成小康社会,实现第一个百年奋斗目标,是我们党向人民、向历史作出的庄严承诺。""2020 年全面建成小康社会后,我们要激励全党全国各族人民为实现第二个百年奋斗目标而努力,踏上建设社会主义现代化国家新征程,让中华民族以更加昂扬的姿态屹立于世界民族之林。"③

可以说,每次出访,习近平都会将中国梦的故事带到出访国家。每到一处,中国梦的理念就被传播一次。以上讲话分别发表于出访不同国家,但是表达的核心思想是明确的和统一的。在这些讲话中,中国梦与"两个一百年"的奋斗目标是相通相等的。我们知道,美好梦想是对战略目标的形象表达,而战略目标则是对美好梦想的科学谋划。两者分别是一个问题的两种表达。美好梦想使得战略目标更加平易近人,而战略目标则使得美好梦想更加可信可靠。这样的解释思路首先有利于用国际话语向国际社会传递中国梦想,最根本的是有利于获得世界各国的理解,打消相关国家的疑虑。

第三,关于实现中国梦的领导核心。

---

① 习近平:《携手追寻中澳发展梦想　并肩实现地区繁荣稳定——在澳大利亚联邦议会的演讲》,《人民日报》2014 年 11 月 18 日。
② 习近平:《在华盛顿州当地政府和美国友好团体联合欢迎宴会上的演讲》,《人民日报》2015 年 9 月 24 日。
③ 习近平:《高举中国特色社会主义伟大旗帜　为决胜全面小康社会实现中国梦而奋斗——在省部级主要领导干部"学习习近平总书记重要讲话精神,迎接党的十九大"专题研讨班开班式上的讲话》,《人民日报》2017 年 7 月 28 日。

　　从历史发展来看,中国梦从身处黑暗到迎来光明的过程说明,实现中华民族伟大复兴离不开一个坚强的领导核心。"只要我们深入了解中国近代史、中国现代史、中国革命史,就不难发现,如果没有中国共产党领导,我们的国家、我们的民族不可能取得今天这样的成就。"中国梦所取得的历史成就离不开中国共产党的领导。正是从这种意义上,习近平才将中国共产党成为无产阶级执政党称为是"中国、中国人民、中华民族的一大幸事"①。2013年6月28日,在全国组织工作会议上的讲话中,习近平也专门强调,实现包括"两个一百年"奋斗目标在内的各项既定目标,"关键在党,关键在人"②。

　　首先一点,"关键在党,就要确保党在发展中国特色社会主义历史进程中始终成为坚强领导核心"③。邓小平同志曾经指出,中国共产党是社会主义现代化事业的领导核心。他从原则的高度强调:"中国社会主义事业由共产党领导,这个原则是不能动摇的。"④他提出过一个简单而有力的反问:"如果没有共产党的领导,不搞社会主义,不搞改革开放,就呜呼哀哉了,哪里能有现在的中国?"⑤习近平也多次强调,"党的领导是党和人民事业成功的根本保证"⑥,"夺取全面建成小康社会决胜阶段的伟大胜利,关键在党"⑦。

　　2013年7月,习近平来到河北省进行调研指导,并再次来到西柏坡。习近平强调:"持续深入改进作风,全面落实从严治党要求,是各项事业顺利发展的根本保证。我们抓作风,无论使好的制度和规矩真正执行起来,还是使不良风气彻底得到扭转,都要有足够的力量和长期的作为,坚持稳扎稳打、步步为营、久久为功。各级党组织要始终把作风建设抓在手上,不折不扣落实整改方案,一条一条兑现整改承诺,做到一丝不苟、严防死守,使观望者不再犹

①　习近平:《在全国党校工作会议上的讲话》,《求是》2015年第9期。
②　《习近平谈治国理政》第1卷,外文出版社2018年版,第411页。
③　《习近平谈治国理政》第1卷,外文出版社2018年版,第411页。
④　《邓小平文选》第2卷,人民出版社1994年版,第267页。
⑤　《邓小平文选》第3卷,人民出版社1993年版,第326页。
⑥　习近平:《在纪念红军长征胜利80周年大会上的讲话》,《人民日报》2016年10月22日。
⑦　习近平:《在第十八届中央纪律检查委员会第六次全体会议上的讲话》,《人民日报》2016年5月3日。

豫、侥幸者去掉幻想、投机者没有市场。"①

另外一点,"关键在人,就要建设一支宏大的高素质干部队伍"②。"历史使命越光荣,奋斗目标越宏伟,执政环境越复杂,我们就越要增强忧患意识,越要从严治党,做到'为之于未有,治之于未乱',使我们党永远立于不败之地。"③对于如何建设一支高素质的干部队伍,习近平在近期讲话中也做过多次论述。2014年5月,在考察河南期间,习近平特别强调:"建设一支德才兼备的高素质执政骨干队伍,是我们事业成功的根本保证。面对纷繁复杂的社会现实,党员干部特别是领导干部务必把加强道德修养作为十分重要的人生必修课,自觉从中华优秀传统文化中汲取营养,老老实实向人民群众学习,时时处处见贤思齐,以严格标准加强自律、接受他律,努力以道德的力量去赢得人心、赢得事业成就。各级党组织要加强对党员干部的教育、管理、监督,用好选人用人考德这根杠杆,引导党员干部堂堂正正做人、老老实实干事、清清白白为官。"④在上海视察期间,习近平也要求:"各级干部要放眼全球、放眼全国,不断提高战略思维、战略把握、战略运作能力,谋发展、创业绩不仅争创国内一流,而且敢于到国际上去比较、去竞争。要力戒浮躁,多用一些时间静心读书、静心思考,主动加快知识更新、优化知识结构……要进一步增强改革创新意识,敞开思想谋划新思路,放开手脚追求新突破,善于从事物的对立面、差异性、因果联系中及时发现并解决存在的各种矛盾和问题。要增强信仰力量和道德力量,正确对待权力,正确对待名利,正确对待群众,做到坚定清醒有为、为民务实清廉。"⑤

在省部级主要领导干部学习贯彻党的十八届五中全会精神专题研讨班上

① 习近平:《全面深化改革全面推进依法治国　为全面建成小康社会提供动力和保障》,《人民日报》2014年11月3日。
② 《习近平在全国组织工作会议上强调　建设一支宏大高素质干部队伍　确保党始终成为坚强领导核心》,《人民日报》2013年6月30日。
③ 习近平:《在党的群众路线教育实践活动总结大会上的讲话》,《人民日报》2014年10月9日。
④ 习近平:《深化改革发挥优势创新思路统筹兼顾　确保经济持续健康发展社会和谐稳定》,《人民日报》2014年5月11日。
⑤ 习近平:《走好科技创新先手棋　就能占领先机赢得优势》,《人民日报》2014年5月25日。

的讲话中,习近平又强调指出,"党的干部是党的事业的骨干"①,也是实现中华民族伟大复兴中国梦的领导核心。党的干部要始终成为党的事业的骨干,我们党要始终成为实现中国梦的领导核心,还要在以下方面不断取得新的进步。

第四,关于实现中国梦的主体力量。

习近平非常重视一个问题,就是团结问题。他指出:"在为中华民族伟大复兴而奋斗的征程中,我们一定要巩固全国各族人民大团结,增强各党派、各团体、各民族、各阶层以及各方面的团结,坚决维护国家统一和社会和谐稳定,坚决反对任何破坏统一和团结的分裂活动。我们要凝聚起全体人民智慧和力量,激发出全社会创造活力和发展动力,让全体中华儿女万众一心、团结奋斗迸发出来的磅礴力量成为实现中华民族伟大复兴的强大动力。"②

习近平明确指出:"人是事业发展最关键的因素。"与此同时,他进一步强调:"人民不是抽象的符号,而是一个一个具体的人的集合。"③习近平在不同的场合,面对不同的群体,发表了一系列重要讲话,目的都是在最大范围、最大程度地团结一切可以团结的力量。在这一系列重要讲话中,我们可以看到,青年、农民、工人、教师、科学家、妇女、少年儿童、转业军人、老干部、海外华人等等共同构成了实现中国梦的主体力量。对于全国各党派、各团体、各民族、各阶层、各界人士等每个重要群体,习近平都有特殊考虑并赋予了非常贴切的定位。

习近平指出:"我国工人阶级是我们党最坚实最可靠的阶级基础。我国工人阶级从来都具有走在前列、勇挑重担的光荣传统,我国工人运动从来都同党的中心任务紧密联系在一起。在当代中国,工人阶级和广大劳动群众始终是推动我国经济社会发展、维护社会安定团结的根本力量。那种无视我国工人阶级成长进步的观点,那种无视我国工人阶级主力军作用的观点,那种以为

---

① 习近平:《在省部级主要领导干部学习贯彻党的十八届五中全会精神专题研讨班上的讲话》,《人民日报》2016 年 5 月 10 日。

② 习近平:《在纪念红军长征胜利 80 周年大会上的讲话》,《人民日报》2016 年 10 月 22 日。

③ 习近平:《在中国文联十大、中国作协九大开幕式上的讲话》,《人民日报》2016 年 12 月 1 日。

科技进步条件下工人阶级越来越无足轻重的观点,都是错误的、有害的。"①
"工人阶级是我们党最坚实最可靠的阶级基础。""实现中华民族伟大复兴的
中国梦,根本上要靠包括工人阶级在内的全体人民的劳动、创造、奉献。"②"我
国工人阶级一定要在坚持中国道路、弘扬中国精神、凝聚中国力量上发挥模范
带头作用,万众一心、众志成城,为实现中华民族伟大复兴的中国梦而不懈奋
斗。""必须充分发挥工人阶级的主力军作用。工人阶级是我国的领导阶级,
是我国先进生产力和生产关系的代表,是我们党最坚实最可靠的阶级基础,是
全面建成小康社会、坚持和发展中国特色社会主义的主力军。"③

　　青年是实现中国梦的生力军。"青年是引风气之先的社会力量。"④"青
年最富有朝气、最富有梦想,青年兴则国家兴,青年强则国家强。"⑤"青年最富
有朝气、最富有梦想。中国的未来属于年轻一代。"⑥"全面建成小康社会,广
大青年是生力军和突击队。……实现中华民族伟大复兴的中国梦,需要一代
又一代有志青年接续奋斗。青年人朝气蓬勃,是全社会最富有活力、最具有创
造性的群体。"⑦习近平强调:"实现全面建成小康社会奋斗目标,实现社会主
义现代化,实现中华民族伟大复兴,需要一批又一批德才兼备的有为人才为之
奋斗。艰难困苦,玉汝于成。今天,我们比历史上任何时期都更接近实现中华
民族伟大复兴的光辉目标。祖国的青年一代有理想、有追求、有担当,实现中
华民族伟大复兴就有源源不断的青春力量。"⑧

---

① 习近平:《在庆祝"五一"国际劳动节暨表彰全国劳动模范和先进工作者大会上的讲话》,《人
民日报》2015 年 4 月 29 日。
② 习近平:《竭诚服务职工群众维护职工群众权益　为实现中国梦再创新业绩再建新功
勋——同中华全国总工会新一届领导班子的集体谈话》,《人民日报》2013 年 10 月 24 日。
③ 习近平:《在同全国劳动模范代表座谈时的讲话》,《人民日报》2013 年 4 月 29 日。
④ 习近平:《在同各界优秀青年代表座谈时的讲话》,《人民日报》2013 年 5 月 5 日。
⑤ 习近平:《携手建设中国—东盟命运共同体——在印度尼西亚国会的演讲》,《人民日报》
2013 年 10 月 4 日。
⑥ 习近平:《在布鲁日欧洲学院的演讲》,《人民日报》2014 年 4 月 2 日。
⑦ 习近平:《在知识分子、劳动模范、青年代表座谈会上的讲话》,《人民日报》2016 年 4 月
30 日。
⑧ 习近平:《习近平总书记给第三届中国"互联网+"大学生创新创业大赛"青年红色筑梦之旅"
的大学生的回信》,《人民日报》2017 年 8 月 16 日。

习近平还指出："国家的前途,民族的命运,人民的幸福,是当代中国青年必须和必将承担的重任。一代青年有一代青年的历史际遇。我们的国家正在走向繁荣富强,我们的民族正在走向伟大复兴,我们的人民正在走向更加幸福美好的生活。当代中国青年要有所作为,就必须投身人民的伟大奋斗。同人民一起奋斗,青春才能亮丽;同人民一起前进,青春才能昂扬;同人民一起梦想,青春才能无悔。"①

习近平谈到中国梦与青年运动的内在关系时指出:"为实现中华民族伟大复兴的中国梦而奋斗,是中国青年运动的时代主题。"②正如习近平在同各界优秀青年代表座谈时的讲话以及给华中农业大学"本禹志愿服务队"回信中所说的,"历史和现实都告诉我们,青年一代有理想、有担当,国家就有前途,民族就有希望,实现我们的发展目标就有源源不断的强大力量"③。他还提道:"现在在高校学习的大学生都是 20 岁左右,到 2020 年全面建成小康社会时,很多人还不到 30 岁;到本世纪中叶基本实现现代化时,很多人还不到60 岁。也就是说,实现'两个一百年'奋斗目标,你们和千千万万青年将全过程参与。有信念、有梦想、有奋斗、有奉献的人生,才是有意义的人生。当代青年建功立业的舞台空前广阔、梦想成真的前景空前光明,希望大家努力在实现中国梦的伟大实践中创造自己的精彩人生。"④

农民是实现中国梦的关键。2012 年 12 月 29 日、30 日,习近平在河北省阜平县考察扶贫开发工作时强调:"全面建成小康社会,最艰巨最繁重的任务在农村、特别是在贫困地区。没有农村的小康,特别是没有贫困地区的小康,就没有全面建成小康社会。"⑤在给"国培计划（2014）"北师大贵州研修班参训教师的回信中,习近平强调:"到 2020 年全面建成小康社会,最艰巨的任务

① 习近平:《习近平致全国青联十二届全委会和全国学联二十六大的贺信》,《人民日报》2015 年 7 月 25 日。
② 《习近平谈治国理政》第 1 卷,外文出版社 2018 年版,第 53 页。
③ 习近平:《在同各界优秀青年代表座谈时的讲话》,《人民日报》2013 年 5 月 5 日。
④ 习近平:《青年要自觉践行社会主义核心价值观——在北京大学师生座谈会上的讲话》,《人民日报》2014 年 5 月 5 日。
⑤ 《习近平谈治国理政》第 1 卷,外文出版社 2018 年版,第 189 页。

在贫困地区,我们必须补上这个短板。"①2013 年 12 月,在中央农村工作会议上,习近平指出,小康不小康,关键看老乡。目前,农业还是"四化同步"的短腿,农村还是全面建成小康社会的短板。中国要强,农业必须强;中国要美,农村必须美;中国要富,农民必须富。实现中国梦离不开农业的发展,离不开广大农民的参与。习近平在考察湖南时指出,全面建成小康社会,难点在农村特别是贫困地区。② 在福建调研时,习近平再次强调:"全面建成小康社会,不能丢了农村这一头。"③

香港、澳门、台湾同胞是实现中国梦的重要力量。2012 年 12 月 20 日,习近平在会见香港特别行政区行政长官梁振英时指出:"实现中华民族伟大复兴是中华民族近代以来最伟大的梦想。我相信,广大香港同胞对此也是念兹在兹的","具有强烈民族自尊心和自豪感的广大香港同胞,一定会同全国人民一道,为实现中华民族伟大复兴贡献力量。"④2013 年 3 月 18 日,在会见香港特别行政区行政长官梁振英、澳门特别行政区长官崔世安时的谈话中,习近平再次强调:"香港、澳门与祖国内地的命运始终紧密相连。实现中华民族伟大复兴的中国梦,需要香港、澳门与祖国内地坚持优势互补、共同发展,需要港澳同胞与内地人民坚持守望相助、携手共进。"⑤"香港特别行政区同胞、澳门特别行政区同胞,要以国家和香港、澳门整体利益为重,共同维护和促进香港、澳门长期繁荣稳定。广大台湾同胞和大陆同胞要携起手来,支持、维护、推动两岸关系和平发展,增进两岸同胞福祉,共同开创中华民族新的前程。"⑥

2013 年 4 月,在会见台湾两岸共同市场基金会荣誉董事长萧万长时的谈

---

① 习近平:《给"国培计划(2014)"北师大贵州研修班参训教师的回信》,《人民日报》2015 年 9 月 10 日。
② 习近平:《深化改革开放推进创新驱动 实现全年经济社会发展目标》,《人民日报》2013 年 11 月 6 日。
③ 习近平:《全面深化改革全面推进依法治国 为全面建成小康社会提供动力和保障》,《人民日报》2014 年 11 月 3 日。
④ 《习近平谈治国理政》第 1 卷,外文出版社 2018 年版,第 226 页。
⑤ 《习近平谈治国理政》第 1 卷,外文出版社 2018 年版,第 227 页。
⑥ 习近平:《在第十二届全国人民代表大会第一次会议上的讲话》,《人民日报》2013 年 3 月 18 日。

话中,习近平指出:"两岸同胞要真诚团结合作,共同为实现中华民族伟大复兴的中国梦而奋斗。……希望两岸同胞团结合作,共同致力于实现中华民族伟大复兴。"①2014 年 2 月,在会见中国国民党荣誉主席连战时的讲话中,习近平强调:"两岸同胞携手同心,共圆中华民族伟大复兴的中国梦。……中国梦是两岸共同的梦,需要大家一起来圆梦。……两岸同胞要相互扶持,不分党派,不分阶层,不分宗教,不分地域,都参与到民族复兴的进程中来,让我们共同的中国梦早日成真。"②2014 年 9 月,在庆祝中华人民共和国成立 65 周年招待会上的讲话中,习近平也发出号召,希望"两岸同胞要继续努力,巩固和发展两岸关系和平发展良好势头,坚持一个中国原则,坚决反对'台独'分裂活动,为祖国和平统一创造更充分的条件,使两岸一家亲、共筑中国梦"③。2016 年 11 月,在纪念孙中山先生诞辰 150 周年大会上的讲话中,习近平指出:"两岸同胞前途命运同中华民族伟大复兴密不可分。两岸同胞以及海内外全体中华儿女要携起手来,共同反对'台独'分裂势力,共同为两岸关系和平发展、实现祖国完全统一而努力,共同创造所有中国人的幸福生活和美好未来。"④

文艺工作者是实现中国梦不可替代的力量。习近平指出,广大文艺工作者要从一定高度认识文艺的地位和作用,认识自己所担负的历史使命和责任,坚持以人民为中心的创作导向,努力创作更多无愧于时代的优秀作品。⑤

教育工作者是中华民族"梦之队"的筑梦人。习近平指出:"教育是提高人民综合素质、促进人的全面发展的重要途径,是民族振兴、社会进步的重要基石,是对中华民族伟大复兴具有决定性意义的事业。"⑥

科技工作者是中国梦最可宝贵的资源。习近平指出:"中国拥有 4200 多

① 《习近平谈治国理政》第 1 卷,外文出版社 2018 年版,第 230—231 页。
② 《习近平谈治国理政》第 1 卷,外文出版社 2018 年版,第 240 页。
③ 习近平:《在庆祝中华人民共和国成立 65 周年招待会上的讲话》,《人民日报》2014 年 10 月 1 日。
④ 习近平:《在纪念孙中山先生诞辰 150 周年大会上的讲话》,《人民日报》2016 年 11 月 12 日。
⑤ 习近平:《在文艺工作座谈会上的讲话》,《人民日报》2015 年 10 月 15 日。
⑥ 习近平:《做党和人民满意的好老师——同北京师范大学师生代表座谈时的讲话》,《人民日报》2014 年 9 月 10 日。

万人的工程科技人才队伍,这是中国开创未来最可宝贵的资源。"①"近代史上,我国落后挨打的根子之一就是科技落后。"②"今天,我们比历史上任何时期都更接近中华民族伟大复兴的目标,比历史上任何时期都更有信心、有能力实现这个目标。我们必须坚定不移贯彻科教兴国战略和创新驱动发展战略,坚定不移走科技强国之路。实施创新驱动发展战略,建设创新型国家,为实现'两个一百年'奋斗目标提供强大科技支撑,是时代赋予我国广大科技工作者的历史使命。希望同志们锐意进取、锐意创新,努力创造出无愧于时代的业绩,为实现中华民族伟大复兴作出新的更大的贡献!"③"我国广大知识分子要主动担当积极作为,为国家富强民族振兴人民幸福多作贡献。"④

广大海外侨胞是实现中国梦的重要力量。习近平指出,"积极推动两岸关系和平发展,为祖国发展、统一和民族复兴作出了重要贡献"⑤。"广大海外侨胞,要弘扬中华民族勤劳善良的优良传统,努力为促进祖国发展、促进中国人民同当地人民的友谊作出贡献。"⑥

军转干部是实现中国梦的重要力量。在会见受表彰代表时发表的重要讲话中,习近平强调,广大军转干部要到党和人民最需要的地方去,积极适应改革开放时代大潮,牢记生命中有了当兵的历史,自觉弘扬人民军队光荣传统和优良作风,在人生的不同阶段、不同岗位上继续出色工作、活出精彩人生。到党和人民最需要的地方建功立业,为"两个一百年"奋斗目标作出新贡献。⑦

---

① 习近平:《让工程科技造福人类、创造未来——在 2014 年国际工程科技大会上的主旨演讲》,《人民日报》2014 年 6 月 4 日。
② 习近平:《在中国科学院第十七次院士大会、中国工程院第十二次院士大会上的讲话》,《人民日报》2014 年 6 月 10 日。
③ 习近平:《在中国科学院第十七次院士大会、中国工程院第十二次院士大会上的讲话》,《人民日报》2014 年 6 月 10 日。
④ 习近平:《我国广大知识分子要主动担当积极作为 为国家富强民族振兴人民幸福多作贡献》,《人民日报》2017 年 3 月 5 日。
⑤ 习近平:《在西雅图出席侨界举行的欢迎招待会时的讲话》,《人民日报》2015 年 9 月 25 日。
⑥ 习近平:《在第十二届全国人民代表大会第一次会议上的讲话》,《人民日报》2013 年 3 月 18 日。
⑦ 习近平:《到党和人民最需要的地方建功立业 为"两个一百年"奋斗目标作出新贡献》,《人民日报》2014 年 5 月 28 日。

退休干部可以为实现中国梦作出新贡献。习近平强调,军队离退休干部为党领导的革命、建设、改革事业作出了重要贡献,是党、国家、军队的宝贵财富。希望广大军队离退休干部向先进学习,永葆革命本色,在弘扬我党我军光荣传统和优良作风、支持国家和军队建设改革、关心教育下一代等方面继续发挥作用,为实现中国梦强军梦作出新的贡献。① 在会见全国离退休干部先进集体和先进个人代表时,习近平指出,"莫道桑榆晚,为霞尚满天"。希望广大老同志珍惜光荣历史、永葆政治本色,继续以身作则弘扬党的光荣传统和优良作风,继续为实现"两个一百年"奋斗目标、实现中华民族伟大复兴的中国梦作出积极贡献。②

实现中华民族伟大复兴是人民军队的历史使命。习近平强调,人民军队"在实现中华民族伟大复兴的征程中,英雄的人民军队一定能够发扬传统、继往开来,有效履行肩负的历史使命"③。"我们比历史上任何时期都更接近中华民族伟大复兴的目标,比历史上任何时期都更需要建设一支强大的人民军队。……我们的英雄军队有信心、有能力谱写强军事业新篇章,为实现'两个一百年'奋斗目标、为实现中华民族伟大复兴的中国梦、为维护世界和平作出新的更大的贡献!"④

人民政协是实现中国梦的重要力量。习近平指出:"我们要巩固和发展最广泛的爱国统一战线,加强中国共产党同民主党派和无党派人士团结合作,巩固和发展平等团结互助和谐的社会主义民族关系,发挥宗教界人士和信教群众在促进经济社会发展中的积极作用,最大限度团结一切可以团结的力量。"⑤在庆祝中国人民政治协商会议成立 65 周年大会上的讲话中,习近平再

① 习近平:《致全军先进干休所先进离退休干部先进老干部工作者的贺信》,《人民日报》2014年 10 月 16 日。
② 习近平:《认真做好新形势下老干部工作　传承党的光荣传统和优良作风》,《人民日报》2014 年 11 月 27 日。
③ 《习近平谈治国理政》第 1 卷,外文出版社 2018 年版,第 219 页。
④ 习近平:《在庆祝中国人民解放军建军 90 周年阅兵时的讲话》,《人民日报》2017 年 7 月31 日。
⑤ 习近平:《在第十二届全国人民代表大会第一次会议上的讲话》,《人民日报》2013 年 3 月18 日。

次指出："回顾人民政协 65 年的发展历程,我们更加深刻地认识到,人民政协植根于中国历史文化,产生于近代以后中国人民革命的伟大斗争,发展于中国特色社会主义光辉实践,具有鲜明中国特色,是实现国家富强、民族振兴、人民幸福的重要力量。""人民政协要坚持在热爱中华人民共和国、拥护中国共产党的领导、拥护社会主义事业、共同致力于实现中华民族伟大复兴的政治基础上,最大限度调动一切积极因素,团结一切可以团结的人,汇聚起共襄伟业的强大力量。"①

习近平的上述重要讲话充分说明,实现中国梦必须凝聚中国力量。中国梦是每一个中国人的梦,人人都是中国梦的拥有者、实现者。在梦想面前,每一个人都是实现中国梦的绝对主力。中国梦的实现离不开社会各个群体的共同努力。中国梦的实现离不开各个领域的共同发展。对于中国梦来说,任何个人的力量都不能被忽视,任何人都应当成为中国梦众多力量中的一分子。有党中央的坚强领导,有我国工人阶级和全体劳动群众的团结奋进,有全国各族人民的共同奋斗,我们一定能开创更加美好的未来,中华民族伟大复兴的中国梦一定能够实现!

第五,关于中国梦的和平形象。

从 2012 年正式提出中国梦,习近平在国内外多个重要场合反复强调其形象特征。2014 年 11 月,习近平出席中央外事工作会议并发表重要讲话。他指出,"要争取世界各国对中国梦的理解和支持,中国梦是和平、发展、合作、共赢的梦"②。2015 年 4 月 19 日,在对巴基斯坦进行国事访问前夕,习近平在巴基斯坦《战斗报》和《每日新闻报》同时发表题为《中巴人民友谊万岁》的署名文章。在该文中,习近平再次指出:"中国人民正在努力实现中华民族伟大复兴的中国梦。中国梦是和平、发展、合作、共赢的梦,我们追求中国人民的福祉,也追求各国人民共同的福祉。"③在这一问题上,习近平付出了巨大的努

---

① 习近平:《在庆祝中国人民政治协商会议成立 65 周年大会上的讲话》,《人民日报》2014 年 9 月 22 日。
② 《中央外事工作会议在京举行》,《人民日报》2014 年 11 月 30 日。
③ 习近平:《中巴人民友谊万岁》,《人民日报》2015 年 4 月 20 日。

力。他的每一次讲话都始终在向全世界传达中国梦的声音,讲述中国梦的故事,勾勒中国梦的形象。在国际舞台上,习近平不断地向国际社会介绍中国梦,去化解国际社会存在的对中国梦的误解和担忧。每个国家都有自己的历史、文化和政治制度,但是在追求美好生活,追求繁荣发展的目标上,却是一致的。梦想成为了国与国之间友好沟通的重要的共同话题,梦想外交有利于拉近国家之间的距离,有利于淡化意识形态或者社会制度的分歧,有利于寻找国家间利益最大化的基点。

为了让国际社会正确地认识和理性地看待中国梦,习近平在国际舞台扮演着中国梦的讲解员的角色。在不同国家的不同讲话中,有一个共同的目标就是向世界介绍中国梦,使国际社会更加准确、科学、理性和真实地认识中国梦,看待中国梦和理解中国梦。中国梦像很多国家的梦想一样,都是追求国家繁荣富强和人民生活幸福。同时,中国梦的发展也不会威胁和损害其他国家追求本国梦想的权利和利益。

随着中国不断发展起来,世界上有一些人对中国走向产生疑虑,担心中国发展强大后会对他国构成威胁。这要么是一种误解,要么就是一种曲解。对于中国崛起和中国梦的提出,越来越多的国家开始表示欢迎。同时,也有一些国家对于中国梦提出这样或那样的担心或者质疑,将中国梦理解为一种威胁,一种霸权梦、霸主梦。对于这种误解或曲解,习近平每到一处都在讲话或演讲中反复地描述中国梦的真实形象。总的来说,"中国梦是和平、发展、合作、共赢的梦,我们追求的是中国人民的福祉,也是各国人民共同的福祉"[1]。

中国梦与世界各国梦想正在构建成为一种命运共同体。2017年1月,在联合国日内瓦总部所做的题为《共同构建人类命运共同体》的演讲中,习近平指出:"中国方案是:构建人类命运共同体,实现共赢共享。"[2]从时代潮流来看,当今世界,相互联系、相互依存是大潮流。在这股势不可挡的历史趋势中,

---

[1]　《中央外事工作会议在京举行》,《人民日报》2014年11月30日。

[2]　习近平:《共同构建人类命运共同体——在联合国日内瓦总部的演讲》,《人民日报》2017年1月20日。

商品、资金、信息、人才高度流动,相互联系、相互依存的程度空前加深。① 从实际中所展现的客观情况来看,正在日益形成你中有我、我中有你、利益交融、安危与共的利益共同体和命运共同体是大势所趋。尤其是当世界格局正处在一个加快演变的历史性进程之中时,人类已经成为你中有我、我中有你的命运共同体,尤其是"新兴市场国家和发展中国家崛起已经成为不可阻挡的历史潮流"。中国人历来主张"世界大同,天下一家""大道之行也,天下为公"。当代中国在追求民族复兴梦想的过程中,顺势而为,积极倡导并大力"推动构建以合作共赢为核心的新型国际关系,打造人类命运共同体"②。

打造人类命运共同体,首先需要树立人类命运共同体意识。树立人类命运共同体意识,也就意味着要放弃与之相对立的思维模式。对此,习近平在伦敦金融城市长晚宴上所作的题为《共倡开放包容 共促和平发展》的演讲中指出:"冷战思维、阵营对抗已不符合时代要求。"③在庆祝中国共产党成立95周年大会上的讲话中,习近平再次强调:"中国倡导人类命运共同体意识,反对冷战思维和零和博弈。"④用简单质朴而有力的话来说,就是"中国人民不仅希望自己过得好,也希望各国人民过得好"。世界各国应当共同"秉持人类命运共同体的理念,把我们这个星球建设得更加和平、更加繁荣"⑤。

总之,"每个国家都有发展权利,同时都应该在更加广阔的层面考虑自身利益,不能以损害其他国家利益为代价"⑥。对于中国梦而言,中国梦尊重每一国家和民族的梦想,也愿意与每一个国家和民族共同实现本国和本民族的梦想。在中国梦的视界中,不是只存在中国梦自己,还有俄罗斯梦、哈萨克斯

① 习近平:《顺应时代前进潮流 促进世界和平发展——在莫斯科国际关系学院的演讲》,《人民日报》2013年3月24日。

② 习近平:《为构建中美新型大国关系而不懈努力——在第八轮中美战略与经济对话和第七轮中美人文交流高层磋商联合开幕式上的讲话》,《人民日报》2016年6月6日。

③ 习近平:《共倡开放包容 共促和平发展——在伦敦金融城市长晚宴上的演讲》,《人民日报》2015年10月23日。

④ 习近平:《在庆祝中国共产党成立95周年大会上的讲话》,《人民日报》2016年7月2日。

⑤ 《国家主席习近平发表二〇一七年新年贺词》,《人民日报》2017年1月1日。

⑥ 习近平:《共担时代责任 共促全球发展——在世界经济论坛2017年年会开幕式上的主旨演讲》,《人民日报》2017年1月18日。

坦梦、非洲梦、拉美梦、阿拉伯梦、韩国梦、印度梦、蒙古梦、印尼梦、澳洲梦、新西兰梦、"亚洲之虎"梦等等世界其他不同国家、不同民族的伟大梦想。中国梦与世界各国的梦想是相连相通的,中国倡导合作共赢的发展理念,和世界各国一起构建人类发展的命运共同体。

其次,中国梦是和平发展的梦。

从历史传统来看,中华民族历来是一个爱好和平的民族。中华民族有热爱和平的民族传统,珍视和平、渴望发展,深知和平与发展两者内在的互生关系。中国自古倡导"强不执弱,富不侮贫",深知"国虽大,好战必亡"的道理。习近平在讲话中专门指出:"中国人 2000 多年前就认识到了'国虽大,好战必亡'的真理。"①中国人自古就崇尚"以和为贵""己所不欲,勿施于人"等和平思想。爱好和平的思想传统早已深深嵌入了中华民族的精神世界,今天依然是中国处理国际关系的一以贯之的基本理念。②

从历史经验来看,中国近代以后,随着外国列强的入侵,逐步成为半殖民地半封建社会,遭遇了 100 多年的社会动荡,经历了无数次的战争磨难,一度到了濒临亡国灭种的危险境地。"中国社会动荡不已,人民生活极度贫困。……中国人民对被侵略、被奴役的历史记忆犹新,尤其珍惜今天的生活。"③正如习近平所说,"中国是经历了深重苦难的国家"④。也正是这 100 多年时间的艰苦磨难,经历过落后挨打悲惨命运的中国人民,绝不会将自己曾经遭受过的悲惨经历强加给其他国家和民族。中国人民近代以后经历了 100 多年战乱频发的惨痛历史,中国人民深知和平的宝贵,"决不希望这样的悲剧在任何地方重演"⑤。

---

① 习近平:《在华盛顿州当地政府和美国友好团体联合欢迎宴会上的演讲》,《人民日报》2015 年 9 月 24 日。
② 习近平:《在纪念孔子诞辰 2565 周年国际学术研讨会暨国际儒学联合会第五届会员大会开幕会上的讲话》,《人民日报》2014 年 9 月 25 日。
③ 习近平:《在布鲁日欧洲学院的演讲》,《人民日报》2014 年 4 月 2 日。
④ 习近平:《在布鲁日欧洲学院的演讲》,《人民日报》2014 年 4 月 2 日。
⑤ 习近平:《携手追寻民族复兴之梦——在印度世界事务委员会的演讲》,《人民日报》2014 年 9 月 19 日。

从历史规律来看,国强必霸不是历史定律。依靠武力侵略扩展是注定行不通的,唯有和平才能实现发展。在纪念全民族抗战爆发七十七周年仪式上的讲话中,习近平指出:"纵观世界历史,依靠武力对外侵略扩张最终都是要失败的。这是历史规律。"①此后,在2014年的讲话中,基于中国屈辱历史的基础之上,习近平从历史启迪的角度对这一重要历史规律做了再次解释。他指出,历史给我们的一个重要启迪就是,"一切通过武力侵略谋取强权和霸权的企图都是逆历史潮流的,都是要失败的"。"无论发展到哪一步,中国永远不称霸、永远不搞扩张。"②"我们过去一直是这样做的,今后也会这样做下去。"③2015年,在新加坡国立大学的演讲中,习近平再次强调:"中国繁荣昌盛是趋势所在,但国强必霸不是历史定律。"④

从时代主题来看,中国共产党对历史发展的时代主题有深刻把握。2014年,在南京大屠杀死难者国家公祭仪式上的讲话中,习近平指出:"弱肉强食不是人类共存之道,穷兵黩武不是人类和平之计。和平而不是战争,合作而不是对抗,才是人类社会进步的永恒主题。"⑤2015年,在出席俄罗斯纪念卫国战争胜利70周年庆典并访问俄罗斯前夕,国家主席习近平在《俄罗斯报》发表题为《铭记历史,开创未来》的署名文章。他再次强调指出:"弱肉强食、丛林法则不是人类共存之道。穷兵黩武、强权独霸不是人类和平之策。赢者通吃、零和博弈不是人类发展之路。和平而不是战争,合作而不是对抗,共赢而不是零和,才是人类社会和平、进步、发展的永恒主题。"⑥

从历史自觉来看,中国共产党表现出了关于和平发展高度的历史自觉。这种历史自觉对于中国梦来说,就是要谋求和平发展,坚持和平发展。没有和

① 习近平:《在纪念全民族抗战爆发七十七周年仪式上的讲话》,《人民日报》2014年7月8日。
② 习近平:《在华盛顿州当地政府和美国友好团体联合欢迎宴会上的演讲》,《人民日报》2015年9月24日。
③ 习近平:《在布鲁日欧洲学院的演讲》,《人民日报》2014年4月2日。
④ 习近平:《深化合作伙伴关系 共建亚洲美好家园——在新加坡国立大学的演讲》,《人民日报》2015年11月8日。
⑤ 习近平:《在南京大屠杀死难者国家公祭仪式上的讲话》,《人民日报》2014年12月14日。
⑥ 习近平:《铭记历史,开创未来》,《人民日报》2015年5月8日。

平,发展就是空想;要想发展,必须赢得和平、维护和平。只有在和平环境中不断发展,才能够最终实现中国梦。因此,"我们必须坚持走和平发展道路。人类共处一个地球。世界好,中国才能好。……我们要始终不渝走和平发展道路,始终不渝奉行互利共赢的开放战略,维护国际公平正义,促进世界和平与发展"①。

习近平反复强调,中国不认同"国强必霸论"②,中国不接受"国强必霸"的逻辑③,中国不走国强必霸的老路,中国坚持走的是和平发展道路。在印度世界事务委员会的演讲中,习近平就指出:"改革开放30多年来,中国经济社会发展取得了显著成就,人民生活不断改善,世界各国都从中国发展中受益。我们也注意到,国际上有的人宣称,中国发展起来后会走'国强必霸'的老路,对其他国家构成'威胁'。我想明确告诉大家,中国将坚定不移走和平发展道路。"④在实现中国梦的过程中,中国尽管取得了巨大的成就,但是由于自身的特殊国情,仍然有很长的路要走。即使是实现"两个一百年"奋斗目标,对于中国这样一个拥有14亿人口、发展还不平衡的发展中大国来说并非易事,有一个良好周边环境和国际环境更显得极其重要。"为了实现这两大目标,我们需要良好外部环境。"⑤通俗地说,只有家门口太平,我们才能安心、踏实办好自己的事情。中国只有走和平发展道路,才能实现自己的发展目标。

一方面,中国需要和平。"纵观历史,任何国家试图通过武力实现自己的发展目标,最终都是要失败的。"⑥另一方面,中国也维护和平。当今世界的潮

① 习近平:《在庆祝中华人民共和国成立65周年招待会上的讲话》,《人民日报》2014年10月1日。
② 习近平:《构建中巴命运共同体　开辟合作共赢新征程——在巴基斯坦议会的演讲》,《人民日报》2015年4月22日。
③ 习近平:《共倡开放包容　共促和平发展——在伦敦金融城市长晚宴上的演讲》,《人民日报》2015年10月23日。
④ 习近平:《携手追寻民族复兴之梦——在印度世界事务委员会的演讲》,《人民日报》2014年9月19日。
⑤ 习近平:《携手合作共同发展——在金砖国家领导人第五次会晤时的主旨讲话》,《人民日报》2013年3月28日。
⑥ 习近平:《迈向命运共同体　开创亚洲新未来——在博鳌亚洲论坛2015年年会上的主旨演讲》,《人民日报》2015年3月29日。

流只有一个,那就是和平、发展、合作、共赢。历史和现实都证明,顺潮流者昌,逆潮流者亡。和平是宝贵的,和平也是需要维护的,破坏和平的因素始终值得人们警惕。如果大家都只想享受和平,不愿意维护和平,那和平就将不复存在。"中国将通过争取和平国际环境发展自己,又以自身发展维护和促进世界和平。"①

总之,"我们不认可'国强必霸'的逻辑,坚持走和平发展道路"②。"实现我们的奋斗目标,必须有和平国际环境。没有和平,中国和世界都不可能顺利发展;没有发展,中国和世界也不可能有持久和平。"③中国人民近代以后经历了100多年的动荡和战火,战乱频发的惨痛历史使得我们"决不希望这样的悲剧在任何地方重演"④。

最后,中国梦不仅是中国的,也是世界的。

一方面,我们可以从统计数据来看中国对世界经济发展的贡献。在习近平的讲话中有过很多阐述,包括对外援助、国际贸易、世界经济增长贡献率等方面。"2009年到2011年间,中国对世界经济增长的贡献率达到50%以上。目前,中国经济增速虽有所放缓,对世界经济增长的贡献率仍在30%以上,仍是世界经济重要动力源。"⑤也有研究数据指出,"2013年到2016年,我国GDP年均增长7.2%,高于同期世界2.5%和发展中经济体4%的平均水平。在此期间,我国对世界经济的贡献率年均为31.6%,超过美国、欧元区和日本贡献率的总和"⑥。总之,中国已经成为世界经济发展的强大动力源。

从未来中国将要进一步作出贡献的数据来看,中国发展对世界发展是重要机遇和巨大动力。中国14亿人口的市场具有不可估量的潜力,中国经济结

---

① 习近平:《共同创造亚洲和世界的美好未来——在博鳌亚洲论坛2013年年会上的主旨演讲》,《人民日报》2013年4月8日。

② 《习近平谈治国理政》第1卷,外文出版社2018年版,第170页。

③ 《习近平谈治国理政》第1卷,外文出版社2018年版,第248页。

④ 习近平:《携手追寻民族复兴之梦——在印度世界事务委员会的演讲》,《人民日报》2014年9月19日。

⑤ 习近平:《创新增长路径 共享发展成果——在二十国集团领导人第十次峰会第一阶段会议上关于世界经济形势的发言》,《人民日报》2015年11月16日。

⑥ 孙来斌:《深刻把握"三个意味着"的科学内涵》,《人民日报》2017年9月20日。

构调整和产业优化升级将产生巨大需求。"未来 5 年,中国将进口 8 万亿美元的商品,吸收 6000 亿美元的外来投资,中国对外投资总额将达到 7500 亿美元,出境旅游将达到 7 亿人次。这将为世界各国发展带来更多机遇。"①"近年来,在世界经济增长乏力的背景下,中国经济遇到一些困难和挑战。我们坚定信心、主动调整,经济增速仍然位居主要经济体前列,对世界经济增长的贡献率保持在 25% 以上。"②"中国将在未来 3 年向参与'一带一路'建设的发展中国家和国际组织提供 600 亿元人民币援助,建设更多民生项目。我们将向'一带一路'沿线发展中国家提供 20 亿元人民币紧急粮食援助,向南南合作援助基金增资 10 亿美元,在沿线国家实施 100 个'幸福家园'、100 个'爱心助困'、100 个'康复助医'等项目。"③"从这些数字可以看出,中国的发展是世界的机遇,中国是经济全球化的受益者,更是贡献者。"④

另一方面,从国际社会的普遍反应看大多数国家对中国梦及其世界意义的认同。这种认同最直接的体现就是对中国"一带一路"倡议的回应。中国梦不仅仅是中国的,也是世界的,可以从不同角度来理解。但是,对于其他国家来说,最有力的说明就是能够从"一带一路"中分享发展机遇和发展成果。"这是一条在开放中谋求共同发展的道路。中国坚持对外开放基本国策,奉行互利共赢的开放战略,不断提升发展的内外联动性,在实现自身发展的同时更多惠及其他国家和人民。"⑤

实现中国梦强调爱国主义,但并非狭隘的民族主义,中国也具有重视国际担当的责任意识。中国需要实现自身的不断发展,更盼望与世界各国一道实现共同发展。中国在实现中国梦的同时愿意帮助其他国家实现各自的美好梦

① 《习近平谈治国理政》第 2 卷,外文出版社 2017 年版,第 546 页。
② 习近平:《深化伙伴关系　增强发展动力——在亚太经合组织工商领导人峰会上的主旨演讲》,《人民日报》2016 年 11 月 21 日。
③ 习近平:《携手推进"一带一路"建设——在"一带一路"国际合作高峰论坛开幕式上的演讲》,《人民日报》2017 年 5 月 15 日。
④ 习近平:《共担时代责任　共促全球发展——在世界经济论坛 2017 年年会开幕式上的主旨演讲》,《人民日报》2017 年 1 月 18 日。
⑤ 《习近平谈治国理政》第 2 卷,外文出版社 2017 年版,第 483 页。

想。在这一过程中,进一步为实现亚洲梦、亚太梦和全人类的世界梦而作出更大的贡献。习近平曾指出:"我提出'一带一路'倡议,就是要实现共赢共享发展。目前,已经有100多个国家和国际组织积极响应支持,一大批早期收获项目落地开花。中国支持建设好亚洲基础设施投资银行等新型多边金融机构,为国际社会提供更多公共产品。"①亚洲基础设施开发银行和丝路基金的建立都是中国担当国际责任的有力体现。这些都共同说明,中国梦不仅造福于中国人民,还造福于世界人民。

第六,关于中国梦的实现路径。

在纪念中国人民抗日战争暨世界反法西斯战争胜利69周年座谈会上的讲话中,习近平指出:"实现中华民族伟大复兴的中国梦,必须坚定不移走中国特色社会主义道路,必须坚定不移把发展作为党执政兴国的第一要务,必须坚定不移全面深化改革,必须坚定不移走和平发展道路。"②

习近平强调,实现中国梦,"要坚定不移走中国特色社会主义道路,既不走封闭僵化的老路,也不走改旗易帜的邪路"。"我们不能数典忘祖,不能照抄照搬别国的发展模式,也绝不会接受任何外国颐指气使的说教。"③

实现中国梦,必须弘扬中国精神。"人无精神则不立,国无精神则不强。精神是一个民族赖以长久生存的灵魂,唯有精神上达到一定的高度,这个民族才能在历史的洪流中屹立不倒、奋勇向前。"④实现中华民族伟大复兴,"犹如人之登山,离山顶愈近,愈需要重振气力,愈需要精神支撑"⑤。而每个时代都有每个时代的精神。"社会主义核心价值观是当代中国精神的集中体现,是凝聚中国力量的思想道德基础。"⑥"在社会主义核心价值观中,最深层、最根

---

① 习近平:《共同构建人类命运共同体——在联合国日内瓦总部的演讲》,《人民日报》2017年1月20日。

② 习近平:《在纪念中国人民抗日战争暨世界反法西斯战争胜利69周年座谈会上的讲话》,《人民日报》2014年9月4日。

③ 习近平:《在纪念毛泽东同志诞辰120周年座谈会上的讲话》,《人民日报》2013年12月27日。

④ 习近平:《在纪念红军长征胜利80周年大会上的讲话》,《人民日报》2016年10月22日。

⑤ 孙来斌:《用核心价值观撑起中华民族的精神家园》,《光明日报》2014年4月30日。

⑥ 习近平:《在中国文联十大、中国作协九大开幕式上的讲话》,《人民日报》2016年12月1日。

本、最永恒的是爱国主义。爱国主义是常写常新的主题。"①

　　实现中国梦,必须凝聚中国力量。"中国人民拥有伟大梦想,更拥有为实现伟大梦想而吃苦耐劳、实干苦干的伟大精神。"②"只要我们团结一心,为实现共同梦想而共同奋斗,实现梦想的力量就会无比强大,梦想最终就一定能够照进现实,中华民族最终就一定能够过上理想的生活。"③

　　实现中国梦,必须坚持和平发展。习近平进一步拓展了中国坚持和平发展道路的思想理念。他对世界形势进行了深刻分析,在此基础上提出,中国坚持和平发展,而且和平发展不仅仅是中国,也是整个人类发展的正道。他指出:"我们正处在一个快速发展变化的世界里。世界多极化、经济全球化、社会信息化深入推进,各种挑战层出不穷,各国利益紧密相连。零和博弈、冲突对抗早已不合时宜,同舟共济、合作共赢成为时代要求。……中国坚定不移走和平发展道路,倡导各国共同走和平发展道路。"④"发展是硬道理,把经济建设搞上去,是实现'两个一百年'奋斗目标的重要基础,也是国家繁荣、社会稳定、人民幸福的重要基础。我们要立足国情,根据条件变化,加快转变经济发展方式,加快调整经济结构,加快全面深化改革步伐,推动使市场在资源配置中起决定性作用,更好发挥政府作用。"⑤

　　习近平还指出,要实现中华民族伟大复兴中国梦必须依靠改革和法治。"中国人民正在为实现中华民族伟大复兴的中国梦,正在全面深化改革和扩大开放,全面推进依法治国。"⑥现在,全面建成小康社会进入决定性阶段,改革进入攻坚期和深水区。我们要实现党的十八大和十八届三中全会作出的一系列战略部署,全面建成小康社会、实现中华民族伟大复兴的中国梦,全面深化改革、完善和发展中国特色社会主义制度,就必须在全面推进依法治国上作

---

① 习近平:《在文艺工作座谈会上的讲话》,《人民日报》2015 年 10 月 15 日。
② 习近平:《在二〇一七年春节团拜会上的讲话》,《人民日报》2017 年 1 月 27 日。
③ 孙来斌:《实现中国梦必须弘扬中国精神》,《光明日报》2013 年 3 月 30 日。
④ 习近平:《为构建中美新型大国关系而不懈努力》,《人民日报》2016 年 6 月 7 日。
⑤ 习近平:《更好认识和遵循经济发展规律　推动我国经济持续健康发展》,《人民日报》2014 年 7 月 9 日。
⑥ 习近平:《共同描绘中新关系更加美好的未来》,《人民日报》2014 年 11 月 20 日。

出总体部署、采取切实措施、迈出坚实步伐。①

习近平也指出，一方面，国家文化软实力既是实现中国梦的重要基础和前提，也是实现中国梦的重要内容和任务。"提高国家文化软实力，关系'两个一百年'奋斗目标和中华民族伟大复兴中国梦的实现。"②另一方面，中国梦的传播离不开承载价值内核的文化载体。"中国梦的宣传和阐释，要与当代中国价值观念紧密结合起来。"③让人们从价值层面来理解和认同中国梦。

总而言之，习近平关于实现中华民族伟大复兴中国梦的系列重要讲话告诉我们，中国梦的实现需要一个不断学习、不断完善本领的强大有力的党；中华民族伟大复兴的中国梦是和平梦、机遇梦、发展梦、贡献梦；中国梦的实现需要我们继续发扬强大的精神力量；中国梦的实现需要各行各业的全体社会成员团结起来，不断汇聚起包括工人、农民、青年在内的实现中国梦的强大力量。2016年4月，在知识分子、劳动模范、青年代表座谈会上的讲话中，习近平做过一个非常深刻的思想总结，值得我们反复学习和领会。他指出："我的有关讲话归结起来，核心意思就是：经过近代以来特别是中国共产党诞生以来中国人民持续奋斗，中华民族伟大复兴已经展现出光明前景，现在我们比历史上任何时期都更接近中华民族伟大复兴的目标，比历史上任何时期都更有信心、更有能力实现这个目标。同时，实现中华民族伟大复兴还有很长的路要走，前进道路并不平坦，必须坚定中国特色社会主义道路自信、理论自信、制度自信，随时准备应对各种困难和挑战，无论遇到什么风浪我们都不能停下前进步伐；实现中华民族伟大复兴是十分伟大而又十分艰巨的事业，需要全体中华儿女众志成城、万众一心，把一切力量都凝聚起来，把一切积极因素都调动起来，为了共同的目标不懈奋斗。"④

① 习近平：《关于〈中共中央关于全面推进依法治国若干重大问题的决定〉的说明》，《人民日报》2014年10月29日。
② 《习近平谈治国理政》第1卷，外文出版社2018年版，第160页。
③ 《习近平谈治国理政》第1卷，外文出版社2018年版，第161页。
④ 习近平：《在知识分子、劳动模范、青年代表座谈会上的讲话》，《人民日报》2016年4月30日。

第二章　中国梦的理论意蕴

中国梦的基本内涵是国家富强、民族振兴、人民幸福。对此,我们可以从不同的维度展开,既可以从国家、民族与个人的关系切入,也可以从包含着三者统一的社会主义现代化强国的目标说起,还可以从富强中国、文明中国、美丽中国等角度分析。无论从哪一个角度展开,都不难发现,中国梦不仅具有丰富的思想内涵①,而且具有重大的理论价值和实践价值。

一、中国梦的基本内涵

党的十八大报告提出了"两个一百年"奋斗目标,习近平用"中国梦"对之进行了新的概括,并明确指出,"实现中华民族伟大复兴的中国梦,就是要实现国家富强、民族振兴、人民幸福"②。由此可见,我们在理解中国梦的基本内涵时,既可以从基本实现现代化的多维要求展开,也可以从国家、民族和人民之间的辩证关系进行。

(一)中华民族浓厚的家国情怀

国家富强、民族振兴、人民幸福,是近代以来中华民族的伟大梦想。这一梦想,深刻地体现了中华民族的家国情怀。

---

① 从第一章对习近平总书记近期关于中国梦的一系列讲话的梳理中,我们已经从时间维度对中国梦的思想内涵有所论述。本章在学习和研究习近平总书记关于中国梦的系列重要讲话精神的基础上,力图以逻辑为主线,对中国梦的丰富内涵做进一步的探讨。

② 习近平:《在第十二届全国人民代表大会第一次会议上的讲话》,《人民日报》2013 年 3 月 18 日。

1. 伟大梦想精神是融入中华民族血脉的优秀文化基因

梦想是人们对美好未来的向往、憧憬和追求。人类历史表明,一个民族如果只重物质生活、囿于世俗当下,注定是不会走远的。人们常说,伟大的民族拥有伟大的梦想。可以说,中华民族正是这样的民族。在广袤的中华大地上,中国人民不论条件多么艰苦、环境多么严酷,都能生生不息、创造不止,创造出灿烂的中华文明。究其原因,重要的一点就在于中国人民始终心怀梦想、不懈追求。即便是刀耕火种、牛耕人拉的艰苦条件,哪怕是面朝黄土背朝天的辛苦劳作,都未能泯灭中国人民的生活梦想,反而催生出丰富多彩的梦想世界。中国古代神话表达了古代中国人民改天换日、填海移山、改造自然的强烈愿望,深刻反映了中国人民勇于追求和实现梦想的执着精神。正是基于这样的追求和执着,中国人民形成了对理想社会生活的梦想,不仅提出了小康生活的理念,而且历练出天下为公的博大情怀。

在中华文化发展的长河中,中国人民一直保持、延续着强烈的伟大梦想精神。从夸父追日、嫦娥奔月等古代飞天神话,到"敢上九天揽月"的现代豪迈,再到神舟、天宫、天眼、悟空、墨子等重大空间科技成果的相继问世;从女娲补天、大禹治水等环境治理传说,到"天堑变通途""高峡出平湖"的伟大创造,再到南水北调的人间壮举;从悟空大闹龙宫、哪吒闹海的古代想象,到"敢下五洋捉鳖"的现代誓言,再到"蛟龙"不断刷新载人深潜世界纪录,可以说,伟大梦想精神始终一脉相承,已经深深地融入中华民族血脉。"中国人民相信,山再高,往上攀,总能登顶;路再长,走下去,定能到达。"①

2. 伟大梦想精神反映出中华民族浓厚的家国情怀

梦想是对现实的折射,也是对现实的超越。伟大梦想的具体内容会随历史条件的改变而改变,但是伟大梦想精神却始终是推动中华民族砥砺前行的有力支撑。在世界历史上的很长一段时期内,中华民族长期居于领跑地位,在为人类文明作出巨大贡献的同时,也诞生出许多奇伟壮丽的伟大梦想。鸦片

---

① 习近平:《在第十三届全国人民代表大会第一次会议上的讲话》,人民出版社 2018 年版,第5页。

战争以后,中华民族屡遭西方列强欺凌,到了最危险的时候。但是,苦难并没有压服中华民族,中华民族并未因此失掉自信、丢了魂魄、泯灭梦想。"中国人民百折不挠、坚忍不拔,以同敌人血战到底的气概、在自力更生的基础上光复旧物的决心、自立于世界民族之林的能力,为实现这个伟大梦想进行了170多年的持续奋斗。"①2012 年 11 月 29 日,习近平在参观"复兴之路"展览时深情地指出:"大家都在讨论中国梦,我以为,实现中华民族伟大复兴,就是中华民族近代以来最伟大的梦想。这个梦想,凝聚了几代中国人的夙愿,体现了中华民族和中国人民的整体利益,是每一个中华儿女的共同期盼。"②这是对历史的深刻总结,是对近代以来中华民族伟大梦想的自觉表达,言简意赅地揭示了这一梦想的伟大之处。

自古以来,中华民族对小我与大我、小家与国家关系的就有独到的理解。自中华民族以屈辱的姿态进入近代史以后,中国人对家的悲欢离合与国的兴衰荣辱之间的内在关联有了更深刻、更真切的理解,因而催生出愈加浓烈的家国情怀,并因此涵养出以国家富强、民族振兴、人民幸福为基本内涵的中国梦。正因为如此,古有"齐家治国平天下"之追求,今有"家是最小国、国是千万家"之吟唱。

(二)值得期待的中等发达景象

自 20 世纪 80 年代邓小平提出"三步走"战略以后,"中等发达国家"就一直成为鼓舞全党和全国各族人民的重要战略目标。从"三步走"战略,到"两个一百年"奋斗目标,再到中国梦,其间存在着内在的逻辑关联和历史关联。正如习近平指出:"按照现代化建设'三步走'的战略部署,建设富强民主文明和谐的社会主义现代化国家,是我们党和国家在整个社会主义初级阶段的奋斗目标。"伟大梦想是对战略目标的诗意表达,战略目标是对伟大梦想的科学谋划。从这种意义上说,对"中等发达国家"的准确把握成为实现中国梦的重要认识前提。

---

① 习近平:《在第十三届全国人民代表大会第一次会议上的讲话》,人民出版社 2018 年版,第5 页。
② 《十八大以来重要文献选编》(上),中央文献出版社 2014 年版,第 84 页。

1. 中等发达国家的主要歧见

"中等发达国家"近年来一直是各方关注的热点。但是,随着观点的不断出新,这一概念的总貌似乎并未彻底明晰,反而形成了一些亟待厘清的歧见。

其一,中等发达国家是中等收入国家。2012 年,有学者将中等发达国家等同于中等收入国家,宣称中国已迈入世界中等发达国家的门槛。根据世界银行人均国民总收入的划分标准,国家和地区可分为低收入、中等收入(含中低等收入、中高等收入)和高收入三大类型。据世界银行近几年公布的数据显示,中国已经进入中高等收入国家行列,世界排位在 100 位左右。与中国同属中高等收入国家的还有纳米比亚、安哥拉、巴西、伊朗等五十多个经济体,而乌拉圭、赤道几内亚与欧美诸国一起属于高收入国家行列。可见,低收入国家一定是发展中国家,但高收入国家并不一定是发达国家,简单将收入水平等同于发达水平的做法是不合适的。

其二,中等发达国家是发展中国家。有学者认为,中等发达国家仍然属于发展中国家行列。根据发达程度将国家和地区划分为发达、中等发达、初等发达和欠发达四类。其中,中等发达国家、初等发达国家和欠发达国家统一属于现在通称的发展中国家范畴。这就意味着,中国由目前的发展中国家到中等发达国家的转变,至多是一种量变,完成转变以后仍然还是发展中国家。这种观点解释成本偏高,不太符合大众的认知习惯和目标预期。

其三,中等发达国家是发达国家,但对于"中等"的理解并不统一。一种理解认为,中等发达国家是指发达国家排名中处于正中位次的国家,该国的发展指标代表的便是中等发达国家水平。另一种理解认为,中等发达国家是指现有发达国家中处于前五名和后五名之间的国家,这些国家的平均发展水平代表了中等发达国家水平。还有一种理解认为,中等发达国家水平不是某些发达国家的平均水平,而是所有发达国家各项经济社会发展指标的平均值。

此外,还有否定性的观点认为,中等发达国家不是一个科学概念,只是一种随意称谓。面对以上歧见,首要的问题并不在于指标设计和数据测算,而在于回到中等发达国家概念的历史语境之中。

2. 中等发达国家的基本定位

科学地制定、恰当地表述国家战略发展目标,需要高超的政治智慧。1987年,在经过反复调研、长期思考的基础上,邓小平明确提出了21世纪中叶达到中等发达国家水平的战略目标。相关提法,可见之于他在会见加蓬总统邦戈、香港特别行政区基本法起草委员会委员的谈话、讲话中。其中,1987年4月,他在《会见香港特别行政区基本法起草委员会委员时的讲话》中指出,在21世纪中叶,"达到人均四千美元的水平,在世界上虽然还是在几十名以下,但是中国是个中等发达的国家了"①。党的十三大报告将此写进了"三步走"战略。1992年,邓小平在南方谈话中再次指出:"如果从建国起,用一百年时间把我国建设成中等水平的发达国家,那就很了不起!"②从这些表述中,我们不难看出,在邓小平的思想中,中等发达国家的性质是非常明确的,它不同于发达国家、发展中国家、中等收入国家,在邓小平看来属于比较发达的水平。这种水平,低于发达国家,而高于发展中国家,就人均国民生产总值而言大致居于世界前几十位。既然中国经济社会发展的目标是成为发达国家,那么为什么不直接采用国际通行的"发达国家"作为奋斗目标,而要用"中等"或者"中等水平"加以限定? 我们认为,这主要出于三个方面的考虑。

其一,从比较中体现社会主义的制度优势。制度的优越性需要通过比较得以体现。由于历史等方面的原因,主要的资本主义国家已经实现了现代化,成为发达国家。因此,与其进行科学比较就成为体现中国社会主义制度优越性的重要方式。作为一位胸怀共产主义理想的革命家,邓小平高度关注如何通过建设实践体现社会主义制度的优越性。作为一个现代化后发国家,中国在实行社会主义制度一定时期后,如果在与资本主义国家的比较中体现出相对发展优势和较高发展水平,无疑能很好地彰显中国制度的优势。由于发展起点不同,在新中国成立时间不长的情况下,与发达国家比较发展水平,中国制度的优越性主要表现在发展速度上;在新中国成立一定时期以后,中国制度

① 《邓小平文选》第3卷,人民出版社1993年版,第216页。
② 《邓小平文选》第3卷,人民出版社1993年版,第383页。

的优越性不仅要表现在发展速度上,而且要体现在发展水平上。邓小平因此指出:"只有到了下世纪中叶,达到了中等发达国家的水平,才能说真的搞了社会主义,才能理直气壮地说社会主义优于资本主义。"①"到那个时候,我们就可以真正用事实理直气壮地说社会主义比资本主义优越了。"②当前,认识中国特色社会主义制度的优势、韧性、活力、潜能,可以从邓小平的思考中获得启示。

其二,从实际出发制定合理的战略目标。战略目标是否合理,最终要体现在实现程度上,因此兼顾目标的可行性、连贯性同样重要。这就要求目标的制定必须符合本国的实际特点。作为一位强调一切从实际出发的实干家,邓小平非常重视战略目标制定的可行性。他要求吸取过去性子急、"想早一点进入共产主义"的历史教训,强调:"必须一切从实际出发,不能把目标定得不切实际,也不能把时间定得太短。"③"我们的现代化建设,必须从中国的实际出发"④,"必须从中国的特点出发"⑤。考虑到当时中国经济的发展情况,以及与美国、日本等发达国家的巨大差距,邓小平使用了"中等发达"这种看似模糊的折中表达,以使其与中国的基本国情相匹配。当前,恰当表述我们的发展目标,多关注人均国民生产总值方面的不足,少强调国民生产总值方面的优势,慎提"超越美国""冲刺世界第一"之类的口号,既是务实之举,也是智识之举。

其三,着眼于人民生活水平的提高。习近平指出:"我们的党是全心全意为人民服务的党,我们的国家是人民当家作主的国家,党和国家一切工作的出发点和落脚点是实现好、维护好、发展好最广大人民根本利益。"⑥这一点,在邓小平身上表现得尤为突出。作为一位始终关心人民疾苦的领导人,邓小平在制定目标时最看重人民生活水平的改善。时刻把人民疾苦放在心里,体现

---

① 《邓小平文选》第 3 卷,人民出版社 1993 年版,第 225 页。
② 《邓小平文选》第 3 卷,人民出版社 1993 年版,第 256 页。
③ 《邓小平文选》第 3 卷,人民出版社 1993 年版,第 224 页。
④ 《邓小平文选》第 3 卷,人民出版社 1993 年版,第 2 页。
⑤ 《邓小平文选》第 2 卷,人民出版社 1994 年版,第 164 页。
⑥ 习近平:《在哲学社会科学工作座谈会上的讲话》,人民出版社 2016 年版,第 12 页。

了共产党人永不褪色的价值追求,是最高的政治智慧。习近平反复强调以人民为中心的理念,强调要把人民对美好生活的向往作为奋斗目标,强调要把人民的获得感作为改革成效的评价标准,彰显了中国共产党人的初心和使命。

3. 中等发达国家的一般标准

至今,关于中等发达国家仍然缺乏一个权威的界定,而国际社会关于发达国家的讨论却不断推陈出新,其中比较有影响的有联合国的人类发展指数、欧盟的生活幸福指数等。比照这些标准和指数,结合各界对中等发达国家的讨论,中等发达国家的一般标准需要从两个方面去把握。

其一是经济标准。发达国家是全面的发达,而不仅仅是经济发达。但对于任何国家而言,经济发达都是全面发达的基础。这也意味着,经济标准始终都是衡量和判断一个国家是否发达的硬性条件,它包括经济发展的数量和质量。就经济发展的数量而言,有研究指出,如果以 1987 年邓小平提出的人均国民生产总值 4000 美元作为当时中等发达国家的经济标准测算的话,那么到 2050 年这一标准将是 1 万美元。经济数量是经济质量的基础,而经济质量则是经济数量的保证。一般来说,经济学对于经济质量的评价大体上包括资源利用率、环境友好度和经济动力源等方面的标准。

其二是非经济标准。除了经济方面必须达标之外,中等发达国家还需要同时满足诸多条件。参考中国科学院中国现代化研究中心的研究,中国要达到中等发达国家水平的柔性要求主要包括:社会方面,养老和医疗保险覆盖率达到百分之百,城市化率和信息化率超过八成;政治方面,建成民主、自由、平等和高效的政治文明,国际竞争力排名进入世界前十名;文化方面,文化创新能力关键指标排名进入世界前二十名;人的发展方面,大学普及率超过八成,平均预期寿命超过八十岁,人类发展指数排名进入世界前二十名,等等。

因此,无论是从经济标准还是从非经济标准来看,中国距离中等发达国家的要求还有较大的差距。

4. 中等发达国家的中国特征

"世界上没有两片完全相同的树叶。"即便同为中等发达水平的不同国家,由于文化传统、历史命运、基本国情不同,其现代化的路径选择、目标设计也不会因为一般标准而变得千篇一律,而会表现出各具特色的国家特征。就此而论,中等发达国家的中国特征大致包括以下方面。

其一,从综合国力来看,中国将是块头大、实力强的中等发达国家。习近平在反思历史的经验教训时指出:"块头大不等于强,体重大不等于壮,虚胖不行。"①鸦片战争前,中国经济总量世界排位靠前,但缺少先进科技支撑,结果在西方的坚船利炮面前不堪一击。这说明,在国际竞争中,无论讲总量,还是比均量,关键还得看发展质量,关键是要靠科技力量。中国只有成功实现由资源驱动、投资驱动向创新驱动的发展转型,才能顺利实现中等发达国家的发展目标。以此为前提,同时综合考虑现行基础、发展速度、人口增长等方面的情况,到2050年前后,中国将有可能成为第二人口大国,人均国民生产总值有望跻身世界前五十位,国民生产总值有望成为世界第一。由于具有较强的科技创新能力以及较高的均量水平,如果能发挥块头大的规模优势,中国将变为最大的中等发达国家,重归世界强国行列。

其二,从制度属性来看,中国将是社会主义的中等发达国家。一些发展中国家在第二次世界大战后移植西方模式导致"不发达"的深刻教训、中国特色社会主义的艰辛探索共同说明:照搬西方模式是行不通的,现代化绝不应只有一种模式。对于中国而言,邓小平指出:"如果我们不坚持社会主义,最终发展起来也不过成为一个附庸国,而且就连想要发展起来也不容易"②。强调我们搞的现代化不是西方的现代化,是"中国式的现代化"。如果"不讲社会主义","这就忘记了事物的本质,也就离开了中国的发展道路"③。中国终将以社会主义现代化的伟大成就,打破所谓"现代化就是西方化、就是资本主义化"的认知定式。

其三,从总体布局来看,中国将是各项事业协调发展的中等发达国家。为了避免和克服畸重畸轻、顾此失彼的现象,中国的现代化建设历来强调各项事

---

① 中共中央文献研究室:《习近平关于科技创新论述摘编》,中央文献出版社2016年版,第26页。
② 《邓小平文选》第3卷,人民出版社1993年版,第311页。
③ 《邓小平文选》第3卷,人民出版社1993年版,第204页。

业协调发展。从"四化"到"新四化",再到完善和发展中国特色社会主义制度、推进国家治理体系和治理能力现代化的全面深化改革总目标;从"两个文明",到三位一体、四位一体,再到五位一体的总布局,可以说,中国现代化建设的任务每调整一次,中国特色社会主义事业的总布局就拓展一步。经济建设、政治建设、文化建设、社会建设和生态建设,既不可分割又各有自己的特定领域和特殊规律,是一个有机统一的整体。

其四,从人民福祉来看,中国将是由人民共享现代化成果的中等发达国家。邓小平认为,中国的中等发达水平的人均国民生产总值,具有与西方国家不同的意义,因为它们存在严重的两极分化,而中国实行按劳分配。近期一些欧美国家受困于金融危机、债务危机,频发社会骚乱,究其原因,与其贫富两极分化不无关系。正所谓"发展起来以后的问题不比不发展时少"。这要求我们在接近和成为中等发达国家的过程中,既要做大蛋糕,更要分好蛋糕,真正做到"发展为了人民,依靠人民,发展成果由人民共享"。推进户籍制度改革、社会养老改革、收入倍增计划等项举措,把握促进社会公平正义、增进人民福祉的改革要求,切实提高人民群众的幸福指数,是实现中等发达国家目标的必由之路。

其五,从国际担当来看,中国将是以和平发展实现现代化的中等发达国家。世界现代化的历史表明,西方发达国家的现代化往往伴随着和依赖于海外殖民掠夺,是以牺牲他国利益为代价完成的。中华民族历来推崇"己所不欲,勿施于人"的相处之道,深谙"国虽大,好战必亡"的生存逻辑。作为现代化的后来者,中国始终反对"照搬发达国家现代化模式",决不走"国强必霸"的老路。习近平指出:"中国走和平发展道路,不是权宜之计,更不是外交辞令,而是从历史、现实、未来的客观判断中得出的结论,是思想自信和实践自觉的有机统一。"[①]中国梦追求的是共同发展,"我们既要让自己过得好,也要让别人过得好"[②]。习近平在互联互通伙伴关系对话会上宣布,中国将出资400

① 习近平:《在德国科尔伯基金会的演讲》,《人民日报》2014年3月30日。
② 习近平:《弘扬丝路精神,深化中阿合作——在中阿合作论坛第六届部长级会议开幕式上的讲话》,《光明日报》2014年6月5日。

亿美元成立丝路基金,这体现了发展中的中国正在践行推进共同发展的承诺。毫无疑问,在达到中等发达国家的水平以后,中国将有能力为人类文明进步作出更大的贡献。

(三)社会主义现代化目标的生动描画

实现中华民族伟大复兴中国梦,是现阶段我国各族人民的共同理想。这一共同理想,不仅集中体现了人民的利益和愿望,而且涵盖了社会主义现代化建设的基本目标。

1. 富强:中华民族梦寐以求的美好凤愿

富强,词意指富足而强盛,即财富充裕,力量强大。我们今天追求的富强,以综合国力的强大为基础,以全体人民的共同富裕为特征。具体讲就是要在21世纪中叶,即新中国成立100周年之际,实现人均国民生产总值达到中等发达国家水平,在一部分人先富起来的基础上逐步实现共同富裕,基本实现现代化。

(1)富强的第一要义是大力发展生产力

贫穷就要挨饿,落后就要挨打。近代中国正是积贫积弱,才遭到外敌入侵,列强欺凌。新中国成立后,蒋介石留给我们的就是一个一穷二白、千疮百孔的烂摊子,工业几乎等于零,粮食不够吃,通货恶性膨胀,经济十分混乱。一位西方记者曾武断地说:"这个国家太大了,又穷又乱,不会被一个集团统治太久,不管他是天使、猴子,还是共产党人。"①中国共产党人要打破这种断言,首先要做的就是大力发展生产力,提高综合国力。1987年4月26日,邓小平在接见外宾时再次指出:"搞社会主义,一定要使生产力发达,贫穷不是社会主义。我们坚持社会主义,要建设对资本主义具有优越性的社会主义,首先必须摆脱贫穷。现在虽说我们也在搞社会主义,但事实上不够格。只有到了下世纪中叶,达到了中等发达国家的水平,才能说真的搞了社会主义,才能理直气壮地说社会主义优于资本主义。"②同年召开的党的十三大确立了三步走的

---

① 转引自《六个"为什么"连载之二:中华民族伟大复兴的必由之路》,载人民网2009年6月3日。
② 《邓小平文选》第3卷,人民出版社1993年版,第225页。

总体战略部署。党的十九大提出,从 2020 年到 2035 年,在全面建成小康社会的基础上,再奋斗十五年,基本实现社会主义现代化。从 2035 年到本世纪中叶,在基本实现现代化的基础上,再奋斗十五年,把我国建成富强民主文明和谐美丽的社会主义现代化强国。

（2）富强的最终目标是共同富裕

"富强"特别是其中蕴含的"富裕"这一目标的内涵随着经济的发展不断变化。改革之初在提出"致富光荣""让一部分人先富起来"的口号的时候,主要是指"富足",即生活水平的提高,意味着让老百姓都过上温饱和小康的生活。随着经济的快速发展,城乡之间、地区之间、不同群体之间的收入差距拉大,"富强"这一价值目标的内涵就变得复杂,既包括"国富"与"国强"、"国富"与"民富"之间的关系问题,也包括不同群体的贫富差距及其共同富裕问题,两极分化绝不是社会主义。1986 年 9 月 2 日,邓小平在接受美国哥伦比亚广播公司"六十分钟"节目记者迈克·华莱士的电视采访时,华莱士曾不解地问他:"现在中国领导提出致富光荣的口号,资本主义国家很多人对此感到意外,这个口号同共产主义有什么关系?"[1]邓小平简洁而明确地回答:"致富不是罪过。但我们讲的致富不是你们讲的致富。社会主义财富属于人民,社会主义的致富是全民共同致富。社会主义的原则,第一是发展生产,第二是共同致富。"[2]这段话就非常深刻地反映了邓小平的社会价值观,也非常深刻地揭示了中国特色社会主义的价值内涵。邓小平反复强调:"社会主义与资本主义不同的特点就是共同富裕,不搞两极分化。""社会主义不是少数人富起来、大多数人穷,不是那个样子。社会主义最大的优越性就是共同富裕,这是体现社会主义本质的一个东西。"[3]

共同富裕是中国特色社会主义的根本原则,是共产党人的奋斗目标。2012 年 11 月 15 日,刚刚当选中共中央总书记的习近平在人民大会堂同采访十八大的中外记者见面时,强调:"人民对美好生活的向往,就是我们的奋斗

---

① 《邓小平文选》第 3 卷,人民出版社 1993 年版,第 171 页。
② 《邓小平文选》第 3 卷,人民出版社 1993 年版,第 172 页。
③ 《邓小平文选》第 3 卷,人民出版社 1993 年版,第 364 页。

目标。人世间的一切幸福都需要靠辛勤的劳动来创造。我们的责任,就是要团结带领全党全国各族人民,继续解放思想,坚持改革开放,不断解放和发展社会生产力,努力解决群众的生产生活困难,坚定不移走共同富裕的道路。"①

(3)富强的重心是民富优先发展

对于民富与国强的关系,思想家郑观应曾说:"非富无以保邦,非强无以保富"。根深方能叶茂。没有"国强","民富"将失去根基;而没有"民富","国强"也将徒有虚名。城乡居民收入稳定增长,生活质量显著提高,就业状况全面改善,社会保障体系日趋完善……这才是国家真正强大的表现。《管子》之《治国》篇曰:"凡治国之道,必先富民,民富则易治也,民贫则难治也。"实现"民富"有利于带来民众消费能力的提升,有利于社会变得更加和谐,有利于创造社会发展的动力与活力。

从国富发展优先转向民富发展优先,是解决内生增长动力与社会公平的重要途径。党的十七届五中全会提出,要着力保障和改善民生,努力实现居民收入增长和经济发展同步、劳动报酬增长和劳动生产率提高同步,并将"保障和改善民生"作为"十二五"期间的主要发展目标和举措,显示中国政府的执政理念,正由"国强民富"向"民富国强"转变。实现这一转变,就要舍弃"唯GDP 论"的片面政绩观,树立以人为本的全面政绩观,努力实现让老百姓的口袋"鼓起来",让老百姓的精神"富起来",让老百姓过上有尊严的幸福生活。习近平反复强调,"小康不小康,关键看老乡"。全面建成小康社会,最艰巨最繁重的任务在农村,没有农村的小康,特别是没有贫困地区的小康,就没有全面建成小康社会。其实,这些论述同样论述了民富优先的道理。

(4)富强需要做大蛋糕也需要分好蛋糕

实现富强目标,不仅要解决好利益增长问题,还要解决好利益分配问题。有学者指出:"从长远的角度来看,要有两个原则结合在一起,才标志着社会进步与和谐。一个原则是追求财富增长的最大化,即把蛋糕做大;一个原则是追求分配的公平化,即把蛋糕分好。只有实现财富增长的最大化和分配的公

---

① 《人民对美好生活的向往就是我们的奋斗目标》,《人民日报》2012 年 11 月 16 日。

平化相统一,才能推进社会进步与和谐,两者结合是衡量社会进步与和谐的基本标准。蛋糕做大是前提,蛋糕分好是基础,这是一件事情的两个方面,缺一不可。"①社会主义制度的优越性表现在两方面:一是快速发展社会生产力;二是发展成果惠及广大人民,走共同富裕道路。快速发展社会生产力,就是要致力于尽快把蛋糕做大。蛋糕做得越大,人们分得的蛋糕才能越大。让广大人民共享发展成果,就是要在做大蛋糕的同时分好蛋糕,实现社会公平正义。蛋糕分得公平合理,可以调动劳动者和要素所有者的积极性、主动性、创造性,促进经济发展,把蛋糕做得更大更好。

目前,我国一方面已具备把蛋糕分好的物质基础,即经过新中国成立以来特别是改革开放以来的不断发展,我国社会生产力水平明显提高,综合国力显著增强,人民生活总体上实现了由温饱到小康的历史性跨越,我们已经具备了较为坚实的物质基础,可以为缩小社会差距、促进社会公平、完善社会保障、发展社会事业、加强社会建设和管理等提供更充分的物质保证。

另一方面,在经济高速发展的进程中,蛋糕分好的问题又更加突出,城乡发展不平衡、地区发展不平衡、经济社会发展不平衡的矛盾更加突出,缩小发展差距和促进经济社会协调发展任务艰巨。对此,党的十八大报告做出科学决策:初次分配和再分配都要兼顾效率和公平,再分配更加注重公平,并提出了比以前更为具体更为详细的措施。中国特色社会主义是全体人民共同为之奋斗的事业,也是为全体人民造福的事业。只有在做大"蛋糕"的同时分好"蛋糕",让全体人民共享改革发展成果,才能切实维护公平正义、促进社会和谐。

2. 民主:社会主义民主政治的本质展现

民主不是资产阶级的特权,社会主义国家更讲民主。列宁早在十月革命前就指出:"胜利了的社会主义如果不实行充分的民主,就不能保持它所取得的胜利,并且引导人类走向国家的消亡。"②我们今天所说的民主和古代"民贵

①　王伟光:《在效率优先兼顾公平前提下构建和谐社会》,《理论参考》2006年第3期。
②　《列宁选集》第2卷,人民出版社2012年版,第782页。

君轻"的朴素的民本思想不同,古代的"民"是封建宗法统治下的"子民",是由封建统治者为民做主、替民做主;我们所说的"民"是享有宪法赋予的平等权利与义务的公民,是由人民自己当家作主。我们是真正的以民为根本,以民为主体,以民为依靠,为人民服务,用法制来保障人民当家作主的基本权利。

(1)人民民主是社会主义的生命

"民主"一词最基本的涵义是"人民的权利","人民的统治"。在《共产党宣言》中,马克思、恩格斯明确指出:"工人革命的第一步就是使无产阶级上升为统治阶级,争得民主。"①在这里,马克思、恩格斯强调的民主是一种"新型的民主",是维护人民利益、实现人民统治地位的民主,是实质上的民主而非形式上的民主。民主在中国实践的出发点就是人民,即人民当家作主,具体包括两个方面:一是作为整体存在的人民掌握国家权力,"中华人民共和国的一切权力属于人民",人民决定国家事务;二是作为人民一员的个体拥有自由权利,在国家领域中实现全面发展。前者解决国家权力的归属,后者保证公民权利的实现。毛泽东在回答黄炎培的"如何跳出历史周期率"之问时,明确回答要实行人民民主。

(2)人民民主的根本是坚持党的领导、人民当家作主、依法治国的有机统一

"三个统一"是发展人民民主必须遵循的基本方针,中国共产党的领导是实现人民民主的根本保证。在中国这样一个人口众多、经济文化发展很不平衡的大国,人民利益具有广泛性、多样性和复杂性的特点。离开了中国共产党的领导,就不可能把全国人民的力量和意志凝聚起来,发展人民民主也就无从谈起。

党的十八大报告强调要"坚持党总揽全局、协调各方的领导核心作用,保持党的先进性和纯洁性,增强党的创造力、凝聚力、战斗力,提高党科学执政、民主执政、依法执政水平"。人民当家作主是人民民主的本质和核心。人民当家作主,就是全体人民通过各种途径和方式,管理国家事务、社会事务,管理

---

① 《马克思恩格斯选集》第 1 卷,人民出版社 2012 年版,第 421 页。

经济和文化事业,享有管理国家的权力。人民当家作主保证了国家各项事业发展符合人民的利益和意愿,离开人民当家作主,不受人民监督,党的领导和法治就会脱离正确方向,甚至变成极权与独裁。

全面推进依法治国是实现人民民主的有效途径。依法治国的过程,实际上就是在党的领导下,维护人民主人翁地位,保证人民实现当家作主的过程。离开依法治国,就不能正确地实行党的领导,就不能从制度上保障人民当家作主的地位,就不能保证国家各项工作都有序进行。党的十八大报告强调,要"更加注重发挥法治在国家治理和社会管理中的重要作用,维护国家法制统一、尊严、权威,保证人民依法享有广泛权利和自由"。全面推进依法治国,需要推进科学立法、严格执法、公正司法、全民守法,坚持法律面前人人平等,保证有法必依、执法必严、违法必究。

(3)人民民主的内在要求是实现公民有序的政治参与

公民的政治参与是指公民依法通过一定的程序和方式参加政治活动,直接或间接地影响政治决策的行为。有序的政治参与强调遵守法律和秩序。十八大报告明确指出,要"加快推进社会主义民主政治制度化、规范化、程序化,从各层次各领域扩大公民有序政治参与,实现国家各项工作法治化"。"更加注重健全民主制度、丰富民主形式,保证人民依法实行民主选举、民主决策、民主管理、民主监督"。

如何实现公民的有效的政治参与?

首先,要遵循"有序""合法"的原则。所谓"有序"是指公民表达政治愿望和要求时,应通过正常的渠道和途径进行。"无序"地混乱参与,只会严重破坏社会安定及人民生活的稳定。所谓"合法"是指公民参与国家的政治生活必须在宪法和法律允许的范围内进行。

其次,要树立公民的民主参与意识。树立民主参与意识是珍惜民主参与权利的基础,也是培养现代公民意识的应有之义。

再次,要提高公民的民主参与能力。一方面,要认真学习科学文化知识及党的路线、方针、政策,为民主参与打下理论基础;另一方面,要积极关注国内外政治事件,提高公民的政治辨别力、政治敏感性和政治热情。

最后,要加强社会自治。随着民主权利意识的普遍增长,人民的自我管理意识也在提高,这需要进一步完善基层民主自治。党的十八大报告指出:"要健全基层党组织领导的充满活力的基层群众自治机制,以扩大有序参与、推进信息公开、加强议事协商、强化权力监督为重点,拓宽范围和途径,丰富内容和形式,保障人民享有更多更切实的民主权利。"社会基层组织中的自主管理意识与自我管理行为可有效降低社会运行成本,实现社会管理的多元化、民主化,保障公民有序的政治参与。

(4)人民民主必须靠制度来保证

民主不仅是一种观念形态,也是一种制度形态。民主总是以制度化的形态体现和保障人民实际享有的权利。列宁所说的"民主是一种国家形式,一种国家形态"就特指"民主"是一种与"专制"相对的国家制度和政权组织形式。实现民主价值最终要靠制度和体制来体现。邓小平反复强调:"我们过去发生的各种错误,固然与某些领导人的思想、作风有关,但是组织制度、工作制度方面的问题更重要。这些方面的制度好可以使坏人无法任意横行,制度不好可以使好人无法充分做好事,甚至会走向反面。"①

(5)人民民主必须通过全面深化政治体制改革来发展

改革开放以来,我国积极稳妥地推进政治体制改革,不断完善党和国家领导制度,有力地推进了人民民主的发展。李君如教授认为,中国在建设和发展政治文明的过程中出现了三大值得重视的走势:公民有序的政治参与,民主的制度化、法律化,是中国民主政治发展的第一大走势;通过党内民主来带动人民民主,是中国民主政治发展的第二大走势;中国共产党在宪法和法律的范围内活动,坚持依法治国、依宪治国,是中国民主政治发展的第三大走势。这三大走势的指向很明确,最终将在中国建立一个坚持中国共产党的领导、人民当家作主和依法治国有机统一的社会主义民主政治体制。这种具有中国特色的民主政治发展路径获得了国内外较高评价和声誉。

但是,与我国经济社会发展的新形势相比,与人民政治参与积极性不断

① 《邓小平文选》第2卷,人民出版社1994年版,第333页。

提高的新情况相比,我国的民主政治才刚刚起步,政治体制还存在一些不相适应的地方。如何深化政治体制改革,从根本上保证人民当家作主,是我们党面临的一项战略任务。党的十八大报告指出:"政治体制改革是我国全面改革的重要组成部分。必须继续积极稳妥推进政治体制改革,发展更加广泛、更加充分、更加健全的人民民主。必须坚持党的领导、人民当家作主、依法治国有机统一,以保证人民当家作主为根本,以增强党和国家活力、调动人民积极性为目标,扩大社会主义民主,加快建设社会主义法治国家,发展社会主义政治文明。"这就为政治体制改革指明了方向。中国共产党和中国人民应在十八大报告这一政治纲领的指引下,进一步深化政治体制改革,既积极又稳妥,既坚定不移又循序渐进,通过努力逐步创造出既顺应时代发展的进步潮流又具有鲜明中国特色,真正给中国人民带来安定和幸福的民主政治体制。

　　3. 文明:中国特色社会主义的重要特征

　　文明是人类发展进步的永恒主题,是中华民族和中国共产党人的不懈追求。早在 1940 年 1 月,毛泽东在《新民主主义论》中就提出:"我们不但要把一个政治上受压迫、经济上受剥削的中国,变为一个政治上自由和经济上繁荣的中国,而且要把一个被旧文化统治因而愚昧落后的中国,变为一个被新文化统治因而文明先进的中国。一句话,我们要建立一个新中国。建立中华民族的新文化,这就是我们在文化领域中的目的。"①文化建设是中国特色社会主义事业总体布局的重要组成部分。

　　(1)文明是社会主义制度的客观要求

　　经济制度是基础,政治制度是保证,意识形态是精神支柱。这三个方面相互制约、相互促进、缺一不可。早在 1979 年 10 月,邓小平就提出了中国现代化建设的纲领性要求,指出"我们要在建设高度物质文明的同时,提高全民族的科学文化水平,发展高尚的丰富多彩的文化生活,建设高度的社会主义精神

---

① 《毛泽东选集》第 2 卷,人民出版社 1991 年版,第 663 页。

文明"①。十二届六中全会决议进一步指出:中国社会主义现代化建设的总体布局是经济体制改革、政治体制改革、精神文明建设互相配合,互相促进。到了十四届六中全会,社会主义精神文明被提到从未有过的高度,强调指出它是社会主义社会的重要特征,是现代化建设的重要目标和重要保证。进而指出在把物质文明建设搞得更好的同时,切实把精神文明建设提到更加突出的地位。邓小平说:"经济建设这一手我们搞得相当有成绩,形势喜人,这是我们国家的成功。但风气如果坏下去,经济搞成功又有什么意义?"②物质文明的发展,绝不能以牺牲精神文明为代价。

(2)文明的落脚点是促进人的自由而全面发展

精神文明建设的根本目的是为了满足人民群众日益增长的精神文化需要,培育有理想、有道德、有文化、有纪律的社会主义公民,促进人的自由而全面发展。贫穷落后不是社会主义,同样,人的畸形片面发展也不是真正的社会主义。社会主义所追求的共同富裕的价值目标,不仅包含物质财富的共同富裕,也包括全体人民在精神财富上的共同享有和自身全面发展方面的共同提高。马克思主义一向认为,人类社会的历史就是一部通过人类自身的实践活动不断推动社会发展和人自身发展的历史。发展的内容归根结底是在生产力发展基础上的人和社会的全面进步。社会发展的最终成果是人类获得彻底的解放,创造出具有全面素质和真正自由自觉的人。正如马克思和恩格斯在《共产党宣言》中所说的那样:"代替那存在着阶级和阶级对立的资产阶级旧社会的,将是这样一个联合体,在那里,每个人的自由发展是一切人的自由发展的条件。"③

习近平在党的十八届一中全会上的讲话中强调指出:"我们党领导人民全面建设小康社会、进行改革开放和社会主义现代化建设的根本目的,就是要通过发展社会生产力,不断提高人民物质文化生活水平,促进人的全面发展。检验我们一切工作的成效,最终都要看人民是否真正得到了实惠,人民生活是

---

① 《邓小平文选》第2卷,人民出版社1994年版,第208页。
② 《邓小平文选》第3卷,人民出版社1993年版,第154页。
③ 《马克思恩格斯选集》第4卷,人民出版社2012年版,第647页。

否真正得到了改善,这是坚持立党为公、执政为民的本质要求,是党和人民事业不断发展的重要保证。"①所以,人的全面发展是社会主义的应有之义,是区别于资本主义的本质内容之一。只有当社会物质生产力的发展和人自身的全面发展相协调时,才是真正符合社会主义的。社会主义优于资本主义,不仅体现在创造更高的劳动生产率,而且体现在更好地促进人的全面发展上,这也是社会主义精神文明建设的目标和制高点。

（3）文明的实现依赖于中国特色社会主义文化的大发展大繁荣

文化是文明的基础,文明是文化的升华。党的十八大报告强调,"我们一定要坚持社会主义先进文化前进方向,树立高度的文化自觉和文化自信,向着建设社会主义文化强国宏伟目标阔步前进"。"建设社会主义文化强国,必须走中国特色社会主义文化发展道路,坚持为人民服务、为社会主义服务的方向,坚持百花齐放、百家争鸣的方针,坚持贴近实际、贴近生活、贴近群众的原则,推动社会主义精神文明和物质文明全面发展,建设面向现代化、面向世界、面向未来的,民族的科学的大众的社会主义文化。"②

要实现这一宏伟目标,必须坚持如下遵循:

首先,在主体上,必须依赖于广大人民群众主人翁精神的发挥。人民群众是社会主义精神文明建设的直接参与者和推动者,也是社会主义精神文明建设的直接受益者。发展社会主义文化,必须始终既坚持以人民为中心的创作导向,提高文化产品质量,为人民提供更好更多精神食粮;又要经常开展群众性文化活动,引导群众在文化建设中自我表现、自我教育、自我服务。

其次,在内容上,必须加强社会主义核心价值体系建设,全面提高公民的道德素质。社会主义核心价值体系是兴国之魂,决定着中国特色社会主义发展方向。党的十八大报告提出倡导富强、民主、文明、和谐,倡导自由、平等、公正、法治,倡导爱国、敬业、诚信、友善,积极培育社会主义核心价值观。坚持依法治国和以德治国相结合,加强社会公德、职业道德、家庭美德、个人品德教

---

① 习近平:《全面贯彻落实党的十八大精神要突出抓好六个方面工作》,《求是》2013年第1期。
② 《胡锦涛文选》第3卷,人民出版社2016年版,第637页。

育,弘扬中华传统美德,弘扬时代新风。加强和改进思想政治工作,注重人文关怀和心理疏导,培育自尊自信、理性平和、积极向上的社会心态。

再次,在体制上,必须深化文化体制改革,增强文化整体实力和竞争力。文化实力和竞争力是国家富强、民族振兴的重要标志。必须坚持把社会效益放在首位、社会效益和经济效益相统一的原则,发展哲学社会科学、新闻出版、广播影视、文学艺术事业。加强重大公共文化工程和文化项目建设,完善公共文化服务体系,提高服务效能。促进文化和科技融合,发展新型文化业态,提高文化产业规模化、集约化、专业化水平。构建和发展现代传播体系,提高传播能力,增强国有公益性文化单位活力,完善经营性文化单位法人治理结构,繁荣文化市场。扩大文化领域对外开放,积极吸收借鉴国外优秀文化成果,等等,以推动文化事业全面繁荣、文化产业快速发展。

4. 和谐:中国特色社会主义的本质属性

(1)和谐:社会主义社会的本质规定

社会和谐是社会主义与资本主义的本质区别。社会主义者在批判资本主义、预见社会主义时,始终把社会是否和谐作为两个社会形态之间的本质区别,认为社会和谐是社会主义的根本特征。如空想社会主义者从伦理道德的角度,尖锐地批判了资本主义私有制条件下,由于各种自私自利的行为而引起的诸多不和谐问题,明确提出了"和谐社会"这一概念。1824年,英国空想社会主义者欧文在美国印第安纳州进行的"共产主义试验",是以"新和谐"命名的。1842年,德国空想社会主义者魏特林在《和谐与自由的保证》一书中,指出新社会的"和谐"是"全体和谐",即在消灭私有制的基础上,消除人所受到的各种奴役以及人与人之间的不平等,实现社会的和谐。

马克思、恩格斯在对空想社会主义进行批判的过程中,对其提倡"社会和谐"给予了充分肯定,认为这是"关于未来社会的积极的主张"。他们根据唯物史观,把社会和谐由空想变成了科学,指出未来社会将在打破旧的国家机器、消灭私有制的基础上。马克思主义经典作家关于未来社会的科学设想,指明了实现社会和谐的根本途径;不仅揭示了实现社会和谐的根本动力,而且指明了实现社会和谐的根本标志。这实际上就是以社会和谐为基本"内核",对社会主义社会作了总体性的本质规定。

长期以来,我们党在领导人民建设社会主义的历史进程中,一直没有停止对社会主义社会的本质规定性的思考和探索,而这种思考和探索又始终是以致力于实现社会和谐为基本线索的。新中国成立不久,毛泽东曾明确提出要正确处理人民内部矛盾,充分调动建设社会主义的积极因素,最大限度地化消极因素为积极因素,认为这是社会主义社会必须牢牢把握的政治生活主题。改革开放新时期,邓小平创造性地提出了社会主义本质论,从根本上把实现社会和谐纳入了社会主义本质的范畴。江泽民在 2001 年的"七一"重要讲话中,结合新的实践明确提出,在经济、政治、文化全面发展的基础上,不断促进和推动人的全面发展,"是马克思主义关于建设社会主义新社会的本质要求"。这为我们党从社会主义本质的层面思考社会和谐问题进一步打开了理论视野。十六大以后,以胡锦涛为总书记的党中央以马克思列宁主义、毛泽东思想、邓小平理论和"三个代表"重要思想为指导,按照科学发展观的要求,提出构建社会主义和谐社会的战略任务,并做出"社会和谐是中国特色社会主义的本质属性,是国家富强、民族振兴、人民幸福的重要保证"的重大判断,在继承前人的基础上做出了新的理论创造。

(2)和谐的物质前提:人与自然的和谐

人类与自然界的关系,不应是征服与被征服的关系,也不应是纯消费与被消费的关系,而是休戚相关、生死与共、互利共生、和谐共存的有机整体。自然界的勃勃生机有利于人类的发展,自然界的凋零衰败也必然会造成人的生存困难。人类应该充分认识到自然生态环境的好坏对社会的和谐与可持续发展的影响,学会预见人类行为的长远的自然影响和社会影响,并根据这种预见去支配和调节自身的行为。面对目前的资源约束趋紧、环境污染严重、生态系统退化的严峻形势,必须树立尊重自然、顺应自然、保护自然的生态文明理念,把生态文明建设放在突出地位,融入经济建设、政治建设、文化建设、社会建设各方面和全过程中;坚持节约资源和保护环境的基本国策,坚持节约优先、保护优先、自然恢复为主的方针,着力推进绿色发展、循环发展、低碳发展;促进生产空间集约高效、生活空间宜居适度、生态空间山清水秀,给自然留下更多修复空间,给农业留下更多良田,给子孙后代留下天蓝、地绿、水净的美好家园,最终建设一个美丽中国,实现中华民族永续发展。

（3）和谐的价值归依:人与社会的和谐

马克思主义唯物史观认为,人类社会的主体是人,社会是由人组成的。社会是由个人联系而成的有机体,人与自己的社会是统一的,人们的社会历史始终只是他们的个体发展的历史。在人与社会发展关系当中,社会发展以人的发展为先决条件和价值依归,人的发展又以社会发展为基础和必要条件。人化社会和社会化人是相辅相成的互动过程,这种双向互动不仅使人性具有了真实的、完整的意义,而且使社会发展具有了方向和目标。

我们党在积极推进改革开放、社会主义现代化建设的过程中,始终把社会主义发展的本质和人的全面发展统一起来。推进人的全面发展,同推进经济、文化的发展和改善人民物质文化生活,是互为前提和基础的。物质文化条件越充分,就越能推进人的全面发展。实现社会和谐,必须坚持以人为本,始终把最广大人民的根本利益作为党和国家工作的根本出发点和落脚点;尊重人民首创精神,保障人民各项权益;必须通过深化改革、创新体制,调动一切积极因素,激发全社会的创造活力。

（4）和谐的核心要素:人与人的和谐

我们建设社会主义和谐社会,实现人与社会、人与自然等关系的和谐,最为重要的,也是首要的应该是实现人与人的和谐。在社会当中人追求个人利益不是道德上的诫命,而是一个科学事实。然而,由于自然资源的有限性、个体能力的差异性或表达意见的分歧性,人们在争取利益或处理人际关系时常常陷入矛盾性选择中。如果人们在追求各自利益的过程中,把同类意识(即属于“共同的人类”的意识)抛却在一边,心中所具有的只是自我的利益,只有由财富或权势的崇拜而带来的同类分化,尤其是处于强势地位的社会成员以势挟贵,对他人的生存境遇漠然视之,那么就自然会引发社会矛盾和社会冲突。双方间的冲突若越演越烈,势必影响人际关系功能的正常发挥,集体凝聚力的有机形成和社会的安定团结,使政治经济法律道德秩序陷入一片混乱中。构建社会主义和谐社会,实现人与人之间的和谐共处,就需要在全社会形成知

174

荣辱、讲正气、作奉献、促和谐的良好风尚,形成男女平等、尊老爱幼、扶贫济困、礼让宽容的人际关系。

(5)和谐的人本基础:人自身的内心和谐

比之于构建社会生活的和谐秩序或状态,人们精神——心灵秩序的建构,要显得更为复杂,更为深刻,更为根本,更为迫切。近年来,"幸福指数"一度成为人们讨论的热门话题。人们的物质生活大大丰富了,但不少人却感觉不如以前幸福了,以至于有人说:生活压力越来越大,心理空间越来越小,人际关系处理不好,生活到处是烦恼。为什么会这样?原因可能多种多样,但其中最重要的一点是缺少精神的滋养和文化的浸润。幸福的生活,不仅需要充裕的物质条件,也离不开健康和谐的精神家园。

思想决定行动,和谐始于内心,人对自我的认知以及自我身心和谐是社会和谐的基本条件。只有具有健全的人格,高尚的情操,执着的追求,和谐的心灵,才会感知和创造幸福。有位作家曾经说过:"唯有内心真正达到和谐,才有静心,也有深情;才有相守,又有自由。内心和谐如乐音飞翔于空中,是没有边界的。"①所以内心和谐始终是构建和谐社会的逻辑起点与人本基础。

5. 美丽:实现永续发展的根本要求

"美丽中国"理念具有深厚的理论基础,是对马克思主义生态思想的继承和发展以及对西方哲学社会思想中的生态学术创新成果的及时吸纳。

(1)"美丽中国"的内涵实质

基于新时代中国特色社会主义建设的新形势,党的十八大强调要把生态文明建设放在突出地位,首次提出了建设"美丽中国"的执政理念;随后十八届五中全会,"美丽中国"被纳入"十三五"规划;十九大报告提出"为把我国建设成为富强民主文明和谐美丽的社会主义现代化强国而奋斗"。社会主义现代化奋斗目标从"富强民主文明和谐"进一步拓展为"富强民主文明和谐美丽"。今年上半年,习近平在出席全国生态环境保护大会时强调,"到本世纪中叶,建成'美丽中国'"。建成"美丽中国",需要科学地解释如下理

---

①　王晓河:《追求内心和谐》,《北京支部生活》2006 年第 11 期。

论问题,例如,何谓"美丽中国"?"美丽中国"的实质内涵是什么? 如何建成"美丽中国"?

"美丽中国"是围绕生态文明建设提出的一种蓝图。恰如庄子所言,"天地有大美而不言","美丽中国"是使人看到感到美好的诗性中国,"美丽中国"既是充满生机的美好国家形象的一种整体展现,也是不同领域中人、自然与社会之间既对立又统一的和谐之美。

具体而言,"美丽中国"的对象包括在中华大地上的人、自然和社会,因此,"美丽中国"内在地包含了自然之美、和谐之美、生活之美。首先,自然的生态文明是美丽中国的基本内涵和根本特征。"美丽中国"首先美在祖国的大好河山,要"让自然生态美景永驻人间,还自然以宁静、和谐、美丽",为此要正确处理人与自然的关系,要遵从"尊重自然、顺应自然、保护自然"的理念,树立正确生态文明理念,在经济建设活动中要保持和创造美好的自然环境。其次,和谐之美是"美丽中国"的核心要务和根本途径。"美丽中国"是生态文明理念融入经济建设、政治建设、文化建设和社会建设后的人、自然与社会之间相互助益而不是相互折损的和谐共生之美。再次,人民生活之美是"美丽中国"的出发点和落脚点。"美丽中国"是最普惠的民生福祉,是告别"要温饱"而走向"要环保"新时代的人民日益增长的优美生态环境需要,为此将生态文明建设与社会建设紧密结合起来,强调生态环境在社会建设中所具有的突出地位,把清新空气、清洁的水源、宜人的气候等生态环境作为公共产品,强调要增强生态产品的生产能力。

(2)建设"美丽中国"的任务

当代中国,环境问题已成为全面建成小康社会以及实现中华民族伟大复兴中国梦的最大短板,全面建成小康社会必须抓重点、补短板、强弱项,重腕治霾、打好蓝天保卫战,满足人民群众对美好环境的需要。2013年全国两会上习近平同志讲"干活和晒太阳"故事强调生态文明建设,引起了代表们的共鸣,老百姓如果连基本的生存生活条件都不能满足,那我们的一切建设怎么体现科学发展以人为本?"小康不小康,关键看老乡",其实小康不小康,还要看环境质量。

其一,着力解决影响生态环境不平衡不充分的突出环境问题。

"美丽中国"前提是要有自然之美,满足人民群众对于美好环境的需要,使人民与一个优美的自然生态环境和谐相处。建设美丽自然,像保护眼睛一样保护生态环境,像对待生命一样对待生态环境,坚持人与自然的和谐共生,坚持节约优先、保护优先、自然恢复为主的方针。当前,正如习近平在党的十九大报告明确提出着力解决突出环境问题,"要继续打好大气污染防治、水污染防治、土壤污染管控和修复'三大战役',努力完成既定的目标任务",这是中国共产党牢牢把握人民对美好生活的向往而作出的重大决策部署。

新时代着力解决突出的环境问题事关"两个一百年目标"的重大任务的实现,生态环境治理是全面建成小康社会的环境目标,也是"美丽的"现代化强国的必然要求;"环境就是民生,青山就是美丽,蓝天也是幸福";着力解决突出环境问题是推进绿色发展方式和生活方式改革的重要抓手。

党的十九大报告紧盯环境保护重点领域、关键问题和薄弱环节,提出加强大气、水、土壤等污染治理的重点任务和举措。治理大气、水、土壤污染是补齐生态短板的重要途径。为此,首先,实施大气污染防治行动,打赢蓝天保卫战;其次,系统推进水环境治理,加快水污染防治;再次,强化土壤污染管控和修复。要坚持全民共治、源头防治,着力解决人民群众反映强烈的突出环境问题。

其二,深度参与全球环境治理,树立和维护负责任大国形象。

生态文明的到来,见证了人类在人与自然关系上的真正觉醒,"人类只有一个地球,各国共处一个世界","人与自然是生命共同体",环境问题是世界上不同国家和民族共同关注的全球性的问题。中央在《关于加快推进生态文明建设的意见》指出,"要统筹国内国际两个大局,以全球视野加快推进生态文明建设,树立负责任大国形象;加强与世界各国在生态文明领域的对话交流和务实合作,促进全球生态安全。"

"美丽中国"理念和建设实践,以及在环境与发展领域的不懈努力和积极成效,拓展我国国际环境合作空间,为我国整体外交和国家发展战略创造更好条件。首先,"美丽中国"生态文明理念阐释人与自然和谐共生的交互关系,蕴涵着对于"尊重自然、顺应自然"的人文关怀,彰显了打造"人类生态命运共同体"的强烈愿望,极大促进了中国融入世界可持续发展主流,通过生态文明的文化和价值观提升中国在国际社会的价值和文化认同,助力文化"走出去"战略,提升国家文化软实力。其次,"美丽中国"建设实践有力回击了"中国环境威胁论"等抹黑、唱衰中国的国际舆论,树立并维护了我国在全球环境治理中的负责任大国的国际形象。

二、中国梦的多维意蕴

(一)比较视野下的多维透视

随着习近平在多个场合的阐释,"中国梦"已经成为国内与国际高度关注的热词,迅速掀起了一股探讨的热潮。随之也出现了一些需要重视和回应的不同见解。其中,国外有观点认为,中国梦是集体主义版的美国梦,抑或是欧洲梦最可能的亚洲版本。国内有观点将中国梦等同于"中山梦""中共梦",还有人认为它与个人无关。以上种种认识,使得我们有必要对"中国梦"进行一次全方位的考察,以达到开显中国梦总貌、进而凝聚共识的目的。科学、全面地把握中国梦的内涵,需要将其置于比较视野之下进行多维度透视。①

1. 中国梦:东与西

中国梦正在引起越来越多的国外学者的关注,并形成了一些不尽相同的理解。托马斯·弗里德曼在五年前指出,包括中国在内很多国家和地区都在复制美国生活,成为"美国梦"的副本。② 在中共十八大召开前夕,他再次提出担忧:"共产党新领导人会有一个有别于'美国梦'的'中国梦'吗?"③埃菲社报道称,"十年来激励了无数美国人的带有个人主义色彩的'美国梦',如今有

---

① 孙来斌、刘近:《比较视野下的"中国梦"多维透视》,《学校党建与思想教育》2013 年第 10 期。

② 〔美〕托马斯·弗里德曼:《世界又热又平又挤》,王伟沁等译,湖南科学技术出版社 2009 年版,第 40—71 页。

③ 〔美〕托马斯·弗里德曼:《中国需要自己的梦想》,《对外传播》2012 年第 12 期。

了东方的集体主义版本'中国梦'。"① 而杰里米·里夫金认为欧洲梦具有成为普世梦想的特质,并希望看到中国在"欧洲梦"成为世界主义梦想方面的贡献。② 在我们看来,国外学者的担忧与"厚望"是不会发生的,因为中国梦与美国梦、欧洲梦在追求目标、价值基础与世界意义等层面具有根本性的不同。

(1)追求目标不同

美国梦主要包括房子、汽车、高等教育、退休保障、医疗保险与休闲时间等六个方面。③ 而对许多新移民来说,美国梦则缩减为"3P(Ph. D.、P. R.、Property,即博士学位、永久性居住权和房产)"④。而在金融危机之后,近六成美国人难圆美国梦。"2009 年,美国《纽约时报》和 CBS 新闻所做的民意调查显示,在美国只有 44% 的受访者认为自己已实现了'美国梦',而余下者则认为'美国梦'遥不可及,20% 的人已放弃美梦成真的希望。"⑤

相比而言,"在许多方面,欧洲梦都是美国梦镜中的反像"⑥。美国梦追求经济增长、个人财富和独立自由,而欧洲梦更加关注可持续性、生活质量和社会关系。"美国梦效忠于工作伦理。欧洲梦更加协调于闲适和深度游戏。"⑦美国梦强调生活是为了工作,而欧洲梦则主张工作是为了生活。欧洲梦追求的是一种"生活方式",一种富有"生活质量"的生活,相当于一种普遍富裕、拥有社会安全且有"品位"的生活。⑧ 只不过,这种生活在美国梦中是个人奋斗的结果,而在欧洲梦中则意味着更多的政府责任。欧洲官员们常常被指责为对欧洲民众的需求漠不关心、不负责任,而他们是理应服务于后者的。正因如

---

① 《外媒:"中国梦"成新一届政府流行语》,来源新华网 http://news.cntv.cn/2013/03/20/ARTI1363737875308978. shtml.

② [美]杰里米·里夫金:《欧洲梦》,杨治宜译,重庆出版社 2006 年版,第 328 页。

③ 徐崇温:《"美国梦"变成了虚幻的神话——国际金融危机严重冲击了"美国梦"》,《红旗文稿》2012 年第 21 期。

④ 高鉴:《美国梦、洋同胞与"真美国"》,《美国研究》1996 年第 1 期。

⑤ 乔磊:《星条旗下美国梦:财富欲望人生》,暨南大学出版社 2010 年版,第 2 页。

⑥ [美]杰里米·里夫金:《欧洲梦》,杨治宜译,重庆出版社 2006 年版,第 4 页。

⑦ [美]杰里米·里夫金:《欧洲梦》,杨治宜译,重庆出版社 2006 年版,第 5 页。

⑧ 马静:《十字路口的国家路径选择:美国梦? 欧洲梦? 还是中国梦? ——专访中国社会科学院哲学研究所研究员赵汀阳》,《人民论坛》2011 年第 27 期。

此,个人责任问题是"美国的强项、欧洲的软肋"①。

总体来看,无论是美国梦,还是欧洲梦,在本质上都是一种个体的梦。很多时候,这种梦只是一种个体在美国、在欧洲的梦,个人对美好生活的追求占据最高位置,国家在他们那里只是实现个体梦想的手段和条件。而中国梦不仅仅停留"在中国",它有更高的层次,就是"为了中国"。中国梦如同单复同形的复合名词,它既指实现中华民族复兴的民族群体梦,也包含每个中国人的个体梦。中国人的个体梦并不排斥物质性追求,但是它始终与中华民族的复兴息息相关。也就是说,中国梦不仅具有美国梦与欧洲梦的现实感、未来感,更承载着一种历史感和使命感。

(2)价值基础不同

正如有学者指出,梦的底色是价值观,不同的价值观决定了梦的不同色彩。美国梦的形成正如美国一样,得益于一种移民文化。在一定意义上可以说,先有美国梦而后有美国人。美国梦"至少可以追溯到 1620 年 102 名英国清教徒乘'五月花'号木帆船登上美洲新大陆的十年之后,温思罗普关于清教徒对'山巅之城'即'希望之乡'的寻找的布道文。"②许多美国人至今仍把自己看作上帝的选民,而美国则是应许之地,自己将注定在美国创造伟业。③ 美国梦将个人价值与个人奋斗置于至高无上的地位。这往往使得在美国的现实社会中,"自力更生和独立自主会变成自私自利和无法无天,雄心抱负变成贪婪和一种不惜一切代价获取成功的狂热欲望"④。

"'个人'在美国社会比世界其他国家都更受推崇"⑤,因而个人主义在美国大行其道,并将个人贫穷与否首先视为个人自己的责任。而在欧洲则将这种责任更多地归结到社会和政府身上。欧洲梦对集体关注更多的是为了维护个体福利,强调集体对于个体生活质量不可推卸的责任。有观点认为,欧洲梦

---

① [美]杰里米·里夫金:《欧洲梦》,杨治宜译,重庆出版社 2006 年版,第 342 页。
② 徐崇温:《"美国梦"变成了虚幻的神话——国际金融危机严重冲击了"美国梦"》,《红旗文稿》2012 年第 21 期。
③ [美]杰里米·里夫金:《欧洲梦》,杨治宜译,重庆出版社 2006 年版,第 9 页。
④ [美]巴拉克·奥巴马:《无畏的希望:重申美国梦》,法律出版社 2008 年版,第 41—42 页。
⑤ [美]杰里米·里夫金:《欧洲梦》,杨治宜译,重庆出版社 2006 年版,第 105 页。

是亚洲极端集体主义与美国极端个人化之间最佳的平衡点①,最具普遍精神、全球意识。但是,移民文化与欧洲大陆文化呈现出的矛盾与冲突,则是对这种乐观看法最直接的否定。这再次证明欧洲梦是放大版的个人主义——地方主义,其实质是对内的集体主义,对外的个体主义。"如果说欧洲和美国都把个人的绝对性看作是至高无上的原则,那么欧洲更重视的是精神个人主义,而美国推崇的是物质个人主义。这一差异虽然还不足以形成在'政治现代性'方面的重大差别"②,但却反映出个人主义是两者共同的价值基础。

在社会主义中国,中国梦的价值基石是集体主义。中国梦从其产生开始,就是一个民族的梦、全体中国人的集体梦,所以它实现需要每个人的共同努力,但集体梦的实现并不意味着对个体梦的忽视甚至剥夺。改革开放以来,随着中国经济的跨越式发展,每个中国人的命运也发生了巨大变化。这在证明中国梦的优势与活力的同时,也表明中国梦和美国梦、欧洲梦在价值观上的区别。

(3)世界意义不同

在全球化的今天,每个国家和地区都在寻找并实现各自梦想的世界意义。在这个问题上,中国梦与美国梦、欧洲梦也存在着极大的不同。

具体来说,美国梦永远是以自己为轴心,其他国家和地区的梦想往往被其视为对美国梦的挑战和威胁,全世界都必须为美国梦服务。"美国梦试图'以世界供一国',从长期博弈来看,终究是不可行的,世界的不合作最终会破坏这种过于昂贵且损人利己的梦想模式。"因而,"从本质上说,美国梦不是一个为世界准备的梦,而是一个分裂世界的梦,一个为美国自己谋幸福的梦。"③

在一定程度上看,欧洲梦作为一个具有跨国性质的梦想,内在地潜藏着一种世界化的渴望。它追求可持续性和包容性,倡导普遍人权和自然权利,重塑全球意识,强调人类及其伙伴的不可分割性。这与包括中国在内的很多国家

---

① 　[美]杰里米·里夫金:《欧洲梦》,杨治宜译,重庆出版社2006年版,第328页。
② 　乐黛云:《美国梦·欧洲梦·中国梦》,罗选民等译,《社会科学》2007年第9期。
③ 　马静:《十字路口的国家路径选择:美国梦? 欧洲梦? 还是中国梦? ——专访中国社会科学院哲学研究所研究员赵汀阳》,《人民论坛》2011年第27期。

的发展理念都产生了某种契合。但是,一些西方人因此深深陷入欧洲梦的自我陶醉之中,无视其他国家和地区与欧洲的差异,一厢情愿地向世界其他国家推销欧洲梦,希望其他国家跟随其后。①

不难看出,美国梦与欧洲梦的"世界观"流露着鲜明的西方中心主义,持此梦者往往以世界的主人、人类的标杆自居,将梦想的世界意义狭隘地理解为能否普世化的问题。无论是美国梦的普世化,还是欧洲梦的普世化,最终无非是使世界美国梦化、欧洲梦化。在西方,这种寻求普遍适用的方法的热情很高②,但最终只能成为自我臆想。

我们认为,"正如一棵大树上没有完全一样的两片树叶一样,天下没有放之四海而皆准的经验"③。对于中国梦而言,"中国梦的普世化或者世界的中国梦化"从一开始就不是中国梦的"人生追求"。中国梦所承载的世界意义有两方面:一方面,实现中华民族伟大复兴的中国梦,意味着为人类文明与进步做出更大的贡献;另一方面,中国梦不仅属于中国,也属于全世界。"我们要实现的中国梦,不仅造福中国人民,而且造福各国人民。"④

可以说,尽管中国梦与美国梦、欧洲梦在某些方面存在着共通之处可供相互借鉴,但是在"人生观""价值观"和"世界观"方面存在着根本性的差别,使得中国梦不是——也绝不会是——美国梦的副本、欧洲梦的翻版。

2. 中国梦:今与昔

"三年以来,在人民解放战争和人民革命中牺牲的人民英雄永垂不朽!三十年以来,在人民解放战争和人民革命中牺牲的人民英雄们永垂不朽!由此上溯到一千八百四十年,从那时起,为了反对内外敌人,争取民族独立和人民自由幸福,在历次斗争中牺牲的人民英雄永垂不朽!"这段碑文始终告诉我们,"实现中华民族伟大复兴的中国梦,是近代以来中华民族的夙愿。1840年

---

① [美]杰里米·里夫金:《欧洲梦》,杨治宜译,重庆出版社2006年版,第323页。
② [印度]阿噶瓦拉:《中国的崛起:威胁还是机遇?》,陶治国等译,山西经济出版社2004年版,第146页。
③ 《习近平接受金砖国家媒体联合采访》,《人民日报》2013年3月20日。
④ 习近平:《顺应时代前进潮流　促进世界和平发展——莫斯科国际关系学院的演讲》,《人民日报》2013年3月24日。

鸦片战争以后,中华民族蒙受了百年的外族入侵和内部战争,中国人民遭遇了极大的灾难和痛苦,真正是苦难深重、命运多舛"①。中国梦的历史就是中华民族伟大复兴的历史。但是,一些学者从"民族复兴"的角度就"中国梦"的历史起点及其发展历程分别提出了两种比较典型的观点。一种观点认为,"孙中山领导的辛亥革命在中国近代历史上的功绩是不能抹杀的,它开启了中华民族伟大复兴的序幕"②。"孙中山所领导的资产阶级革命揭开了中华民族伟大复兴的序幕。"③另一种观点认为,"五四运动催生了中国共产党,是中国共产党带领中华民族走向复兴的,所以五四运动是近代中华民族走向复兴的起点"④。"中国共产党领导的抗日战争是中华民族伟大复兴的开端。"⑤在我们看来,孙中山与中国共产党在中华民族伟大复兴征程中所成就的历史功绩都是毋庸置疑的,但是,我们不能将中国梦简单地归结为"中山梦"或"中共梦",从而使一段60年到90年的近代历史成为中国梦的空白。邓小平在谈及中国近代屈辱历史曾说:"要懂得些中国历史,这是中国发展的一个精神动力。"⑥同样,懂得中国梦的历史,也是实现中国梦的一个精神动力。

从鸦片战争起,一方面,在客观上,中华民族开始走下坡路——一步步沦为列强欺凌掠夺的对象;另一方面,在主观上,中华民族走的是上坡路——开始萌生中国梦。历史赋予了中国梦以"恢复中华"与"振兴中华"两个基本任务。在这里,恢复中华,主要是实现民族独立,为实现中华民族伟大复兴创造前提。⑦ 具体来看,"恢复中华"大体可以划分为三个阶段。

第一阶段:从1840年鸦片战争到1895年中日甲午战争。鸦片战争之后,中国社会出现了分别由统治阶级与下层百姓发动的抵御西方侵略与扭转民族

---

① 《习近平接受金砖国家媒体联合采访》,《人民日报》2013年3月20日。
② 刘国荣、陶玉梅:《对中华民族伟大复兴历程的百年回望》,《科学社会主义》2011年第5期。
③ 苗光新:《中国共产党人的民族复兴目标、实践及启示》,《科学社会主义》2012年第5期。
④ 霍海丹:《五四运动是近代中华民族复兴的起点》,《中共党史研究》2009年第6期。
⑤ 代大民:《中国共产党领导的抗日战争是中华民族伟大复兴的开端》,《广播电视大学学报》2003年第2期。
⑥ 《邓小平文选》第3卷,人民出版社1993年版,第358页。
⑦ 《十六大以来重要文献选编》(上),中央文献出版社2005年版,第43页。

命运的抗争。作为地主阶级开明派的林则徐、魏源等首先"睁眼看世界"。面对西方进步与本朝腐朽的客观现实,林则徐提出"师敌之长技以制敌",魏源进一步提出"师夷长技以制夷"。"师夷制夷"的思路在洋务派的自强运动中得以实践。但是,由于固守"变器不变道","以中国之伦常名教为原本,辅以诸国富强之术",企图在封建制度的框架内,以器物革新,来达富国强兵、抵御侵略之目的,无异于空想。① 在这一阶段,下层民众因不堪压迫与剥削,发动了太平天国运动,尽管在经济上提出了若干令人鼓舞的主张,但在政治上仍然没有跳出封建皇权的逻辑,最后也归于失败。

第二阶段:从 1895 年中日甲午战争到 1919 年的五四运动。甲午一战,蕞尔小国日本大败"天朝上国",对中国社会产生了巨大震撼。资产阶级维新派觉悟到中国衰落的根源不在器物而在制度,主张效法日本,走资本主义君主立宪之路。尽管最终宣告失败,但它将改革对象直指政治制度,这一历史性突破直接影响了此后的民族振兴运动。1894 年 6 月,上书李鸿章被拒,7 月,中日甲午战争爆发,使孙中山等猛然醒悟,深感改良之路已不可行,唯有推翻腐朽政权,方可挽救民族危亡。同年 11 月,孙中山创立兴中会,取"振兴中华"之意。随后辛亥革命推翻了封建君主专制制度,并试图"取欧美之民主以为模范"建立资产阶级合众国,但是在世界资本主义体系下,这条路已被西方列强堵死了。中国半殖民地半封建的社会性质仍然没有改变,中华民族的命运仍然没有彻底扭转。

第三阶段:从 1919 年五四运动到 1949 年新中国成立。大体说来,中华民族伟大复兴的历史进程,在第一个阶段追求的是一种封建主义性质的复兴之路,在第二阶段选择的则是资本主义性质的复兴之路,而在第三阶段,中国人民经过比较与探索,最终选择了社会主义作为国家的发展方向和民族复兴的道路。在中国共产党的领导下,中国人民推翻了三座大山,建立了新中国,为中华民族伟大复兴奠定了根本政治前提。

"新中国成立后,我们党创造性地完成由新民主主义到社会主义的过渡,

---

① 朱育和:《民族复兴与中国共产党》,清华大学出版社 2004 年版,第 22 页。

实现中国历史上最伟大最深刻的社会变革,开始了在社会主义道路上实现中华民族伟大复兴的历史征程。十一届三中全会以来,我们党找到建设中国特色社会主义的正确道路,赋予民族复兴新的强大生机。中华民族的伟大复兴展现出灿烂的前景。"①"振兴中华"大体可划分为六个阶段。其中,第一阶段,从1949年新中国成立至1978年党的十一届三中全会,这一阶段是中华民族伟大复兴打基础的阶段;第二阶段,从1978年党的十一届三中全会到2002年党的十六大,这一阶段是处于建立小康社会的阶段;第三阶段,从2002年党的十六大到2012年党的十八大,这一阶段处于全面建设小康社会的阶段;第四阶段,从2012年党的十八大到2020年,这一阶段处于全面建成小康社会的阶段;第五阶段,从2020年到2035年,基本实现社会主义现代化;第六阶段,从2035年到21世纪中叶,建成富强民主文明和谐的社会主义现代化国家。

两个世纪、九个阶段组成一条连续发展、环环相扣的历史链条。抚今追昔,从中我们不难得出以下几点最基本也最重要的历史结论。

其一,因为实现中国梦的各种和平方式都被历史一次又一次地否定了,所以实现中国梦必须选择革命的道路。一些人回顾中国20世纪的历史,提出彻底否定一切革命,断言"改良可能成功,革命则一定失败"。"告别革命"否定中国革命的历史,这实际上是要告别马克思主义,告别社会主义。历史事实证明,不触动封建根基与列强压迫的种种方案,都不可能将中国梦化为现实。革命是实现中国梦必须迈出的一步。

其二,因为地主阶级以及资产阶级通过改良与革命来实现中国梦的尝试都失败了,所以社会主义成为中国人民的必然选择。地主阶级开明派、资产阶级改良派与革命派,要么借封建主义来发展资本主义,要么靠帝国主义来实现资本主义,都失败了。因此,历史表明,只有社会主义才能救中国。

其三,因为各种政治力量都没有肩负起实现中国梦的历史重任,所以只有中国共产党能够成为带领中国人民实现中国梦的领导核心。各路政治势力的努力最终失败的原因之一,就是没有得到全国民众的响应和支持。只有中国

---

① 《十六大以来重要文献选编》(上),中央文献出版社2005年版,第43页。

共产党做到了,"我们党紧紧依靠人民,从根本上改变了中国人民和中华民族的前途命运,不可逆转地结束了近代以后中国内忧外患、积贫积弱的悲惨命运,不可逆转地开启了中华民族不断发展壮大、走向伟大复兴的历史进军。"①两个"不可逆转"充分地说明没有共产党,就没有新中国。

其四,因为中国特色社会主义所取得举世瞩目的成就,所以我们比历史上任何时期都更加接近中国梦。重温历史,我们才能深知中国特色社会主义道路来之不易,并倍加珍惜。实现中国梦必须走中国道路,"这是因为,党和国家的长期实践充分证明,只有社会主义才能救中国,只有中国特色社会主义才能发展中国。这是历史的结论、人民的选择"②。

3. 中国梦:大与小

习近平先后对"中国梦"分别从内涵与外延两个方面进行了概念界定和阐释。2012年11月29日,针对"何为中国梦?"的问题,习近平指出:"实现中华民族的伟大复兴,就是近代以来中华民族最伟大的梦想。"③2013年3月17日,习近平进一步指出:"实现中华民族伟大复兴的中国梦,就是要实现国家富强、民族振兴、人民幸福。"④3月23日,在莫斯科国际关系学院的演讲中,习近平再次指出,中国梦的"基本内涵是实现国家富强、民族振兴、人民幸福"。中国梦包含两个层面的内容:大梦(集体梦)——国家富强、民族振兴,小梦(个体梦)——人民幸福。缺少哪一个,都不能称之为中国梦。这需要我们从以下方面把握两者内在关系。

(1)大梦与小梦关系的静态分析

在任何时候,大梦都是小梦的根本保障,没有大梦,小梦也就无从谈起;小梦都是大梦的最终体现,没有小梦,大梦也就失去了实现的动力与存在的意

① 习近平:《紧紧围绕坚持和发展中国特色社会主义 学习宣传贯彻党的十八大精神》,《求是》2012年第23期。
② 习近平:《紧紧围绕坚持和发展中国特色社会主义 学习宣传贯彻党的十八大精神》,《求是》2012年第23期。
③ 《习近平总书记深情阐述"中国梦"》,《人民日报》2012年11月30日。
④ 习近平:《在第十二届全国人民代表大会第一次会议上的讲话》,《人民日报》2013年3月18日。

义。两者之间内在的逻辑关联具体体现在以下两个方面。

一方面,小梦以大梦为依托和追求。当前,关于中国梦的探讨很多,也出现了不同的声音。有人认为,"中国梦"是一种集体想象,所以与其个人无关。在现实生活中,这种冷淡、消极甚至是错误的观点不同程度地存在于一些人的头脑中。众所周知,大与小是一对矛盾统一体,没有大,何谈小;同样,没有小,也就无所谓大。大梦与小梦的关系亦是如此。在中国近现代史上,大梦与小梦从来就不是两条互不相干、"各自为政"的平行线。恰恰相反,大梦与小梦之间始终都保持着一荣皆荣、一损皆损的互生互动的关系。我们每一个中华儿女都与我们的国家和民族同呼吸、共命运。国家与民族强大与否,最终都会在每个个体的命运中体现出来。因此,从这种意义上讲,大梦是小梦的依托。没有大梦的保障,任何个人的小梦都将无所谈起。只有国家富强、民族振兴,个人才会幸福。正如习近平所说,"国家好,民族好,大家才会好。"这朴素的话语,生动地阐释了个人命运与国家和民族命运的内在关联,深刻地揭示了人民幸福与国家富强、民族振兴的必然联系。历史反复告诉我们,"国家富强,国人才能受到世界的尊重;国家贫弱,人民就无尊严可言,更无幸福可谈。"①

另一方面,大梦以小梦为动力与目的。大梦是小梦的汇聚。如果没有国家的发展与进步,实现个人梦想的机会就越小。反言之,没有普通个体为了梦想努力奋斗,也就不可能有国家的繁荣与富强。正所谓,大河无水小河干,小河水丰大河盈。这就告诉我们,"伟大的梦想必须落实到每个小小的梦想上,才能常开常新、永葆活力。"②无论是国家的富强梦,民族的振兴梦,还是个人的幸福梦,归根到底是人民的梦,它们的实现必须紧紧依靠人民。人民不仅是历史的创造者,也是中国梦的实现者。一个个小梦的实现,就在向大梦一步步迈进。所以"大梦"并不遥远,它就在每个"小梦"中真真切切地展开着。再伟大的梦想,也要从每个小小的梦开始。李克强在谈改革时说,"喊破嗓子不如甩开膀子"。实现中国梦,何尝不是这样。伟大的梦想,从来都不是喊出来

---

① 史景军:《中国梦·复兴梦·幸福梦》,《人民武警报》2013 年 1 月 13 日。
② 罗容海:《中国梦从每个小小的梦开始》,《光明日报》2012 年 12 月 27 日。

的,而是干出来的。这需要我们14亿中国人凝心聚力,心往一处想,劲往一处使。"如果每个人自己的梦实现了,那么国家的梦也就实现了。"①同时,大梦的实现最终要以小梦的实现为目的。"国家梦想若不能化身千万,让每个国民切实感受到个人与国家发展休戚相关,心相连,梦相连,则国必不能真强,梦也不能尽美。"②

(2)大梦与小梦关系的动态转化

对于大梦与小梦关系的把握,仅仅停留在逻辑层面的静态分析是远远不够的。理论上的应然关系如何转为现实层面的实然状态,如何实现大梦与小梦的双向互动与动态平衡,才是关键之所在。国家富强是个人幸福的外在保障、必要前提,人民幸福是国家富强的最终目的与价值所在。国家富强是为了人民幸福,人民的幸福又是国家富强实现的源源不断的动力。所以我们在推动大梦与小梦互动融合的过程中,要始终关注人民幸福的个体梦。人民不仅是国家富强梦想实现的力量源泉,也是国家富强梦想的最终目的与具体体现。正如习近平指出的那样:"中国梦归根到底是人民的梦,必须紧紧依靠人民来实现,必须不断为人民造福。"③

"中国梦"的实现有很多指标,比如经济指标、军事指标、文化指标、科技指标、环境指标,等等,但是最根本的是幸福指标。如何才能让全国人民都来关注中国梦,凝聚中国力量,而不仅仅是关注个人梦,成为一个"胸有大梦"的人? 对于"与我无关论"者,我们除了批评、劝告之外,更多地是去思考如何扭转这种偏见,挖掘出每个人内心深处的正能量,激励其为中国梦而奋斗。方法和路径有很多条,但最根本的在于要让人们能够在梦中看到"自己",让每个人感受到梦的温度。这要求我们必须始终以民之所望为施政所向,也就是习近平在阐释中国梦中所讲的,"我们要随时随刻倾听人民呼声、回应人民期待,保证人民平等参与、平等发展权利,维护社会公平正义,在学有所教、劳有

① 谭玲娟:《中国梦:让人才流向东方》,《深圳商报》2012年12月11日。
② 罗容海:《中国梦从每个小小的梦开始》,《光明日报》2012年12月27日。
③ 习近平:《在第十二届全国人民代表大会第一次会议上的讲话》,《人民日报》2013年3月18日。

所得、病有所医、老有所养、住有所居上持续取得新进展,不断实现好、维护好、发展好最广大人民的根本利益,使发展成果更多更公平汇集全体人民,在经济社会不断发展的基础上,朝着共同富裕方向稳步前进"①。

当然,梦想从来都不会自动化为现实。我们要时刻牢记"空谈误国、实干兴邦"。多彩的蓝图,需要我们一笔笔去勾画;美丽的梦想,需要我们一步步去实现。梦在前方,路在脚下。只要我们继续坚持中国道路,大力弘扬中国精神,不断凝聚中国力量,中国梦必会实现。

(二)美丽中国的生态民生之维

党的十八大报告首次单篇阐述生态文明,并且首次将一个诗意化的概念——美丽中国——作为未来中国建设生态文明的美好愿景,引发全国上下的广泛热议与强烈共鸣。"随着社会的发展进步,人民群众对生活环境有了更高的要求。党的十八大把生态文明建设放在更加突出的地位,体现了中央对形势的准确判断。"②辽宁抚顺的排水女工王辉表示:"'美丽中国'的宏伟目标,更关注老百姓的心理感受。可以说,这是离百姓心灵最近的宏伟蓝图。"③有网友在光明网留言道:"可感、可知、可触摸的'美丽中国',党的执政理念越来越贴近实际,越来越尊重人民感受。"④可以说,生态越来越成为民生幸福不可缺少的重要方面,这一点已经是国人的普遍共识。党的十八大以来,以习近平同志为核心的党中央将生态文明置于人民福祉的高度,强调指出:建设生态文明是关系人民福祉的长远大计,更加凸显了生态文明对于民生幸福的重大意义。从概念的外延来看,中国梦是富强中国、文明中国、美丽中国、幸福中国、和谐中国的多维统一。

1. 生态与民生的辩证关系

关于生态与民生的关系问题,社会上存在着不同看法。有观点认为,生态

① 习近平:《在第十二届全国人民代表大会第一次会议上的讲话》,《人民日报》2013 年 3 月 18 日。
② 靳晓燕、王国平、王斯敏:《"五位一体":治国理政新境界》,《光明日报》2012 年 11 月 14 日。
③ 毕玉才:《美丽中国:和老百姓最贴心的蓝图》,《光明日报》2012 年 11 月 14 日。
④ 曾毅:《美丽中国幸福起航——写在党的十八大闭幕之际》,《光明日报》2012 年 11 月 15 日。

与民生分别属于两个彼此独立的体系,现阶段中国民生建设还处于狭义论层面,因此不宜将民生概念做"泛化"理解①。在今天看来,应该对这种观点加以匡正与补充。社会领域是民生的重要方面,但并非唯一方面。生态与民生之间存在着不容忽视的内在关联。我们既不可完全割裂开来,也不能完全等同视之,而要辩证地把握。从一定意义上,我们可以将生态文明纳入民生建设的范畴来考量。

(1)生态是民生的重要保障

在中国,"民生"作为一个极具生命力的概念,当前正处于从单一性向总体性转变的过程之中。随之而来的是,民生与生态的关系也在经历着从外在性关系向内在性关系演变的过程。

在工业文明之前的很长一段历史时期,受限于生产力发展水平、社会文明程度等因素,人们对于民生的理解与实践主要集中于衣食住行等物质层面。生态还没有必要也没有可能纳入民生范畴,因为当时良好的生态条件能够为人们的生产与生活提供一种非常自然的保障。这个时期,民生与生态主要呈现一种外在性的关系。这种外在性关系,从人们的观念认识角度来说,还更多地处于一种无意识状态。

自工业文明兴起以来,与生产力极大发展相伴随的是生态系统的急剧退化。从总体上来看,这种此消彼长的态势在当前还未根本扭转。一方面,生产力的发展使得物质民生得到改善成为可能,但另一方面它使环境破坏、资源枯竭等问题也成为必然。结果是生态的"后勤保障"功能日益萎缩,恶化到一定程度之后,开始严重影响甚至威胁基本生活。尽管生态对于民生的意义仍然是"保障"二字,但两者的关系到了这个阶段,已经从之前的外在性转化为一种内在性关系,即生态开始成为民生最基本、最重要的内在组成部分。如果缺乏生态的支撑,那么其他一切民生幸福都将成为空中楼阁,甚至经不起一场沙尘暴的"洗礼"。

在当代中国,由于工业化、现代化的推进,生态与民生的关系正在发生上

---

① 吴忠民:《民生的基本涵义及特征》,《中国党政干部论坛》2008年第5期。

述转变,生态问题不再仅仅是经济问题、政治问题,更是民生问题。而改善生态就是改善民生,建设生态文明就是改善生态民生。

(2)民生是生态的价值所在

从人类历史来看,人类文明的转型总是与社会制度的变革相伴而来。农业文明与封建主义相随,工业文明与资本主义结伴,而生态文明则是对工业文明的扬弃,是对资本主义的超越。从这种意义上说,用生态来定义最新的人类文明形态,是对生态价值做出的最高褒奖。因此,建设中国特色社会主义的总体布局由"四位一体"扩展为"五位一体",则可以说是从中国未来发展战略的高度对生态价值的最新肯定。

生态的价值何在? 我们知道,文明是人类创造活动的产物,是人类文化的积极成果。离开了人,便无所谓文明。没有人的"生态文明"毫无价值可言,也是不可能产生的。不难看出,人与生态的关系是问题的关键所在。这也是人类中心主义与生态中心主义长期争论的焦点。但是,两者都存在各自无法克服的局限:人类中心主义过于强调人的主体性价值,将自然视为纯粹客体,实行人类沙文主义,却无法解释人类对于生态世界的意义与义务;而生态中心主义则执着于证明生态的价值所在,却忽视人类主体性的价值特征,最终使人类在生态面前变得无所作为,从而无法真正破解不断加重的生态困境。

生态中心主义贬抑人的主体地位,人类中心主义片面夸大人的主体地位,无疑都失之偏颇。人应该在尊重自然的前提下充分发挥自身的主体性,并通过实践活动"自觉地"实现人与自然的和谐共处。比较而言,建设生态文明既要反对纯粹的生态中心主义,主张以人为本,人是价值主体,又要有别于传统的人类中心主义。马克思主义生态观主张人与自然辩证统一,既承认自然的先在性,也强调人的主体性,努力构建人与生态的和谐共存。党的十八大报告将生态文明置于人民福祉的高度,从民生幸福出发,简扼地表明了我们党处理人与生态的关系的立场。从这个意义上说,民生便是生态的价值所在。

2. 改善生态民生的现实压力

中国作为世界上最大的发展中国家,面临着发展经济与改善生态民生的双重任务。要实现经济发展与生态民生改善的双重效果,需要克服来自生态方面的巨大压力。

（1）当前中国生态环境的严峻形势

在当前,我国自然环境的脆弱性对改善生态民生构成了巨大的天然压力,同时,生态状况十分脆弱的局面短期内很难彻底扭转。2012 年 6 月 1 日发布的《中华人民共和国可持续发展国家报告》指出:"中国地理地质环境复杂,不适宜人类居住的国土比例较高,占 52% 的国土面积是干旱、半干旱地区,90%的可利用天然草原存在不同程度的退化,沙化、盐碱化等中度以上明显退化的草原面积约占 50%。中国人均耕地面积、水资源量、森林资源量分别仅为世界平均水平的 40%、28% 和 25%。石油、铁矿石、铜等重要矿产资源的人均可采储量,分别为世界人均水平的 7.7%、17%、17%,其中大部分集中分布在自然环境脆弱的西部内陆地区。"①可以说,我们曾经引以为傲的"地大物博"在当前更多地体现为"地大物薄"。同时,中国还是世界上自然灾害最严重的国家之一,灾害种类多、分布地域广、发生频率高。"这里的自然资源承载力仅能满足 9.5 亿人,如今生息于斯者达 13 亿之众,其中有 2000 多万人口仍未脱贫,如果按照联合国提出的人均每天 1 美元的标准,还有 1 亿人口没有达标。"②在这种意义上,生态差距已经成为中国与西方发达国家的最大差距。这些先天的生态劣势,对于经济发展的上行和生态民生的改善所构成的压力之巨可想而知。

（2）经济发展与生态民生的复杂矛盾

民生改善离不开经济发展,而经济发展又势必会对生态环境产生不同程度的影响。保持经济、民生、生态三者非均衡发展的前提,是生态承载阈值处于自我修复或人为可控范围之内。但是,久而久之,随着生态的承载能力达到极限,依靠消耗资源、牺牲环境来换取经济增长,进而满足民生需求的非均衡模式,最终会由于缺乏足够的生态支撑而直接转变为经济发展与改善生态民

---

① 联合国可持续发展大会中国筹委会:《中华人民共和国可持续发展国家报告》,人民出版社 2012 年版,第 5—6 页。

② 张宿堂等:《时代思考:国情与使命——党的十六大以来经验与启示述评之五》,《光明日报》2012 年 11 月 2 日。

生的直接对立。近些年来,中国环境群体性事件的突发、高发、频发,便是活生生的现实案例。"自1996年以来,我国环境群体性事件一直保持年均29%的增速。2005年以来,国家环保部直接接报处置的事件共927起,重特大事件72起,其中2011年重大事件比上年同期增长120%,特别是重金属和危险化学品突发环境事件呈高发态势。"①这些事件表明,生态民生已经成为地方经济发展一条不可突破且必须坚守的底线和红线。而改善生态民生的刚性需求与经济发展的中心任务之间的关系日益紧张,使得改善生态民生的任务更显复杂与艰巨。

此外,气候变暖等全球性生态危机不断蔓延,国内资源环境问题与世界资源环境问题的叠加,西方国家推行的生态殖民主义与某些西方人士炮制的"中国环境责任论"并存,都直接或间接地对中国经济发展、民生改善与生态保护之间的协调与平衡构成严重挑战。

3. 改善生态民生的路径选择

改善生态民生是一项系统而复杂的建设工程,是实现社会和谐的重要体现与全面建成小康社会伟大目标的重要内容,需要从以下层面着力。

(1)依靠先进理念引领生态民生建设

从世界经济史来看,西方发达国家的现代化是在物本主义之下完成的。这种理念使人变成了纯粹的"经济人"甚至是"经济动物",它将发展等同于经济增长,将物质财富视作发展的首要目标和终极目的。其结果是人们在物质生活得到改善的同时,不得不面临自然资源日益枯竭、生态环境不断恶化的困境,并为此付出了巨大的代价。

20世纪50年代以来,中国基本上走的是一条粗放型道路。"从1978年到2010年,中国的GDP增长了20倍,能源消费增长了近6倍,单位产值能耗远超西方发达国家。"②其中,"2006年国内生产总值仅占世界总量的5.5%,

---

① 王姝:《监狱法等7部法律修改18处》,《新京报》2012年10月27日。
② 中国科学院可持续发展战略研究组:《2012中国可持续发展战略报告——全球视野下的中国可持续发展》,科学出版社2012年版,序第4页。

而消耗的能源、钢材、水泥分别占世界的 15%、30%、54%。"①这些数字表明,粗放式的经济增长方式在我国已经难以为继。同时,一些发达国家上百年工业化过程中分阶段出现的生态环境问题,在我国更是集中式爆发。

生存还是毁灭? 这个长期困扰西方世界的生态问题,也摆在了当代中国面前,并且由于中国处于加快发展与转型发展双重压力之下,使得这个问题更显紧迫。国内外社会发展的经验教训证明,解决这一问题的唯一出路,就是从根本上树立一种全新的发展理念。1995 年,党的十四届五中全会首次提出"可持续发展"概念。2003 年,提出了科学发展观。2007 年,科学发展观正式写入党章,成为中国共产党的指导思想之一。其间,中国先后提出了资源节约型和环境友好型社会(2004 年)、和谐社会(2005 年)、创新型国家(2006 年)、生态文明(2007 年)、绿色经济和低碳经济(2009 年)、转变经济发展方式(2010 年)、绿色低碳发展(2011 年)、经济新常态(2014 年)等一系列具体化理念。可以说,以科学发展观为核心的先进理念,从根本上彻底解决了为谁发展、如何发展、靠谁发展的问题。只有发挥先进理念的引领作用,才能真正实现人、经济与生态的和谐发展。党的十八大以来,习近平明确把生态环境保护摆在更加突出的位置,强调:"我们既要绿水青山,也要金山银山。宁要绿水青山,不要金山银山,而且绿水青山就是金山银山。我们绝不能以牺牲生态环境为代价换取经济的一时发展。我们提出了建设生态文明、建设美丽中国的战略任务,给子孙留下天蓝、地绿、水净的美好家园。"②

(2)依靠科技创新支撑生态民生建设

生态民生建设作为一项系统工程,具体涉及政府、企业与个人三大主体,对于先进理念实践、产业结构调整、生活方式转变而言,无论哪一方面都离不开科技的支撑。政府以先进理念为指导,推进发展方式转变,加快产业结构调整,优化产业布局,走绿色崛起之路,需要科技;企业由"高碳"向"低碳"、由"黑色"向"绿色"转变,打造绿色企业,锻造绿色竞争力,需要科技;公众选择

---

① 马凯:《转变经济增长方式,实现又好又快发展》,《宏观经济管理》2007 年第 4 期。
② 《弘扬人民友谊共同建设丝绸之路经济带——习近平在哈萨克斯坦纳扎尔巴耶夫大学发表重要演讲》,《人民日报》2013 年 9 月 8 日。

绿色出行、绿色消费等绿色生活方式,同样需要科技。可以说,科技创新可以通过提高资源利用率,降低物耗和能耗,缓解资源和环境对经济增长的制约,从而为生态民生建设提供重要支撑。

然而,当代中国科技创新能力不足阻碍了经济转型的步伐,迫切需要实现科技创新与生态民生建设的紧密融合,进而发挥科技服务生态民生的作用,为此要重点把握以下方面:围绕生态民生领域的重大课题,设立一批重大项目,加大科研经费投入力度;更加注重协同创新,走"政产学研用"协同一体化道路,着力构建以企业为主体、市场为导向、政产学研用相结合的生态科技研发体系;加强相关科技人才培养与队伍建设,为生态民生建设提供可靠的人才保障与智力支持;继续"部署防灾减灾、资源综合利用和生态环境保护等与民生相关的重大技术研发项目;继续开展改善人居环境、推广节能省地宜居住宅、全民节能减排、全民健康、加快新农村建设等一系列与民生相关的重大科技行动"[1]。

同时,我们要正确地看待科技效应的两重性,尽力避免科技的滥用和无用。在当代中国,促进生态民生建设,科技不是万能的,但没有科技是万万不能的。"因噎废食"只能坐失解决问题的时机。没有科技的支撑,"美丽中国"永远都是一张无法成真的画卷。

(3)依靠制度保障生态民生建设

制度是生态文明的重要维度与根本保障。诚然,生态危机的产生是多种因素共同作用所致,但根源在于制度。改善生态民生,生态理念、生态科技的作用固然重要,但更需要完善而有效的制度保证。正如十八大报告所强调的"保护生态环境必须依靠制度"。亦如 2014 年 12 月中央经济工作会议指出:"要坚持不懈推进节能减排和保护生态环境,既要有立竿见影的措施,更要有可持续的制度安排,坚持源头严防、过程严管、后果严惩,治标治本多管齐下,朝着蓝天净水的目标不断前进。"[2]

---

[1] 联合国可持续发展大会中国筹委会:《中华人民共和国可持续发展国家报告》,人民出版社 2012 年版,第 63 页。

[2] 《中央经济工作会议在北京举行》,《人民日报》2014 年 12 月 12 日。

具体来讲,生态文明制度建设需要从两个层面入手。其一,正式制度层面。建立生态环境考核评价制度,将资源消耗、环境损害、生态效益纳入政府绩效考核指标体系之中,对于干部考核任用,实施生态环境"一票否决制";健全政府重大生态事件应急处理机制,对突发事件给予及时妥善的解决;建立生态资源交易与补偿制度,通过市场机制实现生态资源的合理配置与有效利用;建立生态环境监督管理制度,进一步健全生态环境保护责任追究制度和环境损害赔偿制度;建立健全公众生态权益保障制度,提升民众的参与程度,切实维护和保障好人民群众的环境知情权、参与权和监督权。其二,非正式制度层面。回顾中国环境可持续发展的历程可以看出,尽管在环境保护上一直注重法律、制度建设,但有法不依、违法难究的现象还是时有发生。究其原因,主要是公民生态意识不强。因此,建立公民生态意识培育机制,宣传基本国情,普及生态保护常识,提升公民生态文明素养,建立生态信誉激励机制,并积极整理与传播民间生态保护的传统法规、禁忌或习俗。在此基础之上,才能发挥制度的约束、激励与规范作用,进而为生态民生改善提供强有力的制度支撑。

总之,发展仍是解决当前我国所有问题的关键,而关键的关键在于实行科学的发展。这要求我们必须坚持以人为本,正确地认识与处理经济发展、生态保护与民生改善的内在关系。只有这样,建设美丽中国——民生幸福的新追求——才能化为现实。

(三)中国梦的文化意蕴

毛泽东指出:"一定的文化(当作观念形态的文化)是一定社会的政治和经济的反映,又给予伟大影响和作用于一定社会的政治和经济。"[①]中国梦是一个多维的概念,相比其他维度而言,它具有突出的文化特色、深刻的文化内涵、强大的文化功能,因而具有丰富的文化意蕴。它既是中华民族伟大复兴理想的形象表达,又必将给予伟大影响和作用于中华民族伟大复兴的历史进程。

1. 中国梦具有突出的文化特色,它形象表达了实现中华民族伟大复兴的崇高理想

从词语上看,"中国梦"可能算不上新提法了,甚至可以说由来已久,但是具

---

① 《毛泽东选集》第 2 卷,人民出版社 1991 年版,第 663 页。

体所指内涵不一。从概念上，"中国梦"是崭新的，是以习近平同志为核心的中央领导集体提出的新理念。习近平在多个场合对中国梦的基本内涵、重要价值、实现路径等问题，发表了一系列讲话，赋予中国梦以崭新的时代意蕴，给它深深地打上了新的中央领导集体的烙印，使之具有确定的内涵和外延，作为一个新的概念趋于定型化、科学化。① 这一新的概念，具有突出的文化特色。

（1）鲜明的文化底色

正如有学者指出，梦想的底色是价值观，不同的价值观赋予梦想以不同的底色。在对待个人与集体、本国与他国的关系问题上，与其他国家的梦想相比，中国梦因中华民族的家国情怀、大同胸怀而具有鲜明的中华文化特色。在个性、自由、变化、竞争等美国核心价值观念的支撑下，形成了以街头篮球、好莱坞电影、快餐连锁等为代表，以多元、包容、新奇等为主要特征的当代美国文化，催生了以"拥有一套房子、一辆车子、一只狗子"为主要家庭目标的当代美国梦。② 有人认为美国梦就是个人主义的梦，在我们看来，这种观点尽管不太准确，但也有一定道理。美国梦无疑具有美利坚的爱国主义色彩，但是，这种色彩往往受到浓厚的个人主义色彩的遮蔽。自古以来，中华民族对个人与集体、小家与国家关系的理解，就以家国情怀这种独特的方式表现出来。在一定意义上说，正是这种家国情怀涵养出以国家富强、民族振兴、人民幸福为基本内涵的中国梦。习近平 2013 年在欧美同学会成立 100 周年庆祝大会上的讲话中指出：百余年的留学史是"索我理想之中华"的奋斗史，希望广大留学人员继承和发扬留学报国的光荣传统"秉持'先天下之忧而忧，后天下之乐而乐'的人生理想，始终把国家富强、民族振兴、人民幸福作为努力志向，自觉使个人成功的果实结在爱国主义这棵常青树上"③。

在本国与他国的关系上，中华民族自古以来就推崇以和为贵、向往世界大同。一些国外人士根据西方国家依靠海外掠夺、他国供养的发家之路，以所谓的大国崛起的历史经验，戴着有色眼镜看中国，将中国梦曲解为"霸权梦"，甚

---

①　孙来斌、黄兰：《中国梦研究述评》，《当代世界与社会主义》2013 年第 4 期。

②　孙来斌：《以核心价值观撑起中华民族的精神家园》，《光明日报》2014 年 4 月 30 日。

③　习近平：《在欧美同学会成立 100 周年庆祝大会上的讲话》，《光明日报》2013 年 10 月 22 日。

至将中国视为一个将要摄取世界灵魂的可怕的"墨菲斯托"（Mephisto）①。实际上，中国梦的底色，是标志和平的"橄榄绿"，因为"中国梦是追求和平的梦。中国梦需要和平，只有和平才能实现梦想。天下太平、共享大同是中华民族绵延数千年的理想。历经苦难，中国人民珍惜和平，希望同世界各国一道共谋和平、共护和平、共享和平"②。习近平的这段话不仅突出了中国梦和平的价值追求，而且阐明了中国人"己所不欲，勿施于人"的相处之道。中国梦不仅是中国人民的梦，而且是奉献世界的梦。"'穷则独善其身，达则兼善天下。'这是中华民族始终崇尚的品德和胸怀。"③打破"国强必霸"的陈旧逻辑，创造人类发展的崭新形态，是中华民族大同胸怀的当代表现。

（2）形象的话语表达

马克思、恩格斯在《共产党宣言》中指出："共产党人的理论原理，决不是以这个或那个世界改革家所发明或发现的思想、原则为根据的"，而是"眼前的历史运动的真实关系的一般表述。"④中国梦亦是如此，它决非当代中国共产党人的主观臆造、理论发明，而是对中华民族伟大复兴理想和实践追求的自觉表达。"行百里者半九十"。中华民族伟大复兴的追梦之旅，犹如人之登山。人处山脚，气力很充足，身手敏捷；达于山腰，气力有大减，行动迟缓；近于山顶，气力似殆尽，步履艰辛。可见，离山顶愈近，愈需要重振气力，愈需要精神支撑。当前，中国正处于从中等收入国家向中等发达国家迈进的战略机遇期，也面临如何避免"中等收入陷阱"的危险期；正处于距离实现中国梦最近的历史关节点，也进入了改革的深水区和攻坚期；既因发展成就而具有梦想未来美好生活的充足底气，也因发展中的问题而产生向往美好生活的迫切需要。此时，我们尤其需要凝神聚气。就此而论，中国梦的提出可谓恰逢其时。⑤

中国梦具有理论、战略、文化等多方面的意义，存在着多种解读维度。就

---

① "墨菲斯托"（Mephisto）是 Mephistopheles 的简称，是歌德作品《浮士德》中的魔鬼。后来在有关文艺作品和网络游戏中角色被定型为"恶魔"。

② 习近平：《在中法建交 50 周年纪念大会上的讲话》，《光明日报》2014 年 3 月 29 日。

③ 习近平：《在中法建交 50 周年纪念大会上的讲话》，《光明日报》2014 年 3 月 29 日。

④ 《马克思恩格斯选集》第 1 卷，人民出版社 2012 年版，第 413—414 页。

⑤ 孙来斌、刘近：《中国梦的多维解析》，《光明日报》2013 年 6 月 22 日。

理论维度而言,由于习近平在多个场合对其作过系列阐发,因此,中国梦无疑具有一定的理论形态和丰富的思想内涵,并且经过不断深化、拓展和一段时期的理论沉淀之后,其理论特色必将更加突出。就战略维度而言,由于中国梦生动表达了新的中央领导集体的执政理念,且与"三步走"战略、"两个一百年"的奋斗目标直接相连,因此,它具有重要的战略意义。但是,在我们看来,相比而言,中国梦所实现的话语创新、所具有的文化特色更为突出。近代以来,中华民族历经磨难,一直期盼实现伟大复兴。对于这一期盼,先后有过不同的概括和表达,诸如奋斗目标、民族理想等。相比其他提法而言,中国梦的提法富于想象力、更具亲和力。它既准确表达了奋斗目标、民族理想的含义,又因"梦"给人以遐想,不仅表现在它为每个中华儿女留下了自己的想象空间,而且表现在寻梦、追梦、圆梦的"梦系列"高度契合了中华民族的昨天、今天和明天,形象地反映了实现中华民族伟大复兴的艰难历程、动态过程。此外,中国梦因与其他国家人民的梦想相通而便于国际交流。在当前的国际文化交流中,要消除不同文化之间的隔阂,让他国人民认同中国的发展理念,需要我们采取合适的话语方式。习近平在中法建交 50 周年纪念大会上的讲话从拿破仑的"睡狮论"讲起,很自然地得出新的"醒狮论"——"中国这头狮子已经醒了,但这是一只和平的、可亲的、文明的狮子。"①可以说,这是中国故事、国际表达的典范。总体看来,中国梦的提法具有大众性,便于传播,易于接受。话语是时代的记录,话语的创新为人们追寻时代的发展轨迹提供了敏感信息。"中国梦"以及与之相关的中国道路、中国精神、中国力量、中国故事、中国声音等话语的高频使用和广泛传播,表明当代中国社会政治生活中形成了新的话语群。这一话语群的形成,实现了学术话语与政治话语、民间话语与官方话语、中国话语与外国话语之间的有效对接,具有重要的象征意义,不仅体现了新的中央领导集体亲民务实、善于沟通的新形象,而且成为中华民族在精神文化上"站起来""富起来"的文化标识。② 它是对个人幸福的小梦与国家富强

---

① 习近平:《在中法建交 50 周年纪念大会上的讲话》,《光明日报》2014 年 3 月 29 日。

② 孙来斌:《关于中国梦何以能以及如何去研究的思考》,《安徽师范大学学报》(人文社会科学版)2014 年第 3 期。

的大梦互生互动、造福中国与造福世界辩证统一关系的形象表达。

2. 中国梦具有深刻的文化内涵,它生动反映了中华民族文化复兴的强烈要求

精神文化生活是人类生活的重要组成部分,精神文化因素的发展是人类发展的重要表现。"人是精神,人之作为人的状况乃是一种精神状况。"德国存在主义哲学家雅斯贝尔斯的这段话虽然略显夸张,但也不无道理,因为人存在的根本意义只有在人的精神世界里才能得到最充分的解释,即如其所言:"人不仅生存着,而且知道自己生存着。"①中华民族的伟大复兴包含着经济、政治、文化、生态等多方面的内容,中华文化的复兴是中国梦的题中应有之义。

(1)承继中华民族自古以来的逐梦精神

不同国家人民各自具有的精神气质和心理特征,反映了各不相同的国家精神。黑格尔曾经在《历史哲学》中指出,世界历史本质上是民族精神或国家精神的辩证法,一个国家之所以能够引领世界历史,就在于其优秀的国家精神;引领世界历史的民族必须注重理性自由。应该说,黑格尔的有关思想虽带有西方中心论的痕迹,但上述论断不无道理。一个民族如果只重物质生活、囿于世俗当下,注定是不会走远的。

人们常说,伟大的民族拥有伟大的梦想。可以说,中华民族正是这样的民族。中华民族在人类历史上创造出灿烂的中华文明,在广袤的中华大地上,不论条件多么艰苦、环境多么严酷,都能生生不息、创造不止。究其原因,就在于其自强不息、超越当下的逐梦精神。即便是在漫长的农耕文明时代,甚至是面朝黄土背朝天的辛苦劳作,都未能泯灭掉广大人民的生活梦想,反而催生出丰富多彩的梦想世界。在中华文化发展的长河中,一直表现出并延续着强烈的逐梦精神。从夸父追日、嫦娥奔月等飞天神话,到"敢上九天揽月"的现代豪迈,再到神舟十号载人航天的壮丽篇章;从女娲补天、大禹治水等环境治理传说,到"天堑变通途""高峡出平湖"的伟大创造,再到南水北调的惊世壮举;从悟空大闹龙宫、哪吒闹海的古代想象,到"敢下五洋捉鳖"的现代誓言,再到

---

① [德]雅斯贝尔斯:《时代的精神状况》,王德峰译,上海译文出版社 2008 年版,第 3 页。

"蛟龙"载人深潜的世界纪录,可以说,蕴含在中华民族内心深处的梦想,始终是激励中华民族超越自我、成就伟业的强大精神动力。航天梦、深海梦、生态梦……富强中国、平安中国、美丽中国……构成了中国梦多维的、动态的当代图景,继承并发展了中华民族的逐梦精神。

(2)回应中华民族当下的文化诉求

"一切固定的僵化的关系以及与之相适应的素被尊崇的观念和见解都被消除了,一切新形成的关系等不到固定下来就陈旧了。一切等级的和固定的东西都烟消云散了,一切神圣的东西都被亵渎了。人们终于不得不用冷静的眼光来看他们的生活地位、他们的相互关系。"①这是马克思、恩格斯关于西欧资本主义市场化、工业化强烈冲击社会生活的一段经典描述。从一定意义上说,这段话所描述的某些景象似乎也在当代中国上演。当代中国正在经历由传统到现代的社会转型,市场经济、工业化、信息化正在深入推进。这既带来了社会物质领域的巨大变化,也带来了社会文化领域的深刻变革,推动文化大发展大繁荣既具备许多有利条件,也面临一系列新情况、新问题。植根于小农经济、被世代中国人作为精神依托的传统道德观念,遭受现代工业文明、网络文化大潮的严重冲击;新中国成立后长期提倡的集体主义、奉献精神等社会主义价值观念,遭受市场经济条件下的个人主义、逐利原则的严重冲击;长期处于封闭半封闭状态下的社会文化领域,在对外开放过程中遭受各种西方思潮涌入的严重冲击。面对这些冲击,中国共产党始终有着清醒认识,在改革开放过程中一再强调物质文明和精神文明"两手抓、两手都要硬"。但由于种种原因,特别是由于中国特色社会主义文化建设的复杂性、特殊性,我们在既有的文化价值体系遭受严重冲击之时,未能及时为人们提供一种新的、令人信服的文化价值体系。正是在这种意义上说,许多人内心深处不再有什么神圣的东西,笼罩着一种在精神上无家可归、四处流浪的放逐者意识,并由此陷入难以名状的精神焦虑之中。与此同时,一些领域道德失范、诚信缺失,一些社会成员人生观、价值观扭曲,一些党员干部信仰缺失,有的心为物役,信奉金钱至

①　《马克思恩格斯选集》第1卷,人民出版社2012年版,第403—404页。

上、名利至上、享乐至上。中华民族历来重视精神文化生活,决不能任这些消极的因素滋生,决不能任精神文化上的焦虑症、"软骨病"流行。① 可以说,中国梦的提出,具有很强的精神文化指向性。

(3)指明中华文化复兴的方向

"中华民族具有5000多年连绵不断的文明历史,创造了博大精深的中华文化,为人类文明进步作出了不可磨灭的贡献。"②美国耶鲁大学教授保罗·肯尼迪在《大国的兴衰》中指出,"在近代以前时期的所有文明中,没有一个国家的文明比中国的文明更发达,更先进。"③另据《自然科学大事年表》表明,明朝以前世界上重要的创造发明和重大的科学成就大约300项,其中中国大约175项,占总数的57%以上,其他各国占42%左右。著名的"李约瑟难题"虽然引发了诸多文化追问和观点争议,但是在当下至少给我们以如下启示:实现中华民族的伟大复兴,离不开中华文化的复兴。

中国共产党历来重视推进文化发展繁荣,十七届六中全会强调指出:"没有文化的积极引领,没有人民精神世界的极大丰富,没有全民族精神力量的充分发挥,一个国家、一个民族不可能屹立于世界民族之林……没有社会主义文化繁荣发展,就没有社会主义现代化。"④习近平更是反复强调文化发展的重大意义。他在同全国劳动模范代表座谈时的讲话中指出:"实现我们的发展目标,不仅要在物质上强大起来,而且要在精神上强大起来。"⑤他在联合国教科文组织总部的演讲中进一步指出:"中华民族的先人们早就向往人们的物质生活充实无忧、道德境界充分升华的大同世界。中华文明历来把人的精神生活纳入人生和社会理想之中。所以,实现中国梦,是物质文明和精神文明比

---

① 孙来斌:《用核心价值观撑起中华民族的精神家园》,《光明日报》2014年4月30日。
② 习近平:《在第十二届全国人民代表大会第一次会议上的讲话》,《人民日报》2013年3月18日。
③ [美]保罗·肯尼迪:《大国的兴衰——1500—2000年的经济变迁与军事冲突》,陈景彪等译,国际文化出版社2006年版,第4—6页。
④ 《中共中央关于深化文化体制改革推动社会主义文化大发展大繁荣若干重大问题的决定》,http://theory.people.com.cn/GB/16018030.html。
⑤ 《习近平谈治国理政》,外文出版社2014年版,第46页。

翼双飞的发展过程。随着中国经济社会不断发展,中华文明也必将顺应时代发展焕发出更加蓬勃的生命力。"①

实现文化复兴,要避免文化自卑和文化虚骄,它既非简单地再现昔日的文化样态,因为复兴不等于复古,文化发展的关键在于创新;也非简单地再现昔日的文化强势,因为当前及今后的国际文化竞争,难以出现一家独尊的局面。实现文化复兴,无疑要重归文化强国的地位,即要占领文化发展的制高点,赢得国际话语主动权,从而有能力、有资格为世界文化发展作出更大的贡献。习近平反复强调:中华民族创造了源远流长的中华文化,也一定能够创造出中华文化新的辉煌。这充分体现了中华民族的精神文化的自觉、自信。实现中华文化的伟大复兴,需要我们坚持历史唯物主义的立场,正确看待中华传统文化。中国传统文化毕竟是在农耕文明时代和小农经济、宗法制度环境下逐渐形成和发展起来的,不可避免地带有不同时代和提出者阶级地位的烙印。虽然它因时代和提出者的不同而在侧重点和具体主张上也有所不同,但从总体上看,存在着一定的历史局限性,在一些方面不能适应当前现代化建设、民主法治进程和民族复兴大业的现实要求。因此,必须站在时代和历史的高度,对它加以细心清洗和现代转换,才能使之在中国梦的伟大实践中焕发出新的生机。实施这项宏大的工程,需要有科学的方法论指导。习近平在主持中共中央政治局第十二次集体学习时指出:"要继承和弘扬我国人民在长期实践中培育和形成的传统美德,坚持马克思主义道德观、坚持社会主义道德观,在去粗取精、去伪存真的基础上,坚持古为今用、推陈出新,努力实现中华传统美德的创造性转化、创新性发展。"这里主要论及的是传统美德,其实包含着对待传统文化的一般方法论原则。"要使中华民族最基本的文化基因与当代文化相适应、与现代社会相协调,以人们喜闻乐见、具有广泛参与性的方式推广开来,把跨越时空、超越国度、富有永恒魅力、具有当代价值的文化精神弘扬起来,把继承传统优秀文化又弘扬时代精神、立足本国又面向世界的当代中国文

---

① 习近平:《出席第三届核安全峰会并访问欧洲四国和联合国教科文组织总部、欧盟总部时的演讲》,人民出版社 2014 年版,第 17 页。

化创新成果传播出去。"①这就对如何实现"创造性转化、创新性发展"提出了具体的要求。

三、中国梦的重大价值

中国梦不仅是全体中华儿女的共同理想,更是中国共产党在新时期执政兴国理念的高度升华。深刻把握中国梦的理论价值与实践价值,是研究中国梦的基础,更是实现中国梦的关键。

(一)中国梦的理论价值

党的十八大以来,以习近平同志为核心的党中央接过历史的接力棒,高举中国特色社会主义伟大旗帜,深入推进理论创新和实践创新,提出了实现中华民族伟大复兴的中国梦重要思想,谱写中国特色社会主义新篇章。

1. 马克思晚年"跨越"设想的新篇章

发展问题,是一个长期困扰人类的历史问题,也是一个当今世界普遍关心的时代课题。19 世纪 70 年代,随着世界各国交往的进一步密切,世界历史迈入了新时代。新的时代将新的历史课题摆在了马克思、恩格斯的面前。马克思、恩格斯从当时俄国人关于俄国社会发展道路的争论中,敏锐地观察到问题的症结所在。他们在占有大量资料的基础上,对此问题进行了深入分析,提出了俄国在一定条件下可以不通过资本主义卡夫丁峡谷的设想。他们的有关分析,蕴含着落后国家如何解决发展问题的科学思路和方法论原则,其所体现出的思想火花和思考方法,对于中国这样的落后国家探索适合自己国情的社会发展道路具有重要的指导意义。

(1)马克思晚年"跨越"设想的主要内容及方法论意义

马克思、恩格斯关于俄国跨越资本主义卡夫丁峡谷的设想,提出了一条落后国家非资本主义的发展道路,为落后国家探索适合自己国情的发展模式提供了重要启示。在世界进入资本主义时代以后,落后国家的经济发展道路应

---

① 《建设社会主义文化强国　着力提高国家文化软实力》,《人民日报》2014 年 1 月 1 日。

该怎么走？对于这个问题，马克思在《资本论》中对一般情况有过分析，认为世界历史的发展趋势是资本主义生产的规律正以"铁的必然性"向前资本主义国家扩展，"工业较发达的国家向工业较不发达的国家所显示的，只是后者未来的景象"①。从 19 世纪 70 年代开始，他们凭借着对俄国等东方国家经济社会发展实证材料的深刻的经济学把握，较为系统地探讨了东方社会的性质、结构、现状和前景等一系列重大问题，提出了非资本主义发展道路设想。

在西方资本主义发展的冲击下，俄国应该选择什么样的发展道路？这是19 世纪 60 年代前后俄国思想界反复探讨的问题。俄国民粹派在争论这一问题时，纷纷引证马克思的著作，但是往往得出错误的理解。针对米海洛夫斯基将俄国的社会发展必然要经历资本主义阶段的论断强加于他的错误，在《给〈祖国纪事〉杂志编辑部的信》中马克思作了必要的理论上的澄清：假如米海洛夫斯基"一定要把我关于西欧资本主义起源的历史概述彻底变成一般发展道路的历史哲学理论，一切民族，不管它们所处的历史环境如何，都注定要走这条道路，———以便最后都达到在保证社会劳动生产力极高度发展的同时又保证每个生产者个人最全面的发展的这样一种经济形态。但是我要请他原谅。（他这样做，会给我过多的荣誉，同时也会给我过多的侮辱。）"②那么，马克思在此问题上的态度到底如何呢？马克思从不故弄玄虚，他根据多年的研究直截了当地表明自己的观点：俄国具有自己特殊的国情，是否要经历资本主义将取决于具体历史条件；"如果俄国继续走它在 1861 年所开始走的道路，那它将会失去当时历史所能提供给一个民族的最好的机会，而遭受资本主义制度所带来的一切灾难性的波折。"③

这是一份正式的声明信，由于马克思担心"光是他的名字就会使刊登他的这篇答辩文章的刊物的存在遭到危险"④，因此，此信并未寄出。直到马克思去世后，恩格斯才将此信复制并寄给查苏利奇。此前查苏利奇曾经致信马

---

① 《马克思恩格斯选集》第 2 卷，人民出版社 2012 年版，第 82 页。
② 《马克思恩格斯选集》第 3 卷，人民出版社 2012 年版，第 730 页。
③ 《马克思恩格斯选集》第 3 卷，人民出版社 2012 年版，第 728 页。
④ 《马克思恩格斯全集》第 36 卷，人民出版社 1975 年版，第 123 页。

克思向他请教,希望马克思能给出明确意见。面对查苏利奇的请求,马克思作了极其慎重的思考。在他看来,一个国家是否要经过资本主义阶段才能走上现代化发展道路,"一切都取决于它所处的历史环境"①。他反对不顾历史条件照抄照搬西欧资本主义发展模式的做法,认为俄国如果能够发挥历史赋予的有利条件,"可以不通过资本主义制度的卡夫丁峡谷,而把资本主义制度所创造的一切积极的成果用到公社中来"。②

1882 年 1 月,应俄国革命家拉甫罗夫的请求,马克思、恩格斯为《共产党宣言》俄文第二版撰写序言。序言写道:在俄国,"除了迅速盛行起来的资本主义狂热和刚开始发展的资产阶级土地所有制外,大半土地仍归农民公共占有。"那么,在此情况之下,俄国有无可能走出一条非资本主义发展道路呢?"对于这个问题,目前唯一可能的答复是:假如俄国革命将成为西方无产阶级革命的信号而双方互相补充的话,那么现今的俄国土地公有制便能成为共产主义发展的起点。"③

马克思逝世以后,恩格斯继续关注俄国社会发展问题。他根据俄国资本主义迅速发展的现实,明确指出俄国在农村公社基础上跨越资本主义的可能性愈来愈小,但在理论上仍然肯定了跨越发展的可能。在去世的前一年,恩格斯还强调:"不仅可能而且毋庸置疑的是,当西欧各国人民的无产阶级取得胜利和生产资料转归公有之后,那些刚刚进入资本主义生产而仍然保全了氏族制度或氏族制度残余的国家,可以利用公有制的残余和与之相适应的人民风尚作为强大的手段,来大大缩短自己向社会主义社会发展的过程,并避免我们在西欧开辟道路时所不得不经历的大部分苦难和斗争。""这不仅适用于俄国,而且适用于处在资本主义以前的阶段的一切国家。"④

由此可见,马克思、恩格斯关于落后国家的发展道路先后提出了两种思路:早先提出的资本主义道路和晚年提出的非资本主义道路。这两种思路看

① 《马克思恩格斯选集》第 3 卷,人民出版社 2012 年版,第 837 页。
② 《马克思恩格斯选集》第 3 卷,人民出版社 2012 年版,第 825 页。
③ 《马克思恩格斯选集》第 1 卷,人民出版社 2012 年版,第 379 页。
④ 《马克思恩格斯选集》第 4 卷,人民出版社 2012 年版,第 313 页。

似矛盾,实则相互补充,反映了落后国家在经济发展道路选择上的两种可能。其中,前者是共性的可能,是一种渐进式的发展,而后者是个性的可能,是一种非渐进形式的发展;前者是条件,后者是在前者实现的前提下的一种可能。在非资本主义道路设想中,俄国实现跨越资本主义的发展而无须亲历资本主义发展的苦难历程之所以有可能,缘于它能够向经历过资本主义的先进国家学习,把资本主义已有的成果拿过来为其所用。如果没有其他国家经历资本主义卡夫丁峡谷的苦难,就不会有"资本主义制度所创造的一切积极的成果",资本主义对俄国而言则是"既不能跳过也不能用法令取消自然的发展阶段"。①

马克思、恩格斯上述设想所体现出的思想火花和方法原则,对于落后国家探索适合自己国情的发展模式具有重要参考价值,并已成为中国特色社会主义理论的重要生长点。中国特色社会主义理论,清除了长期以来那种把马克思主义创始人关于未来发达社会主义社会特征的设想强加给现实社会主义实践的错误认识,澄清了不合乎时代进步和社会发展规律的模糊观念,用新的思想、观点进一步丰富和发展了马克思、恩格斯的非资本主义道路设想。

同时,马克思、恩格斯非资本主义道路设想的价值,在当前国外依附论等发展理论的主张中也得到印证。在国际经济学界关于落后国家经济发展道路的讨论中,依附论对长期存在的"西方中心论"提出了挑战。其中,依附论代表人物之一、巴西学者多斯桑托斯特别提到马克思晚年的非资本主义道路设想,认为它对于依附论具有重要启示:第一,落后国家不一定要走欧洲的道路,不一定必须经过同样的阶段,它们甚至可能"躲过"资本主义制度的灾难,创造一些独特的历史形式;第二,在考察社会发展道路时,必须研究每一个具体的历史进程,从而把它同其他的进展和自身发展的特殊历史条件联系起来。②他还指出,目前流行的所谓西方现代化模式可以被落后国家模仿的假设,"是一种意识形态抽象的结果",因为"要建立一种能够达到今天已是发达国家所

① 《马克思恩格斯选集》第2卷,人民出版社2012年版,第83页。
② [巴西]特奥托尼奥·多斯桑托斯:《帝国主义与依附》,杨衍永等译,社会科学文献出版社1999年版,第336—348页。

达到的那种发展阶段的社会,这在现在的历史条件下是绝不可能的"①。因此,多斯桑托斯等人提出,落后国家结合自身的实际情况走出一条不同于西方的发展道路是可行的和必要的。这一主张,从侧面进一步映衬了马克思、恩格斯晚年非资本主义道路设想的当代意义。

(2)中国现代化道路的世界意义

实现中华民族伟大复兴中国梦,反映了曾经在农耕文明领先于世界的中华民族,不甘心于工业文明时代落后的局面,并力图以不同于西方的现代化发展道路重归世界强国行列的决心和理想。如何走出一条切实可行的现代化道路,是当今世界发展中国家普遍面临的重大课题。走自己的路,这是中国特色社会主义的结论。

发展中国家现代化道路选择的难题。作为一种世界历史现象,现代化开始于18世纪。第二次世界大战结束以后,现代化成为世界各国的普遍追求,现代化研究开始兴起。由于西方国家走在世界现代化的前列,西方中心论因此长期掌控现代化的国际话语权。一些学者认为,西方的发展模式和发展经验同样适用于发展中国家。然而,按照这种理论行事的众多发展中国家,不仅没有顺利地走上现代化道路,反而拉大了与西方国家的发展距离,普遍遭遇增长与生态、效率与公平、开放与秩序等多方面的矛盾。一些发展中国家在经济全球化条件下陷入贫困与依附的两难选择:要么依附于发达国家,以丧失自主、自尊为代价,结果是至多获得一定程度的依附性增长,但很难获得真正的发展;要么选择自我封闭,虽然避免了依附,但这也难以给其带来较快的发展,难以助其走出贫困。

中国特色社会主义现代化道路的独特性。一个国家到底选择何种现代化道路,关键在于这条道路是否合乎自己的实际。马克思晚年针对俄国人关于社会发展道路的争论时明确表示:不顾历史条件照抄照搬西欧发展模式的做法是错误的,一个国家到底该如何选择自己的发展道路,"一切都取决于它所

_____

① [巴西]特奥托尼奥·多斯桑托斯:《帝国主义与依附》,杨衍永等译,社会科学文献出版社1999年版,第285页。

处的历史环境"①。事实上,不同的历史条件、文化传统、启动时机、主动程度、发展速度,往往会对现代化道路产生不同的影响。中国特色社会主义现代化道路具有多方面的独特性,仅就如何处理与世界经济的关系而言,它的重要特点表现为:既不走依附于他国的路,也不走自我封闭的路,而是坚持走中国特色的改革开放之路,坚持独立自主同参与经济全球化相结合。在党的十九大报告中,习近平站在唯物辩证法的高度,一方面提出要推动形成全面开放新格局,强调"开放带来进步,封闭必然落后。中国开放的大门不会关闭,只会越开越大"。② 另一方面,重申坚定奉行独立自主的和平外交政策,强调"中国决不会以牺牲别国利益为代价来发展自己,也决不放弃自己的正当权益,任何人不要幻想让中国吞下损害自身利益的苦果"。③ 这些思想,体现出宏阔的世界眼光、坚定的战略定力和根本的原则坚守。

新时代中国特色社会主义现代化道路的借鉴意义。中国共产党和中国人民高度尊重人类文明发展样式的多样性,坚决反对发展模式和价值观输出。习近平同志形象地指出:"正像我们不能要求所有花朵都变成紫罗兰这一种花,我们也不能要求有着不同文化传统、历史遭遇、现实国情的国家都采用同一种发展模式。"④他在中国共产党与世界政党高层对话会开幕式上的主旨讲话中指出,"我们不'输入'外国模式,也不'输出'中国模式,不会要求别国'复制'中国的做法。"⑤当然,我们欢迎世界各国分享发展经验、开展文明交流对话。事实上,中国人民一切从本国实际出发来选择适合自己国情的发展道路的基本原则,在战胜贫困等重大问题上的思路、方法、经验,对于其他发展中国家无疑具有重要的借鉴意义。对此,圣保罗论坛执行书记莫妮卡·瓦伦

---

① 《马克思恩格斯文集》第 3 卷,人民出版社 2009 年版,第 586 页。
② 习近平:《决胜全面建成小康社会　夺取新时代中国特色社会主义伟大胜利——在中国共产党第十九次全国代表大会上的报告》,《人民日报》2017 年 10 月 28 日。
③ 习近平:《决胜全面建成小康社会　夺取新时代中国特色社会主义伟大胜利——在中国共产党第十九次全国代表大会上的报告》,《人民日报》2017 年 10 月 28 日。
④ 《习近平谈治国理政》第 1 卷,外文出版社 2018 年版,第 315 页。
⑤ 习近平:《携手建设更加美好的世界——在中国共产党与世界政党高层对话会上的主旨讲话》,人民出版社 2017 年版,第 8 页。

特认为:"习近平新时代中国特色社会主义思想兼顾了经济增长、社会公正与环境保护,对拉美地区有很强的借鉴意义。"①肯尼亚内罗毕大学国际经济学讲师盖里雄·伊基亚拉评价说:"中国特色社会主义道路的成功探索,对因简单复制西方道路和发展模式而陷入困境的发展中国家来说,非常具有借鉴意义。"②俄罗斯《独立报》在其评述中国共产党第十九次全国代表大会的文章中指出:中国经验值得那些希望加速本国发展、保持独立的国家借鉴。"中国为其他国家树立了榜样,中国的快速发展证明,中国经验对某些国家而言大有益处,值得践行。"③应该说,这些评价和看法具有较强的代表性。

2. 马克思主义社会意识理论的新发展

(1)马克思主义社会意识理论的大致脉络

唯物史观是马克思主义理论的重要基石。"这种历史观和唯心主义历史观不同,它不是在每个时代中寻找某种范畴,而是始终站在现实历史的基础上,不是从观念出发来解释实践,而是从物质实践出发来解释各种观念形态"。④ 马克思认为,社会意识与人的生产方式、交往方式有着密切联系,并且"人们的观念、观点和概念,一句话,人们的意识,随着人们的生活条件、人们的社会关系、人们的社会存在的改变而改变,这难道需要经过深思才能了解吗?"⑤根据唯物史观的基本观点:社会意识的产生归根到底是由人们的物质生产实践活动所决定的。在此基础上,马克思进一步阐明了社会存在和社会意识的关系,即"在不同的财产形式上,在社会生存条件上,耸立着由各种不同的,表现独特的情感、幻想、思想方式和人生观构成的整个上层建筑"⑥。

马克思正确的揭示了社会意识与社会存在之间的辩证关系,阐明了社会

① 朱东君:《美好图景造福全人类——"习近平新时代中国特色社会主义思想世界意义"对话会举行》,《人民日报》2017 年 12 月 6 日。
② 《引领中华民族伟大复兴 深刻影响世界未来——海外专家眼中的习近平新时代中国特色社会主义思想》,http://www.xinhuanet.com/politics/2017-11/07/c_1121920434. htm。
③ 汪嘉波:《中国经验举世公认——俄舆论解析十九大成果和中国发展道路》,《人民日报》2017 年 11 月 25 日。
④ 《马克思恩格斯选集》第 1 卷,人民出版社 2012 年版,第 172 页。
⑤ 《马克思恩格斯选集》第 1 卷,人民出版社 2012 年版,第 435—436 页。
⑥ 《马克思恩格斯选集》第 1 卷,人民出版社 2012 年版,第 711 页。

意识的生成和发展等根源性问题。那么,社会意识理论自身的结构层次如何划分? 社会物质生活生产如何制约社会意识形态? 这些问题,恩格斯在晚年进行了深入研究。恩格斯认为,"任何意识形态一经产生,就同现有的观念材料相结合而发展起来,并对这些材料作进一步的加工。"①同时他指出,这种加工并非直接由社会物质生产实践所完成,社会物质生产实践只是作为基础性环节,影响作用较为有限,而更为直接的影响则是通过一些中间环节,正是经过这些中间环节的进一步加工和发展,使得"观念同自己的物质存在条件的联系,越来越错综复杂,越来越模糊。"

恩格斯将上层建筑分为两大类,即:政治、法律等离经济基础较近的上层建筑,和宗教、哲学等离经济基础较远的更高地悬浮在空中的思想领域。恩格斯进一步指出:"根据唯物主义观点,历史中的决定性因素,归根结底是直接生活的生产和再生产。但是,生产本身又有两种。一方面是生活资料即食物、衣服、住房以及为此所必需的工具的生产;另一方面是人自身的生产,即种的繁衍。"②同时关于人们生活于其下的社会制度"也受着两种生产的制约:一方面受劳动的发展阶段的制约,另一方面受家庭的发展阶段的制约。"③

在马克思、恩格斯之后,有许多马克思主义者关注过"中介因素"的研究。其中,普列汉诺夫的"五项论"公式正式提出,对马克思主义社会意识理论做出了重要贡献。从内容上来看,"五项论"是对马克思、恩格斯社会意识形态思想的进一步完善。普列汉诺夫将社会结构的基本因素划分为五个层次,即"(一)生产力状况;(二)被生产力所制约的经济关系;(三)在一定经济基础上生长起来的社会政治制度;(四)一部分由经济直接决定的,一部分由生长在经济上的全部社会政治制度所决定的社会人的心理;(五)反映这种心理特征的各种思想体系。"④"五项论"在恩格斯"中间因素论"的基础上进一步提出了社会心理的环节,同时明确将社会意识划分为社会心理和思想体系两个

---

① 《马克思恩格斯选集》第4卷,人民出版社2012年版,第281页。
② 《马克思恩格斯选集》第4卷,人民出版社2012年版,第13页。
③ 《马克思恩格斯选集》第4卷,人民出版社2012年版,第13页。
④ 《普列汉诺夫哲学著作选集》第3卷,生活·读书·新知三联书店1962年版,第195页。

层次,指出思想体系属于社会意识的较高层次,是社会心理的概括、提炼和升华。①

总之,马克思、恩格斯、普列汉诺夫等人关于社会意识形态理论的重要论述,不仅确立了马克思主义社会意识理论的基本范式和逻辑框架,也为当前的中国梦研究和实践提供了理论支持和方法依据。

(2)中国梦的社会意识理论之维

普列汉诺夫曾指出:"社会人,具有一定的心理,而这心理的特性决定他们建立的一切意识形态。"②实现中华民族伟大复兴的中国梦,就其本质而言,是对全体中国人最广泛社会心理的回应,是以广大人民群众的价值诉求为基础的。

从中国梦的现实基础来看,中国梦是对当前社会普遍心理的凝练和升华。根据普列汉诺夫的"五项论"分析可以发现,中国梦正是从人民百姓的心理层次出发,经过提炼加工,最终凝练而成。它以个人梦想为切入点,用通俗易懂的语言,向每一位社会公民传播着国家富强、民族振兴、人民幸福的基本内涵。中国梦不仅提炼和整合了当前社会大众的心理诉求和利益愿望,而且升华为普遍的社会价值和公共意志,成为当前人民普遍的价值操守和精神圭臬。

从中国梦的内涵价值来看,中国梦是高度开放性和广泛包容性的统一。同一个世界,几十亿个梦想;同一个中国,十几亿个梦想。每一个中国人,都有自由、空间和机会,去追寻属于自己的与众不同的梦想⋯⋯这些梦想凝聚在一起,就是个伟大的中国梦。习近平指出:"我们的人民热爱生活,期盼有更好的教育、更稳定的工作、更满意的收入、更可靠的社会保障、更高水平的医疗卫生服务、更舒适的居住条件、更优美的环境,期盼孩子们能成长得更好、工作得更好、生活得更好。人民对美好生活的向往,就是我们的奋斗目标。"③中国梦以中华民族几千年传承的文化精髓和文明成果为基础,结合当前中国社会实

① 王学俭、魏泳安:《马克思主义社会意识理论与社会主义核心价值体系建设》,《求实》2013年第7期。
② 《普列汉诺夫哲学著作选集》第3卷,生活·读书·新知三联书店1962年版,第734页。
③ 《习近平谈治国理政》,外文出版社2014年版,第4页。

际,回应了最广大人民群众的利益诉求,将国家的发展规划与百姓的奋斗目标完美结合在一起,是全党各族人民共同奋斗的思想指南。

从中国梦的时代特征来看,中国梦是对当前各种机遇与挑战的积极回应。马克思和恩格斯在《共产党宣言》中指出:"共产党人的理论原理,决不是以这个或那个世界改革家所发明或发现的思想、原则为根据的",而是"眼前的历史运动的真实关系的一般表述"。① 中国梦秉承了马克思主义的基本原理,并深入结合当前国内实际。它决非当代中国共产党人的主观臆造、理论发明,而是对当前中国社会重要战略机遇期和矛盾凸显期的深入分析和理论表达。"行百里者半九十"。中华民族伟大复兴的追梦之旅,犹如人之登山。人处山脚,气力很充足,身手敏捷;达于山腰,气力有大减,行动迟缓;近于山顶,气力似殆尽,步履艰辛。可见,离山顶愈近,愈需要重振气力,愈需要精神支撑。② 当前,中国正处于从中等收入国家向中等发达国家迈进的战略机遇期,也面临如何避免"中等收入陷阱"的危险期;正处于距离实现中国梦最近的历史关节点,也进入了改革的深水区和攻坚期;既因发展成就而具有梦想未来美好生活的充足底气,也因发展中的问题而产生向往美好生活的迫切需要。此时,我们尤其需要凝神聚气。就此而论,中国梦的提出可谓恰逢其时。③

3. 政治动员理论的新运用

政治动员是各国政党治理社会的一项重要方式。具体到我国而言,政治动员是中国共产党的一项悠久传统。中国共产党历来高度重视政治动员工作,把它作为获取人民群众认同与支持的重要手段。中国梦的提出,是对政治动员工作的新运用。

（1）政治动员概念的内涵

《新华词典》对"动员"一词的解释为:（1）战争发生时,国家发动和调动一切力量以应战时需要。（2）发动人参加某项活动。将"动员"一词与"政治"一词相结合,便产生了"政治动员"。从构词法的角度来看,"政治"是作为

---

① 《马克思恩格斯选集》第1卷,人民出版社2012年版,第413—414页。
② 孙来斌:《用核心价值观撑起中华民族的精神家园》,《光明日报》2014年4月30日。
③ 孙来斌、刘近:《中国梦的多维解析》,《光明日报》2013年6月22日。

限定词,限定了"动员"的范围,动员只有在政治界定的范围内进行才具有政治动员的意义。有学者指出,"所谓政治动员,简单说就是统治党或政府利用拥有的政治资源,动员社会力量实现经济、政治和社会发展目标的政治活动。"①还有学者认为,"政治动员是指政治管理主体对客体进行的一系列宣传、教育、解释、说明、激励等活动,目的是激发政治管理客体实现主体决策的积极性。"②

总之,所谓政治动员,即一定的政治主体(政党、政府、政治团体等),在特定的政治环境中,为了达到特定的政治目标,采取一定的政治方式和手段(宣传、教育、激励、引导等),对政治客体实施的一种政治影响。

(2)政治动员理论的发展脉络

政治动员思想的起源,可以追溯至古希腊时期的柏拉图。柏拉图认为,"人的基本类型有三种:爱智者(哲学家)、爱胜者和爱利者。"③"在国家中便相应的对应三种人:统治者、武士和劳动者。国家的正义便在于这三种人在国家里各做各的事情。"④即每个人必须在国家里执行一种最适合他天性的职务。⑤ 柏拉图用一整套系统理论阐释了国家产生阶级的必然性,并指出了不同阶级对政治的不同理解。因此,各个阶级因其职业的不同,而对特定政治目标的不同理解,为政治动员的发动开启了理论上的可能性。而其从整体到部分,一般到个别的认识论,则加快了政治动员理论发展的步伐。⑥

柏拉图在他的政治思想中首先指出了政治动员来自人们对特定政治现象的不同理解,并揭示了政治权力地位的形成与差别,同时也指出了城邦政治活动的最终目标在于促进人类的整体幸福。到了文艺复兴时期,被誉为近代资产阶级政治学之父的马基雅维里继承和发展了这一理论,他首次将政治同伦理区分开来,使政治目标摆脱了宗教伦理的束缚。马基雅维里指出,"政治活

① 林尚立:《当代中国政治形态研究》,天津人民出版社2000年版,第271页。
② 石永义等:《现代政治学原理》,中国人民大学出版社2000年版,第148页。
③ [古希腊]柏拉图:《理想国》,郭斌河、张竹明译,商务出版社1986年版,第368页。
④ [古希腊]柏拉图:《理想国》,郭斌河、张竹明译,商务出版社1986年版,第169页。
⑤ [古希腊]柏拉图:《理想国》,郭斌河、张竹明译,商务出版社1986年版,第154页。
⑥ 白雷:《政治动员的表现逻辑》,硕士学位论文,河北大学,2010年。

动的中心在于以理性为基础而形成的统治者所具有的权力。批判了道德和理性的等同关系,认为有道德的并不总是合乎理性的,任何想始终不渝地去实践所有那些被认为是善良东西的企图,将会证明是非理性的。"①他强调了权力的至关重要性,认为权利是统治者能够施加政治影响力的关键所在——"关于某事要说服人们是容易的,可以要他们对于说服的意见坚定不移,那就困难了。因此事情必须这样安排:当人们不再信仰的时候,就依靠武力迫使他们就范。"②马基雅维里把国家和权力作为政治活动的出发点和根本归宿,促进了政治动员理论的发展。

到了启蒙运动时期,对政治动员理论作出重要贡献的是法国著名思想家卢梭。他用自然法的理论推导出"主权在民"思想,指出国家是人民通过一种契约的方式建立的。卢梭认为,人们由于自身局部私利及认知水平的制约,并不能够看清事物的本质目标。"公意永远是正确的,但是那指导着公意的判断却并不永远都是明智的。所以就必须使它能看到对象的真相,有时还得看到对象所应呈现的假象:必须为它指出一条它所寻求的美好道路,保障它不至于受个别意志的诱惑,使它能看清时间与地点,并能以遥远的隐患来制衡当前切身利益的引诱。"③因此,政治动员成为必要和可能。

此外,德国古典哲学家康德等人对政治动员理论也做出了重要贡献。但是,在我们看来,对政治动员理论阐述最为完整的是马克思主义。列宁在《怎么办?》一书中系统阐发了"灌输论",阐明了实现革命理论与群众实践相结合的极端重要性,揭示马克思主义理论教育的一般规律。从马克思主义大众化本身来讲,它不仅是指马克思主义理论由深奥到通俗、由少数人理解到多数人理解的理论普及过程,而且也是指马克思主义理论由少数人运用到多数人运用的实践开展过程。这一过程的实现,不是无条件的、自动完成的。而马克思主义政党开展积极的理论灌输,就是推进马克思主义大众化和政治动员的重

---

① 杨鹏飞:《马基雅维里对近代政治学说的贡献》,《青海师范大学学报》(社会科学版)1993 年第 2 期。

② [意]尼科洛·马基雅维里:《君主论》,潘汉典译,商务印书馆 2005 年版,第 27 页。

③ [法]卢梭:《社会契约论》,何兆武译,商务印书馆 2006 年版,第 48—49 页。

要路径。可以说,"灌输论"是以列宁等人所提出和阐发的关于工人阶级理论教育原则—方法的原理,实际上也是关于如何实现马克思主义大众化的基本原理。从马克思主义政党必须坚持的原则而言,它具有一定的强制性,而从具体的方法而言,它具有非强制性。这种强制性与非强制性的辩证统一,不仅体现了"灌输"的原则性与方法性的辩证统一,而且归根到底体现了马克思主义的意识形态性与科学性的辩证统一。①

(3)中国梦的政治动员理论之维

政治动员是政治发展的一种手段,这种手段既有如维护社会稳定,实现政治目标等优点,也有着运用条件不当而带来的各种负面效应。习近平关于中华民族伟大复兴中国梦的论述,生动地诠释了中国梦的基本内涵和实现路径,产生了巨大的共鸣和社会影响,是对政治动员理论的巧妙运用。具体而言主要表现在以下方面:

第一,打破了政治动员理论的常规逻辑。通常而言,政治动员理论从逻辑上表现出一定的主体上的精英主义。中国梦是亿万群众过上幸福生活的安康梦,它从底层立场出发,以广大人民群众的切身利益为导向,从而取代了传统政治动员理论中的精英主义。中国梦的提法富于想象力、更具亲和力。它既准确表达了奋斗目标、民族理想的含义,又因"梦"给人以遐想,不仅表现在它为每个中华儿女留下了自己的想象空间,而且表现在寻梦、追梦、圆梦的"梦系列"高度契合了中华民族的昨天、今天和明天,形象地反映了实现中华民族伟大复兴的艰难历程、动态过程。此外,中国梦因与其他国家人民的梦想相通而便于国际交流。消除不同文化之间的隔阂,让他国人民接受中国的发展理念,需要我们采取合适的话语方式。习近平在中法建交50周年纪念大会上的讲话从拿破仑的"睡狮论"讲起,很自然地得出新的"醒狮论":"中国这头狮子已经醒了,但这是一只和平的、可亲的、文明的狮子。"②可以说,这是中国故事、国际表达的典范。总起来看,中国梦的提法具有大众性,便于传播,易于接

---

① 孙来斌:《"灌输论"与马克思主义大众化》,《高校理论战线》2012年第11期。
② 习近平:《在中法建交50周年纪念大会上的讲话》,《光明日报》2014年3月27日。

受。话语是时代的记录,话语的创新为人们追寻时代的发展轨迹提供了敏感信息。"中国梦"以及与之相关的中国道路、中国精神、中国力量、中国故事、中国声音等话语的高频使用和广泛传播,表明当代中国社会政治生活中形成了新的话语群。这一话语群的形成,实现了学术话语与政治话语、民间话语与官方话语、中国话语与外国话语之间的有效对接,具有重要的象征意义,不仅体现了中央领导集体亲民务实、善于沟通的新形象,而且成为中华民族在精神文化上"站起来""富起来"的文化标识。① 它是对个人幸福的小梦与国家富强的大梦互生互动、造福中国与造福世界辩证统一的形象表达。

第二,回应了中华民族当下的文化诉求。马克思、恩格斯在《共产党宣言》中有过关于西欧资本主义市场化、工业化强烈冲击社会生活的一段经典描述。从一定意义上说,他们所描述的某些景象似乎也在当代中国上演。当代中国正在经历由传统到现代的社会转型,市场经济、工业化、信息化正在深入推进。这既带来了社会物质领域的巨大变化,也带来了社会文化领域的深刻变革,推动文化大发展大繁荣既具备许多有利条件,也面临一系列新情况新问题。植根于小农经济、被世代中国人作为精神依托的传统道德观念,遭受现代工业文明、网络文化大潮的严重冲击;新中国成立后长期提倡的集体主义、奉献精神等社会主义价值观念,遭受市场经济条件下的个人主义、逐利原则的严重冲击;长期处于封闭半封闭状态下的社会文化领域,在对外开放过程中遭受各种西方思潮涌入的严重冲击。面对这些冲击,中国共产党始终有着清醒认识,在改革开放过程中一再强调物质文明和精神文明"两手抓、两手都要硬"。但由于种种原因,特别是由于中国特色社会主义文化建设的复杂性、特殊性,我们在既有的文化价值体系遭受严重冲击之时,未能及时为人们提供一种新的、令人信服的文化价值体系。正是在这种意义上,许多人内心深处不再有什么神圣的东西,笼罩着一种在精神上无家可归、四处流浪的放逐者意识,并由此陷入难以名状的精神焦虑之中。一些党员干部信仰缺失,有的心为物

---

① 参见孙来斌:《关于中国梦何以能以及如何去研究的思考》,《安徽师范大学学报》(人文社会科学版)2014 年第 3 期。

役,信奉金钱至上、名利至上、享乐至上。中华民族历来重视精神文化生活,决不能任这些消极的因素滋生,决不能任精神文化上的焦虑症、"软骨病"流行。① 可以说,中国梦的提出,具有很强的精神文化指向性。②

第三,促进了大众政治认同的形成。正如有学者指出,政治认同"是指人们在社会政治生活中产生的一种情感和意识上的归属感,它与人们的心理活动有着密切的联系。在政治社会化过程中,人们依据一定的政治态度、政治目标确定自己的身份,把自己看作是某一政党的成员、某一政治过程的参与者或某一政治信念的追求者等等,并自觉以组织及过程的要求来规范自己的政治行为,与这个政治组织保持一致,支持这个组织的路线、方针、政策。"③中国梦的提出,极大地增强了民众的国家认同感和民族自豪感,拉近了党和政府与社会公众的距离,增强了群众的政治认同。

总之,中国梦的提出,是新形势下对政治动员理论的灵活而成功的运用,它不仅赢得了国内社会各阶层的高度认同,并且也引起了世界范围内的广泛关注。

4. 社会整合理论的新阐释

(1)社会整合理论的思想脉络

社会整合理论最早产生于19世纪工业革命时期。随着社会化大生产的不断发展,随着社会化大生产的不断开展与扩张,欧洲各国产生了巨大的社会变迁,新的社会组织和社会成分迅速从传统社会中分化出来,社会秩序也遭到了前所未有的挑战。④ 正是在这样的背景下,人们对社会整合理论的需求尤为迫切。

其一,涂尔干的非契约性社会整合理论。涂尔干(Émile Durkheim)的社会整合理论的深刻社会背景是现代社会劳动分工的扩大化。作为一位较早从理论上探讨分工和整合关系的社会学家,涂尔干的思考对后来的人们富有重

① 孙来斌:《用核心价值观撑起中华民族的精神家园》,《光明日报》2014年4月30日。
② 孙来斌、谢成宇:《中国梦的文化意蕴》,《当代世界与社会主义》2014年第6期。
③ 马振清:《中国公民政治社会化问题研究》,黑龙江人民出版社2001年版,第132页。
④ 吴晓林:《社会整合理论的起源与发展:国外研究的考察》,《国外理论动态》2013年第2期。

要的启示,因为他"深刻地意识到应该在不同的社会,劳动分工和各种社会整合原则之间建立一种内在的联系。"①正是出于对现代社会劳动分工所出现的混乱局面:利己主义、缺乏合作、强迫性劳动分工乃至病态的分化后果②的深刻思考,出于对在资本主义统治下社会产生的激烈动荡和变迁情况下社会秩序的混乱和无效的深刻思考,涂尔干决心从社会既有的规则和传统中寻求整合的答案,提出了"社会团结"(social solidarity)的思想,从而将更多地社会整合依靠非契约性关系。涂尔干认为,社会整合发生在这样的情境之中:(a)个人的热情被共享的文化象征所调控;(b)个人通过仪式和互相加强的姿态产生集体归属;(c)行为被规则和合法的政治结构管理和协调;以及(d)不平等应该符合人才分布的情况;这种社会整合彰显出了显著的"非契约性"特征。③

其二,帕森斯的宏大社会整合理论。20世纪30—40年代,美国社会学家帕森斯(Talcott Parsons)在结构功能主义分析框架中构筑了宏大的社会整合理论。在将社会划分为四个子系统的基础上,④他提出了解释社会行动的结构功能框架。帕森斯强调整体而批评功利主义的原子论,认为整体的特性不仅仅在于各个部分的组合,一旦有机整体的某一部分同整体分开,它就失去了原来的本性。他的整合理论就是以子系统为分析单位,主张渐进而平缓地维持系统均衡。⑤

综上所述,首先提出社会整合概念并用来解决社会问题的当属涂尔干,但是真正将社会整合提升为一种理论范式,来解释社会变迁的集大成者则是帕森斯。在帕森斯之后,社会整合的理论主要沿着两条线索继续发展,一是继续沿用帕森斯宏观的体系架构,从抽象意义上对该理论进行修补和完善;二是引

---

① [法]马尔图切利:《现代性社会学——20世纪的历程》,姜志辉译,译林出版社2007年版,第18页。

② Émile Durkheim, *The Division of Labor in Society* (1893), New York: Macmillan, 1933, pp.353-410.

③ 吴晓林:《社会整合理论的起源与发展:国外研究的考察》,《国外理论动态》2013年第2期。

④ 即有机体系统(系统生存的环境)、行动者系统、社会系统(社会的规范性制度和行为准则)、文化系统。

⑤ 吴晓林:《现代化进程中的社会分化与整合》,《河南大学学报》2012年第3期。

入经验研究方法,通过数据统计、样本调查等形式,对具体的问题进行微观研究。①

(2)社会整合理论的基本内容

从字面来看,与社会整合相对应的是社会分化引起的社会解组和解体。就其本质而言,社会整合理论必须包含人、物、过程、结果等几方面的内容。

第一,从社会整合的主体来看,必须确保足够的社会成员参与其中。基于人类解决社会矛盾、处理社会关系、有效促进社会进步的需要,社会整合必须有执行主体,即在什么人、什么团体的操作与引导下进行社会整合。社会是一个有机的整体,人们在这个整体中处理着各种社会关系。作为个体的人来说,在社会环境中必须面对人与自然、与他人的关系,不断调整自身的思想言行。而就整个社会而言,必须有发挥整合作用的人或组织来对人的思想行为进行引导,担任起社会管理的角色。只有在执行主体与社会成员的行动控制在维持社会基本秩序的范围内,形成"合力",社会整合的目的才能得以实现。

第二,从社会整合的客体来看,社会整合的对象是社会中的各种构成要素或子系统。这其中既有经济领域、政治领域、思想文化领域等公共领域,也有以民生领域为主的日常生活领域。社会整合既包括各个领域,也包括这些领域的子系统。一方面社会整合就是要维持各个领域已有的要素成分,另一方面也缓解各领域之间不同要素的矛盾冲突,使其达到功能互补、协调一致、和谐统一的状态。

第三,从社会整合的进程来看,社会整合是一个动态过程,需要把不同的因素、各个部分结合起来。具体而言主要包括社会整合目标的确立、社会整合手段的选择、社会整合步骤的实施、社会整合结果的反馈以及社会整合目标手段的调节等。有学者指出,社会整合过程一般有四个环节:一是确立整合中心,二是认同整合中心,三是实施社会整合,四是调整整合方式与整合力度。②

第四,从社会整合的效果来看,社会整合到最后呈现的是一种协调统一的

---

① 吴晓林:《社会整合理论的起源与发展:国外研究的考察》,《国外理论动态》2013 年第 2 期。
② 杨信礼:《发展哲学引论》,陕西人民出版社 2001 年版,第 180 页。

状态。具体而言表现为社会的安定有序、团结和谐。但社会的分化和整合是一个不断相对运动、相互矛盾的过程,这样社会整合的状态也不断处于分化和整合之中,成阶段式发展和螺旋式上升。

因此我们认为,社会整合是在足够的人员参与下,管理主体采取机械或有机的团结方式对各领域、要素或子系统进行规约、协调和引导,从而使人们的活动保持平衡、稳定及一体化状态的过程和结果。需要指出的是,社会整合的效果不是一成不变的,而是随着社会的发展而不断变化。社会总在不断发展,社会矛盾总会层出不穷的出现。因此,社会整合就需要不断地进行调整。

（3）社会整合理论的新借鉴

前述西方社会整合理论所关注的问题,马克思主义的社会发展与社会建设理论从不同维度关注过这个问题。马克思在《资本论》等著作中,概括了社会和谐发展的三大历史阶段,阐明了人类在资本主义阶段所遇到的经济增长与社会和谐的悖论,揭示了悖论产生的根源以及最终实现社会和谐的必由之路。唯物辩证法要求我们,必须用普遍联系的观点来理解社会的整体联系,用发展的观点来看待社会和谐问题,用适度的原则来协调利益冲突。党的十八大以来,习近平反复强调要凝神聚力全面建成小康社会,努力实现中华民族复兴中国梦。他的分析方法和话语特色,体现了宽广的世界眼光,对社会整合问题做出了新的阐释。

首先,强调了进行社会改革和社会整合的必要性。习近平在《关于中共中央关于全面深化改革若干重大问题的决定的说明》中指出:"当前,国内外环境都在发生极为广泛而深刻的变化,我国发展面临一系列突出矛盾和挑战,前进道路上还有不少困难和问题。比如:发展中不平衡、不协调、不可持续问题依然突出,科技创新能力不强,产业结构不合理,发展方式依然粗放,城乡区域发展差距和居民收入分配差距依然较大,社会矛盾明显增多,教育、就业、社会保障、医疗、住房、生态环境、食品药品安全、安全生产、社会治安、执法司法等关系群众切身利益的问题较多,部分群众生活困难,形式主义、官僚主义、享乐主义和奢靡之风问题突出,一些领域消极腐败现象易发多发,反腐败斗争形

势依然严峻,等等。解决这些问题,关键在于深化改革。"①这实际上指出了解
决问题、进行社会整合的必要性。其次,指出进行社会改革和社会整合的根本
要求。

5. 后发优势理论的新证明

(1)后发优势理论溯源

后发优势(Advantage of Backwardness)源于古典经济学家李嘉图、赫克歇
尔和奥林等提出的"相对有利条件论"以及德国经济学家李斯特的动态比较
费用学说。学术界公认,20世纪美国经济学家格申克龙是比较早地提出并系
统阐发后发优势理论的代表人物。在其研究基础上,后来的西方学者从不同
角度对后发优势理论加以丰富和发展。如:美国经济学家列维从现代化理论
角度对后发优势加以论证;阿伯拉莫维茨提出"追赶理论",列出后发优势的
具体表现;拉美、东亚的罗索夫斯基、南亮进和大川一司等人将格申克龙的后
发优势论应用于对日本工业化过程的分析;渡边利夫运用这一理论对韩国经
济的分析,先后验证了后发优势的客观性。近年来,有学者结合经济全球化的
条件来谈论后发优势,进一步推进了相关研究。如:范艾肯等指出,在全球化
条件下,后发优势更加突出,由此提出开放经济条件下的经济追赶模型,探讨
了后进国家基于后发优势与先进国家经济趋同的问题,使后发优势理论在新
形势下得到了进一步的拓展。②

我国学者的研究主要是从四个角度进行的:一是从发展经济学角度,如郭
熙保从发展经济学的基本理论出发,深入研究了西方经济追赶理论,对涉及后
发优势与后发劣势的各种流派和观点进行了总结和归纳,并对全球化与信息
化条件下后发优势与后发劣势的新变化作了有益的探索。③ 二是从政治经济
学角度,如陆德明初步形成了基于后发优势的"发展动力理论"框架,提出了

① 习近平:《关于中共中央关于全面深化改革若干重大问题的决定的说明》,《人民日报》2013
  年11月16日。
② 孙来斌、李敏:《后发优势研究述评》,《经济社会体制比较》2006年第4期;李敏:《论当代中
  国的后发优势》,《齐齐哈尔大学学报》(哲学社会科学版)2007年第5期。
③ 郭熙保:《经济发展:理论与政策》,中国社会科学出版社2000年版,第212页。

后发国家的发展动力转换假说,认为通过学习型追赶,后发国家与先发国家的发展差距逐步缩小,但总还有一恒定差距无法消除,要超越这一"最后最小差距",后发国家的发展动力必须更新转换,即从原来的主要由后发利益驱动的引进学习转向主要由先发利益驱动的自主创新。[1] 三是从现代化理论角度,如罗荣渠归纳了后发优势与后发劣势的表现形式,并且论证了它们在现代化发展历程中的重要作用和重要影响。[2] 四是从技术经济学角度,如傅家骥、施培公探讨了作为后发优势重要表现的技术模仿创新问题,对模仿创新造就后发优势的内在机理进行了探讨。[3]

那么,到底什么是后发优势呢? 格申克龙认为,"后发优势"是指后起国在推动工业化方面所拥有的由后起国地位所致的特殊益处,这种益处既不是先进国家所同样能拥有的,也不是后进国家通过自身努力创造的,而完全是与其经济的相对落后性共生的,也常被称作"后起之益"或"落后的有利性"等。它主要表现在经验借鉴、科学技术文化利用、后发国家联合、产业转移、外资利用和榜样激励等方面。[4] 事实上,学术界已经注意到后发优势的表现是多方面的。如有学者认为,后发优势主要体现在引进先进国家的技术和设备,学习和借鉴先进国家的成功经验、吸取失败的教训,激发后发国家强烈的"赶超"意识三个方面。[5] 有学者认为后发优势包括技术引进优势、制度创新优势、结构变动优势、规模扩张优势、人力资源优势等五个方面。[6]

(2)中国梦对后发优势理论新的证明

学术界关于后发优势与比较优势的理论研究,为我们认识和发挥当代中国的后发优势与比较优势从而实现经济追赶,提供了重要的理论指导。

---

[1] 陆德明:《中国经济发展的动因分析》,山西经济出版社 1999 年版,第 21 页。
[2] 罗荣渠:《现代化新论》,北京大学出版社 1993 年版,第 312 页。
[3] 施培公:《后发优势——模仿创新的理论与实证研究》,清华大学出版社 1999 年版,第 217 页。
[4] Alexander Gershenkron, *Economic Backwardness in Historical Perspective*, Boston：Harvard University Press,1962,p.344.
[5] 胡鞍钢等:《知识与发展:21 世纪的新追赶战略》,北京大学出版社 2001 年版,第 196—197 页。
[6] 简新华等:《后发优势、劣势与跨越式发展》,《经济学家》2002 年第 5 期。

习近平关于实现中华民族伟大复兴中国梦的系列重要讲话精神,体现了当代中国共产党人对后发优势的独特理解。

其一,民族发展意识的后发优势。民族意识是民族精神的灵魂,任何民族都具有自己的民族意识。优秀的民族意识是推进整个民族、国家发展的巨大的精神动力。当代中国在民族意识方面同样也具有令人惊叹的后发优势。

促使中国兴盛的民族意识的后发优势之一,就是中国人民具有强烈的民族自尊心和自信心。中华民族不仅历史悠久,而且创造了光辉灿烂的文明。然而自鸦片战争以后,中华民族遭受西方列强宰割的屈辱历史和深重灾难,使中国人民的民族自尊心受到了极大的伤害。中华人民共和国的成立,使中国人民重新站起来了。中国人民永远不会忘却不堪回首的历史。国家要富强,人民要幸福,中华民族要屹立于世界民族之林,已经成为全体中国人民的共同心声。中国人民这种强烈的民族自尊心和自信心,又转化成建设强大国家的无穷精神动力。中国与西方发达国家之间还有很大的差距,这种差距会唤醒中国人民强烈的民族自尊心。落后就要挨打的历史教训,在无形中会变成一种压力感、紧迫感和历史责任感,激起中国人民奋起直追,从而变成进行社会主义现代化建设的强大精神力量。

促使中国兴盛的民族意识的后发优势之二,是中国人民自强不息的民族精神。中华民族自古以来就是一个自强不息、不甘落后的民族。中华民族的历史证明,中国人民具有强烈的民族兴亡意识,有为民族振兴、国家富强顽强奋斗,不达目的誓不罢休的民族精神。近代以来,无数中华儿女为了救国救民,前仆后继、浴血奋斗,直至在中国共产党领导下,推翻了三座大山,取得了新民主主义革命的胜利。这种在历经坎坷终不悔的艰难探索中所表现出来的不屈不挠的中华民族精神,是我们进行社会主义现代化建设,实现追赶先发国家的最宝贵、最伟大的精神力量。为振兴中华奋斗一生的邓小平曾说过:"中国人民既然有能力站起来,就一定有能力永远岿然屹立于世界民族之林。"①习近平指出:"中华民族具有5000多年连绵不断的文明历史,创造了博大精深

---

① 《邓小平文选》第 3 卷,人民出版社 1993 年版,第 323 页。

的中华文化,为人类文明进步作出了不可磨灭的贡献。经过几千年的沧桑岁月,把我国56个民族、13亿多人紧紧凝聚在一起的,是我们共同经历的非凡奋斗,是我们共同创造的美好家园,是我们共同培育的民族精神,而贯穿其中的、更重要的是我们共同坚守的理想信念。"①可以说,中华民族自强不息的民族精神,减小乃至弥合了国内各民族、各阶级、各阶层之间的隔阂,形成一种强烈的民族归属感、凝聚力、向心力。

促使中国兴盛的民族意识后发优势之三,是中国人民对人类要有更大贡献的历史使命感与荣誉感。中国不仅是一个大国,而且是一个对世界和人类的发展具有强烈责任感的大国。中国历来都把自身的发展同世界人类的发展联系在一起。孙中山先生曾经说过:"中国如果强盛起来,我们不但是要恢复民族的地位,还要对于世界负一个大责任。"②新中国的历届领导人都强调要对世界和平和发展作出更大的贡献。毛泽东1956年就说过:"因为中国是一个具有九百六十万平方公里土地和六万万人口的国家,中国应当对于人类有较大的贡献。而这种贡献,在过去一个长时期内,则是太少了。这使我们感到惭愧。"③改革开放以后,邓小平也曾多次满怀豪情地表示:中国要"力争在本世纪内实现四个现代化,使我们的社会主义国家兴旺起来,使我们党的事业兴旺起来,使我国的无产阶级专政更加巩固,使我们能够为国际共产主义运动,为全人类,作出更大的贡献"④。党的十八大以来,习近平反复强调,中华民族一定要实现伟大复兴,从而一定为人类文明进步作出更大贡献。中国要对人类作出应有的贡献,是当代中国在民族意识方面又一强劲的后发优势。因为这一神圣的历史使命感和荣誉感,将激发中国人民更加努力地建设好自己的国家。只有把中国自己的事情办好了,我们才有能力去援助世界上其他与中国曾经有过同样历史命运的发展中国家,才有能力维护世界的和平与发展。

---

① 习近平:《在第十二届全国人民代表大会第一次会议上的讲话》,《人民日报》2013年3月18日。

② 《孙中山全集》第9卷,中华书局1981年版,第253页。

③ 《毛泽东文集》第7卷,人民出版社1999年版,第156—157页。

④ 《邓小平文选》第2卷,人民出版社1994年版,第47页。

其二,技术开发的后发优势。技术对社会发展有着重要作用,马克思就曾对此作过很高的评价,强调"劳动生产力是随着科学和技术的不断进步而不断发展的"①。邓小平继承并发展了这一思想,他在 1988 年会见捷克斯洛伐克总统胡萨克时的谈话中指出:"马克思说过,科学技术是生产力,事实证明这话讲得很对。依我看,科学技术是第一生产力。"②这就更加鲜明地揭示了科技对发展生产力的巨大作用。

然而,发展中国家的技术水平很低,远远落后于发达国家,这就给发展中国家经济发展带来一定困难。如何解决发展中国家技术落后这一难题呢? 马克思主义经典作家曾直接或间接地提出利用国外资本主义先进技术为落后国家服务的思想。马克思曾说过,"历史不外是各个世代的依次交替,每一代都利用以前各代遗留下来的材料、资金和生产力"③。所以,马克思、恩格斯在研究俄国革命的社会主义前途的问题时,也就明确地指出,像俄国这样的不发达国家,"可以不通过资本主义制度的'卡夫丁峡谷',而吸取资本主义制度所取得的一切积极成果"④来实现向社会主义的过渡,直接进入社会主义。这里面"一切积极成果"就包含了利用资本主义国家先进的技术来为社会主义服务的思想。

列宁在探讨经济文化落后的俄国如何建设社会主义时,也有过利用资本主义技术的思想。在他看来,弥补苏俄建设社会主义的先天不足的必要的也是可行的办法,就在于向西方国家学习先进的技术和管理经验。"社会主义能否实现,就取决于我们把苏维埃政权和苏维埃管理组织同资本主义最新的进步的东西结合得好坏。"⑤苏维埃国家必须尽快从发达国家引进技术设备,采用"一切有价值的科学技术成果","必须充分利用科学、技术和资本主义俄国给我们留下来的一切东西"⑥,"要建设共产主义,就必须掌握技术,掌握科

---

① 《马克思恩格斯全集》第 23 卷,人民出版社 1972 年版,第 664 页。
② 《邓小平文选》第 3 卷,人民出版社 1993 年版,第 274 页。
③ 《马克思恩格斯选集》第 1 卷,人民出版社 1995 年版,第 88 页。
④ 《马克思恩格斯全集》第 25 卷,人民出版社 2001 年版,第 479 页。
⑤ 《列宁选集》第 3 卷,人民出版社 2012 年版,第 492 页。
⑥ 《列宁全集》第 36 卷,人民出版社 1985 年版,第 6 页。

学,并为了更广大的群众而运用它们,而这种技术和科学只有从资产阶级那里才能获得"①。对此,列宁非常重视对资本主义先进技术及其设备的引进,并采取租让制、合作制、代销制、租赁制等国家资本主义形式作为吸收西方资本和技术的主要途径。他还提出了一个著名的公式:"苏维埃政权+普鲁士的铁路秩序+美国的技术和托拉斯组织+美国的国民教育等等等等++=总和=社会主义。"②

马克思主义经典作家的上述论述,揭示了发展中国家,尤其是落后的社会主义国家利用发达资本主义国家先进技术实现经济发展的道理。从另一个角度讲,这也是发展中国家技术开发的后发优势。发展中国家科学技术虽然落后,但可以从发达国家引进先进技术,并在此基础上进行适合本国的技术创新,以较低的成本和代价获得技术和经济发展。

作为一个后发国家,当代中国同样具有技术开发的后发优势。它包含两个方面:一是技术引进的后发优势,二是技术创新的后发优势。目前,由于发达国家占世界研发总支出的96%,我国与发达国家存在巨大技术差距,对外国技术引进是技术开发的后发优势的主要表现。在技术引进方面,从新中国成立之初到改革开放前,由于国内外环境和经济发展战略的影响,我国在技术引进上力度较小,而大规模的技术引进则在改革开放以后。经过30多年的发展,我国逐步形成了以外国直接投资为主,各种途径并用的技术引进模式。我国不仅引进了一大批外国的先进技术,而且某些行业如我国的电视机、计算机等电子行业取得了飞速的发展,与国际先进技术差距迅速缩小。在其他领域,包括高科技领域(如通信技术、航天技术),通过学习、模仿和改进,我国的整体科技水平很快得到提高。

技术引进在后发国家经济起飞的初期是必要的,但如果只是一味地引进技术,就很容易使其陷入"引进—模仿—引进—模仿"的被动循环之中,因而缺乏自主创新与提升的能力,最终反而阻碍国家技术的进步。技术引进与技

---

① 《列宁全集》第38卷,人民出版社1986年版,第283页。
② 《列宁全集》第34卷,人民出版社1985年版,第520页。

术创新是相互联系的两个方面,但技术引进的本身不是目的,最多也只是提高后发国家技术进步的一种方式,最终的目的是在技术引进的基础上吸收、消化,从而达到技术创新。唯有技术创新,才有超越先发国家的可能性。所以,中国在社会主义现代化建设的过程中,不仅要技术引进,而且更要技术创新。技术创新才是我国实现技术开发后发优势的关键所在。

其三,制度创新的后发优势。关于作为上层建筑的制度对经济基础和生产力发展的能动作用,恩格斯论述得更为明确:"政治、法、哲学、宗教、文学、艺术等等的发展是以经济发展为基础的。但是,它们又都互相作用并对经济基础发生作用。"①马克思、恩格斯关于制度对经济反作用的思想对当代中国利用制度后发优势实现经济追赶有着重要的指导意义。

制度具有公共产品性质,可以被后来者移植或模仿、借鉴,为后来者节约制度创新的时间和成本,这就是制度创新的后发优势。作为后发国家,我国同样具备制度创新的后发优势。主要表现在以下几个方面:

第一,改革过程中确立的社会主义市场经济体制。众所周知,中华人民共和国成立之初,我们学习苏联经验,实行高度集中的计划经济体制、政治体制。这种体制在当时经济建设中发挥了一定积极作用。但随着经济发展,其高成本、低效率、易致腐败等弊端日益凸显,及时进行经济体制改革成为我国制度创新的必然选择。不可否认,在从传统的计划经济体制向市场经济体制转变的过程中,我们借鉴了西方市场经济国家许多行之有效的经验和做法。在此基础上,我国创造性地建立了社会主义市场经济体制。社会主义市场经济体制实现了市场经济体制与我国基本制度有机结合,是我国经济体制创新的一次伟大实践。

第二,与社会主义市场经济体制相适应的微观经济运行制度、法律法规。随着社会主义市场经济体制的逐步建立,随之而来的就是要及时建立与之相适应的微观经济制度、相关的法律法规,以促进市场经济顺利运行。在这方面,我国同样借鉴了西方发达国家的诸多经验,因而具有制度创新的后发

① 《马克思恩格斯选集》第4卷,人民出版社2012年版,第649页。

优势。

习近平指出:"党的十八大强调,要把制度建设摆在突出位置,充分发挥我国社会主义政治制度优越性。我们要坚持以实践基础上的理论创新推动制度创新,坚持和完善现有制度,从实际出发,及时制定一些新的制度,构建系统完备、科学规范、运行有效的制度体系,使各方面制度更加成熟更加定型,为夺取中国特色社会主义新胜利提供更加有效的制度保障。"①

(二)中国梦的实践价值

常言道:"梦想有多远,决定我们能走多远。"习近平 2013 年 11 月在考察山东时强调,一个国家、一个民族的强盛,总是以文化兴盛为支撑的,中华民族伟大复兴需要以中华文化发展繁荣为条件。在唯物史观看来,文化不仅是社会生活的重要组成,而且是社会发展的重要动力。中国梦不仅具有独特的文化特色、丰富的文化内涵,而且具有整合社会共识、引领全面复兴、塑造共同理想等强大的文化功能。②

1. 整合社会文化共识

中国梦作为实现中华民族伟大复兴理想的形象表达,已经成为当代中国的一种国家精神。对于国家精神的作用,可以从不同学科的视角做出理解。从马克思主义理论角度来看,国家精神的作用可以从社会意识的能动性、人的精神需要、精神力量与物质力量的转化、个体意识与群体意识的关系、社会意志合力等原理中获得解释。例如,恩格斯晚年在致布洛赫的信中对"意志合力"有一段著名的论述:"历史是这样创造的:最终的结果总是从许多单个的意志的相互冲突中产生出来的,而其中每一个意志,又是由于许多特殊的生活条件,才成为它所成为的那样。这样就有无数互相交错的力量,有无数个力的平行四边形,由此就产生出一个合力,即历史结果"③。对于一个国家而言,

---

① 习近平:《紧紧围绕坚持和发展中国特色社会主义　深入学习宣传贯彻党的十八大精神》,《光明日报》2012 年 11 月 19 日。
② 本章对于中国梦的实践价值的分析,主要就国内维度而言。毋庸置疑的是,中国梦的实践价值当中还包含着它对促进国际社会理解、认同中国发展道路的重要意义。因为这一点非常重要,所以本书辟专章另行探讨。
③ 《马克思恩格斯选集》第 4 卷,人民出版社 2012 年版,第 605 页。

"意志合力"无疑可以理解为一种国家精神,即亿万民众单个意志的共同表现。从发展经济学的角度来看,优秀的国家精神是一个国家发展的比较优势与后发优势——它区别于他国的国家精神并表现出自己的优点,因而成为该国发展的比较优势;它反映了后发国家的"后来居上"的追赶意识,因而成为其发展的后发优势。二战后日本、韩国、新加坡等国经济社会发展的经验对此给予了证实。① 从社会整合理论角度来看,当代社会由于急剧的社会变迁所引发的激烈冲突,亟待发挥精神因素、文化共识在社会整合中的重要作用,亟待通过国家精神的社会化将规范、价值和信仰等文化因素内化成为个体的自觉,从而发挥消除隔阂、弥合分歧的社会整合功能。

当前中国社会正在经历一系列复杂的社会转型,出现了社会思想的多元多样多变,引发了不同利益群体之间的思想隔膜。当下的中国人并不缺想法,缺的正是共同的想法。中国梦找准并凸显实现民族复兴与人民幸福这一共同愿景,表达出十三亿中国人利益的最大公约数,具有打通群体隔膜、整合社会共识的强大功能。

2. 引领民族全面复兴

在人类思想史上,精神文化因素对社会发展的促进作用早已引起关注,在马克思主义发展史上表现得尤为突出。针对将唯物史观归结为"经济决定论"的错误,马克思、恩格斯在晚年反复强调指出:人类社会的发展绝非只是生产力发展的结果,而是还要受到精神文化因素的影响。"政治、法、哲学、宗教、文学、艺术等的发展是以经济发展为基础的。但是,它们又都互相作用并对经济基础发生作用。这并不是说,只有经济状况才是原因,才是积极的,其余一切都不过是消极的结果。"②美国学者理查德·沃尔夫(Richard D.Wolff)认为:"社会影响的经济和非经济方面的相互影响,它们互相创造彼此。""所有的不同方面均塑造其他方面,并同时被其他方面所塑造。"③虽然沃尔夫的

---

① 孙来斌:《实现中国梦必须弘扬中国精神》,《光明日报》2013 年 3 月 30 日。
② 《马克思恩格斯选集》第 4 卷,人民出版社 2012 年版,第 649 页。
③ Richard D.Wolff,Stephen A.Resnick,*Contending Economic Theories*:*Neoclassical*,*Keynesian*,*and Marxian*,Cambridge:The MIT Press,2012,p.143.

观点不太符合传统马克思主义的解读,但是他从文化、政治、经济等相互之间的辩证影响阐发的"多元决定论",对于打破"经济决定论"的解读惯性具有很强的理论针对性。

"2000多年前,中国就出现了诸子百家的盛况,老子、孔子、墨子等思想家上究天文、下穷地理,广泛探讨人与人、人与社会、人与自然关系的真谛,提出了博大精深的思想体系。"①这一时期的文化繁荣,塑造了中华民族独特的精神品格,进而引领了其后中国经济社会的整体发展。鸦片战争以后,中国人在经济社会发展上走上了一条下坡路,而"五四"新文化运动作为思想文化上坡路的起点,由以引领中华民族转入一条新的上坡路。这种文化发展引领社会发展的现象,在欧洲的文艺复兴运动、"美国梦"助推美国社会繁荣等史实中也可得到证明。正如有学者指出,在社会发展诸要素之中,"文化是协调各个要素协同发展、相互耦合的关键"。"经济社会的运行需要通过文化的反馈形成系统的回路。当文化适应经济社会发展时,会形成一种正反馈,从而推动经济社会的发展;当文化不适应经济社会发展时,就会形成一种负反馈,从而束缚甚至阻碍经济社会的发展。"②

中国梦一种精神文化理念,不仅对于实现中华民族的文化复兴具有重要的激励作用,而且对于实现中华民族的全面复兴具有重要的引领作用。中华民族历来重视精神文化生活,并且深谙"仓廪实、衣食足"与"知礼节、知荣辱"的内在逻辑。正如习近平在联合国教科文组织总部的演讲中指出:"没有文明的继承和发展,没有文化的弘扬和繁荣,就没有中国梦的实现。中华民族的先人们早就向往人们的物质生活充实无忧、道德境界充分升华的大同世界。实现中国梦,是物质文明和精神文明比翼双飞的发展过程。"③可以说,人类社会发展的历史证明,一个民族在物质上不能贫困,在精神上也不能贫困;只有在物质上和精神上都富有的民族,才是一个真正有强大生命力、凝聚力的民

---

① 习近平:《在布鲁日欧洲学院的演讲》,《人民日报》2014年4月2日。
② 赵明仁、肖云:《民族伟大复兴要以中华文化发展繁荣为条件——学习领会习近平总书记在山东考察时重要讲话精神》,《光明日报》2013年12月4日。
③ 习近平:《在联合国教科文组织总部的演讲》,《光明日报》2014年3月28日。

族。同时,在经济社会发展的整体格局中,中国梦作为一种文化因素已经成为一种重要的内生要素,是促进经济、政治、军事、科技、生态等要素协调发展、相互耦合的精神力量。伟大的事业需要并将产生崇高的精神,崇高的精神支撑和推动着伟大的事业。可以说,在实现中华民族复兴的伟大事业中,中国梦已然成为崇高的精神支撑。

3. 塑造社会共同理想

理想作为一种精神现象,是人类社会实践的产物。它是活动主体在思维中对活动的结果,即活动所希望创造的未来对象的主观观念形式的建立。它必须通过主体运用手段改造客体的对象性活动来实现。亚里士多德等人曾将目的和理想看作是活动"所追求的那个东西",亦即"一件事之所以被做的缘由"①。简言之,理想是人们对美好未来的向往和追求,是人们的奋斗目标和精神支柱,也是激励人们奋发进取的强大动力。对于理想的作用,思想家们有过很多表达。其中,法国思想家罗曼·罗兰曾说:一种理想就是一种动力。无产阶级革命家、理论家张闻天则说:"生活的理想,就是为了理想的生活。"②

理想有个人理想与群体理想之分,社会理想就是一种群体理想。崇高的社会理想反映了人类向善向美的追求,凝聚着绝大多数人的意愿和根本利益,对社会发展起着精神支撑和精神推动的作用。邓小平在回顾我党历史时曾明确指出:"为什么我们过去能在非常困难的情况下奋斗出来,战胜千难万险使革命胜利呢? 就是因为我们有理想,有马克思主义信念,有共产主义信念。"③反观苏共亡党亡国的原因,理想信念的缺失无疑是一大教训。因此,我们一定要从事关国家兴亡的战略高度,切实把在全社会形成共同理想这项工作置于社会主义文化强国建设的首位。中国梦作为习近平提出的新的概念,是实现中华民族伟大复兴理想的形象表达,是中国特色社会主义共同理想的最新表达。中国梦是中华民族的梦,也是每个中国人的梦,既表达了中国特色社会主义共同理想,也融汇了亿万群众的个人理想,生动地体现了个人理想与群体理

---

① 参见《中国大百科全书》哲学卷 I,中国大百科全书出版社 1987 年版,第 639 页。
② 张闻天:《无产阶级专政下的政治和经济》,《人民日报》1979 年 8 月 25 日。
③ 《邓小平文选》第 3 卷,人民出版社 1993 年版,第 110 页。

想的辩证法,唤醒了中华民族的集体记忆,塑造了中华民族的共同理想,具有强大的"指南针"功能。只要我们团结一心,为实现共同梦想而共同奋斗,实现梦想的力量就会无比强大,梦想最终就一定能够照进现实,中华民族最终就一定能够过上"理想的生活"。① 正如习近平指出:"生活在我们伟大祖国和伟大时代的中国人民,共同享有人生出彩的机会,共同享有梦想成真的机会,共同享有同祖国和时代一起成长与进步的机会。"②

---

① 孙来斌:《实现中国梦必须弘扬中国精神》,《光明日报》2013 年 3 月 30 日。
② 习近平:《在第十二届全国人民代表大会第一次会议上的讲话》,《人民日报》2013 年 3 月 18 日。

第三章　实现中国梦的基本路径

习近平在十二届全国人大一次会议上的讲话中指出,实现中国梦必须走中国道路,必须弘扬中国精神,必须凝聚中国力量。这"三个必须",清楚地概括了实现中华民族伟大复兴的基本路径。

一、坚持中国道路

"道路决定命运。一个国家一个民族只有找到适合自己条件的道路,才能实现自己的发展目标。"①对于中华民族而言,要实现民族复兴中国梦,必须选择适合自己的道路;对于处于社会主义初级阶段的中国而言,要实现社会主义现代化,也必须选择适合自己的道路。历史和现实依据深刻昭示,能够引领中华民族复兴和中国实现社会主义现代化的道路就是中国特色社会主义道路。

(一)中国道路的丰富内涵和独特优势

作为一个政治命题,"中国道路"是特指改革开放以来形成和发展起来的中国特色社会主义道路,其实质在于探索后发国家如何现代化的问题,即不同于西方资本主义现代化模式的新型现代化道路。党的十八大在十七大概括的基础上,将其界定为"在中国共产党领导下,立足基本国情,以经济建设为中心,坚持四项基本原则,坚持改革开放,解放和发展社会生产力,巩固和完善社

---

① 习近平:《共倡开放包容 共促和平发展——在伦敦金融城市长晚宴上的演讲》,人民出版社 2015 年版,第 5 页。

会主义制度,建设社会主义市场经济、社会主义民主政治、社会主义先进文化、社会主义和谐社会、社会主义生态文明,促进人的全面发展,逐步实现全体人民共同富裕,建设富强、民主、文明、和谐的社会主义现代化国家"。① 这一界定实际说明"中国道路"的丰富内涵和基本特征。

1."中国道路"的丰富内涵

第一,坚持中国共产党的领导。"中国道路"首先凸显了中国共产党领导的极端重要,凝聚着中国 20 世纪以来革命、建设和改革的历史经验。面对近代以来西方列强的入侵、封建统治的腐败,山河破碎、生灵涂炭,中华民族遭受前所未有的苦难,中国共产党自诞生以来,就以实现中华民族伟大复兴为己任,把马克思列宁主义作为"解放我们民族的最好的武器","用无产阶级的宇宙观作为观察国家命运的工具,重新考虑自己的问题"。② 中国共产党超越以往一切政治力量追求自身特殊利益、脱离人民大众的局限,忠实代表中国人民根本利益和中华民族整体利益,以唯物辩证的科学精神和科学方法,以无私无畏、为人民服务的博大胸怀和坚忍不拔的意志精神,在不断探索中凝聚人心、积累经验、深化认识、纠正错误,在中国道路的形成过程中发挥了决定性的作用。

中国共产党之所以能够发挥决定性的作用,是因为:第一,中国共产党坚持以马克思主义为指导,用科学的世界观和方法论观察世界,从而在人类社会发展规律的高度认识中华民族的前途和命运,遵循社会发展规律,从理论和实践的结合上探索在经济文化落后的中国实现现代化的可行路径,使党的方针路线政策等反映、符合社会历史发展规律和趋势;同时,中国共产党以马克思主义崇高的价值追求引领自己,不仅能够不忘初心,始终以服务人民、谋求民族复兴为导向,而且勇于面对自身的缺点和失误,不断进行自我革命,总结经验教训;第二,中国共产党在长期的革命、建设和改革历程中,积累了丰富的工作经验,执政能力不断增强,能够总揽全局、协调各方,有效动员、组织国家的

---

① 《十八大以来重要文献选编》(上),中央文献出版社 2014 年版,第 9—10 页。
② 《毛泽东选集》第 4 卷,人民出版社 1991 年版,第 1471 页。

一切资源和力量,特别是凝聚广大人民群众的力量,办好大事,使中国长期保持政治稳定、经济增长和社会进步;第三,中国共产党既立足于国情,又坚持开放态度。在领导中国社会主义现代化建设中,中国共产党善于反思,积极吸取历史经验,深刻把握一个脱胎于半殖民地半封建的中国学习人类文明成果的必要性,在理论上用马克思主义的价值取向和基本方法对人类文明成果进行创造性转化,在实践中把它们与社会主义制度结合起来,创造出具有中国特色的社会主义市场经济体制、国家治理模式等,从而使党的理论不断实现马克思主义中国化,使中国社会主义现代化建设在遵循现代化一般规律中彰显特点。

第二,坚持社会主义的方向。"中国道路"突出中国的特点特色,但其基本前提是遵循科学社会主义基本原则,坚持社会主义方向。它强调坚持四项基本原则,使"社会主义"贯穿"中国道路"的始终,强调追求共同富裕、社会主义现代化强国的总目标,从而在当代中国的发展与一切以资本主义制度为基础的国家(无论是发达国家还是发展中国家)之间划出了清晰的界限。

在改革开放初期,邓小平强调:"我们的作法是,好的传统必须保留,但要根据新的情况来确定新的政策。过去行之有效的东西,我们必须坚持,特别是根本制度,社会主义制度,社会主义公有制,那是不能动摇的。"①他将五条基本经验作为"行之有效的东西"转化为"四项基本原则",后来又反复强调"在改革中坚持社会主义方向,这是一个很重要的问题","我们大陆坚持社会主义,不走资本主义的邪路"。②"每个共产党员,更不必说每个党的思想理论工作者,决不允许在这个根本立场上有丝毫动摇。如果动摇了这四项基本原则中的任何一项,那就动摇了整个社会主义事业,整个现代化建设事业。"③根据这一思想,坚持四项基本原则被写入宪法,从法律上得到保障。在改革开放中,四项基本原则一直为中国共产党所坚持,成为绝不能动摇的政治底线。正是这种坚持,保证中国在改革开放中不会走"邪路"。

实现共同富裕是标志中国道路的社会主义方向、把社会主义同资本主义

---

① 《邓小平文选》第 2 卷,人民出版社 1994 年版,第 133 页。
② 《邓小平文选》第 3 卷,人民出版社 1993 年版,第 123 页。
③ 《邓小平文选》第 2 卷,人民出版社 1994 年版,第 173 页。

区别开来的一项重要原则。这一原则既体现中国共产党的价值追求,也标示着中国共产党协调多方利益关系的能力。邓小平强调:"社会主义与资本主义不同的特点就是共同富裕,不搞两极分化。创造的财富,第一归国家,第二归人民,不会产生新的资产阶级。"①"社会主义原则,第一是发展生产,第二是共同致富。"②"社会主义最大的优越性就是共同富裕,这是体现社会主义本质的一个东西。"③习近平在党的十九大报告中也明确提出"必须坚持以人民为中心的发展思想,不断促进人的全面发展、全体人民共同富裕"④。在改革开放的 40 多年中,中国共产党坚持"两个毫不动摇",伴随社会主义市场经济体制的确立,不断调整收入分配,长期持续开展脱贫工作,努力控制贫富差距;不断完善社会保障制度、提高社会保障水平,坚持在发展中保障和改善民生,在教育、医疗、就业、居住和安全等多个方面推动人民群众的全面发展创造条件。

第三,坚持以改革开放为动力推动社会全面进步。"中国道路"是一条不断自我革新、自我完善的道路,是在改革开放中逐步明确、成熟的发展道路。改革开放既是"中国道路"形成的动力和实践基础,也是"中国道路"内涵的重要方面。

其一,从改革动机看,改革开放是要探索一条适合中国国情的社会主义现代化道路,充分发挥和实现社会主义制度的优越性。在 20 世纪 50 年代初特定的历史条件下,我国学习采用了苏联模式。1956 年,毛泽东洞察到苏联模式不适合中国国情,明确了提出"以苏为鉴""走自己的路"的任务,邓小平在 20 世纪 80 年代初反复强调"改革就是要发挥社会主义制度的优越性""改革就是要解放生产力""改革就是要走出一条自己的路"等等,都表明我国进行改革开放的动机与对"中国道路"的探索紧密相连。

其二,从改革过程看,改革开放推动了"中国道路"的形成。党的十一届

---

①　《邓小平文选》第 3 卷,人民出版社 1993 年版,第 123 页。
②　《邓小平文选》第 3 卷,人民出版社 1993 年版,第 172 页。
③　《邓小平文选》第 3 卷,人民出版社 1993 年版,第 364 页。
④　习近平:《决胜全面建成小康社会　夺取新时代中国特色社会主义伟大胜利——在中国共产党第十九次全国代表大会上的报告》,《人民日报》2017 年 10 月 28 日。

三中全会以后,中国社会主义建设进入新时期。新时期最鲜明的特点就是改革开放。改革开放不仅是动力、手段、途径,也是党在社会主义初级阶段基本路线的重要内容。中国共产党关于改革开放的紧迫性、性质、内容、重点、步骤、方法、目标等等思想不断深化、体系化,成为中国特色社会主义理论体系的重要方面。

其三,从改革开放的成效看,改革开放深刻塑造了当代中国面貌、中国共产党的面貌,也改变了中国在国际格局中的地位和态势,使"中国道路"为世界所关注,用事实证明了社会主义发展道路应该具有多样性。所以,"改革开放只有进行时没有完成时"①。在中国特色社会主义进入新时代的条件下,全面深化改革仍然是决定当代中国命运的关键一招,是坚持和完善"中国道路"的必由之路。

其四,从改革开放的目的看,改革开放是要实现中华民族伟大复兴、建设起一个社会主义现代化强国。因此它要避免西方资本主义社会出现的严重"异化";解决现代化进程中人类活动与生态环境恶化的矛盾,力求在经济发展与生态保护之间找到平衡;它要突破西方资本主义大国"现代化伴随战争扩张"和"强国必霸"的逻辑,将中国的发展进步与推进人类和平与发展结合起来,实现当代中国的和平崛起。

2."中国道路"的独特优势

新中国成立以来特别是改革开放以来,在不到 70 年的时间内,中国走完了西方几百年的发展历程,快速成为世界第二大经济体,充分展现了"中国道路"的独特优势。总结历史,可以清楚看到"中国道路"的独特优势主要表现在以下四个方面:

第一,理论支撑优势。中国道路是坚持马克思主义与中国具体实际相结合的道路。马克思主义以其科学的世界观、方法论和崇高的价值追求,指引中国共产党和中国人民认识社会发展基本规律、社会主义建设规律和共产党执政规律,努力实现共产主义美好社会,并指出实现理想社会的现实力量和现实

---

① 《习近平谈治国理政》第 1 卷,外文出版社 2018 年版,第 69 页。

路径。

正是坚持中国特色社会主义理论体系,中国共产党和中国人民才正确把握历史发展大势,把握当代中国的发展机遇,坚持从实际出发,不断解放思想,形成正确的方针路线政策、制定合乎国情的发展战略,锐意推进改革开放,采用科学的发展方法,积极动员社会各阶层参与现代化建设,妥善处理改革发展稳定的关系,努力实现经济、社会、文化、社会和生态文明建设的全面、协调推进,从而保持了当代中国几十年的经济持续高速增长和社会基本稳定;正是在坚持中国特色社会主义理论体系的指导下,中国共产党和中国人民科学辨识各种发展道路、发展模式,努力排除各种错误思想思潮的干扰,既不走改旗易帜的邪路,也不走封闭僵化的老路,保持政治定力、不断增强"道路自信"。

第二,主体力量优势。"中国道路"的开拓和形成,是中国共产党和中国人民共同奋斗的结果。中国共产党的领导和中国人民的主动参与,形成了中国道路的主体力量优势。

在"中国道路"的开拓、形成中,中国共产党全面把握中国国情和人民愿望,在确立社会主义现代化的目标、制定当代中国发展战略、明确我国经济体制改革的目标和改革的总目标、科学处理改革开放进程中一系列重大关系和复杂矛盾、加强社会主义意识形态工作、积极构建有利于我国现代化建设的国际环境、推进祖国统一、维护国家安全和建设强大的人民军队等各个方面,都发挥了领导作用,实现了总揽全局、协调各方。

在"中国道路"的开拓和形成中,中国共产党始终坚持"社会主义事业是人民群众共同的事业"的观点,积极组织、动员广大人民群众投身于改革开放和社会主义现代化事业中。广大人民群众,无论是工人、农民、知识分子,还是在改革开放中出现的新的社会阶层,都显示出极大的参与、探索、创造的热情。在"中国道路"的探索、形成中,人民群众中涌现了大量优秀人物、风云人物。当前我国经济社会发展取得了举世瞩目的成果,与人民群众的奋斗是分不开的。

党的领导与人民群众的生动实践结合在一起,意味着党的意志和人民群众的愿望结合在一起,意味着党心民心凝聚在一起,这样不仅使"中国道路"

具有了强大有力的主体力量,而且为在探索中形成共识、减少社会矛盾冲突创造了条件。

第三,制度保障优势。1956年我国社会主义改造完成,确立起社会主义根本制度和基本制度。党的十一届三中全会以来,中国共产党带领人民通过改革不断适应生产力发展要求的体制机制,完善我国根本制度和基本制度,逐步形成了中国特色社会主义制度体系。

中国特色社会主义制度和国家治理体系是以马克思主义为指导、植根中国大地、具有深厚中华文化根基、深得人民拥护的制度和治理体系,是具有强大生命力和巨大优越性的制度和治理体系。中国特色社会主义制度体系的显著优势主要是:坚持党的集中统一领导,坚持党的科学理论,保持政治稳定,确保国家始终沿着社会主义方向前进的显著优势;坚持人民当家作主,发展人民民主,密切联系群众,紧紧依靠人民推动国家发展的显著优势;坚持全面依法治国,建设社会主义法治国家,切实保障社会公平正义和人民权利的显著优势;坚持全国一盘棋,调动各方面积极性,集中力量办大事的显著优势;坚持各民族一律平等,铸牢中华民族共同体意识,实现共同团结奋斗、共同繁荣发展的显著优势;坚持公有制为主体、多种所有制经济共同发展和按劳分配为主体、多种分配方式并存,把社会主义制度和市场经济有机结合起来,不断解放和发展社会生产力的显著优势;坚持共同的理想信念、价值理念、道德观念,弘扬中华优秀传统文化、革命文化、社会主义先进文化,促进全体人民在思想上精神上紧紧团结在一起的显著优势;坚持以人民为中心的发展思想,不断保障和改善民生、增进人民福祉,走共同富裕道路的显著优势;坚持改革创新、与时俱进,善于自我完善、自我发展,使社会始终充满生机活力的显著优势;坚持德才兼备、选贤任能,聚天下英才而用之,培养造就更多更优秀人才的显著优势;坚持党指挥枪,确保人民军队绝对忠诚于党和人民,有力保障国家主权、安全、发展利益的显著优势;坚持"一国两制",保持香港、澳门长期繁荣稳定,促进祖国和平统一的显著优势;坚持独立自主和对外开放相统一,积极参与全球治理,为构建人类命运共同体不断作出贡献的显著优势。这些显著优势,是我们坚定中国特色社会主义道路自信、理论自信、制度自信、文化自信的基本依据。

随着全面深化改革的推进,中国特色社会主义制度必将更加成熟定型,让发展更有质量,让治理更有水平,让人民更有获得感。

第四,价值目标优势。中国道路全面体现了中国共产党"以人民为中心"的原则和"为人民服务"的宗旨,不仅将促进人的全面发展确定为经济社会全面发展的最终指向,而且通过一系列制度设计和政策措施推进这一目标的实现。中国道路在经济上,坚持公有制经济的主体地位,不断调节分配、完善社会保障体系,追求共同富裕;在政治上,坚持人民当家作主,不断完善人民代表大会制度,探索社会主义协商民主的多种实现形式,拓展人民群众有序参与的渠道;在思想文化上,坚持建设和发展具有先进性、民族性、大众性的中国特色社会主义文化;在生态环境方面,秉持"绿水青山就是金山银山",努力建设社会主义生态文明,科学处理人与自然、经济发展与环境保护的关系,为人民的生存生活创造美好的环境。中国道路追求实现中国梦,同时将中国梦确定为每一个人的梦,落脚到人民幸福、美梦成真上。

这一价值目标实现了中华民族整体利益和每个人利益的有机统一,实现了马克思主义价值理想与中国现实发展水平下的价值追求有机统一,从而能够动员广大人民群众积极参与社会主义现代化建设,能够在多元价值并存的条件下谋求共识。

(二)坚持中国道路的基本依据

中国共产党强调坚持中国特色社会主义道路去实现中国梦,是根据中国发展的历史经验和中国道路的基本特征能得出的重要结论。

1. 中国道路是中华民族探索创造的内生成果

唯物史观认为,各国、各民族的发展道路是历史规律制约和主体能动创造的辩证统一。中国道路出现在中国现代化进程的历史序列中,不取决于个人的主观愿望,不是仅仅由单纯经济因素决定的结果,也不是简单套用马克思主义经典作家设想的模板,或者"拷贝"其他国家社会主义实践的结果,而是在一定的历史条件下,国际与国内、客观与主观、社会矛盾性质以及经济、政治、社会、文化等各种因素错综复杂地相互作用的结果,是中华民族经过各种尝试、反复比较后的正确选择。中国道路"是在改革开放30多年的伟大实践中走出来的,是在中华人民共和国成立 60 多年的持续探索中走出来的,是在对近代以来 170 多年中华民族发展历程的深刻总结中走出来的,是在对中华民族 5000 多年悠久文明的传承中走出来的,具有深厚的历史渊源和广泛的现实基础"①。

中华民族的独特文化传统,赋予中国道路鲜明的文化根基。"在几千年的历史发展中,中华民族创造了悠久灿烂的中华文明,为人类作出了卓越贡献,成为世界上伟大的民族。"②尽管中华民族在历史上曾受过无数来自内部矛盾与冲突的冲击、来自外部的挑战与威胁,但却一次次战胜灾难、渡过难关,使统一的多民族国家得到不断巩固和发展,其内在原因"就在于中华民族产生和形成了为整个民族共同认可、普遍接受而富有强大生命力的优良传统"③。这些优良传统在政治层面包括大规模的国家共同体及其整体性,由家户制、郡县制与科举制三大制度共同支持的社会管理体系、政府在组织生产、管理社会方面强大的能力及其制度化等,在文化层面包括以爱国主义为核心的民族精神,勤劳尚俭、见利思义的美德,"贵和尚中、善解能容、厚德载物、和而不同"的宽容品格,"先天下之忧而忧,后天下之乐而乐"的政治抱负,"天下为公""以民为本""民贵君轻"的政治智慧,"富贵不能淫,贫贱不能移,威武不能屈"的浩然正气,"鞠躬尽瘁,死而后已"的献身精神,对"大同社会"和"天人合一"的理想追求等等。丰厚的文化遗产,自强不息的民族精神,在历史上推动了社会进步,也为中国道路的形成提供了厚重文化资源,是中国特色社会主义道路重要的历史文化支撑。

近代以来中国独特的历史命运,揭示了选择中国道路的历史逻辑。近代以来,由于人类文明从农业文明向工业文明的深刻转变,由于清政府的昏庸无能和西方列强的入侵,中国一度沉沦为半殖民地半封建社会,国家主权和领土完

---

① 《习近平谈治国理政》第 1 卷,外文出版社 2018 年版,第 39—40 页。

② 习近平:《在庆祝中国共产党成立 95 周年大会上的讲话》,人民出版社 2016 年版,第 1—2 页。

③ 习近平:《领导干部要读点历史——在中央党校 2011 年秋季学期开学典礼上的讲话》,《学习时报》2011 年 10 月 5 日。

整遭到严重破坏,经济发展迟缓,人民生活困苦,国际地位下降,中华民族遭受了前所未有的苦难,承受着落后、挨打带来的巨大屈辱。历史的悲剧激发了中华民族追求复兴的强烈愿望。为了摆脱外国资本—帝国主义的入侵和掠夺,为了找到民族复兴的通道,中华民族进行了艰辛探索,"但是行不通,理想总是不能实现"①。第一次世界大战和俄国十月革命之后,先进的中国革命者"才找到马克思列宁主义这个最好的真理,作为解放我们民族的最好的武器"②。他们选择马克思主义来解决中国面临的历史性问题,也就是选择社会主义来作为中国的未来道路。在马克思列宁主义的指导下,中国共产党坚守实现民族复兴的"初心",带领中国人民经过20多年的奋斗,结束了内忧外患、积贫积弱的悲惨命运,使中华民族获得独立、人民获得解放。"站起来"的中国人民明确了"创造自己的文明和幸福,同时也促进世界的和平和自由"的伟大目标,通过确立社会主义制度,为实现民族复兴奠定了根本政治前提和制度基础。

社会主义建设的持续探索,尤其是改革开放40多年的实践,完成了中国道路的开辟。社会主义制度确立后,以毛泽东为主要代表的中国共产党人带领中国人民在经济文化落后的基础上开启了社会主义现代化建设,同时也开启"走自己的路"的探索。在40多年波澜壮阔的历程中,无论是社会生产力的不断发展、物质财富的日益丰富,各方面体制机制的渐进变革完善,综合国力、国际竞争力、国际影响力不断提升,都用实践构筑中国道路的特征,用成就证明中国道路的通达,从而使中国道路的内涵、特质、要求、经验明确清晰地呈现出来。

所以,中国道路"不是从天上掉下来的,是党和人民历尽千辛万苦、付出各种代价取得的根本成就",是中华民族在探索民族复兴之路中基于深厚历史渊源和坚实现实基础实现的文明创造。

2. 中国道路体现了对科学社会主义基本原则的遵循和对中国国情的尊重

马克思主义确立的科学社会主义基本原则描述了未来社会的基本特征,

---

① 《毛泽东选集》第4卷,人民出版社1991年版,第1470页。
② 《毛泽东选集》第3卷,人民出版社1991年版,第796页。

也规定着未来社会建设的基本方向,是任何以马克思主义为指导思想的社会主义国家必须遵循的基本规律和基本要求。然而,理论原则"不是研究的出发点,而是它的最终结果"①,是从自然界和人类历史中抽象出来的,"必须结合具体情况并根据现存条件加以阐明和发挥"②。科学社会主义基本原则并不是为某个国家搞社会主义提供具体方案,它们在不同国家、民族的运用,必须与这些国家、民族的历史条件、具体实践相结合,从而获得具体的实现形式。

中国特色社会主义"是科学社会主义理论逻辑和中国社会发展历史逻辑的辩证统一,是根植于中国大地、反映中国人民意愿、适应中国和时代发展进步的科学社会主义"③。科学社会主义基本原则是中国特色社会主义的"根"和"源",中国特色社会主义是"流"。这种"源"与"流"的关系反映到中国道路上,则是中国道路的内涵和实践在多方面遵循了科学社会主义的基本原则。中国道路对科学社会主义基本原则的遵循,将科学社会主义原则变成能够感知、清晰的社会现实,变成为能够指导实践的方略、方案,不仅为马克思主义展示其现实性开辟了途径,而且获得了科学性。

中国特色社会主义又是尊重中国国情、从社会主义初级阶段的中国实际出发的。正如党的十七大报告指出:"中国特色社会主义道路之所以完全正确、之所以能够引领中国发展进步,关键在于我们既坚持了科学社会主义的基本原则,又根据我国实际和时代特征赋予其鲜明的中国特色。"

3. 中国道路已经为民族复兴作出重要贡献

在中国道路形成发展过程中,中国道路的内在优势不断发挥,引导当代中国的社会面貌、中国人民的精神面貌都发生深刻变化,中国综合国力增强、国际地位不断提升,中华民族以稳健的步伐前所未有地接近伟大复兴的宏伟目标。

其一,中国道路改善了中国人民的物质生活状态。马克思和恩格斯指出,物质生活资料的生产是一切历史的第一前提。因为人们为了能够创造历史就

---

① 《马克思恩格斯选集》第 3 卷,人民出版社 2012 年版,第 410 页。
② 《马克思恩格斯全集》第 47 卷,人民出版社 2004 年版,第 35 页。
③ 《习近平谈治国理政》第 1 卷,外文出版社 2018 年版,第 21 页。

必须能够生活，为了生活，首先需要吃、喝、住、穿以及其他一些东西。因此，吃、喝、住、穿是人的第一需要，满足这一需要的物质生活生产资料生产是人类的第一个历史活动。我国是个人口众多的大国，满足人民群众的基本生活需要，解决人民的生活保障问题，始终是中国共产党治国理政的头等大事，也是实现民族复兴的最基本要求。

中国道路解决了中国人民的温饱问题。1994 年美国世界观察研究所所长莱斯特·布朗曾在《谁来养活中国》一文中指出，到 2030 年中国人口将达到 16 亿，粮食需求猛增。中国的粮食将不能自给，所有粮食出口国都不能养活中国，中国的粮食问题将导致世界粮食危机。但我国在现代化进程中重视农业的基础性地位，为发展农村经济和粮食生产采取一系列重大举措，在农村长期全面实行了家庭联产承包责任制；不断推动农业科技体制机制变革，使农业科技创新面向产业需要；加大对农业的政策投入和资金投入，兴建农田水利设施，出台一系列财政支农惠农政策，并在 2006 年批准废止《农业税条例》。这些措施和政策，极大解放了农业生产力，提高了农业的效益，使我国农村经济获得了全面发展，增加了农民的收入。特别是我国粮食总产量保持了连年增长。在 21 世纪，从 2003 年的 8614 亿斤提升到 2016 年的 12324.8 亿斤。这些成绩，回应了布朗的疑问，表明在中国道路上中国能够靠自己解决人民的温饱问题。

中国道路创造了扶贫减贫的世界奇迹。改革开放以来，我国先后实施了《国家八七扶贫攻坚计划（1994—2000 年）》《中国农村扶贫开发纲要（2001—2010 年）》《中国农村扶贫开发纲要（2011—2020 年）》。尤其是党的十八大以来，我国实施精准扶贫，精准脱贫，开创了扶贫工作的新局面。我国的扶贫攻坚工作坚持了政府主导，强化组织领导，把扶贫开发纳入国家总体发展战略，构建财政专项扶贫资金管理机制，构建多主体、多渠道的参与机制，推动贫困地区社会事业全面发展。经过 40 多年的努力，中国 7 亿多农村贫困人口实现脱贫，贫困地区基础设施条件明显改善，通公路、通电、通电话、能够接收电视节目的行政村的比例达到 90%；同时贫困地区社会事业得到较快发展，基础教育、医疗卫生等条件得到巨大改变。中国道路重构了当代中国的社会保障体系。党的十八大以来,中国共产党坚持全覆盖、保基本、多层次、可持续的方针,以增强公平性、适应流动性、保持可持续性为重点,全面建成覆盖城乡居民的社会保障体系,社会保障事业取得了重大的进展。伴随社会保障制度体系包括城乡基本养老保险制度,全民医疗保险制度,社会救助制度体系,社会福利制度体系等的基本建立,我国社会保障覆盖范围不断扩大,社会保障待遇水平稳步提高,社会保障支付能力得到增强,社会保险管理服务水平不断提升。

其二,中国道路推动中国特色社会主义制度体系的形成。中国道路并非仅仅在经济上成功,它有着丰富的政治内涵,包含着一系列政治领域的改革,推动了中国特色社会主义制度体系的形成。

中国道路强调坚持党的领导。新加坡《联合早报》刊文指出:"如果将中国的政治体制放到全球视野下就会发现,中国真正与众不同的特色是一个政党的有效领导。"[①]中国共产党不忘"初心",以实现民族复兴为己任,忠实代表最广大人民群众的根本利益,坚持马克思主义指明的发展方向,保持政治定力,总揽全局、协调各方,从中国的基本国情、社会主义现代化建设的实际出发来解决中国的发展问题,制定长远发展战略、实施科学政策,注重学习人类文明成果,有效动员社会资源,妥善处理各种复杂的矛盾关系,善于总结经验教训,勇于自我纠错、自我更新,显示出强大的政治领导力、思想引领力、群众组织力、社会号召力和自我修复力,从而成为中国特色社会主义事业的坚强领导核心。

中国道路推动中国特色社会主义制度体系的形成和完善。中国道路的形成过程,也是中国特色社会主义根本制度不断完善、各方面体制机制不断创新的过程。这包括探索社会主义与市场经济结合,形成人类历史上从未有过的社会主义市场经济体制;不断完善人民当家作主的人民代表大会制度、具有中国特色的中国共产党领导的多党合作和政治协商制度、民族区域自治制度和

---

① 翟慧霞等:《国际金融危机以来西方对"中国模式"研究的新视角》,《对外传播》2012 年第 1 期。

基层群众自治制度;完善中国特色社会主义法律体系,坚持依法治国;坚持马克思主义在意识形态领域的指导地位,坚持中国共产党的意识形态领导权指导,在全社会培育和践行社会主义核心价值观,坚持"双百"方针和"二为"方向;不断推进社会治理体系和治理能力现代化;坚持节约资源和保护环境基本国策。中国特色社会主义制度体系的形成和完善,意味着中国特色的现代国家治理体系日臻完善,社会主义集中力量办大事的制度优势日益发挥,推动了当代中国的全面进步,也深刻说明植根于本国国情的制度才能为国家发展提供根本保障。

其三,中国道路塑造中华民族的精神风貌。中国道路以改革开放为强大动力,通过大力发展教育事业、自然科学和哲学社会科学事业,繁荣文学艺术事业、新闻广播电视事业、出版发行事业、图书馆博物馆文化馆和其他文化事业,开展群众性的文化活动,推动中国人民的精神状态发生良性变迁。一是人民群众的受教育水平整体提高,到 2016 年九年义务教育巩固率 93.4%,义务教育高水平普及,超过高收入国家平均水平;二是中国人民具有越来越多的现代意识。随着科学技术进步,随着经济体制、生活方式、就业方式的变化和国家治理现代化,中国人民日益增强了创新意识、竞争意识、法治意识、开放意识、自主意识等,勇于探索创新、积极参与竞争、愿意接受挑战、尊重个性、包容多样成为越来越多的人的基本心态;三是在中国道路上我国综合国力的不断提升、对外交往日益深化和扩大,中华民族在认识自身与世界关系上发生积极变化,一方面正确认识当前中国与发达国家的差距,树立起追赶、超越发达国家的信念,另一方面对于发达国家从"仰视"转向"平视",不仅乐于吸取人类文明成果,而且坚定地向世界讲述中国发生的变化,为维护世界的和平与发展贡献中国方案,为人类文明的进步增添中国元素,民族自尊心、自信心不断增长。

4. 坚持中国道路具有世界意义

自古以来,中国作为世界文明古国一直走在人类文明发展的前列,为人类文明作出了重要贡献,由此也表明一个强大的民族应该有益于人类文明进步。正如美国学者雷默所指出的:"中国目前正在发生的情况,不只是中国的模式,而且已经开始在经济、社会以及政治方面改变整个国际发展格局……"①

其一,中国道路开辟了世界社会主义运动的新境界。仅仅建立社会主义制度是不够的,各国还应该通过不断的改革发展,适应时代潮流要求,满足人民利益需要,才能在两种社会制度、两种意识形态的竞争中获得比较优势。在世界社会主义运动处于低谷之际,中国共产党带领中国人民在深刻反思苏联社会主义建设的经验教训,坚定了对中国道路的探索。

中国在中国特色社会主义道路上从一个人均 GDP 不足 100 美元的国家发展成为世界第二大经济体,成为当今世界经济发展的重要引擎,不仅使各种"中国崩溃"的预言不攻自破,而且向世界表明:第一,作为资本主义的替代物,社会主义是能够更好地发展生产力、推动社会进步的。第二,苏东剧变并不等于"人类历史终结"、资本主义能够"永恒",历史没有终结,历史也不可能终结。"只要中国社会主义不倒,社会主义在世界将始终站得住。"②第三,马克思主义是科学真理,在当今时代马克思主义仍然具有强大的生命力。这些重要经验反映了在两种社会制度并存的历史条件下社会主义发展的基本规律。中国道路的实践揭示了这些规律,也引领世界社会主义运动走出低谷,开辟了世界社会主义运动的新境界。

其二,中国道路展示了人类文明发展的多样性。中国道路作为具有中国特色的社会主义现代化道路,拓展了发展中国家走向现代化的途径,展示了人类文明发展的多样性。

中国道路是一条与西方道路完全不同的现代化道路,同时没有离开人类文明发展大道的道路,它坚持了世界历史眼光,自觉吸收和借鉴人类社会创造的一切优秀文明成果,包括对西方文明优秀成果的吸取和借鉴。如邓小平所说:"社会主义要赢得与资本主义相比较的优势,就必须大胆吸收和借鉴人类社会创造的一切文明成果,吸收和借鉴当今世界各国包括资本主义发达国家

---

① 黄平主编:《中国与全球化:华盛顿共识还是北京共识》,社会科学文献出版社 2005 年版,第5页。
② 《邓小平文选》第3卷,人民出版社 1993 年版,第346页。

的一切反映现代社会化生产规律的先进经营方式、管理方法。"①在借鉴的同时,并不是一味地跟在别人后面亦步亦趋,也没有把现代化等同于西化,而是立足于当代中国的社会现实,创造性地吸收和借鉴他人的经验,把人类文明成果特别是西方的优秀文明成果与我国的实际结合在一起,在辨析中吸收,在借鉴中创新。

中国道路超越西方现代化道路的扩张性和侵略性,戳破了"现代化就是西化""经济发展必须搭配西方宪政"的神话,用事实和经验说明西方现代化道路、西方文明形式绝非神圣,发展中国家的现代化道路不能抄袭、照搬西方,人类文明模式具有多样性,也说明社会主义制度在推进现代化进程上具有不可比拟的优势。这都丰富、拓展了人类关于现代化、人类文明发展的认识,回答了发展中国家现代化过程中面临的共性问题,为发展中国家摆脱西方中心主义辖制、探索现代化新路提供了借鉴,特别是为那些既要追求现代化有希望保持民族独立的发展中国家提供了重要参考。

其三,中国道路开辟了和平发展的文明新路。在西方大国的崛起过程中,充满了对外战争、海外殖民掠夺和对弱小民族的杀戮。而大国崛起后,又遵循着"强国必霸"的逻辑,搞强权政治和霸权主义,确立、维护不公平的国际经济政治秩序以固化、扩大自身利益,牺牲中小国家的利益;将自身的政治模式、价值观念强加于人,造成广大发展中国家的依附性发展。

中国是社会主义国家,中国共产党秉持马克思主义关于"解放全人类"的价值追求,在现实条件下,以维护人类和平与发展为己任,长期坚持和平共处五项原则,反对霸权主义和强权政治,努力在平等互利、相互尊重的基础上缔造国家之间的关系,始终坚持和平崛起的发展道路。作为一个后发国家,中国在现代化进程中长期面对市场、资源、环境和经济增长的问题与压力。对此,中国坚持依靠国民素质的提高和科技进步以及体制创新来解决资源、环境、市场和持续增长问题,统筹人和自然的和谐发展,统筹国内发展和对外开放,在与其他国家的经贸关系中,努力追求多赢和共赢的目标,绝不像西方发达国家

---

① 《邓小平文选》第 3 卷,人民出版社 1993 年版,第 373 页。

那样,以损害别的国家和民族的利益换取自身的现代化。

对于人类共同面临的全球性问题,中国以先进的理念、务实的态度提出解决的方案。即:倡导"人类命运共同体"理念;严格按照联合国宪章、国际法准则解决彼此的矛盾、分歧和争端;实行新型全球化的战略;积极构建以合作共赢为核心的新型国际关系。中国还以实际行动体现大国担当,如设立"南南合作援助基金"、增加对最不发达国家投资,参与反恐禁毒、维护网络安全、应对气候变化等国际合作,等等。尤其是建立丝路基金、亚投行和金砖国家开发银行,推进"一带一路"建设,正深刻改变着国际经济格局。

中国以自身的发展为世界的经济增长提供稳定的动力,也同众多国家分享经济增长的机遇;中国始终尊重他国的社会发展道路选择和价值观念,突破了"强国必霸"的陈旧逻辑;在国际事务中,中国坚持平等互利、相互尊重,是世界上维护和平与发展、坚守公平正义的主要力量,展现了社会主义大国对人类和平发展的责任担当。由此赋予中国道路维护和平、追求公正的特质,也表明中国向世界提供了和平与发展的崭新价值观,开辟出一条促进人类和平发展的文明新路。

(三)坚持中国道路的内在要求

当前,中国特色社会主义已经进入新时代。在新时代里,中国将在中国道路上,为实现民族伟大复兴和社会主义现代化继续前进。尽管在中国特色社会主义建设方面,我国已经取得了伟大成就,特别是党的十八大以来,经济建设取得重大成就,全面深化改革取得重大突破,民主法治建设迈出重大步伐,思想文化建设取得重大进展,人民生活不断改善,生态文明建设成效显著,强军兴军开创新局面,港澳台工作取得新进展,全方位外交布局深入展开,全面从严治党成效卓著,中国共产党解决了许多长期想解决而没有解决的难题,办成了许多过去想办而没有办成的大事,推动党和国家的事业发生了历史性变革。但也要看到,我国改革发展稳定任务之重、矛盾风险挑战之多、治国理政考验之大前所未有。从国内来看,我国社会主义初级阶段的基本国情没有改变,发展不平衡不充分的一些突出问题尚未解决,发展质量和效益还不高,创新能力不够强,实体经济水平有待提高,生态环境保护任重道远;民生领域还有不少短板,脱贫攻坚任务艰巨,城乡区域发展和收入分配差距依然较大,群众在就业、教育、医疗、居住、养老等方面面临不少难题,社会文明水平尚需提高,社会矛盾和问题交织叠加,全面依法治国任务依然繁重,国家治理体系和治理能力有待加强;意识形态领域斗争依然复杂,一些否定中国特色社会主义道路、鼓吹走封闭僵化的老路或改旗易帜邪路的声音依然存在,国家安全面临新情况;一些改革部署和重大政策措施需要进一步落实;党的建设方面还存在一些薄弱环节。国际上,全球增长动能不足、全球经济治理滞后、全球发展失衡这三大根本性矛盾仍然比较突出。近来,反全球化思潮和保护主义情绪升温,加剧了世界经济中的风险和不确定性;西方大国对我国实行西化、分化的战略没有改变,对于中国和平崛起抱持敌对、遏制、排斥态度、坚持"冷战"思维的大有人在,对中国道路进行误读、歪曲的声音时时响起。这深刻表明,中国梦的实现,不是敲锣打鼓、轻轻松松就能实现的。

习近平在党的十九大报告中明确指出:实现伟大梦想,必须进行伟大斗争、建设伟大工程,推进伟大事业。这概括了在新的历史条件下坚持中国道路的根本要求。这些要求展开而言包括:

第一,坚持伟大理论。对于中国而言,马克思主义绝不是一般地来自西方的理论学说,而是扭转近代以来中华民族历史命运、引领中华民族复兴的思想力量。从20世纪初马克思主义来到中国,就同中国共产党的命运、中国人民的命运、中华民族的命运紧紧连在一起,为中国革命、建设、改革提供了强大思想武器。坚持中国道路,必须坚持中国化的马克思主义指导,这直接关系到"伟大斗争""伟大工程""伟大事业"的发展方向。这种坚持,应体现在以下三个方面:

一是学习。坚持马克思主义,首先是要学习和掌握马克思主义基本原理。马克思主义基本原理是马克思主义的核心内容,体现着马克思主义的政治立场、科学精神和科学方法。坚持的前提是学习掌握。马克思主义博大精深,凝聚着人类精神的精华,因此学习马克思主义,要深入学、持久学、刻苦学,反对蜻蜓点水、浅尝辄止;要带着问题学、联系实际学,反对囫囵吞枣、食而不化。要在学习马克思主义思想理论中,用经典涵养正气、淬炼思想、升华境界、指导实践。

二是运用。中国共产党人学习马克思主义是着眼于运用。在实现社会主义现代化、推进中华民族伟大复兴的征程中,中国共产党人要善于坚持和运用辩证唯物主义和历史唯物主义的世界观、方法论来观察时代、解读中国和治理中国,要提高运用马克思主义分析和解决实际问题的能力。

三是创新。马克思主义改造世界的伟大力量,"就在于它是和各个国家具体的革命实践相联系的""它在不同的时代具有完全不同的形式,同时具有完全不同的内容"。马克思主义作为揭示人类社会发展一般规律的理论,必须与特定的时空条件结合,才能转化为改造世界的现实力量。马克思主义发展史显示,一百多年来马克思主义正是在不断适应不同国家民族的特点,实现民族化,不断吸收人类文明成果、回答时代课题,形成新的理论形态,从而构建自身丰富的历史,也赋予自身勃勃生机。

建设中国特色社会主义,是世界社会主义史上最具震撼力的创造。建设中国特色社会主义所包含的独特、艰巨和复杂,面临的种种难题和困扰,没有任何现成的理论可以破解。当代中国要用马克思主义回答 21 世纪的历史课题、时代要求、人类走向,要用马克思主义引领中国特色社会主义事业,就必须把马克思主义与中国实际相结合,进一步推进马克思主义中国化。

第二,开展伟大斗争。自十八大以来,习近平多次提出要开展新的历史条件下的伟大斗争。在党的十九大上,习近平再次指出,实现伟大梦想必须进行伟大斗争。社会是在矛盾中前进的,有矛盾就会有斗争。实现中华民族复兴的伟大梦想,是一件前无古人的事,不可能一帆风顺,各种阻力、各种曲折、各种风险、各种挑战都不可避免。应对重大挑战、抵御重大风险、克服重大阻力、解决重大矛盾的过程就是"伟大斗争"。由于国际国内多种因素交织互动,"伟大斗争"必然具有长期性、复杂性、艰巨性等特点,必将伴随实现"伟大梦想"的全过程。

根据党的十九大报告的要求,进行"伟大斗争"首先要同一切削弱、歪曲、否定党的领导和我国社会主义制度的言行进行斗争。因为这些言行会扰乱人们关于"中国道路"的认识,破坏实现中国梦所需要的社会共识,干扰当代中国的发展方向,甚至造成社会动荡;其次,要同一切损害人民利益、脱离群众的行为进行斗争。因为这些行为会破坏党的形象、破坏党群关系,使"中国道路"丧失群众基础和人民实践的根基;再次,要和一切阻碍改革创新的顽瘴痼疾进行斗争。因为这些顽瘴痼疾是推进改革创新的拦路虎,也是"中国道路"的障碍;然后,要同分裂祖国、破坏民族团结和社会和谐稳定的行为进行斗争。实现国家完全统一,维护民族团结和社会和谐,既是中华民族伟大复兴的内容,也是民族复兴的前提条件,是"中国道路"的追求目标之一,因此必须以多种手段和方式加以维护;最后,要同发展中各领域和自然界出现的困难和挑战进行斗争。在发展途中,我国社会各领域出现的矛盾和问题,自然界存在的各种困难和风险,都可能形成实现中国梦的阻力。需要通过积极的斗争来战胜和克服这些阻力,保证"中国道路"的畅通。

可以说,"伟大斗争"既是解决矛盾、克服困难的过程,也是校准方向、凝聚人心、创造条件的过程,是"破"与"立"的辩证统一。

第三,建设伟大工程。中国共产党是"中国道路"的开拓者,也是"中国道路"的重要主体力量。要坚持"中国道路"、使中国在未来的发展中不出"问题"、不犯"颠覆性的错误",关键在于做好党的建设,永葆中国共产党的马克思主义执政党品质。

在中国特色社会主义新时代,全面从严治党、深入推进党的建设新的伟大工程,是坚持中国道路的根本保证。新时代下的党的建设将遵循这样的总体要求:"坚持和加强党的全面领导,坚持党要管党、全面从严治党,以加强党的长期执政能力建设、先进性和纯洁性建设为主线,以党的政治建设为统领,以坚定理想信念宗旨为根基,以调动全党积极性、主动性、创造性为着力点,全面推进党的政治建设、思想建设、组织建设、作风建设、纪律建设,把制度建设贯穿其中,深入推进反腐败斗争,不断提高党的建设质量,把党建设成为始终走在时代前列、人民衷心拥护、勇于自我革命、经得起各种风浪考验、朝气蓬勃的马克思主义执政党。"①按照这一要求,全党要在思想上形成高度统一,坚定对

---

① 习近平:《决胜全面建成小康社会　夺取新时代中国特色社会主义伟大胜利——在中国共产党第十九次全国代表大会上的报告》,《人民日报》2017 年 10 月 28 日。

马克思主义的信仰和对中国特色社会主义的信念,高度认同"中国道路",坚持以马克思主义特别是新时代中国特色社会主义思想为指导;在组织上,要勇于直面问题,以壮士断腕的勇气刮骨疗毒、严惩腐败,消除一切损害党的先进性和纯洁性的因素,清除一切侵蚀党的健康肌体的病毒,建设高素质专业化干部队伍,强化党的基层组织建设;在作风上,紧紧围绕保持党同人民群众的血肉联系,强化纪律,反对特权,加强监督,增强群众观点和群众感情,不断厚植党执政的群众基础;在执政能力上,增强全党的政治本领、改革创新本领、依法执政本领、群众工作本领、狠抓落实本领和驾驭风险本领。由此使中国共产党保持"四个自信",保持政治定力,不断增强政治领导力、思想引领力、群众组织力、社会号召力,成为时代先锋、民族脊梁,始终具有旺盛生命力和强大战斗力。

第四,推进伟大事业。"中国道路"是实现社会主义现代化、创造人民美好生活的必由之路,它内在地包含着全面推进中国特色社会主义事业的要求。在中国特色社会主义新时代,这一要求体现在以下方面:

以全面深化改革为动力。只有改革开放才能发展中国、发展社会主义。在追求民族复兴的征程上,改革只有进行时,没有完成时。全面深化改革以坚持和完善中国特色社会主义制度、不断推进国家治理体系和治理能力现代化为总目标,通过坚决破除一切不合时宜的思想观念和体制机制弊端,突破利益固化的藩篱,通过吸收人类文明有益成果,构建系统完备、科学规范、运行有效的制度体系,使社会主义制度的优越性得到充分发挥。

坚持新发展理念。当代中国的发展必须是科学发展。要坚定不移地贯彻创新、协调、绿色、开放、共享的新发展理念。这包括:深化供给侧结构性改革,建设现代产业体系,完善我国社会主义市场经济体制;实施创新驱动战略,建设创新型国家;在继续推动发展的基础上,解决城乡发展不平衡、区域发展不平衡、经济发展与生态保护不平衡等问题;以"一带一路"建设为重点,坚持引进来和走出去并重;在发展中,要通过精准扶贫、制度完善等途径,努力实现广大人民群众共同享有人生出彩的机会,共同享有梦想成真的机会,共同享有同祖国和时代一起成长与进步的机会。

统筹推进"五位一体"。新时代"五位一体"总体布局着眼于全面提升我国物质文明、政治文明、精神文明、社会文明、生态文明,促进现代化建设各方面相协调,促进生产关系与生产力、上层建筑与经济基础相协调,不断开拓生产发展、生活富裕、生态良好的文明发展道路。"五位一体"总体布局是一个有机整体,经济建设是根本,政治建设是保障,文化建设是灵魂,社会建设是条件,生态文明建设是基础,共同致力于统一于把我国建成富强民主文明和谐美丽的社会主义现代化强国的新目标。统筹推进"五位一体"总体布局,必须坚持一切从实际出发,充分调动各方面积极性,努力形成全体人民各尽所能、各得其所、和谐相处的局面,实现中国特色社会主义的整体提升。

二、弘扬中国精神

"实现我们的发展目标,不仅要在物质上强大起来,而且要在精神上强大起来。"[1]弘扬中国精神既是实现中国梦的必要条件,也是实现中国梦的重要内容。

(一)中国精神的内涵、生成与特点

1. 中国精神的内涵

"中国精神"这一概念并非是一个因政治表达需要而形成的词语,它既以近代以来"中华民族"认同和民族国家认同为基础,也以相关学术研究的讨论为支撑。讨论"中国精神",必须讨论其几个前提性概念"精神""民族精神"和"国家精神"。

其一,关于"精神"。"精神"是一个应用广泛、内涵丰富的概念。马克思主义哲学认为精神是高度组织起来的物质即人脑的产物。人们的社会精神,即社会意识是人们的社会物质生活即社会存在的反映。但是精神又具有极大的能动性,通过改造世界的社会实践活动,精神的东西可以转化为物质的东

---

① 《习近平谈治国理政》第 1 卷,外文出版社 2018 年版,第 46 页。

西。① 精神包括意识、思维活动和一般心理状态等。在具体应用中,"精神"往往用来指社会意识中有一定价值、具有先进推动作用的社会思想,或者说比较明显、具有导向意义的思想现象,被一些哲学家称作"精选的意识",旨在表明人们追求一定意义的意识活动方式和意识成果。在中国文化话语中,"从字源来讲,'精'是细微之义,'神'是能动的作用之义"②。因而"精神"又可以被理解为具有一定能动作用的意识精华、意识成果。

其二,关于"民族精神"。"民族"作为在近代研究人类进化史和种族过程中生成的概念,有多种界定。从人类学角度定义,"民族"是有着血缘和人体解剖学关系、有共同语言、宗教、文化传统、价值观念和习俗的社会共同体。这种界定只适合考察古代社会的民族。在现代社会,民族是一个政治学的概念,或者说"民族"这一概念具有政治性,是从属于现代民族国家建构的现实需要的。在现代语境下,民族是与政治权力(国家)联系在一起,它可以是由古代基于血缘和文化传统的单一民族发展而来,也可以是多种古代民族在现代国家形成中,基于认同而构成的。如"中华民族""美利坚民族"。所以,"对于现代'民族'来说,民族国家是定义'民族'最主要的依据。反过来说,'民族'是一个国家、国家意识形态和文化价值体系的定义域"③。

由于民族是民族精神的载体,根据对"民族"的政治性界定,可以说在现代多民族国家里,民族精神指多个民族在共同的经济政治生活中形成的思想观念和行为准则。又因为现代语境下的民族精神实际与现代民族国家联系在一起,那么民族精神也是民族国家精神气质和精神品格的重要标志。

梁启超指出"中华民族自始本非一族,实由多民族混合而成"。这种"混合"不是各民族的简单相加,而是经济关联、政治认同、文化再造和血脉融合。在现代中国的版图上,自古以来就生活着多个民族。各民族之间以贸易、通婚、庇护、战争等多种方式融合、交流,形成了相互依存、密不可分的关系,造就

① 中国大百科全书总编辑委员会编:《中国大百科全书》(哲学卷Ⅰ),中国大百科全书出版社2004年版,第379页。
② 张岱年、程宜山:《中国文化精神》,北京大学出版社2015年版,第14页。
③ 徐迅:《民族主义》,东方出版社2015年版,第33页。

了中华文化的开放包容、博大精深。这为后来中华民族的形成奠定基础。近代以来,面对西方列强的入侵,中华大地上不同民族一起感受亡国之痛,同仇敌忾、联合抗争。尤其是抗日战争期间,各民族的"中国"意识、"中华民族"意识觉醒,"中华民族"认同和国家认同增进,在爱国主义的感召下,进行了全民族抗战,也重塑了民族自尊和民族自信,从而使"中华民族"走向形成。新中国成立后,国家以一系列法律和政治制度确保各民族平等互利、共同发展共同繁荣。所以,中华民族既是一个超越血统的种族融合体,也是一个政治共同体和文化共同体,中华民族的民族精神就是在现代中国国土上生活的 56 个民族共同拥有、共同呈现的,在很大程度上也代表着中国的精神。

其三,关于国家精神。自 19 世纪以来,资本主义生产方式不断发展,"使人口密集起来,使生产资料集中起来,使财产聚集在少数人的手里。由此必然产生的结果就是政治的集中"①。资产阶级推动了现代民族国家形成。相应地,"国家精神"成为西方学术话语中的基本词汇,并运用于政治生活场景。

马克思主义经典作家关注了伴随现代民族国家形成而日益彰显的国家精神。马克思早在博士论文中,以"自我意识"取代黑格尔的"绝对精神"。后来他逐步克服黑格尔思想中的神秘主义和唯心主义成分,进一步把"自我意识"具体化为"人民精神"。他认为"人民精神"是客观理性在人民身上的体现,即"人民理性、人民意识、人民意志"、人民的呼声。在讨论出版自由的文章中,马克思把自由的出版物看作是"人民精神洞察一切的慧眼,是人民自我信任的体现,是把个人同国家和世界联结起来的有声的纽带","是人民用来观察自己的一面精神上的镜子"。② 另一方面,马克思又把人民精神理解为"国家精神",认为这种精神"无所不及,无处不在,无所不知"。它"不断从现实世界中涌出,又作为越来越丰富的精神唤起新的生机,流回现实世界"③。循着这一思路,马克思逐步发现了无产阶级是人民精神的真正的历史承担者。马克思、恩格斯还讨论了国家精神的功能。恩格斯关于"意志合力"有一段著名的

---

① 《马克思恩格斯选集》第 1 卷,人民出版社 2012 年版,第 405 页。
② 《马克思恩格斯全集》第 1 卷,人民出版社 1995 年版,第 179 页。
③ 《马克思恩格斯全集》第 1 卷,人民出版社 1995 年版,第 179 页。

论述:"历史是这样创造的:最终的结果总是从许多单个的意志的相互冲突中产生出来的,而其中每一个意志,又是由于许多特殊的生活条件,才成为它所成为的那样。这样就有无数互相交错的力量,有无数个力的平行四边形,由此就产生出一个合力,即历史结果"①。对于一个国家而言,"意志合力"无疑可以理解为国家精神。

近代以来,我国很多学者都讨论过国家精神问题。著名思想家梁启超认为"精神"是一个事物存在的重要基础,"精神既具,则形质自生;精神不存,则形质无附"②。国家是一个有机体,类似有机体的自然人,也应该有"精神"。他将国家精神描述为三种形式:"元气""灵魂"与"国性",与之对应的就是法律、主权和文化,并认为"国家精神"是国家的灵魂。梁启超提出"国家精神"理论,与他提出的"中华民族"概念密切联系,即针对外国帝国主义入侵造成的中华民族危亡和国家内部的混乱,用强大的"国家精神"改变中华民族的命运。辜鸿铭认为中国人同时具备深刻、博大、简朴和灵性四种精神品格,这正是得益于中华文明的滋养。虽然辜鸿铭坚持文化保守的立场,但他关于中国人精神的讨论有利于认识中国国家精神的独特性。

尽管对"国家精神"的认识涉及对民族、国族等概念的理解,学术界对这一概念并未形成共识,但还是有一些基本的、共性的判断。其一,国家精神是相对于国家的经济状态、政治制度而言的,是在器物层面、制度层面之外,反映一个主权国家在理性、情感、思维、道德和价值取向等方面的整体风貌和基本状态,体现着国家的软实力,是一个国家鲜明的文化标识。其二,国家精神反映着国家与国民的互动关系。"国家精神乃主权国家所具有的国族信仰及其认同,标示国家内部团结、整合并具有凝聚力,体现为国民对国族即国家统一体及其国格与国性的高度自觉与忠诚,也体现为国家对其国民作为公民之权利及义务的自觉维护及其责任。"③其三,国家精神在表现形式上具有多样性,在影响力覆盖上具有普遍性。国家精神既以人及其活动为载体,也以"物"为

---

① 《马克思恩格斯选集》第4卷,人民出版社2012年版,第605页。
② 张品兴主编:《梁启超全集》第1册,北京出版社1999年版,第267页。
③ 邹诗鹏:《民族国家架构下的国家精神》,《哲学研究》2014年第7期。

载体,如国家的文化传统、图腾符号、国籍、语言、国都、国旗、国徽、国歌、国庆、国祭等,载体也是表现方式。同时,国家精神不是少数人的专利,而是超越财富、地域、民族、宗教等多种差别,凝聚整个国家公民共同的意愿、共享的理念和情感。其四,国家精神具有民族性。受制于国家的历史、文化和社会发展道路的具体性,受制于国家主体民族发展的历史和特定的文化,因此任何国家的国家精神都有独特的内涵。

根据上述对民族精神、国家精神的理解,可以说当代中国政治话语的"中国精神"是指中国的国家精神,是基于"现代国家"意识、"中华民族"意识而形成的思想观念、思维活动和社会心理。中国精神是以中华民族优秀文化传统为渊源,以中国共产党领导中国人民在追求民族伟大复兴的实践为基础,由中华民族在特定的时代条件下进行精神再造、文化重塑的成果。在当代中国,中国精神以马克思主义为引领,以民族复兴为指向,以爱国主义为核心的民族精神和以改革创新为核心的时代精神为主要内容,崇尚人之全面发展、社会和谐安定、国家繁荣昌盛,具有坚定不移、激昂向上、包容开放等基本特征和强烈的民族集聚、动员与感召效应。它是当代中国重要的软实力,是兴国之魂、强国之魂。

2. 中国精神的主要内容与价值

在当代中国,"中国精神"具有以爱国主义为核心的民族精神和以改革创新为核心的时代精神两个方面的内容。

民族精神是一个民族在长期的共同生活和共同的社会实践基础上形成和发展的,为民族大多数成员所认同和接受的思想品格、思维方式、价值取向和道德规范的总和,是民族的心理特征、文化传统、思想情感等的综合反映。中华民族在5000多年历史发展中,曾创造了光辉灿烂的中华文化,为人类文明进步作出了不可磨灭的贡献。自鸦片战争以后,由于清政府的昏庸闭塞,以致中华民族任人宰割、屡遭欺凌,到了生死存亡的危险关头,仁人志士奋起救国,抛头颅、洒热血,最终中国共产党带领人民走上民族复兴的康庄大道。这一历史过程,养成了中华民族以爱国主义为核心的民族精神,包括团结统一、爱好和平、勤劳勇敢、自强不息、独立自主等,也铸造了中华民族强烈的自尊心、自信心和自豪感。这些民族精神支撑着中华民族屹立于世界民族之林。

时代精神是一个时代的人们所体现出的精神风貌和共同品格,它是经过时代大潮涤荡积淀下来、为本民族大多数成员共同认同的精神财富,并随着时代的发展不断发展。任何一个时代都具有独属于自己时代的精神特质。当代中国以改革创新为核心的时代精神是从 1978 年以来改革开放伟大实践中孕育和激发出来的精神风貌和品格,是引领时代进步潮流、体现中国社会发展方向的精神力量。改革创新成为当代中国的最强音,也是影响我国经济社会发展的关键因素,已经作为集体自觉意识深深嵌到民族品格和精神气质之中,融入中国人的主流意识和社会心理中。

民族精神与时代精神紧密相连。民族精神超越了时代的区分具有普遍意义,而时代精神则体现特定历史阶段的精神风貌,具有"特殊性"。民族精神的"普遍性"和时代精神的"特殊性"是辩证统一的关系。二者相辅相成、相融相生,统一于中华民族的精神品格之中。

3. 中国精神的生成

任何精神都是特定历史的产物,也是文化的产物。"中国精神"是对中国历史文化传统与近现代追求民族复兴实践的主观反映,植根于中华文明传统、积蕴于现代中华民族复兴历程,有着悠久的历史传统、深厚的文化底蕴和坚实的实践基础。

中国精神具有悠久的历史渊源和深厚的文化底蕴。"中华文化积淀着中华民族最深沉的精神追求,包含着中华民族最根本的精神基因,代表着中华民族独特的精神标识。"[①]儒家思想是中华传统文化的核心,"同中华民族形成和发展过程中所产生的其他思想文化一道,记载了中华民族自古以来在建设家园的奋斗中开展的精神活动、进行的理性思维、创造的文化成果,反映了中华民族的精神追求,是中华民族生生不息、发展壮大的重要滋养"。正是以儒家思想为核心的中华传统文化,深刻影响了中国文化传统的连续性与历史传统的统一性,引导形成贯穿于历史发展和文化延绵的"精神追求""精神基因"。

---

① 《习近平谈治国理政》第 1 卷,外文出版社 2018 年版,第 164 页。

它们存在于中华民族更为根本的行为方式与生活方式之中,已经深入到当下中国普通民众的心灵,在日常生活中鲜活地体现着民间百姓内心深处的文化认同与精神向往。

中国精神是在近现代以来民族复兴的艰辛实践中生成的。中国精神是基于现代国家意识的精神。近代之前,中国还不是现代民族国家,人们也没有现代国家意识。从 19 世纪上半叶起,西方列强用坚船利炮打开中国的大门,中国被强制性地置于西方列强主导的世界体系中,面临着"三千年未有之变局",中华民族遭受到从未遇到过的、异邦的强大挑战与攻击,以儒家学说为核心的中国传统价值体系在西方列强入侵及其文化冲击下土崩瓦解,由此直接引发中华民族的现代生存危机。但正是在逆境乃至于绝境中,中华民族不断探索出路,艰难地启动、推进了现代化进程。在经历了地主阶级的改良、农民阶级的起义、资产阶级的革命后,在经历了从器物层面学习西方的洋务运动、制度层面学习西方的戊戌变法、辛亥革命后,在经过多次"试错"后,中华民族最终接受马克思主义,选择了社会主义道路,选择了中国共产党的领导,确定了"中国式"的社会主义现代化道路。中国传统文化在与西方现代文明的对话、碰撞中,在马克思主义的引领下逐步发生了适应性的转变,在不断地甄选、继承、淘汰、改造中,"中华民族"意识、现代国家意识逐渐形成,传统的民族精神向现代的中华民族精神转化、向中国国家精神转化,走上了一条新的道路,被塑造为符合基本国情和当代社会需要的样态。在中国革命、建设和改革过程中,中国共产党人、先进分子和人民群众共同创造了极具中国特色的先进文化,蕴含着丰富的革命精神,包括红船精神、长征精神、延安精神、雷锋精神、"两弹一星"精神、改革创新精神等,从而使中国精神具有了崇高的价值追求、鲜活的时代内容和广泛的大众认同,正是民族精神向现代转化的重要成果。

现代中国精神的生成包含三重内涵:一是中华民族精神依其内在的历史逻辑向现代中国国家精神的转化,成为现代中国发展的精神动力;二是以超越西方资本主义为主旨的马克思主义在中国的现代化实践场景中、在与中国优秀文化传统的结合中实现中国化,成为现代中国复兴的理论资源;三是中国立足于自身传统和中国特色社会主义事业的实践,在学习和借鉴西方国家有关国家精神建构的优秀经验中构建现代中国精神。① 可以说,中华民族精神的现代化、马克思主义的中国化和兼容并蓄中的时代化,是中国精神生成的三种路向。这三种路向交织在一起,规定着中国特色社会主义文化发展,也影响着当代中国社会发展的方向。

"伟大的事业需要并将产生崇高的精神,崇高的精神支撑和推动着伟大的事业。"对于中华民族而言,实现民族的伟大复兴是一个多世纪以来最伟大的梦想。对于当代中国而言,建设中国特色社会主义,是一项充满艰辛、充满创造的壮丽事业。在当代中国,这两项事业紧密结合在一起,成就了具有历史性意义的实践创造。这一实践创造既呼唤强大的中国精神提供动力,也必然为中国精神的发展提供广阔空间和丰富养料。

4. 中国精神的特点与时代价值

中国精神还具有独特之处。

其一,中国精神具有先进性。在当代中国,中国精神是在中国特色社会主义这一宏大框架内发展和发挥作用的,其思想内容、价值取向和功能指向都受到中国特色社会主义经济和政治的深刻影响,并融于中国特色社会主义文化之中。中国特色社会主义赋予中国精神特定的中华文化立场,以马克思主义指导下的先进文化、中国人民在革命、建设、改革中创造的革命文化和优秀传统文化为根基,以社会主义核心价值观为集中体现,对内以激励人民大众忠于祖国、积极向上、创造有为、追求进步、诚实守信为目标,对外既有泱泱大国的包容气度,也有勇于担当的正义气概和维护和平的仁爱之道。由此,中国精神超越了极端功利主义的自私、极端民族主义的狭隘和霸权主义的横蛮,具有鲜明的先进性,是能够给中国和世界带来强大的正能量。

其二,中国精神具有继承性。中国精神在近现代之前一直是以民族精神的形式存在并发挥作用。这一民族精神几乎与中华文明的发展史相伴生,是在中华民族几千年文明发展中不断实践、思考、总结、凝练、传承和升华而成。尽管在中华文明的发展中经历了国家的分分合合,经历了各民族之间的融合

---

① 邹诗鹏:《中国精神的历史生成及其时代呈现》,《光明日报》2012 年 11 月 10 日。

与战争,但基于儒家学说的价值追求、道德情操等一以贯之。即使是入主中原的少数民族,最终也自觉接受儒家文化,并将本民族的一些特点融入其中。可以说,中国历史的连续性和文化传统的一致性决定了民族精神的继承性,并在大量遗址遗迹、典章古籍和民风民俗中得到体现。自强不息、贵和尚中、民为邦本、求是务实、坚忍不拔、崇德重义、勤劳勇敢、团结统一等精神理念在中华文明发展过程中得到传承和发展,并积淀为中华民族和中国人的基本品质,直到现在仍在影响着中国人的观念和行为。

其三,中国精神具有开放性。中国精神的继承性并不意味着中国精神故步自封、不思进取。事实上,在中国精神的发展演变过程中,由于时代条件的不同,具有时代特色的不同形态、不同阶段的特点,在继承的基础上实现了拓展和超越,生成了新的精神内容和结构。在当代中国,中国精神彻底摒弃因近代以来屡遭外国欺辱而形成的自卑心理,把"弘扬爱国主义与扩大对外开放结合起来",追求中国作为国际社会负责任大国的关键性角色,在处理国际事务、国家关系中的理性和大度,不断扩大中国的国际话语权和影响力;中国精神倡导"以和为贵,和而不同",既坚守中华民族文化的优秀传统和马克思主义倡导的价值追求,同时尊重其他国家和民族文化传统,积极吸收其中的精髓精华;中国精神坚持社会主义发展方向,以中国特色社会主义事业的不断推进为强大的实践基础,以中国共产党领导人民自觉进行的中国特色社会主义文化建设为承载,必然拥有新的内容和样式,彰显新的精神活力。

其四,中国精神具有包容性。作为生发于多民族国家、聚合自广袤大地、反映漫长历史与生动现实交融的精神成果,中国精神无论是思想内容还是表现形式,都体现出主体、地域和文化的包容性。从主体上看,中国精神既有国家蓬勃发展、社会进步所弥漫扩散的风气与潮流,也有各民族老百姓"日用而不觉"的行为准则和自然习惯,从表现形态上看,中国精神既是深邃抽象的思想理论、道德原则,也有渗入日常生活平实朴素情感和特定潜意识;从地域上看,中国精神包含了燕赵文化的侠气仗义、荆楚文化的倔强不屈、草原文化的豪迈勇敢、吴越文化的婉约灵动等。正是这种包容性,使中国精神能够得到最广泛的认同,并在中国的各个领域都以可觉察或不可觉察的方式发挥着作用。

习近平指出:"爱国主义始终是把中华民族坚强团结在一起的精神力量,改革创新始终是鞭策我们在改革开放中与时俱进的精神力量。"①这一论断说明了中国精神所具有的时代价值。

其一,中国精神是中国发展进步的"推进器"。中国精神承继了民族精神文化遗产,经过马克思主义的改造提升,融合改革开放的时代新风,成为动员和激励中国人民团结奋斗,鞭策社会进步的精神力量。尤其是在国家和人民遇到灾难、面临困难和遭遇外来势力压制时,中国精神成为捍卫民族尊严、维护国家利益、克服现实困难、战胜自然灾难的强大支撑。

其二,中国精神是凝聚民心的"黏合剂"。新中国成立以来,尤其党的十一届三中全会以来,我国社会主义建设持续推进,我国社会总体上实现团结稳定,一个重要原因就是中国精神超越了民族、地域、城乡和发展水平的差别,将全国各族人民凝聚到中国特色社会主义的旗帜下,将民心汇聚到建设一个富强、民主、文明、和谐、美丽的社会主义强国上,通过推动全社会理想信念、家国情怀、文明程度普遍增进,塑造中华民族团结向上的整体风貌,实现对整个社会的"黏合"。

其三,中国精神是捍卫国家主权、增强国家竞争力的"动力源"。复兴之路上,外来压力、阻力重重。西方大国利用其在经济水平、技术力量的强势和制定国际规则的权力,以各种方式对中国施加压力。面对这些,中国精神能够唤起人民大众的自尊心、自豪感,使中国人民不惧怕霸权主义的恐吓、挑衅和讹诈,不依附发达国家,不盲从西方话语,坚守民族立场和民族利益,保持民族自尊自强,以独立自主的姿态自立于世界民族之林。

(二)弘扬中国精神的基本依据和内在要求

1. 弘扬中国精神的基本依据

弘扬中国精神,不仅仅是中国精神所具有的特质与能量,更是基于历史经验的深刻总结和当前实现的现实需要。

第一,马克思主义对精神活动的科学揭示。

---

① 《习近平谈治国理政》第1卷,外文出版社2018年版,第40页。

关于精神的产生,马克思和恩格斯创立了历史唯物主义,他们从社会生活的各种领域中划分出经济领域,从一切社会关系中划分出生产关系,认为社会存在决定社会意识,"每一历史时代的经济生产以及必然由此产生的社会结构,是该时代政治的和精神的历史的基础"①。但是,社会意识并不是消极的存在物,"经济状况是基础,但是对历史斗争的进程发生影响并且在许多情况下主要是决定着这一斗争的形式的,还有上层建筑的各种因素"②,包括"观念的上层建筑"。强调物质条件是原始的起因、社会意识依赖于社会存在的同时,并不排斥社会意识对社会存在的反作用。社会存在决定社会意识,社会意识又反作用于社会存在,两者相互作用的结果就是社会历史的运动;社会意识具有相对独立性,主要表现为社会意识有自身的历史继承性。某一时代的社会意识既反映当时的社会存在,又继承历史上先辈留下的精神文化成果;社会意识的形成受到同一时代不同意识形式之间相互作用的影响。不同形式的社会意识不仅以自身特定形式作用于社会,而且还作用于其他意识形式;社会意识的发展同经济发展的水平之间具有不平衡性,也不完全同步;社会意识对社会存在有能动的反作用,其最根本的表现是不同性质的社会意识对社会存在具有不同性质的反作用:先进的社会意识对社会存在的发展起着巨大的促进作用,落后、反动的社会意识对社会存在的具有重大的阻碍作用。这样,就科学回答了社会存在和社会意识的关系问题。

关于"精神需要",马克思、恩格斯认为,人之所以区别于动物,其本质就在于人具有自觉的精神活动和交往。他们将人的精神需要分为两个层次,即较低层次的是一种自然的心理表层的满足,是人的物欲需要的附属品;较高层次的是人"以全部感觉在对象世界中肯定自己"③。

关于"精神生产",马克思、恩格斯在《德意志意识形态》中直接阐述了"精神生产"的概念,即"思想、观念、意识的生产最初是直接与人们的物质活动,与人们的物质交往,与现实生活的语言交织在一起的。人们的想象、思维、精

---

① 《马克思恩格斯选集》第1卷,人民出版社2012年版,第380页。
② 《马克思恩格斯选集》第4卷,人民出版社2012年版,第604页。
③ 《马克思恩格斯文集》第1卷,人民出版社2009年版,第191页。

神交往在这里还是人们物质行动的直接产物。表现在某一民族的政治、法律、道德、宗教、形而上学等等的语言中的精神生产也是这样"①。他们认为,精神生产是人类特有的精神活动,属于人的"全面生产"中一个重要组成部分;精神生产包括在自发意义上形成的"思想、观念、意识的生产"、在自觉意义上形成的政治、法律、道德、艺术、宗教、形而上学等社会意识形式的生产。

马克思主义经典作家还讨论了精神的物质化问题。马克思指出:"理论一经掌握群众,也会变成物质力量。理论只要说服人,就能掌握群众;而理论只要彻底,就能说服人。所谓彻底,就是抓住事物的根本"②。也就是说,精神力量可以转化为物质力量,而转化的机理就是"理论掌握群众",也就是进行理论教育并取得好的效果。那么要达到"理论掌握群众",就必须展示理论的科学真理性,能够"说服人"。这一思想揭示了精神对客观物质世界和人的实践活动的影响机理。

中国共产党根据马克思主义经典作家的思想和中国革命中的重要经验,高度重视共同思想基础和精神力量的作用。毛泽东指出:"代表先进阶级的正确思想,一旦被群众掌握,就会变成改造社会、改造世界的物质力量。"③邓小平指出:"没有这种精神文明,没有共产主义思想,没有共产主义道德,怎么能建设社会主义?"④"延安时候我们有什么? 物质条件很差,就靠精神文明。靠有理想,靠坚强的信念,什么困难都能克服。在某种情况下,这种精神具有决定意义。"⑤"我们这么大一个国家,怎样才能团结起来、组织起来呢? 一靠理想,二靠纪律。组织起来就有力量。"⑥江泽民多次谈到建设强大的精神力量,指出"民族精神是一个民族赖以生存和发展的精神支撑"⑦,"精神力量也

① 《马克思恩格斯选集》第1卷,人民出版社2012年版,第151—152页。
② 《马克思恩格斯选集》第1卷,人民出版社2012年版,第9—10页。
③ 《毛泽东文集》第8卷,人民出版社1999年版,第320页。
④ 《邓小平文选》第2卷,人民出版社1994年版,第367页。
⑤ 《邓小平年谱(1975—1997)》(下),中央文献出版社2004年版,第838页。
⑥ 《邓小平文选》第3卷,人民出版社1993年版,第111页。
⑦ 《江泽民文选》第3卷,人民出版社2006年版,第559页。

是综合国力的重要组成部分"①。正是基于这样的认识,中国共产党在领导人民进行革命、建设和改革中,重视马克思主义理论教育,重视张扬民族精神,重视反映、体现崇高精神的人与事的宣传指导,从而为整个奋斗过程提供了重要的思想保障。

马克思主义关于精神活动的科学思想,揭示了追求和满足人的高层次的精神需要、科学开展精神生产和充分发挥精神的能动作用的一般规律,为当前弘扬中国精神提供了理论指南。

第二,中国革命、建设和改革历史的深刻昭示。

英国学者汤比因曾指出:"就中国人来说,几千年来,比世界任何民族都成功地把几亿民众,从政治文化上团结起来。他们显示出这种在政治、文化上统一的本领,具有无与伦比的成功经验。"②汤比因指出了中国自古以来善于运用精神力量构建稳定和谐社会的一个重要传统。这一传统在近代中国救亡图存、探索复兴之路的历史中得到了充分体现。

1840 年以后,中国由于列强入侵和封建专制政权的愚昧反动,日益落后。在封建专制主义政权和外国帝国主义的全方位控制下,争取民族独立、人民解放尤为艰难。在资产阶级民主革命中,以孙中山为代表的革命党人在极其艰难的条件下多次发动武装起义,秋瑾、徐锡麟、林觉民、彭楚藩、刘复基、蒋翊武等英烈前赴后继,就是抱持浓厚的爱国救国之心、舍我其谁的奉献精神、"我以我血荐轩辕"的牺牲精神和"世人未为我敢为,天下未发我首发"的首创精神。正是依靠这些精神的力量,无数仁人志士可以无惧生死地在黑暗中探寻光明,由此感召千万人投入复兴之路的探索中。终于以辛亥革命结束了中国封建专制主义制度,带来了深刻的社会大革命、思想大革命,推动了历史的进步。

然而,资产阶级革命党人的走资产阶级共和国的道路实现民族复兴的愿望并没有实现。在新民主主义革命阶段,中国共产党人及其领导的人民军队

---

① 《江泽民文选》第 2 卷,人民出版社 2006 年版,第 231 页。
② [英]汤比因、[日]池田大作:《展望二十一世纪——汤比因与池田大作对话录》,荀春生等译,国际文化出版公司 1989 年版,第 283—284 页。

依靠科学的理论、坚定的信仰、坚强的意志和必胜的信心,克服长期的资金短缺、物质匮乏、环境险恶,以大无畏的姿态面对国内外敌人的围攻,向着目标、坚忍不拔、勇敢斗争,历经曲折反复,最终取得中国革命的胜利,实现了民族独立、人民解放。在这一过程中中国共产党人和人民军队形成了五四精神、红船精神、井冈山精神、长征精神、延安精神、抗战精神、红岩精神和西柏坡精神等,为中国精神注入了新的内容。

新中国建立后,中国共产党带领人民在"一穷二白"的基础上建设国家,不仅要克服经济上的种种困难和科学技术的基础薄弱,还要面对帝国主义、霸权主义的封锁、破坏和干扰。但是中国人民在爱国主义、集体主义的激励下,在实现美好社会愿景的鼓舞下,独立自主、自力更生,艰苦奋斗、顽强拼搏,建立起符合我国实际的先进社会制度,在很短的时间里就建立起了独立的国民经济体系和工业体系,农业生产条件发生显著改变,生产水平有了很大提高;教育、科学、文化、卫生、体育事业有很大发展。在这一过程中形成的大庆精神、雷锋精神、"两弹一星"精神等,成为鼓舞中国人民爱国、创业、求实、奉献的精神动力。

改革开放以来,我国从特区到内地、从沿海到全国,"摸着石头过河",突破重围,"杀出一条血路",攻克一个个技术上、体制机制上、思想观念上、国际环境上的难关,实现社会主义经济体制、政治体制、文化体制、社会治理和生态环境保护多方面的创新,创造了经济发展的世界奇迹。解放思想、锐意进取、勇于探索、务实理性等精神品格得到张扬。

历史用事实讲述了中国精神所蕴含的强大力量。可以说,"人无精神则不立,国无精神则不强。精神是一个民族赖以长久生存的灵魂,唯有精神上达到一定的高度,这个民族才能在历史的洪流中屹立不倒、奋勇向前"①。如果没有先进理论的指导,没有用先进理论武装人民,没有对民族复兴的坚定向往和踏实追求,没有爱国敬业、艰苦奋斗、独立自主、改革创新等精神的驱动,中华民族的复兴历程难免曲折漫长,中华民族就不可能以自信、开放的姿态面对

① 《习近平谈治国理政》第2卷,外文出版社2017年版,第47—48页。

世界、面向未来。

第三,当前中国发展和实现社会主义现代化的现实需要。

马克思主义认为,人类的精神活动是人类超越动物界的重要途径,具有超越物质生活、超越现实的本质。精神活动具有引领人类追求理想生活的强大功能,也能使现实存在、现实活动获得意义。可以说,"中国梦"是中华民族在长期艰辛奋斗中选择、确立起的最符合中华民族根本利益的理想,其确立本身就是中华民族精神张扬的结果。在当前中华民族为了中国梦持续努力、奋斗,复兴伟业已经进入关键阶段,在时代发展和世界交往中出现对中华民族伟大复兴复杂影响的环境下,更是需要中国精神来引领。

其一,全球化环境下呼唤以爱国主义为核心的民族精神彰显。全球化是当今世界最显著的特征和发展趋势,其主要内容是经济全球化,但并不仅限于此。伴随经济全球化的发展,世界范围内的文化、生活方式、价值观念、意识形态等方面的交流交融交锋也日益频繁深入,这对一个国家特别是发展中国家的精神风貌带来深刻影响。由于跨国公司在全球活动、信息在全球范围内流动,人们因为商务、学业和旅游在世界各地流动,置身于不同的制度、文化、思想和信仰的环境下,各国合作共同应对一些全球性问题如环境保护、反恐等,以及人类共同的精神文化财富和共同的价值观比以往任何一个时代都多,这些都在一定程度上突破了民族国家的有形边界,淡化了民族国家的中心地位,推动人们用一种新的"全球意识""全球主义"来观察问题,从而淡化国家意识、民族意识。比如在我国出现了把强调"国家利益""民族特点"视为狭隘思想,要用超然的态度来评判中国与外国矛盾纷争的观点。在全球化过程中,西方国家利用经济上的先发优势和传播上的技术优势,通过多种形式把西方式的生活方式、人生观和价值观作为一种普世的生活方式、行为准则和观念加以推行,使其在世界文化交流中占据主导地位。不仅侵蚀着我国的民族文化和价值观念,而且还影响着人们的生活方式、消费方式和社会心理等。尤其是一些中青年受到影响,盲目崇拜西方文化和政治制度,追求模仿西方的生活方式和消费方式,忘记近代中国艰苦奋斗的历史,对我国主流意识形态和社会主义价值观日益淡漠,甚至否定、背离。西方发达国家在互联网虚拟空间中散布各种我国的负面信息对社会主义核心价值体系建设提出了新的挑战。一是在互联网上抹黑中国,不仅影响到世界各国人民对我国的认识和印象,而且影响着国内网民对我国政治制度、政府工作及政策措施的理解和判断;二是西方政治理念和价值观念的传播,弱化了我国网民的社会主义思想和集体主义思想,使个人主义、道德虚无主义、自由主义、无政府主义等思潮在网络上泛滥。在这种外部环境下,中国精神在凝聚社会共识、提振民族自信、鼓舞大众向上方面的价值凸显。

其二,实现现代化要求改革创新精神的张扬。我国在过去40多年的改革开放中取得了社会主义建设的重大成就。但也需要看到,当前中国社会主义现代化建设还面临着诸多问题和困难,形成当代中国的"成长的烦恼"。此外,以美国为首的西方大国对于中国的和平发展有误读、敌意和防备,甚至还有冷战心态,用多种方式阻碍中国追求民族复兴的步伐,使中国面临着外部环境的多种压力。在这种情况下,我国社会存在一些对改革的误读误解,甚至质疑和否定的现象。然而,回顾改革开放40多年的历程,可以说,中国共产党"靠什么来振奋民心、统一思想、凝聚力量?靠什么来激发全体人民的创造精神和创造活力?靠什么来实现我国经济社会快速发展、在与资本主义竞争中赢得比较优势?靠的就是改革开放"①。因此,改革开放只有进行时,没有完成时。中国在激烈的国际竞争中前进,如同逆水行舟,不进则退。必须以壮士断腕之勇气,以知难而进、迎难而上之魄力,坚持以改革推动发展,以改革解决经济社会转型的问题。由此,中华民族必将为人类和平与发展作出更大的贡献。中国走向民族复兴离不开发展,发展离不开创新。党和国家高度重视创新,先后颁发多个文件,比如2015年3月的《中共中央国务院关于深化体制机制改革加快实施创新驱动发展战略的若干意见》,以及2016年5月的《国家创新驱动发展战略纲要》。党的十九大明确提出坚定实施创新驱动发展战略,加快建设创新型国家,并对创新的内涵和重要性的认识达到新的历史高度。

总之,中国特色社会主义新时代更需要强大的中国精神力量作为兴国之

---

① 《习近平谈治国理政》第1卷,外文出版社2018年版,第86页。

魂、强国之魂,需要进一步展现中国精神引领时代进步潮流、确保中国社会发展方向的伟力。

2.弘扬中国精神的内在要求

"弘扬"一词出自唐玄奘的《大唐西域记》中"弘扬佛法",意为"大力宣扬"。那么"弘扬中国精神"就是对中国精神的宣扬、发扬,本质上是在国家范围内进行的精神生产活动。这些生产活动既包括对不利于实现中国梦的思想观念、精神状态和社会心态的改造,使中国精神得到更加全面、更加广泛的发扬,也包括对中国精神的丰富和发展。根据精神生产的一般特点,弘扬中国精神要遵循以下要求:

第一,必须坚持以马克思主义为指导。马克思主义以其深邃的思想理论和观照现实的实践品质,唤起了全世界范围内无产阶级的觉醒,促动人类为实现自由解放而不懈奋斗。马克思主义来到中国,不仅改变了中国社会面貌和历史发展进程,而且改变了中国人的精神状态,正是在马克思主义的指导下,中华民族精神实现了现代转化,开辟了中国精神的新境界,使中国精神具有实事求是、变革求实、解放思想、群众路线、独立自主、理论联系实际、全心全意为人民服务、改革创新等具有中国风格和中国气派的精神品质。

第二,必须与我国社会主义现代化建设密切结合。马克思主义认为,一定的精神生产由物质生产的一定形式决定,即物质生产是决定精神生产的。精神生产必须依附于一定的物质条件和社会关系才能实现。在当代中国弘扬中国精神,绝不能是坐而论道,脱离现实社会主义现代化建设的实践、脱离人民的物质生活空谈精神,而必须紧密结合中国社会主义现代化的实践。这种结合可以从三个角度来考量。一是从实践角度看,以社会主义核心价值观引领社会主义现代化建设的各项活动,在制度设计和建构中充分体现社会主义核心价值体系和社会主义核心价值观的要求;二是从主体角度看,弘扬中国精神与提高广大人民群众物质文化生活水平结合在一起,尤其是以广大人民群众公平享有改革开放的成就为必要前提,从而一方面更好发挥中国精神主体的作用,另一方面展现中国精神的价值取向;三是从发展角度看,要从广大人民群众投身于社会主义现代化建设的实践活动中深化对中国精神的理解,凝练新的思想内容和表现形态,不断丰富和创新中国精神的表现形式。

第三,必须充分发挥主体性。精神归根到底是标示人的主观状态。必须发挥中国共产党在建设中国特色社会主义文化、塑造中国人民精神状态方面的领导作用。广大人民群众是中国精神的创造者,也是弘扬中国精神的主体力量。弘扬中国精神,需要人民群众承传优秀传统文化、认同先进文化和马克思主义价值追求、在社会生活不同层面展现时代风貌、创造中国精神的表现形式等。也就是说,弘扬中国精神,要发挥人民群众的主动性、能动性和创造性,发现和宣传人民群众中自觉弘扬中国精神的典范,引导人民群众在追求民族复兴的伟大实践中同时改造主观世界、不断塑造中国精神。

第四,必须培育和践行社会主义核心价值观。社会主义核心价值观在国家层面凝练了中华民族对于国家未来的美好想象和希望,是中华民族整体奋斗目标的集中体现;社会主义核心价值观在社会层面集中表达中国精神中的社会道德规范,表达了中华民族对理想的社会秩序的要求;社会主义核心价值观在个人层面反映了中国精神中的个人品格要求,说明了中华民族的价值观水准和道德自觉。此外,社会主义核心价值观"既体现了社会主义本质要求,继承了中华优秀传统文化,也吸收了世界文明有益成果,体现了时代精神"①。所以必须围绕培育和践行社会主义核心价值观展开。

第五,必须与弘扬中国精神相悖的思想行为进行斗争。如前所述,当前弘扬中国精神面临着来自西方价值观和我国意识形态领域多元化的挑战,无疑是制约弘扬中国精神的因素。固然,弘扬中国精神,需要学习借鉴人类文明成果,吸取不同多家民族精神中的长处,但必须与国内外一切影响、制约和破坏中国精神的言行开展积极的斗争,勇于亮剑,揭露各种错误观点的实质与危害,回应批驳各种丑化、矮化、黑化中国梦、中国精神的观点。

(三)弘扬中国精神的主要途径

长期以来,中国共产党带领人民在改造客观世界的同时改造主观世界,在宣传马克思主义及其中国化的理论成果、提升社会精神文明水平、培育社会主

---

① 《习近平谈治国理政》第 1 卷,外文出版社 2018 年版,第 169 页。

义核心价值观等方面积累了成熟的做法和丰富的经验,形成了理论宣传、学校教育、制度规范、典型示范、实践养成相结合的模式。而且随着时代的发展进步,不断创新思想宣传工作的方法和手段,积极采用先进的技术工具和交流方式,如以互联网思维打造融媒体等。应该说,这些模式和做法行之有效,是弘扬中国精神必须坚持的。鉴于学术界关于这些模式和方法的讨论已经非常深入广泛,本书不再赘述。

要看到的是,现行的思想宣传工作模式和方法在实践中仍然面临"时、效、度"不理想的困扰。就中国精神而言,存在着对中国精神的误读误解,过于强调中国古代传统文化对中国精神的影响而忽视革命文化的作用,较多关注民族精神而对时代精神及其本质发掘不够;按照理论逻辑来宣传中国精神的多,把握大众现实的精神需要不够;理论宣传的叙述方式和话语与人民大众的现实生活、表达习惯脱节,以致宣传的内容群众看不懂、听不懂。发挥官方主导性多,发挥人民群众主体性、参与性较少;不善于抓住重大事件、突发事件进行积极正面的引导,设置议题的能力有限;习惯于不加分别的"一视同仁""大水漫灌",缺乏针对社会分化的现实中进行分众化宣传,精细设计、分众"滴灌"。因此,要提升弘扬中国精神的实效,需要在弘扬中国精神的途径上做好以下几个"结合"。

其一,加强学术研究与提高教育普及相结合。弘扬中国精神既是一个理论命题,也是一个实践命题。作为理论命题,弘扬中国精神要把握中国精神的历史起源、发展脉络、内容内涵、基本特征和时代价值,明确弘扬中国精神的理论基础、基本规律和作用机理。作为实践命题,弘扬中国精神是为了满足实现中国梦的需要、创造有利的主观条件,由中国共产党领导人民群众自觉进行的精神生产活动,是中国特色社会主义文化建设的重要内容之一。因而需要把握弘扬中国精神的现实要求、明确弘扬中国精神的总体思路和实施路径。这些都建立在对中国精神和弘扬中国精神的深入研究之上。

自党的十八大以来,我国理论界对于中国精神的研究日益深入,主要集中在中国精神的内涵特征、形成基础、地位功能和弘扬建构四个方面,并取得了很多重要成果。但是,研究还需要更加深入。因为,中国精神这一论题本身具有复杂性,如何在实践中弘扬中国精神并取得实效的问题并没有完全解决。中国特色社会主义进入新时代,更要求我们深入研究中国精神、研究弘扬中国精神,为中国精神的教育普及提供有力的学理支撑。

当前,关于中国精神的研究,需要回答如下问题:如何概括中国精神的内涵,尤其是时代精神的内涵;在中国精神中,民族精神与时代精神的关系及其在实践中的体现;如何理解社会主义核心价值观是中国精神的集中体现;中国精神如何发挥自身功能,特别是对坚持中国道路、凝聚中国力量的作用机理;中国精神与社会主义意识形态、中国特色社会主义文化、中国传统文化的关系;中国精神与习近平提出的"四个伟大精神"的关系;在全球化条件下,中国精神如何面向世界、如何获得世界性;中国精神与其他民族国家精神相比,具有哪些特点和优势;等等。关于弘扬中国精神,需要回答:弘扬中国精神应如何遵循规律;中国共产党弘扬中国精神的历史经验;在意识形态多元化条件下弘扬中国精神的现实要求、可行措施路径,特别是如何使中国精神"飞入寻常百姓家";弘扬中国精神的实际效果及其评估;等等。要通过深入研究,实现中国共产党"实现中国梦""弘扬中国精神"等思想理论的彻底性,为正确引导人民大众的思想认识提供方法论。

弘扬中国精神必须使中国精神与人民大众"亲密接触",满足人民大众的精神需要。借助多样形式、途径转化学术研究的积极成果,将中国精神信念浸润于人民群众的日常生活,使人民群众经由认知、认识达到认同,进而内化为每个人的意识、价值观和精神状态,外化为每个人的行为。弘扬中国精神,要求把中国精神教育纳入国民教育和社会教育之中。在学校教育中,要把中国精神全面体现在教材内容、教学活动、教学课件、教学资源和学生实践活动中,使每一门课程都成为中国精神传播的载体;在社会教育中,要通过文艺演出、影视节目、节日纪念庆典、社会行为规范(如市民公约等)和模范人物示范等,使抽象的中国精神以感性的形式呈现于人的感官,大大增强中国精神可信可行的程度;要抓住重要时间节点,充分利用以互联网为中心的媒体融合,积极设置议题、开展思想引领。

第二,改造观念与满足利益要求相结合。历史唯物主义认为,社会存在决定社会意识。人们的思想观念往往受制于其生存的社会环境和物质生活状态。"'思想'一旦离开'利益',就一定会使自己出丑。"①"人们首先必须吃、喝、住、穿,然后才能从事政治、科学、艺术、宗教等等。"②毛泽东指出:"马克思列宁主义的基本原则,就是要使群众认识自己的利益,并且团结起来,为自己的利益而奋斗。"③一定的思想观念、心理情感是处于一定经济关系之中的人们的利益和需要的反映,决定着人们的行为选择。中国精神反映中华民族根本利益,包含着人民对美好生活的憧憬和向往。弘扬中国精神不是喊空洞的口号、"唱高调",更不是"将中国共产党的意志强加于人民",而是帮助人民群众形成对自身利益和社会发展的正确认识,找到精神归属、确立国家认同,以共同的行动追求美好的生活。能否结合人民大众的实际利益开展教育,决定着中国精神教育的有效性。因此,弘扬中国精神,必须将改造观念与满足利益要求结合起来。正如邓小平所指出:"不讲多劳多得,不重视物质利益,对少数先进分子可以,对广大群众不行,一段时间可以,长期不行。革命精神是非常宝贵的,没有革命精神就没有革命行动。但是,革命是在物质利益的基础上产生的,如果只讲牺牲精神,不讲物质利益,那就是唯心论。"④

弘扬中国精神要与不断满足人民群众的合理利益要求结合在一起。这主要包括:(1)推进在中国特色社会主义民主政治的制度化、规范化、程序化,加强人民当家作主的制度保障;拓展有序参与的渠道,保证人民群众知情权、参与权、表达权、监督权,使广大人民群众真实感受社会主义民主,增强主人翁意识和社会责任感;(2)坚持以经济建设为中心,坚持保障和改善民生,抓住人民群众最关心最直接最现实的利益问题,认真解决,确保经济利益分配上公平公正;(3)注重满足人民群众的文化利益。在既有的社会历史条件下,通过发展社会主义先进文化、弘扬优秀文化传统,提供给人民在文化参与、创造和享受上的平等权利和机会。

① 《马克思恩格斯文集》第1卷,人民出版社2009年版,第286页。
② 《马克思恩格斯选集》第3卷,人民出版社2012年版,第1002页。
③ 《毛泽东选集》第4卷,人民出版社1991年版,第1318页。
④ 《邓小平文选》第2卷,人民出版社1994年版,第146页。

弘扬中国精神一方面要正确把握社会的变动以及由此产生的观念变化,要从不同利益主体的诉求中找到共同点,并将它们与中国梦关联起来;另一方面要用社会主义核心价值观,尤其是义利观教育要引导人们理性地看待个人的物质利益与民族利益的关系,"在思想上正视个人利益,重视整体利益,追求和谐发展。在实践中坚持物质鼓励与精神鼓励相结合。坚决反对不正当和非法的利益要求。在新型义利观的指导下积极协调改革开放进程中出现的利益矛盾"①。

第三,坚持中国精神的民族性与提升中国精神的世界性相结合。中国精神反映了中国人对于本国主体文化的认同与归属感,体现了中国独特的精神风貌和性格特质,是中国有别于其他国家的精神标签。因此,弘扬中国精神必然要突出中国精神的民族性,彰显中国人认识和改造世界的独特世界观和方法论,凸显中国人的独特智慧理念和精神品质,主张中国的独立和尊严,展现中国的历史和特征。

然而,弘扬中国精神,并不意味着一味强调中国精神的本土性、独特性,搞自我封闭、文化自大,而应有开放、包容的形态。这是因为:其一,中国精神以马克思主义为指导,体现马克思主义的价值追求。马克思主义揭示了人类社会的一般规律,科学回答了人类社会发展的总体趋势和现实问题,这赋予中国精神关怀世界、以天下为己任的世界视野。其二,弘扬中国精神是在全球化进程推进、我国坚持改革开放以来建设中国特色社会主义的宏大背景中展开,处于富有开放性的现代化境遇之中。这在客观上要求弘扬中国精神,在话语体系、表现方式、实践样式等方面都要适应开放社会的要求,"讲好中国故事,传播中国声音"。这一方面是使世界能够认识、理解中国精神,从而理解中国追求民族复兴的诉求,正确认识当今中国世界影响力的变化;另一方面使中国人在世界发展的潮流中判别中国的精神坐标,从不同国家的文化发展和精神表现中理解中国的精神特质,从人类发展的文化需求和精神需要中发掘中国精神和智慧的独特价值。其三,中国精神需要在不断吸收时代养分中丰富和发

① 胡飒:《改革开放三十年思想政治教育的基本经验》,《思想政治工作研究》2008 年第 5 期。

展。弘扬中国精神既要立足于民族性,也要超越于民族性,以开放性的世界视野来拓展和深化,才能在与世界其他国家精神的对话交流中创生出新的灵感和活力,增强中国精神的时代价值。其四,当代中国正在和平崛起,在世界格局中扮演的角色日益重要。那么在精神层面中华民族也应该对人类文明有更多的贡献。这一贡献必须是在中国文化与世界文化的互动中去实现,必须是在中国精神汲取人类文明精华、回答人类共同问题、阐释人类共同价值、揭示人类历史走向中去实现。所以,需要以国际视野、世界情怀和兼容姿态去弘扬中国精神。

在实践中,弘扬中国精神,就要把中国精神视为人类共同价值的重要组成部分,在一切对外交往的场合和活动中,阐述中国在处理协调战争与和平、发展与共赢、眼前与长远、局部与整体等方面所体现出来的整体辩证思维和近远兼顾的智慧,说明中国所秉持"义以为上、义利双成"的义利观和"美人之美、美美与共"的共赢理念,阐释中国精神对人类共同发展所具有的独特意义和价值;要及时回应国际舆论空间中对中国发展的误解误读,同时寻找中国精神与其他国家精神中的相通之处,提升中国精神的世界性。

三、凝聚中国力量

实现中华民族伟大复兴的中国梦,凝结了几代中国人的意愿,是亿万中华儿女共同的期盼。习近平在十二届全国人大一次会议闭幕会上强调:"实现中国梦必须凝聚中国力量。"[1]这是明确了实现中国梦的主体条件。

(一)凝聚中国力量的内涵

1. 中国力量的内涵

关于"中国力量",习近平指出,"这就是中国各族人民大团结的力量"[2]。对此可以从不同角度来认识。

---

[1] 《习近平谈治国理政》第1卷,外文出版社2018年版,第57页。
[2] 《习近平谈治国理政》第1卷,外文出版社2018年版,第40页。

第一,从主体上看,是个体力量和集体力量的结合。其中,个体力量主要是指 14 亿中国人每个人的力量,这是中国力量的基础。集体力量来源于中国特色社会主义各个领域、各行业、各层次组织、机构的力量的汇集。

第二,从结构上看,"中国力量"是硬实力和软实力的结合,是中国人民大众在团结奋进中所焕发出来的力量,它既体现为看得见、摸得着的物质力量,如经济力量、军事力量和科技力量,以及由此展现的中华民族的创造力等,还体现为包括当代中国的文化、价值观、民族精神、生活方式、国家形象、制度模式在内的制度、文化等所具有的吸引力、感召力、影响力。

第三,从来源上看,中国力量是整个中华民族团结奋斗的产物,它既包含已有力量的整合,也包括新生的力量生发、壮大。"中国力量"是在整合中产生的,是经济利益、思想观念和制度条件等多种因素共同作用的结果。首先,"中国力量"基于中华民族共同的利益,即国家富强、人民幸福、社会和谐、生态良好,中华民族屹立于世界民族之林;其次,"中国力量"是基于广泛的社会共识,即最广泛的人民群众对中国特色社会主义的认同、对中华民族伟大复兴的信念和对当代中国深沉的热爱;最后,"中国力量"调整社会利益关系、约束人们的社会行为、引导人们的价值追求等,调整、控制社会矛盾,明确价值和行为导向,鼓励和保护符合中国特色社会主义发展方向的言行。

总之,中国力量是中国特色社会主义制度的优势和马克思主义指导下的社会主义价值观优势的外化,是中国共产党团结人民大众而产生的效应。

2. 凝聚中国力量的实质

"凝聚"一词在汉语中既有积聚、聚合之意,也有稳定、巩固之意。可以将"凝聚中国力量"的含义理解为将中国各族人民积聚起来,并形成强大而坚固的力量。这其中蕴含着一种变动,即将分散的力量聚合为集中的力量、将不够稳定的力量变为稳固的力量。同时,这一表达是一个动宾词组,省略了执行"凝聚"的主体。但由于这一表达由中国共产党领导人提出来的,实际上包含着主体是中国共产党。因此可以将"凝聚中国力量"理解为中国共产党采用多种方法和途径将各民族人民群众广大地团结、动员起来,以集体的力量为实现"中国梦"而奋斗。

　　凝聚中国力量的实质是政治整合。所谓政治整合,是指占据优势的政治主体(国家或者政党)把不同的社会和政治力量结合纳入统一的中心框架,化解矛盾与风险、促进融合与合作,从而维护动态稳定和获得可持续发展动力的过程。从社会和政治力量的角度看,政治整合是社会成员和社会力量在心理上认可现行政治制度、在行动上支持国家的政治活动以及由此带来的强大政治凝聚力的体现。政治整合是在承认利益分化的前提下展开,核心内容就是正确处理好利益分化和多元化过程中的利益关系,协调好利益矛盾和冲突。在发生社会分化、利益分化的社会里,政治整合作为克服分化的消极效应、处理利益关系的手段具有重要意义,是维系政治稳定和社会秩序、实现社会动员的必需。

　　在当代中国,有14亿人口、56个民族,地域广阔且差异明显,社会日益分化且价值观多元,这决定了"中国力量"不会自动生成。中国共产党承担着政治整合的任务,是凝聚中国力量的主体。中国共产党根据特定的政治目标,有组织有计划地通过经济、政治、文化、社会的多种途径,使分化了的社会群体在根本利益一致性基础上聚合起来,形成一个强大的共同体;"凝聚中国力量"不是个人力量、机构组织力量、各民族力量的简单相加,而是多种相互交错的社会力量在相互影响、相互作用中生发、壮大;"凝聚中国力量"不可能一蹴而就,是一个长期的动态过程,在中国特色社会主义新时代里,将伴随中国社会主义现代化进程持续推进。"凝聚中国力量"是一项复杂的政治实践,在客观上要求中国共产党具有强大的自觉与能力,要求有经济基础、上层建筑的有利条件给予保障,要求有思想观念上的求同存异、形成共识,要求克服各种阻碍各族人民团结奋进的消极因素,特别是协调不同社会阶层、群体之间的利益问题。因此,"凝聚中国力量"的过程是中国共产党带领人民正确处理利益分化问题的过程,是中国特色社会主义制度体系不断完善的过程,是整个社会价值共识形成的过程,也是现代中国社会生长发展的过程。

　　习近平提出"凝聚中国力量",显示中国共产党对追求中华民族伟大复兴前提条件的深刻认识,也表达了中国共产党的自我要求和主观努力,体现了中国共产党"不忘初心"、团结、带领中国人民为民族复兴而奋斗的历史自觉。

（二）凝聚中国力量的基本依据

1. 凝聚中国力量的理论依据

马克思主义唯物史观关于人民群众是历史创造者的理论以及在此指导下形成的中国共产党群众观点，都是凝聚中国力量的理论依据，也为如何凝聚中国力量提供了方法论指南。

唯物史观认为，历史是社会的人通过自己的活动创造的。"生气勃勃的创造性的社会主义是由人民群众自己创立的。"历史是无数个人活动所构成的群众活动的结果，历史主体的个体形态只有在其群体形态中才能得到合理的说明。人民群众在创造历史中表现出主动性、自觉性，对于人类历史的前进具有决定性的意义。

人民群众创造历史决定性作用体现在社会生活的各个方面。包括：

其一，人民群众是社会物质财富的创造者。人类社会赖以存在的物质生活资料，是劳动群众在改造自然界的劳动中生产出来的。在物质生产活动中，人民群众不断积累劳动生产经验，改进劳动工具和生产技术，推动了社会生产力的发展。由于物质生产实践活动是社会发展的根本动力，因此历史的前进都是在劳动群众社会实践的基础上取得的。在存在体力劳动和脑力劳动分工的情况下，从事社会物质财富生产的劳动群众包括脑力劳动者和体力劳动者两部分。

其二，人民群众是精神财富的创造者。人民群众从事物质资料的生产为精神文化的生产创造了前提，同时人民群众也直接参与了社会精神文化的创造。许多科学、技术、艺术、理论的发明和创造是由劳动群众完成的，或者是直接依据劳动群众提供的素材加以整理和提高完成的。

其三，人民群众是实现社会变革的决定力量。人民群众在生产和再生产物质生活资料的同时，也生产和再生产出人与人的社会关系，形成社会生活的各个方面及其整体。在以私有制为基础的社会里，人民群众即使是处于经济剥削、政治压迫和思想束缚下，依然通过实践活动推动社会的发展。当社会处于变革时期，人民群众的决定性作用就更加突显。"人民群众在任何时候都不能像在革命时期这样以新社会制度的积极创造者的身份出现。"①从历史上看,人民群众摧毁腐朽社会制度的斗争,形成了真正的革命运动。

正是基于人民群众是历史创造者这一思想,马克思主义政党形成了系统的群众观点和群众路线。群众观点主张:第一,人民群众自己解放自己的观点。无产阶级的革命事业、社会主义运动等,都是人民群众自己的事业。第二,全心全意为人民服务的观点。无产阶级政党没有自己的私利,一切为了人民群众的利益,是马克思主义政党活动的根本出发点。第三,向人民群众负责的观点。人民群众的利益就是马克思主义政党的利益,因此对党负责与对人民群众负责是统一的。马克思主义政党要为人民群众的利益坚持真理,修正错误。第四,向人民群众学习的观点。马克思主义政党的正确主张,在本质上都只能是人民群众实践经验的总结、人民群众智慧的结晶。马克思主义政党既要领导、教育人民群众,同时也要甘当人民群众的学生,向人民群众学习。把马克思主义的群众观点贯彻到具体工作中,形成了无产阶级政党的群众路线。中国共产党将这一路线概括为"一切为了群众,一切依靠群众,从群众中来,到群众中去"。群众路线体现了马克思主义的认识路线,又是无产阶级政党的工作路线,即领导方法和工作方法。

此外,中国共产党高度重视党群关系,对于建立和维护密切的党群关系有系统的理论认识。毛泽东在《为人民服务》中第一次用最通俗而又最深刻的语言表明了中国共产党的根本宗旨,还明确提出:"党群关系好比鱼水关系。如果党群关系搞不好,社会主义制度就不可能建成;社会主义制度建成了,也不可能巩固。"②邓小平也强调:"党离不开人民,人民也离不开党,这不是任何力量所能够改变的。"③在长期执政中,中国共产党把密切联系群众作为党的最大政治优势,把脱离群众视为党执政后的最大危险,强调做好群众工作,既要站在群众的前面引导群众,又时刻关心群众的切身利益,不断满足人民群众的利益要求。

---

① 《列宁选集》第 1 卷,人民出版社 2012 年版,第 616 页。
② 《建国以来重要文献选编》(第 10 册),中央文献出版社 1994 年版,第 488 页。
③ 《邓小平文选》第 2 卷,人民出版社 1994 年版,第 266 页。

2. 凝聚中国力量的历史依据

中国梦深深植根于历史之中,其中既包括中华民族不堪回首的历史屈辱,也包括不断激励中华儿女的历史荣光。近代以来中华民族探索民族复兴之路的艰辛历程充分说明凝聚中国力量的重要,中国共产党在中国建设和改革中团结、动员广大人民群众的历史经验,为凝聚中国力量提供了历史依据。

第一,近代以来中国历史的深刻昭示。

近代中国在资本—帝国主义的入侵中丧失了主权和领土的完整,丧失了正常发展的条件。为了寻求民族复兴,无数仁人志士进行了艰辛探索。然而他们都没有达到他们预想的目的。其失败的原因固然是多方面的,但其中一个重要原因就是没有动员占人口大多数的人民群众。在戊戌变法中,康有为、梁启超寄希望于光绪皇帝,联合一批官员和知识分子实行维新。但势单力薄,所推政策也未落实,成为一纸空文。最后面对慈禧的镇压束手无措,"戊戌六君子"血溅菜市口;孙中山领导资产阶级民主革命,虽然组建同盟会,聚集爱国勇敢的青年知识分子,积极争取海外华侨支持,又利用新军乃至会党、袍哥等社会组织,前赴后继地发动暗杀行动和武装起义,但是由于理论上不能提出满足国内广大农民愿望的主张,在实践中完全脱离广大民众。因此,革命历程曲折坎坷,辛亥革命的成果为旧官僚袁世凯窃得。袁世凯一心复辟,致使中华民国陷于"无量头颅无量血,可怜购得假共和"。为了捍卫中华民国,孙中山先后发动护国运动、护法运动,力图利用军阀之间的矛盾来解决中国前途问题,终因脱离民众一再败北。最终孙中山认识到革命曲折坎坷的主要问题,提出了"联俄联共、扶助农工"的主张。然而,中国资产阶级政党的阶级属性和现实追求,在根本上限制了它与人民群众保持密切联系、结成稳固的政治联盟。

在近代中国,占人口绝大多数的农民也曾奋起抗击外国侵略者。但是由于受到小生产者局限性的制约,不能正确认识社会历史的发展趋势,不过能正确把握社会主要矛盾和主要敌人,不能形成解决民族危亡的正确主张。义和团慨然打出"扶清灭洋"的口号,盲目排外,却遭到清政府的出卖;太平天国运动宣扬寻求社会公平,从广西金田出发,却在占领南京之后,建立起森严等级,农民领袖生活奢靡、内讧频繁,全无"等贵贱、均贫富"的理想,最终亡于清政府和"洋枪队"的联合绞杀。事实说明,缺乏科学理论的指导、缺乏先进的无产阶级政党领导,农民既无力改变自己的命运,也无法救民族于危亡之中。

第二,中国共产党团结动员人民大众的历史经验。

团结、教育和发动人民群众投身于社会主义事业,是无产阶级政党的基本任务。中国共产党自成立以来,以实现民族复兴为己任,以马克思主义作为"解放我们民族的最好的武器"[1],"用无产阶级的宇宙观作为观察国家命运的工具,重新考虑自己的问题"[2]。在 20 世纪的历史中,在马克思主义指导下,中国共产党秉持对中华民族的历史责任和对中国人民的赤子之心,超越以往一切政治力量追求自身特殊利益、脱离人民大众的局限,科学分析认识社会各阶级阶层及其利益要求,忠实代表中国人民根本利益和中华民族整体利益,把对未来社会的理想追求与谋求民族独立、人民解放,国家富强、人民幸福的现实要求结合起来,积极探索团结、发动广大人民群众参与社会主义事业的途径,实现了最广泛的社会动员,推动中国获得独立,并开拓出中国特色社会主义建设新路。

在这一过程中,中国共产党积累了丰富的经验。主要包括:(1)准确把握人民群众的现实利益要求,以满足人民群众的利益要求为直接目标,并采取正确的政策和措施去满足这些要求。如在中国革命阶段,农民群众最希望解决土地问题,中国共产党在不同时期提出土地政策、开展武装斗争来满足农民的要求,由此吸引大量农民参加人民军队和支前服务。(2)坚持群众观点,走群众路线,甘当群众的学生,并教育广大群众提升思想觉悟,使党、人民政府和人民军队保持与人民群众的血肉联系。(3)根据特定的目标,建立广泛的统一战线,以工农联盟为核心,实现社会各阶级阶层的联合。通过统一战线,团结一切可以团结的力量,带领最广泛的人民群众参加中国革命和社会主义建设。(4)积极支持人民群众当家作主,并用法律制度给予保障。无论是在局部执政还是在全国执政,中国共产党注重保障人民群众大众的民主权利,创造条件

---

[1]　《毛泽东选集》第 3 卷,人民出版社 1992 年版,第 796 页。
[2]　《毛泽东选集》第 4 卷,人民出版社 1991 年版,第 1471 页。

引导人民进行多层次的政治参与。(5)采用群众喜闻乐见的方式宣传马克思主义及其中国化的理论成果,宣传社会主义价值观念,用先进的理论掌握群众,将相信群众与教育群众结合起来。正是善于团结人民群众为共同的目标和根本利益而奋斗,中国共产党能够克服重重困难,不断壮大;中国革命、社会主义建设和改革才能取得胜利,而人民群众在创造中华民族的筑梦历史中才会选择中国共产党这个领路人。

可以说,近代以来的中国历史用鲜活的事实表明,中国人民有着坚强意志和务实作风,即使在近代以来饱受屈辱和磨难,即使面对强敌步履艰难,也从未放弃对民族复兴梦想的追求。然而,没有广大人民群众的参与,没有凝聚全民族的力量,就难以推进民族复兴的进程。同样,人民群众如果不以科学的理论武装、没有坚强的领导核心力量,也不可能扛起民族复兴的大业。只有在马克思主义指导下的中国共产党,才能在政治实践中引领人民群众成为推动历史进步的磅礴力量。

3. 凝聚中国力量的现实依据

当前中国坚持和发展中国特色社会主义,追求中国梦想面临的现实境遇,对凝聚中国力量提出了新的要求,也是凝聚中国力量的现实依据。

从实现国家发展的角度看,我国经过几十年的社会主义建设,当前发展水平比历史上任何时候都接近民族复兴。然而,我国也面临着自身"成长的烦恼"和来自外界的多种干扰所构成的巨大挑战。正如党的十九大报告所指出,这些挑战中来自国内的包括"发展不平衡不充分的一些突出问题尚未解决,发展质量和效益还不高,创新能力不够强,实体经济水平有待提高,生态环境保护任重道远;民生领域还有不少短板,脱贫攻坚任务艰巨,城乡区域发展和收入分配差距依然较大,群众在就业、教育、医疗、居住、养老等方面面临不少难题;社会文明水平尚需提高;社会矛盾和问题交织叠加,全面依法治国任务依然繁重,国家治理体系和治理能力有待加强;意识形态领域斗争依然复杂,国家安全面临新情况;一些改革部署和重大政策措施需要进一步落实;党的建设方面还存在不少薄弱环节"。来自国际的挑战包括霸权主义继续横行,各种传统和非传统安全威胁不断涌现,地区热点持续动荡,恐怖主义蔓延肆虐,和平赤字、发展赤字、治理赤字困扰着人类,实现和平与发展、构建以合作共赢为核心的新型国际关系任重道远。此外,对于当代中国的和平发展,以美国为首的西方大国百般阻挠,采用了军事挑衅、技术封锁、经济打压、意识形态渗透等多种手段,并在国际舆论空间抹黑我国,制造各种"中国威胁论",从而在多个领域遏制我国发展。来自国内国外的巨大挑战,在客观上要求我国要动员、凝聚广大人民群众,全国上下团结一致。正如邓小平所说:"如果搞得乱七八糟、一盘散沙,那还有什么希望? 过去帝国主义欺侮我们,还不是因为我们是一盘散沙?"①

从实现人民幸福的角度看,中国梦的基本内涵是实现国家富强、民族振兴、人民幸福。中国梦的最大特点就是把国家利益、民族利益和个体利益紧紧联系在一起,体现着中华民族的"家国天下"情怀。这就超越了以往仅仅以国家、民族为梦想指向、用宏大叙事和总体性历史记载掩盖个体真实诉求的局限,也超越了仅仅强调个人奋斗、个人价值的"美国梦",彰显了科学社会主义实现"每个人的自由全面发展"价值目标,也反映了承受百年屈辱、具有整体价值观的中华民族深沉诉求。可以说,中国梦与人民中"每个个体"的幸福梦是一荣皆荣、一损皆损的互生互动的关系,并非两条互不相干的平行线,人民幸福、每个个体生活的美好是中国梦的重要内容和鲜明标识,而国家梦、民族梦的实现,无疑能为个人梦想的实现打开广阔的空间。所以,中国梦"必须同中国人民对美好生活的向往结合起来才能取得成功"②。中国梦不是哪一个人、哪一部分人的梦想。中国梦的实现,不是成就哪一个人、哪一部分人,而是造福全体人民。未来 30 年是中华民族向着伟大复兴的冲刺阶段,也是中国人民的生活从小康走向共同富裕的阶段。任何一个个人要拥有"美好生活",都必须将个人命运与国家、民族的命运紧紧结合起来,将个人为美好生活的奋斗融于整个国家、中华民族的奋进中,由此拥有同祖国和时代一起成长与进步的机会,拥有实现个人理想的机会。因此,将每一个怀揣美好期盼的中国人凝聚

---

① 《邓小平文选》第 3 卷,人民出版社 1993 年版,第 197 页。
② 《习近平谈治国理政》第 2 卷,外文出版社 2017 年版,第 30 页。

起来,将每一份追求梦想的力量汇聚起来,既是给每个个人梦想实现的条件,也是实现中国梦的基础。

(三)凝聚中国力量的主要路径

根据中国共产党在中国革命、建设和改革中凝聚中国力量的历史经验和当前我国社会的实际状况,需要从以下几个路径解决凝聚中国力量的主体、物质基础、思想情感等各方面问题。

1. 中国共产党要加强自身建设以担当历史重任

中国共产党是中国梦的倡导者和领导者。为实现中国梦想,凝聚中国力量关键在党。"打铁还需自身硬"。中国共产党要发挥自身优势,不断加强自身建设,成为人民群众心目中可靠可信的"核心",以担当起引领民族复兴的历史重任。

其一,坚持马克思主义指导,坚持为人民服务的宗旨。当前中国已经进入为实现中国梦做最后冲刺的阶段,也是各种矛盾和问题比较集中爆发的阶段。如何认识这些矛盾和问题,如何采用正确的政策和措施来解决问题,对于中国共产党而言,首先是要求中国共产党解决思想认识问题,即必须坚持以马克思主义为指导。应该说,党中央一贯强调马克思主义的指导地位,然而在广大党员干部中,存在着比较普遍的对马克思主义基本原理不了解、对马克思主义指明的人类社会发展方向不清楚、对马克思主义倡导的价值观不认同等情况。理论上的不清醒必然导致实践中的错误。只有坚持以马克思主义为指导,才能深刻理解和坚定维护"以人民为中心不动摇",践行党的宗旨,以最广大人民根本利益为最高评判标准,才会以尊重历史主体的态度把人民群众的小事当作自己的大事,从人民群众关心的事情做起,从让人民群众满意的事情做起,带领人民不断创造美好生活。正如列宁所指出:"在人民群众中,我们毕竟是沧海一粟,只有我们正确地表达人民的想法,我们才能管理。否则共产党就不能率领无产阶级,而无产阶级就不能率领群众,整个机器就要散架。"①

---

① 《列宁选集》第 4 卷,人民出版社 2012 年版,第 695 页。

其二,从严治党、自我净化,以有效的反腐取信于民。中国共产党作为凝聚中国力量的主体,自身的思想状态、组织状态、作风状态等都直接关系着人民群众的认同度,关系着"凝聚"的效果。当前,中国共产党身处复杂的执政环境之中,影响党的先进性、弱化党的纯洁性的因素复杂多样,"四大考验""四大风险"长期纷扰中国共产党。因此,党必须坚定不移地全面从严治党,由此重建、增强人民群众对党的信心与信任。首先,要把党的政治建设放在首位,保证全党紧密团结在党中央周围,坚持党中央权威和集中统一领导;其次,要加强党的思想建设,用习近平新时代中国特色社会主义思想武装全党,使全党牢记宗旨,不忘初心,自觉履行使命;再次,要持续开展党风建设,严肃党纪,高压反腐,标本兼治,保证干部清正、政府清廉、政治清明;最后,强化党的基层组织建设,帮助人民群众理解党的理论政策,引导人民群众向党靠拢。

2. 中国共产党要坚持正确的工作路线与政策选择

党的领导是中国特色社会主义最本质的特征。坚持党的领导是与完善党的领导、实行正确领导联系在一起的。制定适合国情、符合人民期盼、回应时代要求、尊重规律的路线、方针和政策,是坚持党的领导的必然要求。就凝聚中国力量而言,坚持党的领导就是要使党的政治领导力、思想引领力、群众组织力、社会号召力得到全面增强和发挥。具体而言应该体现在以下三个方面:

其一,正确处理人民内部矛盾,正确处理不同利益群体之间的关系。当前中国社会存在多种矛盾,有敌我矛盾,也有人民内部矛盾。对于敌我矛盾,依照宪法和法律给予解决。对于人民内部矛盾,则要采取正确的政策措施。我国当前的人民内部矛盾成因复杂,有的是发展水平制约的问题,有的是体制机制的问题,有的是政策偏差错位的问题,有的是价值观差异问题,但具体利益上的矛盾是人民内部矛盾的主导性矛盾,从根本上看还是"当前的、局部的、个人的利益"与"长远的、全国性的、集体的利益"之间的矛盾。妥善处理好人民内部矛盾,就是要把最广大人民的根本利益放在首位。一是要继续做大"蛋糕",坚持以经济建设为中心,通过深化改革、创新驱动,提高经济发展质量和效益,从而为提升全社会的普遍福祉奠定充分的物质基础;二是要统筹兼顾,改善民生,在教育、医疗、就业、社会保障、住房、环境等方面采取有更多有力、普惠的措施,尤其是对人民群众普遍要求的事项,应一件事一件事扎实地解决,使发展成果更多更公平地惠及全体人民,使"共享"从理念转化为现实的存在;三是加强思想引导,说明党和国家在满足广大人民群众的合理利益要求和权利要求所作的努力,说明公民应在享受社会进步成果的同时承担维护社会稳定、遵守社会公德、关注集体利益的义务,帮助人民大众对物质生活条件改善树立合乎实际的心理预期;四是处理人民内部矛盾诱发的冲突要采取恰当策略,不能激化矛盾向对抗性转化,不能把"小事"变成"大事"。

其二,充分发挥新时代统一战线的强大功能。习近平指出,"统一战线是中国共产党夺取革命、建设、改革事业胜利的重要法宝"①,"搞统一战线是为了壮大共同奋斗的力量"②。对于中国革命、建设和改革而言,统一战线具有战略性意义,其最突出的特点就是在中国共产党的领导下,为了完成重大战略或者反对共同的敌人,将不同的社会群体(包括阶级、阶层、政党、集团)在某些共同利益的基础上组成联盟,实现大团结大联合。可以说,统一战线内涵着"凝聚中国力量"的意蕴。

在中国特色社会主义新时代,统一战线是"最大的政治",必须建立"大统战工作格局"。充分发挥统一战线的作用,要求实现党对统一战线的政治领导,即"政治原则、政治方向、重大方针政策的领导"③;要发挥统一战线在政治整合中的优势,团结着广大民主党派和无党派人士;要正确处理一致性和多样性的关系,关键是坚持求同存异。坚持一致性就是要坚守政治底线,在"充分发扬民主、尊重包容差异"的基础上找到"最大公约数",即实现中华民族伟大复兴"中国梦"这一共同利益,画出最大的同心圆。尊重多样性就是要在宪法和法律框架下尊重统一战线成员的价值观念、利益诉求和行为方式;要注意统一战线工作方法,讲究工作艺术,抓住重点对象,以文化共识、价值共识带动政治共识。

---

① 习近平:《在庆祝中国人民政治协商会议成立 65 周年大会上的讲话》,人民出版社 2014 年版,第 8—9 页。
② 《习近平谈治国理政》第 2 卷,外文出版社 2017 年版,第 304 页。
③ 《习近平谈治国理政》第 2 卷,外文出版社 2017 年版,第 303 页。

　　其三,切实遵循群众路线,做好群众工作。群众路线是中国共产党的生命线和根本工作路线,它以尊重人民群众主体性、汇聚群众智慧、带领群众进步的强大功能,在中国共产党奋斗历程中发挥了重要作用,为中国革命、建设和改革提供了不竭的力量源泉,为中国共产党的理论创新提供了丰富素材、广阔视野和鲜活经验。相信群众、依靠群众,密切联系群众是中国共产党的优良传统和最大优势,是体现中国共产党领导核心作用的重要方面。在实现中国梦的实践中凝聚中国力量,必须切实遵循群众路线。

　　遵循群众路线,展现中国梦"为了谁"。习近平突出强调,中国梦归根到底是人民的梦。凝聚中国力量,首先要使人民群众感知中国梦与其美好生活向往之间的关系。群众路线以"一切为了群众"为出发点,要求党员干部在思想上确立一切为了群众的价值理念,把人民幸福作为党员干部的价值追求、行动指向,在实践中贴近群众、了解群众,重视群众利益诉求,关心群众疾苦,站在群众的立场上思考问题、制定政策。这样必然昭示"中国梦"的价值追求,增进党群之间、干群之间的理解。

　　遵循群众路线,展现实现中国梦"依靠谁"。"我们要实现党的十八大确定的奋斗目标和中国梦,必须紧紧依靠人民,充分调动最广大人民的积极性、主动性、创造性。"①没有人民群众的参与和支持,没有人民群众的智慧和力量,中国梦的实现就失去了主体依托。群众路线强调要尊重人民群众的主体地位,要依靠人民群众办事,既肯定人民群众是社会主义建设的力量源泉,也确认人民群众是中国共产党执政权力的赋予者。遵循群众路线,必然充分尊重民意,坚持权为民所用,把人民利益的实现作为衡量党和政府一切工作得失成败的标准,必然使人民群众因受到尊重而焕发出积极性、主动性和创造力;必然推动党、政府依靠人民群众一起妥善解决利益关系,化解矛盾,实现人民内部的和谐。

　　遵循群众路线,能够集中人民群众的智慧。在实现中国梦的道路上,中国共产党面临着多种复杂问题和两难选择,也承担着巨大风险。群众路线强调

----

① 《习近平谈治国理政》第 1 卷,外文出版社 2018 年版,第 367 页。

从群众中来,到群众中去,深入群众进行调查研究,以准确把握问题,找到解决问题的方法,在决策中听取群众意见,汲取群众智慧,做到民主决策、科学决策,从而降低或者避免风险。

遵循群众路线,要有针对性地开展对群众的教育。由于复杂的原因,人民群众在思想道德素质和科学文化素质上千差万别,对于追求民族复兴的认识和态度也有差距与分歧,往往以个人立场、局部视角来思考问题、表达诉求。群众路线在要求党员干部相信群众、尊重群众的同时,也反对尾巴主义,反对迁就群众中的错误意见,强调要在联系群众中帮助教育人民群众,提高人民群众的素质和觉悟。遵循群众路线,能够联系群众、凝聚人心中引导群众增强大局意识、学会换位思考,能够适时疏导群众的情绪、调节群众的心理状态,减少人民群众内部的冲突内耗。

在互联网时代,网络成为人民大众表达思想情感的主要平台。老百姓上了网,民意也就上了网。习近平强调:"各级党政机关和领导干部要学会通过网络走群众路线"①,善于运用网络了解民意、开展工作,是中国共产党在新形势下做好群众工作的基本功。通过网络走群众路线具有重要功能,一是"了解群众所思所愿,收集好想法好建议";二是及时回应百姓呼声、化解怨气怨言,及时引导和纠正错误看法;三是发扬人民民主,接受群众的监督。要通过网络民意调查、网络听证会、网络论坛讨论等多种形式,使网络成为中国共产党同群众交流沟通的新平台,成为了解群众、贴近群众、为群众排忧解难的新途径。

3. 在全面深化改革中改造不公平的利益格局

如前所述,当代中国最突出的问题是利益格局的不公平,已然引起了社会广泛关注和不满,也磨损着人民群众对中国共产党的信任和对中国未来的信心。在全面深化改革中应努力改造不公平的利益格局,最大程度化解人民内部的利益冲突。这可以分别从以下领域展开。

在经济建设中坚持社会主义方向。搞好经济建设,既是为中华民族伟大

① 《习近平谈治国理政》第 2 卷,外文出版社 2017 年版,第 336 页。

复兴、人民生活美好幸福奠定物质基础,也是为凝聚中国力量创造条件。正如邓小平所说:"没有扎扎实实的发展成果,没有人民生活的不断改善,空谈理想信念,空谈思想道德建设,最终意识形态工作也难以取得好成效。"当前,我国在改革中完善社会主义市场经济体制,"既要往有利于增添发展新动力方向前进,也要往有利于维护社会公平正义方向前进"①。

在国家治理体系现代化中健全多项制度机制,保护和扩大人民群众的民主权利。包括健全人大组织制度、选举制度和议事规则,完善论证、评估、评议、听证制度;建设协商民主制度,保障人民在日常政治生活中有广泛持续深入参与的权利;建立一个健全的社会表达机制,完善利益诉求表达机制;巩固和发展爱国统一战线制度;等等。这样,以制度化的力量提供、保护人民群众有序政治参与,保证人民当家作主。

在完善社会治理体系中改善民生状态,实现社会公平正义。从法律上、制度上、政策上努力营造公平的社会环境,保证人民平等参与、平等发展的权利;提高保障和改善民生水平,使人民群众更有获得感、幸福感、安全感。

4. 以创新思想宣传工作塑造社会共识

在当前我国意识形态多元化条件下,思想宣传工作的一个重要任务就是凝聚社会共识。然而,当前我国的思想宣传工作存在诸多短板,表现为宣传话语远离群众的生活,"不会说群众的话""说了群众听不懂""说了群众不愿听"等状态。如何提升实效,是当前思想宣传工作需要解决的重要问题。

党的十八大以来,习近平就加强思想宣传工作、提升思想宣传工作的实效做出了一系列重要论断,明确了中国特色社会主义新时代里思想宣传工作的地位、基本任务、基本原则、方法途径和领导等,从而明确了思想宣传工作的新要求。其中强调思想宣传工作要坚持中国共产党在长期革命、建设和改革过程中形成的行之有效的基本原则;要充分发掘思想宣传工作的多种途径,包括通过充分挖掘中华优秀文化资源,"坚持古为今用、推陈出新,有鉴别地加以对待,有扬弃地予以继承,努力用中华民族创造的一切精神财富来以文化人、

---

① 《习近平谈治国理政》第 2 卷,外文出版社 2017 年版,第 103 页。

以文育人"①；要通过教育引导、舆论宣传、文化熏陶、实践养成、制度保障等，在全社会培育社会主义核心价值观；要把思想宣传工作融入日常生活，将党和国家倡导的价值追求在日常生活中落细、落小、落实；要运用新媒体新技术使工作活起来，推动思想政治工作传统优势同信息技术高度融合，增强时代感和吸引力；要建立一支政治素质好、专业水平高的思想宣传工作队伍，"各级宣传部门领导同志要加强学习、加强实践，真正成为让人信服的行家里手"②。

这些要求集中反映思想宣传工作的基本规律，指明了在改革创新中加强和改进思想宣传工作的基本路径。

---

① 《习近平谈治国理政》第 1 卷，外文出版社 2018 年版，第 164 页。
② 《习近平谈治国理政》第 1 卷，外文出版社 2018 年版，第 156 页。

第四章　中国梦的大众认同

对"中国梦"大众认同的研究,主要包括四个方面的内容。一是中国梦大众认同的基本内容。中国梦大众认同首先要解决一个大众认同的对象性存在问题,即"中国梦"包含什么内容,大众认同的"中国梦"是什么的问题。这一部分我们将着重理论分析,对中国梦作出多角度、多层次和多领域的阐述。二是中国梦的大众认同现状。中国梦既是国家梦、民族梦,也是人民梦、个人梦。中国梦是人民梦,但不是个别人、少数人的梦想,而是实现最大多数人的梦想。中国梦大众认同的现状就是要研究广大民众对中国梦的国家目标、实现目标的战略选择及其政策工具运用的认知、认可和实现中国梦的信念、政策工具运用实效的认同等,要研究个体在国家实现"中国梦"过程中的精神状态,包括但不限于诸如国家梦与个人梦的关系、对个人梦实现条件的认知和把握等问题,要研究社会各阶层对中国梦认同的特点等。三是中国梦大众认同的社会基础。唯物史观认为,社会存在决定社会意识,社会意识具有自己发展的规律性。研究中国梦的大众认同的社会基础,不仅要研究其物质基础,而且要研究其精神基础、文化基础,一定意义上还需要研究其共同的心理基础。四是中国梦大众认同的宣传教育途径与方式。作为中华民族共同的精神追求,中国梦既是一种共同理念,又是共同的社会行动。作为社会行动,需要有引领行为的思想指南,这就必须加强对大众中国梦认同的宣传教育,要回答和研究实现中国梦依靠谁、为了谁的问题,研究针对不同社会群体有效的教育方式方法问题。

一、中国梦大众认同的基本内容

"认同",英文是 identity,从词源学的角度来看,主要有以下几种解释,"一是使等同于、认为……一致,二是同一性,一致,三是身份正身"。《现代汉语词典》将"认同"解释为:"动词,(1)认为跟自己有共同之处而感到亲切。(2)承认、认可"。据考证,"认同"一词最早可能出自 1935 年洪深的《电影戏剧的编剧方法》,文中说:"归根的讲起来,乃是剧作家不曾完全地同情于他自己所描写的正面人物。他和他们之间,缺少所谓'心理上的全部认同'"①,表示认可、同意之意。

"认同"是一个关系动词,表达的是主体与客体之间的关系。从认识论上讲,指主体通过对客体的深入了解,达到对客体的接受的关系。"认同"不同于"相同"。首先,主体对客体的认同是一个逐步达成的过程,主体通过对客体的不断了解,结合主体的价值判断而与客体达成共识。认同具有主观性,与主体的认知能力以及主客体的价值是否一致有关。而"相同"则往往表示对结果的"没有异议"。其次,认同是辩证的,认同允许不同的存在,可以只是在某一点上达成共识,表示的是在诸多不同中达成某种最大的共识,而相同则表示完全一样。

"认同"主要有三个层次,即感性认同、价值认同和行为认同。感性认同,即主体通过同客体相接触,对客体有了一定了解之后,对客体表示接受和同意,属于认同的较为低级的阶段。价值认同是指社会成员或组织在社会活动中对某类事物或活动过程所具有价值的认可、共识,并由此形成自身在社会实践中的价值定位和定向,决定自己的理想、信念和追求,它是社会成员对社会价值规范所采取的自觉接受、自愿遵循的态度。价值认同是主体对客体在价值观层面达成的认同,属于认同的中级阶段。行为认同是指随着主体对客体的认识不断推进,达到对客体的感性认知和价值认同后,根据客体的属性和主

---

① 黄河清编,姚德怀审:《近现代辞源》,上海辞书出版社 2010 年版,第 629 页。

体的价值选择作用于客观对象,实现价值认同所指向的目标的实践协同过程,属于认同的高级阶段。

由于个体现实的社会关系不同,认同具有自我认同和群体认同之分。群体认同源自个体的社会身份以及与社会身份有关的价值观和情感,是个体成为群体成员的自我观念,是具有相同的社会经历和价值观的个体对社会组织或者社会过程、社会观念等具有相同或相近的认可认同。群体认同具有多方面的层次,如社会认同、国家认同等。社会认同涉及由人际关系所构成的社会,国家认同涉及个体生存于其中的民族国家。我们这里所研究的"中国梦的大众认同"即属于社会认同,是由各种社会关系而构成的各类群体、公众(人民群众)对于中国梦这种观念所具有的认可、认同。一般来讲,中国梦的大众认同应该包括两个方面,一是大众认同的量的层次,即跨越年龄、性别、种族、职业、地域等界限的最广大的人民群众,能够认识、理解并接受中国梦的价值体系。二是大众认同的质的层次,指的是大众对中国梦认同的层次深度,大众对中国梦的认同是由认知到情感,最后达到行为的认同。认同是一个过程,需要经历了解、接受最后达成认同的过程。同时认同的深度也要经历由认知认同到情感认同再到实践认同的过程。认同中国梦,意味着历时态与现实态?共时态的统一,意味着历史与未来的统一,意味着近代以来中华民族在对国家发展和民族命运的历史记忆、现实状态、未来发展道路和方向等重大问题上形成共识。这种共识,包含着对历史的共同记忆,对价值观的共同遵奉,对现实的相同态度和对未来特定目标的共同向往。

中国梦的大众认同是大众对中国梦丰富思想的认知和认可。这就要求大众对什么是中国梦,怎样实现中国梦有充分的认知与认同。中国梦在广大人民群众中的认知和认同的程度,直接关涉研究和贯穿中国梦的理念、凝神聚力实现中国梦的主体力量和群众基础。中国梦思想内涵系统而丰富,不仅包括中国梦的本质内涵,也对中国梦的实现道路和实现条件作出了规定性的表述。中国梦既是理想又是目标,包含的是个体对国家、民族和个人本身的美好愿望,也包含了中国梦战略所要实现的目标。中国梦的大众认同,既包括大众对国家、对民族以及对自我的认同,同时也包括在实现中国梦的目标的过程中,对主体力量、实现条件、实现途径、实现方式以及实现目标等的认同。因此,中国梦的大众认同是一个内容丰富的统一体,其基本内核包含国家认同与民族认同、文化认同与理论认同、道路认同与制度认同、自我认同与社会认同。

（一）中国梦的国家认同与民族认同

中华民族是一个多民族统一的国家。五十六个民族经过长期的民族共同生产与交往发展,早已融合形成一体。"中华民族"是统一多民族国家在各族人民的心中普遍的共识和"文化基因"。实现中华民族伟大复兴的中国梦是全国各族人民共同的心愿。

中国梦旨在实现国家梦、民族梦与人民梦的高度统一。中国梦的大众认同,既包含了对国家的认同,又包含了对中华民族的认同。

1. 中国梦的国家认同

国家认同是社会认同的重要形式之一。国家认同指一个国家的成员对所属国家的历史文化传统、国家主权、政治道路、政治主张、道德价值观念等的认可而产生的归属感,是国家存在的社会根基。国家认同以国家生存和发展为中心,以支持、认同它并在它有危难时愿意牺牲自我、为之奉献和效忠于这个国家等具体表现为表征。

（1）国家是实现中国梦的载体

每个人、每个民族、每个国家都有自己的梦想,而梦想只有成为一种清晰的思想意识和坚定的理想信念,才能走向现实转化的道路。一个国家或民族的梦想一旦付诸行动,就会成为一种神圣的国家意志、民族意志,成为不可抗拒的变革社会的伟大力量,创造出让世界景仰和称颂的奇迹。中国梦既是实现中华民族伟大复兴的形象表达,包含了整个国家的追求和民族的向往。习近平指出:"在新的历史时期,'中国梦'的本质是国家富强、民族振兴、人民幸福。"①新中国的成立标志民族独立和人民解放的历史任务基本完成,国家繁荣富强和人民共同富裕被历史地提到重要日程,中国梦就是对这一现阶段

---

① 《习近平关于实现中华民族伟大复兴的"中国梦"论述摘编》,中央文献出版社 2013 年版,第 7 页。

奋斗目标的形象表述。中国梦是中国的梦想,源于中国。中国梦是未来全国各族人民共同奋斗的目标和理想,属于国家的战略思想,对中国梦的认同就包含了对国家的认同。

中华民族曾经创造了丰富的物质财富和灿烂的中华文明。美国学者亨廷顿曾在其代表作《文明的冲突与世界秩序的重建》中指出:"唐、宋、明时的中国……在财富、领土、军事力量以及艺术、文学和科学成就上都远远超过了欧洲。"①英国历史学家保罗·肯尼迪也承认:"近代以前时期的所有文明中,没有一个国家的文明比中国文明更发达、更先进。"②古代的中国,无论在人口数量、经济总量、科学技术还是国土疆域等方面都大大领先于世界各国。据统计,1700 年时中国就已经有了 2 亿人口,到 1800 年就达到了 3 亿,到 1850 年时中国总人口超过了 4 亿。随着人口的增长,人民的生活水平却没有下降。在经济总量方面,1750 年,英国工业生产总值只占世界的 1.9%,而中国占 32%。一直到 1860 年英国完成了第一次工业革命时,才稍稍超过中国,经济总量在世界的占比,英国占 19.9%,中国占 19.7%。在科技方面,古代中国在数学、医学、农学、天文学等都取得了辉煌的成就,大批相关书籍流传至今。在国土疆域方面,中国自秦统一以来,建立了中国历史上第一个统一的封建王朝,到清朝中国的国土面积达到 1300 万平方公里。

1840 年鸦片战争爆发,中国开始逐步沦为半殖民地半封建社会。中国不仅成为西方工业品的消费市场,而且成为西方工业发展的重要原料产地,尤其是通过销售鸦片以及其他商品,大量的财富从中国流向西方国家。西方列强还通过强迫清政府签订一系列不平等条约,强行割让中国领土,强行租借中国的土地,发展到 19 世纪末期企图瓜分中国。到 20 世纪 30 年代,在列强难以瓜分中国的情况下,日本悍然发动全面侵华战争企图独霸中国。由于腐朽昏庸以及落后挨打并逐步陷入贫困,中国的封建统治者已经不能继续像从前一

---

① ［美］塞缪尔·亨廷顿:《文明的冲突与世界秩序的重建》,周琪、张立平等译,新华出版社 2002 年版,第 35 页。

② ［英］保罗·肯尼迪:《大国的兴衰——1500—2000 年的经济变迁与军事冲突》,陈景彪等译,国际文化出版社 2006 年版,第 4—6 页。

样单独统治中国,而是逐步沦为帝国主义压迫中国的帮凶。面对越来越深重的帝国主义和封建主义的压迫,特别是面对中国被列强瓜分以及后来被日本独霸的亡国灭种的危险,中华民族如何救亡图存并取得民族独立解放、如何求富求强摆脱落后挨打的局面并过上幸福美好的生活,一直成为中华民族共同的期盼和梦想。

新中国成立后,中国人民在中国共产党的带领下开启了民族振兴之路,开始走上了中国梦的"人间正道"。中国共产党带领中国人民在新民主主义革命胜利的基础上,完成了社会主义革命,建立了社会主义制度。经过不断的探索,党团结带领人民开始了中国特色社会主义的建设之路。改革开放以来,中国人民在党的领导下取得了一个又一个举世瞩目的成就。国民经济得到迅速发展,经济总量已经跃居世界第二,成为全球第二大经济体;政治安定,民族团结,人民生活水平显著提高,基本达到总体小康;国际地位得到大幅度提升,成为世界政治"多极化"当中重要的"一极"。

党的十八大提出"确保到二〇二〇年实现全面建成小康社会宏伟目标","经济持续健康发展","人民民主不断扩大","文化软实力显著增强","人民生活水平全面提高"和"资源节约型、环境友好型社会建设取得重大进展",为中国未来的发展指明了奋斗方向。党的十九大"开启全面建设社会主义现代化国家新征程","从二〇二〇年到二〇三五年,在全面建成小康社会的基础上,再奋斗十五年,基本实现社会主义现代化","从二〇三五年到本世纪中叶,在基本实现现代化的基础上,再奋斗十五年,把我国建成富强民主文明和谐美丽的社会主义现代化强国"。①

中国梦既是现实的,同时也是未来目标的指向,是对中国社会未来发展的美好期许和愿景。从中国梦的未来指向来看,它代表了中华儿女对中国未来发展目标和宏伟蓝图的美好期盼。时代是不断发展的,中国特色社会主义事业随着时代的发展而发展。实现中华民族伟大复兴中国梦是一项长期而艰巨

---

① 习近平:《决胜全面建成小康社会　夺取新时代中国特色社会主义伟大胜利——在中国共产党第十九次全国代表大会上的报告》,《人民日报》2017 年 10 月 28 日。

的任务,也是一代又一代中国人不断播种梦想、点燃梦想和实现梦想的过程。中国梦的这一发展特征决定了它既不是虚无缥缈的空想,也不是不着边际的天方夜谭,而是已经被实践所反复证明并将进一步被实践所验证的符合客观规律要求的现实发展目标。

中国梦将中国的昨天、今天、明天联系起来,是历史的、现实的,也是未来的。中国梦诠释了近代以来几代中华儿女的共同心愿,"凝结着无数仁人志士的不懈努力,承载着全体中华儿女的共同向往"①。随着我国综合国力的不断提升,人民的民族自尊心和自信心也得到极大的提升,广大人民群众看到了民族复兴的光明前景,实现民族伟大复兴的民族意识成为普遍的共识。中国梦的伟大战略构想已经成为国家战略意志,成为每个中国人的奋斗目标,符合人们当前的期盼,得到了人民群众的广泛关注,成为大众的共识。当然,中国梦的实现也要依靠全国各族人民的共同努力。中国梦的认同理所当然地包含了国家认同。

（2）国家认同是实现中国梦的前提条件

中国梦首先是国家的梦。首先,中国梦强调国家是一个精神有机体。在这个有机体里的成员分享着共同的价值观念、文化传统和生活方式,这构成了一个国家的内在凝聚力。这种内在凝聚力表明个体与国家之间利益的一致性,也表明个人的理想与荣辱同国家的理想与荣辱是有机统一的。其次,中国梦鼓励社会个体积极参与国家政治生活。个体对国家利益的密切关注,对政治事务的积极参与,是国家有效运转必不可少的条件。中国梦是国家梦和个人梦的统一,它鼓励个体积极参与国家的政治生活,由此产生公共精神,维持着对国家的认同。最后,中国梦对爱国主义的生成具有促进作用。爱国主义是一种有情感偏好的推动力,它鼓励个体履行义务和参与公共生活,引导个体将公共利益置于私人利益之上,为祖国的利益做出牺牲。查尔斯·泰勒认为:"爱国主义所包含的内容比聚合的道德原则更多,它是对一个特定的历史社群的一种共同的忠诚,珍视和维持这种忠诚必须是一个共同的目标。"②增强

---

① 《习近平关于实现中华民族伟大复兴的"中国梦"论述摘编》,中央文献出版社 2013 年版,第 7 页。

② 参见应奇、刘训练主编:《公民共和主义》,东方出版社 2006 年版,第 383—384 页。

国家认同必须要有一个能够引发爱国主义热情的共同目标,在现阶段,这个目标就是实现中华民族伟大复兴。

2. 中国梦的民族认同

民族是由共同的语言、共同的地域、共同的经济生活和某些共同的社会心理特点(这牢固地反映在该族人民不同于他族人民的文化特征上)所联结起来的人们的稳定的社会历史共同体。一方面,民族认同表示民族成员对自己所属民族的情感依附与心理归属。个体一旦进行族属的选择,便会表现出对所属民族的归属感、依赖感、效忠感,并能自觉维护民族形象、民族利益而奋斗的责任意识。另一方面,民族认同也是对他族的差异性和民族边界的主观认定。中国梦是以实现中华民族伟大复兴为核心的,中国梦的民族认同维度主要指的是对中华民族的认同。

(1)民族复兴是实现中国梦的主题

实现中华民族伟大复兴是中国梦思想的核心。中国梦贯穿中国近现代史,是中国近现代史的主题。从林则徐、魏源的睁眼看世界到李鸿章、曾国藩的洋务运动,从康有为、梁启超的戊戌变法到孙中山领导的辛亥革命,历经一次次的失败,但民族复兴之梦从未泯灭。救斯民于水火,扶大厦之将倾。实现中华民族的伟大复兴,是鸦片战争以来中国无数仁人志士顽强追求的目标,是贯穿整个中国近现代历史的一个基本线索。"中国共产党一经成立,就把实现共产主义作为党的最高理想和最终目标,义无反顾肩负起实现中华民族伟大复兴的历史使命,团结带领人民进行了艰苦卓绝的斗争,谱写了气吞山河的壮丽史诗。"①

中国梦是中华民族的梦,是 14 亿中国人的梦,具有鲜明的民族色彩,彰显了中国风格、中国气派。它把个人成功与人们共同幸福有机结合,凝结着中华民族的共同利益追求,是全体中华儿女的共同愿望。它不仅表现在规模大、领域广,而且更重要地表现在实现中国梦必须走中国道路、弘扬中国精神、凝聚中国力量的民族凝聚力。其中以爱国主义为核心的民族精神和以改革创新为

---

① 习近平:《决胜全面建成小康社会 夺取新时代中国特色社会主义伟大胜利——在中国共产党第十九次全国代表大会上的报告》,《人民日报》2017 年 10 月 28 日。

核心的时代精神,是凝心聚力的兴国之魂、强国之魂。

(2)民族认同是中国梦的力量之源

在历史上,中华民族是在华夏大地上,通过各个民族之间不断的血缘渗透、经济往来和文化交流逐渐融合的结果。进入到近现代以来,在共同抵御外来民族入侵的过程中,各个民族不断强化彼此之间的联系和整体性意识,并自觉融合,从而产生对中华民族的认同感。在当代,"中国梦"为中华民族全体成员提出了一个新的、更高的奋斗目标,这对进一步推动中华民族认同具有重要的作用。同时,增强对中华民族的认同是中国梦认同的一个主要维度,它是实现中国梦的前提和基础,二者是一个良性互动的有机整体。一方面,中国梦为保持中华民族独立性和完整性提供支撑。中国梦是在中华民族历史传统中提炼出来的具有激励和凝聚作用的伟大理想,它对中华民族凝聚力的生发有着巨大的推动作用。另一方面,中国梦的建设实践需要各族人民对中华民族的认同感和归属感。如果没有对中华民族的认同感和归属感,各民族就会成为一盘散沙,就必然会因传统习俗和文化内涵的不同而出现利益的冲突,中华民族伟大复兴也就失去了稳定的社会环境,中国梦的实现就会愈加困难。

(二)中国梦的文化认同与理论认同

中国梦植根于中国大地,与中国优秀传统文化血脉相承,与中国特色社会主义文化相符合,是对中国未来发展目标的一种形象表述。中国梦的大众认同必然包含文化认同与理论认同。

1. 中国文化是实现中国梦的"本根"

中华民族历经磨难而不衰、饱经风霜而不败,一个重要原因就在于这个民族富有一种特殊的文化基因——中华优秀传统文化。中华优秀传统文化是中华民族的"根"和"魂",实现中华民族伟大复兴必须以这种"根"和"魂"作精神支撑。习近平指出:"优秀传统文化是一个国家、一个民族传承和发展的根本,如果丢掉了,就割断了精神命脉"。① 马克思也说过:"人们自己创造自己

---

① 习近平:《在纪念孔子诞辰 2565 周年国际学术研讨会暨国际儒学联合会第五届会员大会开幕会上的讲话》,《人民日报》2014 年 9 月 25 日。

的历史,但是他们并不是随心所欲地创造,并不是在他们自己选定的条件下创造,而是在直接碰到的、既定的、从过去承继下来的条件下创造。"①"在5000多年文明发展中孕育的中华优秀传统文化,积淀着中华民族最深沉的精神追求,代表着中华民族独特的精神标识",②"是中华民族生生不息、发展壮大的丰厚滋养"③,是中国特色社会主义植根的文化沃土,是当代中国发展的突出优势,对延续和发展中华文明、促进人类文明进步,发挥着重要作用。

"不忘本来才能开辟未来,善于继承才能更好创新。"④中华优秀传统文化是中华民族存在发展的根基与血脉,是建设中华民族共有精神家园的重要精神支撑。党的十八大提出实现中国梦必须坚持经济建设、政治建设、文化建设、社会建设、生态文明建设"五位一体"总体布局,挖掘传统文化的现实价值和当代意义。中国梦的实现,必须建设和完善传统文化与物质文明之梦、传统文化与精神文明之梦、传统文化与政治文明之梦、传统文化与民生文明之梦和传统文化与生态文明之梦"五位一体"的理论架构。中国优秀传统文化为实现中国梦提供了内在动力、良好秩序和丰富的价值资源。

实现中华民族的伟大复兴,需要中华民族亘古不变的持久的精神力量,而传统文化之中就蕴涵着中华民族的精神力量,中国传统文化是实现"中国梦"的内在动力。传统文化中的人生观充分肯定生命的意义与价值,强调生命的可贵和奋斗的意义。《易经》讲:"天行健,君子以自强不息。"为此,传统文化崇尚那些有朝气、有蓬勃生命力,以积极向上的态度面对生活的人。无数的仁人志士开展的革命运动都是受这种生命态度影响的结果,是中国传统文化深层精神的外在表现。这种精神力量,使中华儿女深深地镌刻了自强不息的精神标识。从救亡图存的革命运动到今天的改革开放,历史上一次又一次掀起的历史性变革背后的内在动力,就是自强不息的民族精神。这种积极向上、发

① 《马克思恩格斯选集》第1卷,人民出版社2012年版,第669页。
② 《习近平谈治国理政》第2卷,外文出版社2017年版,第36页。
③ 《习近平谈治国理政》第1卷,外文出版社2018年版,第155页。
④ 《习近平在中共中央政治局第十三次集体学习时强调把培育和弘扬社会主义核心价值观作为凝魂聚气强基固本的基础工程》,《人民日报》2014年2月26日。

奋进取、顽强抗争的民族精神和传统文化中的取之有道、崇尚节俭、反对淫逸骄奢等价值观相结合,可为助推中国物质文明之梦提供有力的资源养料。

中国梦的目标是实现国家富强、民族复兴、人民幸福,这有赖于良好的人际关系和稳定的社会秩序作为实现目标的根本保障。中国的历朝历代都十分重视社会稳定之大局,特别是在新中国改革开放之时,邓小平就针对社会稳定提出了要"正确处理好改革、发展与稳定的关系",他认为稳定可以压倒一切。在中国梦的实现过程中,依然不能忽视社会稳定的重要性,要注意在推进实现中国梦的进程中建立起和谐的社会秩序。中国传统文化特别注重通过个人的修养来协调人际关系,也强调维护社会集体利益的价值观念。传统文化中以人民为本位的民本主义与民生主义都含有对百姓安居乐业的追求,传统文化重视教育、讲究实务、自由平等、乐活养生、礼让和谐、悲天悯人等精神资源,对维护新的社会秩序的稳定也会起到积极作用,对实现中国梦的和谐社会局面具有不可或缺的现实参考价值。

中国传统文化的精华是历经沧桑而积淀,是中华民族五千年文明智慧的结晶,所反映的价值可以超越时代之局限,具有永恒性特征,对社会的整体发展产生极为深刻的影响。从传统文化助推中国梦实现的功能来说,传统文化的精华蕴含着实现中国梦的丰富资源。传统文化是铸造民族魂魄的精神命脉,必须挖掘传统文化精神资源,为实现中国梦提供丰富的价值资源。

2. 中国特色社会主义文化是中国梦的"躯体"

"中国特色社会主义文化"这一概念是在 20 世纪 90 年代初提出来的。江泽民在纪念中国共产党成立 70 周年大会上的讲话中指出:"有中国特色社会主义的文化,必须以马克思列宁主义、毛泽东思想为指导,不能搞指导思想的多元化。"①党的十五大报告明确地阐述了中国特色社会主义文化的基本内涵:"建设有中国特色社会主义文化,就是以马克思主义为指导,以培育有理想、有道德、有文化、有纪律的公民为目标,发展面向现代化、面向世界、面向未

---

① 《江泽民文选》第 1 卷,人民出版社 2006 年版,第 158 页。

来的,民族的科学的大众的社会主义文化。"①随着"三个代表"重要思想的提出,"先进文化"的概念与中国特色社会主义文化紧密联系起来。江泽民在庆祝中国共产党成立80周年大会上的讲话中指出,在当代中国,发展先进文化,就是发展中国特色社会主义文化,要不断发展"具有中国风格、中国特色的社会主义文化"②。实现中国梦必须坚持发展中国特色社会主义文化,凝聚中国力量,为实现中国梦增添动力。

3. 实现中国梦必须坚持中国特色社会主义理论指导

思想理论是实现梦想的行动指南。理论是对现实最深切的表达,是对现实的高度抽象,又是把梦想变为行动和现实的思维路径。没有科学理论的指导,梦想不可能转化为现实,更不可能成为引领社会变革发展的强大力量。实现中国梦,理论创新是关键,实践创新是根本。思想理论每创新一步、前进一步,中国梦的理想就向现实转化一步,距离实现的目标就更近一步。实现中国梦既离不开理论自信,离不开思想理论的指导,又离不开思想理论的创新和发展。

中国特色社会主义理论体系就是马克思主义与中国具体实际不断结合、不断创新的结果,是马克思主义中国化的最新成果。中国特色社会主义理论体系渊源于马克思主义,继承了马克思主义,本质上是马克思主义的学说,但不是原原本本地抄袭老祖宗的马克思主义,是结合中国实际对马克思主义的创新发展,是马克思主义的与时俱进。中国特色社会主义理论体系是能够指导当代中国实践和未来中国发展的理论成果。

人类在生存发展的过程中,都会形成某些超越现实困境的美好愿望,这是一种极其自然的现象。这种现象的自然属性来自人类会思考的本能。正是这种思考的本能激励人们继续探索摆脱现实困境的方法,进而运用这些方法实现梦想。人类因梦想而伟大,梦想因伟大的思想而精彩。翻开人类文明的历史就会发现,人类每一个伟大梦想,人类文明的每一座丰碑,无一不洒满伟大

---

① 《江泽民文选》第2卷,人民出版社2006年版,第17—18页。
② 《江泽民文选》第3卷,人民出版社2006年版,第276页。

思想的光辉。

"一百年前,十月革命一声炮响,给中国送来了马克思列宁主义。中国先进分子从马克思列宁主义的科学真理中看到了解决中国问题的出路。在近代以后中国社会的剧烈运动中,在中国人民反抗封建统治和外来侵略的激烈斗争中,在马克思列宁主义同中国工人运动的结合过程中,一九二一年中国共产党应运而生。从此,中国人民谋求民族独立、人民解放和国家富强、人民幸福的斗争就有了主心骨,中国人民就从精神上由被动转为主动。"①马克思主义这一科学理论传入中国后,被先进的中国人掌握,形成符合中国革命实际的毛泽东思想,使中国人民找到了经过新民主主义革命通往社会主义的成功道路,中华民族摆脱外来奴役和压迫的梦想终于得以实现。中国人民能够最终战胜帝国主义侵略者,获得民族独立和人民解放,最根本的依靠是科学理论的指导。马克思主义就是让包括中华民族在内的被压迫的民族走出被奴役的世界、实现梦想、获得人间温暖的科学理论。这一点历史已经做出了证明。历史还将见证,马克思主义理论同样是成就中华民族实现国家富强和人民幸福梦想的科学理论。

理论的真正意义,不仅在于它正确地揭示了事物的本质,更重要的在于指导实践。如果不能指导实践,不能解决人们工作生活中遇到的困难,这样的理论与人们的梦想不仅无缘,而且根本无关,就会没有任何意义。公元前3世纪,希腊哲学家阿里斯塔克斯曾提出地球和其他行星围绕太阳运转的思想,而直到大约1800年后的16世纪哥白尼对这一思想加以研究和论证后,才变成了有用的科学学说。为什么在最初没有现实意义,而后来意义非凡呢?这是因为,到了16世纪文艺复兴时期,欧洲正在迫切从封建蒙昧主义的枷锁下解放出来,以适应航海大发现带来的巨大世界市场的新形势,人文精神和科学精神成为当时最迫切的需要。"日心说"这一科学的理论,就成为当时人们反对教会主张的错误的"地心说"的利器。恩格斯在《自然辩证法》中对哥白尼的

---

① 习近平:《决胜全面建成小康社会　夺取新时代中国特色社会主义伟大胜利——在中国共产党第十九次全国代表大会上的报告》,《人民日报》2017年10月28日。

《天体运行论》给予了高度的评价。他说:"哥白尼在自然科学领域内推出伟大的著作,犹如路德在宗教领域内焚毁教谕;哥白尼在他的著作中虽然还有些胆怯,但经过36年的踌躇之后,可以说是在临终之际向教会的迷信提出了挑战。从此以后,自然研究基本上从宗教下面解放出来了。"①"日心说"直到文艺复兴时期人文主义者极力摆脱教会长期的思想钳制时,其价值才得以彰显。这说明,服务现实、为人们的生存发展提供正确的指导,是科学理论的使命和价值所在。恩格斯在马克思墓前的讲话中说:"在马克思看来,科学是一种在历史上起推动作用的、革命的力量。任何一门理论科学中的每一个新发现——它的实际应用也许还根本无法预见——都使马克思感到衷心喜悦,而当他看到那种对工业、对一般历史发展产生革命性影响的发现的时候,他的喜悦就非同寻常了。"②变革现实的伟大作用和力量,恰是理论的生命所在。正是这种作用和力量,始终推动人们不断战胜困难和挑战,向着梦想的目标迈进。马克思在谈到自己创立的理论时这样声明:"我们不想教条地预期未来,而只是想通过批判旧世界发现新世界。"③恩格斯指出:"马克思的整个世界观不是教义,而是方法。它提供的不是现成的教条,而是进一步研究的出发点和供这种研究使用的方法。"④马克思主义之所以成为迄今为止最科学的理论,就在于它为人们认识世界、改造世界提供了正确的世界观和方法论。这也是为什么自从马克思主义传入中国,中国被压迫被奴役的历史就发生了转向,中华民族受外来侵略压迫的命运就得到改变的根本原因。正因如此,马克思主义成为我们的指导思想,成为中华民族实现国家富强、民族振兴、人民幸福梦想的行动指南。

理论并不总是在梦想的前面等候,等待梦想到来并帮助梦想转变为现实,恰恰相反,梦想总是比理论形成得早,来得快。实现梦想的唯一途径就是实践,就是在实践中探求真理,寻找理论。因此,在实现梦想的路途中,特别是在

① 《马克思恩格斯选集》第3卷,人民出版社2012年版,第843页。
② 《马克思恩格斯选集》第3卷,人民出版社2012年版,第1003页。
③ 《马克思恩格斯文集》第10卷,人民出版社2009年版,第7页。
④ 《马克思恩格斯选集》第4卷,人民出版社2012年版,第664页。

人们遇到的困难没有准确地把握的时候,就会出现各种各样的所谓理论以及假说,这是一种常见的现象。实践证明,千万种理论假设甚至争论,不如坚定地迈出一步。"摸着石头过河"远胜过无谓的争论。实现梦想的理论是在具有开创性的艰辛路途中探索出来、总结出来的。中国共产党人以马克思主义为指导,在革命中学习革命,在战争中学习战争,在实践中摸索出革命成功的理论和前进的道路,从而成就民族独立和人民解放的梦想。

中国特色社会主义理论体系是实现中国梦的指导思想。中国特色社会主义理论体系是中华民族在实现梦想的道路上逐步探索形成的理论,符合中国实际,对于指导解决前进道路上的困难和风险管用。经过改革开放以来的实践,中国特色社会主义理论体系已经实现了相当程度的大众化,人民群众的理论自觉自信已经得到明显增强,并在实践中展现出来。因此,只有始终坚持中国特色社会主义理论体系,我们才能更加自觉更加坚定地沿着中国特色社会主义道路实现中华民族的梦想。

(三)中国梦的道路认同与制度认同

中国道路是实现中国梦的基本途径。任何梦想的实现都离不开正确的道路。没有正确的道路,再光明的前景,再美好的梦想,都无法实现。实现中华民族伟大复兴是近代以来中华民族的伟大梦想,实现这个伟大梦想,最根本的途径就是走中国道路。我们党在革命、建设和改革的实践中,不断推进道路创新、理论创新,不断将创新成果制度化、法制化,形成了中国特色社会主义制度。实现中国梦必须坚持中国道路,坚持中国制度,坚持道路自信、理论自信、制度自信和文化自信。

1. 实现中华民族伟大复兴的中国梦必须坚持中国道路

中华民族是一个富有追梦精神的民族,始终是在现实和理想之间拼搏。梦想源于生活而又超越生活。然而现实是实在的、复杂的,甚至是残酷的,只有直面现实,才能实现理想。直面现实就是研究现状,找寻规律,探索从现实通往理想的道路。现实是残酷的,梦想是美好的,因此实现梦想的道路是艰辛的。对于个人来讲,缺乏对实现梦想的道路的探索和追求,人生的意义就会黯然失色;对于一个民族、一个国家来讲,缺乏对实现梦想的道路的探索和追求,这个民族、这个国家,就没有希望。个人或团体,一个国家或民族生存的意义和价值在于:立足现实,积极探索实现梦想的道路,不断实现对自身的超越,在不断超越自我的拼搏过程中实现一个又一个伟大的梦想。数千年来,中华民族就是始终在这种探索中生生不息、勇往直前。

2. 实现中华民族伟大复兴的中国梦必须坚持中国制度

制度是文明的表征,是道路的体现,是实现梦想的根本保障。从人类文明的大视野来看,社会主义是人类一直怀有的梦想,中国古代的大同世界、均贫富等思想都含有社会主义的朦胧意识。在西方,16 世纪英国人托马斯·莫尔描绘了乌托邦新岛最完美的国家制度。18 世纪二三十年代,西欧的《合作》杂志、《环球》杂志等宣扬的圣西门、傅立叶和欧文等人主张的"人人平等,个个幸福"的新社会,都是对社会主义的美好向往。真正把社会主义作为一门科学和一种制度加以论证和设计,并号召人们通过不懈的努力和奋斗实现这一梦想的是马克思、恩格斯等经典作家和职业革命家。而把科学社会主义理论变成现实的社会制度,从而使之成为世界上更多人们的美好梦想和追求的,是列宁、毛泽东、邓小平等。因此,大致说来,社会主义作为一种制度,反映、实现和保障的是人们的梦想。中国特色社会主义道路,指向的是实现社会主义现代化和中华民族的伟大复兴。中国特色社会主义制度与实现中国梦紧紧联系在一起,须臾不可分离。

中国特色社会主义制度是历史形成的。从世界范围来看,社会主义制度是科学社会主义理论的现实体现,是马克思主义理论在中国取得胜利的结果。从中国的历史来看,社会主义制度是在新民主主义革命基础上,经过社会主义革命建立起来的,是中华民族古老的社会理想和中国共产党人建立新中国的梦想相互融合的结果,是美好梦想的实现。从当代中国的发展来看,中国特色社会主义是社会主义制度不断发展完善的产物。中国特色社会主义制度,始终是现实和理想的共同体,反映着中国人民对美好未来的追求,体现着当下社会发展的基本要求。制度作为约束人们行为的规则体系或规范体系,植根于特定存在时空条件,是历史自身传承演进过程与实践主体选择创制过程的内在统一。马克思指出:"在人们的生产力发展的一定状况下,就会有一定的交换和消费形式。在生产、交换和消费发展的一定阶段上,就会有相应的社会制度形式、相应的家庭、等级或阶级组织。"①一个社会制度的形成,说到底是基于特定实践环境的自然历史过程。中国特色社会主义制度深深植根于社会主义初级阶段的基本国情,并在建设实践基础之上形成发展起来。

"中国特色社会主义制度,就是人民代表大会制度的根本政治制度,中国共产党领导的多党合作和政治协商制度、民族区域自治制度以及基层群众自治制度等基本政治制度,中国特色社会主义法律体系,公有制为主体多种所有制经济共同发展的基本经济制度,以及建立在这些制度基础上的经济体制、政治体制、文化体制、社会体制等各项具体制度。"②中国特色社会主义制度,是对新中国成立以来确立的社会主义根本制度的完善和发展,是在中国特色社会主义理论体系指导下、探索中国特色社会主义道路过程中逐步确立起来的一整套相互衔接、相互联系的制度体系。中国特色社会主义制度是立足我国基本国情,以改革开放和社会主义现代化建设的伟大实践作为基础,紧紧围绕经济建设这个中心任务,紧紧围绕全面建成小康社会的奋斗目标,紧紧围绕推动科学发展和促进社会和谐而构建形成的制度体系。

改革开放初期,邓小平指出:社会主义有两条根本原则,一是公有制占主体,二是共同富裕。改革开放以来,我国紧紧抓住解放和发展生产力这一根本,根据生产力发展的要求,改革和完善相关制度,把"以公有制为主体,多种所有制经济共同发展"确立为社会主义初级阶段的基本经济制度,为中国特色社会主义制度奠定了最坚实的基础。中国特色社会主义制度,体现了社会主义的特点和优势。从我国经济社会的快速发展来看,中国的社会制度有利于解放和发展生产力,是适应社会发展需要的。

中国特色社会主义制度是与中国特色社会主义理论体系、中国特色社会主义道路相互联系的制度体系,三者统一于中国特色社会主义伟大实践。在新的历史条件下,我们党要不断开创工作新局面、赢得事业新胜利、实现伟大

① 《马克思恩格斯选集》第4卷,人民出版社2012年版,第408页。
② 《胡锦涛文选》第3卷,人民出版社2016年版,第622页。

的中国梦,最根本的就是要高举中国特色社会主义伟大旗帜,坚持和拓展中国特色社会主义道路,坚持和丰富中国特色社会主义理论体系,坚持和完善中国特色社会主义制度。

(四)中国梦大众认同的个体维度与社会维度

自我认同是个体对自己或者自己所属的群体的一种身份确认,是一种反思性的活动,主要解决的是"我是谁""我是怎样的"的问题。自我认同的过程就是主动去自我建构的过程,注重的是人的内部建构与重塑。社会认同(social-identity)是个体认识到他属于特定的社会群体,同时也认识到作为群体成员带给他的情感和价值意义,是社会成员共同拥有的信仰、价值和行动取向的集中体现,本质上是一种集体观念。在自我认同与社会认同的归属问题上,有的学者将自我认同看作是社会认同的一部分,也有学者将社会认同看作是自我认同的一部分。但无论是自我认同还是社会认同,它们之间显然存在着个人、群体与社会的互动关系,从某种程度上来说,认同问题应该属于社会互动论的范畴,社会互动是自我与社会相关联的根源,也是自我认同等相关问题研究的理论支撑。

中国梦的本质是国家富强,民族振兴,人民幸福,内在的包含了国家梦、民族梦以及个人梦。既是个人梦,也是集体梦,中国梦的认同是在个人自我认同和社会集体认同两个维度上展开的,是自我同一性和社会同一性的双向建构。

1. 中国梦大众认同的个体维度

中国梦是人民的梦,是 14 亿中国人民的共同理想信念,是人民群众梦寐以求的幸福梦。人民向往中国梦,中国梦反映了人民的愿望,体现了人民的要求。习近平指出:"中国梦是国家的、民族的,也是每个中国人的梦。"①这充分体现了中国共产党以人为本的执政理念,突出了每一个中国人的主体地位。无论是作为中华民族的整体,还是作为中国人的个体,在实现梦想的过程中人无疑是最关键的因素,实现中国梦的最终目的也是要使全体中国人过上好日

---

① 《习近平关于实现中华民族伟大复兴的"中国梦"论述摘编》,中央文献出版社 2013 年版,第 16 页。

子。人民是中国梦的最大受益者。

中国梦的形成、发展源于人民大众的伟大实践,人民是中国梦的实践主体和享受主体。习近平指出:"中国梦归根到底是人民的梦,必须紧紧依靠人民来实现,必须不断为人民造福。"①中国梦所追求的最高目标是人民幸福,人民的福祉是中国梦追求的根本。中国梦不仅仅是理想、是目标,也是现实,反映在每一个中国人的生活中。实现中国梦,就是实现老百姓的梦,这体现在解决老百姓关心的每一件具体事情,每一个合理诉求上。中国梦要落到老百姓的幸福生活上。"我们的人民热爱生活,期盼有更好的教育、更稳定的工作、更满意的收入、更可靠的社会保障、更高水平的医疗卫生服务、更舒适的居住条件、更优美的环境,期盼孩子能成长得更好、工作得更好、生活得更好。"②人民对美好生活的向往,是中国梦最绚丽的奋斗目标。

中国梦是人民的梦,具有深刻的人民属性,坚持人民属性打造服务型政府、坚持贯彻以人为本执政理念,就能使每个中国人都能共享人生出彩的机会,要使人民"共同享有人生出彩的机会,共同享有梦想成真的机会,共同享有祖国和时代一起成长与进步的机会"③。

2. 中国梦大众认同的社会维度

实现中国梦,是一项庞大的系统工程,它要求我们必须最大限度最大范围地凝聚中国力量,而这离不开包括港澳台在内的所有中国人民和全世界华夏儿女对中国梦思想的高度认同。中国梦是国家梦、民族梦,也是每个中华儿女的梦。习近平指出:"中国梦意味着中国人民和中华民族的价值体认和价值追求,意味着全面建成小康社会、实现中华民族伟大复兴,意味着每一个人都能在为中国梦的奋斗中实现自己的梦想,意味着中华民族团结奋斗的最大公约数,意味着中华民族为人类和平与发展作出更大贡献的真诚意愿。"④中国

---

① 《习近平关于实现中华民族伟大复兴的"中国梦"论述摘编》,中央文献出版社 2013 年版,第 14 页。
② 《习近平关于实现中华民族伟大复兴的"中国梦"论述摘编》,中央文献出版社 2013 年版,第 13 页。
③ 《习近平总书记系列重要讲话读本》,学习出版社、人民出版社 2016 年版,第 12 页。
④ 《习近平谈治国理政》第 1 卷,外文出版社 2018 年版,第 161 页。

梦要实现的是中华民族的整体最大利益,要实现的是中国民族团结奋斗的最大公约数,必然会得到社会的普遍认同。

(五)中国梦大众认同的实质①

在人类社会生活中,"认同"是一种重要而普遍的现象,从不同的角度考察大众认同,可以得出不同的结论。在个体层面,大众认同是个体在认识、理解和接受自我并理智地看待自己与外界之间的关系基础上,树立积极向上、独立自主的人生奋斗目标,这是大众认同的微观层面。在社会层面,大众认同是指社会共同体成员对一定信仰和情感的共有和分享,它是维系社会共同体的内在凝聚力。无论是对个体还是对社会共同体的存在和发展来说,大众认同都是一个必要而关键的环节。

进而言之,价值认同是大众认同的核心。在马克思看来,价值是表示主体的需要和客体的属性之间的关系范畴,它体现了客体能否满足主体的需要以及满足的程度如何。客体能够满足主体的需要就是有价值,反之则无价值,能够满足很大程度的需要就是很有价值,反之则价值较小。因此,我们把人们关于某种事物对自己价值、意义和作用的观点、态度和看法称为"价值观"。人的价值观不是孤立存在的,作为一种心理趋向,它在大众认同的过程当中起到了关键的作用。大众认同是发生在自我、个体和社会之间的一种关系,正是在这种关系当中,人们可以确立自己的身份感。当人们确立自己身份感的时候,他往往会受到一定的利益需求、情感和信仰等问题的影响。换句话来说,人们总是认同那些与自己的利益需求、情感和信仰相一致或相近似的东西。因此,从本质上来讲,人们的认同问题(即大众认同)就是对价值判断的认可、趋同,表现为共同价值观的形成。一旦形成稳定的价值认同,就会在人们的意识中形成共同的社会行为准则,对人们的社会实践活动起导向作用,实现大众认同。

中国梦具有理论、战略、文化等多方面的意义,存在着多种解读维度。毫

---

① 参见高鑫、孙来斌:《论中国梦的大众认同——基于价值认同的维度》,《当代世界与社会主义》2015 年第 2 期。

无疑问,大众对中国梦的认同,自然也就包括理论认同、战略认同、文化认同等方面的内容。但归根到底,从思想理论传播与接受的一般规律来看,大众接受的前提在于价值认同。"理论一经掌握群众,也会变成物质力量。理论只要说服人,就能掌握群众;而理论只要彻底,就能说服人。所谓彻底,就是抓住事物的根本。而人的根本就是人本身。"①马克思的这段名言,讲的就是这个道理。广大人民群众对于中国梦是否接受、是否认同,关涉条件是多方面的,但关键之点在于,能否让他们真切地感受到中国梦说出了自己的心里话,反映了自己的利益诉求。如果能够做到,那么他们就会心悦诚服地接受它、认同它。总之,中国梦的大众认同,基础和前提在于价值认同。

探讨中国梦的大众认同,还涉及认同的主体问题。这一问题,看似不证自明,其实很有强调的必要。这里的"大众"到底是指谁?从广义而言,包括海内外的中华儿女以及关心中国前途命运的国际社会。从一般意义特别是就国内意义而言,主要是指人民群众。"中国梦归根到底是人民的梦,必须紧紧依靠人民来实现,必须不断为人民造福。"②习近平的这一段话,实际上指出了人民群众对于中国梦认同的意义之所在。

首先,中国梦归根到底是人民的梦,人民群众对中国梦的认同,是其提出的根本意义所在。前文已经阐述实现中国梦大众认同的关键在于价值认同。那么,实现中国梦是为了满足谁的需求?即明确价值关系当中主体到底是指哪部分人。因为这是探讨需求以及价值客体满足需求程度的逻辑前提。习近平反复强调,中国梦的基本内涵是"国家富强、民族振兴、人民幸福",它归根到底是人民的梦,"凝聚了几代中国人的夙愿,体现了中华民族和中国人民的整体利益,是每一个中华儿女的共同期盼"③。这实际上表明,中国梦的价值主体是全国人民。另一方面,中国梦的基本价值在于真实反映实现中华民族伟大复兴的强烈愿望,在于满足人民群众对于美好生活的热切期盼。只有得到人民群众的真正认同,中国梦的存在才有意义。

---

① 《马克思恩格斯选集》第1卷,人民出版社2012年版,第9—10页。
② 《习近平谈治国理政》第1卷,外文出版社2018年版,第40页。
③ 《习近平谈治国理政》第1卷,外文出版社2018年版,第36页。

其次，中国梦必须紧紧依靠人民来实现，人民群众对中国梦的认同，是中国梦实现的根本力量源泉。人民才是历史的创造者，群众才是真正的英雄。列宁在领导苏俄社会主义建设过程中强调："在人民群众中，我们毕竟是沧海一粟，只有我们正确地表达人民的想法，我们才能管理。否则共产党就不能率领无产阶级，而无产阶级就不能率领群众，整个机器就要散架。"①毛泽东早就提出："党群关系好比鱼水关系。如果党群关系搞不好，社会主义制度就不可能建成；社会主义制度建成了，也不可能巩固。"②在新的历史条件下，邓小平多次强调："党离不开人民，人民也离不开党，这不是任何力量所能够改变的。"③可以说，中国共产党自成立之日起，就把人民的翻身解放和富裕幸福作为自己的历史使命和奋斗目标。历史的经验证明，只要我们依靠人民，为了人民，我们的事业就能顺利推进。习近平在党的群众路线教育实践活动工作会议上强调："实现中华民族伟大复兴的中国梦，必须紧紧依靠人民，充分调动最广大人民的积极性、主动性、创造性。开展党的群众路线教育实践活动，就是要使全党同志牢记并恪守全心全意为人民服务的根本宗旨，以优良作风把人民紧紧凝聚在一起。"④由此可见，只有得到人民群众的真正认同，中国梦的实现才有可能。

最后，中国梦必须不断为人民造福，人民群众对中国梦的认同，是中国梦实现的根本衡量标准。实现每个人的自由全面发展，是马克思主义的最高价值追求。中国梦并不是虚无缥缈的理想，其价值归依不仅在于实现国家富强、民族振兴的宏观层面，还在于让亿万人民群众生活幸福的微观层面。人民幸福既是中国梦的题中应有之义，又是中国梦的基本价值目标。没有人民幸福这一要素，中国梦就会失去其独特价值，变得毫无意义，最终也必然落空。实现中国梦，应该密切关注并及时回应人民群众最关心的切身利益问题。衡量中国梦实现与否，涉及经济、文化、生态等一系列发展指标，其中最根本的应该

① 《列宁选集》第4卷，人民出版社2012年版，第695页。
② 《建国以来重要文献选编》第10册，中央文献出版社1994年版，第488页。
③ 《邓小平文选》第2卷，人民出版社1994年版，第266页。
④ 《习近平谈治国理政》第1卷，外文出版社2018年版，第367页。

是幸福指标。中国梦实现与否,最有发言权的是人民,人民的切身感受比任何计算公式更为可靠、更为重要。人民既是中国梦的实现者、拥有者,也是最终的评判者。换言之,中国梦实现与否,根本的衡量标准在于它最终能否得到人民群众的真正认同。

二、中国梦大众认同的现状

中国梦的提出具有伟大的历史意义,是以习近平同志为首的新一届中央领导集体立足国情、展望未来、深刻回答时代发展主题而提出的重要执政理念。中国梦作为一种国家理想、民族理想和人民理想,不能只是停留在理论层面,而是要通过大众认同进而转化为大众实践。作为实现中华民族伟大复兴理想的形象表达,中国梦只有得到大众的认同,才能凝聚起实现中华民族伟大梦想的强大力量,才能在社会主义现代化建设进程中由精神力量转变为巨大的物质力量。为了解"中国梦的大众认同状况",调研组在对北京、辽宁、甘肃、浙江、重庆等 12 个省市近 3000 人发放了中国梦大众认同调查问卷,初步摸清了中国梦在全国范围内的学习宣传情况及社会反响。

(一)中国梦大众认同调查对象的总体特征

接受本次调研的对象分布在北京、天津、河北、安徽、湖北、江西、浙江、辽宁、山东、四川、重庆、甘肃 12 个省市,囊括了华北地区、东北地区、东南地区、中部地区、西南地区和西北地区,调研范围辐射全国各地区,调研范围分布全面合理,共发放问卷 2869 份,经原始数据处理,剔除不完整问卷后获得有效问卷 2743 份,有效问卷率为 95.5%。

本次调查样本分布如下:安徽发放问卷 200 份,收回 200 份,占总数据的 6.97%;北京发放问卷 230 份,收回 222 份,占总数据的 8.01%;甘肃发放问卷 200 份,收回 194 份,占总数据的 6.97%;河北发放问卷 310 份,收回 301 份,占总数据的 10.81%;湖北发放问卷 230 份,收回 196 份,占总数据的 8.02%;江西发放问卷 200 份,收回 173 份,占总数据的 6.97%;辽宁发放问卷 250 份,收回 239 份,占总数据的 8.71%;山东发放问卷 210 份,收回 207 份,占总数据的 7.32%;四川发放问卷 200 份,收回 189 份,占总数据的 6.97%;天津发放问卷 200 份,收回 196 份,占总数据的 6.97%;浙江发放问卷 239 份,收回 226 份,占总数据的 8.33%;重庆发放问卷 200 份,收回 200 份,占总数据的 6.97%;军人作为特殊群体又补发问卷 200 份,收回 197 份,占总数据的 6.97%。从问卷发放的分布来看,既有经济相对比较发达的地区,也有经济不太发达的地区;既有东部地区,也有中部和西部地区;既有普通市民,也有特殊群体(军人)。样本群体全面合理,有典型性和代表性。从各地区问卷发放数量和问卷发放总量的比率来看,数据稳定在 6—10 之间,偏差不大,问卷在各地区发放的数量差别不大,具有一定的稳定性和代表性。(表 4-2-1)

表 4-2-1　问卷发放省份

省份	总份数	百分数	有效份数	有效百分数
安徽	200	6.97	200	6.97
北京	230	8.01	222	7.74
甘肃	200	6.97	194	6.76
河北	310	10.81	301	10.49
湖北	230	8.02	196	6.83
江西	200	6.97	173	6.03
辽宁	250	8.71	239	8.33
山东	210	7.32	207	7.21
四川	200	6.97	189	6.59
天津	200	6.97	196	6.83
浙江	239	8.33	226	7.88
重庆	200	6.97	200	6.97
军人	200	6.97	197	6.97
总计	2869	100	2743	95.51

在样本总体中,男性 1239 人,占总调研人数的 48.7%,女性 1294 人,占总调研人数的 50.9%。男女比例协调合理。

从年龄构成看(表 4-2-2),18 岁以下有 392 人,占总调研人数的 15.4%;19—30 岁的有 1406 人,占总调研人数的 55.3%;31—45 岁的有 470 人,占调研总人数的 18.7%;46—55 岁的有 188 人,占总调研人数的 7.4%;56 岁以上的有 82 人,占总调研人数的 3.2%。各个年龄段的人都有涉及,各个年龄段的人数 19—30 岁的最多,接下来是 31—45 岁的年龄段,青年和中年占总调研人数的大部分。调查问卷的数据来源包含了青少年、青年人、中年人和老年人,囊括了各个年龄段的群体,数据来源的群体具有广泛性,为问卷整体的合理性提供了可靠的数据支撑。

表 4-2-2　年龄分布

		频率	百分比	有效百分比	累计百分比
有效	18 岁以下	392	15.4	15.4	15.4
	19—30 岁	1406	55.3	55.4	70.8
	31—45 岁	470	18.5	18.5	89.4
	46—55 岁	188	7.4	7.4	96.8
	56 岁以上	82	3.2	3.2	100.0
	合计	2538	99.8	100.0	
缺失	系统	5	0.2		
合计		2543			

从调查对象居住地分布看,地、县级市居民共有 1023 人,占问卷调研人数的 40.4%;直辖市、省会城市的居民有 734 人,占总调研人数的 29%;乡镇和农村居民有 774 人,共占总调研人数的 30.6%;中心城市、小型城市、乡镇、农村的比例分配均匀,数据具有一定代表性。

表 4-2-3　职业或社会身份

		频率	百分比	有效百分比	累积百分比
有效	国家公务人员	198	7.8	7.8	7.8
	教育与科研人员	376	14.8	14.8	22.6
	企业职工或管理人员	502	19.7	19.8	42.4
	农民或外出务工人员	241	9.5	9.5	51.9
	青年学生	1052	41.4	41.4	93.3
	军人	218	0.7	0.7	94.0
	其他(请说明)	152	5.9	5.9	100.0
	合计	2739	100.0	100.0	
缺失	系统	4			
	合计	2743			

　　参与调研的对象有国家公务人员、教育与科研人员、企业职工或管理人员、青年学生、军人、商人等,几乎囊括了现有的各行各业,调查范围广泛(表4-2-3)。青年学生是国家和社会的主力,占总调研人数的41.4%(表4-2-4),其中高中以下的有161人,高中生有225人,本科有427人,硕士有141人,博士有97人,涵盖了几乎所有年龄阶段的学生群体,具有广泛的代表性。研究各个年龄阶段学生群体对于"中国梦"含义、特征及表现的学习和理解本课题而言具有重要意义和深远影响。

表 4-2-4　职业或社会身份与文化程度交叉表

		文化程度				
		高中以下	高中	本科	硕士	博士
职业或社会身份	国家公务人员	13	40	127	13	4
	教育与科研人员	12	48	138	151	27
	企业职工或管理人员	43	207	226	23	3
	农民或外出务工人员	145	81	9	4	2
	青年学生	161	225	427	141	97
	军人	4	4	8	0	2
	其他(请说明)	63	43	41	3	1
合计		441	648	976	335	136

"中国梦大众认同"的调查,涉及对中国梦提出的背景、基本内容、实施措施、实践实效、重大意义等不同层次问题的认知、认可与认同的测试与评价。本次调研按照以下层次和问题开展:一是,对中国梦提出的背景、基本内容和阶段性目标的了解认知状况,包括的问题有"习近平是在哪一次活动中第一次讲中国梦""中国梦的基本含义""中国梦将要完成一系列具体目标及要求"等。二是,对实现中国梦所实施的政策措施方面问题的认可状况,由"对实现'全面建成小康社会'目标的信心""对当前党和国家反腐败工作的信心""对政府为实现中国梦实行的新政策措施的满意度""对于近两年我国社会发展的判断""与2012年相比,对于实现中国梦信心的提升度"等问题构成。三是,对实现"中国梦"的理论问题的认同状况,包含有"中国梦与个人的关系""中国梦与中国道路""中国梦与中国精神""中国梦与中国力量""中国梦与理论指导""中国梦与世界的关系""中国梦的领导力量""中国梦的宣传方式及其效果"等问题。这些问题的测试大体可以了解广大人民群众对于中国梦的学习、宣传和认可认同状况。

下面从两个方面对"中国梦的大众认同"的调查作出详细分析。一是,从总体上分析大众对于上述三个层次不同问题的看法,确认中国梦大众认同的整体状态。二是,对不同群体中国梦认同的分析,确认中国梦大众认同的差异性状态。

(二)中国梦大众认同的整体状态

1. 大众对中国梦基本内涵和目标的认知状况

认知是认可和认同的基础与前提。充分的认知方能在实践中激发行动的能量,进而在思想观念和行为上达到认可和认同。我们在调研时,通过几个有关中国梦提出的背景、基本内容和与中国梦有关联的阶段性目标任务的问题,测试大众对"中国梦"的认知状况。相关测试统计如下:

(1)习近平是在哪一次活动中第一次讲到中国梦

测试提出了四个选项,即 A.中华人民共和国第十二届全国人民代表大会第一次会议、B.中国共产党第十八次全国代表大会、C.参观国家博物馆《复兴之路》展览和 D.中国人民政治协商会议第十二届全国委员会第一次

会议。统计表明,仅有 40% 的被调查者认为习近平是在参观国家博物馆
《复兴之路》展览时第一次讲到的(如图 4-2-1),另有 28% 的人认为是在第
十二届全国人民代表大会第一次会议上提出,有 28% 的人认为是在中国共
产党第十八次全国代表大会上提出,有 4% 的人认为是在中国政协第十二届
全国委员会第一次会议上提出。进一步以青年学生作为分析对象(表 4-
2-5),对于中国梦在哪次活动上首次提出来的问题,高中以下学生的正确
率为 28.75%,高中生的正确率为 41.78%,本科生的正确率为 46%,硕士生
的正确率为 65%,博士生的正确率为 49.48%。尽管文化程度的高低并不
决定大众对于中国梦首次提出的认知状况,但这一问题一定程度上反映了
大众对政治的关心程度,特别是对于青年学生而言,一个不关心政治的群
体,很难保证他们对于国家路线方针政策有准确的理解并认可认同。

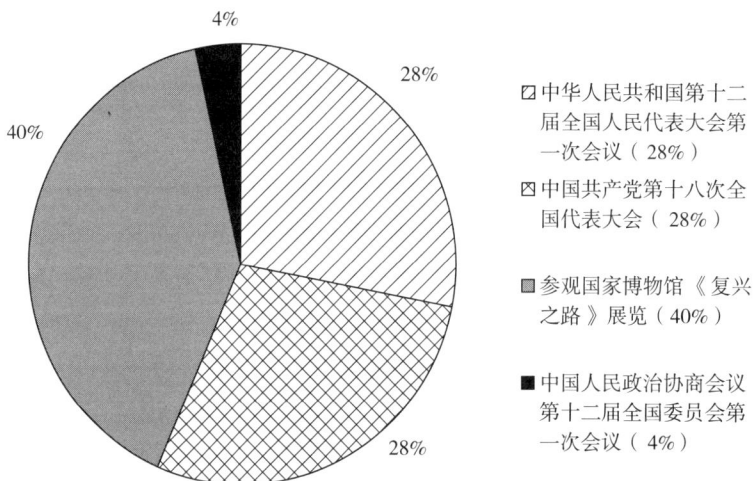

图 4-2-1　中国梦首次提出的认知状态

表4-2-5　青年学生对中国梦首次提出的认知

青年学生对中国梦首次提出的认知		文化程度					合计
		高中以下	高中	本科	硕士	博士	
您认为习近平是在哪一次活动中第一次讲到中国梦?	A	81	75	94	22	13	285
	B	28	51	117	24	33	253
	C	46	94	196	91	48	475
	D	5	4	17	3	2	31
合计		160	225	426	140	97	1048

A＝中华人民共和国第十二届全国人民代表大会第一次会议
B＝中国共产党第十八次全国代表大会
C＝参观国家博物馆《复兴之路》展览
D＝中国人民政治协商会议第十二届全国委员会第一次会议

（2）中国梦的基本含义

对于中国梦的基本内涵,是宣传力度最大的组织行动,无论是城市社区还是乡村田园,无论是街区墙体还是户外广告,无论是流动的高铁还是寂静的公园,无论是传统媒体还是移动终端,"中国梦的基本内涵:国家富强、民族振兴、人民幸福"的公益广告近乎无人不知、无人不晓。测试时,我们着眼于对中国梦含义的理解,对中国梦基本内涵所包括的"民族振兴"用两个测试项对照(即"中华民族在世界上有地位"和"世界各国友好和平"),意在测试大众对中国梦的内涵是否真正认知。结果发现(表4-2-6,本题测试选项为多项选择),认为"中华民族在世界上有地位"的占54.5%,"世界各国友好和平"的占37.7%,而认为"国家富裕强大"的占80%,"人民生活幸福"的占80.6%,说明大众对中国梦的识记达到了相当高的比例,但对其准确具体的含义认知的(如对"民族振兴"的认知)还比较模糊,具有不确定性。

表 4-2-6　中国梦的基本含义　　　　　　（％）

		响应		个案百分比
		N	百分比	
中国梦的基本含义	国家富裕强大	2019	32.0	80.0
	人民生活幸福	2034	32.3	80.6
	中华民族在世界上有地位	1376	21.8	54.5
	世界各国友好和平	877	13.9	34.7
总计		6306	100.0	249.7

（3）对中国梦阶段性目标的认知

中国梦是阶段性目标的逐步实现过程。党的十八大提出了"两个一百年"奋斗目标,就是当下"中国梦"的具体的阶段性目标。测试时,我们将整体与部分相结合,既提出了对"两个一百年"奋斗目标的整体认知测试,又根据"到 2020 年全面建成富强、民主、文明、和谐的社会主义现代化强国"[①]目标,把"富强""民主""文明"和"和谐"作为具体目标分项测试。表 4-2-7 是"两个一百年"奋斗目标的整体认知状态,结果表明在有关"两个一百年"奋斗目标这个问题上,有 77%的人认为是"到 2020 年全面建成小康社会",有 79.5%的人认为是"到 2049 年建成富强、民主、文明、和谐的社会主义现代化国家",有 38.4%的人认为是"实现中华民族伟大复兴",有 21.2%的人认为是"建立和平安定繁荣的世界"。对于"两个一百年"奋斗目标绝大多数调研对象还是了解很清楚的。

---

① 本次调查实施在 2016 年 12 月。2017 年党的十九大又把"美丽"作为"社会主义现代化强国"的具体目标,因本次调查实施在党的十九大召开之前,故设计问卷调查时没有考虑"美丽"这一具体目标的认知项。

表 4-2-7 "两个一百年"奋斗目标

		响应		个案百分比
		N	百分比	
党的十八大提出"两个一百年"奋斗目标是	到 2020 年全面建成小康社会	1939	35.6%	77.0%
	到 2049 年建成富强、民主、文明、和谐的社会主义现代化国家	2003	36.8%	79.5%
	实现中华民族伟大复兴	967	17.8%	38.4%
	建立和平安定繁荣的世界	534	9.8%	21.2%
总计		5443	100.0%	216.2%

表 4-2-8 是对不同政治面貌的人群对"两个一百年"奋斗目标认知的分析。从中可以看出,党员和共青团员对于"两个一百年"奋斗目标认知的正确率要高于认知的错误率,但是没有显著性差异,并且党员和团员认知准确率并不是太高(党员回答正确的人数占 23.9% 和 23.0%,回答错误的人数占 19.6% 和 15.6%;共青团员回答正确的人数占 42.6% 和 43.7%,回答错误的人数占 38.4% 和 29.1%)。这些数据说明,作为社会主义建设中起先锋带头作用的党员和共青团员在基本理论的学习和掌握方面还存在一定的问题,应当引起高度重视,尤其要重视基础理论的宣传和学习,要在党员、预备党员、共青团员理论学习的实际成效上下功夫,注重完善考核制度。

表 4-2-8　政治面貌与"两个一百年"奋斗目标认知的交叉表

			"两个一百年"奋斗目标				总计
			到 2020 年全面建成小康社会	到 2049 年建成富强、民主、文明、和谐的社会主义现代化国家	实现中华民族伟大复兴	建立和平安定繁荣的世界	
政治面貌	共产党员	计数	461	457	188	82	564
		列内的%	23.9%	23.0%	19.6%	15.6%	
	共青团员	计数	820	869	369	153	1081
		列内的%	42.6%	43.7%	38.4%	29.1%	
	民主党派	计数	35	38	18	13	57
		列内的%	1.8%	1.9%	1.9%	2.5%	
	其他	计数	609	625	386	278	798
		列内的%	31.6%	31.4%	40.2%	52.9%	
总计		计数	1925	1989	961	526	2500

　　表 4-2-9 是对"全面建成小康社会的具体要求"认知的测试。统计表明 75.9%的人认为"到 2020 年,国内生产总值和城乡居民人均收入比 2010 年翻一番",79.1%的人认为应该实现"人民生活水平质量普遍提高",64.7%的人认为"国民素质和社会文明程度应该显著提高",58.7%的人认为"生态环境质量总体提高",49.8%的人认为应该"各方面制度成熟完备",32.4%的人认为"世界和平发展更加稳固",20.4%的人认为"世界上没有战争"。从选择选项的占比由大到小排序来看,人们对于收入水平提升、生活质量提高、国民素质提高、生态环境美好、各种制度完善的期望较高,其中关乎自身经济基础的收入水平提升和自身生活质量提高的呼声尤其高涨。这不仅是大众对"全面建成小康社会"的认知,同时也是对"全面建成小康社会"的期待。只有以经济建设为中心,大力发展生产力,满足人们日益增长的物质文化需要;关注国民教育,促成国民素质提升;保护生态环境,营造和谐家园;将政治经济文化制度发展完善;与世界各国友好往来,互利互惠,打造你中有我,我中有你的命运

共同体,才能逐步实现全面建成小康社会的目标。

表 4-2-9 全面建成小康社会的目标要求

		响应		个案百分比
		N	百分比	
全面建成小康社会的具体要求	到 2020 年,国内生产总值和城乡居民人均收入比 2010 年翻一番	1914	19.9%	75.9%
	人民生活水平质量普遍提高	1994	20.8%	79.1%
	国民素质和社会文明程度显著提高	1632	17.0%	64.7%
	生态环境质量总体提高	1480	15.4%	58.7%
	各方面制度成熟完备	1256	13.1%	49.8%
	世界和平发展更加稳固	816	8.5%	32.4%
	世界上没有战争	515	5.4%	20.4%
总计		9607	100.0%	380.9%

表 4-2-10 和表 4-2-11 分别为公众对"富强民主"和"文明和谐"目标的认知。对于建设"富强民主"的现代化国家的具体要求,79.6%的人认为人民生活水平和质量应该达到世界前列,75.3%的人认为应该科学技术世界领先,66.0%的人认为文化教育交流遍布世界,64.2%认为应该有国家军事力量强大,认为人民普遍参与国家政治生活的占 55%,认为经济总量世界第一的占51.2%。对于建设"文明和谐"现代化国家的具体要求,73.7%的人认为公民文明素养应当世界美誉,社会保障全面提升,70.6%的人认为国家形象具有世界影响力,68.4%的人认为应该生态环境美丽,64.5%的人认为应当劳动力充分就业,64.1%的人认为人与人之间是和谐互助的关系,60%的人认为居住环境优美舒适,59.3%的人认为应当大国强国关系协调。

表 4-2-10　富强民主的现代化国家的具体要求

		响应		个案百分比
		N	百分比	
富强民主的现代化国家的具体要求	经济总量世界第一	1294	13.1%	51.2%
	人民生活水平和质量世界前列	2012	20.3%	79.6%
	科学技术世界领先	1903	19.2%	75.3%
	文化教育交流遍布世界	1667	16.9%	66.0%
	国家军事力量强大	1623	16.4%	64.2%
	人民普遍参与国家政治生活	1391	14.1%	55.0%
总计		9890	100.0%	391.4%

表 4-2-11　文明和谐现代化国家的具体要求

		响应		个案百分比
		N	百分比	
文明和谐的现代化国家的具体要求[a]	公民文明素养世界美誉	1862	13.8%	73.7%
	大国强国关系协调	1499	11.1%	59.3%
	国家形象具有世界影响力	1786	13.2%	70.6%
	社会保障全面提升	1862	13.8%	73.7%
	生态环境美丽	1729	12.8%	68.4%
	劳动力充分就业	1631	12.1%	64.5%
	居住环境优美舒适	1517	11.2%	60.0%
	人与人和谐互助	1621	12.0%	64.1%
总计		13507	100.0%	534.3%

2. 大众对实现中国梦的认同状况

中国梦的实现,既要靠国家力量推动,也要靠个人努力奋斗,是国家力量与群众个体力量共同作用的结果。对这一基本问题的态度,一定程度上反映了大众对实现中国梦的认同状况。我们通过设计的"中国梦与个人的关系"

"中国梦与中国道路""中国梦与中国精神""中国梦与中国力量""中国梦与理论指导""中国梦与世界的关系""中国梦的领导力量""中国梦的宣传方式及其效果"等系列问题,来测试大众对中国梦的认同度。

(1)中国梦与个人梦

中国梦归根到底是人民的梦,只有人民梦、个人梦共振同向,才能汇聚强大的力量。那么,人民的梦想是什么? 不同群体的梦想有没有显著差异? 这是我们首先要了解的。这个问题之所以重要,是因为只有了解人民的期盼,才能汇聚最大共识,形成人民力量的"公倍数"。每一个人都有自己的梦想。我们把个人梦从几个方面来分析:"有更好的教育""有更稳定的工作""有更满意的收入""有更可靠的社会保障""有更高水平的医疗卫生服务""有更舒适的居住条件"和"有更优美的环境"。调查显示(图4-2-2),不同文化程度的群体的个人梦想(占比从高到低取前四项)有所差异,文化程度为高中以下的群体最希望"有更好的教育""有更可靠的社会保障""有更稳定的工作""有更高水平的医疗卫生服务"。学历为高中的群体最希望"有更可靠的社会保障""有更好的教育""有更稳定的工作""有更高水平的医疗卫生服务"。学历为本科的群体希望"有更可靠的社会保障""有更高水平的医疗卫生服务""有更好的教育""有更稳定的工作"。学历为硕士的群体希望"有更可靠的社会保障""有更满意的收入""有更稳定的工作""有更高水平的医疗卫生服务"。学历为博士的群体则希望"有更可靠的社会保障""有更高水平的医疗卫生服务""有更优美的环境""有更满意的而收入"。不同学历的群体的个人梦想相对比较集中,体现为对教育、社会保障、稳定的工作和医疗卫生的关注上,但高中以下文化水平渴望"有更好的教育",而高中及其以上文化水平的群体更希望"有更可靠的社会保障",博士文化水平的群体对"有更好的环境"有着特定的追求。

农民或外出务工人员是我国社会发展中的特殊群体,他们的个人梦也有自己的追求。表4-2-12显示,农民或外出务工人员的文化程度高中以下及高中居多,高中以下学历的个人梦想占比由高到低前四项分别为有更稳定的工作、有可靠的社会保障、有更满意的收入、有更好的教育。高中学历的希望有更可靠的社会保障,有更满意的收入、有更稳定的而工作、有更舒适的居住条件。

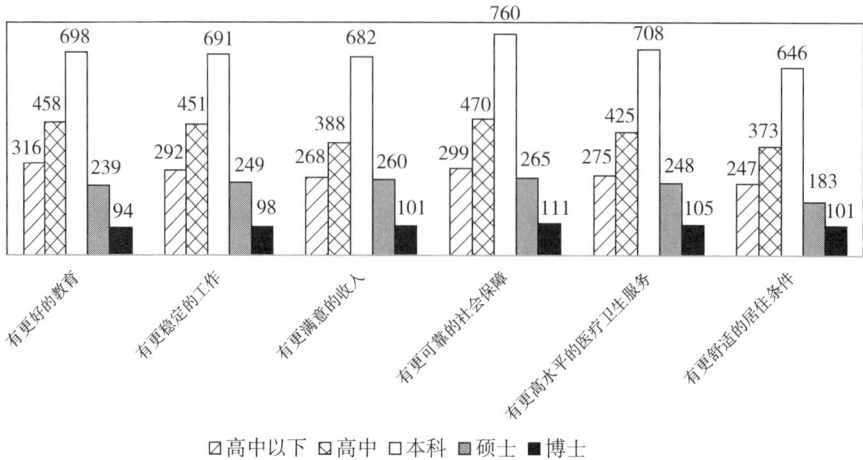

图 4-2-2　文化程度与个人梦想交叉表

表 4-2-12　农民或外出务工人员与文化程度及个人梦想交叉表

				文化程度					总计
				高中以下	高中	本科	硕士	博士	
农民或外出务工人员	您的个人梦想是	有更好的教育	计数	87	54	8	4	0	153
		有更稳定的工作	计数	92	57	7	3	0	159
		有更满意的收入	计数	87	58	5	2	1	153
		有更可靠的社会保障	计数	90	62	8	2	0	162
		有更高水平的医疗卫生服务	计数	78	54	7	2	0	141
		有更舒适的居住条件	计数	64	55	6	2	1	128
		有更优美的环境	计数	54	47	7	3	0	111
		总计	计数	145	81	9	4	2	241

不仅是文化水平对个人梦有影响,收入高低也对个人梦有较大的影响。图4-2-3显示,收入在2000元以下的群体更希望有更好的教育、更稳定的工作、更可靠的社会保障、更满意的收入。月收入在2000—4000元的群体希望有更可靠的社会保障、有更高水平的医疗卫生服务、有更满意的收入、有更优美的环境。月收入在4001—6000元之间的群体则希望有更可靠的社会保障、有更高水平的医疗卫生服务、有更满意的收入、有更优美的环境。月收入在6001—8000元的群体更希望有更可靠的社会保障、有更高水平的医疗卫生服务、有更优美的环境、有更舒适的居住环境。8001—10000元月收入的群体希望有更可靠的社会保障、有更高水平的医疗卫生服务、有更优美的环境、有更好的教育。月收入在10000元以上的群体更希望有更可靠的社会保障、有更高水平的医疗卫生服务、有更满意的收入、有更优美的环境。无论是处在什么样收入阶段的群体,他们最希望的都是能够有更可靠的社会保障、有更高水平的医疗卫生服务。月收入处在2000元以下、2000—4000元、4001—6000元、10000元以上的群体都希望自己的收入能够再高点以提升满意度。6000—10000元的工资水平很可能是一个比较让人满意的工资水平。除了收入水平在2000元以下的群体,其他收入水平阶段的群体都有希望有一个"更优美的环境"的需求。

(2)个人梦的实现

每个人都有自己的梦想,但由于社会条件和个体差异不同,实现个人梦的方式也会有所不同。那么,影响个人梦实现的主要因素有哪些?调查发现(表4-2-13),"国家政策"和"个人勤劳"被认为是实现个人梦最大的影响因素,除此之外,也有不少被调查者认为"干部实干"对个人梦实现的影响比较大。相比较而言,"乡邻互助"和"世界和平"与个人梦的实现就不那么直接了。

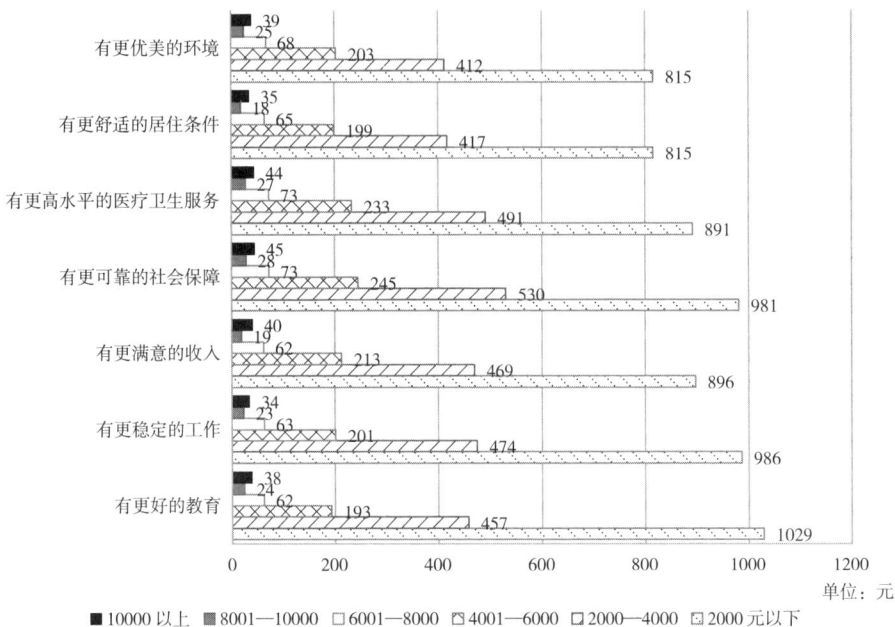

图 4-2-3　收入水平与个人梦想交叉表

表 4-2-13　个人梦想的实现因素

		响应		个案百分比
		N	百分比	
实现个人梦想最重要的因素	国家政策	1999	27.7%	79.1%
	干部实干	1516	21.0%	60.0%
	乡邻互助	964	13.4%	38.2%
	个人勤劳	1776	24.6%	70.3%
	世界和平	959	13.3%	38.0%
总计		7214	100.0%	285.6%

　　调查还显示(表4-2-14),绝大多数被调查者(占71.6%的比例)都对"国家前途"和"个人前途"充满信心,仅3.6%的人对国家前途和个人前途持悲观态度,另外还有大约25%(选择"国家前途光明、个人前途无定""个人前途美好、国家前途不妙"和"国家前途与个人前途都不好把握")的被调查者对前途感到没有把握。

表 4-2-14　中国梦的前途

		响应		个案百分比
		N	百分比	
实现中国梦的前途	国家前途和个人前途都光明	2080	71.6%	83.3%
	国家前途光明、个人前途无定	309	10.6%	12.4%
	个人前途美好、国家前途不妙	204	7.0%	8.2%
	国家前途与个人前途都不好把握	207	7.1%	8.3%
	国家前途和个人前途都不乐观	106	3.6%	4.2%
总计		2906	100.0%	116.4%

（3）实现中国梦的内部条件

如何实现中国梦？在"道路选择"上（图4-2-4），72.4%的人认为我们应该走自己的道路，9.8%的人认为我们应当借鉴北欧式的福利道路，8.0%的调研者认为我们应该走美国式的道路，5.3%的人认为应该走苏联式的道路，4.4%的人认为应该走朝鲜式的军事道路。绝大多数人对应该走自己的道路充满信心。当然，也有少数被调查者由于不了解国情，有点盲目相信"外国的月亮比中国圆"，这也提示我们需要注意做好引导工作。

人是要有一点精神的，实现中国梦同样也需要精气神。构成实现中国梦的"中国精神"包含哪些内容？85.4%的人认为中国精神包括以爱国主义为核心的民族精神，78.9%的人认为应该包括以改革创新为核心的时代精神，43.4%的人认为应该包含中国传统的伦理道德精神，43.2%的人认为包含与世界各国的合作的精神，37.7%的人认为应该有个人的自由精神（表4-2-15）。中国精神是凝心聚力的兴国之魂、强国之魂。

要想实现中国梦，必须凝聚中国力量。88.8%的人认为中国力量是中国各民族团结的力量，70%的人认为是港澳台同胞与内地人民携手相助的力量，

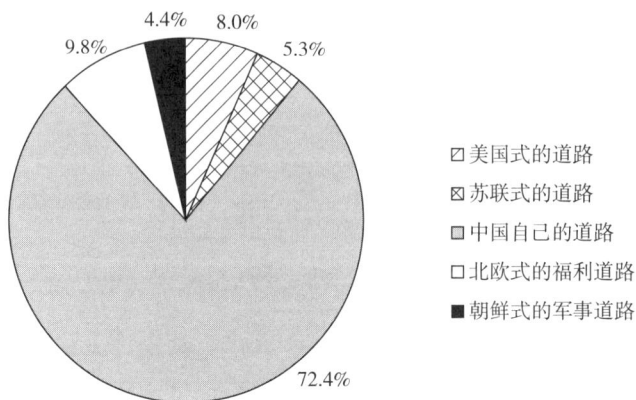

图 4-2-4　实现中国梦道路选择

68.9%的人认为是社会各阶层和谐包容的力量,57%的人认为是个人人生出彩的奋斗力量,50.5%的人认为是世界人民大团结的国际力量(表4-2-16)。中国力量是国内各族人民大团结和全体中华儿女团结的有机结合,首先要依靠国内力量,依靠国内各族人民形成一致的目标、理想、利益共同发力同时也需要发挥港澳台同胞和海外中华儿女的作用;是个体力量和整体力量的有机结合,凝聚中国力量必须把全体中国人的力量汇聚成一个整体;凝聚中国内部力量的同时也要搞好同世界各国的关系,世界是一个命运共同体,部分和部分之间配合好了,将会达到部分加部分之和大于整体的效果。

表 4-2-15　实现中国梦的精神构成

		响应		个案百分比
		N	百分比	
中国精神包括[a]	以爱国主义为核心的民族精神	2154	29.6%	85.4%
	个人的自由精神	951	13.1%	37.7%
	与世界各国的合作精神	1090	15.0%	43.2%
	以改革创新为核心的时代精神	1991	27.3%	78.9%
	中国传统的伦理道德精神	1096	15.1%	43.4%
总计		7282	100.0%	288.6%

表 4-2-16　实现中国梦的力量来源

		响应		个案百分比
		N	百分比	
凝聚中国力量	中国各民族团结的力量	2243	26.5%	88.8%
	个人人生出彩的奋斗力量	1441	17.0%	57.0%
	港澳台同胞与内地人民携手相助的力量	1767	20.9%	70.0%
	社会各阶层和谐包容的力量	1741	20.6%	68.9%
	世界人民大团结的国际力量	1275	15.1%	50.5%
总计		8467	100.0%	335.2%

在实现中国梦的理论指导方面(表 4-2-17),87.3%的人认为应当选择中国特色社会主义理论,40.3%的选择了中国传统的儒家思想理论,12.1%的还选择了西欧的福利社会思想,10.2%的选择了美国的自由社会理论,9.2%的选择了苏联的社会主义理论。中国的问题要立足于中国自己的国情,在中国共产党的领导下,探索中国实际,不断丰富和发展中国特色社会主义理论,这已经成为广大人民群众的共识。当然,立足于本国实际的同时也要博采众长,吸取他国做得好的方面,充实和完善中国特色社会主义理论。

表 4-2-17　实现中国梦的理论指导

		响应		个案百分比
		N	百分比	
中国梦的指导理论	西欧的福利社会思想	305	7.6%	12.1%
	美国的自由社会理论	256	6.4%	10.2%
	中国传统的儒家思想理论	1014	25.4%	40.3%
	中国特色社会主义理论	2194	54.8%	87.3%
	苏联的社会主义理论	231	5.8%	9.2%
总计		4000	100.0%	159.1%

实现中国梦,需要强大的社会动员力量。在当代中国,哪一个政党,或者说人民群众认为哪一政治力量能够带领人民经过艰苦奋斗实现中国梦呢? 从调查统计看出(表4-2-18),88.4%的人相信中国共产党能够领导人民实现中国梦,9.0%的认为由"农工民主党"来领导,8.5%的认为由"中国国民党"来领导,另有4.2%选择了"其他"。当然,由于对知识分子在社会发展中的作用的肯定,而有对其性质了解不明确,还有15.1%的认为应该由"知识分子"来领导。进一步分析各不同政治身份的被调查者,分析表明(表4-2-19),在共产党员中,91.4%的人认为应该由中国共产党带领人民实现中国梦,14.7%的人认为应该由"知识分子"带领人民实现中国梦,7.9%的人认为由"中国国民党"来带领,7.0%的人认为应该由"农工民主党"来带领,还有6.8%的认为由"中国民主同盟"来带领。中共党员在选择这个问题的答案时,绝大多数选择了"中国共产党",但是还是有一小部分党员并没有选择"中国共产党",这说明现阶段还有一部分党员的党性修养跟不上。

表4-2-18 带领人民实现中国梦的政党

		响应		个案百分比
		N	百分比	
带领人民实现中国梦的政党	中国国民党	214	6.4%	8.5%
	农工民主党	226	6.8%	9.0%
	中国共产党	2218	66.3%	88.4%
	中国民主同盟	205	6.1%	8.2%
	知识分子	379	11.3%	15.1%
	其他(请注明)	105	3.1%	4.2%
总计		3347	100.0%	133.3%

表 4-2-19 政治面貌与带领人民实现中国梦的政党交叉表

			带领人民实现中国梦的政党						总计
			中国国民党	农工民主党	中国共产党	中国民主同盟	知识分子	其他	
政治面貌	共产党员	计数	44	39	510	38	82	24	558
		列内的%	7.9%	7.0%	91.4%	6.8%	14.7%	4.3%	
		行内的%	20.6%	17.3%	23.2%	18.6%	21.8%	23.1%	
		总计的%	1.8%	1.6%	20.5%	1.5%	3.3%	1.0%	22.4%
	共青团员	计数	95	104	955	94	176	43	1082
		列内的%	8.8%	9.6%	88.3%	8.7%	16.3%	4.0%	
		行内的%	44.4%	46.2%	43.4%	46.1%	46.7%	41.3%	
		总计的%	3.8%	4.2%	38.3%	3.8%	7.1%	1.7%	43.4%
	民主党派	计数	6	7	33	6	10	4	55
		列内的%	10.9%	12.7%	60.0%	10.9%	18.2%	7.3%	
		行内的%	2.8%	3.1%	1.5%	2.9%	2.7%	3.8%	
		总计的%	0.2%	0.3%	1.3%	0.2%	0.4%	0.2%	2.2%
	其他	计数	69	75	703	66	109	33	797
		列内的%	8.7%	9.4%	88.2%	8.3%	13.7%	4.1%	
		行内的%	32.2%	33.3%	31.9%	32.4%	28.9%	31.7%	
		总计的%	2.8%	3.0%	28.2%	2.6%	4.4%	1.3%	32.0%
总计		计数	214	225	2201	204	377	104	2492
		总计的%	8.6%	9.0%	88.3%	8.2%	15.1%	4.2%	100.0%

（4）中国梦与世界的关系

实现中国梦，不仅仅是中国人民的梦想，也为世界的发展和人类文明的进步创造机会，作出贡献；不仅需要内部条件的共振同向，也需要外部因素的支持。对于中国梦与世界的关系，被调查者（表4-2-20）总体是积极的对待。81.7%的人认为中国梦的实现应当与世界各国人民的梦想相互支持、相互帮助、共同发展。66.7%的人认为中国梦的实现要为世界各国人民实现自己的梦想提供和平发展的力量。61.0%的人认为中国梦的实现要为世界各国人民提供更为广阔的市场和更丰富的产品。59.5%的人认为要为世界各国人民发展提供更充足的资本和更宝贵的合作契机。57.2%的人认为要使中国能为人类发展做出更大的贡献。中国梦与其他国家的梦并不冲突，而是一种相互补充的关系，中国梦不是"帝国梦"，不是"一国梦"，没有排他性，没有霸权意味。中国的梦想不仅关乎中国的命运，也关乎世界的命运，中国梦是和平、发展、合作、共赢的梦，中国愿意在同世界各国实现自己梦想的同时，相互支持、相互帮助、共同发展，并在自身发展过程中愿意各国搭乘中国发展的"快车""顺风车"，和世界各国一道一起发展，共享发展成果。

表4-2-20 中国梦实现与世界的关系

		响应		个案百分比
		N	百分比	
中国梦的实现与世界的关系	与世界各国人民的梦想相互支持、相互帮助、共同发展	2056	25.1%	81.7%
	为世界各国人民实现自己梦想提供和平发展的力量	1679	20.5%	66.7%
	为世界各国人民提供更广阔的市场和更丰富的产品	1535	18.7%	61.0%
	为世界各国人民发展提供更充足的资本和更宝贵的合作契机	1496	18.2%	59.5%
	使中国能为人类发展作出更大贡献	1438	17.5%	57.2%
总计		8204	100.0%	326.1%

（5）中国梦宣传教育及其社会实效的认同状况

对中国梦宣传教育，是党的十八大以来思想政治教育的重要内容。大众对中国梦宣传教育的方式、愿意接受什么样的宣传教育方式及其对各种宣传

表4-2-21　职业或社会身份与参与中国梦宣传活动方式交叉表

| | | | 参与中国梦的宣传活动 | | | | | | | 总计 |
			宣讲教育	理论读物	理论培训	理论研讨	演讲活动	学校教育	个人自学	
职业或社会身份	国家公务人员	计数	64	101	112	44	55	48	76	196
		行内的%	32.7%	51.5%	57.1%	22.4%	28.1%	24.5%	38.8%	
		列内的%	10.9%	10.2%	17.0%	8.4%	8.3%	3.8%	9.7%	
		总计的%	2.6%	4.1%	4.6%	1.8%	2.2%	2.0%	3.1%	8.0%
	教育与科研人员	计数	126	196	132	114	103	202	158	363
		行内的%	34.7%	54.0%	36.4%	31.4%	28.4%	55.6%	43.5%	
		列内的%	21.5%	19.9%	20.0%	21.9%	15.6%	15.9%	20.1%	
		总计的%	5.2%	8.0%	5.4%	4.7%	4.2%	8.3%	6.5%	14.8%
	企业职工或管理人员	计数	85	179	179	66	119	151	128	465
		行内的%	18.3%	38.5%	38.5%	14.2%	25.6%	32.5%	27.5%	
		列内的%	14.5%	18.1%	27.1%	12.7%	18.0%	11.9%	16.3%	
		总计的%	3.5%	7.3%	7.3%	2.7%	4.9%	6.2%	5.2%	19.0%
	农民或外出务工人员	计数	27	40	63	31	65	57	61	219
		行内的%	12.3%	18.3%	28.8%	14.2%	29.7%	26.0%	27.9%	
		列内的%	4.6%	4.1%	9.5%	6.0%	9.8%	4.5%	7.8%	
		总计的%	1.1%	1.6%	2.6%	1.3%	2.7%	2.3%	2.5%	9.0%

			参与中国梦的宣传活动							总计
			宣讲教育	理论读物	理论培训	理论研讨	演讲活动	学校教育	个人自学	
职业或社会身份	青年学生	计数	254	419	130	238	251	763	319	1038
		行内的%	24.5%	40.4%	12.5%	22.9%	24.2%	73.5%	30.7%	
		列内的%	43.3%	42.5%	19.7%	45.7%	38.0%	60.1%	40.5%	
		总计的%	10.4%	17.1%	5.3%	9.7%	10.3%	31.2%	13.0%	42.5%
	军人	计数	5	9	9	2	6	3	6	18
		行内的%	27.8%	50.0%	50.0%	11.1%	33.3%	16.7%	33.3%	
		列内的%	0.9%	0.9%	1.4%	0.4%	0.9%	0.2%	0.8%	
		总计的%	0.2%	0.4%	0.4%	0.1%	0.2%	0.1%	0.2%	0.7%
	其他（请说明）	计数	25	43	35	26	62	45	39	146
		行内的%	17.1%	29.5%	24.0%	17.8%	42.5%	30.8%	26.7%	
		列内的%	4.3%	4.4%	5.3%	5.0%	9.4%	3.5%	5.0%	
		总计的%	1.0%	1.8%	1.4%	1.1%	2.5%	1.8%	1.6%	6.0%
总计		计数	586	987	660	521	661	1269	787	2445
		总计的%	24.0%	40.4%	27.0%	21.3%	27.0%	51.9%	32.2%	100.0%

教育方式的接受度如何,都在一定程度上反映了大众对中国梦的认同状况。

从表4-2-21中可以看出,国家公务人员参与中国梦宣传活动的方式(占比从大到小取前三项)主要有单位理论培训、理论普及读物学习、个人自发性学习活动;教育与科研人员的参与方式主要有学校教学教育、理论普及读物学习、个人自发性的学习;企业职工或管理人员的参与方式主要有单位理论培训、理论普及读物学习、学校教育教学;农民或外出务工人员的参与方式主要有社区或社团演讲活动、单位理论培训、个人自发性学习活动;青年学生的参与方式主要有学校教学教育、理论普及读物学习、个人自发性学习活动。

教育方式的选择对于教育效果是十分重要的。不同的对象因其受教育水平、个人实践经历等的不同,对教育方式的选择也不同。在中国梦宣传教育中同样要"因人而化"。根据调查(图4-2-5),国家公务人员更愿意接受"理论培训""个人自学""网络视频学习",教育与科研人员更愿意接受"个人自学""理论培训""网络视频学习",企业职工或管理人员更愿意接受"个人自学""网络视频学习""理论培训",农民或外出务工人员更愿意接受"个人自学""理论培训""网络视频学习",青年学生更愿意接受"个人自学""网络视频培训""理论培训(报告会)"。

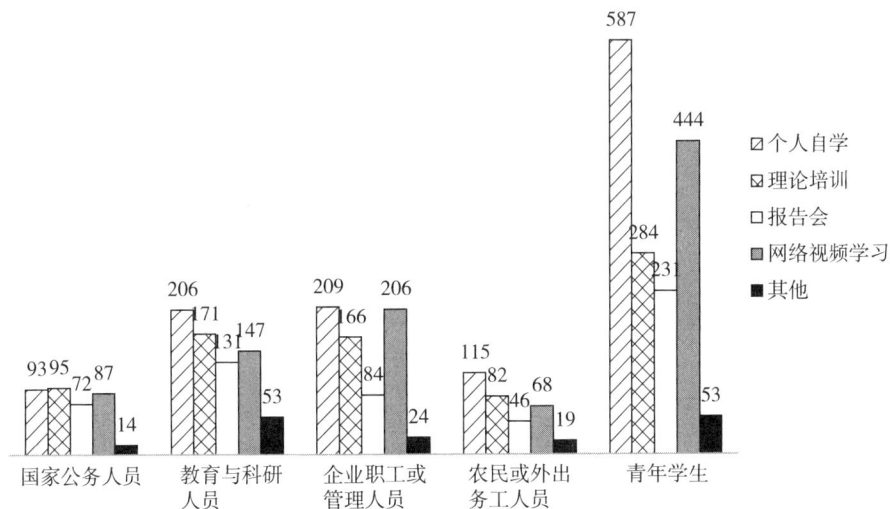

图4-2-5　职业或社会身份与更愿意接受理论教育方式交叉表

虽然不同职业或社会身份的群体最愿意接受的理论学习方式不尽相同,但是基本上所能接受的理论学习方式是"个人自学""理论培训""网络视频教学"。我们要充分尊重各个群体的要求,尊重个人自学的同时配套适合的考核制度,努力让理论搭载不同的有趣的载体,让不同群体乐意去自学,并且产生获得感,这种载体可以是网络视频、培训会、演讲等形式。在自学的同时要定期举行一系列培训,可以是线下开班举行培训会,也可以是线上网络视频培训会,不论线上线下,要使教育内容不枯燥,教育方式生动多样化,并且在培训后期进行考核。

那么,各种不同的教育方式对大众思想观念有何影响?从表4-2-22中可以看出,44.4%的被调研者认为学校正式教育对思想观念影响很大,1.5%的人认为这种影响没有作用;42.4%的被调研者认为家庭环境教育对思想观念的影响很大,0.9%的人认为这种影响没有作用;38.0%的被调研者认为电视报纸等传统媒体对思想观念的影响较大,1.1%的人认为这种影响没有作用;39.8%的人认为互联网、微信等新媒体对思想观念的影响较大,1.1%认为没有影响;36.9%的人认为日常生活朋友圈对思想观念的影响较大,3.1%的认为没有影响;32.6%的人认为职业培训活动对思想观念的影响一般,7.2%的人认为影响较大;30.7%的人认为政治宣讲活动对思想观念的影响一般,8.2%的认为没有影响;31.3%的认为社会论坛讲解对思想观念的影响一般,9.6%的人认为没有影响。整体而言,被调研者认为学校正式教育和家庭环境教育对思想观念的影响是很大的,并且只有极少部分认为是没有影响的。他们还认为诸如电视报纸等传统媒体、互联网、微信等新媒体、日常生活朋友圈对思想观念的影响较大,也认为诸如职业培训活动、政治宣讲活动、社会论坛讲解对思想观念的影响一般,并且有不少的人认为这样的活动并不能对思想观念产生影响。

表4-2-22　不同活动或媒体对思想观念的影响程度

	学校正式教育	家庭环境教育	电视报纸等传统媒体	互联网、微信等新媒体	日常生活朋友圈	职业培训活动	政治宣讲活动	社会论坛讲解
没有	37	22	27	29	80	183	209	244
较少	59	77	159	172	279	475	548	548
一般	439	448	806	679	764	830	781	797

	学校正式教育	家庭环境教育	电视报纸等传统媒体	互联网、微信等新媒体	日常生活朋友圈	职业培训活动	政治宣讲活动	社会论坛讲解
较大	867	909	966	1011	939	618	548	485
很大	1130	1077	573	639	471	424	446	458

在中国梦的宣传教育中(表4-2-23),除了大多数人对"通过有组织系统的理论宣传教育"所产生效果的评价为一般,其余的像对"通过参与中国梦社会实践活动""通过社会大众传播媒介或网络""通过树立正面典型人物""通过群众自发开展的学习活动""通过对日常生活现象的分析评价""通过组织开展的集中学习活动"这样的不同宣传教育活动产生效果的评价,大多数认为效果是有效。其中在认为有效的人中,通过对日常生活现象的分析评价(1046人)>通过树立正面典型人物(1019人)>通过群众自发开展的学习活动(993人)>通过大众传播媒介或网络(973人)>通过参与中国梦社会实践活动(877人),从中可以看出人们更希望接受哪种形式的宣传教育活动并且可以以此得到有效的学习反馈。

表 4-2-23　不同宣传教育活动产生效果的评价

	通过有组织系统的理论宣传教育	通过参与中国梦社会实践活动	通过社会大众传播媒介或网络	通过树立正面典型人物	通过群众自发开展的学习活动	通过对日常生活现象的分析评价	通过党组织开展的集中学习活动
无效	88	45	46	44	53	45	67
不太有效	285	170	147	161	197	187	212
一般	931	745	780	678	778	770	810
有效	682	877	973	1019	993	1046	936
非常有效	547	695	588	630	510	481	506
合计	2533	2532	2534	2532	2532	2532	2431

3. 大众对实现中国梦的认可状况

自从中国梦提出后,以习近平同志为核心的党中央带领全国人民艰苦奋斗,在推进全面建成小康社会的伟大斗争中不断取得重大成就,解决了许多长期想解决而没有解决的难题,办成了许多过去想办而没有办成的大事,推动党和国家事业发生历史性变革。"今天,我们比历史上任何时期都更接近、更有信心和能力实现中华民族伟大复兴的目标"。① 那么,广大民众对党的十八大以来党领导人民为实现中国梦所作的奋斗及其取得的成就有什么样的获得感和认可度呢? 对各方面的工作成效作何评价? 我们试图通过大众"对实现'全面建成小康社会'目标的信心""对当前党和国家反腐败工作的信心""对政府为实现中国梦实行的新政策措施的满意度""对于近两年我国社会发展的判断""与2012年相比,对于实现中国梦信心的提升度"等系列问题的回答来解读上述问题。

(1)大众对"全面建成小康社会的目标的态度"

从图4-2-6中可以看出,46.6%的人对2020年"全面建成小康社会"非常有信心,35.9%的民众认为有信心,11.8%的人认为基本有信心,3.4%的人认为不太有信心,1.7%的则认为没有信心。非常有信心和有信心的比例远远大于基本有信心、不太有信心、没有信心选项的比例。

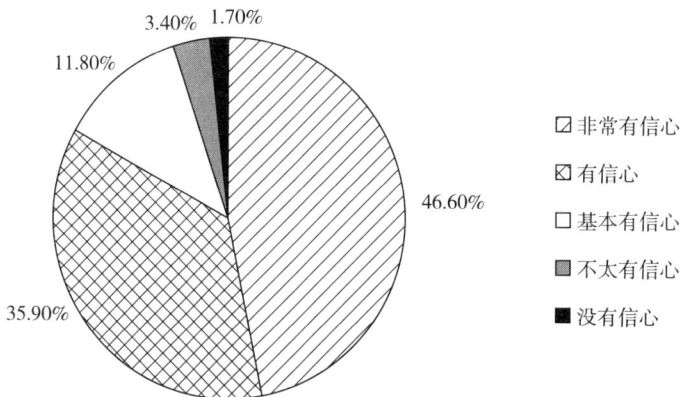

图4-2-6 对全面建成小康社会的目标的态度

① 习近平:《决胜全面建成小康社会 夺取新时代中国特色社会主义伟大胜利——在中国共产党第十九次全国代表大会上的报告》,《人民日报》2017年10月28日。

（2）大众对"当前党和国家反腐工作的态度"

从图4-2-7中可以看出，45%的人表示对党和国家反腐工作非常有信心，34%的人认为有信心，14%的表示基本有信心，5%的表示不太有信心，2%的表示没有信心。非常有信心和有信心的比例远远大于基本有信心、不太有信心、没有信心选项的比例。

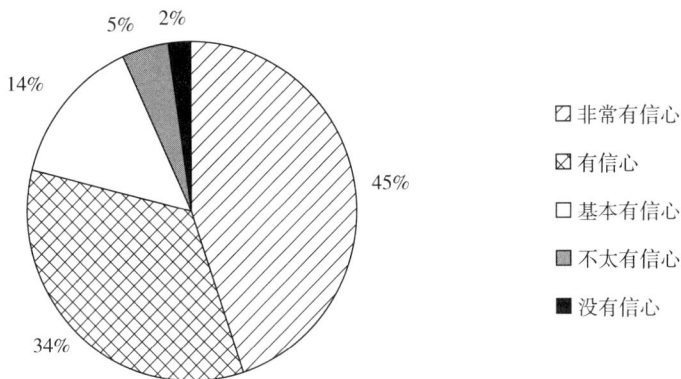

图4-2-7　对当前党和国家反腐工作的态度

（3）大众对近年来若干重大政策和制度的满意度

十八大以来，党中央分别就政府机构改革和职能转变、全面深化改革、全面推进依法治国、制定"十三五"规划、全面从严治党等重大问题作出决定和部署，制定了一系列政策，推出了若干制度变革，推动了各方面改革和发展。对这些政策和制度变革，大众是否满意也是我们评价实现中国梦的一个维度。

表4-2-24　对政策的满意度调查　　　　　　　　　　　　　　（%）

	去产能去库存	法治中国建设	高考制度性改革	环境保护责任追究制度	反腐败斗争	网络安全管理	精准扶贫减困	文化产业建设	核心价值观建设	军队战斗力建设	"亲诚惠容"的周边国家关系政策	"一带一路"建设
不满意	2.0	2.8	2.2	2.6	3.1	2.9	2.8	1.5	1.3	1.2	1.5	1.4
不太满意	4.2	4.7	6.3	8.0	5.1	7.0	6.7	5.1	3.7	2.9	3.8	3.3
一般	27.6	20.3	25.8	27.3	18.4	23.9	21.0	21.9	21.2	17.7	21.1	19.4

续表

	去产能去库存	法治中国建设	高考制度性改革	环境保护责任追究制度	反腐败斗争	网络安全管理	精准扶贫减困	文化产业建设	核心价值观建设	军队战斗力建设	"亲诚惠容"的周边国家关系政策	"一带一路"建设
满意	43.9	45.3	40.1	34.4	35.2	39.8	38.6	42.3	41.8	43.6	42.4	41.3
非常满意	21.8	26.4	25.3	27.2	37.8	26.0	30.5	28.7	31.6	34.2	30.8	34.1

从表4-2-24中可以看出,对于"去产能去库存"这项政策,43.9%的感到满意,27.6%感到一般,21.8%的民众感到非常满意。对于"法治中国建设"各项政策,45.3%认为满意,26.4%感到非常满意,20.3%感觉一般。对于"高考制度性改革",40.1%认为满意,25.8%的认为一般,25.3%的认为非常满意。34.4%的对于"环境保护责任追究制度"表示满意,27.3%表示效果一般,27.2%表示非常满意。对"反腐败斗争的效果",37.8%的人认为非常满意,35.2%认为满意,18.4%表示一般。对于"网络安全管理",39.8%的人认为满意,26.0%的人认为非常满意,23.9%的认为一般。对于"精准扶贫政策",38.6%的人认为满意,30.5%的认为非常满意,21.0%认为一般。"文化产业建设"方面,42.3%的人认为满意,28.7%的人认为非常满意,21.9%的认为一般。"核心价值观建设"方面,41.8%的人认为满意,31.6%的认为非常满意,21.2%的认为一般。"军队战斗力建设"方面,43.6%的人认为满意,34.2%的人认为非常满意,17.7%的认为一般。"亲诚惠容"的"周边国家关系政策"的效果,42.4%的人认为满意,30.8%认为非常满意,21.1%表示一般。"一带一路"建设政策的效果,42.4%的人认为满意,30.8%认为非常满意,21.1%表示一般。将"满意""非常满意"两项占比相加计算出民众总体满意的政策(占比从高到低的前五项)为:军队战斗力建设(77.8%)、"一带一路"建设(75.4%)、核心价值观建设(73.4%)、"亲诚惠容"的周边国家关系政策(73.2%)、反腐败斗争(73%)。将"不太满意""不满意"两项占比相加计算出民众总体不满意的政策(占比从高到低的前五项)为:环境保护追究制度

（10.6%）、网络安全管理（9.9%）、精准扶贫（9.5%）、高考制度性改革（8.5%）、反腐败斗争（8.2%）。总体来看，民众对各项政策总体满意度要远远高于不满意度，但是我们应该看到哪些政策是执行比较好，比较得民心的，哪些政策民众不满意度高，需要改进。

（4）大众对近年来我国社会发展的判断

十八大以来，党中央在国际各种不利环境和国内经济深度变化的条件下，依然取得了改革开放和社会主义现代化建设的历史性成就。对此，大众是如何判断和评价的，这在一定程度上反映了民众对实现"中国梦"的基本看法。我们根据大众对"对于近两年我国社会发展的判断"这一问题的回答合并统计分析（表4-2-25），将"同意""很同意"两项占比相加计算出民众对于近两年我国社会发展总体同意的判断（占比从高到低的前七项）为：科学技术突破飞跃（77.2%）、强军兴军迈出新步伐（77%）、党风廉政建设成效显著（74.1%）、全方位外交取得重大进展（73.5%）、改革开放不断深入（72.9%）、依法治国开启新征程、文化软实力不断增强、生活水平和质量加快提升（72.3%）。将"不同意""很不同意"两项占比相加计算出民众对于近两年我国社会发展总体不满意的判断（占比从高到低的前七项）为：生态环境保护取得新进展（11.5%）、贫困人口大幅减少（9.4%）、新增就业持续增加（8.9%）、人民民主不断扩大（8.4%）、经济结构更加优化（7.3%）、公共服务体系全面覆盖（7.2%）、文化软实力不断增强（6.6%）。总体来看，民众对于所列出的近两年社会发展状况总体同意率要远远高于不同意率，但是我们应该看到哪些领域是发展比较好，比较得民心的，哪些领域民众不满意度高，需要改进。

表4-2-25 对近年我国社会发展的判断 （%）

	经济结构更加优化	交通基础设施全面跃升	公共服务体系全面覆盖	新增就业持续增加	贫困人口大幅减少	生态环境保护取得新进展	改革开放不断深入	人民民主不断扩大	依法治国开启新征程	文化软实力不断增强	生活水平和质量加快提升	全方位外交取得重大进展	强军兴军迈出新步伐	党风廉政建设成效显著	科学技术突破飞跃
很不同意	2.6	1.3	1.9	2.4	2.8	3.7	1.7	2.7	2.1	2.1	1.8	1.7	1.5	2.3	1.7

续表

	经济结构更加优化	交通基础设施全面跃升	公共服务体系全面覆盖	新增就业持续增加	贫困人口大幅减少	生态环境保护取得新进展	改革开放不断深入	人民民主不断扩大	依法治国开启新征程	文化软实力不断增强	生活水平和质量加快提升	全方位外交取得重大进展	强军兴军迈出新步伐	党风廉政建设成效显著	科学技术突破飞跃
不同意	4.7	4.3	5.3	6.5	6.6	7.8	4.7	5.7	4.4	4.5	3.7	4.2	3.3	3.5	2.7
一般	21.3	22.5	24.4	24.4	22.7	29.4	20.3	21.9	20.9	20.5	20.8	20.1	17.7	20.0	17.9
同意	39.7	38.5	38.1	37.7	35.0	30.5	41.5	40.6	40.6	41.1	41.6	40.1	40.9	37.1	39.9
很同意	31.2	33.0	30.0	28.5	32.5	28.2	31.4	28.7	31.7	31.2	31.7	33.5	36.1	37.0	37.3

（5）大众对实现中国梦信心的变化

从党的十八大到党的十九大的五年，我国建设的成就是全方位的、开创性的，社会变革是深层次的、根本性的。这些成就和变革对大众实现中国梦的信心有何影响？从表4-2-26看出，从中国梦提出到现在，中国梦更加深入人心，国家更有信心，社会更加认同，人民更加自觉参与，国防更有保障，国际社会更加合作。中国梦正在一点一点的实现中，有着自己梦想的中国每一天都将比以前更加接近自己的梦想，中国将在"中国梦"的引领下变得更加强大。大众对于"与2012年相比看中国梦的未来"总体信心度得到了提升，其中对于所列的关乎中国梦未来的选项内容总体同意率（占比从高到低排列）为：国家更有信心（81.4%）、中国梦更加深入人心（78.3%）、国防更有保障（77.4%）、社会更加认同（76%）、人民更加自觉参与（74.2%）、国际社会更加合作（73.2%），远远高于不同意率（大于50%）。

表4-2-26　与2012年相比看中国梦的未来　　　　（%）

	国家更有信心	人民更加自觉参与	社会更加认同	国防更有保障	国际社会更加合作	中国梦更加深入人心
很不同意	1.6	1.4	1.3	1.8	3.2	2.1
不同意	2.2	3.4	3.4	3.5	3.7	3.0
一般	14.4	20.6	18.8	16.9	19.5	16.0

续表

	国家更有信心	人民更加自觉参与	社会更加认同	国防更有保障	国际社会更加合作	中国梦更加深入人心
同意	39.1	40.8	41.1	39.6	38.9	35.7
很同意	42.3	33.4	34.9	37.8	34.3	42.6

（三）不同职业或社会身份群体中国梦认同状况

1. 党员干部群体

本次参与调研的对象中,政治面貌是共产党员的有 592 人,占总调研人数的 21.8％。在"您认为习近平是在哪一次活动中第一次讲到中国梦"的选择上,有 335 人(56.9％)选择了正确答案,即参观国家博物馆"复兴之路"展览,剩余的 40.1％分别选择了错误的三个选项。在"您认为中国梦的基本含义是"的选择上,493 人(84.0％)选择了国家富裕强大,499 人(85.0％)选择了人民生活幸福,295 人(50.3％)选择了中华民族在世界上有地位,162 人(27.6％)选择了世界各国友好和平。在"党的十八大提出的'两个一百年'目标是"的选择上,477 人(81.5％)选择了到 2020 年全面建成小康社会,468 人(80％)选择了到 2049 年建成富强、民主、文明、和谐的社会主义现代化国家,195 人(33.3％)选择了实现中华民族伟大复兴,83 人(14.2％)选择了建立和平安定繁荣的世界的目标。

在问到党员干部群体自己的梦想时,403 人(69.1％)希望有更好的教育,406 人(69.6％)希望有更稳定的工作,421 人(72.2％)希望有更满意的收入,468 人(80.3％)希望有更可靠的社会保障,431 人(73.9％)希望有更高水平的医疗卫生服务,375 人(64.3％)希望有更舒适的居住条件,389 人(66.7％)希望有更优美的环境。排在前四位的梦想是:有更可靠的社会保障、有更高水平的医疗卫生服务、有更满意的收入、有更稳定的工作。在问到"对于实现个人梦想最重要的因素"是什么时,475 人(81.2％)认为是国家政策,338 人(57.8％)认为是干部实干,182 人(31.1％)认为是乡邻互助,433 人(74.0％)认为是个人勤劳,199 人(34.0％)认为是世界和平。排在前三位的因素是:国家政策、个人勤劳、干部实干。在问到"中国梦的前途"时,505 人(87.1%)认为国家前途和个人前途都光明,63 人(10.9%)认为国家前途光明、个人前途无定,34 人(5.9%)认为个人前途美好,国家前途不妙,33 人(5.7%)认为国家前途与个人前途都不好把握,20 人(3.4%)认为国家前途和个人前途都不乐观。九成的党员干部都认为国家前途和个人前途都光明。

在实现"中国梦"正确的道路选择方面,550 人(94.2%)认为应该走中国自己的道路,49 人(8.4%)认为应该走北欧式的福利道路,40 人(6.8%)认为应该走美国式的道路,19 人(3.3%)认为应当走苏联式的道路,19 人(3.3%)认为应当走朝鲜式的军事道路。在实现中国梦的指导理论选择方面 521 人(89.5%)选择了中国特色社会主义理论,228 人(39.2%)选择了中国传统的儒家思想理论,61 人(10.5%)选择了西欧的福利社会思想,49 人(8.4%)选择了美国的自由社会理论,33 人(5.7%)选择了苏联的社会主义理论。在带领人民实现"中国梦"的政党的选择上,529 人(91.5%)选择了中国共产党,85 人(14.7%)选择了知识分子,46 人(8.0%)选择了中国国民党,42 人(7.3%)选择了农工民主党,40 人(6.9%)选择了中国民主同盟。

对于实现"全面建成小康社会目标的态度",313 人(53.3%)认为非常有信心,175 人(29.8%)认为有信心,77 人(13.1%)认为基本有信心,15 人(2.6%)认为不太有信心,7 人(1.2%)选择了没有信心。有信心的占比远远大于没有信心。在对"当前党和国家的反腐败工作"进行评价时,290 人(49.4%)认为非常有信心,165 人(28.1%)认为有信心,93 人(15.8%)认为基本有信心,28 人(4.8%)认为不太有信心,10 人(1.7%)认为没有信心。有信心的占比远远大于没有信心。

从对现有实施政策的满意度调查结果来看,将"满意""非常满意"两项占比相加计算出党员干部总体满意的政策(占比从高到低的前五项)为:军队战斗力建设(80.1%)、"一带一路"建设(80.0%)、"亲诚惠容"的周边国家关系政策(75.8%)、反腐败斗争(75.6%)、法治中国观建设(73.6%)。将"不太满意""不满意"两项占比相加计算出民众总体不满意的政策(占比从高到低的前五项)为:环境保护追究制度(10.0%)、反腐败斗争(7.3%)、法治中国建设

（6.5%）、去产能去库存（5.6%）。总体来看,党员干部对各项政策总体满意度要远远高于不满意度。

将"同意""很同意"两项占比相加计算出党员干部对于近两年我国社会发展总体同意的判断（占比从高到低的前七项）为:强军新军迈出新步伐（79.5%）、科学技术突破飞跃（78.2%）、交通基础设施全面跃升（78.2%）、党风廉政建设成效显著（77.0%）、改革开放不断深入（76.3%）、依法治国开启新征程（73.8%）、（72.9%）。将"不同意""很不同意"两项占比相加计算出民众对于近两年我国社会发展总体不满意的判断（占比从高到低的前七项）为:生态环境保护取得新进展（14.0%）、贫困人口大幅减少（9.9%）、新增就业持续增加（9.9%）、公共服务体系全面覆盖（7.1%）、人民民主不断扩大（6.7%）、生活水平和质量加快提升（5.7%）、经济结构更加优化（5.7%）。总体来看,党员干部对于所列出的近两年社会发展状况总体同意率要远远高于不同意率。将"同意""很同意"两项占比相加计算出党员干部对于所列的关乎中国梦未来的选项内容总体同意率（占比从高到低排列）为:国家更有信心（81.8%）、中国梦更加深入人心（79.2%）、社会更加认同（78.4%）、国防更有保障（77.9%）、人民更加自觉参与（76.6%）、国际社会更加合作（72.1%）。总体来看,党员干部对于所列的关乎中国梦未来的选项内容总体同意率要远远高于不同意率（大于50%）。

2. 青年学生

青年学生占总调研人数的41.4%,是占调研对象的大多数,其中高中以下的占161人,高中占225人,本科占427人,硕士占141人,博士占97人。在"您认为习近平是在哪一次活动中第一次讲到中国梦"的选择上,有475人（45.2%）选择了正确答案,即参观国家博物馆"复兴之路"展览,剩余的54.8%分别选择了错误的三个选项。在"您认为中国梦的基本含义是"的选择上,836人（79.8%）选择了国家富裕强大,885人（84.5%）选择了人民生活幸福,561人（53.6%）选择了中华民族在世界上有地位,305人（29.1%）选择了世界各国友好和平。在"党的十八大提出的'两个一百年'奋斗目标是"的选择上,801人（76.7%）选择了到2020年全面建成小康社会,843人（80.7%）

选择了到 2049 年建成富强、民主、文明、和谐的社会主义现代化国家,342 人
(32.7%)选择了实现中华民族伟大复兴,154 人(14.7%)选择了建立和平安
定繁荣的世界。

在问到青年学生群体自己的梦想时,830 人(79.3%)希望有更好的教育,
786 人(75.1%)希望有更稳定的工作,713 人(68.2%)希望有更满意的收入,
805 人(77.0%)希望有更可靠的社会保障,713 人(68.2%)希望有更高水平的
医疗卫生服务,702 人(67.1%)希望有更舒适的居住条件,706 人(67.5%)希
望有更优美的环境。排在前四位的梦想是:有更好的教育、有更可靠的社会保
障、有更稳定的工作、有更满意的收入(有更高水平的医疗卫生服务)。对于
实现个人梦想最重要的因素,823 人(78.6%)认为是国家政策,571 人
(54.5%)认为是干部实干,338 人(32.3%)认为是乡邻互助,809 人(77.3%)
认为是个人勤劳,388 人(37.1%)认为是世界和平。排在前三位的因素是:国
家政策、个人勤劳、干部实干。在问到中国梦的前途时,892 人(85.9%)认为
国家前途和个人前途都光明,121 人(11.7%)认为国家前途光明、个人前途无
定,82 人(7.9%)认为个人前途美好,国家前途不妙,77 人(7.4%)认为国家
前途与个人前途都不好把握,45 人(4.3%)认为国家前途和个人前途都不
乐观。

在"实现中国梦"正确的道路选择方面,974 人(92.9%)认为应该走中国
自己的道路,95 人(9.1%)认为应该走北欧式的福利道路,71 人(6.8%)认为
应该走美国式的道路,53 人(5.1%)认为应当走苏联式的道路,36 人(3.4%)
认为应当走朝鲜式的军事道路。在"实现中国梦"的指导理论方面,926 人
(89.0%)选择了中国特色社会主义理论,396 人(38.0%)选择了中国传统的
儒家思想理论,125 人(12.0%)选择了西欧的福利社会思想,100 人(9.6%)
选择了美国的自由社会理论,91 人(8.7%)选择了苏联的社会主义理论。在
带领人民实现中国梦的政党的选择上,993 人(89.6%)选择了中国共产党,
183 人(17.6%)选择了知识分子,98 人(9.4%)选择了中国民主同盟,88 人
(8.5%)选择了农工民主党,87 人(8.4%)选择了中国国民党。

青年学生的参与理论学习的方式主要有学校教学教育、理论普及读物学

习、个人自发性学习活动。在问到调研对象更愿意接受什么样的理论教育方式时(占比从大到小取前三项),青年学生更愿意接受个人自学、网络视频培训、理论培训(报告会)。

对实现"全面建成小康社会"目标的态度,526 人(50.2%)认为非常有信心,355 人(33.9%)认为有信心,112 人(10.7%)认为基本有信心,36 人(3.4%)认为不太有信心,19(1.8%)人选择了没有信心。有信心的占比远远大于没有信心。对当前党和国家的反腐败工作的评价,482 人(46.0%)认为非常有信心,353 人(33.7%)认为有信心,143 人(13.6%)认为基本有信心,46人(4.4%)认为不太有信心,21 人(2.1%)认为没有信心。有信心的占比远远大于没有信心。

从对现有实施政策的满意度调查结果来看,将"满意、非常满意"两项占比相加计算出青年学生群体满意的政策(占比从高到低的前五项)为:军队战斗力建设(84.1%)、"一带一路"建设(82.2%)、反腐败斗争(81.3%)、法治中国观建设(79.4%)、"亲诚惠容"的周边国家关系政策(75.8%)。将"不太满意、不满意"两项占比相加计算出民众总体不满意的政策(占比从高到低的前五项)为:环境保护追究制度(9.0%)、网络安全管理(8.8%)、高考制度性改革(7.5%)、精准扶贫政策(6.6%)、文化产业建设(5.9%)。

对于我国社会发展的判断,将"同意""很同意"两项占比相加计算,青年学生群体表示"同意"的判断,从高到低的前七项依次为:强军新军迈出新步伐(81.0%)、科学技术突破飞跃(79.0%)、改革开放不断深入(76.0%)、全方位外交取得重大进展(75.9%)、文化软实力不断增强(75.0%)、生活水平和质量加快提高(73.9%)。将"不同意""很不同意"两项占比相加计算,民众对于近两年我国社会发展总体"不满意"的判断从高到低的前七项依次为:生态环境保护取得新进展(16.2%)、新增就业持续增加(11.4%)、贫困人口大幅减少(10.5%)、人民民主不断扩大(9.4%)、公共服务体系全面覆盖(9.3%)、经济结构更加优化(8.0%)、文化软实力不断增强(6.9%)。将"同意""很同意"两项占比相加计算,青年学生群体对于所列的关乎中国梦未来的选项内容总体同意率(占比从高到低排列)为:国家更有信心(83.4%)、国防更有保障(82.9%)、中国梦更加深入人心(82.6%)、社会更加认同(79.7%)、人民更加自觉参与(78.0%)、国际社会更加合作(78.0%)。

3. 企业职工或管理人员

本次参与调研的对象中,职业是企业职工或管理人员的有 503 人,占总调研人数的 18.5%。在"您认为习近平是在哪一次活动中第一次讲到中国梦"的选择上,有 153 人(30.4%)选择了正确答案,即参观国家博物馆"复兴之路"展览,剩余的 69.6% 分别选择了错误的三个选项。在"您认为中国梦的基本含义是"的选择上,418 人(83.8%)选择了国家富裕强大,404 人(81.0%)选择了人民生活幸福,307 人(61.5%)选择了中华民族在世界上有地位,229 人(45.9%)选择了世界各国友好和平。在"党的十八大提出的'两个一百年'奋斗目标是"的选择上,396 人(79.5%)选择了到 2020 年全面建成小康社会,405 人(81.3%)选择了到 2049 年建成富强、民主、文明、和谐的社会主义现代化国家,214 人(43.0%)选择了实现中华民族伟大复兴,136 人(14.2%)选择了建立和平安定繁荣的世界目标。

在问到企业职工或管理人员群体自己的梦想时,319 人(63.7%)希望有更好的教育,341 人(68.1%)希望有更稳定的工作,339 人(67.7%)希望有更满意的收入,396 人(79.0%)希望有更可靠的社会保障,394 人(78.6%)希望有更高水平的医疗卫生服务,343 人(68.5%)希望有更舒适的居住条件,347 人(69.3%)希望有更优美的环境。排在前四位的梦想是:有更可靠的社会保障、有更高水平的医疗卫生服务、有更优美的环境、有更舒适的居住条件。对于实现个人梦想最重要的因素,420 人(84.0%)认为是国家政策,326 人(65.2%)认为是干部实干,250 人(50.0%)认为是乡邻互助,367 人(73.4%)认为是个人勤劳,249 人(49.8%)认为是世界和平。排在前三位的因素是:国家政策、个人勤劳、干部实干。关于中国梦的前途,505 人(87.1%)认为国家前途和个人前途都光明,36 人(7.3%)认为国家前途光明、个人前途无定,35 人(7.1%)认为个人前途美好、国家前途不妙,32 人(6.5%)认为国家前途与个人前途都不好把握,13 人(2.6%)认为国家前途和个人前途都不乐观。

在实现中国梦正确的道路选择方面,478 人(95.6%)认为应该走中国自已的道路,52人(10.4%)认为应该走北欧式的福利道路,42人(8.4%)认为应该走美国式的道路,32人(6.4%)认为应当走朝鲜式的道路,20人(4.0%)认为应当走苏联式的军事道路。在实现中国梦的指导理论选择方面451人(90.4%)选择了中国特色社会主义理论,196人(39.3%)选择了中国传统的儒家思想理论,61人(12.2%)选择了西欧的福利社会思想,54人(10.8%)选择了苏联的社会主义理论,45人(9.0%)选择了美国的自由社会理论。在带领人民实现"中国梦"的政党的选择上,453人(90.4%)选择了中国共产党,55人(11.0%)选择了知识分子,44人(8.8%)选择了农工民主党,43人(8.6%)选择了中国国民党,37人(7.4%)选择了中国民主同盟。

企业职工或管理人员参与理论学习的方式主要有单位理论培训、理论普及读物学习、学校教育教学。在问到调研对象更愿意接受什么样的理论教育方式时(占比从大到小取前三项),企业职工或管理人员更愿意接受个人自学、网络视频学习、理论培训。

对实现"全面建成小康社会"目标的态度,193人(38.4%)认为非常有信心,212人(42.1%)认为有信心,75人(14.9%)认为基本有信心,15人(3.0%)认为不太有信心,6人(1.2%)选择了没有信心。对当前党和国家反腐败工作的评价,204人(40.6%)认为非常有信心,182人(36.2%)认为有信心,81人(16.1%)认为基本有信心,26人(5.2%)认为不太有信心,9人(1.8%)认为没有信心。

对现有实施政策的满意度调查结果来看,将"满意""非常满意"两项占比相加,计算出党员干部总体满意的政策(占比从高到低的前五项)为:强军新军迈出新步伐(69.6%)、反腐败斗争(67.4%)、法治中国建设(67.0%)、核心价值观建设(66.0%)、"一带一路"建设(65.8%)。将"不太满意""不满意"两项占比相加,计算出民众总体不满意的政策(占比从高到低的前五项)为:生态环境保护取得新进展(10.7%)、网络安全管理(10.0%)、精准扶贫减困(9.5%)、反腐败斗争(8.0%)、文化产业建设(8.0%)。将"同意""很同意"两项占比相加,计算出党员干部对于近两年我国社会发展总体同意的判断(占比从高到低的前七项)为:经济结构更加优化(74.8%)、科学技术突破飞跃

（74.7%）、强军兴军迈出新步伐（73.7%）、生活水平和质量加快提高（70.8%）、交通基础设施全面跃升（70.7%）、公共服务体系全面覆盖（70.2%）、全方位外交取得重大进展（70.0%）。将"不同意""很不同意"两项占比相加，计算出民众对于近两年我国社会发展总体不满意的判断（占比从高到低的前七项）为：生态环境保护取得新进展（10.4%）、人民民主不断扩大（8.2%）、贫困人口大幅减少（7.4%）、依法治国开启新征程（6.0%）、文化软实力不断增加（5.4%）、生活水平和质量加快提升（5.4%）。

将"同意""很同意"两项占比相加，计算出企业职工或管理人员对于所列的关乎"中国梦"未来的选项内容总体同意率（占比从高到低排列）为：国家更有信心（82.3%）、国防更有保障（74.7%）、"中国梦"更加深入人心（71.8%）、社会更加认同（78.4%）、国际社会更加合作（70.8%）、人民更加自觉参与（68.5%）。

4. 农民或外出务工人员

本次参与调研的对象中，农民或外出务工人员有 241 人，占总调研人数的8.9%。在"您认为习近平是在哪一次活动中第一次讲到中国梦"的选择上，有 45 人（18.7%）选择了正确答案，即参观国家博物馆"复兴之路"展览，剩余的81.3%分别选择了错误的三个选项。在"您认为中国梦的基本含义是"的选择上，183 人（75.9%）选择了国家富裕强大，161 人（66.8%）选择了人民生活幸福，147 人（61.0%）选择了中华民族在世界上有地位，102 人（42.3%）选择了世界各国友好和平。在"党的十八大提出的'两个一百年'奋斗目标是"的选择上，182 人（75.5%）选择了到 2020 年全面建成小康社会，180 人（74.7%）选择了到 2049 年建成富强、民主、文明、和谐的社会主义现代化国家，129 人（53.5%）选择了实现中华民族伟大复兴，100 人（41.5%）选择了建立和平安定繁荣的世界。

在问到农民或外出务工人员群体自己的梦想时，153 人（63.5%）希望有更好的教育，159 人（66.0%）希望有更稳定的工作，153 人（63.5%）希望有更满意的收入，162 人（67.2%）希望有更可靠的社会保障，141 人（58.5%）希望有更高水平的医疗卫生服务，128 人（53.1%）希望有更舒适的居住条件，111

人(46.1%)希望有更优美的环境。排在前四位的梦想是:有更可靠的社会保障、有更稳定的工作、有更好的教育、有更满意的收入。对于实现个人梦想最重要的因素,171人(71.5%)认为是国家政策,133人(55.6%)认为是干部实干,103人(43.1%)认为是乡邻互助,157人(65.7%)认为是个人勤劳,78人(32.6%)认为是世界和平。排在前三位的因素是:国家政策、个人勤劳、干部实干。对于中国梦的前途,185人(77.4%)认为国家前途和个人前途都光明,27人(11.3%)认为国家前途光明、个人前途无定,19人(7.9%)认为个人前途美好,国家前途不妙,26人(10.9%)认为国家前途与个人前途都不好把握,10人(4.2%)认为国家前途和个人前途都不乐观。

在实现中国梦正确的道路选择方面,220人(91.3%)认为应该走中国自己的道路,19人(7.9%)认为应该走北欧式的福利道路,18人(7.5%)认为应该走美国式的道路,14人(5.8%)认为应当走苏联式的道路,9人(3.7%)认为应当走朝鲜式的军事道路。在实现中国梦的指导理论选择方面,190人(79.2%)选择了中国特色社会主义理论,134人(55.8%)选择了中国传统的儒家思想理论,40人(16.7%)选择了西欧的福利社会思想,39人(16.2%)选择了美国的自由社会理论,38人(15.8%)选择了苏联的社会主义理论。在带领人民实现"中国梦"的政党的选择上,196人(82.0%)选择了中国共产党,34人(14.2%)选择了知识分子,17人(7.1%)选择了中国民主同盟,16人(6.7%)选择了农工民主党,13人(5.4%)选择了中国国民党。

农民或外出务工人员参与理论学习的方式主要有参加社区或社团演讲活动、单位理论培训、个人自发性学习活动。对于更愿意接受什么样的理论教育方式(占比从大到小取前三项),农民或外出务工人员更愿意接受个人自学、理论培训、网络视频学习。

对实现"全面建成小康社会"目标的态度,112人(46.5%)认为非常有信心,94人(39.0%)认为有信心,24人(10.0%)认为基本有信心,9人(3.7%)认为不太有信心,2人(0.8%)选择了没有信心。有信心的占比远远大于没有信心。对当前党和国家反腐败工作的评价,109人(45.2%)认为非常有信心,88人(36.5%)认为有信心,29人(12.0%)认为基本有信心,10人(4.1%)认为不太有信心,5 人(2.1%)认为没有信心。有信心的占比远远大于没有信心。

从对现有实施政策的满意度调查结果来看,将"满意""非常满意"两项占比相加,计算出农民或外出务工人员总体满意的政策(占比从高到低的前五项)为:军队战斗力建设(75.5%)、精准扶贫减困(72.6%)、反腐败斗争(72.5%)、"一带一路"建设(70.9%)、"亲诚惠容"的周边国家关系政策(70.4%)。将"不太满意""不满意"两项占比相加,计算出民众总体不满意的政策(占比从高到低的前五项)为:精准扶贫减困(8.3%)、文化产业建设(7.8%)、反腐败斗争(6.3%)、"一带一路"建设(5.8%)、高考制度性改革、环境保护责任追究制度(5.4%)。

将"同意""很同意"两项占比相加,计算出农民或外出务工人员对于近两年我国社会发展总体同意的判断(占比从高到低的前七项)为:生活水平和质量加快提升(73.0%)、科学技术突破飞跃(72.7%)、经济结构更加优化(70.9%)、全方位外交取得重大进展(70.6%)、新增就业持续增加(69.7%)、贫困人口大幅减少(69.3%)、依法治国开启新征程(68.9%)。将"不同意""很不同意"两项占比相加,计算出民众对于近两年我国社会发展总体不满意的判断(占比从高到低的前七项):改革开放不断深入(7.9%)、人民民主不断扩大(7.5%)、依法治国开启新征程(7.5%)、文化软实力不断增强(7.0%)、经济结构不断优化(6.2%)、交通基础设施全面跃升(6.2%)、公共服务体系全面覆盖、新增就业持续增加(5.3%)。

将"同意""很同意"两项占比相加,计算出农民和外出务工人员对于所列的关乎"中国梦"未来的选项内容总体同意率(占比从高到低排列)为:国家更有信心(82.2%)、人民更加自觉参与(79.3%)、国防更有保障(77.6%)、"中国梦"更加深入人心(77.2%)、社会更加认同(75.2%)、国际社会更加合作(73.9%)。

5. 军人的中国梦认同

本次参与调研的对象中,职业或社会身份是军人的有 193 人,占所有调研人数的 7.1%。男 187 人,女 5 人。年龄分布中,18 岁以下为 14 人,占调研军

人总数的 7.3%;19—30 岁的 172 人,占调研军人总数的 89.1%;31—45 岁的
为 4 人,占调研军人总数的 2.1%,46—55 岁为 2 人,占调研军人总数的
1.0%;56 岁以上为 1 人,占调研军人总数的 0.5%。学历分布中,高中以下为
47 人,占调研军人总数的 24.4%;学历为高中的 119 人,占调研军人总数的
61.7%;本科学历的 25 人,占调研军人总数的 13.0%;硕士学历为 0 人;博士
学历为 1 人,占调研军人总数的 1.0%。在月收入水平中,2000 元以下为 117
人,占调研军人总数的 60.6%;2000—4000 元的有 10 人,占调研军人总数的
5.2%;4001—6000 元为 58 人,占调研军人总数的 30.1%;6001—8000 元为 6
人,占调研军人总数的 3.1%;8001—10000 元为 0 人;10000 元以上为 2 人,占
调研军人总数的 1.0%。

　　在"您认为习近平是在哪一次活动中第一次讲到中国梦"的选择上,有
115 人(59.9%)选择了正确答案,即参观国家博物馆"复兴之路"展览,剩余的
40.1%分别选择了错误的三个选项。在"您认为中国梦的基本含义是"的选
择上,163 人选择了国家富裕强大,155 人选择了人民生活幸福,118 人选择了
中华民族在世界上有地位,97 人选择了世界各国友好和平。在"党的十八大
提出的'两个一百年'奋斗目标是"的选择上,156 人(82.1%)选择了到 2020
年全面建成小康社会,135 人(71.1%)选择了到 2049 年建成富强、民主、文
明、和谐的社会主义现代化国家,56 人(29.%%)选择了实现中华民族伟大复
兴,17 人(8.9%)选择了建立和平安定繁荣的世界。

　　对于"'全面建成小康社会'的目标要求"的选项,137 人(71.0%)选择了
到 2020 年,国内生产总值和城乡居民人均收入比 2010 年翻一番,171 人
(88.6%)选择了人民生活水平质量普遍提高,136 人(70.5%)选择了国民素
质和社会文明程度显著提高,126 人(65.3%)认为应当是生态环境质量总体
提高,51 人(26.4%)认为应该各方面制度成熟完备,36 人(18.7%)认为是世
界和平发展更加稳固,14 人(7.3%)认为应该世界上没有战争。对于"富强民
主的现代化国家的具体要求"的选项,45 人(23.7%)认为应该经济总量居世
界第一位,152 人(80.0%)认为应当人民生活水平和质量居世界前列,140 人
(73.7%)认为应当科学技术世界领先,66 人(34.7%)觉得应该是文化教育交

流遍布世界,151 人(79.5%)认为是国家军事力量强大,37 人(19.5%)认为是人民普遍参与国家政治生活。对于"文明和谐的现代化国家的具体要求"的选项,133 人(69.3%)认为应当公民文明素养全世界美誉,47 人(24,5%)认为应当大国关系协调,123 人(64.1%)认为应该国家形象具有世界影响力,143 人(74.5%)认为应当社会保障全面提升,124 人(64.6%)认为应当生态环境美丽,117 人(60.9%)认为应当劳动力充分就业,109 人(56.8%)认为应当居住环境优美舒适,146 人(76.0%)认为应当人与人和谐相助。

军人群体对于自己的梦想,129 人(67.2%)希望有更好的教育,150 人(78.1%)希望有更稳定的工作,139 人(72.4%)希望有更满意的收入,140 人(72.9%)希望有更可靠的社会保障,125 人(65.1%)希望有更高水平的医疗卫生服务,119 人(62%)希望有更舒适的居住条件,123 人(64.1%)希望有更优美的环境。排在前四位的梦想是:有更稳定的工作、有更可靠的社会保障、有更满意的收入、有更好的教育。对于实现个人梦想最重要的因素,85 人(44.3%)认为是国家政策,110 人(57.3%)认为是干部实干,79 人(41.1%)认为是乡邻互助,168 人(87.5%)认为是个人勤劳,56 人(29.2%)认为是世界和平。排在前三位的因素是:个人勤劳、干部实干、国家政策。对于中国梦的前途,175 人(90.7%)认为国家前途和个人前途都光明,13 人(6.7%)认为国家前途光明、个人前途无定,8 人(4.1%)认为个人前途美好,国家前途不妙,8 人(4.1%)认为国家前途与个人前途都不好把握,4 人(2.1%)认为国家前途和个人前途都不乐观。占九成的被调研者都认为国家前途和个人前途都光明。

在实现中国梦正确的道路选择方面,184 人(95.3%)认为应该走中国自己的道路,13 人(6.7%)认为应该走美国式的道路,11 人(5.7%)认为应该走北欧式的福利道路,5 人(2.6%)认为应当走苏联式的道路,5 人(2.6%)认为应当走朝鲜式的军事道路。在中国精神的选择方面,169 人(87.6%)选择了以爱国主义为核心的民族精神,146 人(75.6%)选择了以改革创新为核心的时代精神,132 人(68.4%)选择了中国传统的伦理道德精神,44 人(22.8%)选择了与世界合作的精神,32 人(16.6%)选择了个人的自由精神。在中国力量来源的问题上,178 人(92.2%)认为来自中国各民族团结的力量,135 人(69.9%)认为来自港澳台同胞与内地人民携手相助的力量,133 人(68.9%)认为来自社会各阶层和谐包容的力量,93 人(48.2%)认为来自世界人民大团结的国际力量,83 人(43.0%)认为来自个人人生出彩的奋斗力量。在实现中国梦的指导理论选择方面,177 人(91.7%)选择了中国特色社会主义理论,42 人(21.8%)选择了中国传统的儒家思想理论,11 人(5.7%)选择了西欧的福利社会思想,11 人(5.7%)选择了美国的自由社会理论,7 人(3.6%)选择了苏联的社会主义理论。在带领人民实现中国梦的政党的选择上,177 人(92.2%)选择了中国共产党,12 人(6.2%)选择了中国国民党,10 人(5.2%)选择了知识分子,8 人(4.2%)选择了中国民主同盟,6 人(3.1%)选择了农工民主党。

在中国梦的实现与世界的关系问题上,164 人(85.4%)认为应该与世界各国人民的梦想相互支持、相互帮助、共同发展,120 人(62.5%)认为中国应该为世界各国人民实现自己的梦想提供和平发展的力量,110 人(57.3%)认为使中国能为人类发展作出更大的贡献,104 人(54.2%)认为要为世界各国人民提供更广阔的市场和更丰富的产品,95 人(49.5%)认为要为世界各国人民发展提供更充足的资本和更宝贵的合作契机。

军人参与中国梦宣传活动的方式(占比从大到小取前三项)主要有,理论普及读物学习(63.2%)、单位理论培训(62.2%)、个人自发性学习活动(51.8%)。在问到更接受什么样的理论教育活动时,军人更愿意接受网络视频学习(74.1%)、个人自学(27.5%)、理论培训(25.4%)(占比从大到小取前三项)。

对实现"全面建成小康社会"目标的态度,158 人(81.9%)认为非常有信心,29 人(15%)认为有信心,4 人(2.1%)认为基本有信心,2 人(1.0%)认为不太有信心,0 人选择了没有信心。有信心的占比远远大于没有信心。对当前党和国家反腐败工作的评价,147 人(76.2%)认为非常有信心,30 人(15.5%)认为有信心,12 人(6.2%)认为基本有信心,3 人(1,6%)认为不太有信心,1 人(0.5%)认为没有信心。有信心的占比远远大于没有信心。

（四）中国梦大众认同的群体性特征

从本次关于中国梦大众认同的调研中，我们发现，对于中国梦及其实现认同，广大群众有着共同性与差异性并存的群体性特征。

1. 中国梦大众认同的群体共同性特征

在共同性特征方面，主要表现为：

（1）在中国梦基本理论知识的掌握上准确率高

如对于"两个一百年"奋斗目标的认知上，不同职业或社会身份群体选择"到2020年全面建成小康社会"和"到2049年建成富强、民主、文明、和谐的社会主义现代化国家"这两个选项的比例要远远大于选择其他选项的比例（图4-2-8）。同样地，在实现中国梦的道路选择方面，不同职业或社会身份群体在对于实现中国梦道路的认识上，选择"走中国自己的道路"选项的比例要远远大于选择其他选项的比例（图4-2-9）。

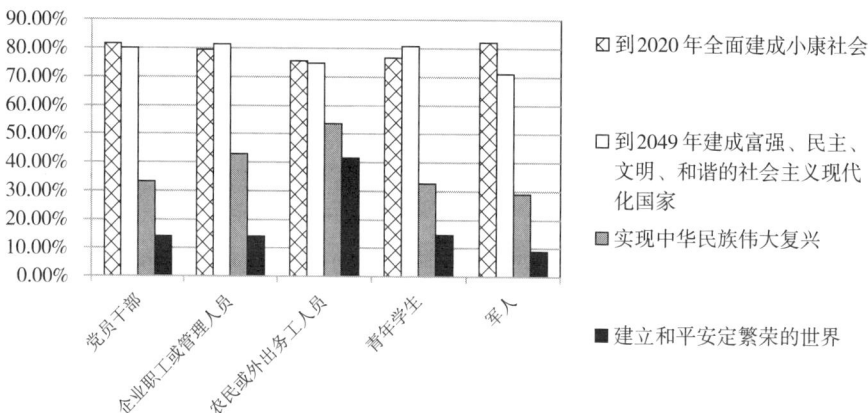

图4-2-8　不同职业或社会身份群体对于"两个一百年"奋斗目标的认知

对于实现中国梦指导理论的认识上，89.5%的党员干部，90.4%的企业职工或管理人员，79.2%的农民或外出务工人员，89%的青年学生，91.7%的军人都认为应该以中国特色社会主义理论作为实现"中国梦"的指导理论。需要值得注意的一点是，55.8%的农民或外出务工人员选择了"中国传统的儒家思想理论"。在领导实现中国梦政党的认识上，91.5%的党员干部，90.4%的企业职工或管理人员，82.0%的农民或外出务工人员，89.6%的青年学生，

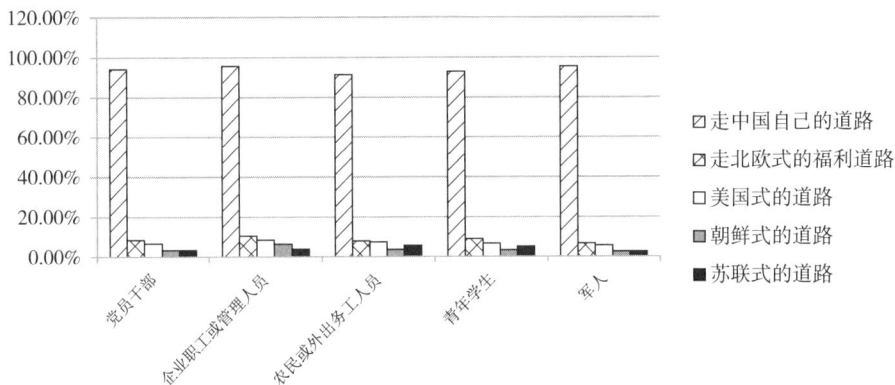

图 4-2-9　不同职业或社会身份群体对于实现中国梦道路的认知

92.2%的军人都认为应该在中国共产党的领导下,排在第二位的选项是知识分子。其中,17.6%的青年学生选择了后者,比例最大。

(2)对当前政策实施的满意度较高

其中,"党和国家反腐败工作"获得高度满意和认同。从图 4-2-10 中可以看出,不同职业或社会身份群体在对于"党和国家反腐败工作"的态度上,选择"非常有信心"和"有信心"选项的比例之和要远远大于选择其他选项的比例。如果从把调查对象以职业角色进行划分后得出的数据来看,不论是哪一类职业群体,他们中的绝大多数对"中国梦"的基本知识、实现"中国梦"的各项要素都有一个明确并准确的认识,对现阶段实施的各项政策都很大程度上表现出认同和满意。

2. 中国梦大众认同的群体差异性特征

当然,大众对于"中国梦"及其实现的认知认同,更多表现为差异性特征。

(1)不同群体之间以及群体内部在理论认知上存在不同程度的差异

图 4-2-11 显示,在对于中国梦基本含义的认知选择中,军人、党员干部、青年学生群体选择正确答案的比例要远远大于选择其他选项的比例,农民、企业职工和管理人员选择错误选项的比例大于正确选项,军人选择正确答案的比例最高,依次递减的是党员干部、青年学生、企业职工或管理人员、农民或外出务工人员。

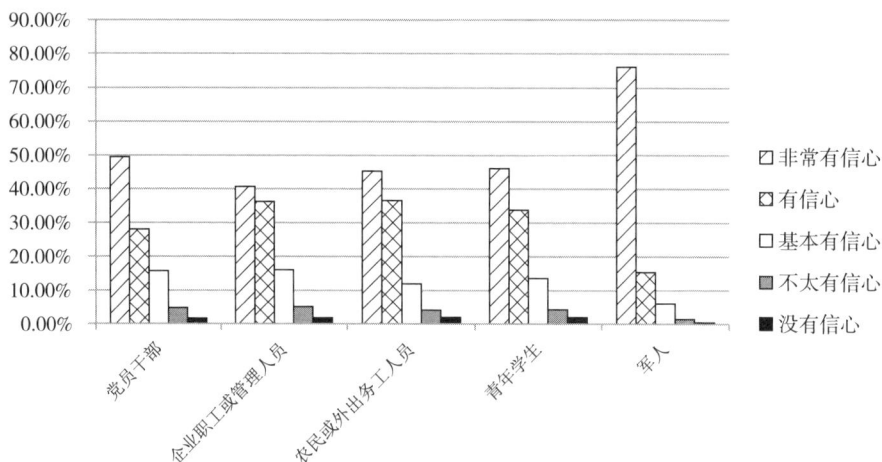

图 4-2-10　不同职业或社会身份群体对于"党和国家反腐败工作"的态度

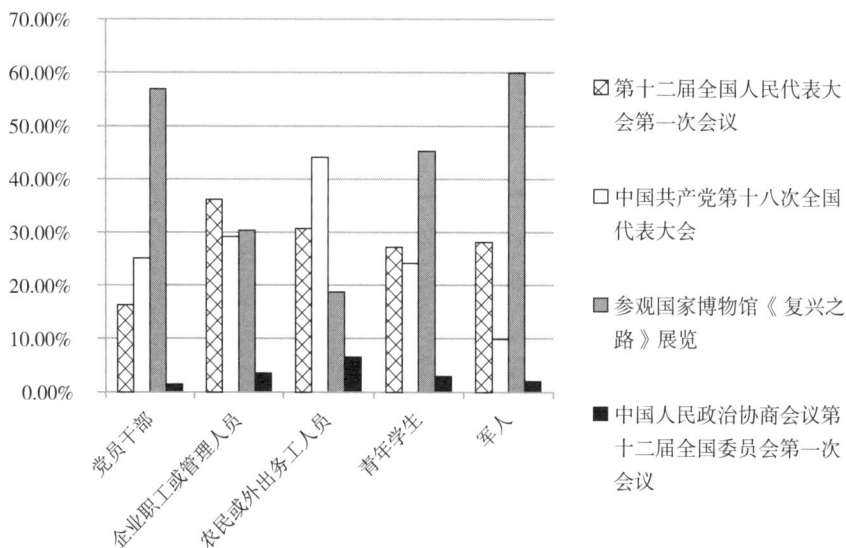

图 4-2-11　不同职业或社会身份群体对于中国梦基本含义的认识

即使在青年学生群体内部,对一些理论问题的认知也存在群内认识的差异性。如对于"中国梦首次在哪个活动上提出来"这个基本问题(见表4-2-25),高中以下学生的正确率为 28.75%,高中生的正确率为 41.78%,本科生的正确率为 46.0%,硕士生的正确率为 65.0%,博士生的正确率为

49.48%。由此可以得出结论,文化程度的高低对于中国梦基本理论认识的正确程度高低具有重要的影响作用。博士阶段可能存在因为专注于某一方面的学术研究而忽略了基础理论学习的问题。

(2)个人梦表现出群体性差异

从对不同职业或社会身份群体个人梦想的调查了解来看,军人更希望有稳定的工作,党员干部更希望有更可靠的社会保障,青年学生希望有更好的教育,企业职工或管理人员更希望有更可靠的社会保障和更高水平的医疗卫生服务,农民或外出务工人员则更希望拥有可靠的社会保障。

(3)在对愿意接受理论学习的方式上表现出群体差异性

在问到调研对象更愿意接受什么样的理论教育方式时,不同职业的人给出了不同的答案(占比从大到小取前三项)。党员干部更愿意接受理论培训、个人自学、网络视频学习。企业职工或管理人员更愿意接受个人自学、网络视频学习、理论培训。农民或外出务工人员更愿意接受个人自学、理论培训、网络视频学习。青年学生更愿意接受个人自学、网络视频培训、理论培训(报告会)。军人更愿意接受网络视频学习、个人自学、理论培训。

(4)在对各项实施政策的实施评价上表现出群体差异性

如上所示,不同群体对"党和国家反腐工作"态度上"非常有信心"和"有信心",但是群体之间的信心度又有所不同(表4-2-27和表4-2-28),群体信心度从大到小依次排列为:军人>党员干部>农民或外出务工人员>青年学生>企业职工或管理人员。尽管不同群体对各项在实施政策的满意度远远高于不满意度,但是不同的群体对不同政策却持有不同态度,不同群体中满意度高和满意度低的政策各不相同,也存在满意度高和满意度低政策重叠的情况。总体来看,不论是哪一种职业角色,他们中的绝大多数对中国梦的基本知识、实现中国梦的各项要素都有一个明确并准确的认识,对现阶段实施的各项政策都很大程度上表现出认同和满意。但是,认同主体之间存在差异性,认同主体和认同客体之间也存在着差异性,这就导致在中国梦认同方面存在差异。差异的存在使得认同变得有意义,对不同职业或社会身份群体的中国梦认同情况进行差异性的分析,才能准确掌握人民群众对于中国梦的认知和认同情况,实现认同调查的意义,从而促使理论研究更好地指导实践。

表 4-2-27　不同职业或社会身份群体满意度最高政策（占比从高到低的前五项）

青年学生	军队战斗力建设(84.1%) "一带一路"建设(82.2%) 反腐败斗争(81.3%) 法治中国建设(79.4%) "亲诚惠容"的周边国家关系政策(75.8%)	企业职工或管理人员	强军新军迈出新步伐(69.6%) 反腐败斗争(67.4%) 法治中国建设(67.0%) 社会主义核心价值观建设(66.0%) "一带一路"建设(65.8%)
党员干部	军队战斗力建设(80.1%) "一带一路"建设(80.0%) "亲诚惠容"的周边国家关系政策(75.8%) 反腐败斗争(75.6%) 法治中国建设(73.6%)	农民或外出务工人员	军队战斗力建设(75.5%) 精准扶贫减困(72.6%) 反腐败斗争(72.5%) "一带一路"建设(70.9%) "亲诚惠容"的周边国家关系政策(70.4%)

表 4-2-28　不同职业或社会身份群体满意度最低政策
（占比从高到低的前五项）

青年学生	环境保护责任追究制度(9.0%) 网络安全管理(8.8%) 高考制度性改革(7.5%) 精准扶贫政策(6.6%) 文化产业建设(5.9%)	企业职工或管理人员	生态环境保护取得新进展(10.7%) 网络安全管理(10.0%) 精准扶贫减困(9.5%) 反腐败斗争(8.0%) 文化产业建设(8.0%)
党员干部	环境保护责任追究制度(10.0%) 反腐败斗争(7.3%) 法治中国建设(6.5%) 去产能去库存(5.6%)	农民或外出务工人员	精准扶贫减困(8.3%) 文化产业建设(7.8%) 反腐败斗争(6.3%) "一带一路"建设(5.8%) 高考制度性改革、环境保护责任追究制度(5.4%)

3."中国梦"大众认同群体差异性的影响因素分析

根据问卷调查数据分析得出,不同职业或社会身份背景下角色亚文化的政治性和非政治性同样也是不同的,不同职业或社会身份群体有着不同的政治认知度和政治参与度。在中国梦基本理论知识的掌握上,军人的准确率最高,其次是党员干部、青年学生、企业职工或管理人员、农民或外出务工人员;在"个人梦"的选择上每个群体的侧重点都是不同的,他们会选择不同的途径与方法了解和学习中国梦;他们对现阶段实施政策的认同度和满意度也各不相同等等。笔者认为,不同职业或社会身份群体在中国梦认同方面存在差异性主要有以下几点原因:

(1)不同职业或社会身份被赋予不同的角色期望

职业角色是人一生所扮演的各种角色中社会属性较强,对人影响深远且意义重大的角色之一,所以在不同职业角色影响下主体的政治性和非政治性也存在一定差异。不同职业或社会身份群体由于其职业定位的不同会被赋予相应的社会期望。"每个职位都使其在位者紧张,迫使其从一个制定的方向看世界,影响在位者理解并相信事实——因为他处于这一特定的位置。"它们"会给政治行为、规范和结构排列确立基调和方向"。正如统计数据所示,军人群体、党员干部群体对主流价值观认知和认同的程度要明显高于其他被调查群体,政治热情度高。职业或社会身份角色的划分使得不同群体的政治性和非政治性存在差异,处在主导性政治系统内的群体会受既定制度、文化、自身利益、外界因素等的影响,使其在接受、解读、宣传主流价值观时表现出较高的政治热情。与之相比,职业属性的政治性相对较弱的群体会存在一定程度的政治冷漠,既有的职业文化使其在接受其他文化时存在一定障碍,有的甚至会运用一些挑衅的方式来质疑、冲撞、侵蚀主流价值观。

(2)同一职业或社会身份群体内各层级的职业思维不同

职业或社会身份属性的不同,造成了行业之间对于中国梦问题认知能力和认知态度上的不同。在行业内部,由于组成人员的文化水平、思维习惯、能力技能、经济水平的不同,同一职业或社会身份群体中的成员在中国梦认同方面也存在差异。军官和士兵、企业管理人员和普通职工、党员干部和非党员干部、富裕农民和贫穷农民等,自身的职业属性使他们形成了不同的职业思维和思想站位。地位层级高的群体拥有优渥的经济条件、优质的教育背景、成熟的领导能力和技能、丰富的资源等,他们对于所在政治体系所宣扬的价值观表现出较高的认同度。处在中间层级的群体大都受过良好的教育,道德素质高,思维活跃,敢于对现存体制进行质疑和批判,易受西方价值观念的影响,政治理想不被满足或实现进程较慢时易产生消极悲观的态度,这一群体对主流价观的宣传和教育存有一定阻碍。在行业中处于较低层级的群体常常依附于高于自己的群体,由于经济实力不足、政治资源匮乏、缺乏闲暇时间,这类群体将更多的精力投放在自己身上,缺少对公共空间和公共生活的思考,缺乏自主性和参与度,导致其存在一定程度的政治冷漠,在中国梦理论的宣传和普及方面无形中形成更大的障碍。比如贫穷农民,在基本需求没有被满足的情况下必须长期为生计奔波,他们无暇顾及政治生活,表现出对政治生活的疏离。

(3)多样化"个人梦"在中国梦的构建和实现过程中存在利益差异

无论是从行业类别进行划分,还是从行业层级进行划分,都仅仅代表一种普遍性的存在,从而忽视了特殊性的分布。归根到底,中国梦认同需要人民群众的认同,需要作为社会机体最主要组成部分——人的认同。每个主体的个人梦想和需求有相似的地方,同时结合自身情况也有与他人迥异的方面。中国梦是每个中国人梦想的最大公约数,但是它不可能涵盖到每个人的利益和需求,甚至有时"个人梦"和中国梦会存在一定程度的冲突。人民群众多大程度认同中国梦这个社会理想取决于国家、社会多大程度满足了人民群众的现实需求和利益。中国梦要最大程度的整合每个个体不同的利益诉求,为"个人梦"的实现提供资源、途径和保障,尽可能弥合中国梦和"个人梦"实现过程中的间隙,使每个个人都有实现自己梦想的可能。

(五)提升中国梦大众认同的理论和实践策略

不同职业或社会群体在认同方面表现出差异性具有一定的合理性和社会现实性,存有差异才有进行认同研究的必要,探讨不同职业或社会群体对中国梦的认同路径问题,要从理论认同和实践认同两个方面展开。

1. 提升中国梦大众认同的理论策略

理论宣传的内容要能够被不同职业或社会身份群体更大程度上认可,可以从以下两种路径着手:

其一,通过提升理论自身解释力来增强对中国梦的认同。首先,要想使理论保持其应有的活力和说服力,除了理论本身具有科学性和先进性外,还应当根据现实要求不断充实中国梦,使其拥有对现实社会的强大解释力。理论要真正走入群众生活,倾听民声,维护民利,从群众中来,到群众中去,少一些空洞宏大的口号,多为不同群体的切身利益发声从而引起共鸣,进而产生出强烈的理论认同感。其次,中国梦中对中国精神、中国力量等的阐述要将现实与历史相结合,追根溯源;对"个人梦"和"世界梦"的阐释要建立在现实的基础上,从宏观和微观两方面全面把握以增强其解释力和感召力,进而上升到吸引个体形成个人认同感的层次。最后,中国梦应当还要具有科学的预见性,结合具体实际提出科学的中长期目标后,不断在实践中检验目标和调整方向,最终取得的成果和预见的结果大致相符以增强理论的合理性和说服力,从而获得不同群体有更进一步的理论认同感。

其二,运用对口、准确、生动的宣传方法进行理论宣传。党的路线方针政策的宣传要真正相信群众,依靠群众,这就要求我们必须要把人民群众的利益放在首位。在宣传过程中要充分关注到不同社会身份,不同社会阶层的自身状态,用不同人群乐于接受且有获得感的方式进行宣传教育。在问到调研对象更愿意接受什么样的理论教育方式时,调查数据显示(占比从大到小取前三项),不同职业或社会身份的群体最愿意接受的理论学习方式不尽相同,但是基本上所能接受的理论学习方式呼声最高的前三项是个人自学、理论培训、网络视频教学。我们要充分尊重各个群体的要求,尊重个人自学的同时配套适合的考核制度,努力让理论搭载不同有趣的载体,使得不同群体乐意自学并且从中产生获得感。要建立完善的宣传机制,包括前期对群众参加过什么样的宣传活动,更愿意接受什么样的理论宣传教育活动进行调研,中期加强对宣传的宏观调控,控制宣传环境,组织宣传队伍,协调宣传媒介,积极营造有利于宣传工作的条件和环境,最后要将宣传效果进行一个反馈收集,用以考核最终的宣传效果。学校教育和家庭环境教育对个人一生的思想观念影响极大,所以国家大政方针政策的宣传还是离不开学校和家庭这两个主阵地,离不开作为主要载体的学生,并且要针对处于不同阶段的学生群体运用正确的方式方法对国家的路线方针政策加以宣传和引导。

2. 提升中国梦大众认同的实践策略

"理论是灰色的,而生活之树是常青的。"①理论和实践相得益彰,相互补

---

① 《列宁选集》第3卷,人民出版社2012年版,第27页。

充,理论认同要有实践认同的支撑,实践认同需要理论认同作指导。理论的活力不来源于高高在上的权威性,也不在于创造新理论来维持其生命力,而是在于实践所赋予它的真正动力。理论认同很大程度上取决于实践认同,增强实践认同的路径可以从以下两个方面着手:

其一,将人民群众的利益和需求作为实践的出发点。中国梦是国家的梦,个人的梦,每个个人都与实现中国梦息息相关,要充分重视每个个体的梦想。不同职业或社会身份群体的个人梦想是不同的,问卷设置了关于调查个人梦想的问题,调研结果显示,军人更希望有稳定的工作,党员干部更希望有更可靠的社会保障,青年学生希望有更好的教育,企业职工或管理人员更希望有更可靠的社会保障和更高水平的医疗卫生服务,农民或外出务工人员则更希望拥有可靠的社会保障。不论是哪个社会身份群体都希望有更可靠的社会保障和更高水平的医疗卫生服务,说明现阶段的社会保障体系和医疗卫生服务不完善,并不能普遍使老百姓获得安全感。

每个群体的利益需求不同,每个群体中的个人利益需求也不同。首先,经济基础是决定性因素。经济基础强弱同人民需求的满足程度成正比,随着社会生产力的不断发展,人民的需求变化呈现出多元化的特征,物质需求更多的转变为精神需求,在经济建设中壮大我国的经济实力是满足各类群体个体不同需求的必要条件。其次,合理分配是关键性因素。贫富差距的拉大使得社会成员之间矛盾滋生,不信任感增加,不利于社会成员之间的团结,成为中国梦等主流价值观获得大众认同的障碍。因此,利益在分配的过程中要兼顾公平原则。要坚持公有制的主体地位,建立健全各项分配机制,保证各类机会均等,增强利益的社会共享性,使得各社会阶层不同利益主体共同享有发展和出彩的机会。最后,制度健全是保障性因素。个人利益的实现不仅需要健全的经济政治制度作为基础,还需要各种具体的制度和机制。个人的生存和发展除了在政治和经济生活中,更多时候是在日常生活中进行,所以要在各领域全方位健全具体的制度和机制来保障个体权益和利益的实现。例如:保证企业职工合理的休息时间,维护军人的正面形象,保护农民工群体的合法权益免受侵害,给青年学生营造更好的学习环境和提供更好的教育资源等。各类具体制度机制的建立和完善使得保护个人利益获得了一道坚固防护网,各类利益主体得到满足和保护可以加速主流价值观的认同进程和认同强度。

其二,治理能力和绩效是推动形成中国梦实践认同的重要因素。从调查中涉及"对当前一系列在实施政策满意度"统计结果看,不同职业或社会身份群体最满意和最不满意政策的种类不相同,满意程度和不满意程度也都不相同,总体来说对各项政策满意度要远远高于不满意度。国家推出的某种政治产品带给民众的满意程度低,会阻碍"中国梦"大众认同的进程,而满意度高便成为一种基于事实的认同资源。民众对于治理绩效认同与否,基于执政者的能力水平及效率,是否权威,执政过程是否公开透明、公平公正,绩效是否促成社会变化,惠及自身利益,是否可以预期未来国家民族的走向和发展趋势。我国虽然在一些政策,如:"一带一路"建设、精准扶贫减困、反腐败斗争、核心价值观建设等方面取得了巨大的成就,获得了较高程度的民意支持和认可,但也应该看到自身发展的短板和不足。随着社会不断发展,生产力水平不断提高,民众评判政府绩效的标准也随之发生改变,逐渐从之前仅仅用经济发展水平衡量一切的标尺转向了政治权利、生存环境、文化水平、社会保障、生活质量等多个领域。加之发达资本主义国家的"先发优势标准"借助全球化浪潮潜移默化地抬高了我国民众心目当中的政治绩效标准,这无疑给客观评判政府绩效,给提升中国梦实践认同增加了阻力。现代国家治理的目标就是要更大程度上实现社会的公平正义,公平正义的实现程度越高,民众获得感和归属感越强,政府越具有公信力,民众对于政府绩效的评判越积极正面,从而会进一步推动中国梦理论认同和实践认同,增强民众的政治认同感和国家认同感。

三、中国梦大众认同的社会基础

中国梦不仅是国家和民族的梦,也是个人的梦;不仅是遥远的梦,也是近期的梦。人民是实现中国梦的主体也是最终受益者。中国梦是亿万中华儿女共同的梦,共同的理想追求。每个中华儿女都是梦想实现的参与者、构建者。

中国梦植根于中国历史,立足于当代中国特色社会主义建设的实践,又充分考虑未来的发展,是符合中国的具体实际的。中国梦追求国家富强,民族振兴,同时又将追求人民幸福作为最根本的目标理想,因而中国梦的大众认同具有坚实的社会基础。

(一)中国梦大众认同的思想基础

中国梦追求的理想目标与马克思主义崇高理想信念是一致的,马克思主义理论是中国梦的大众认同的根本思想基础。马克思主义理论是指导我们社会主义建设的根本指导思想,是长期的社会实践证明了的科学理论体系。马克思主义的价值取向与中国梦的价值取向一致,为中国梦的大众认同提供了思想基础。

马克思主义是关于全人类解放的学说,是无产阶级和广大人民群众的学说,马克思主义的阶级立场决定了马克思主义的价值取向是符合人民大众根本利益的。马克思主义倡导的以人为本的价值取向,集体主义的价值取向和公平正义的价值取向,是当前人民群众一直期盼的社会价值理想,符合人民的现实利益,能够促进大众对"中国梦"的认同。

以人为本的价值取向。马克思主义认为,人民群众是历史的主体,是历史的创造者,要求人民在实践中坚持以人为本的价值取向。中国梦是国家梦,民族梦,归根到底是人民梦。人民群众是"中国梦"实施的主体,也是"中国梦"实施的目标。"中国梦"的人民性的本质属性,充分遵循了马克思主义的以人为本的价值要求。以人为本的价值要求贯穿于实现中华民族伟大复兴"中国梦"的整个过程。习近平同志在阐述中国梦时强调,"'中国梦'归根到底是人民的梦","我们要随时随刻倾听人民呼声、回应人民期待,保证人民平等参与、平等发展权利,维护社会公平正义,在学有所教、劳有所得、病有所医、老有所养、住有所居上持续取得新进展,不断实现好、维护好、发展好最广大人民根本利益,使发展成果更多更公平惠及全体人民,在经济社会不断发展的基础上,朝着共同富裕方向稳步前进"①。习近平总书记阐述的这些观点充分表明

---

① 习近平:《在十二届全国人大一次会议上的讲话》,《人民日报》2013年3月18日。

了中国梦的人民性的本质属性,体现了我们党坚持以人为本,以人民的利益为本的执政理念,充分坚持了马克思主义的以人为本的价值要求。

集体主义的价值取向。马克思主义从普遍联系的观点出发,积极倡导集体主义的价值理念。"国家好、民族好,大家才会好。"[1]在实现中国梦的过程中要发扬集体主义的精神,树立国家意识、民族意识、集体意识。主动将个人的梦与国家、民族、集体的"梦"联系起来,在实现大梦的过程中实现自己的小梦。在"个人梦"与"集体梦"相矛盾时,坚持以集体梦为重,坚持大局意识,服从国家和民族的大梦,只有国家富强梦,民族振兴梦实现好了,人民幸福梦才能有保障。将中国梦看成是一个有机整体,把每一个人的"个体梦"都囊括进去,有利于凝聚各阶层,各团体的人民群众的认同。

共同富裕的价值取向。社会主义的本质就是实现共同富裕。中国梦蕴含共同富裕的价值向往,激发起人民同心奋进的强大力量。社会主义的根本任务就是解放生产力,发展生产力,并最终实现共同富裕。中国共产党的宗旨是全心全意为人民服务,始终代表最广大人民的根本利益。共产党人始终按照习近平总书记提出的"人民对美好生活的向往,就是我们的奋斗目标"[2]这一要求办事。现阶段就是解决好人民最关心,与人民生活最贴近的问题,而当前人民最关心的就是教育公平问题、就业问题、收入问题、医疗卫生保障问题、居住条件问题等一系列事关人民切身利益的民生问题。解决好分配不公问题,切实提高人民的生活水平,让人民过上更加富裕、更加有尊严、更加幸福的生活是"中国梦"的价值立场的要求。

(二)中国梦大众认同的物质基础

实现中华民族伟大复兴的中国梦体现了中华民族的整体利益,是近代以来几代中华儿女的共同愿望。近代以来,中华民族面临着两大历史任务,一是求得民族独立和人民解放,二是实现国家富强与人民共同富裕。随着新民主主义革命的胜利,中华民族的第一个任务已经完成,以实现国家富强和人民共

---

[1] 《习近平谈治国理政》第 1 卷,外文出版社 2018 年版,第 49 页。

[2] 《人民对美好生活的向往就是我们的奋斗目标》,《人民日报》2012 年 11 月 16 日。

同富裕的第二大历史任务成为当代中国人民的共同追求和历史使命。

习近平强调:"国家好,民族好,大家才会好。"①中国梦所追求的国家富强、民族振兴、人民幸福的理想,充分体现了中华民族的整体利益。历史深刻地证明了,中华民族的每个个体的前途命运都与这个国家和民族的前途命运紧密相连。只有国家富强、民族振兴才能带来人民的幸福、带来每一个人的幸福。近代中国,政局动荡,国家积贫积弱,四分五裂,遭受列强任意欺辱,生活在这个国家的人民根本毫无幸福可言,人民的生命权任意遭受践踏。历史深刻地得出了,只有国家好、民族好,人民才会好的结论。

中国梦的思想内涵丰富,把国家的追求、民族的向往、人民的期盼融为一体,充分表达了中华儿女的共同愿景。中国梦是把国家利益、民族利益和每个人的具体利益紧紧联系在一起。实现中华民族伟大复兴的中国梦,成就的不是哪一个人、哪一部分人的梦想,而是造福全体人民,体现了中华民族和中国人民的整体利益,代表了最广大人民群众的最大的利益。

1. 中国梦体现了中华民族和中国人民的整体利益

鸦片战争后,中国逐步沦为半殖民地半封建国家。实现中华民族伟大复兴面临着两大根本任务:一是求得民族独立和人民解放,二是实现国家繁荣富强和人民共同富裕。经过新民主主义革命,第一个历史任务已经完成。新中国成立后,我党团结和带领全国各族人民开始了为实现第二个历史任务而奋斗的历史。20世纪美国著名的外交家、国际问题专家亨利·基辛格在2012年出版的《论中国》一书中指出:"在一段不确定且有时痛苦的旅程之后,中国终于实现了过去两个世纪改革者和革命者共同怀有的梦想——一个掌握现代军事实力、保持独特价值观的繁荣的中国。"②但这些成就还只是初步的,中国仍然处于社会主义初级阶段,即不发达的社会发展阶段,与发达国家还有着很大的差距,还远不能满足人民群众对美好生活的向往和期待。

与发达国家相比,中国仍有较大差距。从总体发展水平来看,中国是一个

① 《习近平谈治国理政》第1卷,外文出版社2018年版,第49页。
② [美]亨利·基辛格:《论中国》,胡利平等译,中信出版社2015年版,第492页。

现代化的后发国家。在过去 300 年里,世界上大约有 20 个国家、10 亿人实现了现代化。目前,美国、加拿大等发达国家已经处于后现代化社会,中国还处于以实现工业化、城市化等为目标的现代化阶段。这是邓小平提出"三步走"发展战略,到 21 世纪中叶基本实现现代化的基本依据。据中国科学院现代化研究中心发布的数据,2001 年中国经济水平与美国相差大约 100 年。根据人均国民生产总值、农业增加值比例、农业劳动力比例的综合比较,2001 年中国经济发展水平,大约相当于美国 1892 年的水平。中国科学院发布的《中国现代化报告》预计,中国有可能在 21 世纪末全面实现现代化。

中国的现代化处于发展时期,远未达到成熟时期。从发展阶段来看,我国的现代化虽然已经过了起步阶段进入发展时期,也有人称,我国已进入工业化的中期,但远没有达到成熟时期,距离从成熟时期向后现代的过渡时期还有很长的时间。以农业现代化为例,我国的农业现代化还处于第一次现代化阶段。根据中国科学院《中国现代化报告 2012:农业现代化研究》,我国的农业现代化包括第一次和第二次两次现代化,第一次农业现代化是指从传统农业向初级现代农业转型,第二次农业现代化是指从初级现代农业向高级现代化农业转型。第一次农业现代化模式,主要是农业与工业化、农业与城市化的一些组合,包括种植业与畜牧业、劳动与土地、土地类型、气候类型、地理区位等的不同组合和选择。第二次农业现代化模式主要是信息农业、有机农业、高效农业、自然农业之间的相互组合。这说明,我国的农业现代化还有很长的路要走。从现代化的发展程度来看,呈现出不均衡状态发展。一是地域不均衡。研究现代化的专家称这种不平衡为"人类文明进程的长江模型"。在长江流域,可以依次发现人类文明的原始社会、农业社会、工业社会到知识社会四个阶段的特征。二是部门现代化不均衡。中国现代化包括农业、工业、国防、科技、经济、文化、社会、生态、区域等不同部门和不同领域的现代化。总体来看,我国的工业现代化发展水平较高,农业现代化稍微滞后于国家总体的现代化,生态现代化等还刚刚起步。

党的十八大之后,习近平提出的中国梦的目标,就是在现有的水平上继续推进现代化。具体来说,就是实现"两个一百年"奋斗目标,即实现全面建成小康社会、建成富强民主文明和谐美丽的社会主义现代化国家,实现中华民族伟大复兴,就是要实现国家富强、民族振兴、人民幸福。从整体来说,就是实现人的自由全面发展,实现社会的全面进步。从个体来说,就是让中国梦成为每个中国人的梦,而不是一部分人或少数人的梦,就是让生活在我们伟大祖国和伟大时代的中国人民,共同享有人生出彩的机会,共同享有梦想成真的机会,共同享有同祖国和时代一起成长与进步的机会。

中国梦是国家的梦,民族的梦,归根到底是人民的梦。中国 14 多亿人,每个人有自己的梦。但中国梦,不是这 14 多亿个梦的简单叠加,而是其最大交集,是 14 多亿人的整体梦,是 14 多亿人的最大利益。中国梦的本质是实现中国人民的最大利益。实现中国梦最根本的是发展,最重要的是不断造福人民,最基本的是改善民生。人民向往美好生活,期盼有更好的教育、更稳定的工作、更满意的收入、更可靠的社会保障、更高水平的医疗卫生服务、更舒适的居住条件、更优美的环境,这些都是最大多数人民最大利益的具体体现,是实现中国梦的具体内容。

2. 中国梦抓住了最大多数人民群众的最大利益

为人民、为中华民族谋最大利益,始终是中国共产党最根本的价值追求。从中国共产党的历史来看,中国共产党领导人民进行的革命、建设和改革事业,只有一个目的,就是为人民谋利益。中国共产党奋斗的历史,就是为人民、为中华民族谋利益的历史。为人民谋利益是每个中国共产党人的共识和行为准则。

20 世纪 40 年代中期,毛泽东指出:"应该使每个同志明了,共产党人的一切言论行动,必须以合乎最广大人民群众的最大利益,为最广大人民群众所拥护为最高标准。"①不仅如此,在新民主主义革命时期,我们党积极宣传这一核心价值,使其他政党、党外人士、人民群众明了,这是共产党区别于其他政党的根本所在。1941 年 6 月,毛泽东在为中共中央起草的《关于中国共产党诞生二十周年、抗战四周年纪念的指示》中指出:"在党外要深入宣传中共二十年

① 《毛泽东选集》第 3 卷,人民出版社 1991 年版,第 1096 页。

来的历史,是为中华民族与中国人民解放事业奋斗的历史。它最忠实地代表
中华民族与中国人民的利益。"①同年 11 月,他在陕甘宁边区参议会的演说中
说:"共产党是为民族、为人民谋利益的政党,它本身决无私利可图。"②1943
年 7 月,《中共中央为抗战六周年纪念宣言》中指出:"共产党员是一种特别的
人,他们完全不谋私利,而只为民族与人民求福利。"③1945 年,毛泽东在《论
联合政府》中指出:"中国共产党在其为中国人民的解放事业而奋斗的二十四
年中,创造了这样的地位,就是说,不论什么政党或社会集团,也不论是中国人
或外国人,在有关中国的问题上,如果采取不尊重中国共产党的意见的态度,
那是极其错误而且必然要失败的。过去和现在都有这样的人,企图孤行己见,
不尊重我们的意见,但是结果都行不通。这是什么缘故呢? 不是别的,就是因
为我们的意见,符合最广大的中国人民的利益。中国共产党是中国人民的最
忠实的代言人。"④

　　代表最大多数人民的最大利益,是中国人民自觉接受党的领导、拥护党的
领导的根本原因。1945 年,毛泽东在分析中国共产党为什么能够成为中国革
命的领导者时说:"中国没有单独代表农民的政党,民族资产阶级的政党没有
坚决的土地纲领,因此,只有制订和执行了坚决的土地纲领、为农民利益而认
真奋斗、因而获得最广大农民群众作为自己伟大同盟军的中国共产党,成了农
民和一切革命民主派的领导者。"⑤1947 年,毛泽东在分析中国共产党不但在
解放区得到广大人民群众的信任,而且在国民党统治区也得到了广大人民群
众拥护的原因时说,这是"由于我党采取了彻底的土地政策,使我党获得了比
较抗日时期广大得多的农民群众的衷心拥护。由于美国帝国主义的侵略、蒋
介石的压迫和我党坚决保护群众利益的正确方针,我党获得了蒋介石统治区
域工人阶级、农民阶级、城市小资产阶级和中等资产阶级的广大群众的同

①　《中共中央文件选集》第 13 册,中共中央党校出版社 1989 年版,第 140 页。
②　《毛泽东选集》第 3 卷,人民出版社 1991 年版,第 809 页。
③　《毛泽东文集》第 3 卷,人民出版社 1996 年版,第 47 页。
④　《毛泽东选集》第 3 卷,人民出版社 1991 年版,第 1087 页。
⑤　《毛泽东选集》第 3 卷,人民出版社 1991 年版,第 1075 页。

情。"①始终为最大多数人民谋利益,是中国共产党不断发展壮大、夺取中国革命的领导权,确立执政地位,并得到人民群众衷心拥护的关键所在。党的执政地位是历史形成的,是中国共产党在为最广大的人民群众谋利益的过程中逐步确立起来的。

为最大多数人民谋最大利益的核心价值观,决定了中国共产党具有超越其他政党的远大政治眼光。20 世纪 30 年代,毛泽东在谈到日本日益严峻的侵华行径时说:"共产党人决不将自己观点束缚于一阶级与一时的利益上面,而是十分热忱地关心全国全民族的利害,并且关心其永久的利害。"②正是紧紧抓住了日益上升的中日之间的民族矛盾,抓住了维护中华民族的最大利益,实现了抗战时期中国共产党与国民党之间的合作,中国共产党在对敌斗争中得到了快速发展壮大。解放战争时期,正是紧紧抓住了打破封建土地所有制这一关乎农民长远利益的根本问题,使得广大农民以极大的热诚投入推翻蒋家王朝的革命斗争中去,以极大的动力加速着中国民主革命的历程。毛泽东在 1948 年年底发表的《将革命进行到底》中说:"中国阶级力量的对比正在发生着新的变化。大群大群的人民正在脱离国民党的影响和控制而站到革命阵营的一方面来,中国反动派完全陷入孤立无援的绝境。"③力量对比的变化,是我们党实现人民利益的结果。20 世纪 70 年代末 80 年代初,我们党果断采取改革开放的政策,也是牢牢把握了解放和发展生产力这一关乎最广大人民群众最大利益的能力,中国共产党才真正拥有了领导人民的能力和执政的地位。正是在正确把握最大多数人民群众最大利益这一根本价值的引领下,经过百年艰苦奋斗,我们党团结带领全国各族人民,把贫穷落后的旧中国变成日益走向繁荣富强的新中国,中华民族伟大复兴展现出光明的前景。正是始终牢牢抓住为最大多数人民群众谋最大利益这一根本,我们党才更加巩固地成为领导和团结全国各族人民建设中国特色社会主义伟大事业的核心力量。美国学者沈大伟在接受媒体采访时说:"合法性,是评价一个执政党工作表现的客观

---

① 《毛泽东选集》第 4 卷,人民出版社 1991 年版,第 1257 页。
② 《毛泽东文集》第 1 卷,人民出版社 1993 年版,第 483 页。
③ 《毛泽东选集》第 4 卷,人民出版社 1991 年版,第 1378 页。

标准。合法性关系到一个国家的人民是否愿意和自觉服从于一个政党和政府,而不是被要求或被强迫服从""按照这些标准,中国共产党在过去60年里表现得相当不错。总的来说,中国共产党证明了它的合法性,很好地保护了国家利益,提高了中国在世界上的地位,改善了人民的生活,发展了国家经济,而且改善了人民的文化生活。"①

　　提出实现"中国梦"的理想,是我们党对新时代人民群众最大利益的准确把握,是我们党对中华民族负责、对人民负责的根本体现。习近平在代表新一届中央领导集体表达肩负的重大责任时说:"这个重大责任,就是对民族的责任。我们的民族是伟大的民族。在五千多年的文明发展历程中,中华民族为人类文明进步作出了不可磨灭的贡献。近代以后,我们的民族历经磨难,中华民族到了最危险的时候。自那时以来,为了实现中华民族伟大复兴,无数仁人志士奋起抗争,但一次又一次地失败了。中国共产党成立后,团结带领人民前赴后继、顽强奋斗,把贫穷落后的旧中国变成日益走向繁荣富强的新中国,中华民族伟大复兴展现出前所未有的光明前景。我们的责任,就是要团结带领全党全国各族人民,接过历史的接力棒,继续为实现中华民族伟大复兴而努力奋斗,使中华民族更加坚强有力地自立于世界民族之林,为人类作出新的更大的贡献。"②"这个重大责任,就是对人民的责任。我们的人民是伟大的人民。在漫长的历史进程中,中国人民依靠自己的勤劳、勇敢、智慧,开创了各民族和睦共处的美好家园,培育了历久弥新的优秀文化。我们的人民热爱生活,期盼有更好的教育、更稳定的工作、更满意的收入、更可靠的社会保障、更高水平的医疗卫生服务、更舒适的居住条件、更优美的环境,期盼孩子们能成长得更好、工作得更好、生活得更好。人民对美好生活的向往,就是我们的奋斗目标。人世间的一切幸福都需要靠辛勤的劳动来创造。我们的责任,就是要团结带领全党全国各族人民,继续解放思想坚持改革开放,不断解放和发展社会生产

① 《沈大伟:执政60年中国共产党表现相当不错》,新华网 http://news.163.com/09/0921/13/5JO6BP30000120GU.html。
② 《人民对美好生活的向往就是我们的奋斗目标》,《人民日报》2012年11月16日。

力,努力解决群众的生产生活困难,坚定不移走共同富裕的道路。"①

(三)中国梦大众认同的政治基础

中国梦能否获得大众的普遍认同,一方面取决于中国梦战略思想能否切切实实为普通大众带来利益,另一方面取决于大众对实现"中国梦"是否有信心。无论是实现国家富强、民族振兴还是人民幸福,作为普通大众都能从中获得实实在在的利益。因此,从"中国梦"战略思想来看,中国共产党维护中国最广大人民的根本利益,充分体现了人民的主体性,大众认同"中国梦"具有坚实基础。从实现"中国梦"的信心角度来看,实现"中国梦"的道路是一条经过历史检验而形成的符合中国实践充满前景的道路。实现"中国梦"的力量是各民族团结奋斗的力量,当前团结统一的民族关系为"中国梦"的实现提供了力量保障。因此,"中国梦"的实现具有坚固的基础,大众认同"中国梦"也有深厚的基础。中国共产党是实现中华民族伟大复兴"中国梦"的领导核心,近代以来的历史充分证明中国共产党是能够担此重任的。中国特色社会主义制度也是经过证明符合社会发展规律的,因此,"中国梦"的大众认同有着很好的政治基础。

1. 中国共产党的领导是中国梦大众认同的政治保障

中国共产党是实现中国梦的核心力量,中国梦能否实现,人民梦能否圆梦,关键在党。党必须坚持立党为公、执政为民,始终把人民放在心中最高的位置,不断为人民造福,中国梦、人民梦才能梦想成真。以习近平同志为核心的党中央恪尽职守,夙夜在公,为民服务,为国尽力,自觉接受人民监督,全体共产党员特别是党的领导干部,都要坚定理想信念,弘扬党的光荣传统和优良作风,随时随刻倾听人民呼声、回应人民期待,永葆共产党人政治本色,带领人民为实现中国梦而奋斗。

2. 和谐稳定的政治环境是中国梦大众认同的政治前提

社会主义民主政治的良性发展,为中国梦的大众认同提供了政治保障。经济基础决定上层建筑,上层建筑反作用于经济基础。近些年我国民主政治

---

① 《人民对美好生活的向往就是我们的奋斗目标》,《人民日报》2012 年 11 月 16 日。

取得了如下的进步:第一,基层民主不断完善和规范。发展基层民主,保障人民享有切实的民主权利,是我国发展社会主义民主政治的重要内容。当前我国的基层民主呈现良性发展态势,随着村民委员会组织法等相关法律法规的健全,我国的基层民主将会更加的规范和成熟;第二,公民越来越广泛地参与政治活动。公民的参政议政体现了民主的本质是人民当家作主。随着公共决策社会公示制度、公众听证制度等民主制度的健全,公民有序参与政治活动正在各个层次和领域得到充分体现。而建立在微博、微信等网络平台的群众和政府的良性互动,也成为公民积极参与政治的一道特殊风景线。第三,法治建设力度加大。法治建设是民主政治发展的法律保障。"法律的生命力在于实施",触犯法律者如果未能得到相应的惩处,那么民主政治就是一句空话。从新一届政府对于贪腐的打击力度可以看出,国家法治建设的力度正在加大,任何人不管是多大的"老虎",只要触犯了法律,就会得到相应的惩处。党的十八大站在发展全局的战略高度,对推进政治体制改革、发展人民民主、提高党的建设水平以及加快依法治国的步伐作出了全面部署。民主政治建设的不断完善和发展,有利于推动社会进步和人民幸福,加快实现"中国梦"的进程。

3. 中国特色社会主义制度是中国梦大众认同的政治基础

中国梦是民族梦,归根到底是人民的梦,必须紧紧依靠人民来实现,必须不断为人民造福。这要求实现中国梦必须坚持人民主体地位,不断扩大人民民主,坚持和完善人民代表大会这一根本政治制度,坚持和完善中国共产党领导的多党合作和政治协商制度、民族区域自治制度以及基层群众自治制度等基本政治制度,充分调动人民的积极性,一切为了人民,一切依靠人民,为"中国梦"的实现奠定牢固的政治基础。

人民代表大会制度是我国的根本政治制度,新时代,人民代表大会制度建设必须与时俱进。在我国政治制度框架下,人大代表是各级人民代表大会的主体,是落实人民当家作主的具体体现。有了高素质的人大代表,才会有高质量的人大会议,才会有高质量的决策出台,才会有高质量的政府运作效率,才能最终保证社会的公平和正义。只有不断提高人大代表素质,实行并逐步完善人大代表竞选制,让人民有充分的选择自由,才能做到人大代表真正来自人民,服务人民,真正体现人民当家作主的社会主义本质。中国共产党领导的多党合作和政治协商制度、民族区域自治制度以及基层群众自治制度构成了中国特色社会主义制度的基本政治制度。完善基本政治制度是调动全社会的积极性,团结一切可以团结的力量,聚天下之才智,共圆中国梦的重要条件。

（四）中国梦大众认同的文化基础

中国传统文化中的小康、大同、天人合一、依法治国等思想蕴含着中华民族的理想追求,包含着中华民族的伟大梦想。救亡图存、振兴中华的革命文化滋润和孕育了中华民族伟大复兴的中国梦。新民主主义文化、中国特色社会主义共同理想为初步实现中国梦起到了应有作用。中国梦是东方文化、世界文化的时代体现,是"旧邦维新"的新的探索与奋斗。

1. 共同的文化血脉是大众认同的基础

新时代弘扬中华传统文化是实现中国梦的历史必然。我国各民族人民在中国统一多民族国家的发展史上,留下了浓墨重彩的一笔,形成了你中有我、我中有你的血肉联系,也形成了独具特色的中华文化。新时代弘扬中华传统文化是实现中国梦的思想保证,"抛弃传统、丢掉根本,就等于割断了自己的精神命脉。博大精深的中华优秀传统文化是我们在世界文化激荡中站稳脚跟的根基。"①中华传统文化思想,是一种观念意识,是一种全社会普遍心理构成,是社会群体发自内心的自豪感、自尊心、自信心的体现,它支配着人们的行动,具有强大的社会功能。

2. 中国优秀传统文化是中国梦大众认同的文化根基

作为中华传统文化主流的儒家文化,包含了"大同""小康"的理想和追求。儒家文化对未来社会的理想、追求源于创始人孔子的思想。孔子在吸取、借鉴"克明俊德,以亲九族。九族既睦,平章百姓。百姓昭明,协和万邦"的人伦政治理想的基础上,提出了"大同"和"小康"的思想并对此进行了描述。"大道之行也,天下为公,选贤与能,讲信修睦。故人不独亲其亲,不独子其子,使老有所终,壮有所用,幼有所长,鳏寡孤独废疾者皆有所养,男有分,女有

---

① 《习近平谈治国理政》第 1 卷,外文出版社 2018 年版,第 164 页。

归。货,恶其弃于地也,不必藏于己;力,恶其不出于身也,不必为己。是故谋闭而不兴,盗窃乱贼而不作,故外户而不闭,是谓大同。""今大道既隐,天下为家,各亲其亲,各子其子,货力为己。大人世及以为礼,城郭沟池以为固,礼义以为纪;以正君臣,以笃父子,以睦兄弟,以和夫妇,以设制度,以立田里,以贤勇知,以功为己。故谋用是作,而兵由此起。禹、汤、文、武、成王、周公,由此其选也。此六君子者,未有不谨于礼者也。以著其义,以考其信,着有过,刑仁讲让,示民有常,如有不由此者,在埶者去,众以为殃,是谓小康。"①

儒家、道家、法家文化及诸子百家的相互碰撞、交流、融合,形成了举世闻名的中国传统文化,铸就了国家富强、民族振兴、人民幸福的"大同梦""小康梦""和谐梦",创造了令世界景仰、称颂的奇迹。百家争鸣的春秋战国、大一统的秦汉、繁荣昌盛的唐宋、奠定我国基本版图的明清等,无不反映出古代中国的强盛。英国著名科学史家贝尔纳在《历史上的科学》一书中不无敬佩地讲道:"中国许多世纪以来,一直是人类文明和科学的巨大中心之一。"②

中国特色社会主义文化是马克思主义与中国具体实践相结合在文化形态上的表现,是马克思主义的崇高文化。中国特色社会主义文化所宣扬的集体主义,爱国主义的核心价值观是中国梦大众认同的基础。以社会主义核心价值观为核心的中国特色社会主义文化,倡导的"富强、民主、文明、和谐、自由、平等、公正、法治、爱国、敬业、诚信、友善"的核心价值观,与"中国梦"所追求的国家富强、民族振兴、人民幸福的目标是一脉相承的。社会主义核心价值观,从价值层面要求国家追求"富强、民主、文明、和谐",同时倡导社会"自由、平等、公正、法治",要求民众"爱国、敬业、诚信、友善"。社会主义核心价值观从国家,社会,个人层面分别给出了价值指向,而这些指向与中国梦的价值追求是内在一致的,因此,以社会主义核心价值观为核心的中国特色社会主义文化,也为大众认同中国梦提供了价值指向。

---

① ［汉］《礼记》,戴圣纂、王学典译,蓝天出版社 2008 年版,第 103 页。
② ［英］约翰·德斯蒙德·贝尔纳:《历史上的科学》,伍况甫等译,科学出版社 2015 年版,第 i 页。

（五）中国梦大众认同的民族基础

中国梦是共同事业、共同目标、共同利益基础上的共同理想。习近平同志指出："实现中华民族伟大复兴，就是中华民族近代以来最伟大的梦想。"①实现中华民族伟大复兴的中国梦的大众认同的民族基础是在共同的历史中形成的，也是在共同实现民族复兴的过程中形成的。自秦汉统一以来，中国就是一个统一的多民族国家。各个民族群体在长期的交往交流交融的过程中逐渐凝聚为一体，形成了中华民族。中国历史上形成和存在的众多民族群体，在长期的交往交流交融过程中已经"形成了你中有我、我中有你、谁也离不开谁的多元一体格局"，凝聚成为了一个一荣俱荣、一损俱损的命运共同体——中华民族。中国梦要实现的是整个中国民族共同体的梦想，因而具有坚实的民族基础。

1. 和谐团结的民族关系是中国梦大众认同的纽带

当前和谐的民族关系是"中国梦"大众认同的民族基础。民族关系上，新中国成立后国家建立了平等、团结、互助的新型民族关系，保障了各民族的团结统一。在经济上加快少数民族和民族地区经济建设，促进各民族共同发展。经济是政治的基础，也是民族团结关系的地基，民族团结进步事业的发展是靠民族经济的发展来推动的。党和国家十分重视民族地区的经济建设，改革开放以来，各民族地区经济实力明显增强。党和国家在抓好民族地区政治经济社会各项发展的同时，高度重视民族地区的文明建设，将精神文明建设视作同物质文明建设同等重要的地位。在政治上实行民族区域自治制度，充分保障了民族地区人民的政治权利，促进了民族的团结。新中国成立以来，我国的民族区域自治制度不断的发展、深入，使我国各民族地区的团结局面不断得到巩固，维护了国家统一社会安定，赋予了少数民族在其聚居区域内的充分的自治权，同时坚持每一个自治地方都是祖国大家庭不可分割的一部分，都要坚持党和国家的统一领导。

2. "共同培育的民族精神"是中国梦大众认同的支柱

中华民族是一个富于追逐整体性梦想的民族，实现中华民族伟大复兴的

---

① 《习近平谈治国理政》第 1 卷，外文出版社 2018 年版，第 36 页。

中国梦是当前中华民族共同的理想。习近平指出："经过几千年的沧桑岁月，把我们五十六个民族、十三亿多人紧紧凝聚在一起的，是我们共同经历的非凡奋斗，是我们共同创造的美好家园，是我们共同培育的民族精神，而贯穿其中的、最重要的是我们共同坚守的理想信念。"①习近平所指出的非凡的奋斗经历也是中国梦产生的根源。在几千年的历史发展过程中，中华民族始终是作为一个整体存在，各民族共同创造了我们辉煌的历史。进入近代以后，中华民族遭受百年屈辱，中华各民族共同探索，并肩作战，共同为实现中华民族的伟大复兴而努力奋斗。

"共同培育的民族精神"是中国梦大众认同的支柱。在漫长的历史发展进程中，中华民族曾遭受过无数来自内部的矛盾与冲突和来自外部的挑战与威胁，但中华民族一次次战胜灾难，一次次渡过难关，使统一的多民族国家不断巩固和发展。其内在原因就在于中华民族产生和形成了为整个民族共同认可普遍接受的富有强大生命力的优良传统。

崇尚民族团结的优良传统。自古以来，中国先贤在对待民族、邦国的关系上，倡导"协和万邦"，即和平共处的邦交原则，以"天下大同"即共同社会理想为追求目标。从先秦到秦汉，经魏晋南北朝、隋唐五代到宋元明清，千百年的交流融合，最终形成 56 个民族共同组成的血脉相连、休戚与共、团结进步的中华民族大家庭。

重视集体意识的传统。中国古代就强调"国家好、民族好，大家才会好"，国家的强大是人民福祉的保障。中华民族的这种集体意识的传统对"中国梦"的认同起着重要的促进作用。中国梦是国家梦、民族梦，中华民族的这种集体主义的意识能够促进各民族地区共同为实现中国梦而努力奋斗。中国梦的大众认同需要各民族、各地区的人们对中国梦的思想认知、认可。组成中华民族的 56 个民族在民族团结的基础上，在民族优良传统的基础上能够很好地认可中国梦，中国梦是整个中华民族的共同理想信念，也是各个民族自身的理

---

① 《习近平关于实现中华民族伟大复兴的"中国梦"论述摘编》，中央文献出版社 2013 年版，第25 页。

想,中国梦的大众认同有着充分的民族基础。

四、中国梦大众认同的宣传教育

中国梦是一个系统的战略思想,其思想内涵丰富。主要包括什么是中国梦,怎样实现中国梦两方面的内容。第一个方面主要阐述中国梦产生的历史背景、产生的根源,以及中国梦要实现的目标。第二个方面主要阐述实现中国梦的条件、途径以及依靠什么力量来实现。中国梦的社会认同主要是通过宣传教育,让尽可能多的普通大众对中国梦战略思想有一个更加全面、更加准确的认知,从而做到对中国梦的认同,并将中国梦作为自己实践的指南。中国梦虽然在表述上与以往其他的马克思主义理论相比更加简单明了,更易于让普通大众理解,但因为其思想内涵丰富,要做到在大众中获得普遍的认同,还需要在宣传教育的途径和方式上进行拓展。不能仅仅局限于少数几种宣传教育的途径和方式,而应该将理论宣传教育的各种途径都运用进来,并且不断进行创新。在理论渠道中,理论工作者应该不断加深对中国梦的研究,针对不同知识层面的大众,编纂一些专门的关于中国梦的书籍以及宣传资料;在实践渠道中,政府部门应该采取一系列实现中国梦的措施,让普通大众实实在在感受到中国梦带来的好处,在实践中保障普通大众的利益远比通过其他途径对中国梦的宣传更让人民认同中国梦。既要充分利用传统的大众传媒的途径和方式,也要充分利用新时代的网络途径和方式,同时也要充分利用群众性活动中的途径和方式。总之,要实现中国梦的社会认同,应该不断拓宽中国梦的宣传和教育的途径与方式。

(一)拓展中国梦理论宣传

理论宣传是最传统和古老的宣传教育途径与方式之一。中国梦作为一个重要的战略思想,必然需要理论工作者在理论层面上对其进行深入研究,在充分利用理论知识对中国梦进行深度解析和深度把握的前提下,对其进行著书立说,为各个社会层面的群众提供各自知识水平内的阅读资料,同时对社会上各种错误的歪曲的思想进行批判,使大众对中国梦有一个更加准确的认知。

1. 全面准确阐述中国梦

中国梦社会认同的前提是普通大众对中国梦要有一个全面准确的阐述。理论工作者要深入研究,系统阐述中国梦的思想。中国梦是中国共产党在实践基础上,结合人民根本利益而进行的理论创新。在阐述中国梦时必须将其基本特点、思想来源、本质、实现途径以及中国梦与世界的关系完整正确地阐述出来。中国梦是在回顾中国历史,立足中国当下现实,展望中国未来的基础上提出的,是历史、现实、未来的贯通。梦想体现的是一种理想,反映的是一种追求。只有创造过辉煌的民族,才懂得复兴的意义;只有经历过苦难的民族,才对复兴有深切的渴望。习近平总书记指出:"'中国梦'是历史的、现实的,也是未来的。"①它凝结着无数仁人志士的不懈努力和几代中国人的夙愿,承载着全体中华儿女的共同向往和期盼,体现了中华民族和中国人民的整体利益,昭示着国家富强、民族振兴、人民幸福的美好前景。②

2. 优化中国梦的表达方式

优化中国梦的表达方式,要使中国梦语言大众化,同时也要避免庸俗化倾向。虽然在表述上比较形象具体,但作为马克思主义中国化最新理论成果,中国梦也是一个完整的思想体系。考虑到当前我国社会各阶层文化水平、理论水平参差不齐,为了更好地宣传中国梦,理论学者应该加强对中国梦的研究,尽量将其以更为通俗更为简洁的语言表述出来,以便更广泛的普通大众都能正确理解。

中华文字博大精深、源远流长,利用文字表达技巧可以把枯燥的理论变得生动有趣。因此,在宣传中国梦过程中要改变过去死板、生硬、干瘪、没有生机活力的表达方式,以富有亲切感的、贴近群众实际生活的表达方式来宣传中国梦,做到把理论讲的生动感人且容易记忆。例如,把一些经典的成语故事加以引申、利用一些通俗易懂的名人名言、俗语谚语等从各个角度诠释中国梦的目标、实现路径

---

① 《习近平关于实现中华民族伟大复兴的"中国梦"论述摘编》,中央文献出版社 2013 年版,第 6 页。
② 参见曲青山:《中国梦的理论创新意义——学习习近平总书记关于中国梦的重要论述》,《中共党史研究》2014 年第 3 期。

等,使群众看得懂,听得明白,真正使中国梦为更广泛的人民大众所认知。

3. 深化中国梦学术研讨

理论界应积极开展关于中国梦的学术研讨会,加强交流,实现跨学科的深度合作,不断将中国梦的战略思想向纵深推进。开展学术研讨会是理论界进行学术交流的普遍做法,一方面是通过交流提升对同一问题的研究水平,另一方面是通过交流形成研究热点,加速对某一理论问题的解决。中国梦从产生的根源,到基本内涵,到实现的基本路径,涉及历史、政治、文化、经济、社会等等许多学科。要实现对中国梦的宣传和教育,必须加强学术交流,充分利用各学科的资源对其进行深入研究,形成一系列研究成果。同时,加强对中国梦的学术研讨可以促进形成中国梦在各个学科领域内的研究热潮,充分调动各个学科研究者的积极性。

中国梦所蕴含的内容十分丰富,依靠单个个人、单个组织、单个学科都不能完整解决这一问题,必须整个理论界加强合作,精诚合作,才能对中国梦进行完整正确阐述,不断为其实践提供理论支持。同时,开展学术交流,也有助于调动各学科将研究方向调整到中国梦相关的领域,学术交流的过程也是中国梦宣传和传播的过程。另外,学术交流都会设置一个主题,而这个主题往往是理论当中或者实践当中需要解决而当前还没有解决的问题,开展学术交流有助于这些理论上和实践上的问题得到解决。开展中国梦相关的学术交流是中国梦宣传和教育的重要途径和方式,理论界应该加强这方面的交流,从而促进中国梦的社会认同。

(二)提升中国梦大众认同传播活力

中国梦大众认同依赖于大众传播活力的提升。提升中国梦大众认同传播活力主要从传播者、传播媒介和受众群体的角度采取措施,以提升宣传效果。传播者的水平、形象以及技巧都会对大众传播的效果产生影响,同时传播媒介也对大众传播产生影响,多样化的传播媒介有助于理论的宣传,而单一的传播渠道对理论宣传不利。受众群体的知识结构、生活阅历也会影响大众传播的效果。提升中国梦的大众认同,在大众传播中提升宣传效果,使普通大众接受认同中国梦,应该提升传播者的理论水平,加强传播技巧的培训,优化传播者的形象;拓宽大众传播的媒介,满足各个阶层人员信息获取的渠道需求。同时,根据不同的受众群体,选择不同的宣传方式和不同的宣传途径。中国梦的社会认同在大众传播中的途径和方式主要是通过提升宣传效果来达到的。

1. 优化中国梦大众传播过程中传播者的形象

在中国梦的大众传播过程中,传播者主要是专业化的传播组织或从业者,是推动中国梦普遍认同的直接动力。在中国梦的大众传播过程中,专业素养是传播者应具备的基本的素质。同时,作为是当前国家重大战略思想,中国梦的宣传具有一定的政治意义,其大众传播者理应还具备一定程度的政治素养和理论素养。在中国梦的传播过程中作为传播者的主要由两类人组成:第一类主要是以各级党委、政府相关宣传部门和相关领域的专家学者为主体的理论工作者,第二类主要是以传媒工作者和教育工作者为主体的理论宣传者。这部分人除了应具备较强的专业性和可靠性以外,还应树立良好的传播者形象,增强自身的权威性,掌握话语主动权。

对于以政府部门为主体的传播者应该做到以下几点,第一,提高自身的责任感与使命感。要贴近群众,运用与群众的日常生活习俗,思维模式相关的语言来进行宣传,以解决关乎民生的实际问题为根本出发点和归宿,使群众切身体会到中国梦带来的好处,广大人民群众才会自觉自愿地认同与践行中华民族伟大复兴的中国梦。第二,充分发挥宏观引领作用。作为各级党委宣传部的重要工作,要为推动中国梦的宣传和教育工作制定具体的目标、计划与步骤,建立相应的传播机制。各级政府要积极配合,保证经费投入,对中国梦的理论创新成果要以工程的形式推进。第三,充分发挥党员先进示范作用,不断增强党员的思想道德素质,使其成为宣传中国梦、践行中国梦的积极促进者。

优化中国梦大众传播过程中的传播者形象,对于第二类的传播者来说应以密切贴近群众生活的原则为本。一是要努力提高自身的理论功底,掌握党的理论工作的最新动态,了解广大人民群众现实生活中的热点、难点问题,将理论创新与人民的实际生活紧密结合起来。二是要始终以为广大人民群众服务为目标,正视现实问题。三是应力求使理论的内容深入浅出、通俗易懂。把抽象的理论与生动的实践结合起来,用不争的事实和鲜活的案例来讲道理、论是非,有抽象概括又有实践验证,使理论更容易被广大人民群众所信服。

2. 适应分众化传播的趋势

在中国梦的大众传播中,受众是十分庞杂的广大人民群众,不同的受众有不同的"圈层"门,各个"圈层"的传媒工作者应着重关注该"圈层"受众的心理。做到"因材施教",各有所侧重,同时借鉴"角色扮演法",使得传播者扮演与受众的身份"相近"或"等同"的角色,拉近与受众的距离,使受众相信其观点或主张是好的、适合的,从而有利于增强传播效果。在信息化的社会里,受众个体有一种强烈地寻求与社会上其他人认知一致、情感共鸣的愿望。因此,传媒工作者在坚持理论核心内涵不变的前提下,应当把理论"翻译"成生动、易于被各自"圈层"受众所接受的方式,把中国梦融入到群众所喜爱的精神产品中,寓教于乐,寓德育于智育,潜移默化地发挥影响。也可以将受众分为党员干部、知识分子、青年学生、广大工农群众等不同层次,从而针对不同层次的受众,运用不同的传播方法,以期达到中国梦宣传和教育的最好效果。

3. 提供多样化的传播平台

中国梦是当前中华民族最伟大的梦想,是当前中华民族的头等大事。要实现中国梦首先应该使其获得更广泛的社会认同,从而得以凝聚实现中国梦的中国力量。要提升中国梦的社会认同,首先应该使普通大众对中国梦有一个完整正确的认知,这就需要借助大众传播的平台。中国梦具有广泛的群众基础,这要求我们在宣传中国梦思想时做到尽可能使每一个中国人都能了解它。为此,在大众传播过程中应该选择多样化的大众传播平台,既要充分发挥报刊的传统宣传作用,也要充分发挥电视等电子传播媒介的作用。此外,中国梦的大众传播还可以充分利用广场、公路等公共场所的广告宣传栏,充分利用每一个可以利用的广告宣传栏,用百姓喜闻乐见的形式传播中国梦,促进大众对中国梦的认知和认同。

(三)增强中国梦网络话语的影响力

实现中国梦的社会认同要充分重视互联网媒介对中国梦传播的影响。针对互联网媒介在传媒中的地位日趋显著,胡锦涛曾提出:"高度重视互联网等新型传媒对社会舆论的影响。加快建立法律规范、行政监管、行业自律、技术保障相结合的管理体制,加强互联网宣传队伍建设,形成网上正面舆论的强势。"①近年来,网络发展的速度日新月异,网络的便捷性、多样性、互动性和灵活性的特点已经使其成为举足轻重又不可取代的传播媒介。截至 2017 年 12 月,我国网民规模达 7.72 亿,普及率达到 55.8%,超过全球平均水平(51.7%) 4.1 个百分点,超过亚洲平均水平(46.7%)9.1 个百分点。② 互联网传播方式的应用与普及,为推动中国梦的社会认同提供了巨大的机遇。

1. 建立正面的网络宣传和教育的途径

不同于传统媒体的宣传,网络空间对中国梦的宣传不仅有客观正确的信息,同时还充斥着大量的负面信息。运用网络渠道对中国梦进行宣传和教育,一方面要发布准确的信息,同时也要对负面信息进行批驳,以正视听。网络对"中国梦"进行正面宣传和教育的途径,主要是通过建立各种网络途径及时发布各种关于"中国梦"的准确消息。习近平完整阐述中国梦不是在一次会议上也不是在一个场合上进行的,而是在不同的时间,不同的场合,分别进行了深化阐述。对中国梦的宣传和教育也应该不断深化,及时更新中国梦的信息,为保证中国梦能被普通大众所知晓,应该充分利用政府门户网站。在各种信息充斥的网络中,政府门户网站是人们获取权威信息的重要途径。

一是充分利用各级机关事业单位门户网站发布中国梦的相关信息。这类门户网站因其数量多、权威度高,对中国梦宣传和教育能起到很好的作用。各级政府部门、党委部门、各级教育部门、各级党校、社会科学院大都建有门户网站,中国梦的宣传和教育应该充分利用这些平台。通过建立中国梦的专题报道,及时更新中国梦的信息,发布中国梦相关的最新表述,以及相关专家学者的研究成果。同时开辟讨论专区,供广大普通大众进行学习交流,对大众在学习中国梦过程中的问题要及时给予解答,帮助人民群众加强对中国梦的认知。

二是充分利用社科专题网站和综合网站中的理论专栏或理论频道。在社科专题网站和综合性网站的理论专栏和理论频道中开设中国梦的研究专题。

---

① 《改革开放三十年重要文献选编》(下),人民出版社 2008 年版,第 1444—1445 页。
② 中共中央网络安全和信息化领导小组办公室:第 41 次《中国互联网络发展状况统计报告》,2018 年 1 月 31 日,http://www.cac.gov.cn/2018-01/31/c_1122346138.htm。

三是充分利用社科理论领域专家的个人主页或者博客。宣传中国梦可以充分利用这一方式。国家可以通过社科基金或者其他的奖励方式,引导广大社科理论领域的专家学者加强对中国梦的研究工作,调动这些专家学者宣传中国梦的积极性,加强对中国梦的宣传和教育。

四是充分利用理论宣讲类网站。这类互联网理论宣讲平台的建设在一定程度上开始改变传统理论教育以课堂讲授为主、听者被动地听、被动地接受的形式,打破原有"一人讲,众人听"的传统模式,在其他的理论宣传中起到了不错的效果。在"中国梦"的宣传和教育中,应该充分利用这类理论宣讲类网站的平台,结合高校各社科类研究机构的人才优势,开展网上名师宣讲等活动,为大众提供最及时、最全面的关于"中国梦"的信息资讯。

2. 建立有效的互联网反馈机制

互联网媒介自身具有互动性、平等性和隐匿性的特点,使中国梦在网络宣传教育过程中的受众都具有平等的话语权。在网络宣传中,受众不再只是被动的倾听者,同时也充当了传播者的角色,并且具有了相应的话语权,这就给中国梦的宣传教育带来了前所未有的挑战。一些错误思潮的冲击,给中国梦宣传也带来了阻碍。为更好地宣传中国梦,一方面需要培养一支精通网络技术的传播者队伍。网络宣传在中国梦宣传的过程中起着至关重要的作用,而作为宣传和教育的工作人员应该是一些懂得网络宣传技术,同时又有丰富理论水平的工作人员,以便在群众学习中国梦的过程中起到引导作用。另一方面要加大对网络传播各个环节中的监管力度,净化网络环境,对错误思潮、观点要进行及时有效的批驳。同时也要重视受众在网络宣传中的反馈。中国梦在网络中的宣传和教育不只是一种自上而下的传播活动,更是大众一起学习一起讨论中国梦的活动,必须重视网络中受众的反馈,及时进行交流。这个学习讨论中国梦的过程就是大众不断接受,认同中国梦的过程。

(四)注重中国梦群众性教育活动的实效性

实现中华民族伟大复兴的中国梦,是整个中华民族共同的梦想,事关每一个中华儿女的切身利益,每一个中华儿女都应该对中国梦进行了解,并积极践行。在群体性活动中对中国梦进行宣传和教育有许多优点,一是群体性活动中人员比较集中,宣传的面较广泛;另外,人数较多,影响也会相对较多。对中国梦的宣传和教育应该充分利用群体性活动来开展中国梦的宣传和教育活动。群体性活动中的宣传教育途径和方式,主要是通过组织中国梦的主题宣传活动,以及开展中国梦的宣传教育活动。

中国梦的宣传和教育可以通过设置主题活动来进行,活动的方式可以多种多样。针对不同的人群应该有不一样的活动。在一些相对集中的活动群体中开展主题宣传活动效果比较明显。例如,在学生群体、社区居民群体、各企事业单位群体,比较适宜开展中国梦的主题宣传教育活动。

针对学生群体,鼓励各个学校进行丰富的中国梦主题教育活动。各学校要进一步深化中国梦主题宣传教育活动内涵,丰富主题教育活动。各学校可以结合自身的特色与优势,开展校园文化课题研究,挖掘校园历史文化、特色文化载体建设,创造浓郁的人文精神校园文化氛围,激励大学生在良好的学习氛围中拼搏进取、成长成才,争取早日建功立业,到社会广阔的舞台践行中国梦。同时,拓展主题实践活动,深化中国梦内涵。各学校应充分发挥社会实践的锻炼作用,优化学生思想政治教育实践模式,把中国梦主题宣传教育活动融入学生社会实践。

针对社区居民群体,应充分发挥基层居民委员会的作用。社区是最基层的群众组织,同时也是最广泛的群众组织,在社区中组织群众性学习中国梦的活动,能够将社会各阶层的人民组织起来,群众基层非常广泛,非常有利于中国梦的宣传和教育。居民委员会应该积极组织社区居民开展中国梦的宣传教育活动,组织中国梦相关的知识竞赛,发放中国梦的宣传资料,组织居民集中学习中国梦。同时要充分利用社区中先进党员干部的先锋模范带头作用。实现在各个社区中学习中国梦的热潮。各企事业单位也应该重视中国梦的学习和宣传,鼓励员工将实现中国梦与个人梦紧密联系起来,通过努力工作来实现自己的人生梦想,这个过程同时也是实现中国梦的过程。在群众性活动中的宣传和教育活动离不开政府部门的参与,政府部门应该充分发挥社会管理和服务的职能,加强中国梦的宣传,同时在社会上鼓励社会各单位、各组织、各社会团体开展中国梦的实践活动。

第五章 中国梦的世界历史意义

一、大国崛起与国家梦的历史与理论

从世界近现代历史来看,大国的崛起不仅需要一定的客观条件和历史机遇,更需要大多数国民主观一致的集体行动。在这一过程中,往往有一个能够唤起国民集体认同和情感共鸣的梦想。这种梦想立足于每个个体对美好生活的自发追求,并逐步由潜意识的个体本能上升为日益明确的集体自觉,最后汇集成推动国家崛起的强大洪流。在一定程度上可以说,每一个现代大国的崛起都伴随着一个能够汇集其大多数民众政治能量的国家梦。

(一)大国崛起与国家梦的历史

由于历史传统和现实环境不同,国家崛起与国家梦想的具体关系比较复杂。在此,本文通过选取三个具有代表性大国崛起的历史事件,透视现代大国崛起与国家梦的关系,从中吸取历史经验和教训。它们是美国、俄罗斯和德国,分别展现了一个新兴大国、一个历史性大国和内陆国家的崛起历史。

1. 美国崛起与美国梦

与其他历史悠久大国相比,美国作为一个年轻的国家,在建国一百多年的时间里就迅速崛起为世界超级大国,并延续至今,不能不称之为一个奇迹。尽管进入 21 世纪第二个十年后,关于美国霸权衰落的质疑再次兴起,但从目前情况来看,很难看到哪个国家在未来一代人的时间里可以取代美国,美国崛起和持续的原因很多,其中一个重要原因就是其广为流传的"美国梦"。

就一般的通行理解来看,美国梦的基本内容是,所有的人都能通过自己的奋斗和努力,创造属于自己的成功。换言之,只要努力,一切皆有可能。美国历史学家詹姆斯·亚当斯在《美国史诗》中首次提出"美国梦"的定义。① "人人生而平等,造物主赋予他们若干不可剥夺的权利,其中包括生命权、自由权和追求幸福的权利。"②这就解释了影视作品里为什么常常出现这样一个镜头——千千万万的人们在船上,远远地看见自由女神像,就不禁热泪盈眶。对此,塞缪尔·亨廷顿在《我们是谁?——美国国家特性面临的挑战》中这样写道:"从前,历经千辛万苦来美国的移民,一看到自由女神像就热泪盈眶,他们满怀激情认同这个新的国家,因为它给他们提供了自由、工作和希望。"③

美国梦与美国的建国历史密不可分。1620 年 9 月 16 日,"五月花号"载着 102 名受到宗教迫害的清教徒在船上共同制定了《五月花号公约》,并约定共同遵守该公约,组建"公民自治体"。该公约规定:"为了更好地管理、维护和发展这个自治体,亦为将来随时制定和实施有益于本殖民地公众利益的公正和平等的法律、法规、条令、宪章与公职,我们都保证遵守和服从。"④殖民者还没上岸就规定对殖民地建立起一个法治的社会制度,根据公共利益而不是一己私利来履行法律和命令,管理社会是按照大多数人的意志而不是个人独裁或者强权统治。

18 世纪的欧洲,贵族世袭、宗教盛行、社会等级森严、财富分配不均,引起了很多人的不满。这一时期,许多欧洲人移民到了美国,他们具有强烈的政治平等意识,也自发落实起民主制度,他们坚信机会平等是新大陆与欧洲旧大陆最大的不同,也通过努力和实践把这种信仰变成现实。所以在美国还是殖民地的时候,"平等权利"就深深地嵌入"美国梦"的内涵里了。

随着美国的独立和美国国土的扩展,"美国梦"的内涵也随之丰富了起来。1776 年通过了《独立宣言》,正式宣布建立美利坚合众国。《独立宣言》明确指出,一切人生而平等,具有追求幸福与自由的天赋权利。据此,历数了

① 　周显信、卞浩瑄:《"美国梦"的特色及其对"中国梦"的启示》,《探索》2013 年第 2 期。

② 　[美]J·艾捷尔:《美国赖以立国的文本》,赵一凡、郭国良译,海南出版社 2000 年版,第 26 页。

③ 　[美]塞缪尔·亨廷顿:《我们是谁?——美国国家特性面临的挑战》,程克雄译,新华出版社 2005 年版,第 5 页。

④ 　*The Mayflower Compact*,November 11,1620,http://mayflowerhistory.com/mayflower-compact/.

大英帝国在美洲大陆独裁专制的殖民罪行。最后庄严宣告美利坚合众国脱离英国而独立(7月4日这一天被美国定为独立日)。①

独立之后,美国在保持对外通商的同时,积极在内陆进行商业和军事扩张。在不到一个世纪的时间里,迅速由一个大西洋沿岸的13个殖民地变成了一个横跨北美大陆、接邻大西洋和太平洋的新兴大国。1849年美国出现"淘金热潮",推动了美国移民西进的运动。由此也诞生了以成功和财富为目标的"California Dream"(加州之梦)成为当时美国梦的最大主题。历史学家布兰茨(H.W.Brands)这样总结迅速在美国传播开来的"加州之梦":旧的美国梦是清教徒之梦,是男男女女通过年复一年不断的积累来获取财富,新的美国梦是借助冒险和运气而一夜致富的黄金梦,而这场黄金梦在萨特磨坊②之后也成为了美国精神的一个重要组成部分。正是这段时期美国领土的不断扩大,吸引了持续不断的外国移民,对整个美国的经济迅速发展和壮大发挥了有目共睹的作用。因此,18世纪末19世纪初这段时期的移民西进浪潮,也为美国梦抹上了浓厚的金黄色彩。

早期的美国梦更大程度上是欧洲移民的美梦,虽然有"法治""机会均等""自由"和"民主"等正面意义,但却是建立在屠杀印第安人、掠夺非洲黑奴以及压榨华人苦工基础之上的。对后者而言,这种美国梦有其难以洗刷的黑暗历史。

到了20世纪,历史学家詹姆斯·亚当斯在其1931年出版的《美国史诗》里这样描述美国梦:美国梦是这样一个梦想,在美国这片土地上,人人都有机会通过自身的能力和努力获得更富裕更美好的生活,这个梦想对于欧洲的上层阶级来说或许难以理解,而我们很多人已经厌倦或者不相信这个梦想了。这不仅是关于好车和高收入的梦想,也是一个关于美好社会秩序的梦想,在这

---

① *The Declaration of Indepence*,July 4,1776,https://www.archives.gov/founding-docs/declaration.
② 萨特磨坊的故事是说老萨特在磨坊外拾到一块金子,于是带着它去了城里,在那里关于金矿的消息如野火般蔓延开来,于是来自各个地方的人带着他们的发财梦,来到这片荒蛮的土地上,有人无功而返,有人心遂所愿,一些人执意前行去往加州,一些人驻足不往休养生息,1860年他们开发了西部铁路,随后而至,荒原终被开发和征服。这里用萨特磨坊指代加州金矿的发现,由此引起的西进浪潮。

样一个社会里,无论其出生或地位,每个人都能通过自身的能力得到最充分的社会地位以及他人的认可。① 无疑,美国梦已经不仅仅是一个物质财富的梦想,它还包含着每个人都能得到充分发展的可能性,打破社会阶级的束缚,创造一个有益于所有人所有阶级的社会秩序。这个时期的美国梦带有更深层次的内涵,除了物质财富的成功,还有更多的对社会秩序的向往。至此,基本完成了对美国梦的完整概括和总结,并成为此后传播世界、激起无数政治情感共鸣的经典界定。尤其是在面临内外危机时刻,美国梦的标题及其口号往往成为政治家进行政治动员的有力武器。

作为美国历史上第一位黑人总统,奥巴马在其 2012 年的就职演讲——《为了永远的美国梦》中提到"美国之所以与众不同,是因为能够包容多元化的纽带将我们联系在一起,是因为我们相信彼此拥有共同的命运,同时也因我们相信,只有在肯为他人付出,人与人之间相互协助的情况下,才能实现国家的进步,并为后代创造更美好的未来"②。后来,奥巴马其在回忆录《无畏的希望:重申美国梦》中指出,正是一个年轻黑人小伙的美国梦帮他实现了他在伊利诺伊州以及整个美国的成就。他后来在当选后的首份《总统经济报告》中具体表示,美国梦的核心就是,只要你愿意努力工作,就能找到好工作,就可以养活家人,可以送孩子到具有世界水平的大学上学,负担得起高质量的医疗保险,能够充分享受退休保障。③ 在 2008 年以及 2012 年的选举中,美国梦已经成为民主党候选人竞选的常用口号。面对日益极化的国内政治,他们也意识到,"两党之间的共同之处:是一个共同的希望,一个共同的梦想,是一条将两党联系在一起永远也割舍不断的纽带"。④ 同样地,面对当选后尖锐的国内对立,一向不喜欢空洞口号的共和党总统特朗普也不得不求助于美国梦。他在 2018 年 1 月 30 日公开发表首份国情咨文中 6 次提及"梦想",希望借此重新

① 张维为:《美国梦的困境与中国梦的前景》,《红旗文稿》2014 年第 5 期。
② 金融界:《奥巴马胜选演讲全文:为了永远的美国梦》,2012 年 11 月 8 日,http://forex.jrj.com.cn/2012/11/08140514644826.shtml? to=pc。
③ U.S.Government Printing Office,*Economic Report of the President*,February 2010,p.6.
④ 罗选民:《久违的美国梦》,《中国图书评论》2008 年第 11 期。

唤起国内共识,缓解政见对立。① 2020 年美国大选,特朗普又再次诉诸美国梦,希望借此唤起民众的共鸣和支持。

回望美国短短几百年的建国历史,其本身就是一个大国崛起的奇迹,而其中美国梦的激励作用也是不可忽视的。在很大程度上,对财富的渴望和追逐是美国梦背后的真正动力。丰富的自然资源、较少的历史包袱和制度约束,使得个人拥有相对于旧欧洲更多的机会,通过自身努力来获得财富。正是基于这一广泛认识,使得美国成为最具吸引力的国家。而源源不断进入美国追逐个人梦想的移民,尤其是那些高素质的移民,又进一步促进了美国的崛起。

当然,我们也应该认识到,从历史经验和现实来看,所谓美国梦也并不只是光荣和梦想。如前所述,早期资本积累和一夜暴富的美国梦大多都建立在对原住民——印第安人的种族灭绝和对有色人种压榨的基础之上。著名人权活动家马丁·路德·金在《我有一个梦》的演讲中提道:"我们共和国的缔造者草拟宪法和独立宣言的气壮山河的词句时,曾向每一个美国人许下了诺言,他们承诺所有人——不论白人还是黑人——都享有不可让渡的生存权、自由权和追求幸福权。"但对有色公民来说,美国给他们开了一张"空头支票",美国虽然签署了《解放黑人奴隶宣言》,但却在此后一百多年的时间里并没有履行这项庄严神圣的承诺,一直到 20 世纪六七十年代民权运动的不断抗争才最终消除了法律上的歧视桎梏。当然,这并不意味着美国种族歧视的根本消除。直至今天,种族歧视依然程度不同地存在于美国社会生活中,不时引发规模和程度不同的种族骚乱。2020 年 7 月,美国黑人弗洛伊德被警察跪杀所引发的暴力抗议浪潮迅速波及全美国,其规模和烈度为今年来少见,揭示出美国社会依然普遍存在的种族歧视。

从理念上看,美国梦带有浓厚的美国特色,即对个人权利主张的共识。虽然美国历史上违反、甚至侵犯这些主张的事例并不鲜见,但这种将个人权利追求明示天下的做法还是有其价值的,成为了各种权利运动的依据。一旦理想

---

① White House, "*President Donald J. Trump's State of the Union Address*", January 30, 2018, https://www.whitehouse.gov/briefings-statements/president-donald-j-trumps-state-union-address/.

与现实的差距加大或社会矛盾加剧,这些理念就成为诉求的依据。其结果,每一次社会冲突,不仅没有导致美国的解体,反而客观上促进了美国社会的进步。

从清教徒对新的平等秩序的向往,到开拓者们对财富的追求,再到各个阶层对成功的渴望,美国梦的形式不断发生着变化,但它也有着一脉相承的内涵,即每个人都有通过努力实现其目标的可能性。要确保这一点,不仅需要足够的资源以及由此带来的机会,还需要有与时俱进的恰当的政治介入。否则,自由竞争带来的两极分化必然导致社会利益格局固化,最后形成阻滞个人尤其是中下层民众通过努力向上提升的机会和空间。对于美国这样一个民族、种族如此复杂的国家而言,这种趋势的威胁尤为严重。

奥巴马总统在 2008 年首次当选后指出,30 多年来作为美国梦的核心载体,美国中产阶级的状况不断下降,危及了美国梦的吸引力。"对很多人来讲,意味着有机会走自己的路、努力工作养家糊口、为上大学和退休储蓄的美国梦正在流逝。这种焦虑感觉与人们对政府无视或漠视现实深深失望混合在一起"。① 对今天的很多美国人而言,美国梦是期望下一代比上一代做得更好,不管其背景如何,父母们很大程度上依赖美国梦来理解孩子们的可能性。2010 年,美国学者翰桑(Hanson)和佐戈比(Zogby)对 20 世纪 80 年代以来众多关于美国梦内涵的民意调查进行研究,发现越来越多的人表示,努力工作和决心并不能保证成功。大多数美国人预测通过公平的手段实现梦想会变得越来越难。② 在 2013 年美国舆观(You Gov)的民意调查显示,41% 的受访者表示实现美国梦是不可能的,而 38% 的人认为依然有可能。③ 美国次贷危机之后爆发的"占领华尔街运动",公开宣称代表占美国人口 99% 的穷人对占人口 1% 的富人的不满。这种社会对抗折射出了美国社会更深层次的矛盾,表明它已不是简单的利益冲突,而是基于社会价值观的冲突。如果得不到有效解决,

---

① U.S.Government Printing Office,*Economic Report of the President*,February 2010,p.6.

② Sandra L.Hanson,and John Zogby,"*The Polls-Trends*",Public Opinion Quarterly,Sept 2010,Vol. 74 Issue 3,pp.570-584.

③ Henderson,Ben."*American Dream Slipping Away*,*But Hope Intact*".You Gov,August 8,2013.

将进一步削弱美国梦的现实基础,进而危及美国的全球地位。2020 年,新冠肺炎疫情在美国大规模爆发,不仅冲击了美国大多数民众的正常生活,还进一步加剧了美国的经济社会和种族不平等。据美联储对 2020 年上半年美国财富状况的评估显示,美国的财富分布在种族、年龄和阶级之间存在明显差异。最富有的 1%美国人的净资产总额达到 34.2 万亿美元,而最贫穷的 50%美国人、约 1.65 亿人的净资产仅为 2.08 万亿美元,只占美国家庭总财富的 1.9%。从种族来看,美国白人拥有全国财富的 83.9%,而黑人家庭拥有的财富仅为 4.1%。[①]

2. 俄罗斯崛起与俄罗斯梦

俄罗斯是一个有着悠久大国传统和强烈大国意识的国家。在 15 世纪之前,俄罗斯还只是一个位于第聂伯河河畔的欧洲边缘小国。1480 年莫斯科大公伊凡三世击败钦察汗国分裂后的金帐汗国独立出来,到 16 世纪 30 年代瓦西里三世时期,以莫斯科公国为中心的俄罗斯统一国家基本形成。面对欧洲在罗马帝国崩溃后旷日持久的战乱和日渐衰落的传统文明,俄罗斯宣称自己为东罗马帝国的继承者,伊凡四世加冕为沙皇后,改称沙皇俄国。16 世纪下半叶,随着中央专制集权制度的逐步建立,伊凡雷帝迅速强化对外扩张的侵略政策。在此后不到 400 年的时间里,俄罗斯领土不断扩张,逐渐成为一个横跨欧亚大陆的大国。

在 17 世纪彼得大帝执政时期,他效仿西欧对俄国进行了一系列的经济、政治和社会改革。为了获得通往西方文明的窗口,俄罗斯不断向西扩张,尽管多次遭受挫折,俄罗斯终于在 1721 年赢得了对瑞典的北方战争的胜利。战后签署的《尼斯塔特和约》使彼得一世得到了梦寐以求的波罗的海出海口,为争霸世界铺平了道路。至此,俄国成为欧洲列强之一,并出现在争夺世界霸权的国际舞台,俄国专制皇权加强。俄国由此成为欧洲强国,这是俄国的第一次崛起。

到了 1762 年 9 月,叶卡捷琳娜二世加冕,"国际形势从来不曾这样有利于

[①] 央视新闻客户端:《美媒:新冠肺炎疫情加剧美国社会经济不平等》,2020 年 10 月 13 日,http://news.cnwest.com/szyw/a/2020/10/13/19174364.html。

沙皇政府推行其侵略计划","七年战争把整个欧洲分裂成两个阵营。英国摧毁了法国在海上、在美洲、在印度的实力,然后又背弃了自己在大陆上的同盟者普鲁士国王弗里德里希二世。这后者,在 1762 年,当俄国的彼得三世登上王位并且停止对普鲁士作战的时候,已经到了穷途末路;这位被自己最后和唯一的同盟者英国所抛弃,跟奥地利和法国长久敌对,在七年生死存亡的斗争中弄得筋疲力尽的弗里德里希,只得拜倒在刚即位的俄国女皇的脚下,而不能有其他的选择"。①"北部是瑞典,它的实力和威望正是由于查理十二作了入侵俄国的尝试而丧失的……南部是已成强弩之末的土耳其人和他们的纳贡者克里木勒靼人……波兰……处于完全土崩瓦解的状态,它的宪法使得任何全国性的行动都无法采取,因而使它成为邻国可以轻取的战利品。……从 18 世纪初开始,波兰就靠混乱维持着……"②叶卡捷琳娜二世执政伊始,面临着此起彼伏的农民起义,她认为必须整顿行政、加强军队、恢复经济,才能挽救俄国。于是,她利用当时开明专制派启蒙思想家的政治主张,以提高自己在俄国和西欧的威信,达到巩固自己皇位的目的,实际上是在借机扩大贵族特权,发展和巩固官僚专制制度。叶卡捷琳娜二世统治时期实现了俄罗斯的第二次崛起,这同样也是国内改革和对外扩张的结果。

到 1917 年列宁领导的十月社会主义革命胜利,虽然俄罗斯面临着众多棘手的内外挑战,但新经济政策确保了苏俄在七年的战争中生存了下来。从列宁到斯大林,苏联迅速恢复了濒临崩溃的经济、政治和社会生活,并建立起全新的社会主义制度,使俄罗斯由一个贫穷落后的欧洲农业—工业国家一跃成为欧洲第一、世界第二的工业大国。战后,苏联取代英法德意等欧洲传统大国成为与美国并驾齐驱的全球超级大国,第一次真正站在世界政治舞台的中心。到 20 世纪 70 年代,苏联实力和国际影响力达到顶峰,一度扭转与美国的竞争态势,迫使其转入守势。在一定程度上可以说,苏联时期是俄罗斯历史的鼎盛时期,是第三次崛起。在彼得大帝时代、叶卡捷琳娜二世时期,俄国只实现了

① 《马克思恩格斯文集》第 4 卷,人民出版社 2009 年版,第 363 页。
② 《马克思恩格斯全集》第 22 卷,人民出版社 1965 年版,第 19—21 页。

成为欧洲大国的目标;而在苏联时期,俄罗斯逐渐成为了一个与美国并驾齐驱的全球超级大国,并将欧洲那些曾令其长期羡慕的其他大国抛在了后面。

苏联解体之后,俄罗斯又很快衰落下来。不仅没有保住超级大国的地位,甚至差点沦为一个"二流国家"。但即便是这样一个时期,流淌在俄罗斯血液中的"大国基因"也没有消失,俄罗斯的大国情结依然如故。

其实,回顾俄罗斯历史,我们不难发现,在其不断扩张的过程中,俄罗斯也曾屡遭挫折,包括多次面临生死存亡的严峻考验,比如1812年拿破仑帝国60多万军队大规模进犯,直逼首都。1917年十月革命后,苏俄四分之三的领土一度被国内外敌人所控制。1941年希特勒德国及其仆从国100多万军队的大规模突袭……每一次重大危机的成功应对,都依赖于俄罗斯不屈不挠、坚韧顽强的民族心理和性格。与此同时,也不断强化了这种心理和性格,并成为俄罗斯民族自尊和自信的根源。

虽然苏联解体了,但俄罗斯依然拥有作为一个世界大国的所有禀赋:高居世界第一的领土面积(1709.82万平方公里)、发达的国民教育系统和科学基础、完备工业体系和丰富的自然资源……当然更有不可或缺的大国传统。

面对苏联解体后一落千丈的内外形势,普京总统引用俄罗斯历史上著名的伊凡雷帝的名言:"给我20年,我将还你一个强大的俄罗斯",重新唤起了众多俄罗斯人的民族情感和历史期盼。为了重振大国雄风,普京制定了"以国家利益为核心,以强国富民为使命,以民族精神为动力,以经济发展为前提"的俄罗斯复兴战略。① 这一战略致力于将俄国重新带回全球政治舞台的中心。

俄罗斯"大国梦"根植于俄罗斯在历史的三次兴衰之中,并长久地影响着俄罗斯的普通大众。那对于俄罗斯的普通大众来说,"俄罗斯梦"意味着什么呢?2012年俄罗斯科学院社会学所开展了一场关于"俄罗斯梦"的调查研究。调查的问题是"你想要生活在什么样的国家和社会?"②根据调查结果可以看到,绝大多数的受访者主要关心的问题是个人的幸福生活:有40%的人希望

① 冯玉军:《俄罗斯展现大国战略雄心》,《人民日报》2014年5月26日。
② [德]费利克斯·黑特·赖因哈德·克鲁姆:《俄罗斯梦:公平、自由与强大的国家》,禚明亮、张鸿翔译,王春梅校,《俄罗斯学刊》2015年第3期。

获得充足的物质财富,不需为生活感到为难,33%的人想要拥有健康,另有23%的人想有听话的孩子。从结果可以看到,追求幸福生活、物质财富和身体健康是大多数人的梦想,同时也有很多人对公正、合理的社会也有所希冀,只有少数人是渴望成名和美丽的梦想。大多数人是认同通过自己的努力去实现理想的,一部分人也寄希望于外部力量。

当俄罗斯人被问及"对俄罗斯未来的梦想时",排在第一位的是他们对强大国家的向往,而对人权、民主、发展的关注则居其次。另外对重返超级大国地位的支持率似乎也不算太高。这里很有意思,对国家和政府的看法,俄罗斯人与美国人似乎有很大不同。有32%的受访者认为普京时期最接近自己理想中的社会,14%的人选择了苏联的最后十年,即国家社会主义的"金色秋天",说明还是有比较多的人认同现在的社会模式的。然而也有31%的受访者指出,符合他们期待的"俄罗斯梦"社会模式几乎从未接近于实现。

从调查结果来看,民众的"俄罗斯梦"也是深受俄罗斯历史兴衰影响的。相对来说,俄罗斯普通民众更希望俄罗斯成为一个社会公正、权利平等和保护公民的强大国家,而不单单是为了成为超级大国。俄罗斯著名哲学家别尔嘉耶夫曾表示,"俄罗斯是一个神选的特殊国家,它不同于世界上任何别的国家,注定负有某种伟大的使命",也体现出了俄罗斯的"大国自负"。

俄罗斯从金帐汗国独立、逐步打开通往西方文明的窗口、击败拿破仑入侵成为欧洲宪兵、赢得了协约国的干涉并打败德国法西斯的空前进攻等重大历史事件也不断强化了俄罗斯的大国自信,成为了俄罗斯大国意识的心理基础。根据俄罗斯兴衰的历史规律来看,俄罗斯很可能走向再一次的复兴,因为成为强国的"俄罗斯梦"已经融入了俄罗斯人的血液里,成为整个民族奋斗的目标。所以,对多数俄罗斯人来说,他们关心的问题不是能不能复兴,而是复兴的时间以及程度。

从目前情况来看,俄罗斯经济复苏尚有很长的路要走。受2008年世界金融危机以及随后世界能源价格大幅下降和2015年乌克兰危机后西方联合制裁等不利影响,俄罗斯经济持续大幅下滑,复苏乏力。根据国际货币基金组织2018年按照现价美元计算的各国GDP统计来看,俄罗斯是1.578万亿美元,

排在美、中、日、德、英、法、印、巴、意、加之后,到 2020 年实现经济大国前五强
的目标非常困难。另外,社会领域方面,苏联解体后,俄罗斯人口一度大幅下
降,从 1992 年的 1.48 亿降至 2008 年的 1.43 亿。此后缓慢恢复,到 2018 年
接近 1.44 亿。① 男女比例失衡,老年人口增加,缺乏完善的移民政策,复杂的
族群关系,这些都给俄罗斯复兴带来了不小的挑战。2020 年新冠肺炎疫情的
爆发,对俄罗斯经济社会发展带来了新的冲击,使其雪上加霜,但俄罗斯依然
坚持其发展梦想。

纵观俄罗斯历史上的三次兴衰历程,可以发现:一个大国的兴衰与其资源
获取、经济科技发展效率和军事扩张有着复杂的密切联系。丰富的资源是大
国崛起的物质基础,但如果不能建立有效的经济政治制度促进经济技术的发
展,就不能有效地动员和利用这些资源实现国富民强;如果穷兵黩武,到处扩
张,就会陷入保罗·肯尼迪所告诫的"帝国过度扩张"的陷阱。即使没有外部
强敌的入侵,也会由于内部纷争加剧而解体。俄罗斯第一次崛起的缘由是彼
得一世在俄罗斯第一次成功地实施了改革,这成为了国家崛起的内在动力,使
俄罗斯成为"欧洲列强"。叶卡捷琳娜二世时代的改革和发展使俄罗斯成为
了"欧洲宪兵"。从列宁的革命到斯大林的执政,为苏联奠定了一个"超级大
国"所必备的物质基础。

3. 德国崛起与德国梦

与当今世界很多大国相比,战后以来的德国政治领导人似乎较少用"梦
想"进行政治动员,而民众对类似政治修辞口号保持一定距离。这与德国对
两次世界大战的反思和欧洲现有的政治形势有关。在 2008—2009 年横扫全
球和欧洲的金融危机中,对外依赖很大的德国不仅承受住了危机的巨大冲击,
还成为了支撑欧盟的关键支柱。这次空前的危机触发了西方很多国家的抗议

① 国际货币基金组织国别数据库:https://www.imf.org/external/pubs/ft/weo/2018/02/weodata/ weorept.aspx? sy=1992&ey=2020&scsm=1&ssd=1&sort=country&ds=.&br=1&c=223%2C156% 2C922%2C534%2C136%2C542&s=NGDPD&grp=0&a=&pr.x=36&pr.y=5。https://www.imf.org/ex-ternal/pubs/ft/weo/2018/02/weodata/weorept.aspx? sy=1992&ey=2020&scsm=1&ssd=1&sort= country&ds=.&br=1&c=922&s=NGDPD%2CLP&grp=0&a=&pr.x=72&pr.y=9。

思潮和民粹主义的上升,要求重新定位本国的目标以及与世界的关系。但德国多数主流政治人士并没有过多地受这种争论的影响,他们要求的是慢慢改善大多数人的生活,同时避免灾难。2016年德国出现了一个新的政治词汇——"merkeln",其意思就是"什么也不做、什么决定也不作出、什么声明也不发表"①。这一词充分体现了当今德国政治氛围的这一典型特点。

表面上看,德国政治领导人和民众似乎并没有表现出对宏大梦想的兴趣,但实际上,他们是以一种不同于其他大国的方式表现出对集体梦想的追求。相对于"美国梦"相对顺利的历史演变和相对清晰的阐述,"德国梦"似乎很难以一言概述,这与德国近代以来曲折的历史和心路历程有着密切的关系。自近代以来,德国走过了一条"强大、分裂——统一、崛起、扩张、失败——再扩张、再失败、再分裂——再统一、再崛起"的曲折道路。既取得过乱世崛起的历史骄傲,也饱受过战败分裂而衰落受辱的痛苦。这一独特的曲折道路深深地影响到了德国政治家和民众。

现代德国的历史可以追溯到法兰克王国。公元843年,查理曼大帝去世后,其子孙将法兰克王国分为东、西、南三部分。公元919年,东法兰克王国改称"德意志王国"。公元962年,奥托一世被授予"罗马皇帝"的称号,开启了"德意志民族的神圣罗马帝国"时代。由于帝国内部教权与皇权的斗争,神圣罗马帝国开始陷入内斗与分裂状态。随着1517年路德宗教改革,德国内部的斗争突出表现为"新教同盟"与"天主教同盟"的斗争。这种斗争又被法国、西班牙、教皇、丹麦和瑞典等周边势力所利用,成为他们维护自身利益的工具,最后引发了欧洲历史上空前的三十年战争(1618—1648)。

由于德国是各路势力角逐的主战场,这场战争使其付出了巨大的经济和政治代价。经济上,工商业急剧衰退,众多工场、矿产被毁。并且德国失去大片土地,重要河流入海口被瑞典掌握,富含煤铁的阿尔萨斯和洛林被法国占有;政治上,德皇被迫承认各诸侯的领土和独立自主权力,自己沦落成为一个

---

① ［英］西蒙·库柏:《为什么没有"德国梦"》,http://www.ftchinese.com/story/001066844? page=1。

只拥有世袭领地的诸侯。德意志被分裂为 314 个邦和 1475 个骑士庄园领地,总计达到 1789 个拥有主权的独立政权。甚至在参与英国主导的"反法同盟"打败拿破仑帝国之后,德意志依然是一个由 38 个小邦组成的松散的邦联。这一时期的德国著名诗人歌德(1749—1832)感慨道:"一想到德意志人民,我常常不免黯然神伤,他们作为个人,个个可贵,但作为整体,却又那么可怜。"①

从 1648 年欧洲三十年战争结束到 1871 年普鲁士主导完成统一,德国经历了 230 年才最终结束分裂状态。在这一过程中,拿破仑战争起到了重要的刺激作用。一方面,拿破仑法国的征服,加剧了德国内部矛盾,抑制了其崛起;另一方面,也唤醒了德国的民族意识。越来越多的知识、经济和政治精英日益强烈地意识到,只有统一才能摆脱当前的困境。作为德国著名的哲学家和文学家以及浪漫主义"狂飙突进"时代的主力,约翰·戈特弗里德·冯·赫尔德(1744—1803)对法国的文化霸权感到难以接受。他对那些追随法国语言文化、礼仪和好恶标准的德国贵族感到憎恨和愤怒,认为他们抛弃了民族特性及其文化的完整性和生命力,"一颗充盈着轻浮的世界主义的心事找不到归宿的"。所有这一切就是因为德国没有统一。② 作为德国自由主义的重要代表,李斯特从实现自由贸易收益最大化和与英美竞争的需要出发,有力地论证了实现德意志政治统一和欧洲大陆联合的极端重要性。否则,不仅德国,还有法国等所有欧洲国家只能成为英国的附庸。③

正是在这一共识的推动下,到 19 世纪 30 年代,一个以普鲁士为主占德意志 3/4 土地、拥有 18 个邦国、2300 万人口的关税同盟建立了起来。随着工业革命的推进、民族意识的持续高涨、铁路交通运输的普及和经济联系的日趋紧密,德国统一的政治基础日趋成熟。最后,在俾斯麦的领导下,通过三次王朝战争,最终实现了德国统一。德国的统一彻底解决了数百年来德意志民族的

① 唐晋主编:《大国崛起》,人民出版社 2006 年版,第 235 页。
② [美]戴维·卡来欧:《欧洲的未来》,冯绍雷、袁胜育、王蕴秀译,上海人民出版社 2003 年版,第 61—62 页。
③ 参见[德]弗里德里希·李斯特:《政治经济学的国民体系》,陈万煦译,商务印书馆 1961 年版,第 323—354 页。

生存问题,更为其经济发展和政治崛起提供了前所未有的条件。到 20 世纪初,德国已成为一个具有重要影响的欧洲一流经济强国。

卡尔·波普尔在《开放社会及其敌人》里认为乌托邦主义是危险的,是容易导致独裁的,并指出乌托邦主义虽然怀抱着建立人间天堂的美好愿望,但往往成功地制造了人间地狱。这点上是与德国当前的政治风格相契合的,他们反对沉溺于建立一个美好新世界的梦想,而提倡以务实的态度处理内政外交,依据现实采取最佳的实践,逐渐使人们的生活得到稳步改善。从历史来看,这种观点有其独特的价值。一些曾经吸引无数人的宏大梦想,最终结果不仅没有改善国民的生活,反而给国家带来了更多的困难和灾难。

德国与其他大国梦的显著差异可能要从其历史中探寻答案。作为后起的强国,德国的崛起似乎就有冲破国际现状的本能和力量。以前的"德国梦"很大程度上是德意志民族情绪的强烈表现和外露,即使失败了,还要再战,直到回到欧洲强国的位置。这部跌宕起伏的历史似乎都与德国人的严谨、强硬、永不放弃、永不妥协的民族特性有关。然而这种德国观并不符合德国历史的全貌与真相,也不能反映其现状与发展趋势。[1]

关于第一次世界大战的战争责任在史学界和舆论界引起过不小的论战,到底是德国应该对第一次世界大战的爆发负有重大责任,还是欧洲几个大国对第一次世界大战爆发都负有责任? 无论孰是孰非,我们必须认识到的是,第一次世界大战的爆发是欧洲大国的共同政治文化造成的。第一次世界大战前的欧洲,各主要国家习惯恶意猜测对方的意图,却无视自身的贪婪与挑衅。他们沉浸在自身的世界大国梦之中,不能换位思考,也不愿及时妥协,承认对方的发展权甚至生存权,结果酿造了世界大战的苦果。

如果说第一次世界大战的爆发是欧洲大陆主要大国不切实际的美梦共同导致的,但是第二次世界大战的纳粹迷梦却是德国不可推卸的责任。希特勒是一个有着"大德意志帝国梦"的泛日耳曼民族主义者,他认为必须同法国一

---

[1]　景德祥:《从极端到妥协:德国政治文化的成熟之路》,《人民论坛·学术前沿》2015 年第 3 期。

战,才能从根本上解决二者之间的矛盾问题。德国民众对《凡尔赛合约》的仇恨和经济危机的爆发给了他宣扬"大德意志帝国梦"的契机,逐渐由民族主义演变成为民族复仇主义,并且得到了多数人的支持。希特勒上台以后,将民众中民族自豪感引导到"夺取生存空间"的错误轨道,将民众由于第一次世界大战形成的压抑感引导到错误的"释放"轨道,将军人的荣誉感引导到错误的"雪耻"的轨道,将军人对国家的效忠引导到错误的"盲从"的轨道,最终点燃了第二次世界大战的战火。而这正是此前俾斯麦所警惕的。他之所以在德国统一后尽量避免采取战争的方式主要是基于历史教训和现实考虑:战胜则会释放政府难以控制的民粹主义激情和野心,推动进一步的扩张,直至最后失败。而一旦战败,则必然招致灾难性后果。[1]

照理说经历了两次世界大战,德国应该会一蹶不振的。然而每次战败后,德国都能够迅速崛起,并很快成为世界强国。如果说第一次世界大战的责任还有余地来商讨,但第二次世界大战德国给欧洲各国带来的巨大灾难,特别是对犹太人的迫害,是极其残酷的。按照一般逻辑来推断,德国是会遭到整个欧洲的唾弃、备受孤立的,是难以得到迅速恢复和发展的。但事实却是,德国很快取得了欧洲各国人民的原谅并恢复了正常国家的状态,国家经济、政治、文化、军事等各方面实力都迅速强大了起来,成为了一个受到认可的大国和强国。如果说"大德意志帝国梦"给德国带来了毁灭性的打击,那又是什么支撑和引导德国成为大国强国的呢?

除了国际社会对德国彻底的政治改造外,最主要的是德国对其自身的深刻反省。战争结束后,四大国根据《波茨坦协定》战后对德国实行分区占领,解散参谋部和军工产业等战争机器,惩办战争罪犯,并实行彻底性的政治改造。但这些改造之所以能够成功并在冷战结束后继续抑制新纳粹的兴起,更重要的原因在于德国对自身历史和民族的深刻反思。有人将其归结为德国国民良好的心理素质。[2] 相比第一次世界大战德国国内的冤屈,第二次世界大

---

[1] Christopher Coker, *The Improbable War-China, The U.S.& the Logic of Great Power Conflict*, Oxford University Press, 2015, p.25.

[2] 梁仁:《剖解大国梦下的国民心理——以德日民族为例》,《政工研究动态》2008 年第 16 期。

战后德国自上而下都在深刻反省自己所犯下的罪恶。从 20 世纪 50 年代起，联邦政府对德国的战争罪责和第二次世界大战历史一直有明确的表态和行动。正是基于对德国历史的深刻反思，战后的德国上下对高大上的宣传口号一直保持警惕。从基层老百姓到高层政治领袖，习惯于对具体问题的严谨思考和解决。相对于美国政坛多彩纷呈的口号，德国的政坛绝对可以归结为单调乏味。

追溯历史可以看到，德国并不是一个没有"德国梦"的国家，而是由于其地处欧洲心脏地带，有着复杂的邻国关系，如何克服恐惧和诱惑，协调平衡好"德国梦"与周边国家的梦想是一个巨大挑战。从追求民族独立统一的崇高理想到蔑视乃至否认其他民族的合法权益，德国的民族追梦经历过一个从正义到邪恶的历程。两次世界大战的经历让德国民众彻底认识到：只有与其他国家共存共荣，才有自身的生存和繁荣；只有依据现实而不是民族沙文主义行事，才能使德国避免卷入战争；只有采取务实和妥协的态度，才能使德国成为一个受到普遍认可的大国。

上述三个国家的历史从不同维度解释了其梦想的心路历程和特点。作为一个年轻的大国，美国的崛起最直接阐释了"个人梦"与"国家梦"的互动关系。由于没有多少历史传统和统一资源可资借鉴，美国主要是通过激发每个个体的本能——自由和财富——来实现国家建立和发展。因此，没有哪个国家的梦想像美国梦那样打上了如此之多的个人印记；相对而言，俄罗斯的历史要悠久得多，也曲折得多，其崛起过程可以看到政府明显的主导作用，但政府成功发挥作用的土壤是其悠久的大国传统和坚韧的民族性格。尤其是在面临危机时，这种传统和性格会自觉地形成对国家和领导人的支持，成为俄罗斯国家梦想的天然响应者；尽管近代德国在历史文化、科学技术和民族心理等方面不亚于任何一个欧洲列强，但作为一个后起的大国，又地处欧洲中心，其崛起之路更加曲折。如何处理与周边国家乃至世界之间的关系是德国梦想和德国崛起必须解决的问题。两次世界大战的经历，尤其是纳粹德国的历史，使得德国战后以来比较谨慎地谈及宏大的国家梦，而更多关注具体问题。尽管存在不同的心理历程和各自特点，但有一个共同的趋势，就是在国家层面的追求中,对个人梦想追求的关注和容纳越来越多,包括对社会福利、公正和秩序的追求等。

(二)"国家梦"与国家崛起的理论

由于历史传统和现实环境不同,各个国家崛起的路径和方式不完全一样,与之紧密相连的"国家梦"的追求和表述也不完全一样。但在历史的表面现象之下,一个普遍的事实是,任何大国的崛起都离不开一个能够唤起其所有成员政治能量的集体追求——"国家梦"。而这种"国家梦"与"个人梦",以及与其他国家的梦想之间又有着复杂的平衡关系。离开了对这两种平衡的把控,"国家梦"最后要么因为由于缺乏足够或可持续的国内基础而昙花一现,要么在与他国的激烈竞争中功亏一篑,失之交臂。

1."国家梦"与国家崛起的关系

资源的有限性和国际社会的无政府状态,决定了国家之间最根本的关系是生存竞争关系。而实力是影响国家之间生存竞争的最主要因素。作为国家崛起的核心衡量标准,实力有两个比较维度:一个是与自身比较,一个是与其他国家比较。前者是基础,后者是结果。没有自身实力的增长,就不可能在与他国的竞争中占优取胜。因此,国家崛起既有绝对的一面,也有相对的一面。

在国际政治语汇中,"崛起"(rise/rising)与"衰亡"(decline/fall)天然相联系,用以探讨帝国或大国的命运问题。[1] 中国部分学者则将"崛起"解释为:"新兴大国实力与其他强国的差距迅速缩小,或赶超其他强国。"[2]认为其含义与常用的"赶超"差不多,不论是崛起还是赶超,显然就是要以一定的"加速度",缩小与一些强国在某些方面的差距,超过与自己处于同一、或相近发展水平的国家。[3] 但如果我们把"崛起"单纯理解为国家迅速发展的话,那么关于国家崛起可能引起的其他国家的反应和相关的争论就无从谈起了。按照罗伯特·吉尔平的逻辑,如果一种国际体系中重要国家的利益及其相应的权力

---

① 王学东:《国家崛起与国家声誉》,《现代国际关系》2004 年第 7 期。
② 阎学通:《中国崛起的国际环境评估》,《战略与管理》1997 年第 1 期。
③ 任东来:《大国崛起的制度构架和思想传统——以美国为例的讨论》,《战略与管理》2004 年第 4 期。

长期维持恒定不变状态,或者是,如果权力关系仅仅发生照旧维持原有比例的分配的变化,那这种体系就能继续无限期地处于均衡状态。然而,无论是国内或国际局势的发展,都会破坏这种现状的稳定性。比如,国内各种力量联合的变化,就可能有必要确定新的"国家利益"。但最容易破坏这种现状稳定性的因素,还是国际体系内部由于政治、经济和科技的发展,成员国之间实力发展所出现的不平衡趋势。这种实力增长的差异最终导致体系内部发生权力重新分配的根本变革。①

无论从哪个维度进行比较,国家崛起都是一个"由小到大""由弱到强"的过程。在这个过程中,离不开整个社会对国家整体提升的追求,为此在一段时期内甚至不惜牺牲个人或局部利益。在近代以来激烈的国际生存竞争中,民族主权国家逐渐取代传统的城邦国家、分散的封建实体和帝国,成为当今世界最为普遍的国家形式和最主要的国际行为主体。其主要原因就在于民族主权国家能够有效克服传统政治实体中存在的规模与忠诚的矛盾:规模太小,比如城邦国家,尽管有较普遍的内部认同和忠诚,但实力发展受到限制。如果没有扩张成为帝国,就必然在激烈的国际生存竞争中被吞并;规模太大,内部认同和对国家的忠诚又会受到削弱。比如很多帝国由于只能获得内部的部分忠诚最后陷入四分五裂。因此,如何使不同群体和不同地区超越其血缘和地缘局限形成对国家的普遍认同,是实现大国崛起、维系大国地位或复兴的关键。在此,能够体现集体情感认同的"国家梦"是不可或缺的。

从近代世界历史比较"国家梦"与大国兴衰变迁的辩证关系。国家的崛起绝不是田园牧歌式的,而是充满内外挑战的。

面对鸦片战争以来的中国近代民族危机,越来越多的中国人看到,这是两种不同政治体系的对抗。西方国家通过现代政治动员和组织,举全国之力进行对外扩张。而当时的中国政府缺乏开发和整合国家政治、经济、军事和技术资源的现代能力。中国民众也缺乏社会整体意识,缺乏国家认同,导致"一盘

---

① ［美］罗伯特·吉尔平:《世界政治中的战争与变革》,宋新宁、杜建平译,上海人民出版社2007年版,第19—20页。

散沙"。维新派代表人物梁启超认为,当今世界是民族主义的时代,西方列强以民族帝国主义称雄世界,"故今日欲抵挡列强之民族帝国主义,以免浩劫而拯生灵,惟有我行我民族主义之一策"①。革命派领导人孙中山指出,中国人只讲家族和胞族,却没有国族观念。因此,中国虽聚四万万之众,实则为一盘散沙,直至今日沦为世界上最贫弱国家。如要挽救于危亡,就须提倡民族主义,即用民族主义之精神去拯救国家。当时的这些看法凸现了中国现代化首先必须完成的一个任务,就是要在中国广大民众中形成以现代民族意识为基础的新的身份认同,结束一盘散沙的状况,才能实现国家的独立和富强。

有梦想不一定能够成功,但没有梦想一定不可能成功。所以人们说有梦的人是幸福的,因为梦意味着改善现状的希望。当然,个人或许可以凭借运气改善自己的命运,但国家仅凭运气是很难在激烈的国际生存竞争中实现崛起的,必须要有以此为梦想的集体自觉和努力追求。作为具有悠久文明历史和并曾取得辉煌成就的欧洲大国,法国在近代不到一百年的时间里就遭受到了三次大规模入侵。尤其是第二次世界大战,不仅给法国造成了空前的物质损失,更给法国的民族自信心和凝聚力造成了巨大打击。面对战后国际地位的大幅衰落和国内四分五裂的状况,具有强烈民族自尊心的戴高乐宣称,作为一个伟大的国家,法国的伟大只有在其追求伟大梦想的时候才能展现出来。"重振法国"不仅是战后戴高乐政治追求的最高目标,也成为其弥合国内分歧、整合各方力量、实现法国复兴的强大动力。对此,基辛格曾经评价道,不仅国家,个人也是如此,崇高的目标可以激发出个人更大的甚至此前难以想象的潜力来。反之亦然。

2."国家梦"与国家崛起的关系

在西方语境下描绘的"崛起",带有"霸权交替""权力转移"的潜在逻辑,因而新型大国的崛起往往引起传统霸权国的不安,②甚至诱发国际体系现状的危机甚至崩溃。每个国家都有其追求的梦想,在一个相互依赖日益加深的

① 《新民说》,转引自徐迅:《民族主义》,中国社会科学出版社 2005 年版,第 254 页。
② 王义桅:《和平崛起的三重内涵》,《环球时报》2004 年 2 月 13 日。

世界里,如何处理国家与国家之间的梦想关系,是决定一个国家能否最终崛起并持续的最重要外部条件。

从国际政治的系统角度看,崛起中的国家首先遇到的问题就是可能会遭到现存国家体系的主导国家以及其追随国的遏制。肯尼斯·沃尔兹认为,在国际政治中,如果某一国家的权力增长可能危及整个国际体系的权力平衡时,其他国家就会单独或者联合起来共同对付该国,遏制其霸权企图,其结果是均势(balance of power)的一再出现。导致这种情况一再发生的原因就是国际社会的无政府状态,由于国际社会没有统一的权威,没有超越国家至上的机构来提供安全等"公共物品",因此各国必须通过自助来获得自身的安全和生存需要:一方面增加自己的权力,另一方面也要提防其他国家权力的增长。国家自身难以制衡其他国家权力增长时,就会联合其他国家一起采取遏制战略。[①]沃尔兹从均势理论引申出,国家在面临其他国家权力迅速增长或霸权企图的时候,往往会选择制衡(balancing)而不是追随(bandwagon)的战略。与沃尔兹一样,斯蒂芬·沃尔特也认为,在无政府状态下,制衡而非追随是国际政治中更为常见的国家行为。但有所不同的是,沃尔特认为既然国家追求的是安全而非权力,那么国家的制衡行为就是针对威胁,而不是权力。沃尔特提出了国家威胁的四个主要来源:权力的增加、地理的接近、进攻性能力以及进攻意图。[②]他通过对中东地区、冷战时期美苏阵营间的联盟关系、东南亚以及欧洲30年代联盟关系的研究发现:第一,外在的威胁常常是国家之间结盟的原因;第二,制衡行为要比追随行为更普遍;第三,国家不完全是制衡权力,精确地讲,国家主要倾向于制衡威胁。全球性的大国力图制衡权力,而地区性国家试图制衡威胁而对于权力不感兴趣;第四,进攻性实力和意图的确增加了遭到其他国家联合抵制的可能性。[③]

①　Kenneth N. Waltz, *Theories of International Politics*, Newbery Award Record, Inc, 1979, pp. 115-128.

②　Stephen M.Walt, *The Origins of Alliances*, Ithaca and London: Cornell University Press, 1987, pp. 17-22.

③　Stephen M.Walt, *The Origins of Alliances*, Ithaca and London: Cornell University Press, 1987, pp. 147-148.

根据上面的结论,当一个崛起的国家已经具备构成威胁的必要条件,那么只要被认定为有进攻性意图的话,就很可能成为他国家制衡的对象。那么国家意图是什么,又是如何被判断的呢? 新现实主义几乎不认为判断其他国家意图具有必要性,因为没有一个国家能够完全知道其他国家的意图;而且,国家意图是可变的。米尔斯海默认为:"国家绝对不可能确定其他国家的意图,这并不是说国家的意图必定是邪恶或者善意的。因为国家的意图是无法严格地猜测,而且会不断更改。"①杰维斯也指出:"思想从来不会停滞,价值观也会不断发展,而新的机遇和威胁也随着而来。"②这解释了国际社会中因为缺少信任而难以合作的现象,但问题是国际政治中,国家之间意图的判断是既合逻辑又合情理的行为。那么对国家意图的判断是基于什么呢? 既然国家意图无法判断,那么最佳的取代手段就是国家的声誉了,一般认为,某一国家的历史行为会带来相应的声誉。一个国家的声誉,就是国际体系中的其他行为体对于这个国家的持久特征或特性的一种信念与判断。③ 也就是说,声誉不仅是国家的历史行为的记录,也是其国家标签、民族特性的提炼,这里必不可少的就要谈到一个国家的"国家梦"和其奋斗历程了。

国家崛起一般有两种途径:一种是拒绝接受现存国际体系的合理性,试图通过自身实力的发展推动国际体系的变革;另一种是认可现存的国际体系,并且积极参与其中,通过提高自身实力改变自己在国际体系中的位置。除非国际体系已到了非常脆弱的程度而自身又具有足够的实力优势,成熟的崛起战略往往是采取后一种方式。这是因为一个国家拥有的最有效的权力不必然来自国家的军事能力,而很大程度上来自于在国际体系中的受认可程度。这种认可归根到底就是是否与其他国家的梦想相冲突。

从很多历史案例可以看到,一个国家的崛起,需要国内改革和国际条件的

---

① John J.Mearsheimer,"*The False Promise of International Institutions*",International Security,Vol. 19,No.3,Winter 1994/95,pp.5-49.

② Roberr Jervis,"*Cooperationa under the Security Dilemma*",World Politics,Vol.30,No.2,January 1978,p.105.

③ 王学东:《国家崛起与国家声誉》,《现代国际关系》2004 年第 7 期。

支撑。其中,最重要的是需要有切合实际的"国家梦",不能怀着"大国梦"的企图去挑战现有国际体系的既有规则,因为这样往往带来的是其他国家行为体的联合遏制;而应该在坚持国家根本利益的同时,积极融入国际社会,参与国际事务,构建良好声誉,消减结构压力,促进国力的发展,这才是崛起国家外交战略的积极途径。

从美国两百多年的历史来看,"美国梦"贯穿其国家崛起的始终。从 17世纪为了开创新大陆的自由和财富之梦,到 19 世纪西进运动的开拓进取之梦,都为美国的财富积累创造了良好的条件,到了 20 世纪美国的经济迅速发展,以至于足够有实力把握住了两次世界大战时机,把追求财富的"个人梦"转变为强国的"国家梦",一跃成为世界最强大的国家。美国的崛起离不开"美国梦",同样也离不开美国对整个国际格局的把握,处在实力积累时期的美国并没有一上来就挑战现有的国际体系,而是遵循了游戏规则,积极参与其中,逐渐改变了美国在国际体系中的位置。在 1898 年美西战争之后,美国改为资本扩张的方式,而不是继续遵照传统帝国的领土扩张方式,从而避免了与英法等既有大国的冲突。

再来看看德国。当实力积累到一定程度后,有能力改变自己在国际体系中的地位了,却又因为热衷于军事扩张而很快走向衰落。一战和二战都给德国带来了惨痛的教训,战争扩张不仅没有改变自身在国际体系中的位置,反而因为挑战被其他国家的联合制衡一下打入谷底。"大德意志帝国梦"的教训是:一个崛起国家,如果不顾国际结构的压力,一味通过挑战国际秩序来获得增长空间,甚至通过战争的方式来改变现有体系,必然会遭到其他国家行为体的联合制衡,不仅达不到崛起的目的,还会因此走向衰落。

综上所述,在激烈的国际生存竞争中,国家是生存竞争的政治经济集体。"国家梦"是"个人梦"的前提和保障,"个人梦"是"国家梦"的源泉和动力。国家的崛起离不开大多数成员超越自身利益局限的集体共识和梦想追求。"国家梦"与"个人梦"的相融,才能从根本上促进国家的崛起;否则,就会缺乏足够的动力而难以达致目标,甚至陷入内乱;国家与国家梦想的相融,才能避免霸权争夺的周期性战争。

二、世界风云激荡下的中国追梦

与西方大国的强国梦想不同,"中国梦"直接源自近代百年屈辱。作为一个有着 5000 年文明历史的大国,中国曾长期领先于世界。但从近代开始,中国逐渐落后并遭受到西方列强近百年的侵略压迫,成为一个任人宰割的边缘国家。实现中华民族伟大复兴,就成为中华民族近代以来最伟大的梦想。经过仁人志士前赴后继的百年抗争,中国终于实现了民族独立。中华人民共和国的成立,结束了过去一盘散沙、任人欺辱的被动状态,为中华民族的伟大复兴奠定了重要的政治基础。69 年来,经过各族人民的共同努力,中国综合国力显著增强,国际地位和影响力不断提高,并且取得了举世瞩目的成绩。

(一)由封闭到开放

1984 年 10 月,邓小平在中央顾问委员会第三次全体会议上总结道,"现在任何国家要发达起来,闭关自守都不可能。我们吃过这个苦头,我们的老祖宗吃过这个苦头"。[①]"闭关锁国"是导致近代中国盛极而衰、最后被动挨打的重要原因。新中国成立以后相当长一段时间里,由于冷战,中国对外交往主要限于苏联东欧的社会主义国家和亚非拉第三世界国家,范围和程度有限。其间还曾一度受到"左"的思想干扰而出现过短暂的倒退。按照邓小平的话来讲,就是"过去是西方不让我们开放,后来一段时间是我们自己不开放"。

从 20 世纪 70 年代开始,随着中西方关系的缓和,尤其是 1978 年"改革开放"后,中国逐步走向全方位、多层次、宽领域的对外开放,不断扩大与世界的经济、教育、文化和政治交往。"开放"与"改革"一道成为推动中国经济社会发展、实现中华民族伟大复兴的重要推动力量。

经济发展是中国对外开放的原动力,也是成果最为显著的领域。从新中国成立到改革开放前 30 年,我国对外经济交往的范围和程度有限。这主要受两方面因素的影响。从国内来讲,基础薄弱,经济技术落后,缺乏参与国际经

---

① 《邓小平文选》第 3 卷,人民出版社 1993 年版,第 90 页。

济竞争的足够实力。而基于对过去帝国主义殖民统治的痛苦记忆,不愿意再次被剥削控制,因此主要采取向外国政府借款或由其提供技术援助的方式进行。其典型代表就是中国"一五"计划期间,由苏联援助建设的 158 个大型项目;从国际方面来讲,主要是西方继续维持对华敌视政策,使得中国对外经济交往范围受到很大限制。随着 20 世纪 60 年代后中苏关系的恶化,中国能够获得的外部经济援助完全停止。而为了支持第三世界国家的反帝斗争,中国还要承担大量的对外援助。这些情况加剧了中国的经济困难。随着中西方关系的全面解冻和中国战略重心转移到经济建设上来,对外开放再次成为中国的选择。

通过政策优惠和制度改革实施"引进来"战略是中国对外开放的起点。从 1980 年,设立经济特区开始,到 1984 年,开放沿海港口城市,再到 1985 年,设立沿海经济开放区,到之后建立海南经济特区、上海浦东新区以及西部大开发战略的实施等,中国对外开放加速向纵深推进,迅速由沿海向沿江及内陆和沿边城市延伸,逐渐形成全方位的区域开放格局。2001 年中国正式加入世界贸易组织,对外开放进入了新的阶段:由政策性开放转变为制度性开放;由单向自我开放市场转变为双向开放市场;由被动接受国际经贸规则的开放转变为主动参与制定国际经贸规则的开放;由依靠双边磋商机制协调经贸关系的开放转变为双边、多边机制相互结合和相互促进的开放。[1]

在"引进来"战略中,吸引和利用外资是其核心内容。改革开放之初,由于对中国政策的疑虑,加之软硬件设施的落后,外资流入进展缓慢,外资单项规模和总体规模都比较小,技术水平也比较低,主要以向外国政府的借款为主。到 2013 年,中国实际使用非金融类外商直接投资达到 1176 亿美元。[2]从 1979 年到 2013 年,中国累计实际使用外商直接投资达 13937 亿美元。[3] 截

---

[1]　马建堂:《建国 65 周年:综合国力和国际影响力实现历史性跨越》,《人民日报》2014 年 9 月 24 日。

[2]　中国国家统计局:《2013 年国民经济和社会发展统计公报》2014 年 2 月 24 日,http://www. stats.gov.cn/tjsj/zxfb/201402/t20140224_514970.html。

[3]　马建堂:《建国 65 周年:综合国力和国际影响力实现历史性跨越》,《人民日报》2014 年 9 月 24 日。

至 2014 年,中国连续 23 年居发展中国家首位,连续 13 年居世界前三位。由于世界经济增长乏力,国际投资持续低迷,但 2019 年我国实际使用外商直接投资金额 9415 亿元,比上年增长 5.8%。大量外资的进入,不仅解决了中国发展的资金问题,并且不断促进中国经济技术水平和经营管理水平的提高。

对外贸易不断发展,规模和结构不断提升。改革开放前,中国对外贸易伙伴有限,贸易规模小,结构单一。新中国成立之初,中国对外贸易伙伴只有 20 个左右。1978 年也只有 40 多个。2013 年达到了 220 多个,几乎遍及全球所有国家和地区,并成为其中 120 多个国家和地区的最大贸易伙伴。与此相应的是中国对外贸易规模的大幅增加。改革开放以来,特别是 2001 年加入世界贸易组织之后,中国对外贸易加速增长,连上新台阶。据统计,从 1951 年到 2013 年,中国货物进出口总额年均增长 13.9%,其中改革开放以来年均增长 16.4%,加入世界贸易组织以来年均增长 18.2%。与此同时,货物贸易结构不断优化,初级产品出口额占出口总额的比重由 1978 年的 53.5%下降到 2013 年的 4.9%,工业制成品出口比重则由 46.5%上升到 95.1%。服务贸易从无到有,迅速增长。2013 年,中国服务贸易进出口总额 5396 亿美元,居世界第三位。[①] 尽管面临全球保护主义的挑战,2019 年我国货物进出口总额达到 4.58 万亿美元,连续 3 年保持全球货物贸易第一大国地位。[②] 贸易结构继续优化。一般贸易进出口占货物进出口总额比重达 59.0%,机电产品的出口占比已经达到了 57.9%,高新技术产品出口占比达到 28.3%。服务进出口总额比上年增长 2.8%,服务贸易逆差收窄 10.5%。其中,服务出口总额在服务进出口总额中的比重达 36.1%,比上年提高 2.0 个百分点。[③]

由于外资的大量流入和出口的快速增长,中国外汇储备不断增多。2014

---

① 马建堂:《建国 65 周年:综合国力和国际影响力实现历史性跨越》,《人民日报》2014 年 9 月 24 日。

② 《蹄疾步稳 中国构建全方位开放新格局》,《经济参考报》2020 年 10 月 15 日。

③ 盛来运:《稳中上台阶,进中增福祉——〈2019 年统计公报〉评读》2020 年 2 月 28 日,中国国家统计局网站:http://www.stats.gov.cn/tjsj/sjjd/202002/t20200228_1728918.html。

年 8 月底,中国外汇储备增加至 3.9688 万亿美元①,达到顶峰。虽然此后由于各方面原因逐步下降,但 2019 年中国外汇储备依然超过 3 万亿美元,达到 31079 亿美元②,连续 15 年稳居世界第一位。大量的外汇储备不仅增强了中国抵御金融风险的能力,提升了中国的资信等级,还成为扩大经济影响的重要筹码。

随着"引进来"战略的实施,中国经济实力和技术管理水平不断提升,参与全球分工的能力逐步增强。对外投资从无到有迅速增加。与对外贸易和引进外资相比,中国对外投资起步相对较晚,但发展速度较快。截至 2013 年底,非金融类对外直接投资存量达到 5434 亿美元。③ 2019 年,中国对外非金融类直接投资额约合 1106 亿美元。其中,对"一带一路"沿线国家非金融类直接投资额 150 亿美元。以工程承包、劳务合作和技术管理为主要内容的对外经济合作不断扩展。2019 年对外承包工程完成营业额 1729 亿美元。其中,对"一带一路"沿线国家完成营业额 980 亿美元。④

改革开放前,中国对外经济合作主要采取项目援建的方式进行,先后向多个国家提供了成套项目援助。由于财力和技术水平限制,中国对外经济合作的规模有限,发展缓慢。从 20 世纪 70 年代中后期开始,中国对外经济合作走上持续高速增长时期。除了积极推进双边合作外,新中国还积极参与国际经济合作组织,大力倡导和推动次区域经济合作和自由贸易,为参与全球经济一体化开拓了更加广阔的空间。如中国恢复在国际货币基金组织和世界银行的合法席位,加入世界贸易组织,参与了亚太经合组织、上海合作组织等区域性合作计划,并发挥了越来越重要的作用。目前,中国在积极推进国际经济秩序

---

① 中国国家外汇管理局统计数据:《国家外汇储备规模(1950—2015)月度数据》2018 年 1 月 12 日,http://www.safe.gov.cn/safe/2018/0612/9313.html。

② 国家统计局:《中华人民共和国 2019 年国民经济和社会发展统计公报》2020 年 2 月 28 日,http://www.stats.gov.cn/tjsj/zxfb/202002/t20200228_1728913.html。

③ 商务部、国家统计局和外汇管理局:《2013 年度中国对外直接投资统计报告》2014 年 9 月 9 日,http://hzs.mofcom.gov.cn/article/date/201409/20140900724426.shtml。

④ 国家统计局:《中华人民共和国 2019 年国民经济和社会发展统计公报》2020 年 2 月 28 日,http://www.stats.gov.cn/tjsj/zxfb/202002/t20200228_1728913.html。

改革的同时,提出"新丝绸之路经济带""21 世纪海上丝绸之路"等一系列区域经济合作倡议,并得到了许多国家和国际组织的积极响应。截至 2020 年 10 月,中国已签署了 20 个自贸区协议,正在谈判的有 12 个,正在研究的 8 个。① 另外,我国已经同 138 个国家和 30 个国际组织签署 200 份共建"一带一路"合作文件。②

改革开放以来,中国在进行对外经济交往的同时,也进行着教育、科技、学术和文化等领域的国际交流与合作。在经济、教育、文化对外交往不断扩大的背后,是中国对外政治关系的巨大发展。到目前为止,中国一共与 100 多个国家和组织建立了各种类型的伙伴关系,从合作伙伴、建设性合作伙伴、全面合作伙伴、战略伙伴、战略合作伙伴到全面战略合作伙伴等。这些合作在促进各自利益的同时,也促进了地区与世界的和平与发展。与此同时,中国参与了众多国际组织和数千个非政府组织,积极参与处理各种全球和地区性热点和挑战,并发挥着越来越重要的作用。

(二)由贫穷到富强

落后就要挨打,这是中国人民从近代百年屈辱中得出的惨痛教训。对于经过长期艰苦斗争才赢得民族解放的中国政府和领导人来说,迅速摆脱贫穷落后状况,实现国家富强,是最为迫切的历史重任。

新中国成立之初,中国的经济总量和人均水平都很低,经济技术十分落后,综合实力弱。一百多年的帝国主义侵略掠夺以及由此而加剧的国内动荡,留下的是一个积贫积弱、千疮百孔的烂摊子。几乎没有什么工业,连"一辆汽车、一架飞机、一辆坦克、一辆拖拉机都不能造"③。"如果不在今后几十年内,争取彻底改变我国经济和技术远远落后于帝国主义国家的状态,挨打是不可避免的。"④对于一些对加速工业的认识有偏差的问题,毛泽东告诫说:"我们的国家在政治上已经独立,但要做到完全独立,还必须实现国家工业化。如果

---

① 商务部自由贸易区网站资料:http://fta.mofcom.gov.cn/。
② 《蹄疾步稳 中国构建全方位开放新格局》,《经济参考报》2020 年 10 月 15 日。
③ 《毛泽东文集》第 6 卷,人民出版社 1999 年版,第 329 页。
④ 《毛泽东文集》第 8 卷,人民出版社 1999 年版,第 340 页。

工业不发展,已经独立了的国家甚至还有可能变成人家的附庸国。"①1955年,在资本主义工商业社会主义改造问题座谈会上,他指出:"我们的目标是要使我国比现在大为发展,大为富、大为强。现在,我国又不富,也不强……许多东西我们都不能造,现在才开始学习制造。我们还是一个农业国。在农业国的基础上,是谈不上什么强的,也谈不上什么富。"②

如何在中国这样一个贫穷落后的东方国家建设社会主义,是一项前无古人的伟大尝试,没有任何成功的经验可以直接借鉴。但中国共产党人凭借强烈的民族责任感和历史使命感,不断探索创新,勇于修正错误。经过70多年的建设,中国在经济、社会、教育、科技和国防等各个方面都取得了显著成就,综合国力不断增强,初步实现了由贫穷到富强的伟大转变。

随着经济实力的提升,中国经济规模在世界的排名由新中国成立初期的第十五六位,上升至1978年的第十位,2010年后跃居第二位。"2019年我国国内生产总值990865亿元,按年平均汇率折算达到14.4万亿美元,稳居世界第二位;人均国内生产总值70892元,按年平均汇率折算达到10276美元,首次突破1万美元大关,与高收入国家差距进一步缩小。"③与经济规模相比,经济结构和质量更重要,因为它体现了一个国家的财富生产效率和潜力,而这比财富规模本身更重要。中国经济发展成就,不仅只是规模的扩大,还有结构和质量的提升。有些人拿鸦片战争时期中西经济的历史数据进行对比,发现当时中国经济规模也很大,但依然挨打,甚至以此否定当前经济发展的成就。这种认识是有失偏颇的。其根本原因就在于没有看到当时中国经济主要是农业和家庭手工业,生产效率极低,只是由于庞大的人口规模和地理范围暂时掩盖了这些根本弱点。大部分的产品被立即消费掉的,因而根本不可能形成持续性的剩余财富积累和决定性的军事打击力量。由于产业结构落后,生产效率低下,大多数人处于贫困状态,清朝生产财富和提取财富的能力远不及当时工

---

① 《周恩来统一战线文选》,人民出版社1984年版,第253页。
② 《毛泽东文选》第6卷,人民出版社1999年版,第495页。
③ 盛来运:《稳中上台阶,进中增福祉——〈2019年统计公报〉评读》,2020年2月28日,中国国家统计局网站:http://www.stats.gov.cn/tjsj/sjjd/202002/t20200228_1728918.html。

业革命后的西方国家,从事战争的能力当然也不及西方。不要说技术水平,仅就财富生产和提取能力而言,英国以不及中国十分之一的人口提供了超过当时清朝全年的财政收入。1870 年,英国全国蒸汽机能力约为 400 万马力,相当于 4000 万人产生的功率。英国当时使用 1 亿吨煤,相当于 800 万亿卡的热量,足以供 8.5 亿成年男人使用 1 年(当时英国实际人口约为 3100 万)。①

中华人民共和国成立初期,中国没有一种农产品产量能达到世界第一。而今天的中国已建立起门类齐全、布局合理的产业体系。不仅早已解决了过去长期困扰中国经济社会发展的产品短缺问题,而且在世界经济中占有越来越重要的地位。目前,中国制造业增加值在世界占比达到 20.8%,居世界第一,是名副其实的"世界工厂"。不仅如此,中国工业竞争力也在稳步提升。经济发展带来的直接好处就是人民生活水平的提升。70 年来,中国人民生活实现了由贫困到总体小康的历史性跨越,正在向全面小康目标迈进。并且中国各项事业均有很好的发展。中国教育科技事业快速发展,教育普及程度明显提高,已接近中等收入国家平均水平。科学技术事业突飞猛进,形成了从基础科学、应用科学、公益性社会科技服务到工程设计、开发研究、科学测验等门类和学科都十分齐全的科学技术体系,越来越多的重大科技成果已达到或接近世界先进水平。

天下虽安,忘战必危。在现实的国际政治中,国防军事实力始终是一个国家综合实力的"硬核"。亚当·斯密在探索如何实现"富国裕民"的方法时不忘提醒人们,"国防比国富重要得多","勤勉而因此富裕的国家,往往是最会引起四邻攻击的国家"②。历史教训也告诉我们,没有强大的军事实力做后盾,巨大的财富反而更容易招致危险。基于近代历史的沉痛教训,新中国成立后非常重视国防事业,在极其困难的情况下勒紧裤腰带开发出"两弹一星"。正如邓小平后来所评价的,没有"两弹一星"就没有中国的大国地位。依靠独立完整的现代国防工业体系,中国人民解放军早已告别了"小米加步枪"的时

---

① [美]保罗·肯尼迪:《大国的兴衰——1500—2000 年的经济变迁与军事冲突》,陈景彪等译,国际文化出版社 2006 年版,第 143 页。
② [英]亚当·斯密:《国民财富的性质和原因的研究》,郭大力、王亚南译,商务出版社 1997 年版,第 36、261 页。

代,发展为包括陆军、海军、空军、战略导弹部队和其他技术兵种在内的诸军兵种的合成部队,现代化条件下的防卫作战能力大大增强。中国可以独立生产各种新型现代化的常规武器和多种核武器,是世界上五个核大国之一。人民解放军的革命化、正规化和现代化建设不断加强,国防实力和军队防卫作战能力进一步提升。

冷战结束后中美关系的波折,以及以"海湾战争""科索沃危机"等为代表的一系列高科技战争再次警醒了中国。中国开始调整改革开放后国防建设服务服从于经济建设的政策,加大国防投入。随着经济实力的增强和科技水平的快速提升,以及国防投入的持续增加,中国的国防科技水平和军事实力在冷战结束以来得到大幅提升。近年来,美国等西方国家日益强烈地感受到,中国国防军事现代化的发展速度,超过他们的预期。美国 2011 年的《中国军力报告》承认,随着军事投入的持续增长,中国军事现代化取得了巨大进步,开发和部署了一系列新型弹道导弹和远程巡航导弹,海军、空军、防空部队、陆军的装备不断改进和提升,太空和反太空作战能力以及网络作战能力逐步形成等。2014 年的《中国军力报告》提及了中国国防军事的最新发展。比如,射程超过11800 公里的新一代公路机动式固体洲际弹道导弹"东风 31A"和装有分导式多弹头重返大气层(MIRV)的东风 41,射程达 1500 公里以上的东风 21D 反舰弹道导弹和射程超过 3500 孔里的东风-26 中远程弹道导弹,兼具对陆攻击和反舰能力的 095 弹道导弹攻击潜艇(SSGN),装备有兼容远程防空导弹、反舰导弹、对陆攻击巡航导弹和反潜火箭的多用途垂直发射系统(MVLS)的 052D 新一代"中华神盾"驱逐舰,隐形战斗机歼-20、歼-31 和大型战略运输机运-20 等。这些新的武器装备,将进一步增强中国的战略核威慑力量、远程兵力投送和远洋作战能力、在周边地区执行反介入和区域阻隔(Anti-access/ area-denial,A2/AD)的能力。① 虽然中国的国防实力和技术水平还不能满足中国国家利益全球化的需要,与世界先进水平也有相当的差距,但随着中国经

---

① Office of the Secretary of Defense, *Military and Security developments Involving the People's Republic of China 2013*, April 24, 2014.

济科技水平的不断提升,中国国防军事实力也将得到相应地增强。强大的国防实力不仅有助于维护国土安全,还有助于维护不断扩展的海外利益。例如,在 2011 年 2 月的利比亚危机中,中资机构、企业和人员遭遇严重的安全威胁。中国政府组织了新中国成立以来最大规模的撤离海外公民行动,紧急动用飞机和军舰,安全撤出 35860 人,使海外中国人强烈地感受到强大祖国的力量。

(三)由边缘到中心

现代世界体系是由西方主导建立起来的。尽管国际法规定,各国主权独立并相互平等,但实际上,各国在世界体系中的地位和权益是不平等的,主要是由其实力所决定的。美国国际政治学者伊曼纽尔·沃勒斯坦根据所处的地位将不同国家分为"中心国家""边缘国家"和"半边缘国家"。

毫无疑问,从鸦片战争到新中国成立之前,中国是西方主导的国际体系中的一个边缘、半边缘国家。新中国的成立,奠定了中华民族伟大复兴的政治基础。但在相当长一段时间里,由于整体实力和科技水平落后,加之西方的排斥,中国除了在局部地区外,总体国际影响有限,地位依然比较边缘。在 20 世纪 90 年代初苏东剧变后,很多西方反华人士甚至认为,中国正处于政治经济危机之中,只要稍加压力就会像苏联东欧一样陷入崩溃。一时间,"中国崩溃论"甚嚣尘上,成为西方各大媒体竞相预言的主题。但中国政府不但抵住了西方的压力,还通过进一步的改革开放继续保持了经济的持续高速增长,综合实力和国际影响不断增强,逐渐摆脱了国际孤立和边缘地位。

2008 年美国次贷危机的爆发引发了整个西方乃至世界的经济危机,不仅导致严重的经济社会后果,还打破了西方,尤其是美国的经济神话,"华盛顿共识"并非完美无缺,更不是实现经济持续健康发展的唯一道路。与此同时,在协调各国政策以应对空前危机的努力中,包括中国等新兴经济体在内的 G20 会议,迅速成为国际经济治理的重要机制。在 2008 年以来的历次 G20 会议,"中国声音"成为国际社会的共同关注点,"倾听中国"逐渐成为一种习惯。2011 年 1 月举办的达沃斯世界经济论坛,因为中国高层的缺席,而逊色不少。

困窘之下,美国等西方国家纷纷将求救的目光投向中国,希望中国承担起帮助他们快速实现经济复苏的"责任",甚至出现"中美国"(Chimerica)和"中美两国集团"（G-2）的提法。鉴于中国经济实力的快速增长,美国彼得森国际经济研究所所长弗雷德·伯格斯藤（Fred Bergsten）早在2004年就产生了建立某种形式的中美集团（G-2）的想法。随着2005年美中"战略对话"和2006年美中"战略经济对话"的开启,关于"G-2"的讨论逐渐增多。2008年,斯滕伯格在《外交事务》7/8月刊上正式提出应该建立一个由美中两国所组成的"G-2"集团,以应对从双边到全球的各种问题。他认为,由于没能调整国际治理结构以适应成员国之间相对经济力量的巨大变化,美国主导的大多数国际经济组织已经失去了其合法性和有效性。G-8已经过时,而G-20的效率太低。对此,美国应采取一种微妙的但是根本性的方式调整对华经济战略,使其成为一个拥有充分权力的真正伙伴,以对全球经济体系提供一种联合领导。①

2007年2月5日,美国哈佛大学教授尼尔·弗格森（Niall Ferguson）和经济学者莫里茨·舒拉里克（Moritz Schularick）在《华尔街日报》上首次公开提出"中美国"（Chimerica）概念。他们指出,当时全球资本市场的繁荣是由于中美经济高度融合而形成的一个新的经济共同体——"中美国"的出现,并将其视为理解当今世界经济的关键因素。② 2008年11月17日,弗格森在《华盛顿邮报》上撰文建议,为了避免金融危机进一步恶化,并使美国尽快走出危机,奥巴马总统不要等到次年4月份的G20会议之后,而应在就职的第二天就召开中美"G-2"会谈,因为现在只有中国才能够提供美国刺激经济复苏所需要的大量资金。这与历史上美国历次危机都去寻求西欧和日本帮助有很大的不同。在此次危机期间,日本还没有摆脱1991年以来的经济紧缩。为了刺激经济增长,日本政府在此期间所积累起来的公共债务占到GDP的200%以上。而欧盟则因为冰岛、希腊、西班牙等国的主权债务危机陷入空前的恐慌。简言之,日本和欧盟不仅缺乏足够的财政资源帮助美国,相反自身还面临财政危机

---

① C.Fred Bergsten,"A Partnership of Equals", Foreign Affairs, Jul/Aug2008, Vol.87 Issue 4, pp. 57-69.

② Niall Ferguson and Moritz Schularick,"Chimerical? Think Again", The Wall Street Journal, 2007-02-05. A17.

的压力。中国政府手中巨额外汇储备成为美国、欧盟迫切希望争取的对象。截至2014年8月底,中国持有美国12697多亿美元的联邦债券。① 此后,中国逐步减持美国国债,但依然超过1万亿美元。除此之外,中国还购买了大量的地方政府债券、机构债券以及公司债券。据估计所有这些债券和股票可能占到中国外汇储备的四分之三作用,接近3万亿美元。

以佐利克、基辛格和布热津斯基等为代表的美国政界精英纷纷对建立中美"G-2"表示认同。佐利克认为,没有一个强有力的由美中两国所构成的"G-2"集团,G-20将会令人失望。只有通过一种前所未有的双边合作,全球经济才能复苏。基辛格主张,美中两国应建立一种"命运共同体"结构,将两国关系提升到类似二战后大西洋两岸关系的高度。布热津斯基表示,应当召开由美中两国参与的"G-2"峰会。他强调,美中之间的关系必须真正是一种与美欧、美日关系类似的全面的全球伙伴关系,美中高层领导人应进行例行的非正式会见,不仅就美中双边关系,还应就整个世界问题进行一种真正个人之间的深入讨论。克林顿总统时期的财政部副部长罗杰·阿尔特曼(Roger C. Altman)认为,中美两国不仅在经济上,而且在地缘政治上都拥有相似的利益,"没有什么理由不使中美两国关系成为一个合作和全球稳定的关系"。② 面对空前严重的金融危机,新上任的奥巴马总统多次表示,美中关系是21世纪最重要的双边关系之一,建议将此前两国之间的"战略对话"和"战略经济对话"合并提升为"战略与经济对话"(Strategic and Economic Dialogue)。在2009年7月底首次中美"战略与经济对话"召开前,美国国务卿希拉里和财政部长盖特纳在《华尔街日报》上联合撰文指出加强中美合作的重要性:"很少有哪个

---

① Department of Treasury /Federal Reserve Board, *Major Foreign Holders of Treasury Security*, October 16, 2014, 参见美国财政部网站资料:http://www.treasury.gov/ticdata/Publish/mfh.txt。

② Henry A.Kissinger,"The chance for a new world order",New York Times,2009-01-12. http://www.ny-times.com/2009/01/12/opinion/12iht-edkissinger.1.19281915.html?_r=1;Zbigniew Brzezinski,"*The Group of Two that could Change the World*",Financial Times,2009-01-13. http://www.ft.com/cms/s/0/d99369b8-e178-11dd-afa0-0000779fd2ac.html? nclick_check=1;Roger C.Altman,"*Globalization in Retreat*",Foreign Affairs,Jul/Aug2009,Vol.88 Issue 4,p.7.

全球问题能够由中国或美国单独解决,也很少有哪个全球问题能够在没有中美合作的情况下解决"。①

　　根据国际货币基金组织的统计数据显示,从 1980 年到 2013 年,中国 GDP 增长了 30 多倍,占世界经济的比重由 1.8%上升到 12.34%。在此期间,中国 GDP 年均增长速度大约是美国的 3 倍。按当年人民币对美元的汇率来算,中国 GDP 从不到美国的 10.8%上升至 55%以上。② 根据国际货币基金组织 2020 年 10 月公布的最新数据,2019 年中国按照汇率折算的 GDP 占世界经济的比重达到 16.8%。如果按照购买力平价计算,中国 GDP 的占比为 17.4%。而按照汇率和购买力平价计算,美国 GDP 占比分别为 24.4%和 15.9%。③ 尽管很多学者对这些计算方法存在不少争议,但大多数机构认为,如不出意外,中国在经济规模上赶超美国只是一个时间问题。2020 年新冠肺炎疫情对全球经济带来了空前挑战,这将进一步提升中国在世界经济中的地位。

　　虽然"中美国"和"中美两国集团"并没有成为美国制定对华政策的主要原则,但仅仅作为一种舆论就程度不同地引起一些伙伴的妒忌和不安。尽管如此,要求中国提供更多支持的动机则是实实在在地存在的。在很大程度上可以说,2008 年美国金融危机以及由此而引发的世界金融危机,加速了国际社会对中国崛起的现实感知。但实际上在此之前,中国的国际影响已在悄然上升。归根到底,这是 70 多年来中国综合实力不断增强和国际影响日益扩大的必然结果。

　　从近代世界历史来看,大国的崛起,往往首先是经济的崛起,然后外溢到军事、政治和文化等领域,从而形成整体性实力。在此基础上,恰当地运用不断增强的实力获得日益扩大的国际影响力。当其实力和影响力获得国际认可

① Hillary Clinton and Timothy Geithner,"A New U.S. Dialogue with China", Wall Street Journal, 2009-07-27, p.A15.
② 国际货币基金组织统计资料:http://www.imf.org/external/pubs/ft/weo/2014/02/weodata/weorept.aspx? sy=1980&ey=2019&scsm=1&ssd=1&sort=country&ds=.&br=1&c=924%2C111&s=NGDP_RPCH%2CNGDPD&grp=0&a=&pr.x=73&pr.y=10。
③ IMF, World economic outlook:A Long and Difficult Ascent, October 2020, p.31. https://www.imf.org/en/Publications/WEO/Issues/2020/09/30/world-economic-outlook-october-2020.

后,就变成了国际权力。

作为一个开放的经济体,中国经济实力的增强已对全球地缘经济结构产生了重大影响。战后以来,美国一直是世界绝大多数国家的最大贸易伙伴。直到 2006 年,全球 127 个国家的最大贸易伙伴都是美国,仅 70 个国家的最大贸易伙伴是中国。但到 2011 年,中国成为全球 124 个国家的最大贸易伙伴,而以美国为最大贸易伙伴的国家降至 76 个。美联储分析数据显示,2011 年对 77 个国家来说,中国已经超越美国成为了他们最大的市场,相比十年前增加 57 个。在 2002 年,他国与中国的贸易平均占其 GDP 的 3%,与美国的贸易占其 GDP 的 8.7%。2011 年,其他国家与中国的贸易占其 GDP 的平均比重达到 12.4%。在世界生产和市场中,中国无疑占有越来越重要的地位。2013 年货物进出口总额达到 4.159 万亿美元,占世界的比重上升至 11.0%,超过美国跃居世界第一位。至 2019 年,中国已连续 7 年成为世界最大的货物贸易国。

在国际上,没有代表,就没有发言权。只有得到国际社会的承认,实力才能更有效地转化为影响力和权力。继 1971 年恢复联合国合法席位之后,1980年 4 月和 5 月,中国相继恢复了在国际货币基金组织和世界银行的合法席位。2001 年,中国加入世界贸易组织。与此同时,通过积极参与这些国际组织的活动,认真履行国际义务和承诺,中国获得了越来越多的话语权和影响力。在应对全球和地区性问题方面,从经济动荡、裁军与军控、人权、环境、社会发展和政治安全等各个方面,中国正成为一个日益重要的参与者。在国际货币基金组织新一轮的投票权改革中,将大幅增加中国的份额,这是对中国经济发展成就和实力的承认。2017 年以来,在美国特朗普政府不断"退群"的趋势下,中国成为维护国际多边机制和战略稳定的重要力量。中国倡导的"一带一路"国际合作、"亚洲基础设施投资银行"等得到了国际社会越来越多的积极响应。

虽然目前中国无论在综合实力上还是在国际权力上与美国相比还存在很大差距和不足,但有苗不愁长,中国巨大的资源、人口和幅员意味着巨大的潜力。美国彭博社诺厄·斯密斯指出,2013 年中国人口为 13.57 亿,美国人口为 3.16,中美人口数量之比为 4.29∶1。若每个工作年龄的中国人一周工作40 小时,一年 50 周,他们只需每小时创造 9.15 美元,中国经济就比美国的大。从购买力平价算,中国已是最大了。如今它还是最大贸易国和制造业国。那些说中国经济称霸并非不可避免的人,要么是纠缠于某个琐碎的技术细节,要么就是忘了中国的巨大体量这一简单却重要的事实。随着经济的持续增长,假以时日,中国的科技水平、文化竞争力和军事实力都将得到进一步提升,并逐渐将这种实力转化为权力和影响力。与这种转变相应的是,中国将进一步向当前世界体系的中心回归。

党的十九大报告指出,中国特色社会主义正进入新时代。这意味着近代以来久经磨难的中华民族迎来了从站起来、富起来到强起来的伟大飞跃,迎来了实现中华民族伟大复兴的光明前景。这个新时代,是我国日益走近世界舞台中央、不断为人类作出更大贡献的时代。根据"三步走"战略部署,中国共产党提出,到建党一百年时建成经济更加发展、民主更加健全、科教更加进步、文化更加繁荣、社会更加和谐、人民生活更加殷实的小康社会,然后再奋斗三十年,到新中国成立一百年时,基本实现现代化,把我国建成社会主义现代化国家。到那时,我国物质文明、政治文明、精神文明、社会文明、生态文明将全面提升,实现国家治理体系和治理能力现代化,成为综合国力和国际影响力领先的国家,全体人民共同富裕基本实现,我国人民将享有更加幸福安康的生活,中华民族将以更加昂扬的姿态屹立于世界民族之林。①

反对霸权主义,提倡平等交往,是当前国际社会正义力量的呼声。对于"中心—边缘"分析模式的霸权主义批判主张,我们无疑要积极给予回应。但是,对于这一分析模式所保持的霸权周期律特别是表达的中国霸权问题,我们要予以澄清。中国政府反复重申,我们要继承和弘扬联合国宪章的宗旨和原则,构建以合作共赢为核心的新型国际关系。中共十九届四中全会强调,要"维护联合国在全球治理中的核心地位"②。从历史看,中华民族历来崇尚"和而不同""协和万邦"的理念;从现实看,中国的社会主义制度本质上要求我们反对霸

---

① 习近平:《决胜全面建成小康社会　夺取新时代中国特色社会主义伟大胜利——在中国共产党第十九次全国代表大会上的报告》,《人民日报》2017 年 10 月 28 日。
② 《中共中央关于坚持和完善中国特色社会主义制度　推进国家治理体系和治理能力现代化若干重大问题的决定》,《人民日报》2019 年 11 月 6 日。

权主义;从世界潮流看,各国人民期盼着共同发展、共同进步。[①] 中国领导人多次重申,中国奉行双赢、多赢、共赢的新理念,既不会依附别人,更不会掠夺别人。这些主张充分表明,中国不认同"国强必霸"的陈旧逻辑,不认同"中心"对"边缘"的霸权地位,要改变以霸权主义为主题的世界历史叙事。从这种意义上,即便我们进一步富起来、强起来,我们也永不称霸。我们所要达到的中心,准确地说是"世界舞台的中央",不是对边缘存在霸权和剥削的中心,不是炫耀和使用武力的中心,而是展示中国实力、魅力、影响力的世界舞台的中央。

三、中国梦的国际实践

建立殖民地、争夺势力范围和武力扩张,是近代大国崛起的传统模式,它给各国带来了深重的灾难。基于这些历史记忆和对未来不确定性的担忧,国际社会对任何新兴大国的崛起都存在本能的猜忌。要有效地消除这些猜忌,既需要国家政策的明确承诺,更需要其身体力行地遵守这些承诺。中国一直坚持走和平发展道路,逐步赢得国际社会的理解和尊重。中国的和平发展是一场打破"国强必霸"历史宿命的伟大实践。

(一)以互信合作求共同安全

安全是和平的核心问题,没有安全就没有和平。在西方国际安全研究领域,有一个核心概念叫做"安全困境"。该概念认为,国际社会不同于国内社会,缺乏一个世界政府充当最高权威,来有效地维持国际秩序。每一个国家的安全主要依靠自身努力来维护。在这种情况下,一个国家为预防可能的外来威胁而增加防卫投入的行为,可能被另一个国家视为一种潜在威胁。为应对这种潜在威胁,后者也可能通过增加防卫力量来增强自身的安全感。但由此又抵消了前者因为增加防卫投入而带来的安全感。对此,只有再继续增加防卫投入才能弥补。其结果是,两个国家可能逐渐走上一种螺旋式上升的军备竞赛和认知冲突的轨道之上。

---

① 孙来斌:《朗照人类命运的中国智慧》,《光明日报》2017 年 10 月 16 日。

"安全困境"的根源在于互信的缺失。但信任又是一个最难把握的心理世界。因此,西方现实主义往往更注重实力,而不仅仅是意向或承诺。因为意向和承诺都可能发生变化。如果对方实力弱小,无论其实际意向如何,对自身的挑战都在可控范围之内;但如果对手实力强大,背弃承诺将带来巨大风险。面对新兴大国的崛起,现实主义往往将均势视为和平的根本保证。一般来讲,主要有三种方式:第一种是增强自身实力建立、确保自身的绝对优势,第二种是通过建立联盟或伙伴网络形成对对手的制衡,第三种是进行先发制人的打击,削弱潜在对手。显然,除非不得已,比如对方的敌意非常明确,且威胁迫在眉睫;或者条件非常有利,比如对方内部因分裂而虚弱、外部孤立,先发制人打击不是首选方案。第一和第二两种方式虽然可以在一段时间内起作用,但很容易导致"预言的自我实现",使原本没有敌意的双方最后走上对抗的道路,或者使矛盾并不尖锐的双方走向不可调和的地步。世界历史上的很多战争,都是由此而引起的。

与西方传统战略思维不同,中国传统战略思维注重的是"讲信修睦",即希望通过消除误解和敌意来根除战争,通过心心相印的互信实现真正的和睦相处。对西方而言,"好篱笆"造就"好邻居"。但在中国看来,"篱笆"恰恰容易造成相互之间的隔膜。中国人非常注重人际关系的背后反映了中国人对信任的高度重视,希望将难以琢磨且充满不确定性的陌生人之间的关系培养成像亲人那样的互信互助关系,减少外部风险。这一思维与跨国企业的国际投资有相似之处。英国经济学家巴克莱(Buckley)和卡森(Casson)指出,由于外部市场的不完善造成中间产品交易效率低下,跨国公司通过建立海外子公司,将不完全的外部市场的买卖关系变为母公司与子公司之间的内部供求关系,即将外部市场内部化,从而减少贸易壁垒和信息不对称所导致的各种障碍。

历史已经证明,那种靠自身绝对实力或建立联盟维持的外在和平是不可能持久的。随着全球化的深入发展,各国不仅相互依赖不断加深,而且面临越来越多的共同挑战。在这种形势下,任何一个国家都难以置身事外而独善其身,也不可能靠单打独斗来实现所谓的绝对安全,唯有以互信合作实现共同安全才能实现普遍而持久的和平。

增进互信是维护安全的必要条件。人无信不立。各国只有相互信任而不是相互猜疑,相互尊重而不是相互对抗,才能超越分歧、化解矛盾、管控危机,才能相互理解、求同化异、和睦相处。世界各国的历史文化、社会制度、发展阶段千差万别,相互之间存在分歧和矛盾难以避免。要不断增进各国战略和政治互信,妥善处理分歧、矛盾和敏感问题,切实尊重他国核心和重大利益,不断扩大战略共识,夯实维护安全的深厚根基。

合作是增进互信实现共同安全的根本途径。"安全困境"中互信的缺失体现了单次博弈中的一个普遍现象,即双方都将"防范最坏结果"作为首要原则。但随着博弈的增加,变成日常性的交互行为之后,各方日益倾向于合作,"利益最大化"逐渐上升为更高原则。通过合作逐步累积战略互信,并由"消极被动合作"逐步向"积极主动合作"方向发展,是实现持久和平的有效途径。

自新中国成立,中国就确立了独立自主的和平外交政策。1974年,邓小平代表中国政府在联合国大会上发言时庄严宣布,中国现在不称霸,将来发展了也不称霸。2013年中国国防白皮书宣布,走和平发展道路,是中国坚定不移的国家意志和战略抉择。中国始终不渝奉行独立自主的和平外交政策和防御性国防政策,反对各种形式的霸权主义和强权政治,不干涉别国内政,永远不争霸,永远不称霸,永远不搞军事扩张。中国倡导互信、互利、平等、协作的新安全观,寻求实现综合安全、共同安全、合作安全。2014年习近平在新成立的中国国家安全委员会第一次会议上表示,既重视自身安全,又重视共同安全,打造命运共同体,推动各方朝着互利互惠、共同安全的目标相向而行。

一直以来,中国以实际行动推动与周边国家建立睦邻互信,促进地区安全合作。中国是世界上邻国最多、陆地边界最长的国家之一。在2.2万多公里陆地边界和1.8万多公里大陆海岸线上,分布有14个陆上邻国、8个海上邻国。相对而言,中国比历史上任何一个大国崛起时所处的地缘政治环境都更为复杂。如何处理好周边分歧,是对中国和平发展诚意和智慧的一个重要检验。对此,中国本着公认的国际法准则及平等协商、互谅互让的精神,妥善解决与邻国的边境问题,化解争端。与此同时,加强边境地区建立信任措施合作,推进海上安全对话与合作,促进稳定。经过与各国的共同努力,截至目前,中国已与12个陆地邻国签订了边界条约,解决了历史遗留的边界问题。中国与印度、不丹的边界问题正在朝积极方向发展。国外学者对 1949 年以来中国边境争端的调查中发现,中国在领土方面并不像外界所认为的那样野心勃勃。在 23 起边境争端中,中国以极大的让步化解了其中的 17 起,通常只获得了不到争议领土的 50%。这种愿意让步的态度令许多观察家感到惊讶。[①] 对于近海岛屿和海洋权益争端,中国建设性地提出"搁置争议、共同开发"的主张,尽最大努力维护南海、东海及周边和平稳定。2002 年,中国与东盟签署了《南海各方行动宣言》。承诺共同维护南海地区的和平与稳定,强调通过友好协商和平解决分歧。在此之前,不采取使局势复杂化和扩大化的行动。《南海各方行动宣言》的签署使中国与东盟相关国家之间的战略互信达到了一个新的高度,促进了地区和平与合作。2003 年,中国加入《东南亚友好合作条约》,成为第一个接受 1967 年《东盟宪章》的非东盟国家。这一系列举措为中国与东盟国家的和平友好注入了新活力。近年来,东海和南海局势的激化,完全是日本、菲律宾和越南等国违反此前所达成的共识所导致的。尽管如此,中国仍然保持极大克制,一如既往地积极推进双边和地区多边安全对话与合作。在此,除了深化和扩大与美国、俄罗斯、印度、韩国、日本等相关国家的双边政治安全对话外,中国还在"东盟与中国"、"东盟与中日韩"、上海合作组织、亚太经济合作组织、东盟地区论坛、亚洲合作对话和"亚洲相互协作与信任措施会议"等地区安全对话机制中,发挥着积极和建设性作用。2014 年 11 月第九届东亚峰会上,中国表示希望尽快与东盟签署《睦邻友好合作条约》,并与更多地区国家探讨达成睦邻友好法律文件,探讨符合地区实际的安全理念和架构,夯实东亚长治久安的制度基础。

中国坚持反对霸权主义和强权政治,反对动辄使用武力或以武力相威胁,主张通过对话和谈判解决分歧和矛盾,为处理国际和地区热点问题发挥了积极作用,促进世界共同安全。在朝鲜半岛核问题上,中国坚持不懈地积极斡旋,先后促成并主办朝核问题三方(中国、朝鲜、美国)会谈和六方(中国、朝鲜、美国、

---

① ［美］埃里克·安德森:《中国预言:2020 年及以后的中央王国》,葛雪蕾、洪漫、李莎等译,新华出版社 2011 年版,第 38 页。

韩国、俄罗斯、日本)会谈,推动各方发表共同声明,缓和了半岛紧张局势,为维护东北亚的和平与稳定、防止大规模杀伤性武器的扩散发挥着重要的建设性作用。在中东问题上,中国鼓励有关各方根据联合国有关决议和"土地换和平"原则恢复和谈,重启和平进程。在伊拉克问题上,中国积极倡导在联合国框架内谋求政治解决,并为伊拉克问题的妥善解决做了大量工作。在伊朗核问题上,中国以多种方式劝和促谈,寻求在国际原子能机构框架内妥善和平解决伊朗核问题。目前,伊朗核问题正朝着积极的方向发展,这与中国的参与是分不开的。

中国积极参与裁军、军控和反扩散的国际合作,为维护全球安全作出了独特贡献。中国一贯反对军备竞赛,主张按照公正、合理、全面、均衡的原则进行有效的裁军,主张全面禁止和彻底销毁核武器、化学武器、生物武器等大规模杀伤性武器,反对这类武器及其运载工具的扩散,并以实际行动率先垂范。中国是世界五个核大国中唯一一个公开承诺不首先使用核武器、不对无核武器国家和无核武器区使用或威胁使用核武器的国家。中国在 1992 年正式加入《不扩散核武器条约》,1993 年签署了《关于化学武器公约》,1996 年 9 月签署了《全面禁止核试验条约》。早在 20 世纪 80 年代中国就率先裁军 100 万,20 世纪 90 年代又裁军 50 万,到 2005 年又完成了裁军 20 万的任务。中国坚决反对美国违反《反弹道导弹条约》部署国家导弹防御系统和战区导弹防御系统等破坏战略平衡的行为。

中国严格遵守《联合国宪章》的宗旨和原则,积极支持联合国在国际和平与安全中发挥重要作用。通过参与联合国维和行动、国际反恐合作、国际护航和救灾行动,中国为维护世界和平、安全、稳定发挥了重要作用。中国从 1990 年开始参加联合国维和行动。到目前为止,中国是联合国安理会 5 个常任理事国中派遣维和军事人员最多的国家,是联合国 115 个维和出兵国中派出工兵、运输和医疗等保障分队最多的国家,是缴纳维和摊款最多的发展中国家。① 截至 2018 年 12 月,中国军队已累计参加 24 项联合国维和行动,派出

---

① 中国国务院新闻办公室:《中国国防白皮书:中国武装力量的多样化使用》,2013 年 4 月 16 日,http://www.mod.gov.cn/affair/2013-04/16/content_4442839.htm。

维和军事人员 3.9 万余人次,13 名中国军人牺牲在维和一线。中国军队在维和任务区新建、修复道路 1.3 万余千米,排除地雷及各类未爆物 10342 枚;运送物资 135 万余吨,运输总里程 1300 万余千米;接诊病人 17 万余人次;完成武装护卫、长短途巡逻等任务 300 余次。①

根据联合国安理会有关决议并经索马里过渡联邦政府同意,中国政府于 2008 年 12 月 26 日派遣海军舰艇编队赴亚丁湾、索马里海域实施护航。截至 2012 年 12 月,中国共派出 13 批 34 艘次舰艇,完成了 532 批 4984 艘中外船舶护航任务。其中,为 4 艘世界粮食计划署船舶、2455 艘外国船舶提供护航,占护航船舶总数的 49%。救助外国船舶 4 艘,接护被海盗释放的外国船舶 4 艘,解救被海盗追击的外国船舶 20 艘。在此期间,中国海军护航编队在联合护航、信息共享、协调联络等方面与多国海军建立了良好的沟通机制。与俄罗斯开展联合护航行动,与韩国、巴基斯坦、美国海军舰艇开展反海盗等联合演习演练,与欧盟协调为世界粮食计划署船舶进行护航。与欧盟、北约、多国海上力量、韩国、日本、新加坡等护航舰艇举行指挥官登舰互访活动,与荷兰开展互派军官驻舰考察活动。积极参与索马里海盗问题联络小组会议以及"信息共享与防止冲突"护航国际会议等国际机制。从 2012 年开始,中、印、日、韩等国加强相互之间的护航协调形成了统一且间隔有序的护航班期。2014 年 9 月,中国又派出第 18 批赴亚丁湾、索马里海域护航舰队。

加强国际合作应对自然灾害、恐怖主义等非传统安全挑战。2004 年底,印度洋地震海啸灾难发生后,中国政府和人民对受灾国的救灾和重建工作提供了及时、真诚的帮助,开展了新中国成立以来规模最大的对外救援行动。2005 年 10 月南亚发生地震后,中国向灾区人民提供了积极帮助。从 2002 年至 2012 年,中国人民解放军已执行国际紧急人道主义援助任务 36 次,向 27 个遭受自然灾害的国家运送总价值超过 12.5 亿元人民币的救援物资。②

---

① 国务院新闻办公室:《新时代的中国国防》(白皮书),2019 年 7 月 24 日,中华人民共和国中央人民政府网站:http://www.gov.cn/zhengce/2019-07/24/content_5414325. htm。
② 国务院新闻办公室:《中国国防白皮书:中国武装力量的多样化使用》,2013 年 4 月 16 日,ht-tp://www.mod.gov.cn/affair/2013-04/16/content_4442839. htm。

2014年上半年,非洲再次爆发严重的"埃博拉"疫情,中国人民解放军组建大规模医疗救助队前往非洲救援。2014年12月4日,马尔代夫海水淡化工厂失火,导致首都马累10万人缺水,全国陷入紧急状态。除了提供紧急现汇援助外,中国立即组织海空力量向马尔代夫提供淡水和净化设备,帮助当地居民渡过难关。在反恐合作方面,中国也与周边国家合作,进行双边多边联合军事演习,震慑和打击了恐怖主义、分裂主义和极端主义势力,提高应对新挑战、新威胁的能力。

中国一直奉行积极防御的国防战略。随着中国经济的发展,中国国防建设也在不断推进。由此,也引起了一些国家的对中国军力增长的担忧。对此,中国于1995年发表了《中国裁军与军控白皮书》,从1998年开始每两年发表一次《中国国防白皮书》,全面系统地介绍中国的对外战略、对国际形势的评估、国防政策、国防建设和国际交流合作,有效地缓解和消除了国际社会的疑虑,以事实证明中国武装力量是国际安全合作的倡导者、推动者和参与者。中国军队坚持互信互惠、合作共赢的原则,同世界各国军队开展务实交流合作。2012年以来,中国同30多个国家举行百余次联合演习与训练,演练内容从非传统安全领域发展到传统安全领域,演练地域从中国周边延伸至远海,参演力量从以陆军为主拓展至陆海空多军兵种。中国军队积极组织人才培养交流合作,2012年以来,向50多个国家派出军事留学生1700余名,20余所军队院校分别同40多个国家的院校建立和保持了校际交流关系,共接纳130多个国家的上万名军事人员到中国军队院校学习。①

2019年年底,新冠肺炎疫情全球爆发。作为一种非传统安全挑战,新冠肺炎疫情对各国人民的身体健康和生命安全构成了无差别、无时空的巨大威胁,进而冲击到各国经济发展、社会秩序和政治稳定。据世界卫生组织统计,截至2020年10月23日,全球报道41332899个确诊病例,1132879个死亡病

---

① 国务院新闻办公室:《新时代的中国国防》(白皮书),2019年7月24日,中华人民共和国中央人民政府网站:http://www.gov.cn/zhengce/2019-07-24/content_5414325.htm。

例。① 为了拯救生命,中国在全力应对国内疫情的同时大力支持世界各国的抗疫斗争。截至 2020 年 5 月 31 日,中国共向 27 个国家派出 29 支医疗专家组,已经或正在向 150 个国家和 4 个国际组织提供抗疫援助;指导长期派驻在 56 个国家的援外医疗队协助驻在国开展疫情防控工作,向驻在国民众和华侨华人提供技术咨询和健康教育,举办线上线下培训 400 余场;地方政府、企业和民间机构、个人通过各种渠道,向 150 多个国家、地区和国际组织捐赠抗疫物资。中国向 200 个国家和地区出口防疫物资,其中,口罩 706 亿只,防护服 3.4 亿套,护目镜 1.15 亿个,呼吸机 9.67 万台,检测试剂盒 2.25 亿人份,红外线测温仪 4029 万台,有力地支持了相关国家疫情防控。②

中国对外部感受的重视还可以从"和平发展"取代"和平崛起"的表述变化中得到体现。面对一些国家对"中国崛起"的担心,中央党校副校长郑必坚在 2003 年博鳌亚洲论坛上首次提出中国要实现"和平崛起"。随后,时任国务院总理的温家宝在一系列国际场合多次重申这一概念。但不久,这一提法逐渐被"和平发展"所取代,成为中国政府统一的对外宣称口号。其实,"和平发展"与"和平崛起"所要表达的意义没有什么根本区别。但在一些国家看来,"崛起"(Rising)一词很容易唤起他们对历史上一些大国崛起后对外扩张的敏感记忆,从而加剧对中国崛起的担忧。因此,中国政府将"和平崛起"调整为"和平发展",作为对国际社会的正式回应。

(二)以互利共赢求共同发展

在对中国崛起的担忧里面,有一种来自经济方面的考虑。这种观念认为,中国巨大的人口规模一旦走上现代化的道路,即使不进行对外扩张,也会对其他国家带来巨大的竞争压力,甚至对全球资源环境带来挑战。这种担忧随着中国经济的持续高速增长不断增加,为传统"中国威胁论"提供了新的理由。

对此,首先必须清楚中国发展与世界发展的关系。中国人口占到世界的

---

① WHO Coronavirus Disease (COVID‐19) Dashboard, 2020‐10‐23,世界卫生组织网站:https://covid19.who.int/。

② 国务院新闻办公室:《抗击新冠肺炎疫情的中国行动》(白皮书),2020 年 6 月 7 日,http://www.scio.gov.cn/zfbps/32832/Document/1681801/1681801.htm。

五分之一,中国发展也是世界发展必不可少的组成部分。新中国成立以来,特别是改革开放 40 多年来,中国的发展取得了巨大的成就。中国用世界 7.9% 的耕地和 6.5% 的淡水资源养活着世界 22% 的人口,人均收入达到中等收入国家水平。中国的发展使 2.2 亿多人摆脱贫困,占同期世界脱贫人口总数的 3/4。而按照世界银行一日一美元的购买力平价计算的贫困线,中国减少的贫困人口数量则超过 6 个亿。如果扣除中国改革开放以来减少的贫困人口,世界上的贫困人口实际上不仅没有减少,反而增加了。中国是全球唯一一个按照联合国千年目标提前实现贫困人口减半的国家,目前正积极向全面小康社会迈进。从 1981 年到 2008 年,中国贫困率由 84% 下降至 13%。[1] 2004 年 5 月,世界银行在中国上海召开了有史以来最大规模的世界减贫高峰会议,充分肯定了中国经济发展对世界减贫努力的重大贡献。

通过参与国际经济交往,中国在不断实现自身发展的同时,也在积极促进世界的发展,并成为一支日益重要的推动力量。一直以来,中国坚持互利共赢的对外开放战略,把既符合本国利益、又能促进共同发展,作为处理与各国经贸关系的基本原则,在平等、互利、互惠的基础上发展同世界各国之间的经贸关系。事实证明,中国发展给世界各国带来的不是威胁,而是机遇。

面对全球多边自由贸易谈判停滞不前的困境,中国在坚持参与多边谈判的同时,也在积极推进各种区域经济合作和双边经济合作。2003 年,上海合作组织成员国签署《多边经贸合作纲要》,积极推进区域经济合作。目前,上海合作组织进一步推进贸易投资便利化进程已全面启动。在中国的大力支持下,2014 年 11 月亚太经合组织领导人非正式会议同意重启亚太自由贸易区(FTAAP)谈判,这将对未来亚太地区经济一体化和共同市场的形成产生积极影响。截至 2014 年底,中国在建自贸区 20 个,涉及 32 个国家和地区。中国已完成了与印度的区域贸易安排(RTA)联合研究,正与哥伦比亚等国家和地区开展自贸区联合可行性研究,还加入了《亚太贸易协定》。[2] 2014 年 11 月

① 世界银行数据:http://www.worldbank.org/en/country/china/overview#3。
② 刘然、周素雅:《中国自贸区朋友圈都有谁? 多项谈判有望重大突破》,2015 年 6 月 4 日,中国新闻网站:http://finance.people.com.cn/n/2015/0604/c1004-27100327.html。

底,中国与韩国、中国与澳大利亚相继完成自由贸易协定的实质性谈判。按计划,中韩、中澳自由贸易区将于 2015 年正式启动。在随后参加的东亚峰会上,中国表示,希望在 2015 年前完成区域全面经济合作伙伴关系(RCEP)谈判。此外,中国还提出了"一带一路"倡议,主导建立"亚洲基础设施投资银行"(AIIB),促进亚洲的互联互通。这些努力将对亚太地区经济合作和一体化产生积极推动作用。

中国的发展离不开世界,中国正成为推动世界经济发展的重要力量。在 19 世纪的大部分时间里,英国一直是世界经济增长的中心。从 19 世纪末至 20 世纪 50 年代,美国取代英国成为世界经济的领跑者。从 20 世纪 60 年代开始,日本、德国、"亚洲四小龙"和中国相继加入进来,为世界经济增长注入了新的活力。进入 21 世纪之后,中国逐渐承担起世界经济增长的火车头。根据世界银行的统计数据,20 世纪 80—90 年代,对全球经济增长有最大贡献的五个国家依次是美国、日本、德国、英国和中国。中国的贡献分别是美国 13.4% 和 26.7%。而到 2000—2009 年,中国已成为最大贡献国,达到 25% 以上,超过美国 4 个百分点。① 美国学者尼尔·弗格森提出"中美国"的一个理由就是,在 2003 年至 2007 年的五年里,中美两国占到世界经济增长的 60%。② 2008 年世界金融危机爆发后,2009 年和 2010 年全球经济增长率分别为−2.3% 和 4.1%,而同期中国经济增长率为 9.2% 和 10.4%。中国经济的强劲增长是拉动世界经济复苏的最重要力量,对世界经济的贡献率达到 50% 左右。③ 尽管长期面临世界经济增长乏力的困扰,2019 年中国对世界经济增长贡献率依然高达 30% 左右,持续成为推动世界经济增长的主要动力源。④

中国在融入世界经济的过程中,为相关经贸伙伴提供了越来越多的发展机会。2013 年中国境外企业(含金融类)向投资所在国缴纳的各种税金总额

---

① 林毅夫:《解读中国经济》,北京大学出版社 2012 年版,第 8 页。

② Niall Ferguson, "Not two countries, but one: Chimerica", Telegraph, 2008-12-16, http://www.telegraph.co.uk/comment/personal-view/3638174/Not-two-countries-but-one-Chimerica.html.

③ 转引自张维为:《中国震撼——一个"文明型国家"的崛起》,世纪出版社 2011 年版,第 7 页。

④ 盛来运:《稳中上台阶 进中增福祉——〈2019 年统计公报〉评读》,2020 年 2 月 28 日,中国国家统计局网站:http://www.stats.gov.cn/tjsj/sjjd/202002/t20200228_1728918.html。

达 370 亿美元,同比增长 67%,2013 年年末境外企业员工总数达 196.7 万人。其中直接雇用外方员工 96.7 万人,占 49.2%;来自发达国家的雇员有 10.2 万人,较上年增加 1.3 万人。① 目前,中国是全球 120 多个国家的最大贸易伙伴,每年进口商品总值超过 2 万亿美元,在世界各地创造了大量的就业与投资机会。② 在分享"中国发展机遇"的国家中,那些从中国大量进口消费品的国家和向中国出口原料和初级产品的国家是最为直接的受益者。

美国是从中国经济发展中获得巨大实惠的一个突出典型。中国大量廉价消费品大大减低了其生活成本,抑制了通货膨胀以及由此可能导致的严重经济社会问题。苏联解体后,中美合作的传统战略基础消失,意识形态分歧上升。从 1990 年至 1993 年,美国每年都以人权为借口威胁取消对华最惠国待遇。但鉴于由此可能给美国带来的巨大经济成本和风险,美国政府从 1994 年宣布不再将对华最惠国待遇与人权挂钩,从而扫除了中美贸易的一个人为障碍。随着从中国进口商品的增加,美国消费者在此后十年的时间里节约了 6000 多亿美元,仅 2004 年就节约了近 1000 亿美元。③ 美国前总统奥巴马上台之初指出,过去 30 多年来,美国实际工资水平不但没有随着经济的发展上升,反而有所下降。作为"美国梦"重要载体的中产阶级状况恶化,社会贫困和两极分化都在加剧。所有这一切都是导致目前危机的原因。④ 实际上,如果没有与中国的经贸合作,美国面临的危机将更加严重,而且可能更早爆发。在此期间,曾经有一个美国人尝试过一年"不用中国产品"的生活,但没多久就不得不放弃这一计划,因为他发现离开中国产品的日子简直无法想象,整个家庭生活将陷入一团糟。

澳大利亚是从中国经济发展中获益最大的另一个典型。澳大利亚人口不

---

① 商务部、国家统计局和外汇管理局:《2013 年度中国对外直接投资统计报告》,2014 年 9 月 9 日,http://hzs.mofcom.gov.cn/article/date/201409/20140900724426. shtml。

② 人民网:博莹回应"中国是否一定会争夺世界主导权",2014 年 10 月 22 日,http://politics. people.com.cn/n/2014/1022/c1001-25888738. html。

③ 国务院新闻办:《中国和平发展白皮书 2005》,2005 年 12 月 22 日,http://www.chinanews. com/news/2005/2005-12-22/8/668569. shtml。

④ United States Government Printing Office,2010 Economic Reports of the President,Washington.

多,但地域广阔,资源丰富,尤其是铁矿、煤炭储量丰富。在过去十多年的时间里,澳大利亚通过向中国大量出口矿石原料确保了经济的持续高速增长。澳大利亚总理阿博特在2014年11月G20会议前表示,中国的强大对澳大利亚是件好事。澳中贸易额可以达到1500亿澳元(约合1350亿美元),而大部分贸易额增长都是在过去十年中实现的,如此快的贸易增长只有在当代中国经济腾飞的背景下才能够实现。所有国家都从中国发展、富强的过程中受益,美国从中受益、日本从中受益。每个国家都非常关注一个强大、和平的中国的持续发展。① 与澳大利亚同样受益于中国经济增长的还有阿根廷、巴西、智利和非洲等众多资源出口国。

中国是对最不发达国家开放市场程度最大的发展中国家之一。从2005年开始,中国不断扩大已建交的最不发达国家的零关税待遇受惠面。2011年11月,中国国家领导人在二十国集团戛纳峰会上宣布,将对同中国建交的最不发达国家97%的税目的产品给予零关税待遇。到2012年底,最不发达国家对华出口享受零关税待遇的税目商品已由190个增加到近5000个。零关税措施促进了最不发达国家对中国的出口。自2008年以来,中国一直是最不发达国家第一大出口市场,约占其出口总额的四分之一。②

在与发展中国家的合作中,非洲一直占据重要地位。2000年至2007年,非洲三分之二以上的国家和地区的经济增长速度超过5.5%,其中将近三分之一的地区达到7%,③一改此前的长期停滞状况。这种快速增长在很大程度上得益于中国经济的带动。目前,中国是非洲第一大贸易伙伴,非洲是中国第四大海外投资目的地。从2000年到2008年,双边贸易年增长率保持在30%以上,中国对非洲经济增长贡献率达20%以上。中国承诺将扩大对非洲的援助和投资,将重点转向非洲的基础设施、农业、制造业和中小企业的发展。中

---

① 参见环球军事报道:《澳总理:中国强大对澳是件好事、所有国家都受益》,2014年11月12日,http://mil.huanqiu.com/observation/2014-11/5199236.html。

② 国务院新闻办:《中国的对外援助(2014)》(白皮书),2014年7月10日,http://www.scio.gov.cn/zfbps/ndhf/2014/Document/1375013/1375013_1.htm。

③ 林毅夫:《解读中国经济》,北京大学出版社2012年版,第7页。

国还承诺将帮助非洲培训人才,并提供 1.8 万个政府奖学金名额,以及向非洲派遣医疗人员。南非总统祖马感谢中国对非洲国家"平等相待"。他说,非洲过去与欧洲的经济交往经验表明,在与其他经济体建立伙伴关系时需要警惕。我们在与中国的关系中特别高兴的是,我们是平等的关系,达成协议是为了双方共同的利益。中国的动机与欧洲的不同。欧洲迄今为止仍想为了自己的利益左右非洲国家。①

中国在不断发展自己的同时,还根据自身能力积极扩大对外援助。此外,中国还积极参与国际多边援助机构,通过向联合国开发计划署、工业发展组织、人口基金会、儿童基金会、粮食计划署、粮食及农业组织、教育科学及文化组织等国际机构捐款,支持发展中国家在减贫、粮食安全、贸易发展、危机预防与重建、人口发展、妇幼保健、疾病防控、教育、环境保护等领域的发展。

在现实的国际经济交往中,有福同享容易,有难同当难。面对国际经济危机,中国从不会采取事不关己高高挂起、各人自扫门前雪的消极态度,更不会采取唯利是图、落井下石的恶劣态度,而是坚持中国传统的义利观,在力所能及的范围内"雪中送炭"。1997 年亚洲金融危机爆发期间,美国、日本和国际货币基金组织的最初反应令亚洲国家甚为失望。美国反应迟缓,日本采取竞争性的货币贬值办法,而国际货币基金组织不顾东南亚国家政治和社会承受能力,以实施严厉的紧缩政策为提供援助贷款的条件。在当时,很多危机发生国经济下滑的速度超过 20 世纪 30 年代大危机期间的美国,货币大幅贬值。比如,韩元兑美元由 770∶1 下降到 1700∶1,泰铢兑美元由 54∶1 下降至 2203∶1,最严重时跌至 11950∶1。在当时,由于中国与这些国家的发展阶段和出口产品结构比较相似,其货币贬值给中国出口带来很大的压力。但中国坚持人民币不贬值,并向泰国、菲律宾和印尼等国提供了 60 多亿美元的援助,并增加从亚洲的进口。当时国际经济金融界的很多人士估计,东亚经济至少需要十年的时间才能恢复,但实际上只用了两到三年的时间。对此,中国功不可没,东亚有目共睹。新加坡新闻部长杨荣文(George Yeo)表示:"为了不加

---

① 《中国多管齐下推进中非伙伴关系》,转引自《参考消息》2012 年 7 月 20 日。

剧亚洲的动荡,中国政府绝不让人民币贬值,我们将铭记在心。"中国的做法大大消除了东盟此前对中国经济竞争的担忧,并刺激了东盟加强与中国合作、促进东亚地区经济一体化的共识。东盟地区论坛、东亚峰会、东盟—中国自由贸易区、东盟与中日韩自由贸易区、区域全面经济合作经济伙伴关系(RCEP)等一系列合作倡议相继提出。2008 年金融危机之后,中国在积极参与各国宏观经济政策协调的同时,组织大型采购团赴海外采购,向陷入危机的国家伸出援手。在出口下降的情况下,中国进口持续增加,再次为使世界经济尽早摆脱危机做出了重要贡献。

不可否认,鉴于中国巨大的人口规模,随着经济的持续高速增长,不可避免地会给全球资源环境带来新的压力。对此,中国在加强国际合作的同时,也立足国内,通过发展战略、体制和科技创新,挖掘内部潜力,为解决这些全球性挑战做出了自身的努力。根据中美在 2014 年 11 月 APEC 会议期间达成的碳减排协议,中国承诺将非化石能源占一次能源消费比例从 2015 年的 15%提升到 2030 年的 20%左右,并首次承诺在 2030 年前实现温室气体排放的减少。此前,中国还专门制定了《国家应对气候变化规划(2014—2020 年)》,提出了未来 6 年应对气候变化工作的指导思想、目标要求、政策导向、重点任务及保障措施,将减缓和适应气候变化要求融入经济社会发展各方面和全过程,加快构建中国特色的绿色低碳发展模式。① 中国的这些举措将对全球生态环境保护、能源安全和可持续发展做出重大贡献,并创造出新的巨大投资机会和市场。

纵观新中国成立 70 多年来中国的发展经历可以看出,中国从不转嫁危机与矛盾,从不以掠夺别国发展自己。而是靠内部资源、自身力量和改革创新实现发展。与此同时,还一直以一个负责任大国的担当行事,这与西方大国崛起过程中将国内代价和矛盾转移给国外的做法有着根本的不同。2009 年 2 月,时任国家副主席的习近平在访问墨西哥期间,针对一些西方人士渲染"中国

---

① 　中国国务院国家发展与改革委员会:《国家应对气候变化规划(2014—2020)》2014 年 11 月 5 日, http://www. chinaacc. com/upload/html/2014/11/05/hu7f4ae370d1b146db901d2844ab377-bee.pdf。

威胁论"时反击到,中国一不输出革命,二不输出饥饿和贫困,三不折腾你们,还有什么可以说的? 事实证明,中国一直是国际和平与发展的参与者、建设者和贡献者。中国持续快速发展得益于世界和平与发展,同时中国的发展也是世界和平力量的增长,并为世界各国提供了共同发展的宝贵机遇和广阔空间。

四、中国梦的世界意义

在中国,"国际社会"一词的出现频率超过了以往任何一个时期,一如国际社会对"中国"一词的引用热度。习近平为中国梦赋予了富有时代特征和世界意义的定语,"中国梦是和平、发展、合作、共赢的梦"。他将中国前途与世界命运紧紧相连,强调要"统筹考虑和综合运用国际国内两个市场、国际国内两种资源、国际国内两类规则"。从中国梦的文化内涵和发展道路,我们可以看到中国的崛起不仅将造福于中国人民,还将造福世界人民。

(一)促进世界经济的可持续发展

作为世界人口最多的国家,中国不仅是世界的普通一部分,更是世界的重要组成部分。解决好本国贫困问题、促进本国可持续发展和社会和谐,就对世界和平与发展做出了重大贡献。人类社会面临的大多数矛盾可以分为两类:一类是人与人之间的矛盾,一类是人与自然之间的矛盾。人与人之间的矛盾在很大程度上源自对自然资源、环境和生存空间的竞争,这种竞争反过来又加剧了人与自然的矛盾。因此,协调好人与自然的矛盾,不仅攸关人类的和平,更攸关世界的可持续发展。

第二次世界大战以来,随着全球人口的快速增长和越来越多的国家走上工业化道路,世界面临日益严重的资源环境问题。在 18 世纪工业革命之前,这些问题可以通过自然环境的自我调解或人类活动的空间转移得到缓解,因此大多是暂时或局部的。但工业革命之后,人类利用和改造自然的能力大幅提升,在带来空前财富的同时,也导致了这些问题的严重化和全球化,从而威胁到世界的可持续发展。

早在 19 世纪初,以亚当·斯密和大卫·李嘉图为代表的古典经济学家在探索如何增加财富的同时,就意识到经济增长必然会受到土地等自然资源、资本和劳动力等要素总量的限制。马尔萨斯从经济增长与人口增长的速度差异出发推断出二者之间必然发生的周期性冲突。此后的许多学者也都从系统论的角度出发,认为在地球上的物质存量有限的情况下,其所能支撑的人口数量和所能容纳的污染都是有限的。如不加以节制,就有可能引发大规模的瘟疫和战争。

　　第二次世界大战结束后,环境污染、生态失衡和资源枯竭等问题加速凸显。1952 年 12 月,英国伦敦由于煤烟污染导致 5 天内 4000 多人死亡,两个月后达到 8000 人。1956 年,日本熊本县水俣镇由于化工污染导致大量居民中毒。据日本环境厅 1991 年报告,仍有 2248 人中毒,其中 1004 人死亡。美国洛杉矶市在 1955 年和 1970 年两次发生光化学烟雾污染事件,分别导致 400 人死亡和四分之三的市民患病。与此同时,20 世纪 70 年代的"石油危机"加剧了国际社会对世界经济发展前景的担忧,甚至出现"世界末日"的悲观预计。在这种背景下,美国麻省理工学院管理学教授杰伊·W.弗雷斯特尔(Jay W.Forrester)及其助手丹尼斯·L.梅多斯(Dennis L.Meadows)受罗马俱乐部委托,与 17 位学者一起于 1972 年提交了一份研究报告——《增长的极限》。该报告运用系统动态学方法将世界经济发展模型分为人口、农业、资本和工业生产、不可再生资源和污染等五个子系统,并分别对影响经济增长的人口增长、粮食供应、资本投资(工业化)、环境污染和资源耗竭等五种因素进行分析。该报告预计,到 2100 年之前,由于人口增长引起粮食需求的增长,经济增长引起不可再生自然资源的耗竭速度加快和环境污染的加剧,最终将导致人口与工业生产突然不可控的衰退。[1]《增长的极限》引发了全球对资源枯竭和环境污染的关注。

　　此外,还有学者从社会心理行为的角度探讨了增长的极限问题。美国学者弗雷德·希尔斯(Fred Hirsch)在 1976 年出版的《增长的社会限制》一书中指出,梅多斯等人主要是从供给方面探讨增长的有限问题,而忽视了需求方面

---

[1]　庄启善主编:《世界经济新论》,复旦大学出版社 2001 年版,第 61—64 页。

的责任。在衣食住行等基本生活需要的物质商品得到满足后,人们会日益追求显示其社会地位的地位商品。后者给予消费者的满足或快乐来自它的社会稀缺性,即只有在它们不被普遍使用时才能给予人们享用的效用。当这些商品的使用越来越广泛时,其效应就会下降。① 其结果就是驱使人们不断追逐一个又一个的稀缺性地位产品,由此不断加剧人与自然的矛盾,危及世界经济的可持续发展。因此,越来越多的人对市场主导下的消费主义盛行提出批评,因为后者导致日益严重的过度消费、虚假消费和各种奢侈消费等问题。

40多年来,由于科学技术的不断发展以及很多国家的主动调整,关于"世界末日"的种种悲观预测没有变成现实。但我们应该看到,全球资源枯竭和环境恶化等问题并没有得到解决,反而在加速恶化。比如,全球矿产资源如果按照目前的开采规模和增长速度,那除了煤铁等少数几种资源外,其中绝大部分都不足以满足人类未来100年的需要。在各种环境生态问题中,气候变暖成为一个全球性的首要挑战。据美国政府2014年公布的最新报告显示,自18世纪工业革命以来,由于燃烧煤、石油、天然气,砍伐森林,导致地球上二氧化碳的浓度增加了40%。自1895年来,美国平均气温上升了华氏1.3—1.9度,其中大部分是在20世纪70年代之后发生的。在未来20年,美国大部分地区气温将上升华氏2—4度。② 全球气候变暖将导致严重的生态、环境、健康、经济、社会和政治后果。总体来看,目前全球正处于有史以来自然资源和生态环境遭受破坏最为严重的时期。如果不能通过全球协调有效加以解决,人类迟早会面临严重的生存危机。

从20世纪60、70年代开始,"可持续发展"理念逐步得到人们越来越广泛的认可。20世纪80年代初,联合国高级专家委员会针对当时的热点问题提出必须实施"可持续发展"战略。1992年在巴西里约热内卢召开的世界环境发展大会就"可持续发展"解释道,"应以与自然相和谐方式,在根除贫困的条件下,使人人享有健康并富有生活的权利,把环境保护工作作为发展进程的

---

① 庄启善主编:《世界经济新论》,复旦大学出版社2001年版,第65页。
② U.S. Global Change Research Program, *Climate Change Impacts in the United States*, U.S. Government Printing Office, 2014, p.7−8.

整体组成部分,满足当代与后代在发展与环境方面的需要"。① 1994年在埃及开罗召开的世界人口与发展大会号召各国,"要充分认识和妥善处理人口、资源环境与发展之间的相互关系,并使它们协调一致,求得动态平衡","各国应当减少和消除无法持续的生产和消费方式,并推行适当的政策,以便满足当代的需要又不影响后代满足其需要的能力"。② 为此,必须确保"代际公平"和"代内公平",并平衡好二者之间的关系。"代际公平"是指确保当代人和后代人都有同等的发展机会,包括足够的自然资源和适宜的生态环境等。为此,必须加强环境保护、节约资源和提高资源利用效率等;"代内公平"是指确保现有一代人都能获得同等的发展机会。每个国家、地区的每个人都有同等的实现美好生活的权利。为此,必须平衡发达国家与发展中国家、富裕地区与贫困地区在经济发展、资源利用和环境保护等方面的责任和权利,加强协作。

时代的发展使人类必须改变工业革命以来对待自然的态度,不能继续简单地以"万物的中心"自居,而必须将人看作是自然界的一部分,需要与其他各部分和谐相处。中国提出的"和谐世界"就包含了实现人与自然和谐的维度,与中国传统文化所崇尚的自然和谐理念一脉相承。

长期以来,中国的先哲们不仅善于从自然现象中总结人生哲理,而且注重按照自然规律办事,在为人、为家、为政的探索中提出了协调发展与生态环境保护的系统思想和理念,这对于我们今天的可持续发展仍然具有重要的启发意义。中国古人对可持续发展的探索至少可以追溯至西周。据传由周公旦所著的《周礼》中,就包含了要求社会生产要遵循自然规律,保护鸟兽生长繁衍,不得过度消耗自然的内容。比如对于林木砍伐,规定夏冬两季是砍伐季节,并且必须按照不同季节选择不同木材,即"仲冬斩阳木,仲夏斩阴木";对于川泽渔猎、山地田猎,也设定进入的时节,并且不允许捕捉幼兽、猎取鸟卵,也不允许使用有毒的箭捕猎,以免妨碍自然的循环。在中国诸子百家里,道家尤其强调"天人合一""道法自然",主张"无为而治",与今天的环保主义思想有很多

① 穆月英:《世界未来纵横说》,山西经济出版社1996年版,第266页。
② 庄启善主编:《世界经济新论》,复旦大学出版社2001年版,第80页。

相通之处。作为中国传统思想主流,儒家也很尊重自然。作为儒家奠基人,孔子继承了《周礼》的思想,强调对自然的尊崇和敬畏,主张要有序有节地获取自然资源,"食无求饱,居无求安(《论语·学而》)","钓而不纲,弋不射宿(《论语·述而》)"。孟子继承了孔子的俭德理念,提出"仁民而爱物"的思想,认为"君子之与物也,爱之而弗仁;于民也,仁之而弗亲。亲之而仁民,仁民而爱物(《孟子·尽心上》)"。为此,提出了一套在尊重和保护自然中谋取生存和发展的政策主张,"不违农时,谷不可胜食也;数罟不入洿池,鱼鳖不可胜食也;斧斤以时入山林,材木不可胜用也。谷与鱼鳖不可胜食,材木不可胜用,是使民养生丧死无憾也。养生丧死无憾,王道之始也(《孟子·梁惠王上》)"。作为对中国历代治理经验教训进行总结的宏篇巨著,《资治通鉴》告诫世人及后来者,"地力之生物有大数,人力之成物有大限,取之有度,用之有节,则常足;取之无度,用之不节,则常不足(《资治通鉴》卷234《唐纪五十》)"。

由此可以看出,中国古人不仅强调要避免对自然资源的不当和过度开发,而且注重从需求方面加以节制,以更好地实现人与自然的和谐相处,在尊重和保护自然中谋取生存和发展。虽然时代的发展,使得其中很多具体做法已经失去其现实意义,但其背后的思维对于我们今天的可持续发展仍然具有重要启示。

新中国成立70多年来,尤其是改革开放40多年来,中国经济社会发展取得了巨大进步。中国用半个世纪的时间完成了西方两个多世纪走完的工业化道路,欧洲有人形容中国的发展是"从18世纪一路狂奔至21世纪"。但由此而积累了巨额的环境赤字。根据2014年6月中国环保部公布的《2013年中国环境状况公报》,全国27.8%的湖泊水库处于富营养状态。在按照新标准检测的74个城市中,空气质量超标的占到95.9%。全国平均霾日天气为35.9天,比2012年增加18.3天,为1961年来最多。华北部分地区超过100天。在473个降水检测城市,酸雨比例为44.4%。全国30.72%的国土遭到侵蚀。[1]

---

[1]　中华人民共和国生态环境部:《2013中国环境状况公报》,2014年6月5日,http://www.mee.gov.cn/hjzl/zghjzkgb/lnzghjzkgb/201605/P020160526564151497131.pdf。

目前,中国正处于以重化工为主要特征的后工业化和新一轮的城市化阶段,对资源、能源和环境的压力不断加剧。从 2002 年开始,中国出现全面的资源、能源和环境紧张状况。形势的发展迫使我们不断调整和完善发展目标,并从传统智慧和国际经验中探寻可持续发展模式和路径。为了解决面临的环境与发展问题,中国政府提出了一系列与可持续发展相关的新理念,比如"新型工业化道路"(2002)、"科学发展观"(2003)、"资源节约型、环境友好型社会"(2004)、"生态文明"(2007)、"绿色经济"和"低碳经济"(2009)……并通过制度建设、政策措施和组织管理等相应的具体行动落实这些理念,不断丰富中国特色的可持续发展实践。此外,中国还积极参与国际环保合作,从履行节能减排义务到大力开展双边和多边环保对话、政策协调、科技合作等,承担起一个新兴大国的国际责任。鉴于中国在全球日益重要的地位和影响,中国在可持续发展上的成功实践和经验推广,将为世界的可持续发展做出重大贡献。

随着中国的发展,中国对世界经济做出了巨大贡献,中国已经成为世界经济增长的重要"发动机",不仅对新兴市场国家,对全球经济都是如此。"中国梦"用自身演绎了改革开放和全球化带来的好处,向世界提出了一个非常好的理念,反击了发达国家把内部问题归咎于全球化的错误理论。

与此同时,中国在自身长期发展水平和人民生活水平不高的情况下,为世界和其他发展中国家提供了力所能及的援助。目前,中国—联合国和平与发展基金已投入运营,南南合作援助基金正式启动,将为促进世界和平与发展事业作出新的贡献。2017 年 5 月在北京主办的"一带一路"国际合作高峰论坛,习近平指出,世界好,中国才能好;中国好,世界才更好。中国的发展将为全球作出新的更大贡献。①

(二)维护世界和平

中国梦根植于五千多年的中华文明。以"和谐""大同""天人合一"等价值取向为主的中华文明使得中国即使在最强大时也很少走上西方那种"国强必霸"四处征战的道路。在当前的国际形势下,中国传统的"天下为

---

① 王毅:《共同促进和保护人权 携手构建人类命运共同体》,《人民日报》2017 年 2 月 27 日。

公、讲信修睦"等理念更符合和平民主的时代要求。以平等互信、相互尊重、互利双赢为原则的对外交往使得中国梦的实现将更有利于世界的和平、发展与和谐。

在五千年的文明历史中,中国大部分时间是处于世界的领先地位。但中国并未像西方那样因此而走上对外扩张、侵略和殖民的道路。这与中国长期以来形成的和平文化传统有着密切的联系。文化传统之于国家,就如同基因之于个人一样,有着超乎想象的深远影响。任何一个国家的对外政策不可避免地会受到其在长期历史中所形成的传统文化的影响。这种影响不仅体现在对世界的看法,还体现在思维方法、行为方式和价值追求上。习近平在 2014 年 11 月亚太经济合作组织领导人峰会期间对美国总统的谈话,要了解今天的中国,预测明天的中国,就必须了解中国的过去,了解中国的文化。当代中国人的思维、中国政府的治国方略,浸透着中国传统文化的基因。中国坚持走和平发展的道路,便是基于中国历史文化传统的选择。

中华民族历来就是热爱和平的民族。中华文化是一种和平的文化。渴望和平、追求和谐,始终是中国人民的精神特征。先秦时期的百家争鸣,是中国传统文化发展的一个重要时期,对后世产生深远影响。尽管各家各派特点鲜明,但由于诸侯之间的长期争战及其给各国人民带来的巨大伤害,他们在对和平的追求方面达成了普遍共识。通过对前人思考的系统总结,奠定了中国和平传统的思想基础。以老子和庄子为代表的道家强调"无为而治""不争之德",认为"兵者非君子之器也,不祥之气也,不得已而用之(《老子》)","兵强则灭,木强则折(《老子》)",以"小国寡民"为理想状态。在这种状态之中,"虽有甲兵,无所陈之……甘其食,美其服,安其居,乐其俗。邻国相望,鸡犬之声相闻,民至老死,不相往来(《老子》)"。老子的这种理想虽然不符合历史发展的现实,但希望各国之间和平共处的善良动机是毫无疑问的,其方法也别具特色,具有逻辑说服力。

在墨家的思想里面,"兼爱""非攻"是其重要主张。为了消除战争,一方面要进行武备。作为墨家奠基人,墨子非常善于发明创造,并将其用于国防。

中国成语"墨守成规"就是源自墨子与木匠祖师爷——鲁班之间进行的一场攻防推演。最后墨子胜利,从而阻止了楚国对宋国的一场战争。另一方面,墨子从人性方面提出"兼爱"主张,希望借此来消除各种冲突的根源。这种"兼爱""无差等""无厚薄",与孔子所宣传的"泛爱众,而亲仁"有着密切的联系。他说,"若使天下兼相爱,爱人若爱其身……视人之家若其家,谁乱? 视人之国若其国,谁攻? ……若使天下兼相爱,国与国不相攻,家与家不相乱,盗贼无有,君臣父子皆能孝慈,若此,则天下治(《墨子·兼爱》)"。

作为中国传统思想的最重要代表,儒家系统总结了当时和此前的各种经典思想,提出了以"仁爱"为核心、贯穿于个人修养到内政外交的系统价值理念。在处理国际关系问题上,儒家从"四海之内皆兄弟""天下一家"的博大胸怀出发,强调以义为本、以德服人、以和为贵、协和万邦、推崇王道的和平思想,反对穷兵黩武,肆意侵略。针对诸侯争霸及其对人民造成的痛苦,孔子指出,"春秋无义战",对战争的厌恶溢于言表。对于周边地区与中原的关系,孔子强调以优越的治理和文化吸引周边,促进自然和平的融合,而不是战争征服,"故远人不服,则修文德以来之。既来之,则安之",这与近代西方以文明代表自居肆意侵略扩张有着根本的区别。孟子在与齐宣王对话时表示,"以大事小以仁,以小事大以智",充分体现了中国外交思想中的"仁爱"特征,至今仍然具有重要的启发意义。在天下观念的指引下,中国传统外交的目的是"以和万邦,以谐万民,以安宾客"。

即使以擅长打仗而闻名于世的兵家,也非常重视和平。自古知兵非好战,兵家对战争规律的系统总结,是因为它非常清楚国防的重要性和战争的危害。据称中国最早兵书的《司马法》开篇就指出,"国虽大,好战必亡;天下虽安,忘战必危"。作为历代兵家圣典,《孙子兵法》在教导人们如何赢得战争的同时一再提醒要"慎战"。"兵者,国之大事。死生之地,存亡之道,不可不察也。"任何一个国家都必须重视国防建设和对战争规律的研究。面对国际生存竞争的现实,《孙子兵法》倡导,"上兵伐谋,其次伐交,其次伐兵,其下攻城。攻城之法,为不得已……故善用兵者,屈人之兵而非战也;拔人之城而非功也"。讲究的是尽量少用兵,只有在不得已时才使用,"主不可怒而兴师,将不可愠而致战"。一旦用兵时,尽量做到不战而屈人之兵,发动战争是最后的选择。在战争中要尽量减少对对方的伤亡,"全城为上,破城次之;全军为上,破军次之"。这些思想与古代一些游牧民族扩张过程中动则屠城不同,更与近代西方在殖民扩张过程中搞种族灭绝的大屠杀不同,后者往往以优势火力的高效杀戮为豪。1893年,派驻南非的英国军队用新开发的马克沁重机枪在一次战争中就打死了3000多名当地麦塔比利人。1898年,派驻北非的英国军队,用马克西姆速射机枪在几小时内打死了1.1万名伊斯兰托钵僧。残酷的杀戮不仅没有唤起殖民者丝毫的良知,相反受到英国上下热烈的称颂。基辛格在比较中西战略思想时指出,"即使在今天,《孙子兵法》一书读起来依然没有丝毫过时感,令人颇感孙子思想之深邃。孙子为此跻身世界最杰出的战略思想家行列。甚至可以说,美国在亚洲的几场战争中受挫,一个重要原因就是违背了孙子的规诫"。①

如果说秦朝奠定了中国的基本政治格局,汉朝则进一步完善了中国内政外交的治国范式。其重点是通过文治武备,"内裕民生""外服四夷",从而达到"内圣外王"的目标。两千多年以来,和平传统已深植于中华民族的精神和性格之中,以至于即使处于优势地位也很少肆意进行侵略扩张。纵观历史,很少有哪个大国在其具有实力优势时仍然能够如此坚守和平发展的立场。而中国历史上绝大多数的对外战争也主要为了抵御外来侵略而不得已进行的自卫战争,取胜后又往往适可而止,体现了"苟能制侵陵,岂在多杀伤"的节制原则。为了实现和平,中国做出了很多创举。比如,从春秋战国时期开始修建,一直延续到明清时期的万里长城,就是中国和平传统的最重要体现。即使是在今天看来备受争议的朝贡体制,也体现了维护地区和平的重要动机。明朝郑和下西洋不仅早于欧洲的远洋航行,其船队的规模、吨位和适航能力也远远超过他们。郑和七下西洋,远涉亚非30多个国家和地区,没有侵占别人一寸土地,带去的是文明、友谊与和平。西方学者不得不承认,中国人从不抢劫或屠杀,这一点与葡萄牙人、荷兰人和侵略印度洋的其他欧洲人显然不同。其重

---

① [美]亨利·基辛格:《论中国》,胡利平等译,中信出版社2012年版,第21页。

要原因是中国的文化传统。对于中国传统而言,尤其对作为其核心的儒家传统而言,战争是可悲的事情,除非不得已,比如外敌入侵和内部叛乱,才考虑军事手段。英国著名的哲学家罗素在 20 世纪 20 年代来中国讲学时深有感慨地说,中国是爱好和平的,不像西方那样好勇斗狠。基辛格承认,中国同其他大国相比,是一个自足的帝国,对扩张领土并不热衷。

1963 年,周恩来在谈及中国外交思想时指出,"不要将己见强加于人""决不开第一枪""来而不往,非礼也""退避三舍"等都是"来自我们的民族传统,不全是马列主义的教育"。① 2014 年 6 月 28 日,习近平在和平共处五项基本原则发布六十周年纪念大会上表示,中国人民崇尚"己所不欲,勿施于人"。中国不认同"国强必霸论",中国人的血脉中没有称王称霸、穷兵黩武的基因。② 在经历了西方殖民侵略的百年痛苦之后,中国深感和平的珍贵和来之不易,将维护地区和世界和平作为对外政策的宗旨和目标。

当然,如果对和平的追求是我们的唯一目标,对战争的恐惧就成为敌人手中最强大的武器,它会造成精神上的解除武装,并使得牺牲失去意义。中国人热爱和平,讲求谦让,但并不是迂腐的非战主义者,更不主张屈辱的和平,而是追求公正的和平。当面临外部威胁时,中华民族往往以民族自卫为大义,敢于与任何强大的侵略者斗争,涌现出无数的英雄人物。在数千年的历史中,中国古圣先贤总结出关于战争的很多规律,留下如何赢得作战的众多经典,但其主要目的在于阻止战争。从说文解字来看,"武"体现了"止戈为武"的辩证思想。在毛泽东思想的战争和平观里,也一直贯穿了这样的思维。比如,"以斗争求团结,则团结存;以团结求团结,则团结亡","人不犯我、我不犯人;人若犯我,我必犯人"。与此同时,中国在国际斗争中也讲究"有理、有利、有节",而不是得理不饶人,更不会仗势欺人。

(三)协调多元文明的相互关系

冷战结束后,全球化的加速发展引发了激烈的讨论。其中一个重要议题

---

① 《周恩来外交文选》,中央文献出版社 1990 版,第 327—328。
② 习近平:《弘扬和平共处五项原则建设合作共赢美好世界——在和平共处五项原则发表六十周年纪念大会上的讲话》,人民出版社 2014 年版,第 12 页。

就是如何协调全球一体化与多元文明之间的关系。现代科学技术的发展,尤其是交通、通信技术的突飞猛进,以及世界经济的市场化和一体化,使不同地区之间的交流变得更加便捷和频繁。全球一体化的发展,不仅促进了不同文明之间的交流学习,也在一段时期内增加了相互之间发生误解、紧张和冲突的可能性。

1993 年,美国著名政治学家塞缪尔·亨廷顿(Samuel P.Huntington)在《文明的冲突》一文中指出,今后世界面临的最主要危险是不同文明集团之间的冲突。他将现代世界文明分为七到八种,将东方的儒教文明和伊斯兰文明的联合视为对美国主导的西方文明的严重挑战,并模拟了这种相互毁灭战争的进程。此文一出立即引起世界范围的激烈争论,尤其是引起包括中国和很多第三世界国家学者的批评。根据该杂志统计,仅三年之内所引发的争论就超过此前 40 年所发表的任何一篇文章。冷战结束后一系列的冲突,尤其是"9·11"事件的发生以及由此而导致的西方与伊斯兰世界的紧张似乎证明了亨廷顿的预言,并引发了更多的不安、恐慌、愤怒和困惑。

其实,亨廷顿写作该文的目的是要提供一个新的框架来理解冷战后世界政治的运行特点。面对各方的指责,亨廷顿一再重申,其目的不是要激起文明之间的对抗,而是要唤起人们对文明冲突危险的认识,促进文明之间的对话。"文化的共存需要寻求大多数文明的共同点,而不是促进假设中的某个文明的普遍特征。在多文明的世界里,建设性的道路是弃绝普世主义,接受多样性和寻求共同性"。① 尽管亨廷顿的文明分析模式存在失之于过简的问题,与很多历史和现实不符,甚至可能助长文明之间的冲突。但他的反思和建议对于如何协调全球一体化与多元文明之间的关系,尤其是西方文明和非西方文明之间的关系,具有重要的现实意义。

长期以来,西方凭借军事、经济、政治和科技优势,主导了全球一体化的进程。在对其他国家和地区进行物质掠夺的同时,也极力以强烈的文化优越感

---

① [美]塞缪尔·亨廷顿:《文明的冲突与世界秩序的重建》,周琪、刘菲、张立平、王圆译,新华出版社 1999 年版,第 366—369 页。

和西方中心主义塑造非西方世界,并将其作为整个征服战略的重要组成部分。正如摩根索所总结的,"征服者不会仅仅把经济和文化渗透当作军事征服的准备,也不会把他的帝国仅仅建立在军事力量之上,而主要会建立在被征服者的生计的控制和对他们的心灵的支配之上"①。对此,后殖民主义批评理论也进行过深入剖析。法农(Frantz Fanon)指出,殖民者的语言包含着殖民主义的价值观,它制约了殖民地土著对自我的表达,促成了其文化的自卑和自毁情结。由于长期的殖民统治,许多殖民地的传统语言文化遭到了野蛮摧残。而殖民统治者站在自身立场诠释和阐发殖民地国家的历史和文化,并形成一套完善的理论灌输给殖民地人民。殖民地国家的人民在被剥夺了代表自己发言的权利后,被迫接受殖民者关于自己民族文化的扭曲性解释。久而久之,殖民地国家的人民自觉不自觉地习惯了这种解释,以至于在获得独立之后,这种解释也往往以隐性或变性的逻辑延续下来。② 由此导致许多发展中国家在全球话语交锋中经常陷入"无言"或"失语"的困境,使得国际秩序在价值取向和制度安排上更多体现发达国家的意志,成为他们支配发展中国家的工具。③

"文化由人类对自身环境(自然、社会和超自然)的认识方式和行为方式等方面组成。"④从根本上讲,任何一种文化都是特定时空环境的产物。不同地理环境和历史经历的民族形成各具特色的文化是再自然不过的现象。西方这种文化帝国主义的做法,不仅压制了其他民族的文化发展和自我表达。更为甚者,还试图将自己在独特环境下形成的文化价值普遍化,极力将其强行契入具有不同文明传统的非西方世界,结果必然造成秩序的混乱。

战后以来,西方文化帝国主义的做法受到了越来越大的内外挑战。从内部来讲,非西方裔群体的急剧上升以及文化多元主义的盛行,引起越来越多西方精英对维持其文化特性和主导地位的忧虑。以美国为例,据美国国情调查

---

① [美]汉斯·摩根索:《国家间政治——权力斗争与和平》,肯尼思·汤普森、戴维·克林顿修订,徐昕、郝望、李保平译,北京大学出版社 2006 年版,第 99—100 页。
② 段忠桥主编:《当代国外社会思潮》,中国人民大学出版社 2001 年版,第 154 页。
③ 阮建平:《话语权与国际秩序的建构》,《现代国际关系》2003 年第 5 期。
④ [日]宫冈伯人:《世界上九成语言濒临灭绝危机》,《读卖新闻》2003 年 3 月 10 日。

局预测,到 2050 年,美国欧裔白人将变成少数民族。对此趋势,亨廷顿感到非常担心。他怀疑在一半人口是拉美裔或非白人的情况下美国能否继续维持其特性。如果新移民不能融入迄今为止在美国占主导地位的欧洲文化,如果美国变成一个非西方的国家,那"我们所认识的美国将不复存在。它将步另外一个意识形态超级大国的后尘,进入历史的垃圾堆"①。从国际方面来看,随着战后民族解放运动的发展以及越来越多的非西方国家在现代化道路上的成功,其文化自信和自觉也逐渐恢复,西方中心主义和普世主义受到了越来越多的抵制。冷战结束后,新加坡总理李光耀和马来西亚总理马哈蒂尔首次提出"亚洲价值"。李光耀指出,美国宣称"人人生而平等",但其实不然。马哈蒂尔说,"欧洲价值只是欧洲价值"。

人和人之间如果没有区别,就不能把你和我分开;人和人之间如果没有相似之处,就不能把人和动物分开。不同文明之间既有个性,也有共性。他们都需要面对生存和发展的永恒课题。只是由于所处的地理环境和历史际遇不同,从而在价值追求、思维方式和探索阶段上形成了不同特点。这就意味着在相互尊重的前提下,文明之间不仅可能进行交流,而且可以通过交流学习共同进步。事实上,今天的任何一个文明,包括西方文明,都是在不断吸收其他文明的过程中演变而来的,而不是从一开始就像现在这样。从世界潮流来看,画地为牢、自我封闭,故不可取;居高临下、以邻为壑,亦非妥当。

在这样一个不同文明普遍觉醒并日益自信的时代,如何确保不同文明之间和睦相处,促进相互交流与共同进步,是当前世界所面临的共同课题。中国提出建立"和谐世界"的主张正是恰逢其时,其背后体现了中国悠久的和谐文化传统。早在 2000 多年前,中国古人就深刻地意识到,"物之不齐,物之情也(《孟子·滕文公上》)","万物并育而不相害,道并行而不相悖(《礼记·中庸》)","和实生物,同则不继(《国语·郑语》)"。由此自然规律而推及人类社会,那就是只有"和而不同",才能和谐相处。这种相互理解、相互包容和

---

① Samuel P.Huntingdon,"If Not Civilizations,What? Samuel Huntington Responds to His Critics", Foreign Affairs,Nov/Dec,No.5,1993.

相互尊重的原则,既是人与人之间的相处之道,也是国与国之间的相处之道,由此达致"协和万邦"。梁漱溟在 20 世纪 40 年代比较中西文化特点时指出,"中国总是化异为同,自分而合,末后化合出此伟大局面来。数千年趋势甚明"。①

文明之争不仅涉及文明本身,还攸关一个民族的经济、政治和社会发展等其他各项权利。和谐世界理念继承中国传统优秀文明价值,体现了不同文明共同进步的愿望。面对冷战结束以来西方与非西方世界的文明之争,中国政府不断强调要尊重和维护世界文明的多样性,倡导不同文明之间互相尊重、平等对话,在竞争比较中取长补短,在求同存异中共同发展,使人类更加和睦,让世界更加丰富多彩。2014 年 3 月,习近平在联合国教科文组织总部演讲时表示,推动文明交流互鉴,可以丰富人类文明的色彩,让各国人民享受更富内涵的精神生活、开创更有选择的未来。② 世界是丰富多彩的,世界上的各种文明、不同的社会制度和发展道路只有彼此尊重、交流对话,这个世界才会变得更加和谐美好。

(四)探索现代化的特色道路

中国的发展不仅对其他地区的发展具有越来越大的推动作用,而且中国的发展道路对世界其他国家探索现代化道路具有越来越重要的启示和榜样作用。自改革开放以来,中国对世界经济的贡献不断上升,经济规模逐步超过欧洲主要大国和日本。2008 年美国金融危机之后,中国对世界经济的贡献率已跃居世界第一。伴随着中国经济的发展,国际社会掀起关于"北京共识"与"华盛顿共识"的讨论热潮。虽然"北京共识"还不能像"华盛顿共识"那样提出具有逻辑一致性的理论体系,但已为世界其他国家提供了一种不同于"华盛顿共识"的现代化道路的中国方案。而且,随着经验的积累和理论的提炼,中国的探索最后可能形成一种对广大发展中国家更具说服力的现代化理论。届时,"北京共识"即使不会取代"华盛顿共识",至少将打破其垄断地位,表明

---

① 梁漱溟:《中国文化要义》,学林出版社 1987 年版,第 295—296 页。
② 习近平:《出席第三届核安全分会并访问欧洲四国和联合国教科文组织总部、欧盟总部时的演讲》,人民出版社 2014 年版,第 11 页。

了另一种现代化道路和价值取向的可行性。因此,一些美国人看来,"中国崛起不仅将是对美国实力的公然挑战,还将是对美国价值观、对美国关于一个社会如何取得进步的思想以及对美国摇摇欲坠的国际统治地位的打击"。①

经过40多年的改革开放,中国已经成为世界第二大经济体,道路决定命运。中国的成功发展,关键在于坚持了中国共产党的领导,走出了一条适合中国国情的发展道路。这是一条从本国国情出发确立的道路。中国立足自身实践和本国国情,汲取中华文化和西方文明的精华,坚守而不僵化,借鉴而不照搬,在探索中逐渐形成自己的发展道路。中国探索现代化的历程就是一部追逐中国梦、不断接近中国梦的现实写照,给世界其他地区的发展中国家带来了鼓舞人心的力量。

五、中国梦面临的国际挑战和应对之策

经过70多年的发展,中国从未像今天这样接近于中华民族复兴的伟大时刻。一个拥有数千年辉煌历史的文明古国,在近代经历了百年的落后挨打后重新站了起来,并逐渐由一个边缘国家重回世界的中心,接近无数仁人志士梦寐以求的梦想。

但从世界历史来看,许多曾经盛极一时的大国在取得一系列辉煌的成就后又与命运失之交臂。经验告诉我们,当一个国家越是接近目标时,越是危机四伏,越需要战略眼光和战略耐心。全面认识中国所面临的国际挑战,探索中国梦与世界其他国家梦想的融通,是中国和平崛起的关键。

(一)中国梦面临的国际挑战

经济全球化、科技革命、相对稳定的国际环境为中国梦的实现提供了重要的历史机遇。但与此同时,中国的崛起也面临着前所未有的国际挑战。由于历史上很多大国的崛起往往伴随着激烈的对外扩张和霸权争夺,未来中国将

① Morton Abramowitz, "Red Dawn", 2009 – 07 – 09, http://www.nationalinterest.org/Article.aspx?id=21788.

采取何种对外政策,成为国际社会探讨"中国崛起"时最为关注的话题。虽然大多数发展中国家对中国的崛起无固定偏见,但由于历史和现实等方面的原因,也有一些国家感到疑虑和担忧,甚至还有一些国家存在很大的战略猜忌和抵触。这一切都构成了对"中国梦"的国际挑战。

1. 周边风险上升

与其他大国相比,中国所处的周边地缘政治环境应该说是最为复杂的。中国有 14 个陆上邻国、8 个海上邻国。其中有核国家 4 个,不稳定的国家多,与中国有领土争端的国家也不少。一些国家虽然与中国没有矛盾,但其内外矛盾一旦失控,将对中国造成难以预料的第三方风险。随着中国的崛起,一些域内外大国利用这种复杂的环境加大对中国的干扰。

近年来,中国周边安全形势不断复杂。钓鱼岛是中国固有领土不可分割的一部分,近年来中日钓鱼岛争端不断激烈化。日方上演了购岛闹剧。作为回应,中国加大对钓鱼岛海域的巡防力度。随着中国综合国力日益提升,中日两国地区力量对比开始发生变化,日本唯恐中国崛起,把防备和牵制中国作为一项主要战略。藉此,中日在钓鱼岛和东海争端会成为中国周边稳定的重要影响因素。

中亚五国作为苏联加盟共和国,苏联解体后中亚地区一度出现权力真空。近年来,中亚国家社会发展取得一系列成就,自主性得到极大提升。与此同时中亚国家也积极谋求同除俄罗斯外的美、中、日等国合作。这在一定程度上被俄罗斯视为是对其传统势力范围的威胁。除此之外,中、美、俄、日等国在中亚地区的利益冲突、中亚国家内部对中国日益强大引发的"中国威胁"的担忧也会在不同程度上影响中国同中亚国家关系。

在中国周边问题中,南海问题已经成了热点中的热点。在新的历史时期,南海问题也呈现出与以往不同的新特点。特点之一是美国从幕后转到台前,公开介入南海争端,对中国公开发难。南海问题复杂化是当前南海问题又一显著特征。中国对于解决南海问题一贯坚持"双轨"思路,即由南海争端当事国协商解决。然而,以菲律宾、越南为首的当事国,不顾中国解决南海问题的诚意,擅自将争端扩大化。菲律宾甚至罔顾法理等事实,将中国告上国际仲裁法庭。对于所谓的仲裁结果,中国坚持既不接受也不承认。任何国家不要指望中国会拿国家利益作为妥协的筹码。除此之外,菲律宾、越南等国开始联合制华。2014 年,越南和菲律宾在南海的补给船员组织集体开联欢会、运动会向外界传递信号,两国可以在南海问题上互相支持。在香格里拉峰会上,越南总理阮志勇也提出将中国告上国际法庭,两国的行动构成了联动,大有此起彼伏,依傍兴风作浪之势。菲律宾、越南等国积极拉拢美、日等介入南海争端,企图将南海问题国际化。外部势力的介入对中国解决南海问题增加了新的难度。习近平在周边外交工作座谈会上首次提出的"亲、诚、惠、容"四字理念,为中国更好地处理周边安全问题提供了新的角度,也为解决周边问题指出了新的方向。

2. 大国竞争压力加大

与传统国际体系不同的是,现代国际体系存在更为复杂的规则体系。这套规则体系构成了一种制度化的利益分配模式。它相对于纯粹的丛林原则是一个进步,但仍然是以实力对比为基础所形成的,按比例地体现不同国家的地位和利益要求。一个稳定的国际体系,其利益分配与实力对比基本吻合。随着新兴大国的崛起,必然会改变既有的竞争格局,由此引发大国的压力增加。

对"中国崛起"最感到担忧的是美国。作为当前世界的唯一超级大国,美国对任何潜在竞争对手的崛起都是非常警惕的。无论是过去苏联、日本,还是今天的中国、欧盟或俄罗斯。在美国地缘政治大师布热津斯基看来,美国的首要战略目标就是要促进和保持地缘政治的多元化,"确保没有任何一个国家或国家联盟获得将美国驱逐出去的能力,即使是削弱美国主导作用的能力也不行"[1]。这是西方在长期的国际政治斗争中得出的一个信条,即"关键不是意愿,而是能力"。该信条认为,对方的意愿无法证实,也不能将本国的安全福祉建立在对方不可捉摸、甚至随时可能变化的善意上。唯有具备足够的实力优势或抑制对方的实力增长,才是万全之策。随着中国的崛起,美国逐渐将防范遏制的对象转向中国。

---

① Zibgniew Brezinski,"A Geostrategy for Eurasia",Foreign Affairs,Vol.76,Issue 5,1997,p.51.

2012 年 6 月 3 日,在香格里拉对话上,时任美国国防部部长的帕内塔提出了美国的"亚太再平衡战略",该战略计划美国在 2020 年之前向亚太地区转移一批海军战舰,届时 60% 的美国战舰将被部署在太平洋。虽然美国一再强调其亚太再平衡战略并非"剑指"中国,但其真实用意却是司马昭之心——人尽皆知。2017 年 12 月美国公布的《美国国家安全战略》报告,首次将中国界定为"战略竞争对手"。为了强化对中国的战略竞争,美国随后提出"印太战略"。在这一过程中,美国不断强化和扩大对华战略竞争,尤其是针对"一带一路"倡议的围堵,由舆论攻击、军事牵制向地缘经济竞争不断扩展。① 自 2015 年以来,美国不仅逐步将北极纳入其"亚太再平衡"范围,更积极将后者进一步扩展为"印太战略",还重拾推进"大中亚计划"。这种如影随形并非偶然巧合,而具有明显的对华战略竞争意图。随着美国由亚太再平衡战略向印太战略的扩展,以及由此而引起的一系列连锁反应对中国和平发展的环境构成了潜在威胁。美国在印太地区的势力渗透,甚至诱使一些国家有了挟洋自重的冲动,加剧了中国面临的外部挑战。

3. 规模影响渐显

作为中国梦的核心内容,民族复兴将不可避免地引起近代以来世界体系上的一场空前变化。英国自 18 世纪末开始崛起时只有 1000 多万人口,到崛起完成时只有 3000 多万。美国在 19 世纪 70 年代开始崛起时只有 4000 万,到崛起完成时是 1 亿多人。中国开始经济腾飞时是 9.63 亿人,到实现第一个百年目标时估计超过 14 亿人。巨大的人口规模和高速经济增长,使中国崛起带来的影响将更大。

除了"中国的军事威胁"外,还有"中国的经济威胁""中国的环境威胁"和"中国的粮食威胁"等各种版本。其主要推理是,鉴于中国绝大的人口规模和发展目标,按照目前的发展模式,当中国达到发达国家水平时,将使粮食、资源消耗达到惊人规模,从而不仅将对发达国家,也可能对发展中国家构成空前

① 阮建平:《地缘竞争 vs 区域整合:美国对"一带一路"的地缘挑战与中国的应对思考》,《太平洋学报》2019 年第 12 期。

挑战。如果未来中国人均收入达到 4 万美元,按照未来 15 亿人口计算,中国总体经济规模将达到 60 万亿美元。而 2013 年全球 GDP 不到 75 万亿美元。如果中国经济发展所需要的资源能够通过和平的市场方式获得,至少将加剧全球粮食和资源价格的上涨,从而限制那些处于劣势国家的发展空间;如果不能通过正常的方式获得,中国可能将不得不走上传统大国对外扩张的道路。正是这些"中国威胁论"的共振,使得国际社会对中国崛起的担忧达到空前的程度,并对中国的外部环境和正常的国际交往产生日益严重的不利影响。

(1)中国经济威胁论

中国经济威胁论由来已久。早在 1992 年年底,就有人说中国劳动力成本低,中国制成品大量进入国际市场打击了西方的制造业,甚至会导致全球性贸易保护主义抬头,威胁世界贸易等等。① 2010 年中国取代日本成为世界第二大经济体。中国的崛起毫无疑问引起了西方世界的不满和恐慌,大肆渲染中国经济威胁论。"如果我们任由中国取代我们成为这个至关重要地区最重要的力量,那么我们的全球利益和价值观都将面临严峻的危险。"②西方世界渲染的所谓的中国经济威胁论有一定的理论和实践根源。

从国际关系的历史进程看,新崛起的国家凭借经济实力来追求更远大的政治、文化和军事目标,是国际社会的铁律。③ 从此强则彼弱、此得则彼失的传统现实主义国际政治逻辑来看,如果一国的国际地位相对升高,他国在对其认知中则倾向于选取威胁性信息,该国的形象易趋负面。④ 而中国经济威胁论实质是以美国为首的西方国家为维护其霸权地位和强权政治而抛出的妖魔化中国的舆论工具。西方对中国经济威胁的自我臆想,是基于其传统的国强必霸的历史记忆。亨廷顿认为,在历史上,伴随着高速工业化和经济增长的国家,都经历了谋求霸权的历史过程。中国作为东亚占主导地位的地区大国的

---

① 沙奇光:《对西方媒体散布"中国威胁论"的评析》,《国际政治研究》2000 年第 3 期。
② [美]阿伦·弗里德伯格:《中美亚洲大博弈》,洪漫等译,新华出版社 2012 年版,第 6—7 页。
③ [英]马丁·雅克:《当中国统治世界:中国的崛起和西方世界的衰落》,张莉等译,中信出版社 2010 年版,第 11 页。
④ 王钰:《"中国经济威胁论"及其国家形象悖论》,《国际观察》2007 年第 3 期。

状况如果不改变,将对美国形成一个根本的挑战,威胁到美国的核心利益。①
摩根索认为,国际政治是一种追逐权力的斗争,冲突是国际政治中互动的常态
模式。国际社会的和平取决于"权力均衡"的状态,战争是权力争夺的结果,
追逐权力是国际政治的直接目标。② 相对于世界经济形势的持续低迷,中国
经济增长的一枝独秀,就被西方别有用心的解读为威胁,其背后的真实意图是
阻碍中国发展,从而维持其在世界舞台上一贯的优势地位。

（2）中国粮食威胁论

民以食为天。粮食生产和消费是国家赖以生存和发展的基础。粮食的长
期匮乏是在国际政治中永远软弱的根源。③ 近几年来,某些西方国家把世界
粮食价格上涨归结为中国因素,甚至把粮食短缺归结为中国因素,这是带有政
治性的结论,是不负责的说法,也缺乏科学的数据支持。

2008 年中国遭遇雪灾,多家外媒报道称,中国限制粮食进口的立场会有
所松动,尤其遭遇了"雪灾"之后,部分媒体甚至分析认为,中国如果进口粮
食,将推高已经处于上升区间的国际粮价。2014 年,"中国粮食威胁论"的始
作者、美国世界观察研究所莱斯特·布朗先生重弹他的老调,大肆宣扬中国加
入全球"抢粮"大潮,疯狂地在国际上"抢粮"。他肆意渲染说:中国的行动是
针对食品短缺的新地缘政治学的一个例证,对所有人都有影响。

中国粮食威胁论实际上是西方渲染的"中国威胁论"的一个分支。1994
年,美国学者莱斯特·布朗（Lester Brown）在其文章《谁来养活中国?》（Who
will Feed China）中,声称中国必将出现粮食短缺,进而造成世界性的粮食危
机。从而将"中国威胁论"推到风口浪尖。在文章中布朗认为:中国是对今后
世界粮食供求影响最大的国家,中国粮食的不足也就是世界粮食的不足。当
今世界已由粮食过剩时代进入了粮食短缺的时代。21 世纪世界粮食生产增

① ［美］塞缪尔·亨廷顿:《文明的冲突与世界秩序的重建》,周琪等译,新华出版社 1998 年版,
第 254 页。
② ［美］汉斯·摩根索:《国家间政治:权力斗争与和平》(第七版),徐昕等译,北京大学出版社
2006 年版,第 5 页。
③ ［美］汉斯·摩根索:《国家间政治:权力斗争与和平》(第七版),徐昕等译,北京大学出版社
2006 年版,第 175 页。

长几乎是不可能的,世界上许多国家将面临粮食短缺并依赖大量进口的局面。在这种趋势下,人口占世界总人口 1/5 的中国的粮食问题"正走向一个未知地带"。此论认为,中国未来将因出现严重的粮食紧缺而成为世界的一大威胁。马克思指出:"人的思维是否具有客观的真理性,这并不是一个理论的问题,而是一个实践的问题。人应该在实践中证明自己思维的真理性。"①面对有力的事实和现实的铁证,在中国的社会发展现实面前,莱斯特·布朗的主观片面论断不攻自破。

数据显示,从 2004 年到 2007 年,全国粮食总产量依次达到 46946.9 万吨、48402.2 万吨、49749.9 万吨和 50150.0 万吨。2004 年到 2013 年,中国创造粮食总产量"十连增"的奇迹,由 46946.9 万吨提高到 60193.8 万吨,增加量高达 13246.9 万吨。同期,中国总人口由 12.99 亿增长到 13.71 亿,净增加 7065.0 万人。人均粮食占有量由 362.2 公斤增加到 439.2 公斤,净增加 77 公斤,年均增加 7.7 公斤。2015 年,全国粮食总产量 62143.5 万吨,比 2014 年增加 1440.8 万吨。全国粮食总产量 61623.9 万吨(12324.8 亿斤),比 2015 年减少 520.1 万吨(104.0 亿斤),减少 0.8%。其中谷物产量 56516.5 万吨(11303.3 亿斤),比 2015 年减少 711.5 万吨(142.3 亿斤),减少 1.2%。② 总体上来讲,中国的粮食产量得到不断提升,食物结构不断完善,正由温饱型向总体小康健康平稳过渡。在政策、技术和基础设施等的多方作用下,未来我国农业基础会继续巩固,筑牢支撑我国粮食生产的基石。世界是开放的,中国会合理利用"两个市场、两种资源",在满足国内合理粮食需求的同时,积极维护世界粮食安全。

(3)中国环境威胁论

同中国经济威胁论、粮食威胁论一样,中国环境威胁论是中国威胁论在环境领域的体现。哈佛大学国际经济学教授理查德·库柏(Richard Cooper)曾明确将矛头指向中国,他指出,中国等发展中国家更关心经济增长而不是温室

① 《马克思恩格斯选集》第 1 卷,人民出版社 2012 年版,第 134 页。
② 国家统计局:《国家统计局关于 2016 年粮食产量的公告》,2016 年 12 月 8 日,http://www.stats.gov.cn/tjsj/zxfb/201612/t20161208_1439012.html。

气体减排。① 查理德·伯恩斯坦和罗斯·芒罗在两人合著的《即将到来的美中冲突》一书中认为,人口的迅速膨胀和经济的快速发展给中国带来了很多资源短缺和环境恶化问题,尤其是环境污染问题,这些问题加剧了全球生态环境,"已经导致了一些灾难性的后果。"同样,美国学者莱斯特·布朗(Lester Brown)在其《谁来养活中国?》(Who will Feed China)中指出,(中国)大量燃烧煤使空气污染和酸雨日益严重,不仅使中国粮食产量减少,森林覆盖率下降,而且其危害也波及了日本和韩国。② 从根本上讲,西方不断炒作"中国环境威胁论"有多方面的原因。在战略上达到遏制中国的目的,通过环境约束中国保持其主导优势、在政治上丑化中国制度的需要,同时转移视线,将国内民众对环境不满的矛盾转嫁中国。

中国环境威胁论是一些别有用心的西方国家借机炒作,其根本用途是实现其别有用心的目的,打压中国发展。中国坚持负责任的发展。《联合国气候变化框架公约》要求各缔约方都要制定、执行、公布并经常更新应对气候变化的国家方案。中国是一个负责任的大国。2007 年,中国政府根据中国国情和实现可持续发展的内在要求,积极履行《公约》的义务,历时两年编制了《中国应对气候变化国家方案》,经国务院批准正式颁布实施。

环境问题从来不是单一国家造成的,这意味着消除环境问题需要全球共同努力。中国是世界环境保护的倡导者、践行者、维护者,而不是威胁。2016 年,习近平在巴黎气候大会上指出:"巴黎大会应该摈弃'零和博弈'狭隘思维,推动各国尤其是发达国家多一点共享、多一点担当,实现互惠共赢。"③

4. 制度摩擦增加

制度本身并不存在摩擦,只是因贸易国双方的制度之间存在着差异或双方不能认同的部分,才会引发摩擦,因而将制度摩擦定义为制度差异。导致贸

① Harvard International Review, Spring, 2004.
② Lester R.Brown, Who will Feed China: Wake-up a Small Planet, W.W.Norton & Company, 1995, p.163.
③ 习近平:《携手构建合作共赢、公平合理的气候变化治理机制——在气候变化巴黎大会开幕式上的讲话》,人民出版社 2015 年版,第 4 页。

易摩擦的制度差异可以进一步界定为:进行双边贸易的两国在同一领域存在不同的规则或对其中一国的某规则认同不一致,这种规则包括一国国内法律和市场结构、竞争结构等方面,体现于不同的国家经济政策、交易习惯、不同产业的规则和反规则的冲突。①

随着经济全球化和信息科技等的发展,世界各国在全球和区域间进行贸易投资合作,各国之间联系日益加强,经济合作日益紧密且相互渗透。由于各国之间联系的日益加深,国际体系和国家之间互动日益加强,呈现出了国际问题国内化和国内问题国际化两种趋向。有些自由主义经济学家、政治学家认为,经济相互依赖使得各国共同利益增加,国家主权受到削弱,国家边界日益模糊,国际合作增加,国际冲突减少。但国际关系的现实表明,经济相互依赖。一方面加深了各国的共同利害关系,促进了国际合作,但是,另一方面,国家主权观念依然存在,国家边界也未消失,贸易保护主义政策还在执行。这使得协调各国政策比过去更困难。

作为内政与外交互动模式的双层博弈理论,是研究一国如何进行外交决策以及在国际层面进行合作的理论。他首先假定,中央决策者要同时协调国际国内事务,在外交政策选择中既面临战略机遇也面临战略挑战。其次,他把外交谈判分为国际、国内两个层次,对这两个层次的谈判,决策者都要同等认真对待,综合考虑国际、国内因素,否则协议就得不到外国的接受和国内的批准,从而不能实现国际合作。比较而言,国内层次的博弈更为重要,因为决策者关于国际谈判的立场是由其对国内能否批准的考量决定的。外交谈判能否成功、国际合作能否实现取决于各自的获胜集合是否存在交集。② 以中美两国为例,近年来由于制度的差异引起的对某些商品贸易政策的不认同导致两国贸易摩擦大大增加。仅以光伏产品为例,在2012年两国曾经就此进行过博弈。2012年1月,美国商务部对华光伏产品"双反"中做出紧急情况裁定并决定追溯征收反补贴税。2012年3月,美国商务部做出初裁出炉,认为中国政

---

① 蔡洁:《基于制度差异视角的贸易摩擦分析》,《经济经纬》2007年第3期。
② 钟龙彪:《双层博弈理论:内政与外交的互动模式》,《外交评论》(外交学院学报)2007年第2期。

府对中国光伏制造商的补贴事实存在,美方决定对中国输美光伏产品征收低于5%的惩罚性税率。2012年5月,美国商务部宣布对中国光伏电池及组件的反倾销调查初裁结果,认为中国产晶体硅电池及组件生产商在美国存在倾销,初步决定对上述产品征收31.14%—249.96%的反倾销关税。2012年10月美国商务部对进口中国光伏产品做出"双反"终裁,征收14.78%至15.97%的反补贴税和18.32%至249.96%的反倾销税。征税对象包括中国产晶体硅光伏电池、电池板、层压板、面板及建筑一体化材料等。2012年11月,美国国际贸易委员会做出终裁,认定从中国进口的晶体硅光伏电池及组件实质性损害了美国相关产业,美国将对此类产品征收反倾销和反补贴关税。2012年12月,美国商务部发布命令,自12月7日起,开始向中国进口太阳能电池征收关税。预计该关税将至少为期五年。除此之外,美国商务部在声明中指出,将无锡尚德倾销幅度从31.73%下调至29.14%。美国不断地对中国太阳能光伏产品实施"双反"调查,其根本原因在于我国生产的光伏产品进入到美国市场从而对美光伏市场价格垄断与利润垄断产生了很大的冲击,于是就开始采取种种贸易保护主义手段维护其垄断利益。这是贸易摩擦引起的制度摩擦,美国的真实意图是阻碍中国光伏产品参与世界市场的竞争。我们应清楚地看到,"双反"只会损害光伏市场的良性竞争,导致光伏产业产生贸易壁垒,对各个国家的光伏市场产生不利影响,尤其是中、美、欧等国家。我们应清楚地看到,在国际贸易市场当中,合作胜于对抗,只有合作才能实现共赢。

（二）中国梦与世界梦的融通

走和平发展道路、实现中华民族的伟大复兴是一项空前的历史实践。为此,中国需要全面深入地总结历史上大国崛起过程的经验和教训,根据时代趋势和中国所面临的现实挑战创新崛起模式。

自古以来,不谋万世者,不足谋一时;不谋全局者,不足谋一域。当前中国正处于中华民族伟大复兴的关键阶段,各种问题和挑战更加复杂。对此,应继续保持清醒头脑,避免出现战略性失误。同时抓住机遇,顺势而为,积极谋划,为中国的和平发展创造更有利的国际环境。

1. 坚持既定战略不动摇,维护国家的发展态势

从历史来看,大国的崛起是一个长期过程,必须有足够的战略定力,紧紧抓住自强目标不放,排除各种干扰,避免资源分散和无谓消耗。在 17—19 世纪初的英法竞争中,拥有地理和人口优势的法国本来有更多机会取胜。比如 1712 年,法国拥有 1900 万人口,而英国只有 800 万人口。但在取得欧洲大陆的军事主导地位之后,法国没有及时将战略目标和资源集中于海上,而是沉溺于扩大对欧洲大陆国家的彻底征服和绝对控制,结果导致了资源的分散和国力的消耗。最后不仅丧失了与英国的海上竞争,连在欧洲大陆的成果也得而复失,甚至多次濒临亡国。① 从路易十四到拿破仑,法国多次功败垂成,又失之交臂。美国在独立战争胜利后的 100 多年时间里,一直坚持华盛顿总统在其 1796 年告别演说中所倡导的"孤立主义"原则,即在全面发展与各国商务往来的同时尽量避免卷入欧洲列强之间的纷争。这类似于冷战结束后邓小平提出的"韬光养晦"方针。甚至在美国经济实力超过英法等老牌帝国 30 年后、在欧洲列强因为第一次世界大战而相互削弱后,孤立主义在美国政治中依然具有巨大影响,直接导致了威尔逊总统加入国联计划的失败。从 1872 年经济实力跃居世界第一到最后成为一个经济、科技、军事和政治上全面发展的世界大国,美国用了 70 多年。其间,还有连续两次世界大战为美国所提供的前所未有的历史性机遇。

与美国相比,中国崛起的地缘政治环境和时代背景要复杂得多。立足国内,聚精会神搞建设,一心一意谋发展,不断提升经济发展质量和国内治理水平,是实现中华民族伟大复兴的根本途径。而为此目的创造更好的外部环境,化解外部风险和挑战,避免把矛盾引向自己,是对外战略的长期任务。

面对各种外部风险和挑战,中国在保持高度警惕和有效应对的同时,也需要保持足够的自信,不要陷入一种"被包围"的强迫心理,打乱既定的战略部署。面对外部风险和挑战,草木皆兵、风声鹤唳,也会导致严重的后果:政治上

---

① 对此,近代海权理论的奠基人、美国海军战略家 A.T.马汉曾做过深入细致的分析。参见 [美]A.T.马汉:《海权对历史的影响》,安常荣、成忠勤译,张志云、卜允德校,解放军出版社 2008 年版,第 226—259 页。

容易导致内部矛盾扩大化,结果要么因为内斗分裂失去凝聚力或执政自信,要么高度集权失去活力,最后人亡政息;经济上为了应对想象中的威胁而大幅减少对民用经济的投入,长此以往,结构严重失衡,最终危及国家的长治久安。西方遏制战略成功的一个重要机制就是通过加剧恐慌使对手感染上这种"被包围心理",造成其政治心理氛围和资源配置的严重扭曲。实际上,核武器的出现,使得现代大国很少是被打垮的,更多是被拖垮的。军备竞赛、银弹外交竞赛、地区争夺,以及国内政治纠纷,都可能成为拖垮对手的切入点。

随着国际格局的多极化和国际关系的民主化,美国要维持对亚太以及整个世界的主导地位,其成本负担将越来越大。保罗·肯尼迪曾深刻地指出美国的两难:"对于像美国这样的全球战线过长的大国来讲,在军备上的低投资可能使其感到危机四伏,处处易受攻击;而在军备上的大量开支尽管可能带来短期的安全,但却可能损害其经济的商业竞争能力,从而将长期地削弱美国的安全。"①从长远来看,中美之间的竞争不仅取决于目前的利益和实力竞争,更取决于未来发展态势的竞争。除了"谋利"和"谋力"外,中国更要"谋势"。为此,中国应在维持必要有效威慑的前提下,继续坚持将战略重心放在国内发展上,继续坚持广交朋友,不搞军备竞赛,不搞地区争夺,这也是和平发展的应有之义。

2. 坚持原则底线不妥协,维护地区和世界和平

无论对中国,还是对世界而言,和平都是宝贵的,因此要倍加珍惜。但和平不是免费的,需要有关各方共同维护。针对威胁破坏地区与世界和平的各种因素,中国要同国际和平力量一道保持高度警惕,坚持原则。这也是中国的国家利益和国际责任所在。正如习近平在访问澳大利亚时所强调的,"如果大家都只想享受和平,不愿意维护和平,那和平就将不复存在。中国人民坚持走和平发展道路,也真诚希望世界各国都走和平发展这条道路,共同应对威胁

---

① [美]保罗·肯尼迪:《大国的兴衰——1500—2000年的经济变迁与军事冲突》,陈景彪等译,国际文化出版社2006年版,第520页。

和破坏和平的各种因素,携手建设持久和平、共同繁荣的和谐世界"①。

历史经验告诉我们,没有平衡,就没有和平;没有节制,就没有公正。普遍持久的和平都必须建立在公正平衡的基础上,不可能以单独牺牲某一方的利益为代价。随着对外开放的发展,中国的安全范畴和国家利益也在不断扩展。和平如果是我们的唯一目标,战争就会成为心怀不轨者进行讹诈的有力武器。和平发展是中国的庄严承诺,但不是自缚手脚的枷锁,更不是个别国家可以任意透支的空白支票。在涉及中国核心利益的问题上,绝无任何妥协的余地。对此,中国应坚持"不信邪、不怕鬼、不怕压"的传统作风,开展"有理、有利、有节"的斗争,维护中国的国际威信。

"批判的武器当然不能代替武器的批判,物质力量只能用物质力量来摧毁。"②军事上,中国需要根据国际形势的变化和世界军事革命的发展,建立和维持一支强大的现代化国防力量,为维护中国的主权、安全和发展利益,维护中国不断扩展的海外利益,维护中国的和平发展权利,维护地区与世界的和平稳定提供强有力的物质保障。外交上,根据国际形势的发展和需要,平衡"韬光养晦"与"有所作为""不结盟"与"建立国际统一战线""不干涉内政"与"保护海外利益"的关系,在保持外交大政方针连续性和稳定性的基础上,主动谋划,积极进取,营造一个更有利的国际环境。

3. 坚持合作共赢不改变,创新大国崛起模式

对一个正在崛起的大国而言,维持现状是最有利的态势,交朋友则是其难以抗拒的魅力。没有多少国家愿意在没有受到威胁的情况下主动挑战一个新兴大国,也没有多少国家会拒绝一个新兴大国伸出的橄榄枝。

利益是国家行为的出发点和最终归宿。大国崛起之难,难就难在利益协调。习近平在 2014 年外事工作会议上强调,我们要推动建立以合作共赢为核心的新型国际关系,把合作共赢理念体现到政治、经济、安全、文化等对外合作

---

① 习近平:《中国是和平发展的大块头》,2014 年 11 月 17 日,http://news. xinhuanet. com/world/2014-11/17/c_1113285659. htm。

② 《马克思恩格斯选集》第 1 卷,人民出版社 2012 年版,第 9 页。

的方方面面①。这也是破解历史难题、创新大国崛起模式的根本途径。

利益能否协调在很大程度上决定了大国权力转移的方式。如第四章所述,英国在面临美国和德国崛起的挑战时,选择联合美国对付德国。这里既有"远交近攻"的地缘政治考虑,也有发展模式的问题,而不是所谓的意识形态考虑。关于美苏之间的冷战,也可以从利益协调方面找到原因。一些历史学家认为,美苏之间的冷战在俄国十月社会主义革命之后就埋下了种子,其根源是苏俄(联)的体制和政策阻碍了西方资本进入其市场。如果再将眼光放得更远,比如英国打破清朝闭关锁国政策的鸦片战争、德日发动世界大战、西方对实行国有化和计划经济的社会主义国家和发展中国家的遏制,以及对普京加强经济控制的批评……我们就可以更清楚地看到,大多数矛盾和冲突都是源自资本扩张与政策限制的矛盾。近代以来大国兴衰变迁发生很多轮,但资本扩张的逻辑并没有变。开放与合作是协调各方利益的重要途径。

外资并不可怕,问题的关键是要驾驭外资,而不能被外资所驾驭。对中国而言,问题的关键不是要不要对外开放,而是如何在相互开放中互利共赢。40年的改革开放实践,不仅使中国获得了巨大的发展,也让世界受益匪浅。随着中国经济的进一步发展和对外投资能力的持续上升,将为世界各国提供更广阔的市场、更充足的资本、更丰富的产品和更宝贵的合作机会。在发展经济成为各国政府常规任务的趋势下,中国要善于利用经济手段增加国际社会对中国的理解和支持,以地缘经济合作化解地缘政治压力。通过广泛开展经贸技术合作,努力形成深度交融的互利合作网络。在此基础上,通过积极参与国际治理改革,将中国的经济实力转为一种制度性权力,提升中国在经济、政治、安全等国际议题上的话语权,从而为中国的和平发展创造更有利的外部环境。

4. 讲好中国故事,提升国际软实力

近代大国的崛起往往首先源自经济的崛起,然后逐步扩展至军事、科技和政治领域,这是一个硬实力的崛起过程;与此同时,只有当这种实力逐步被各方认可,才意味着最终的崛起,这是一个"软实力"的崛起过程。在政治意识

① 《习近平谈治国理政》第 2 卷,外文出版社 2017 年版,第 443 页。

普遍觉醒和国际行为主体多元化的趋势下,"软实力"成为现代大国不可或缺的力量。约瑟夫·奈指出,对于现代国家竞争来讲,不仅取决于军事和经济规模,还取决于"谁的故事更吸引人"。

中国目前所面临的国际压力在一定程度上可以说,既是发展壮大的结果,又是发展不够壮大的体现。因为发展壮大了,引起一些国家的猜忌、不安和防范;又因为不够强大,不足以说服别人接受自己。解决这些问题,既需要硬实力的继续发展,还需要"软实力"的大力提升,共同塑造其他国家对华认知和战略选择的环境。对现代的中国而言,讲好中国故事,提升国际软实力,变得日益迫切。

要争取世界各国对中国梦的理解和支持,使各国意识到中国梦与他们各自的梦想息息相通,除了通过合作共赢奠定"软实力"的物质基础外,还需要讲好中国和平发展、惠及世界的故事。使世界各国从中国五千年的历史文明,而不是意识形态偏见或西方历史局限,看待中国共产党、中国政府和中国人民,从中国如何解决各种现代挑战认识中国的发展道路及其时代价值,从中国的实际政策和行为看待中国崛起与世界的关系,增强中国和平发展的逻辑说服力和道德感召力。

5. 融通中国梦与"世界梦",共筑人类命运共同体

走和平发展道路、实现中华民族的伟大复兴,是中华民族近代以来最伟大的梦想,凝聚了几代中国人的夙愿。与此同时,中国梦与世界各国人民的美好梦想是息息相关的。中国不仅以自身的发展来促进世界五分之一人口的梦想,还以"己欲立而立人,己欲达而达人"的情怀促进世界的和平发展,在实现各自梦想的过程中相互支持、相互帮助,共建人类命运共同体,这是一场空前伟大的历史实践,也有待各方的共同努力。

回顾人类社会的发展历史,可以看到一个明显的"合—分—合"的历史轨迹:人类首先是作为一个整体的种群而诞生,然后是为了寻求生存资源而分散到世界各地。随着群体规模的扩大和富余空间的减少,不同群体之间的生存竞争逐渐加剧。进入近现代之后,国家间的生存竞争甚至几度激化导致巨大灾难,但相互依赖的加深和共同挑战的涌现,使得各国的前途和命运越来越紧

密地联系起来,逐渐由零和的生存竞争关系逐步走向正和的共生性关系,客观上成为某种"自在"的共同体。因此,中国政府提出构建"人类命运共同体"的主张,体现了人类社会发展的历史逻辑和时代需要。

全球相互依赖的不断加深和政治意识的普遍觉醒,使得传统国际交往方式受到越来越多的质疑,这就不仅需要超越个体生存竞争的狭隘视野,还应该超越迫于相互依赖的被动合作,转向基于对命运共同体认同的主动合作。19世纪欧洲关于"有机体"的讨论为我们今天全人类命运共同体建设提供了重要启示。黑格尔曾以肢体与身体的关系进行过类比。他指出,在一个有机整体中,任何一部分的性质深受这部分对其他各部分和对全体的关系的影响。一旦离开身体,肢体即便是完整的也毫无意义。①

从全人类命运共同体的角度看,每个成员国就是整个人类生态系统中不可或缺的组成部分。虽然各国在总体规模、发展水平和速度等方面并不完全一样,但都拥有平等的发展权利,相互应该和平共处、和谐共生。否则,任何一国发展的严重滞后或相互竞争的失控都可能危及其他部分乃至人类整体。据此,只有当每个国家真正将其他所有国家视为命运与共的有机组成部分予以尊重,并自觉以此为出发点加强相互之间的合作,妥善处理相互之间的分歧,协同应对共同挑战时,才能从一个"自在"的命运共同体走向一个"自为"的命运共同体。

建构主义学者亚历山大·温特指出,在促使理性自利的行为体从相互否定转向相互肯定、从极其厌恶他者到把他者视为自我延伸的过程中,相互依赖的日渐增加和价值观的跨国接受发挥了重要作用。② 由于历史和现实方面的分歧,"命运与共"尚未成为国际社会的强烈共识,更没有成为处理相互关系的普遍自觉,由此导致了日益严重的和平赤字、发展赤字和治理赤字。对此,国际社会需要从利益基础、制度保障和共同意识等方面入手,促进各国由一个

---

① [英]罗素著:《西方哲学史》,马元德译,商务印书馆2012年版,第518—519页。
② [美]亚历山大·温特:《国际政治中认同和结构变化》,载约瑟夫·比拉德、弗里德里希·克拉托赫维尔主编:《文化和认同:国际关系回归理论》,金烨译,浙江人民出版社2003年版,第76—82页。

"自在"的命运共同体逐步走向"自为"的命运共同体。2017 年中国共产党第十九次全国代表大会从政治、安全、经济、文化和生态五个方面全面阐释了人类命运沟通的内涵,指明了推动人类命运共同体构建的未来方向和行动路线。[①]

作为构建"人类命运共同体"的重要实践,中国政府提出的"一带一路"合作倡议秉承"共商、共建、共享"原则,从"政策沟通、设施联通、货物畅通、资金融通、民心相通"五个方面着手,构建"利益共同体""责任共同体"和"安全共同体",最终实现"命运共同体"。从国与国之间的双边命运共同体到周边命运共同体,从地区多国之间的区域命运共同体到全人类命运共同体,其内涵不断丰富、拓展,并在实践中得到了国际社会越来越广泛的响应。

作为一种理想的发展目标,人类命运共同体不是空泛的口号,不是虚无飘渺的乌托邦。它顺应时代要求与世界发展大势,契合各国人民对和平发展的共同诉求,受到国际社会高度重视和广泛赞誉,显现出强大生命力。[②] 与此同时,我们也应该看到,构建人类命运共同体是一个长期的奋斗过程,必然会面临各种可预见和难以预见的挑战,对此,各方应有充分的心理准备和持久的共同努力。

---

① 杨洁篪:《推动构建人类命运共同体》,参见《党的十九大报告学习辅导百问》,党建读物出版社、学习出版社 2017 年版,第 156—166 页。

② 乐玉成:《共应世界大变局　共建命运共同体——在第七届世界和平论坛午餐会上的演讲》,2018 年 7 月 14 日,http://www.fmprc.gov.cn/web/wjbxw_673019/t1577247.shtml。

第六章　中国梦的评价体系

中华民族伟大复兴的中国梦,是中国人民自近代以来生生不息、孜孜以求、不懈奋斗、不断积累和创造的必然结果,是贯穿自近代以来中国革命、建设和改革开放事业的主题。全面把握中国梦的基本问题,除了对其历史形成、科学内涵、重大价值、基本路径、大众认同等维度的考察以外,还必须对其实现程度的评价体系和评价方法进行科学探讨。本章在充分了解中国梦的历史形成过程与具体内容的基础上,通过理论研究与实证研究,质性研究与定量研究相结合的方法,探讨中国梦指标体系的确立依据、原则、维度与标准,再运用专家共识质化研究方法,对各项维度及指标进行操作化,完成对中国梦实现的评价项目、指标的分解、权重的配置以及具体操作方法的研制,最终建立一个既具有理论性和科学性,又具有较强的可操作性;既体现中国特色,又反映人类社会发展规律与普世意义的中国梦评价体系。

一、中国梦评价体系确立的依据

评价依据是指评价中国梦实现程度的价值指向和总的标准。本章就中国梦实现的评价依据问题,从价值内涵、目标体系、人民对中国梦的期待、中国梦的世界意义等方面进行探讨。

(一)反映中国梦的价值内涵

如前所述,中国梦是中华民族与中国人民千百年来孜孜以求的出发点和历史归宿。正因为中国梦是中华民族的,又是中国人民的,因此,中国梦富有中国特色、中国风格的科学内涵和价值指向,具有科学性和人民性。

1. 中国梦的科学内涵

2012 年 11 月 29 日,新一届中央领导集体在国家博物馆参观"复兴之路"展览时,中共中央总书记习近平针对"何为中国梦?"的问题,指出:"我以为,实现中华民族伟大复兴,就是中华民族近代以来最伟大的梦想。"①2013 年 3 月 17 日,习近平在第十二届全国人民代表大会第一次会议上进一步指出:"实现中华民族伟大复兴的中国梦,就是要实现国家富强、民族振兴、人民幸福。"②习近平对中国梦的简明阐述,为我们正确理解中国梦的科学内涵指明了逻辑理路。

纵观中国梦的萌生、追梦、筑梦和圆梦历程,中华民族历经古代中国灿烂辉煌与强盛,后因外敌侵略和我国制度腐败、经济技术落后而走向衰落挨打和屈辱的近代,最后走上日益靠近中国梦实现的复兴之路。中华民族和中国人民自近代的衰落油然而生民族复兴的中国梦,自近代中国始,各阶级各党派特别是中国共产党领导中国人民以来,中国人民对中国梦的不懈奋斗与追求,从以下三段碑文可见,"三年以来,在人民解放战争和人民革命中牺牲的人民英雄永垂不朽! 三十年以来,在人民解放战争和人民革命中牺牲的人民英雄们永垂不朽! 由此上溯到一千八百四十年,从那时起,为了反对内外敌人,争取民族独立和人民自由幸福,在历次斗争中牺牲的人民英雄永垂不朽!"自近代以来,即"1840 年鸦片战争以后,中华民族蒙受了百年的外族入侵和内部战争,中国人民遭遇了极大的灾难和痛苦,真正是苦难深重、命运多舛"③。新中国成立以后,中国人民在完成了"民族独立、人民解放"这第一大历史任务之后,毫不松懈地向着"国家富强、人民富裕"这第二大历史任务和目标奋进。在社会主义建设发展道路上,"富强"被列入党的奋斗目标,"社会主义的根本任务是发展生产力",是"摆脱贫穷、摆脱落后""实现中华民族伟大复兴"。④

---

① 《十八大以来重要文献选编》(上),中央文献出版社 2014 年版,第 84 页。

② 习近平:《在第十二届全国人民代表大会第一次会议上的讲话》,《人民日报》2013 年 3 月 18 日。

③ 何毅亭:《以习近平同志为核心的党中央治国理政新理念新思想新战略》,人民出版社 2017 年版,第 2 页。

④ 《十三大以来重要文献选编》(上),人民出版社 1991 年版,第 11—13 页。

改革开放历史新时期,党的十八大把"富强、民主、文明、和谐"并列为国家价值目标。十八大结束不久,习近平就把自近代以来中华民族和中国人民内心的渴望,简明扼要地概括为12个字"国家富强、民族振兴、人民幸福",高度凝练地表达了中国人民内心深处的愿望和追求,即在国家层面实现富强民主文明和谐的社会主义现代化,在国际层面实现民族振兴,为人类和平发展与世界文明进步做出更大的贡献,在民众层面实现人民共建共享美好生活和实现每个人的自由而全面发展。

横观中国梦之中国特色、中国道路、中国方案,可以见得,中国梦与美国梦、欧洲梦等有着本质的区别。正如习近平在庆祝中国共产党95周年纪念大会上所强调的,中国共产党人和中国人民完全有信心为人类对更好社会制度的探索提供中国方案。中国政府和人民之所以有这样的自信,就在于中国梦有着与他国梦不同的本质特征和内涵要义。以集体主义为原则的中国梦,不同于带有强烈个人主义价值倾向的美国梦和欧洲梦。美国梦将个人价值与个人奋斗置于至上的地位,这往往使得在美国,"自力更生和独立自主会变成自私自利和无法无天,雄心抱负变成贪婪和一种不惜一切代价获取成功的狂热欲望"①。美国梦主要包括房子、汽车、高等教育、退休保障、医疗保险与休闲时间六个方面。② 欧洲梦实质是对内的集体主义,对外的个体主义。"如果说欧洲和美国都把个人的绝对性看作是至高无上的原则,那么欧洲更重视的是精神个人主义,而美国推崇的是物质个人主义"③。"美国梦效忠于工作伦理。欧洲梦更加协调于闲适和深度游戏。"④就其世界意义而言,美国梦永远是以自己为轴心,其他国家的梦往往被其视为对美国梦的挑战。简言之,美国梦和欧洲梦都一厢情愿地希望成为世界人民的普世梦,二者的"世界观"都流露着鲜明的西方中心主义。而"我们要实现的中国梦,不仅造福中国人民,而且造

---

① [美]巴拉克·奥巴马:《无畏的希望:重申美国梦》,罗选民等译,法律出版社2008年版,第41—42页。

② 徐崇温:《"美国梦"变成了虚幻的神话——国际金融危机严重冲击了"美国梦"》,《红旗文稿》2012年第21期。

③ 乐黛云:《美国梦·欧洲梦·中国梦》,《社会科学》2007年第9期。

④ [美]杰里米·里夫金:《欧洲梦》,杨治宜译,重庆出版社2006年版,第5页。

福各国人民"①。这些价值意蕴都内涵于中国特色的中国道路、中国模式和中国方案中。

2. 中国梦的价值指向:人民群众

中国梦归根到底是人民的梦,必须紧紧依靠人民来实现,并为人民造福。人民梦主要有两个层面的涵义。其一,中国梦是为了人民的梦想,为了人民的幸福,我们所做的一切都要着眼于让人民过上更加幸福更加有尊严的生活。其二,中国梦是以人民为主体,由人民自己去实现的,是人民当家作主,以主人公的身份为自己创造幸福生活的。所以人民梦既是为了人民,也是依靠人民的。这里的"人民"到底是指谁? 从广义来说,它包括海内外的中华儿女以及关心中国前途命运的国际社会各界友人。从一般意义特别是国内意义来说,它主要是指人民群众。"中国梦归根到底是人民的梦……必须紧紧依靠人民来实现,必须不断为人民造福。"②习近平的这一段话,实际上指出了人民群众对于中国梦认同的意义之所在。

首先,中国梦归根到底是人民的梦,人民群众对中国梦的认同,是其提出的根本意义所在。实现中国梦大众认同的关键在于价值认同,在此,有必要首先回答这样一个问题:实现中国梦是为了满足谁的需求? 即明确价值关系中主体到底是指哪部分人。习近平反复强调,"实现中华民族伟大复兴,不是哪一个人,哪一部分人的梦想,而是全体中国人民共同的追求;中国梦的实现,不是成就哪一个人、哪一部分人,而是造福全体人民。因此,中国梦的深厚源泉在于人民,中国梦的根本归宿也在于人民"③。这实际上明确地表明,中国梦的价值主体是全国人民;"中国梦意味着中国人民和中华民族的价值体认和价值追求,意味着全面建成小康社会、实现中华民族伟大复兴,意味着每一个人都能在为中国梦的奋斗中实现自己的梦想,意味着中华民族团结奋斗的最

① 习近平:《顺应时代前进潮流　促进世界和平发展——莫斯科国际关系学院的演讲》,《人民日报》2013 年 3 月 24 日。
② 中共中央宣传部:《习近平总书记系列重要讲话读本》,学习出版社、人民出版社 2016 年版,第 8—9 页。
③ 中共中央宣传部:《习近平总书记系列重要讲话读本》,学习出版社、人民出版社 2016 年版,第 9 页。

大公约数。"①因此,中国梦的价值选择、价值目标、价值实现和价值创造等价值指向就在于"人民群众",这是中国人民、中华民族团结奋斗的最大公约数。革命时期的中国梦旨在民族独立,人民解放;建设和改革时期的中国梦旨在实现国家富强和人民富裕。

其次,中国梦必须紧紧依靠人民来实现,人民群众对中国梦的认同,是中国梦实现的根本力量源泉。列宁指出:"在人民群众中,我们毕竟是沧海一粟,只有我们正确地表达人民的想法,我们才能管理。否则共产党就不能率领无产阶级,而无产阶级就不能率领群众,整个机器就要散架。"②毛泽东早就提出:"党群关系好比鱼水关系。如果党群关系搞不好,社会主义制度就不可能建成;社会主义制度建成了,也不可能巩固。"③邓小平也多次强调:"党离不开人民,人民也离不开党,这不是任何力量所能够改变的。"④在新的历史条件下,习近平更是反复强调:"人民是历史的创造者,是决定党和国家前途命运的根本力量。"⑤"人民是我们党执政的最大底气,是我们共和国的坚实根基,是我们强党兴国的根本所在。"⑥"人民是历史的创造者、人民是真正的英雄,必须相信人民,依靠人民。"⑦"我们要实现党的十八大确定的奋斗目标和中国梦,必须紧紧依靠人民,充分调动最广大人民的积极性、主动性、创造性。"⑧人民创造着历史,人民推动着历史的发展进步,中国共产党必须坚持人民主体地位,把群众路线贯彻到治国理政全部活动之中,把人民对美好生活的向往作为奋斗目标,依靠人民创造历史伟业,依靠人民实现中华民族伟大复兴的百年梦想。

再次,中国梦必须不断为人民造福,人民群众对中国梦的认同,是中国梦

---

① 《习近平在中共中央政治局第十二次集体学习时强调　建设社会主义文化强国　着力提高国家文化软实力》,《人民日报》2014 年 1 月 1 日。
② 《列宁选集》第 4 卷,人民出版社 2012 年版,第 695 页。
③ 《建国以来重要文献选编》第 10 册,中央文献出版社 1994 年版,第 488 页。
④ 《邓小平文选》第 2 卷,人民出版社 1994 年版,第 266 页。
⑤ 《习近平谈治国理政》第 3 卷,外文出版社 2020 年版,第 135 页。
⑥ 《习近平谈治国理政》第 3 卷,外文出版社 2020 年版,第 137 页。
⑦ 《习近平谈治国理政》第 3 卷,外文出版社 2020 年版,第 137 页。
⑧ 《十八大以来重要文献选编》(上),中央文献出版社 2014 年版,第 309 页。

实现的根本衡量标准。实现每个人的自由全面发展,是马克思主义的最高价值追求。马克思和恩格斯在《共产党宣言》中曾指出:"过去的一切运动都是少数人的或者为少数人谋利益的运动。无产阶级的运动是绝大多数人的、为绝大多数人谋利益的独立的运动。"①马克思对未来理想社会的设想有过这样的阐述:"通过社会化生产,不仅可能保证一切社会成员有富足的和一天比一天充裕的物质生活,而且还可能保证他们的体力和智力获得充分的自由的发展和运用。"②这里的"一切社会成员",在当时指广大工人无产者,在当下中国就是指广大人民群众。习近平强调:"不忘初心,方得始终。中国共产党人的初心和使命,就是为中国人民谋幸福,为中华民族谋复兴。这个初心和使命是激励中国共产党人不断前进的根本动力。全党同志一定要永远与人民同呼吸、共命运、心连心,永远把人民对美好生活的向往作为奋斗目标。"③这生动诠释了中国共产党人的根本立场,诠释了全心全意为人民服务的根本宗旨,诠释了新时代中国特色社会主义的根本要求,也是中国共产党领导中国人民为中国梦而奋斗的动力源泉。

把人民对美好生活的向往作为奋斗目标,最终要落实到实现好、维护好、发展好最广大人民的根本利益上。根据马克思主义唯物史观和群众史观,实现中国梦,归根结底是要抓住最大多数人民群众的最大利益。这一最大利益的基础,就是民生问题和物质利益问题。"'解放'是一种历史活动,不是思想活动,'解放'是由历史的关系,是由工业状况、商业状况、农业状况、交往状况促成的。"④要"将历史发展的根本动力建立在物质资料生产方式的牢固基础上,认为人民群众是历史的创造者和推动社会发展的决定性力量,人们认识和改造世界的终极目的就是摆脱自然和社会的必然性对自身的束缚,实现人的

---

① 《马克思恩格斯选集》第 1 卷,人民出版社 1995 年版,第 283 页。
② 《马克思恩格斯文集》第 3 卷,人民出版社 2009 年版,第 563—564 页。
③ 习近平:《决胜全面建成小康社会　夺取新时代中国特色社会主义伟大胜利——在中国共产党第十九次全国代表大会上的报告》,《人民日报》2017 年 10 月 28 日。
④ 《马克思恩格斯选集》第 1 卷,人民出版社 2012 年版,第 154 页。

自由全面发展,从而完成人类从必然王国进入自由王国的飞跃"①。中国梦的萌生,曾经基于物质资料匮乏的社会土壤:半殖民地半封建社会时期的旧中国,80%的人长期处于饥饿半饥饿状态,几乎每天都有几十万人因饥饿而死。1943年,仅河南省饿死者就达300万人,另有1500万人靠啃草根、吃树皮度日。中国人民为中国梦的奋起就是源自民不聊生的旧中国。自1840年鸦片战争以来的追梦、筑梦过程,就是中国人民抗击多个帝国主义国家的侵略和宰割、追求民族解放和人民民主、和谐、安宁和幸福生活的奋斗历程。

"我们的目标很宏伟,但也很朴素,归根结底就是让全体中国人都过上更好的日子。"②中国特色社会主义进入了新时代,中国社会主要矛盾已经转化为人民日益增长的美好生活需要和不平衡不充分的发展之间的矛盾。以前我们要解决"有没有的问题",现在则要解决"好不好"的问题。要更好地满足人民多方面日益增长的需要,更好地促进人的全面发展、实现全体人民共同富裕。2014年3月27日,在中法建交50周年纪念大会上,习近平指出:"中国梦是中华民族的梦,也是每个中国人的梦。我们的方向就是让每个人获得发展自我和奉献社会的机会,共同享有人生出彩的机会,共同享有梦想成真的机会,保证人民平等参与、平等发展权利,维护社会公平正义,使发展成果更多更公平惠及全体人民,朝着共同富裕方向稳步前进。"③2017年在党的十九大报告中,习近平强调:"党的一切工作必须以最广大人民根本利益为最高标准。我们要坚持把人民群众的小事当作自己的大事,从人民群众关心的事情做起,从让人民群众满意的事情做起,带领人民不断创造美好生活!"④2018年5月4日,在纪念马克思诞辰200周年大会上,习近平重申:"我们要坚持以人民为中心的发展思想,抓住人民最关心最直接最现实的利益问题,不断保障和改善民生,促进社会公平正义,在更高水平上实现幼有所育、学有所教、劳有所得、

---

① 吴春梅、张贻龙:《中国马克思主义启蒙与社会主义核心价值观》,《马克思主义研究》2015年第1期。
② 《习近平谈治国理政》第3卷,外文出版社2020年版,第134页。
③ 中央文献研究室:《习近平关于社会建设论述摘编》,中央文献出版社2017年版,第32页。
④ 《习近平谈治国理政》第3卷,外文出版社2020年版,第39页。

病有所医、老有所养、住有所居、弱有所扶,让发展成果更多更公平惠及全体人民,不断促进人的全面发展,朝着实现全体人民共同富裕不断迈进。"①可见,"人民群众利益高于一切""以人民为中心"的发展思想始终凸显于中国共产党领导人民实现中国梦的执政与发展理念中。

(二)服务中国梦的目标体系

曾经辉煌强盛,然后没落衰败,最后再次复兴强盛,这一中国梦从萌生、追梦、筑梦、圆梦的否定之否定历史规律和逻辑,贯穿了中华民族文明历史5000年、中国近现代历史170多年、新中国成立70多年、改革开放40多年的目标意识和民族自信。党的十八大报告明确指出:"只要我们胸怀理想、坚定信念,不动摇、不懈怠、不折腾,顽强奋斗、艰苦奋斗、不懈奋斗,就一定能在中国共产党成立一百年时全面建成小康社会,就一定能在新中国成立一百年时建成富强民主文明和谐的社会主义现代化国家。全党要坚定这样的道路自信、理论自信、制度自信!"②"两个一百年"目标为中国梦的实现明确了核心目标体系。中国梦究竟要实现哪些目标——从宏观(国家、民族、人民)层面、微观(经济、政治、文化、社会和生态)层面的目标是否实现,即为中国梦实现的评价依据。

1. 宏观:国家富强、民族振兴、人民幸福

中国梦的萌生、追梦、筑梦、圆梦历程,始终围绕中华人民共和国、中华民族、中国人民这一价值主体的目标实现问题。炎黄子孙曾经强盛的古代中国,历经近代屈辱衰落,终因不断的积累、创造和奋斗而走上复兴之路。中华民族的伟大复兴就是要实现国家富强、民族振兴和人民幸福。这无疑是评价中国梦能否实现的宏观目标和依据。

从国家层面的历史逻辑看,中国先后历经古代的辉煌和强盛,近代的落后和屈辱,如今富强崛起的当下现实。英国著名经济学家麦迪森曾分析表明,古代中国直到19世纪中叶还是全世界最大的经济体,而且在这之前的近2000

① 习近平:《在纪念马克思诞辰200周年大会上的讲话》,人民出版社2018年版,第20—21页。
② 《十八大以来重要文献选编》(上),中央文献出版社2014年版,第13页。

年时间里,中国也一直是全世界最大最强的经济体,1820 年中国 GDP 占全球
的 1/3,居世界第三位。① 但是,自 1840 年第一次鸦片战争以来,中国在全球
的 GDP 份额直线下降,缩减到只剩下 5%,并在这个低点上一直徘徊到 1979
年。② 晚清政府与西方列强在一系列侵略战争之后被迫签订的一系列不平等
条约,使曾经强大辉煌的中国逐步沦为半殖民地半封建社会的屈辱与苦难的
深渊。自强求富、求强求富的民族心理在中国历史上自古有之。中国古代典
籍中有许多关于富有、富裕、富足、富强的思想资源。"富有之谓大业,日新之
谓盛德"(《易传》)的思想体现出中华民族儿女追求国家富强的美好愿望。自
民族独立、人民解放的历史任务完成之后,中国人民在中国共产党领导下,逐
步探索出了通过工业化、城镇化、现代化而实现国家富强的道路。通过"发展
才是硬道理""发展是执政兴国的第一要务"和科学发展观等战略思想,带领
人民实现国家富强、人民富裕是中国特色社会主义道路、中国特色社会主义制
度和中国特色社会主义理论体系的价值底色。历经改革开放 40 年的探索与
实践,中国经济总量不断迈上新台阶,综合国力和国际竞争力由弱变强,中国
成功实现由低收入经济体向中等收入经济体的历史性跨越。国内生产总值由
1978 年的 3645 亿元跃升到 2019 年的 99.1 万亿元。当下中国是仅次于美国
的世界第二大经济体;诸多数据显示中国已经由曾经的衰落走向了崛起。如
今,中国特色社会主义"五位一体"总布局和协调推进"四个全面"战略布局的
顺利进展,足以昭示世人:"两个一百年"奋斗目标不是梦。中国梦是否变为
现实,首先就是从宏观层面审视国家富强及其程度的实现与否。

从民族层面的历史逻辑看,中国梦的实现要看中华民族是否振兴,重塑大
国形象。中华民族 5000 年的文明历史中,自秦汉进入盛世,汉唐和宋明时期
的综合国力始终居于世界领先地位,以世界头号富强大国"独领风骚"达 1500
年之久。但自 19 世纪中期鸦片战争之后,英国用"坚船利炮",击碎了"居天
地之中者曰中国"的"天朝上国"迷梦。英镑成为世界货币,英国成为世界帝

① ［英］安格斯·麦迪森:《世界经济千年史》,伍晓鹰等译,北京大学出版社 2003 年版,第
　 5 页。
② 林毅夫:《中国经济专题》,北京大学出版社 2012 年版,第 1 页。

国;20 世纪至今,美元是世界货币,美国成为世界大国。曾在世界上独占鳌头、傲视诸"夷"的"天朝上国",成为由多个帝国主义列强瓜分的半殖民地半封建国家和落后民族。从此一代一代中华儿女为民族复兴而不断尝试各种理论与实践方案。近代林则徐、魏源提出"睁开眼睛看世界",李鸿章、曾国藩提出"洋务运动"(洋务强国梦),太平天国农民起义军提出天国梦,康有为、梁启超提出"戊戌变法"(变法强国梦),孙中山领导实行辛亥革命(民族资产阶级的共和梦)等救国救民的理论与实践都因社会历史原因而失败。但是民族振兴梦始终没有泯灭于心。历经"人民解放""人民富裕""民族复兴""科学发展"的实践,中华民族历经革命、建设与改革,而今越来越靠近中国梦实现的目标。中国人民创造了同期世界大国最快的经济增长速度、最快的对外贸易增长速度、最快的外汇储备增长速度、最快且人数最多的脱贫致富速度。"两个一百年"奋斗目标实现之后,再奋斗 50 年,中华民族能否全面振兴必将成为评价中国梦实现的重要依据。

从人民层面的民生逻辑看,中国梦实现归根结底的生动体现和评判依据在于人民群众是否有获得感和幸福感。"人的自由而全面发展"的马克思主义价值导向、"民为邦本,本固邦宁"的中华传统民本思想、"全心全意为人民服务"的中国共产党的宗旨贯穿于中华民族伟大复兴的整个征程。中国共产党始终本着"依靠人民、为了人民、发展成果由人民共享"的原则去发展社会生产力、改革经济基础和上层建筑。中国共产党正确运用马克思主义唯物史观和群众史观从解放物质生产力出发,着力解决人民群众吃穿住用等民生基础问题。中国共产党不同历史时期的革命、建设和改革开放实践都在践行着这样的理念,即,个人"是什么样的,这同他们的生产是一致的——既和他们生产什么一致,又和他们怎样生产一致。因而,个人是什么样的,这取决于他们进行生产的物质条件。"①因此,以人为本,人民幸福成为中国共产党相对于其他国家执政党率先提出的政治理念和政治目标。人民群众"期盼有更好的教育、更稳定的工作、更满意的收入、更可靠的社会保障、更高水平的医疗卫生

---

① 《马克思恩格斯选集》第 1 卷,人民出版社 2012 年版,第 147 页。

服务、更舒适的居住条件、更优美的环境,期盼孩子们能成长得更好、工作得更好、生活得更好"①成为中国梦实现的基础性评价依据。因为人民只有有饭吃、有衣穿、有房子住、上得起学、看得起病以及老有所养,才能感受到中国梦的价值底色和基本要义。人民物质满足、生活富足是精神快乐、自由全面发展的基础和前提。

2. 微观:经济、政治、文化、社会、生态文明

中国梦的实现,是中国共产党领导中国人民朝着共产主义远大理想的一个阶段性目标——中国特色社会主义共同理想。正如马克思和恩格斯描述的未来理想社会,即"代替那存在着阶级和阶级对立的资产阶级旧社会的,将是这样一个联合体,在那里,每个人的自由发展是一切人的自由发展的条件"②。因此,评价中国梦是否实现,从宏观整体上是看国家是否富强、民族是否振兴,人民是否幸福。而从具体微观层面看,应该从人民群众经济生活、政治生活、文化生活、社会生活以及生态环境层面看,人民群众的经济梦、政治梦、文化梦、社会梦和生态梦是否得以实现。

中国梦之经济梦,源于苦难的旧中国同胞在半殖民地半封建社会里长期过着衣不蔽体、食不果腹的经济生活。为了打破旧世界建设新世界,改变中国人民饱受欺凌和苦难的旧中国社会,有了马克思主义指导和中国共产党领导后的中国人民致力于"革命"和"建设"两大历史主题,把马克思主义的未来理想社会变为生活现实,中国人民在马克思主义唯物史观指导下,致力于生产力的极大发展和物质利益的价值实现。因为"思想一旦离开利益就一定会使自己出丑"。③ 而马克思曾在《1857—1858年经济学手稿》中指出:未来新社会"社会生产力的发展将如此迅速,……生产将以所有的人富裕为目的"④。中国梦的实现,在经济领域的追求,就是不断地为解放生产力、发展生产力而进行生产关系的革命和改革。新民主主义革命的成功为中国社会生产力的发展

① 《习近平关于社会主义社会建设论述摘编》,中央文献出版社2017年版,第3页。
② 《马克思恩格斯选集》第1卷,人民出版社1995年版,第294页。
③ 《马克思恩格斯文集》第1卷,人民出版社2009年版,第286页。
④ 《马克思恩格斯选集》第2卷,人民出版社2012年版,第786—787页。

奠定了社会制度基础,继而通过社会主义建设和不断深化改革开放,成功地探索出中国特色社会主义市场经济道路和社会主义经济基本制度及其体制。中国梦实现的经济依据,从定性描述的角度讲,必然是经济实力的增强、综合国力的跃升、国家进入创新型国家行列、小康社会全面建成、人民走向共同富裕。在中国梦的筑梦、圆梦路上,特别是自改革开放以来,就以共同富裕为价值目标。这些目标实现的过程,充分体现了党改革开放的初衷和人民群众经济梦的愿景。正如改革开放以来一直明确的思想理念,即"共同致富,我们从改革一开始就讲,将来总有一天要成为中心课题。社会主义不是少数人富起来、大多数人穷,不是那个样子。社会主义最大的优越性就是共同富裕,这是体现社会主义本质的一个东西"①。人民共同富裕,社会公平正义,这是社会主义的本质要求,特别是中国特色社会主义共同理想的内在要求。因此,中国共产党在致力于社会生产极大发展的同时,更加注重产品分配和权益平等的价值实现。"紧紧围绕更好保障和改善民生、促进社会公平正义,深化社会体制改革,改革收入分配制度,促进共同富裕……"②是全面深化改革的历史性时期中国经济发展的变革主题。当然,人民群众共建共享富裕富足的物质生活,无疑是衡量中国梦之经济梦的评价依据。

中国梦之政治梦,即在人民群众政治生活领域,有马克思主义民主政治理论指导,在党的领导、人民当家作主、依法治国有机统一的民主政治建设与发展中,人民群众能感受到人民代表大会制度、中国共产党领导的多党合作和政治协商制度、民族区域自治制度以及基层群众自治制度所带来的民主政治权益和社会公平正义。正如马克思和恩格斯早在1848年《共产党宣言》中就指出的:"工人革命的第一步就是使无产阶级上升为统治阶级,争得民主。"③在这里,马克思、恩格斯强调的民主是一种"新型的民主",是维护人民利益,实现人民统治地位的民主,是实质上的民主而非形式上的民主。民主在中国实践的出发点就是人民,即人民当家作主,具体包括两个方面:一是作为整体存

① 《邓小平文选》第3卷,人民出版社1993年版,第364页。
② 《十八大以来重要文献选编》(上),中央文献出版社2014年版,第513页。
③ 《马克思恩格斯选集》第1卷,人民出版社2012年版,第421页。

在的人民掌握国家权力,"中华人民共和国的一切权力属于人民",人民决定国家事务;二是作为人民一员的个体拥有自由权利,在国家领域中实现全面发展。前者解决国家权力的归属;后者保证公民权利的实现。"人民民主是社会主义的生命","人民当家作主是社会主义民主政治的本质和核心",是中国共产党对社会主义民主理论的高度概括与本质揭示。毛泽东在回答黄炎培的"如何跳出历史周期率"之问时,明确回答要实行人民民主。只有让人民来监督政府,政府才不敢松懈,只有人人起来负责,才不会人亡政息。邓小平在改革开放之初就强调指出:"我们必须坚持无产阶级专政。我们已经作了大量的宣传,说明无产阶级专政对于人民来说就是社会主义民主,是工人、农民、知识分子和其他劳动者所共同享受的民主,是历史上最广泛的民主……"[①]党的十二大报告把"民主"规定为中国特色社会主义"四化"目标之一,党的十八大报告也把"民主"确立为社会主义核心价值观之一。"坚持人民主体地位"可谓是中国特色社会主义政治体制改革的价值目标和时代主题。在党的领导、人民当家作主和依法治国有机统一下的中国梦之政治梦,从定性描述的角度讲,必然是人民民主不断扩大,社会公平正义得以实现。从定量角度讲,则体现为公民民主权利满意度、社会安全指数、廉政指数指标、社会法治指标达到发达国家平均水平,人民群众感受到自己真正当家作主人。简言之,中国梦之政治梦的实现,要看人民群众是否有平等参与、平等享有、平等发展的机会和条件。

中国梦之文化梦,即在人民群众文化生活领域,沿着中国特色社会主义文化发展道路前进,人民群众在文化生活领域的愿景变为生活现实。从定性描述的角度讲,必然是文化软实力显著增强,人民共享公共文化服务。从定量角度讲,体现为文化产业增加值占 GDP 比重、居民文教娱乐服务支出占家庭消费支出比重、文化产品国际竞争力等达到发达国家平均水平。文明是人类发展进步的永恒主题,是中华民族和中国共产党人的不懈追求。早在 1940 年 1 月,毛泽东在《新民主主义论》中就提出:"我们不但要把一个政治上受压迫、

---

① 《邓小平文选》第 2 卷,人民出版社 1994 年版,第 168 页。

经济上受剥削的中国,变为一个政治上自由和经济上繁荣的中国,而且要把一个被旧文化统治因而愚昧落后的中国,变为一个被新文化统治因而文明先进的中国。一句话,我们要建立一个新中国。建立中华民族的新文化,这就是我们在文化领域中的目的。"①中华文明是世界上唯一几千年不断延续、传承至今的物质文明和政治文明,它所带来的精神文化生活,在中国梦实现之时,必定与经济梦、政治梦协调发展。在文化体制改革不断深化和社会主义先进文化大发展大繁荣的时代背景下,中国人民正致力于加强"一体"(社会主义核心价值体系)"两翼"(文化事业和文化产业)建设,实现中国文化走出去、提升中华文化软实力,最终实现人民群众文化权益平等、精神文化需求得到满足的精神文化生活理想。"引入竞争机制,推动公共文化服务社会化发展。鼓励社会力量、社会资本参与公共文化服务体系建设,培育文化非营利组织"②等体制改革举措,无疑让国人看到中国梦之文化梦的乐观前景。

中国梦之社会梦,即在人民群众社会生活领域,沿着中国特色社会主义和谐社会发展道路,人民群众共建共享改革发展成果,在和谐的社会环境中得以自由全面的发展。中国梦的追梦、筑梦和圆梦过程,就是中国共产党把科学社会主义的基本原则与中国具体实际相结合的马克思主义中国化历程。马克思主义关于"以每个人的全面而自由的发展为基本原则的社会形式"③这一社会发展目标,要求理想的社会应"结束牺牲一些人的利益来满足另一些人的需要的状况",④实现社会成员全面的、现实的、具体的,而非抽象的、虚伪的公平、公正和平等。在这一理想社会中,马克思主义特别强调这一"平等应当不仅仅是表面的,不仅仅在国家的领域中实行,它还应当是实际的,还应当在社会的、经济的领域中实行"⑤。这些思想理念在中国共产党领导中国人民为理想社会而孜孜以求的革命、建设和改革过程中,正在逐一变为现实。基于阶级

① 《毛泽东选集》第 2 卷,人民出版社 1991 年版,第 663 页。
② 《十八大以来重要文献选编》(上),中央文献出版社 2014 年版,第 534—535 页。
③ 《马克思恩格斯选集》第 2 卷,人民出版社 2012 年版,第 267 页。
④ 《马克思恩格斯选集》第 1 卷,人民出版社 2012 年版,第 308 页。
⑤ 《马克思恩格斯选集》第 3 卷,人民出版社 2012 年版,第 484 页。

矛盾、阶层矛盾和政党关系、民族关系和海内外同胞之间的各种物质利益矛盾和冲突,中国共产党成功探索出中国特色社会主义和谐社会发展道路,并通过制度的完善和体制的改革致力于满足人民群众对美好生活的向往。当下中国政府高度重视社会发展和社会状态的和谐与协调。党的十八届三中全会报告全文有 20 处提到"公平",有 11 处提到"平等",有 5 处提到"公正",有 3 处提到"公平正义"。并强调指出,全面深化改革"必须更加注重改革的系统性、整体性、协同性,加快发展社会主义市场经济、民主政治、先进文化、和谐社会、生态文明。……让发展成果更多更公平惠及全体人民。"①综观当下中国的改革进程,可以有信心地认为,"促进社会公平正义、增进人民福祉为出发点和落脚点……着眼创造更加公平正义的社会环境,不断克服各种有违公平正义的现象。使改革发展成果更多更公平惠及全体人民"②这些战略思想不是形于口号,而是实实在在地贴近群众生活和群众实际。

中国梦之生态梦,即是在人民群众生态文明领域,沿着中国特色社会主义生态文明发展道路,过生产发展、生活富裕、生态良好的生活。这样的理想生活状态,可以从定性角度描述为人民共享生态和谐与文明。从定量角度描述为:单位 GDP 能耗达到发达国家平均水平,耕地面积指数达到世界平均水平,环境质量指数达到发达国家平均水平。中国梦是中国特色社会主义理想的通俗表达,其文明进程的方式本身就意味着对现代工业文明的生态化扬弃,对西方工业化"先污染后治理"模式的超越,而形成今天世人有目共睹的中国模式、中国方案。中国人民追求的生态梦,可谓马克思主义生态文明思想的中国化。马克思主义关于"自然界是人为了不致死亡而必须与之处于持续不断的交互作用过程的、人的身体"③"我们每走一步都要记住:我们决不像征服者统治异族人那样支配自然界,决不像站在自然界之外的人似的去支配自然界——相反,我们连同我们的肉、血和头脑都是属于自然界和存在于自然界之中的;我们对自然界的整个支配作用,就在于我们比其他一切生物强,能够认

①　《十八大以来重要文献选编》(上),中央文献出版社 2014 年版,第 512 页。
②　习近平:《切实把思想统一到党的十八届三中全会精神上来》,《求是》2014 年第 1 期。
③　《马克思恩格斯选集》第 1 卷,人民出版社 2012 年版,第 55—56 页。

识和正确运用自然规律"①等思想,一直警示着中国共产党探索中国特色社会主义生态文明发展道路。2007年10月,胡锦涛在党的十七大报告中,明确提出人与自然和谐的发展目标,即"坚持生产发展、生活富裕、生态良好的文明发展道路,建设资源节约型、环境友好型社会,实现速度和结构质量效益相统一、经济发展与人口资源环境相协调,使人民在良好生态环境中生产生活,实现经济社会永续发展"②。习近平也多次强调,"我们既要绿水青山,也要金山银山。宁要绿水青山,不要金山银山,而且绿水青山就是金山银山"③。他明确提出:"走向生态文明新时代,建设美丽中国,是实现中华民族伟大复兴的中国梦的重要内容。中国将按照尊重自然、顺应自然、保护自然的理念,贯彻节约资源和保护环境的基本国策,更加自觉地推动绿色发展、循环发展、低碳发展,把生态文明建设融入经济建设、政治建设、文化建设、社会建设各方面和全过程,形成节约资源、保护环境的空间格局、产业结构、生产方式、生活方式,为子孙后代留下天蓝、地绿、水清的生产生活环境。"④在党的科学执政理念指导下,全社会"树立尊重自然、顺应自然、保护自然"文明理念已经从国家制度到个人行为层面得到了充分的体现。毫无疑问,生产发展、生活富裕、生态良好是否实现,生态文明发展成果是否由人民共建共享,这是评价中国梦实现的生态依据。

综上所述,中国梦实现的评价依据,其宏观层面体现为国家富强、民族振兴、人民幸福;微观层面则体现为经济富强、政治民主、文化先进、社会和谐、生态文明。中国特色社会主义"五位一体"总体布局和"四个全面"战略布局的协调推进,让人民群众期盼的中国梦并不遥远。

(三)体现中国梦的世界意义

1. 中国梦对全球经济发展的推动作用

中国梦的实现之路,不同于"欧美模式""苏联模式""东亚模式""拉美模

---

① 《马克思恩格斯选集》第3卷,人民出版社2012年版,第998页。
② 《胡锦涛文选》第2卷,人民出版社2016年版,第624页。
③ 《习近平关于社会主义生态文明建设论述摘编》,中央文献出版社2017年版,第20—21页。
④ 《习近平谈治国理政》第1卷,外文出版社2018年版,第211—212页。

式"等多种模式下的中国特色社会主义发展之路。沿着这条路实现的"中国梦"不仅是中华民族的梦,是中国人民的梦,而且还是世界大同梦、世界人民的梦,也验证了马克思、恩格斯在 19 世纪中期提出的"世界历史性"思想(后来的"全球化思想")。马克思和恩格斯在《共产党宣言》中提及"各民族普遍相互依赖",并指出"资产阶级,由于开拓了世界市场,使一切国家的生产和消费都成为世界性的了","民族的片面性和局限性日益成为不可能,于是由许多种民族的和地方的文学形成了一种世界的文学"。① 文学(这里的"文学"泛指科学、艺术、哲学、政治等方面)是如此,经济也是如此。这在实现中国梦的历程中得到了充分体现。在中国梦的实现过程中,中国人民总是坚持把本国人民利益同各国人民共同利益结合起来,促进各国共同发展。特别是加入WTO 以来,中华民族和中国人民一直积极参与国际经济合作和世界经济竞争,并以经济总量快速跃升的"中国奇迹"带动其他国家发展。正如美国耶鲁大学法学院华裔教授艾米·蔡所指出的:"现在,中国正处在唐代以后最具全球化思想的历史时期。"②显然,中国梦对全球经济发展的推动作用是举世瞩目的。

在越来越接近中国梦实现的新时代,东西方文明的交融高度融合。中国人民立足中国大地而又面向世界,正视国情现实而又放眼未来,在筑梦圆梦中体现出高瞻远瞩的智慧和倡导世界和谐的博大胸怀,本着"互利共赢,共同发展"的理念,不断推进世界全球化,带动他国经济发展。随着对外开放的广度和深度的不断拓展,中国对世界经济的影响力大幅提升。从地域上来说,无论沿海还是沿江,沿边还是内陆;从产业结构来说,无论制造业还是农业和服务业,都实现了大规模"引进来""走出去"的最优战略结合。目前中国已成为众多周边国家的最大贸易伙伴、最大出口市场、重要投资来源地。根据高盛公司的研究报告,2000 年至 2009 年的十年间,中国对全球经济增长的贡献率超过

---

① 《马克思恩格斯选集》第 1 卷,人民出版社 2012 年版,第 404 页。
② [美]艾米·蔡:《大国兴亡录》,刘海青等译,新世界出版社 2013 年版,第 250 页。

20%,高于美国,是欧元区的 3 倍。① 我国正从商品输出转向投资输出和服务贸易输出阶段,对全球经济发展发挥着越来越重大的助推作用。在国际交往中采取的"亲、诚、惠、容"新理念,特别是在亚太之大容得下大家共同发展的开放胸襟和包容理念指导下,中国必将对世界经济全球化发挥更大的推动作用。简言之,全球化的时代背景下,中国梦的实现对全球经济发展的推动作用也是重要的评价依据。

2. 中国梦对世界和平发展的引导作用

中国梦的实现旨在实现马克思主义未来理想的"自由人联合体",而非回到汉唐帝国"列强"之一,更非因为近代屈辱而欲"民族复仇"。中华民族复兴之路上,中国人民始终把自身发展放在世界和平与发展的大局中,力求发挥更大的国际价值和人类价值,中国梦的实现对世界和平必然发挥着重大的引导作用。事关世界五分之一人口共同命运的中国梦,所追求的国家富强和民族振兴,是对"国强必霸"的强盗逻辑的否定,是对世界主义和人类主义的生动诠释。

中国梦是和平的文明的梦,以"人类命运共同体"为其基本原则。在逐渐告别近代中国落后挨打和屈辱,走向民族复兴之路上,中国梦在追梦筑梦中的每一步都遵循"变革创新、维护和平、推进合作、开放包容"②的党际原则,致力于共谋发展、共创繁荣,为建立一个公正合理的国际政治和经济新秩序而努力发挥更大的作用。诸多历史和事实表明,中国梦是追求和平的梦。中国梦是追求幸福的梦。中国梦是奉献世界的梦。实现中国梦给世界带来的是机遇不是威胁,是和平不是动荡,是进步不是倒退。拿破仑说过,中国是一头沉睡的狮子,当这头睡狮醒来时,世界都会为之发抖。"中国这头狮子已经醒了,但这是一只和平的、可亲的、文明的狮子。"③在改革开放的复兴路上,我们党的

① 习近平:《携手推进"一带一路"建设——在"一带一路"国际合作高峰论坛开幕式上的演讲》,《人民日报》2017 年 5 月 15 日。
② 习近平:《共同创造亚洲和世界的美好未来——在博鳌亚洲论坛 2013 年年会上的主旨演讲》,《人民日报》2013 年 4 月 8 日。
③ 习近平:《出席第三届核安全峰会并访问欧洲四国和联合国教科文组织总部、欧盟总部时的演讲》,人民出版社 2014 年版,第 25 页。

领导人一再向世界宣告："我们提出维护世界和平不是在讲空话,是基于我们自己的需要,当然也符合世界人民的需要,特别是第三世界人民的需要。因此,反对霸权主义、维护世界和平是我们真实的政策,是我们对外政策的纲领。"①全面深化改革的历史新时期,为理性应对国际社会经济政治环境的恶化与动荡局势,当代中国政府以主动姿态营造一个相对和平与稳定的外部环境,提出坚持走和平发展道路,倡导世界和谐。2013 年上半年,习近平在访问坦桑尼亚时发表演讲,指出中国 13 亿多人民与非洲 10 亿多人民"要加强团结合作、加强相互支持和帮助,努力实现我们各自的梦想。我们还要同国际社会一道,推动实现持久和平、共同繁荣的世界梦,为人类和平与发展的崇高事业作出新的更大的贡献!"②中国梦实现的新征程中,中国人民以自己的实际行动驳斥了国际舆论中"修昔底德陷阱"③之说。2014 年 1 月 22 日,美国《赫芬顿邮报》子报《世界邮报》创刊号刊登了对习近平的专访,特别引用了习近平关于国际社会对中美、中日冲突担忧的回答："我们都应该努力避免陷入'修昔底德陷阱',强国只能追求霸权的主张不适用于中国,中国没有实施这种行动的基因。"④在德国科尔伯基金会的演讲中,习近平再次强调:"中国的发展绝不以牺牲别国利益为代价,我们绝不做损人利己、以邻为壑的事情。我们将从世界和平与发展的大义出发,贡献处理当代国际关系的中国智慧,贡献完善全球治理的中国方案,为人类社会应对 21 世纪的各种挑战作出自己的贡献。"⑤眼前现实和未来中国,带给世界的是和平,不是动荡;是机遇,不是威胁。中华民族伟大复兴的中国梦对世界和平发挥的引导作用,必将日臻彰显。

3. 中国梦对人类文明发展提供的新借鉴

人类文明多样性是一种客观的社会存在。人类社会发展史上的各种文明

---

① 《邓小平文选》第 2 卷,人民出版社 1994 年版,第 417 页。

② 《习近平关于实现中华民族伟大复兴的中国梦论述摘要》,中央文献出版社 2013 年版,第 69 页。

③ 这一说法源自古希腊著名历史学家修昔底德的观点,意指一个新崛起的大国必然要挑战现存大国,而现存大国也必然回应这种威胁,因此,战争变得不可避免。

④ 习近平:《"避免陷入'修昔底德陷阱'"意义重大》,《文汇报》2014 年 1 月 24 日。

⑤ 习近平:《出席第三届核安全峰会并访问欧洲四国和联合国教科文组织总部、欧盟总部时的演讲》,人民出版社 2014 年版,第 36 页。

曾给人类带来进步，也曾使人类经受了曲折和苦难。资本主义文明的发展模式，导致人的异化，一些人由于丧失"精神家园"而出现心为物役的"单面人"的纠结和困惑。而中华文明虽历经近代的衰败和凌辱，但终究没有改变给人类带来和谐、先进的"特色文明"的初衷。中国梦的实现所带来的文明发展模式，既不推崇"西方文明至上论"，也不搞"历史虚无主义"，而是以自己特色的文明模式改变着国际社会惯常的思维。2009年1月初，福山在答日本《中央公论》记者的专访时说："客观事实证明，西方自由民主可能并非人类历史进化的终点。随着中国崛起，所谓'历史终结论'有待进一步推敲和完善。人类思想宝库需为中国传统留有一席之地"。① 诚然，中国梦独善其身又兼济天下的传统文化理念和文明传承，不仅带来了人类文明多样性，且给人类文明发展提供了可资借鉴的新范式。

首先，中国梦的整个追梦逐梦过程，不是资产阶级"按照自己的面貌为自己创造出一个世界"，而是有别于资本主义工业化发展价值评判和行为模式的人类命运共同体文明范式。习近平说："当今世界充满不确定性，人们对未来既寄予期待又感到困惑。世界怎么了、我们怎么办？ 这是整个世界都在思考的问题，也是我一直在思考的问题。"②2012年党的十八大报告首次明确提出："合作共赢，就是要倡导人类命运共同体意识，在追求本国利益时兼顾他国合理关切，在谋求本国发展中促进各国共同发展，建立更加平等均衡的新型全球发展伙伴关系，同舟共济，权责共担，增进人类共同利益。"③2017年1月，习近平在联合国日内瓦总部演讲中再次响亮提出："让和平的薪火代代相传，让发展的动力源源不断，让文明的光芒熠熠生辉，是各国人民的期待，也是我们这一代政治家应有的担当。中国方案是：构建人类命运共同体，实现共赢共享。"④2020年，新冠肺炎疫情在全球蔓延，给人民生命安全和身体健康带来

---

① 叶小文：《中国共产党与民主、自由、人权》，《北京日报》2016年8月1日。

② 习近平：《习近平主席在出席世界经济论坛2017年年会和访问联合国日内瓦总部时的演讲》，人民出版社2017年版，第20页。

③ 《十八大以来重要文献选编》(上)，中央文献出版社2014年版，第37页。

④ 习近平：《习近平主席在出席世界经济论坛2017年年会和访问联合国日内瓦总部时的演讲》，人民出版社2017年版，第21—22页。

巨大威胁,给全球公共卫生安全带来巨大挑战,形势令人担忧。"我们发起了新中国成立以来援助时间最集中、涉及范围最广的紧急人道主义行动,为全球疫情防控注入源源不断的动力,充分展示了讲信义、重情义、扬正义、守道义的大国形象,生动诠释了为世界谋大同、推动构建人类命运共同体的大国担当!"①"历史和现实都告诉我们,只要国际社会秉持人类命运共同体理念,坚持多边主义、走团结合作之路,世界各国人民就一定能够携手应对各种全球性问题,共建美好地球家园。"②可见,人类命运共同体思想成为了构建世界新秩序的最具吸引力的新理念。

其次,中国梦打破了西方惯常的"人类中心主义"思维模式,提出了人与自然共荣共生的可持续发展理念。中国人民追梦、圆梦的过程,始终带着与世界文明紧密融合的现实关切,不断探索既不同于传统封建社会制度,又不同于西方资本主义制度的新的制度文明——先后经历了"两个文明"(物质文明和精神文明)、"三个文明"(在"两个文明"基础上提出"政治文明")、"四个文明"(在"三个文明"基础上添加"生态文明")之说。生态文明这一绿色发展理念和模式,是中国模式、中国方案对西方工业现代化"资本逻辑"的超越,是基于现代工业化进程中人与自然和谐问题的理性思考。特别是针对现代社会资源枯竭、环境恶化、生态退化等危及人类安全和健康的现象,党和政府提出以科学发展观为指导,建设资源节约型、环境友好型社会的美丽中国,成功走出中国特色社会主义生态文明背景下的新型工业化道路。这一新范式既发展了马克思主义生态思想,又秉承了中华民族传统文化中天人合一的文化传统,给人类给世人带来尊重自然、崇尚自然和敬畏自然的信仰归位、价值坚守和规则尊崇,引导世人构建全球生态文化,不能不说是中国梦给世界文明发展的一大贡献。

再次,中国梦打破了西方文明范式下"国强必霸"的传统思维模式,以倡导世界和谐的理论和实践驳斥和否定了"中国威胁论",为国际社会树立了世

---

① 习近平:《在全国抗击新冠肺炎疫情表彰大会上的讲话》,人民出版社2020年版,第16页。

② 习近平:《在全国抗击新冠肺炎疫情表彰大会上的讲话》,人民出版社2020年版,第22页。

界和谐发展的新范式。中华民族崇尚包容互鉴、和谐文明的民族传统文化精华,以及马克思主义未来理想社会——自由人联合体的思想,始终贯穿于中国梦的筑梦、圆梦过程。和平、发展、合作、共赢是中国梦实现一向坚持的国际价值评判原则。在对待世界文明多样性的态度问题上,习近平曾指出:"一切文明成果都值得尊重,一切文明成果都要珍惜。历史告诉我们,只有交流互鉴,一种文明才能充满生命力。只要秉持包容精神,就不存在什么'文明冲突',就可以实现文明和谐。"①正是秉承这种民族包容与和谐的精神传统,中华民族不论在哪个历史时期,从没有忘记要在倡导世界和谐中承担更大的担当。2012 年 11 月,习近平在十八届中央政治局常委同中外记者见面时的讲话中说:"我们的责任,就是要团结带领全党全国各族人民,接过历史的接力棒,继续为实现中华民族伟大复兴而努力奋斗,使中华民族更加坚强有力地自立于世界民族之林,为人类作出新的更大的贡献。"②

最后,中国梦实现过程中创新的国家治理现代化模式,不能不说是给全球治理和国际社会的治理带去新的范式。世人皆知,中国梦的实现过程,是在强烈的"人类命运共同体意识"引领下,超越西方资本主义现代化模式、探索人类社会治理(全球治理)新模式的过程。因此,中国梦的实现,为人类文明进程开启了对国家制度及其国家治理现代化问题的思考和创新性尝试。2014年省部级主要领导干部学习贯彻十八届三中全会精神全面深化改革专题研讨班开班式上,习近平指出:"改革开放以来,我们党开始以全新的角度思考国家治理体系问题,强调领导制度、组织制度问题更带有根本性、全局性、稳定性和长期性。今天,摆在我们面前的一项重大历史任务,就是推动中国特色社会主义制度更加成熟更加定型,为党和国家事业发展、为人民幸福安康、为社会和谐稳定、为国家长治久安提供一整套更完备、更稳定、更管用的制度体系。这项工程极为宏大,必须是全面的系统的改革和改进,是各领域改革和改进的联动和集成,在国家治理体系和治理能力现代化上形成总体效应、取得总体效

---

① 《习近平谈治国理政》第 1 卷,外文出版社 2014 年版,第 259—260 页。
② 《十八大以来重要文献选编》(上),中央文献出版社 2014 年版,第 69—70 页。

果。"①为实现国家治理体系和治理能力现代化,在协调推进"四个全面"战略布局中,治国理政的法制化、科学化、现代化在全面建成小康社会、全面深化改革、全面依法治国、全面从严治党中得到具体彰显。特别是民主法治建设中的顶层设计、路线图和施工图体现出中国梦的实现过程,为西方社会制度文明提供了可资借鉴的新范式、新借鉴。当下世界,是一个文化多样性、文明流动性很大的世界,"人们正在寻求认同和安全。人们在寻找根和联系以防御未知的风险"。② 而中国梦实现过程中,给人类文明发展带去的借鉴作用,至少可以为正在寻求"认同和安全"的人们带去防御未知风险的"根和联系"。

中国梦的文明价值基础和取向,是五千年中华文明成果薪火相传、奋斗积淀的成果。中国梦的文明逻辑,不以"普世价值"形式强加于任何其他民族。"一切民族都将走向社会主义,这是不可避免的,但是一切民族的走法却不会完全一样,在民主的这种或那种形式上,在无产阶级专政的这种或那种形态上,在社会生活各方面的社会主义改造的速度上,每个民族都会有自己的特点。"③中国梦实现之时,历史并没有终结,只是对人类文明发展提供了新的借鉴,不仅证实了世界文明多样性,而且让人类文明更加丰富多彩,让人类命运共同体在多样性文明发展中更加紧密相连。人类文明发展道路上,还有很多的新路有待开辟。以国家富强、民族振兴、人民幸福为主题的中国梦的实现,无疑给了世界人民为美好未来奋斗的信心和勇气!

二、中国梦评价体系确立的原则和维度

要构建能够对中国梦实现程度进行科学评价的指标体系,首先要对中国梦的内涵进行准确和全面的把握,这是指标确定的基准依据。但内涵是较为抽象的表达,从不同维度对中国梦的内涵进行解读,将中国梦基本内涵与"两

① 《习近平谈治国理政》第1卷,外文出版社2018年版,第104—105页。
② [美]塞缪尔·亨廷顿:《文明的冲突与世界秩序的重建》,周琪等译,新华出版社2010年版,第106页。
③ 《列宁选集》第2卷,人民出版社2012年版,第777页。

个一百年"目标进行具体分解,明确中国梦评价指标体系设计的基本原则,才能为建构科学的指标体系提供方向指导和具体标准。

（一）中国梦评价体系确立的原则

科学的统计指标和指标体系是人们认识分析社会现象和事物的必要工具,而科学指标体系的设计必须遵循指标设计的一般原则,同时要与研究对象的特征相结合。根据中国梦的三大内涵,我们设计了六大指标体系对中国梦实现进行系统全面的测度和评价,这些指标的选取遵循以下原则:

1. 系统性原则

由于系统是一个有机的整体,评价指标应是能真实反映系统的综合体。在选择评价指标的时候,必须使评价目标和评价指标有机地联系起来,组成一个层次分明的整体。这样才能保证评价结果的真实可靠。中国梦是一个系统性的概念,它包括政治、经济、教育、文化、卫生、生态等方方面面的指标。在构建评价体系和挑选评价指标时,有两个方面的内容需要重点把握:第一个方面是指标体系的全面性。这要求我们做到全面系统地分析中国梦目前已经实现的状态和所处的阶段,在此基础之上建立一个兼具系统性、综合性和概括性的指标体系;第二个方面是各指标之间的关系,它们应相对独立并构成有机的整体。这要求我们选取的相关指标在具有相对独立性的同时,能够从上述五大维度即经济、政治、文化、社会和生态全面地考察中国梦实现的水平和程度,同时相互之间又具有一定的联系。具体来说,联系指的是反映中国梦实现程度的共同特质,区别指的是在反映中国梦时各自有自己的内容和侧重点,在此基础之上构成一个统一的有机整体。同时,所选取指标体系既能够反映当前中国梦实现程度的现实水平,又能够反映未来的实现潜力,要做到静态评价和动态评价相结合。

2. 准确性原则

在评价时,指标体系一定要建立在科学的基础上,能客观和真实地反映系统发展的状态、各个子系统和指标间的相互联系,并能较好地度量研究目标的实现程度。中国梦的三大内涵和本质是指标体系选取的重要方向,在中国梦评价指标体系的构建过程中,所选取的指标一定要能够准确地反映这三大内涵和中国梦的本质。中国梦是静态与动态相结合的产物,它不仅包含广大人民现在的生活,还囊括着他们未来生活的方方面面,考虑到这一点,中国梦评价指标的选取必须具有准确性和代表性,从而充分合理地对现实进行反映。其中指标的代表性不容忽视,因为各指标之间难免会有信息重叠的地方,如果两个指标重叠性较大或者完全重叠时,容易对评价结果造成负面的影响,从而导致结果不准确,所以需要保留最具有代表性的指标,在突出重点的同时,避免信息的重复叠加。

3. 可比性原则

本研究所设计的中国梦各指标、各方面实现程度,要能够进行时间和空间维度的有效比较。从时间维度来看,在选取指标时要注重指标在时间上的连续性。这里的"时间上"即中国梦在不同时间和不同历史阶段的实现程度。要保持同一个体在不同年份指标的相同性,同一方面的相似指标不容忽视,同时要注意由于统计口径发生变化导致的指标内涵的变动,在数据不完整尤其是早期数据缺失的情况下,需要采用相似指标或插值法等进行估算和估计时,要专门对替代数据以及计算的方法进行补充和说明。在空间维度方面,能够与其他发达国家的经济社会等发展指标体系进行对比,以便从国际视角对中国梦的实现水平和程度进行分析,相应的需要注意进行国际指标统计数据所涵盖的时间范围和采用的单位,比如对比数据如需采用相同年份的数据,要考虑到不同国家间汇率的波动和购买力平价等的差异。

4. 可行性原则

评价指标的选取要考虑所选指标的可度量性、可比性、易得性和常用性等。这样所选的指标才是有效的,才能得出真实客观的评价结果。评价方法也要易于使用,更好地为决策服务。在构建中国梦的评价指标体系的过程中,要对每一个指标数据来源进行分析和评价,确保这些指标的科学性和可靠性,才能使得指标体系的构建和测评工作尽量科学合理、无懈可击。在设计评价指标体系时,研究者们希望得到一个完美的指标体系来充分地反映研究的内容,但现实往往与理想不一致,由于统计制度设计、统计发展水平等因素限制,在实际分析中可得到的数据有限,甚至一些关键指标也难以获得。所以,在指标体系的设计过程中要多花时间进行准备工作,查阅多方面的资料,详尽地了解信息,保证指标数据来源权威、可靠,并且具有时间上的连续性。在指标无数据来源但指标本身极其重要的情况下,可以在指标体系中将其暂且保留,有待今后统计体系进一步完善或者其他途径提供新的数据后再加以补充;在指标数据缺失严重的情况下,可以选用其他一些较容易获得同时与该指标具有很大相关性的其他指标进行替换;在指标数据缺失不太严重的情况下,可以使用诸如插值法等合理的数理推导方法等对数据进行补齐。总而言之,指标的选取要简单实用,考虑到可量化以及取得的难易程度,尽量利用各类统计年鉴和其他可信资料,采用规范性的标准去处理保证技术上的可操作性。

5. 差异性原则

构建中国梦的评价指标体系需要考虑经济、政治、文化、社会、生态等多方面的内容和因素,基于不同指标所描述的内容和特征不同,因此在构建指标体系时赋予不同指标的权重要有差异。同时各大指标体系下属各个分指标,也需要相应的赋予不同权重,从而使得各指标所反映的信息能够得到有效的整合利用,使得整体指标体系能够全面反映中国梦的内涵和特征。具体权重的设计可以在借鉴前人研究基础之上,结合本研究各分指标的特点进行设置。

(二)中国梦评价体系确立的维度

人民对美好生活的向往,就是共产党人的奋斗目标。人民对中国梦的期待,包含对经济、政治、文化、社会、生态文明方面的期待,最后落实到精神上的自由全面发展。据此,我们确立了以下中国梦评价体系的六个维度。

1. 经济维度

经济发展对国家富强和人民幸福具有重要的基础性作用,经济维度是实现中国梦的基本前提。中国梦旨在实现国家和民族的繁荣复兴,坚持以经济建设为中心,促进经济的持续发展,才能为实现中国人民百年来所追求的梦想提供物质保障,当前党和政府提出只有加快推进科学发展的发展之路,才能拥有更加强大的实力以实现繁荣富强之中国梦。党的十九大报告提出:"实现'两个一百年'奋斗目标、实现中华民族伟大复兴的中国梦,不断提高人民生活水平,必须坚定不移把发展作为党执政兴国的第一要务,坚持解放和发展社会生产力,坚持社会主义市场经济改革方向,推动经济持续健康发展。"①以经济建设为中心在中国共产党的历史上发挥着不可磨灭的重要作用,是我们党不断进行理论探索和实践所总结形成的关于国家建设和发展的根本指导思想,它不是为了解决问题的临时性政策,而是在重大历史转折时期形成,并被多年以来实践检验了的正确选择。坚持以经济建设为中心,推动中国经济的持续发展,增强我国在世界经济体系中的竞争力,不断提高人民的物质生活水平,充实精神文化生活,才能逐渐解决中国在不同发展阶段出现的各种问题与矛盾,为实现中国梦提供物质保障。因此需要从经济维度对我国的整体经济发展水平和质量进行纵向和横向的比较。在衡量经济发展水平时,不仅要包括经济总量的增长,还要对经济结构的演化、科技发展水平等内容进行考察和分析,因此经济指标的衡量是中国梦评价体系中的首要考察对象。

2. 政治维度

我国是工人阶级领导的、以工农联盟为基础的人民民主专政的社会主义国家,其中人民民主专政的本质是人民当家作主,人民民主具有民主主体和人民享有权利的广泛性。党的领导、人民当家作主和依法治国三者是一个整体,缺一不可。坚持三者的有机统一,我国政治体制改革才能保持正确方向。这条道路是中国人民经过长期艰苦探索后找到的正确道路。只有积极稳妥推进政治体制改革,配合经济体制改革的步伐和节奏,才能推进社会主义现代化事业的发展壮大,才能为我们伟大的中国梦的实现提供强有力政治基础和制度保障。因此党的领导水平、廉政建设、依法治国、人民民主程度等是中国梦评价体系中的重要考察对象。

3. 文化维度

文化发展水平和文化影响力是一个国家综合国力的重要组成部分,文化建设是提升中国软实力的重要途径,文化自信、文化强大是中国梦实现的必然组成部分。中国作为具有五千年文明史的古老国家,在当代世界文化发展中必须要有一席之地才能称得上文化上的振兴和发展。中国特色社会主义文化

---

① 《习近平谈治国理政》第 3 卷,外文出版社 2020 年版,第 23 页。

是建设富强民主文明的社会主义现代化中国、实现中国梦的精神动力。一方面,它来源于改革开放 40 多年建设中国特色社会主义的实践;另一方面,它又服从和服务于这一实践,它在继承人类优秀精神的文化成果的同时又成功反映了生产力的发展规律及其先进文化。加强中国特色社会主义文化建设的意义在于,首先,它有利于加强中国特色社会主义文化的感召力和吸引力,对我们推进建设小康社会和中国特色社会主义具有重要的作用;其次,它有利于推动社会主义文化的发展,促进社会主义文化内容的丰富,进而为实现中国梦提供持久的精神动力。中国特色社会主义先进文化具有符合历史发展规律、体现时代特征和时代精神、代表社会的前进方向、代表广大人民的根本利益的特点,这些特点决定它可以满足人民群众多层次多领域的精神文化需求,人民群众乐于接受这种先进文化并且将其转化为强大的精神力量,成为中华民族的血脉和精神家园。这样,在充分发挥文化引领社会风气、教育服务人民促进社会进步作用的同时,保持了中国特色社会主义文化的生命力、创造力和活力。随着时代的发展、社会的进步,人民群众的精神文化需求也越来越多元化,只有紧跟时代的步伐,不断地推陈出新,适应社会和人民的需求,积极创新,不断进取,才能让百姓紧密团结围绕在中国特色社会主义的旗帜下,推动社会主义文化大发展大繁荣,在为经济发展、建设小康社会和推进社会主义现代化和提供精神动力的同时,增强广大人民群众的文化自信,使中国梦的实现具有文化上的优越性。

4. 社会维度

全心全意为人民服务,这是我党一切工作的出发点和落脚点;促进社会的全面发展和进步,重视最广大人民群众的根本利益,并将其维护好、发展好,这是我们进行中国特色社会主义社会建设的最终目的。"生活在我们伟大祖国和伟大时代的中国人民,共同享有人生出彩的机会,共同享有梦想成真的机会,共同享有同祖国和时代一起成长与进步的机会。"①习近平的上述讲话,一方面十分明确地传达了我们党对广大人民群众个人的理想追求、成长进步、全

---

① 《习近平谈治国理政》第 1 卷,外文出版社 2018 年版,第 40 页。

面发展的尊重和倡导,体现了"发展为了人民、发展依靠人民、发展成果由人民共享"的执政理念;另一方面进一步将个人的梦想与整个国家、社会和民族的梦想联系起来,让中国梦这一概念不仅仅是一个口号,而是更加形象具体、触手可及。中国梦不仅意味着国家和民族实现近代百余年以来的复兴梦想,更意味着作为个体的普通百姓都能过上安居乐业的生活。当今时代,经济飞速发展,社会日新月异,对教育、医疗、卫生、就业、养老等社会保障等配套设施和制度的要求越来越高,只有让这些制度不断完善,跟上时代的步伐,在幼有所育、学有所教、劳有所得、病有所医、老有所养、住有所居、弱有所扶上不断取得新进展,经济的持续健康发展、人民美好生活的愿景才能得以实现。因此从社会维度对中国梦的实现进行测度和评价,是美丽中国梦的实现对于广大群众生活水平、生活质量提升的具体表现。由于社会发展的综合性和复杂性,我们可以采用主观指标与客观指标体系,综合评价我国中国梦实施以来社会各层面发展的状况。客观评价指标主要包括人民生活密切相关之居民服务性产业发展状况,医疗卫生水平程度以及劳动者就业状况;主观评价指标主要包括居民幸福指数,心理健康程度以及居民生活满意度等抽象指标。总之,通过具象数据呈现,结合抽象分析综合评价我国社会发展的总体状况。

　　5. 生态维度

　　良好的生态环境、经济社会发展与生态保护的协调,是实现和谐美丽之中国梦的必然要求。新中国建立以来,特别是改革开放实施 40 多年以来,我国经济取得了举世瞩目的成就,人们的物质财富不断积累、生活水平不断提高,基本的生理需求得到了较全面的满足。在这种情况下,人们越来越关注提高生活质量的其他方面,如干净的水源、良好的空气、舒适的环境等。总而言之,人们对生活环境的要求越来越高,这些越来越成为他们衡量生活是否幸福的重要指标。与此同时,我国政府对于生态文明建设的理解也在不断加深,在对生态环境建设规划上也提出了更高的要求。这一发展在党的十八大报告中得到了充分的体现。十八大报告针对生态文明建设做出了一系列的安排设计,首次提出了"尊重自然、顺应自然、保护自然"的生态文明理念,制定了"融入经济建设、政治建设、文化建设、社会建设各方面和全过程"的生态文明发展战略,规划"绿色发展、低碳发展、循环发展"的生态文明实现路径。党的十九大报告把"坚持人与自然和谐共生"纳入新时代中国特色社会主义新思想的基本战略中,提出"我们要建设的现代化是人与自然和谐共生的现代化"①,"建设生态文明是中华民族永续发展的千年大计。必须树立和践行绿水青山就是金山银山的理念,坚持节约资源和保护环境的基本国策,像对待生命一样对待生态环境,统筹山水林田湖草系统治理,实行最严格的生态环境保护制度,形成绿色发展方式和生活方式,坚定走生产发展、生活富裕、生态良好的文明发展道路,建设美丽中国,为人民创造良好生产生活环境,为全球生态安全作出贡献"。② 这些战略部署表明我们党和政府顺应时代和社会发展的要求,对于生态环境建设的内涵认识、重要地位、路径设计等提高到了新的层次,其旨在实现人与自然的和谐共生,建设美丽中国,实现中华民族永续发展。从生态建设的角度来看,要走好生产发展、生活富裕、生态良好的文明发展之路,我们要做的就是破和立两个方面的内容。破即是摒弃和改变,改变传统的粗放型经济发展模式,优化不合理的消费模式;立即是建设新型社会和美丽中国,符合自然发展规律、在资源环境的承载力以内、满足可持续发展要求的资源节约型和环境友好型社会。具体来看,建设生态文明就是要让人民群众切切实实地过上高质量的生活,能够呼吸到洁净的空气、食用放心安全的食品、居住舒适无污染的环境,感受到时代、社会、生活和环境的美好。因此,我们需要从生态维度对中国梦的实现程度进行评价,在指标设计上,要客观全面科学地测度我国生态保护、生态建设和生态发展的现状,以自然发展规律为基准,通过指标考核和约束,在实现经济社会发展的同时,确保生态环境得以持续改善,建设资源节约型、环境友好型社会。

6. 精神维度

马克思主义唯物史观认为,人类社会的生产包括精神、物质和人自身的生产。其中精神生产是人类的基本实践活动,精神生产的过程也就是人的精神

---

① 《习近平谈治国理政》第 3 卷,外文出版社 2020 年版,第 39 页。
② 《习近平谈治国理政》第 3 卷,外文出版社 2020 年版,第 19 页。

生活。人们精神维度的自由发展,体现在人们富足的物质生活、民主的政治生活和宽松的社会生活基础上,享有丰富的思想文化生活以及在其中获得的道德觉悟、思想理念和精神境界。在马克思主义未来理想社会里,人们在极高度发展的生产力带来的物质条件下,思想道德精神觉悟达到极高的境界,精神生活领域达到自由全面发展。恩格斯曾指出:"每一历史时期的观念和思想也可以极其简单地由这一时期的经济的生活条件以及由这些条件决定的社会关系和政治关系来说明。"①此话言下之意是,人们在发展着自己的经济生活、政治生活、社会生活的同时,也改变和发展着自己的精神生活,从而提高自己的思想觉悟和精神境界。法国生命哲学家柏格森认为,人就是人的所作所为,人们连续不断地创造着自己,这种"自我创造",就是人的精神维度的自由全面发展。在人的精神世界里,就体现为一种价值存在、道德存在、伦理存在和精神信仰的存在。邓小平早在1978年9月谈到恢复实事求是思想路线时说:"我们要想一想,我们给人民做了多少事情呢?我们一定要根据现在的有利条件加速发展生产力,使人民的物质生活好一些,使人民的文化生活、精神面貌好一些。"②中国梦的筑梦、追梦、圆梦的过程,就是为着中国人民有更好的文化生活和精神面貌,在越来越靠近中国梦实现的历史新时期,中国人民的精神世界、精神生活、精神面貌通过社会主义核心价值体系的建设和社会主义核心价值观的培育践行,以良好的社会风尚呈现出来,这其实表达了人民对理想的精神生活的憧憬和期待,是衡量中国梦实现程度的重要标杆。

三、中国梦评价的具体指标体系

在对中国梦内涵准确把握的基础上,我们按照上述原则和维度设计了下列评价指标体系:

(一)经济发展指标体系

经济发展是中国梦实现的物质基础,也是中国梦的外在重要表现。从经

---

① 《马克思恩格斯选集》第3卷,人民出版社2012年版,第723页。
② 《邓小平年谱》(上),中央文献出版社2004年版,第380页。

济维度进行评价,既要对经济发展的水平进行评价,也要对经济发展的质量进行分析,而经济发展质量的内涵非常广阔,我们会从不同方面进行设计考核。

目前世界银行按人均收入将世界国家划分为高收入、中等偏上、中等偏下、低收入国家和最不发达国家等类型,一国所属国家类型代表了该国的整体经济发展水平,我国对21世纪中叶的中国梦的现阶段整体目标设定为"中等发达国家"。因此对人均收入情况进行分析和测算,是考核中国梦实现程度的首要内容。按照现有国际和国内统计指标体系特征,一般使用人均GDP来测度人均收入水平,并进而确定一国的整体经济发展水平。因此我们选用人均GDP作为经济发展指标体系的首要指标,在进行国际纵向比较时,会根据相应汇率,将其转化为美元计价。

产业结构是一国经济发展质量的重要体现。根据产业结构的"国际标准模式"和世界银行有关三次产业增加值占国内生产总值的比重的数据,一般而言经济越发达,农业、工业占比越低,服务业占比越高,比如2012年高收入、中等偏上、中等偏下和低收入国家的三产结构均值为3:30:67,8:32:60,19:29:52和33:21:46。由此我们将选取第三产业增加值占GDP比重作为衡量产业结构的主要指标。

城镇化是实现中国梦的必经之路。因为从经济发展的阶段性特征来看,在一国由农业国向工业国转变过程中,城镇化率是不断提高,它反映了一国城市化或者城镇化的比率。但与西方国家不同,受城乡二元体制束缚,中国的"农民"要想变为"市民",大多要经历"农民工"这个过渡阶段,这就使很多人在统计上已被视作城里人,但实际身份却依然是农民,无法共享城镇化发展成果。因此,我们采用新型城镇化率来对城镇化水平加以测量。

从空间维度看,我国经济发展存在的一个明显问题就是区域发展不平衡,包括各区域之间、各区域内部以及城乡间的发展差距。区域发展不平衡是制约中国经济社会可持续发展的重要因素,中国政府近年来也实施了一系列统筹区域发展战略。中国梦的实现应该是不分城乡、不分区域的共同梦想,仅仅部分地区实现的中国梦是不完整的,因此在实现中国梦过程中,区域均衡发展也是我们关注的重点。综上所述我们主要选择以下指标进行分析:

序号	指标名称	数据来源
1	人均 GDP	统计数据
2	第三产业增加值占 GDP 比重	统计资料
3	新型城镇化指标	统计资料
4	城镇失业率	统计资料
5	地区经济发展差异系数	统计资料
6	城乡居民收入比	统计资料

上述指标的具体含义如下所述：

人均 GDP：GDP 是国内当年国民生产总值（包括现价和不变价格），国内生产总值（GDP）是指经济社会在一定时期内运用生产要素所生产的全部最终产品（物品和劳务）的市场价值。[①] 它用以反映一个国家或地区的整体经济实力。而人均 GDP 是指一定时期内按常住人口平均计算的 GDP。

第三产业增加值占 GDP 比重：指第三产业增加值除以国内生产总值。第三产业比重是衡量经济发展层次的一个重要指标。一般随着经济发展水平的提升，第三产业所占比重会逐渐增大。

新型城镇化指标：按照我国新型城镇化的含义，基于我国实际国情，包括城镇化水平指标（常住人口城镇化率和户籍人口城镇化率两个城镇化率）、基本公共服务指标（农民工随迁子女接受义务教育比例等）、基础设施指标、资源环境指标。

城镇失业率：失业率是指某时点（期）失业人口占同时点（期）经济活动人口（即劳动力）的比重。就业是民生之本，失业率（城镇）是通过调查城镇失业人数计算出来的，用以反映城镇居民的就业情况。我们将直接采用相关统计年鉴和资料上的失业率指标。

地区经济发展差异系数：是指衡量各地区经济发展水平之间相互差异的指数。这其中既包括东中西等几大区域之间的经济发展水平差异，也包括各

---

① 高鸿业：《宏观经济学》第 5 版，中国人民大学出版社 2011 年版，第 367 页。

大区域内部不同省区以及省区内不同地区的发展差异。具体可以通过计算 Theil 指数等测度不平等的指数进行。

城乡居民收入比:指城镇居民与农村居民在人均可支配收入方面的比值,用于衡量城乡间居民收入差距。考虑到不同区域城乡居民收入差距各异,本课题也会衡量不同地区间的城乡居民收入差距。

(二)政治发展指标体系

习近平在庆祝改革开放 40 周年大会上的讲话中明确提出:"必须坚持党对一切工作的领导,不断加强和改善党的领导。改革开放 40 年的实践启示我们:中国共产党领导是中国特色社会主义最本质的特征,是中国特色社会主义制度的最大优势。党政军民学,东西南北中,党是领导一切的。"[1]实现中国梦必须坚持党的领导,党的领导将为中国梦的实现提供有力的制度保障。同时中国梦是中华民族的梦,要实现国家富强、民族振兴和人民幸福,一定要充分发挥人民群众的基础性作用,做到发展依靠人民,发展为了人民,发展成果由人民共享。党的十八届四中全会在我国依法治国的建设过程中发挥着重大作用,它是我们党和政府首次召开的专门研究依法治国相关问题的会议。全会审议通过的《中共中央关于全面推进依法治国若干重大问题的决定》指出:"全面建成小康社会、实现中华民族伟大复兴的中国梦,全面深化改革、完善和发展中国特色社会主义制度,提高党的执政能力和执政水平,必须全面推进依法治国。"[2]

全面推进依法治国,一方面可以实现国家治理体系和治理能力的现代化,另一方面可以发展和完善中国特色社会主义。党的领导、人民当家作主、依法治国三者要有机统一起来。这对于中国特色社会主义政治发展道路的完善以及中国梦的实现具有至关重要的作用。要建成物质文明、政治文明、精神文明、社会文明、生态文明协调发展的社会主义现代化国家,作为政治文明重要组成部分的法治文明具有不可替代的作用,要大力贯彻落实依法治国基本方

---

[1] 《习近平谈治国理政》第 3 卷,外文出版社 2020 年版,第 181 页。
[2] 《十八大以来重要文献选编》(中),中央文献出版社 2016 年版,第 155 页。

略的实施。依法治国即在国家治理以及经济、政治、文化、社会和生态文明建设领域实现法治化。依法执政即要求执政党立法、执法、守法,以社会主义的法治精神和理念为原则,利用法治思维和方式,依照法定程序有效的治理国家。目前在我国现行政治体系中,行政机关作为主要的执法主体负责大部分法律法规的实施,因此要用法律法规来约束权力,对保障人民权利和自由、依法行政、建成法治政府具有决定性作用。

我们将据此设计相关的指标体系来反映上述内容,能够客观反映我国社会法治化进程的现状。具体而言,从公民角度而言,利用公民民主权利满意度指数来刻画公民对于法治化进程和自身权利保障的满意程度,利用社会安全指数来刻画整体社会治安和综合治理的水平和程度。从政府廉洁执政的角度而言,将利用廉政指数指标进行设计。同时还将构造一个更为全面的社会法治指标,来具体刻画法治化进程和政治文明的发展水平。主要包括如下表所示的指标:

序号	指标名称	数据来源
1	公民民主权利满意度	调研数据
2	社会安全指数	统计资料
3	廉政指数指标/腐败指数指标	统计资料
4	社会法治指标	统计资料和调研数据

上述指标的具体含义如下所述:

公民民主权利满意度:指公民对宪法规定内对于个体在经济、政治、社会、文化等方面所享有权利的满意度。将通过问卷调查和实地调研等方法获取相关基础数据,并进而构造该指标。

社会安全指数:社会安全指数是表示社会安全状态的一个综合指数。在社会治安以及交通、生产、生活安全等方面的变动情况。分别利用万人刑事犯罪率、交通事故死亡率、工伤事故死亡率,火灾事故死亡率指标来表示社会治安、交通安全、生产安全、生活安全等方面所达到的安全程度。该指数也可以从一定程度上反映政府的管理能力和水平。

廉政指数指标/腐败指数指标:建立高效、廉洁的政府是现代政治文明的重要组成部分。我们采用通过统计腐败案件或者人数的相对比重,可以较好地反映政府的廉政情况。将通过全国检察机关立案的贪污贿赂和渎职案件数与国家机关、政党机关、社会团体就业人数之比进行考核。

社会法治指标体系:法治社会建设指标属于广义的社会指标体系,主要用于判断某一社会的法律状况或法治状况的指数。法治社会建设涵盖了立法、普法、执法和司法等不同层面的内容。我们设计通过构造社会法治指标体系加以刻画,具体包括立法指标体系(选民参选率、人大会议通过/否决/搁置的法律案数、立法听证参与率),司法指标体系(各类案件上述案件数量和在一审中的比率、诉讼案件办结率、检察院抗诉数量及比率),执法指标体系(行政执法责任制覆盖率、办案责任制执行率、行政复议率、行政投诉率),普法指标体系(普通公民普法教育比率、经济合同履行率、交通安全处罚率),基于一定的构建方法在以上四大指标体系的基础上,建造更具综合性的法制社会指标体系。

(三)文化发展指标体系

中国梦的实现不仅要求中国成为经济大国,更要成为文化大国,不仅仅使得中国的产品具有国际竞争力,还要使中国的文化能够走出国门,获得世界的认同和赞许。习近平强调:"文化是一个国家、一个民族的灵魂。文化兴国运兴,文化强民族强。没有高度的文化自信,没有文化的繁荣兴盛,就没有中华民族伟大复兴。要坚持中国特色社会主义文化发展道路,激发全民族文化创新创造活力,建设社会主义文化强国。"[1]文化建设是实现中国梦的重要组成部分,文化建设对包括经济、政治、社会等各领域的建设和发展有着明显的推动作用。而文化建设的一个重要体现就是文化产业和文化事业的发展水平和其保障等作用。

从现有国内外相关研究来看,对于文化产业的发展水平主要使用文化产业产值所占比重和文化产品的国际竞争力来测度。在我国对于"文化产业"

---

[1] 《习近平谈治国理政》第 3 卷,外文出版社 2020 年版,第 32 页。

的定义包括提供服务、文化、娱乐产品以及与其有联系的活动。文化产业涉及的范围有提供文化产品、休闲娱乐、传播服务等活动以及与之有关的用品、设备和相关文化产品的生产和销售活动。就现在来说,不管是从文化产业的国际影响力以及竞争力,又或者是文化产业在 GDP 中的比率来说,我国文化整体实力相对处于比较落后的位置。与我国经济大国的地位不相称,在国际文化和国际舆论上,我国长期处于被动弱势地位的局面尚未得到有效改变。通过构建文化产业发展指标体系,可以对该领域目标进行动态的考核和评价。

同时文化软实力也是一个抽象指标,实现文化的"三个自信"(中华民族文化自觉、文化自信和文化自强)和"四个自信"(中国特色社会主义的道路自信、理论自信、制度自信和文化自信),可以从居民和社会的意识形态角度来加以反映。因为增加文化软实力,为中国梦的实现注入精神动力和内涵,从意识形态的角度来看就是要让居民能够具有强烈的文化自信,认同当前的发展道路,认同社会主义核心价值观,对未来的发展前景充满信心。精神是文化的深层内容,理想信念就是文化的核心因素。由此我们通过对这些抽象的意识形态概念和指标的测度分析,可以从精神和理想信念层面对中国梦的实现程度进行分析和把握。综上主要选择以下指标进行分析:

序号	指标名称	数据来源
1	文化产业增加值占 GDP 比重	统计数据
2	文化产品的国际竞争力	统计数据
3	居民文教娱乐服务支出占家庭消费支出比重	统计数据
4	意识形态指标	调研资料

上述指标的具体含义如下所述:

文化产业增加值占 GDP 比重:国内生产总值中由文化产业增加所占的比率。为了计算九大类别文化产业的增加值,依据各种类别文化活动的同质性和其特征分类如下:(1)文化艺术服务;(2)文化休闲娱乐服务;(3)出版发行和版权服务;(4)其他文化服务;(5)文化用品、设备及相关文化产品的销售;(6)广播、电影、电视服务;(7)网络文化服务;(8)新闻服务;(9)文化用品、设备及相关文化产品的销售。①

文化产品的国际竞争力:指我国文化产业和产品在国际市场上的竞争力情况,包括图书、影视、体育、娱乐等文化产业和产品占世界市场的份额、竞争力等相关指标。

居民文教娱乐服务支出占家庭消费支出比重:指在家庭消费总额中居民用于文教娱乐的服务性支出所占的比率。居民文教娱乐服务支出:指居民为满足自身生活需要在休闲娱乐、文化教育以及服务等方面的消费。家庭消费支出:指居民在以下几类日常生活中的消费,主要有通讯以及交通、杂项商品、医疗卫生保健、食物、服装、文教娱乐服务、住房、服务等。通过该指标的计算可以从消费者的角度反映我国文化产业和文化事业的发展状况。

意识形态指标:该指标较为抽象,主要通过调研和调查问卷进行获取和构建,主要目的在于测度居民的"三自"(中华民族文化自觉、文化自信和文化自强)和"四个自信"(即理论自信、道路自信、制度自信、文化自信)的进展程度,包括社会主义核心价值观的确立程度、社会公德、职业道德、家庭美德、个人品德建设状况、良好社会心态的培养、和谐人际关系构建、文化认同等方面的发展水平和程度。

(四)科技军事国防指标体系

科技对于国民经济社会发展和人民群众素质的提高有着决定性的作用,科技本身的发展有其特定的规律和特点,特别是在当前科技发展到了一定的阶段,研发投入和科技体系已成为决定科技发展水平的关键。因此研发投入(R&D)比重成为衡量一国科技发展水平和潜力的重要指标。研发投入是科技活动的前端,专利申请数量和专利批准数量则是科技活动的产出,是其后向的主要表现。

专利申请量指技术发明机构或者个人到国家专利管理机构申请专利的数量,包括发明专利申请量、实用新型专利申请量和外观设计专利申请量,反映

---

① 中国统计学会《综合发展指数研究》课题组:《综合发展指数(CDI)研究报告》,http://www.nssc.stats.gov.cn/kychg/hjchg/201305/t20130529_1800.html。

技术发展的活跃程度,以及发明机构或个人对专利进行保护的意识程度,也是社会知识产权保护制度的体现。专利申请数量越多,表示一个社会的创新能力越高,社会就越有活力。专利授权量是指由专利机构对专利申请无异议或经审查不存在异议的,决定授予专利权,发给专利证书,并登记和公告相关结果的专利数。它和专利申请量指标一道构成了表征一国创新能力和创新强度的测度指标。

中国梦的愿景非常美好,但要实现它,并不必然是一个轻松顺利的过程。纵览国内外历史,强大的国防军事实力是保障国家经济建设和社会发展的必要条件,也是实现中国梦的重要保障,同时中国梦对于军队而言就是建设一支强大的现代化军队。在鸦片战争时期,当时清朝的国民生产总值远超世界其他国家,但由于体制的落后,特别是科技和军事技术的落后,直接导致了对外战争的失败,国家社会发展也陷入混乱。因此维持合适的军事实力,是实现强军梦、保卫国家利益的重要手段。军事实力的衡量维度有很多,比如军队数量、武器装备数量和质量等,当前世界各国普遍采用对军事支出进行度量的方式来衡量军事活动和水平,因为保证一定数额的军事费用开支是提升军事国防实力的基础。

同时我们也可以看到,科技发展和国防事业的发展是相辅相成的,两者可以相互促进、有机融合。历史上很多重大科技突破都是出于军事活动的需要,比如计算机的诞生。同时科技活动的发展也为提高国防水平和军事实力提供了必要的技术保障。综上我们主要选择以下指标进行分析:

序号	指标名称	数据来源
1	R&D 经费支出占 GDP 比重	统计资料
2	专利申请量	统计资料
3	专利授权量	统计资料
4	国防经费开支占财政预算比重	统计资料

上述指标的具体含义如下所述:

R&D 经费支出占 GDP 比重:指一定时期内科学研究与试验发展(简称

R&D)经费支出与同期 GDP 的比率。研究开发是一国保持经济活力,实现可持续发展的重要条件,该指标反映一国研发投入的强度,只有保证一定的研发投入强度,才能够确保实现创新型国家和创新型社会的发展目标。

专利申请量:指一定时期内向国家专利局申请专利的数量。既包括当年申请量,也包括累计申请量指标。

专利授权量:指一定时期内国家专利局授予的专利数量,它和专利申请量一起可以很好地反映社会整体的创新能力。

国防经费开支占财政预算比重:采用本年度国防经费开支占总财政预案的比重。

(五)人的全面发展和幸福生活指标体系

中国梦的实现离不开一定的社会条件和现实路径。人民群众是实现中国梦的主体,中国梦的本质是人民的梦,必须为人民实现梦想创造良好的环境和条件。人民的梦是以民生为支撑,以国民的全面发展和幸福生活为表象,这是发展社会主义的潜在要求。国民素质的全面发展体现了社会的全面进步和文明程度的提升,是我们党提出实现中国梦的必然要义,国民的全面发展包括国民收入、国民体质、教育程度、文明程度等方面。同时,幸福生活是广大人民追求的普遍目标,也是美好中国梦的具体体现。幸福本身是一种极为抽象的东西,物质条件和精神上的满足是人们幸福生活必不可少的两大因素。习近平指出:"我们的人民热爱生活,期盼有更好的教育、更稳定的工作、更满意的收入、更可靠的社会保障、更高水平的医疗卫生服务、更舒适的居住条件、更优美的环境,期盼孩子们能成长得更好、工作得更好、生活得更好。"[①]

较高的物质生活水平是人民群众追求幸福生活的基础,也是中国梦的重要构成部分,人民消费能力的提高主要取决于收入水平的上升,收入提高会进一步促进培养人民的消费意识,激发人民进行更全面更高质量的消费,对于民生投入来说这是最重要的,它可以成为实现中国梦进程中经济方面的推动力,同时也有助于提高居民的满足感和成就感。从经济学的角度来看,可支配收

---

① 《习近平谈治国理政》第 1 卷,外文出版社 2018 年版,第 4 页。

入(即扣除税负后的居民可用于消费支出的收入水平)的高低决定了物质生活水平的情况,因此我们选用居民人均可支配收入来作为居民物质生活水平的测度。

中国梦最本质的初衷和目的都是人,就是要提升所有中国人的福利水平,把社会主义制度的优越性完全、充分地体现出来,中国梦所追求的公平是经济社会有较高发展基础上的共同富裕,然而分配不公的存在却是实现共同富裕、实现中国梦的极大障碍。邓小平同志明确表达过,作为社会主义国家,我们要控制贫富差距,让中等收入者成为主要群体,否则就不符合社会主义制度的要求,更不符合中国梦的内在要求。我们必须坚持按劳分配为主体,同时扩大收入来源途径,以"鼓励勤劳守法致富,扩大中等收入群体,增加低收入者收入,调节过高收入,取缔非法收入"①为指导方向,通过税收调节、转移支付等方式,使社会收入结构呈现出"橄榄形"特征,对初次分配机制进行改革完善,将资本、劳动、管理、技术等要素按照贡献大小进行分配,在初次分配中,要增大劳动这一要素所获报酬的占比,同时提高国民收入分配中居民收入的比重,注重效率与公平原则在初次分配和再分配的运用。对收入分配秩序进行规范,拓宽居民财产性收入增加的途径。加快建设全国统一的个人资产登记管理体系对合法收入进行保护,对于非法收入进行取缔,增加低收入人群的收入水平,调节富人阶层过高收入,使得各个阶层、各个地区的百姓都能享受改革所带来的红利,享受社会发展所带来的成果。因此我们将从收入分配公平的角度对中国梦的相关内涵进行客观的评价,参考国际上研究收入分配问题的通常做法,我们选用基尼系数对收入差距情况进行衡量。

中国梦是实现国家富强、民族振兴的中国梦,更是人民幸福安康的中国梦,本质上还是中国各族人民共同的梦,是人民群众幸福生活的梦,近年来我国经济发展速度较高,发展成绩斐然,但居民幸福感的提升速度却并不理想。中国梦是人民的梦,要不断提升社会公平正义的水平,使人们可以获得平等的机会、经历公平的过程,并最终能够获得公正的结果。为此,要不断对社会保

---

① 《习近平谈治国理政》第3卷,外文出版社2020年版,第36页。

障体系进行改革,要对教育制度、户籍制度、医疗制度和社会保障制度等不断进行完善,建立一个良好平台让人民能够自由独立发展,让更多的人享受到改革的成果。民族振兴和社会进步的根本基础在于教育,优先发展教育对民生的改善具有深远的意义,可以从以下几个方面来实现教育优先发展,一是持续增加各级财政对于教育的投入,二是促进城乡间、区域间的教育公平,三是进一步加强教育领域的深化改革,而这些方面的最终成果体现在居民平均受教育水平的提升上,因此我们选择使用居民平均受教育年限指标进行考核。

完善有效的社会保障体系是民生的基础,是百姓生存和发展的保障和依靠。中国梦的推进就是要加快建立和完善社会保障体系,使其覆盖城乡各个地区、各个阶层的百姓,最重要的就是要改革社会救助制度、完善救助体系,不断增加城乡低保收入,最终使百姓能够幼有所育、学有所教、劳有所得、病有所医、老有所养、住有所居,弱有所扶,不断增强适应性、公平性、流动性,全面建成覆盖城乡居民的社会保障体系。因此我们要对我国实际的基本社会保险覆盖情况进行统计,具体将使用基本社会保险覆盖率进行考核。此外在良好的社会保障覆盖和完善的医疗体制下,一个自然的结果就是居民的寿命会越来越长,即人均预期寿命会不断增加,因此我们还将选用居民人均预期寿命作为重要的统计指标进行分析。

在统计上述指标的同时,考虑到这些指标都是客观现象和数据的反映,虽然能够从客观层面反映社会的进步和民生的改善,但为了能够对人民的主观幸福感进行更加直观的测度,我们还选用居民的主观幸福感指标进行考察,具体将通过设计调查问卷的方式进行。综上在统计国民全面发展和幸福生活方面,我们主要选择以下指标进行分析:

序号	指标名称	数据来源
1	居民人均可支配收入	统计资料
2	基尼系数	统计资料
3	恩格尔系数	统计资料
4	平均受教育年限	统计资料

序号	指标名称	数据来源
5	基本社会保险覆盖率	统计资料
6	平均预期寿命	统计资料
7	居民主观幸福感指标	调研资料

上述指标的具体含义如下所述:

居民人均可支配收入:利用城、乡常住人口比重,对城镇居民人均可支配收入、农村居民人均可支配收入进行加权平均计算得到。城镇住户可支配收入是指居民家庭可以用来自由支配的收入。就是一个家庭总收入扣除缴纳给国家的各项税费、缴纳的各项社会保险费以及调查户的记账补贴后的收入。

基尼系数:是反映居民内部收入分配差异状况的指标。它的经济含义是:在全部居民收入中,分配不平均的部分收入占总收入的比重。因此,当居民之间处于绝对不平均的收入分配时,基尼系数取最大值为1,此时表示一个人占有了该群体的全部收入;当居民之间处于绝对平均的收入分配时,基尼系数为最小值0,此时表示各个个体间的收入完全一样。多数情况下,基尼系数只能介于0和1之间。

恩格尔系数:指居民城镇家庭中用于食物消费的支出占其消费性支出之比或农村家庭中食物消费支出占其生活消费支出之比。食物支出主要包括以下几种支出:主食、副食和其他食品支出、在家庭以外场所的餐饮支出。一般而言,随着经济社会发展水平的提升,人均收入水平的提高,食物消费所占比重会不断降低,居民会将更多的收入用于文化、娱乐、大宗消费品的支出,因此恩格尔系数会逐渐降低。

基本社会保险覆盖率:指已参加基本养老保险和基本医疗保险人口占政策规定应参加人口的比率。社会保障包括基本的医疗保险、养老保险和最低生活保险,全面建设小康社会离不开社会保障,它作为一项重要的社会稳定机制,可以为广大百姓提供满足基本生存需要的物质条件,减少社会不安定因素,使得社会、经济能够实现可持续协调发展。我们采取基本社会保险覆盖率作为测度指标,它反映了社会保障制度的发展水平。

平均预期寿命:指一个国家或地区的人口自出生起平均可以生存的年龄（岁）。平均预期寿命指标具有很强的代表性和综合性,可以反映出一个国家多方面的发展情况,一方面它可以表明国家的医疗水平的高低,也可以反映社会、经济的发展状况,另一方面还能代表一个国家全体国民生活质量的高低与营养的改善情况。利用分年龄死亡率来编制生命表可以得到该指标。为了得到具有代表性的分年龄死亡数据,数据的调查样本必须具有足够大的规模。在计算普查期的人口平均预期寿命时,我们采用的死亡数据来源于 10 年一次的人口普查和 5 年一次的 1% 人口抽样调查。对于其余年份的数据,我们参考 1‰ 人口年度变动,再利用联合国建议使用的各个阶段平均预期寿命的提高幅度数据进行推算,以此来监测和评价该指标的执行情况。

平均受教育年限:全面建设小康社会有一个重要的方面就是要全面提高居民的受教育水平和劳动者科学文化素质。从总体上考虑,我们一般选用平均受教育年限作为一个国家或地区的人口受教育情况和人口素质的测度指标。该指标指在一定时期内,一个国家或地区 6 岁及以上人口人均接受学历教育的平均年数,其中学历教育包括全日制学历教育、成人学历教育但不包括各种在职培训、自主培训等非学历形式的培训。

居民主观幸福感指标:利用调研设计,针对不同地区、不同职业、不同性别、不同收入的人群进行调研走访,针对社会生活的各个方面,比如就业、教育、住房、医疗、公共交通等方面设计不同的幸福感等级,根据调研结果进行综合分析评定。

（六）生态文明指标体系

可持续发展是现代社会发展的共识,实现美好中国梦不仅是为了实现一代两代人的幸福生活,而是为了让世世代代的中国人民都能够过上幸福安康的生活。

在党的十八大报告中,特别强调了生态文明建设,并将生态文明提升到与经济、政治、文化和社会"五位一体"的战略高度。"生态文明"主要包括以下几个方面的内容:对国土空间开发格局进行优化,倡导资源节约型发展,不断增强对生态系统与自然环境的保护力度,促进生态文明制度建设等。这不仅关系到人民的幸福生活,更关系到中华民族的长远发展,建设美丽中国,实现中国梦的过程离不开生态文明建设。美丽中国的内涵不仅是指中国具有悠久的历史、深厚的文化,还包括优美的自然生态环境。要想更好地生存和发展,我们赖以生存的环境一定要建设得更加美丽。目前随着物质生活水平的不断提升,广大人民群众对于环境的关注度越来越高,我们必须重视对生态文明的建设,为了实现经济、资源与环境的可持续性发展,我们要努力使人口、环境与社会生产力相适应,不断改善生产和生活方式,这不仅会影响到人民的身体健康、生存环境与生活质量,更重要的是会影响到具有悠久历史的华夏民族的长期发展和根本利益,甚至会影响到整个人类世界的兴盛发达。生态文明背景下,人们将更加看重和追求绿色和健康的生活,而这需要良好的生态环境、安全优质的食品、清洁无污染的空气和饮水。生态文明要求人们团结一致,能够牺牲一部分个人利益与集体利益,打破地域、经济、文化的限制,为美丽中国梦的实现创造良好的条件而不断努力,携手保护和建设生态环境。因此,我们对于可持续发展的生态文明指标进行测度和评价,是助力中国梦实现的重要组成部分。

生态文明的理念是尊重自然、顺应自然、保护自然。美丽中国梦要求我国给全国人民作出"给自然留下更多修复空间,给农业留下更多良田,给子孙后代留下天蓝、地绿、水净的美好家园"①的承诺。实现中国梦必须走中国道路,这就是中国特色社会主义道路。在新民主主义革命之前,现代资本主义并未能够在我国发展足够长的时间,新中国成立之前,中国的整体生产力水平一直处于非常低的水平。在此低水平基础上,我国要突破资本主义的生产方式,达到一种更先进的生产方式,在这个充满挑战的过程中,生产方式必定会有一个处于相对低端的过程,在此过程中很难实现集约型发展。20世纪末,我国就对经济增长方式的改变提出了目标,要求由以往的粗放型增长方式向集约型增长方式进行转变。转变经济增长方式,从根本上说就是要转变以往的生产

---

① 《十八大以来重要文献选编》(上),中央文献出版社2014年版,第31页。

方式,我们要抛弃"先污染后治理"的思想,找到经济社会与环境保护共同发展的新途径,实现共赢。因此,我们要对产业结构、能源消费结构、生产活动空间布局和百姓的生活方式等大力进行改革和完善,促使经济自动走向绿色发展、循环发展、低碳发展的轨道。而单位 GDP 能耗可以最为常用,也较为准确地全面测量经济发展的能源消耗强度和能源利用效率的指标,因此选取它作为一个重要指标。

我国是一个人口大国,粮食安全是头等大事,而人均耕地面积在世界范围内一直处于较低水平,为了实现给农业留下更多良田的目标,保证我们的粮袋子,需要对耕地面积情况进行有关评价和考察,我们选取常用耕地面积指数作为统计指标对其进行分析。

人民的生存和发展离不开生态环境这个根本要素,要想享有健康愉悦的人生,必须要有良好的生态环境作为基础。我们常常言及身体是革命的本钱,只有拥有健康的身体,我们才能进一步不断学习,不断充实自我,对社会做出贡献。近年来,我国将人才视为国家发展的重中之重,一直倡导科技兴国、人才强国的战略,而优良的环境是吸引人才、促进人才健康发展的必要保障。习近平在 2014 年 APEC 欢迎宴会上致辞时表示:"我希望北京乃至全中国都能够蓝天常在,青山常在,绿水常在,让孩子们都生活在良好的生态环境之中,这也是中国梦中很重要的内容。"①我们进行改革所期盼的成果主要体现在以下几个方面:一是不断提高经济发展的硬实力,二是提高人民的生活质量,三是使每个中国人都能生活在良好的生态环境之中。随着经济发展和人民生活水平不断提高,人民对于环境的要求也越来越高,对于环境问题的关注度和敏感度也在不断增强,为了提高人民的幸福指数,让他们都能公平享受改革发展成果,要对影响百姓身心健康的环境问题进行治理。对于环境保护和治理,首先要解决的问题就是要防止环境问题影响人民的身心健康,对于一些与生活息息相关的问题如饮用水、土壤、雾霾、重金属超标等重要的环境问题,需要着力

---

① 《习近平在 APEC 欢迎宴会上的致辞》,中国共产党新闻网,http://cpc.people.com.cn/n/2014/1111/c64094-26005522.html。

解决。因此我们选取相关数据构造环境质量指数对我国的生态环境情况进行
评价。

综上我们必须以可持续发展的方式去实现、去打造可持续的中国梦,而要
实现可持续发展,就必须进行生态文明建设,因为对于生态文明发展水平的衡
量是评价中国梦实现程度的重要组成部分。具体将使用以下指标进行分析:

序号	指标名称	数据来源
1	单位 GDP 能耗	统计资料
2	常用耕地面积指数	统计资料
3	环境质量指数	统计资料

上述指标的具体含义如下所述:

单位 GDP 能耗:经济增长的动力来源于能源,环境质量的高低很大程度
上在于能源消耗的总量及其结构。我们选用单位 GDP 能耗作为测度指标,来
衡量能源对于经济增长的影响程度以及经济增长对环境的影响程度。该指标
是指在一定时期内,创造万元单位的国内生产总值所需要消耗的能源数(折
算为吨标准煤)。

常用耕地面积指数:常用耕地是指具有可以用来专门种植农作物的良好
条件,可以反复耕种并且获得正常产出的土地。包括三类土地,一是当年正在
耕种的熟地;二是土地被弃耕或者闲置,但是在三年以内,随时可以重新耕种
的土地;三是对荒地进行开发并且利用了三年以上的土地。常用耕地面积指
数是指报告期耕地面积占基期常用耕地面积的比重。

环境质量指数:环境质量是一个综合性的概念,涵盖多方面的内容,影响
环境质量的因素包括水体、大气、地质、噪声、土壤、固体废弃物等不同方面的
要素。考虑到目前统计体系下不同环境统计数据的可获得性,目前,我们主要
根据大气、水体、绿化等要素来计算环境质量指数,等其他数据可获得性增强
时,再加入其他影响因素进行综合测度。因此我们构造的环境质量综合指数
由城市空气质量达标率、地表水达标率和国土绿化达标率三个指数构成。

(七)六大指标体系的权重

权重,从语义上说,是指权衡轻重的意思,借助物理量来看,就相当于比重,即一种事物在整体中所占的分量。作为中国梦实现程度评价的重要术语,它是表示某一评价指标因素在整个评价标准指标体系中所处地位的相对重要程度,表示这种相对重要程度的量数,或叫权值、权数、权重数、权重系数。具体来说,中国梦实现评价指标权重表明在衡量中国梦实现程度的因素中哪些因素更有价值,而权数则表明这些因素价值的大小轻重。权数确定的合理与否,关系到综合评价结果的可信程度。

一般而言,指标间的权重差异主要是由三方面的原因造成的,在确定权重时要以此考虑具体确定指标权重的方法,大体上分为客观赋权法和主观赋权法两大类。前者是直接根据指标的原始信息,通过数学或统计方法处理后获得权数的一种方法,主要有因子分析法、回归法、熵测度法、二项系数法等;后者主要是研究者根据其主观价值判断来确定各个指标权数的一种方法,主要有专家评定法、Satty 层次分析法、德尔菲法等。客观赋权法和主观赋权法各有利弊,一般结合起来使用。中国梦具有丰富的内涵,它的实现要通过经济、政治、文化、社会、生态等各方面全面协调发展来体现,从宏观的角度讲,上述每个要素、每个层面的发展都是重要的,缺少了任何一项发展,都不能称之为中国梦的实现。但是由于经济、政治、文化、社会、生态及其所包含的具体要素在人类社会发展中所处的地位不一样,所起的作用不一样,所以对其指标设计赋予的权重数值也就不一样。由于经济发展是中国梦实现的基础,人民幸福是中国梦的终极目标,所以在确定权重时,对这两个层面的要素相对赋予较高数值,其他要素的权值则相对平衡。

对此,我们在确定六大指标体系具体内涵和指标的基础之上,根据已往攸关我国经济社会发展指标体系的构建方法,结合本研究六大指标体系的特点,确定了各指标体系及其下属各指标的权重。其中政治指标体系权重为 0.15,经济发展指标体系为 0.2,文化和意识形态指标体系为 0.15,科技军事国防指标体系为 0.15,国民全面发展和幸福生活指标体系为 0.2,可持续发展的生态文明指标为 0.15。

表 6-3-1　中国梦的评价指标体系

指标	单位	权重（%）	目标值	目标备注
一、经济发展指标体系		0.20		
1. 人均 GDP	元	0.2	134000	发达国家平均水平
2. 第三产业增加值占 GDP 比重	%	0.15	大于55%	发达国家平均水平
3. 城镇失业率	%	0.15	3%	
4. 城镇人口比重	%	0.15	大于70%	世界平均工业化水平
5. 地区经济发展差异系数		0.15	1.5	发达国家平均水平
6. 城乡居民收入比		0.2	1.5	发达国家平均水平
二、政治指标体系		0.15		
7. 公民民主权利满意度	%	0.2	同年度平均	发达国家平均水平
8. 社会安全指数		0.2	同年度平均	发达国家平均水平
9. 廉政指数指标		0.15	同年度平均	发达国家平均水平
10. 社会法治指标		0.15	同年度平均	发达国家平均水平
三、文化与意识形态指标		0.15		
11. 文化产业增加值占 GDP 比重	%	0.2	10%	发达国家平均水平
12. 居民文教娱乐服务支出占家庭消费支出比重	%	0.2	20%	发达国家平均水平
13. 文化产品国际竞争力指标		0.3	同年度平均	发达国家平均水平
14. 意识形态指标		0.3		
四、科技军事国防指标		0.15		
15. R&D 经费支出占 GDP 比重	%	0.3	2.5%	发达国家平均水平
16. 专利申请量	件/十万人	0.2	40	发达国家平均水平
17. 专利授权量	件/十万人	0.2	30	发达国家平均水平
18. 国防经费开支占财政预算比重	%	0.3	同年度平均	世界平均水平
五、国民全面发展和幸福生活指标		0.20		
19. 居民人均可支配收入		0.2	同年度平均	发达国家平均水平
20. 基尼系数		0.15	小于 0.25	高度发达阶段标准

指标	单位	权重 （%）	目标值	目标备注
21. 恩格尔系数	%	0.15	小于35%	世界平均工业化水平
22. 基本社会保险覆盖率	%	0.15	95%	
23. 平均预期寿命	年	0.1	76	
24. 平均受教育年限	年	0.1	15	
25. 居民主观幸福感指标	%	0.15	同年度平均	高收入国家平均水平
六、可持续发展的生态文明指标		0.15		
26. 单位 GDP 能耗	吨标准煤/ 万元	0.4	同年度平均	发达国家平均水平
27. 耕地面积指数	%	0.3	同年度平均	世界平均水平
28. 环境质量指数	%	0.3	同年度平均	发达国家平均水平

四、中国梦指标体系的评价方法

中国梦既是一个长远目标,也是一个现实规划;既要关注经济社会发展硬指标,也要关注人民大众的切身感受;既要把握静态现状,也要注意动态发展;所以评价中国梦的实现程度,需要坚持综合评价法、定性评价与定量评价、动态评价与静态评价、阶段性目标评价与终极目标评价相结合的方法。

（一）定性评价与定量评价相结合的方法

定性评价是先于定量评价存在的一种相对简单的评价方法。定性分析是用语言描述形式以及哲学思辨、逻辑分析揭示被评价对象特征的信息分析和处理的方法。其目的是把握事物的规定性,形成对被评价对象完整的看法。通过对中国梦实现的综合统筹评价、纵横对比评价、动静结合评价等方法进行定性评价。定性评价的基本过程包括:(1)确定定性分析的目标以及分析材料的范围;(2)对资料进行初步的检验分析;(3)选择恰当的方法和确定分析的纬度;(4)对资料进行归类分析;(5)对定性分析结果的客观性、效度和信度进行评价。相比定量评价对"量"的关注和对数字的精准要求,定性评价则关注"质"的分析与描述,带有更强的人文性、过程性以及民主协调性。但是,定性评价有时使评价结果显得笼统,弹性较大,难以精确把握和覆盖全面。

定量评价是采用数学的方法,收集和处理数据资料,对评价对象做出定量结果的价值判断,如:运用测量与统计的方法,模糊数学的方法等,对评价对象的特性用数值进行描述和判断。对中国梦实现程度也可以通过认知测量法、单题测量工具、多题测量工具及各种量表等进行定量评价。定量评价方法是通过数学计算得出评价结论的方法,是按照数量分析方法,从客观量化角度对科学数据资源进行优选与评价。定量方法为人们提供了一个系统、客观的数量分析方法,结果更加直观、具体,是评价科学数据资源的发展方向。其种类主要有:多目标决策方法、层次分析法、模糊综合评判法和量表评价法等,这里重点介绍量表评价法,因为中国梦的指标体系评定中有诸多指标体系是采用量表评价法。

量表法是运用量表形式测定被调查者对问题的态度的询问方法。量表评价法实施的具体步骤是:(1)先设计等级评价表,列出有关考量因素;(2)再把每一考量因素分成若干等级并给出分数;(3)说明每一级分数的具体含义;(4)评价者根据下表对被评价者进行打分或评级,最后加总得出总的评价结果。

量表评定的形式:数字等级评定量表。数字等级评定量表是用圈画数字的形式来确定所列行为特征的等级。行为特征一般分3—5个等级,用数字1、2、3、4、5来表示,并对数字等级作简单的文字说明。图示等级评定量表。图示等级评定量表是在每个行为特性项目的下边或右边给出水平横线图尺的等级刻度。图示等级评定量表和数字等级评定量表之间有许多相同的地方。但数字或词语等级评定量表只限于整数等级,而图尺等级评定量表可以在连续的水平图尺线上,任意取值。评定量表除了上述两种外,常用的还有图示描述评定、检选式评定和脸谱图形评定等一些方法。

当用含有多个次目的量表来测量人们的意见、态度、看法时,得到的结果是否准确、可靠,是否有适用性,就需要评价量表的信度和效度。效度是指量表测量的结果能够真正反映调研人员所要了解对象特征的程度,一般可以用内容效度、标准效度和建构效度来评价量表。信度指的是如果重复测量,量表所测结果的一致程度。一般通过使用同一量表进行不同测量,分析各测量结果之间联系的方法来评价信度。如果联系密切,各测量结果具有一致性,则认为量表是可信的。评价信度的方法主要有:再预测量、替换形式、内部一致性方法。信度与效度具有相关性,信度是效度的必要条件,但不是充分条件。此外,为了便于操作和准确实施,量表不仅要具有足够的效度和信度,还应该具有实用性即经济性、便利性和可解释性。

量表评定不仅应用于经济发展、民主法治建设、国家治理等方面评定,在意识形态建设和主观心理感受领域也应用得越来越广泛,如对道德认同的测量、对主观幸福感的评定等,都可以采用量表。

总之,定性评价与定量评价各有优劣,却不能就此把两种方法截然划分开来。定性是定量的依据,定量是定性的具体化,对中国梦指标体系的分析,既需要进行质的归纳描述,也需要量的统计分析,二者结合起来才能准确表达中国梦的实现程度。

(二)动态评价与静态评价相结合的方法

动态评价与静态评价相结合也是衡量中国梦实现程度必不可少的方法。中国梦评价体系是一个由各个具体指标组成的完整系统,由于系统是时间和空间的函数,在选择评价方法时既要考虑到系统的发展状态又要考虑系统发展的趋势,中国梦的实现是一个动态的发展过程,是阶段性与连续性的统一,评价结果不仅要较好描述、刻画与度量系统的发展状态,而且也能反映出不同发展阶段的特点,灵活地反映系统的变化。因此需要通过对中国梦实现情况进行阶段性评价、预测评价、追踪评价和一定时期的总结性评价来进行动态评价;同时通过对某一阶段或某一周期的中国经济、政治、文化、社会和生态文明建设效果的检查与评估来进行静态评价,并把二者结合起来。

静态评价是阶段性评价,它以结构化、精密化、客观化、标准化等典型特征广泛应用。然而,静态评价也存在一些缺陷:譬如,它着重描述现有成就而未提供未来发展信息;它只是对中国梦一定成效的定性描述,不能满足人们认识和预测人类社会发展的客观需求;它只能看到某一特定阶段的经济、政治、文化、社会、生态发展状况却无法深入分析发展的规律与趋势,它重结果不重过程,重评价不重干预,所以静态评价必须与动态评价紧密结合,才能精准预测中国梦的实现可能性和实现程度。

动态评价是建立在静态评价的基础上,对一段时间内的社会发展变化进行研究,是一种动态的、复合的研究方法,能够更好分析社会发展变化的驱动机理、演变过程、发展趋势,使我们对中国梦的实现程度的认识更加具体、客观。动态评价既可以采用相同的评价系统在不同时刻对评价对象进行连续评价,也可以根据不同发展阶段采用变化的权重、不同的评价准则,甚至不同的评价指标体系来进行连续的评价,即全部步骤的动态化评价。

这里以城市生态安全的动态评价为例[①],中国科学院生态环境研究中心的施晓清博士等人基于状态评价和趋势分析给出了一个动态评价方法。

状态评价模型:由于安全是一个相对的概念,在安全与不安全之间存在着模糊的界限,而且城市生态安全受许多因素的影响,因此,选取模糊综合评价法作为城市生态安全状态评价的模型。设评语集 $V = \{v_1, v_2, \cdots, v_n\}$ 是有限集,评判因素集为 $U = \{u_1, u_2, \cdots, u_m\}$,单因素 u_i 的评判结果是 V 上的 Fuzzy 集,对确定的 u_i ,可用 $(r_{i1}, r_{i2}, \cdots, r_{ij})$ 表示,其中 r_{ij} 表示对于第 i 个因素 u_i 获得第 j 个评语的隶属度。当每个因素都被评定之后,就可获得矩阵 $R = (r_{ij}) m \times n$,称评判矩阵,它是 U 到 V 的 Fuzzy 关系。由于各因素对整个系统的影响不相等,所以,需要对各因素加权。用 U 上的 F 集 $W = (w_1, w_2 \cdots, w_m)$ 表示各因素的权系数分配(用层次分析法获得),它与评判矩阵 R 的合成,就是对各因素的综合评判。$Y = WoR = (y_1, y_2, \cdots, y_n)$,其中:

$$W = (w_1, w_2, \cdots, w_m) \sum_{i=1}^{n} w_i = 1, w_i \geq 0$$

$$R = (r_{ij}) m \times n r_{ij} \in [0,1]$$

$$y_j = \sum_{i=1}^{n} w_i r_{ij} \quad j = 1, 2, \cdots, n$$

这个模型采用实数的加乘运算,比用"∧,∨"运算精细。在城市生态安

① 以下分析参见施晓清、赵景柱、欧阳志云:《城市生态安全及其动态评价方法》,《生态学报》2005 年第 12 期。

全的评价中,评语集 V 选 5 级(优、良、中、差、极差),中级以上(包括中级)设为安全级别。评判因素集为指标集。

　　趋势分析:城市生态系统是一个不断发展的动态复杂大系统,其生态安全具有动态性的特征。因此,只有在一个时间段内评估其生态安全才有意义。如图 1 所示,点 A 处于一个不断恶化的趋势之中,而点 B 处于一个改善的趋势中,C 点所处的趋势是保持现状,D 点处于拐点,仅从状态分析,不能正确比较系统某时段的安全性。从理论上分析,客观地评价城市发展的某一时间点的生态安全,必须给定一个时间尺度 Δt。在 Δt 内生态安全评价值变化的斜率 K(Δt)是一个重要的参考值。K(Δt)反映了在给定的时间段内生态安全程度的变化。K(Δt)>0 表明生态安全向好的方向发展,K(Δt)<0 表明生态安全向不好的方向发展。当然系统的发展是波动的,如果考察某一时间段的趋势,可运用数学方法拟合出渐进线来判断其趋势。根据系统发展的一般规律,这里有 3 种基本趋势(见图 6-4-1):图 1、图 2、图 3、图 4 分别表示了下降,上升趋势和相对稳定的发展趋势。

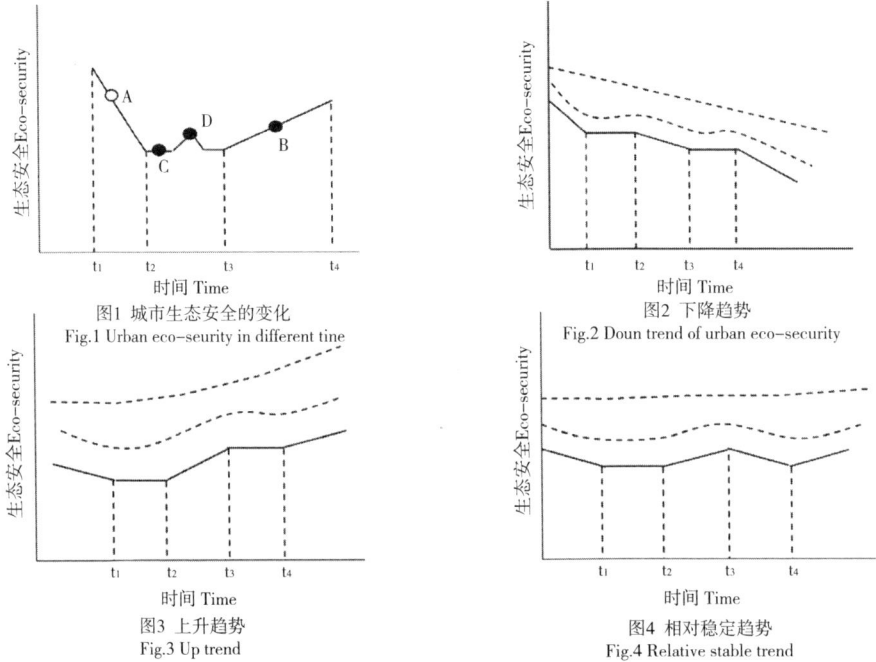

图1 城市生态安全的变化
Fig.1 Urban eco-seurity in different tine

图2 下降趋势
Fig.2 Doun trend of urban eco-security

图3 上升趋势
Fig.3 Up trend

图4 相对稳定趋势
Fig.4 Relative stable trend

图 6-4-1 城市生态安全变化趋势图

　　根据以上分析,城市生态安全不仅体现在某个时间段的状态上,还与系统的发展方向密切相关,只有对系统状态和系统发展趋势进行综合分析,才能对系统作出客观正确的评价。因此,提出一个集状态评价和趋势分析为一体的城市生态安全评价方法。

　　设 $A(t)$ 为城市生态安全系统的状态变量,$K(\Delta t)$ 为城市的生态安全系统的趋势变量,城市生态安全可用二元组 $(A(t),K(\Delta t))$ 来评价。评价结果有如下几种情况:

　　(1)状态处于安全级别,且趋势又是向良好的安全级别方向发展的系统,系统判定为安全系统。

　　(2)状态处于安全级别,但趋势是向不安全的级别方向发展,如果状态是中级以上,系统判定为不稳定的安全系统;如果是中级,系统判定为不安全系统。

　　(3)状态处于不安全级别,但趋势是向安全的级别方向发展,系统判定为可改善的不安全系统。

　　(4)状态处于不安全级别,趋势也是向不安全的级别方向发展,系统判定为恶化的不安全系统。

　　(三)综合评价方法

　　要完成一次综合评价,需要解决五个方面的基本问题,即确定评价指标体系、确定评价的尺度(即标准)、评价指标的处理、确定各评价指标的权重系数、评价方法的选择。中国梦目标实现程度如何,进程达到什么阶段,对于这类问题,在进行单个指标评价的基础上,还需要借助综合评价的方法,给予一个总体的描述。对中国梦的客观指标的综合评价方法主要以指数法为主,对主观调查数据的综合评价则以结构方程模型为主。

　　1. 指数法是一种统计学方法。指数是一种表明社会经济政治文化等复杂现象动态的相对数,运用指数可以测定不能直接相加和不能直接对比的社会现象的总动态;分析社会现象总变动中各因素变动的影响程度;研究总平均指标变动中各组标志水平和总体结构变动的作用。但指数又不是一般的相对数,其区别在于:一般的相对数是两个有联系的现象数值之比,而指数却是说

527

明复杂社会现象的发展情况,并可分析各种构成因素的影响程度。

衡量中国梦在经济维度上的实现程度,可以用多个指数来计量,如人均GDP、第三产业增加值比重、新型城镇化指标、城镇失业率、城乡居民收入比等;在政治维度上的实现程度,可以用社会安全指数来刻画整个社会治安和综合治理的水平和程度,用廉政指数衡量政党廉洁程度,同时还可以构建一个更为全面的社会法治指标如选民参选率、立法听证参与率、行政复议率、普通公民普法教育比率等来具体刻画法治化进程和政治文明的发展水平;对于文化产业的发展水平主要使用文化产业产值所占比重、居民文教娱乐服务支出占家庭消费支出比重和文化产品的国际竞争力来测度;R&D 经费支出占 GDP 比重、专利申请量、专利授权量和国防经费开支占财政预算比重则构成了表征一国创新能力、创新强度和军事国防实力的测度指数;而居民人均可支配收入、基尼系数、恩格尔系数、人类发展指数、幸福指数、儿童青少年发展指数、教育发展指数等成为国民全面发展和幸福生活的重要指标。另外,我们构造的环境质量综合指数由城市空气质量达标率、地表水达标率和国土绿化达标率三个指数构成,单位 GDP 能耗作为测度指标,则来衡量能源对于经济增长的影响程度以及经济增长对环境的影响程度。所以中国梦实现程度的衡量是由多层面多个指数来测度的,指数法是最通用的评价方法。

2. 结构方程模型(Structural Equation Modeling,SEM)是一种多元统计方法。结构方程模型包含了方差分析、回归分析、路径分析和因子分析,可以分析多因多果的联系、潜变量的关系,还可以处理多水平数据和纵向数据,是非常重要的多元数据分析工具。

结构方程模型实际上包含了以下内容:回归分析、因子分析、统计建模、模型评价和相关软件等。结构方程模型不是单指某个或某些统计分析方法,而是包括了从模型构建、模型分析、模型评价到实现上述过程的软件开发等多个方面。①

----

① GRACE JB,*Structural Equation Modeling and Natural Systems*,Cambridge:Cambridge University Press,2006,pp.132-142.

当然,结构方程模型的本质还是一种验证式模型分析,它是利用研究者所搜集到的实证资料来确认假设的潜在变量间的可能关系,以及潜在变量与指标的一致性程度。即比较研究者所提供假设模型的协方差矩阵与实际搜集数据导出的协方差矩阵之间的差异性。[①] 从统计思路来看,结构方程模型是一种验证性因素分析,不是探索性的分析。验证性因素分析的目的就是要查看几个观察变量在潜变量上的载荷的大小和显著性。在做效度分析的时候,我们通常期望得到的结果就是用验证性因素分析发现观察变量在理论上相关的潜变量上载荷显著,而在不相关的潜在变量上的载荷不显著。

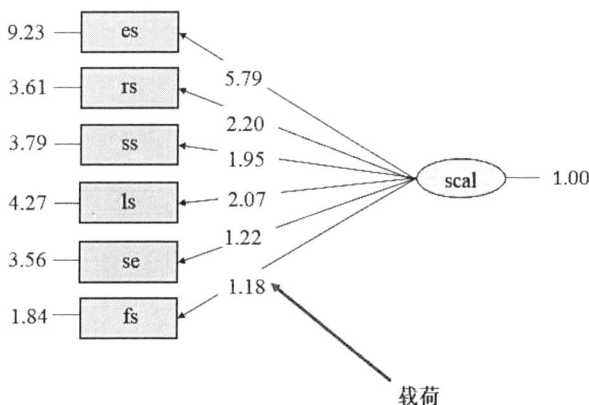

这里,以利用结构方程模型量化大学生入党动机的影响因素为例。[②]

将入党动机视为潜在变量,被调查者在信仰型、利益型和从众型问卷题目上的平均得分作为测量变量,构成入党动机的测量模型。根据主成分分析的结果,将思想因素和利益因素视为影响入党动机的潜在变量,建立结构方程模型,模型结构见下图。选择绝对拟合指数 λ/df、GFI、RMSEA 和信息指数 AIC 作为模型拟合的评价指标,模型运行后其值分别为 8.6、0.12、0.119 和 134.4,

---

① 吴瑞林、杨琳静:《在公共管理研究中应用结构方程模型——思想、模型和实践》,《中国行政管理》2014 年第 3 期。

② 以下资料来源于陈青雁、赖经洪、程术兵、杨月:《基于结构方程模型的大学生入党动机及其影响因素分析——以江西师范大学为例》,《南昌工程学院学报》2017 年第 1 期。

可以满足模型拟合要求①。

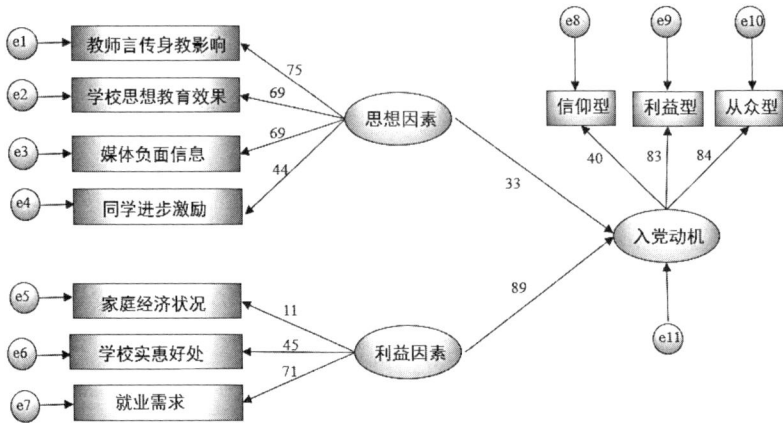

图 6-4-2　大学生入党动机的结构方程模型模拟结果图

从图 6-4-2 看,e1—e11 表示相应变量的误差模型结果显示,在入党动机的测量模型中,利益型和从众型的因子荷载分别为 0.83 和 0.84,明显高于信仰型的 0.40,这表明利益型和从众型的入党动机具有更大的变化,更容易受到其他因子的影响,而信仰型的入党动机相对不容易受其他因子影响。利益因素和思想因素对入党动机的路径系数分别为 0.89 和 0.33,利益因素对入党动机的影响远大于思想因素。在利益因素的测量模型中,就业需求的荷载最大,为 0.71,其次学校实惠好处的荷载为 0.45,家庭经济状况的荷载仅为0.11;这表明影响大学生入党动机的主要利益因素为就业,其次为入党可在学校得到的评优评奖等好处,而不同家庭经济状况的大学生在利益因素上差异不大。在思想因素中,教师的言传身教影响荷载最大为 0.75,表明老师的言行对大学生的思想影响巨大,而学校的思想教育效果与媒体的负面信息报道的荷载均为 0.69,即学校思想教育对大学生产生的正面影响和某些违规违纪党员的负面影响相当。周边同学的进步激励荷载为 0.44,影响相对较小。

① Steiger JH.*Structural modele valuation and modification*:*Aninterval estimation approach*,Multivariate behavioral research.1990,25.

五、中国梦指标体系的具体评价

中国梦的实现是一个美好的状态,也是一个长期奋斗的动态过程,其"动态"的立足点既有终极目标,也有不同阶段的目标。所以对其评价既要考察在某个特定的历史阶段应该达到的最佳水平,也要考察终极目标在不同阶段的实现程度,坚持阶段性目标评价与终极目标评价的统一。

对此,我们采用主观评价和客观评价相结合的方法,对目前中国梦各指标的实现程度作出具体分析和评价,以预测未来的发展趋势。具体来说,不同指标采用不同的评价方法。

(一)经济发展指标的评价

1. 经济发展指标的客观评价

经济发展是国家强盛、人民幸福的基础,是实现繁荣富强中国梦的前提,经济指标的衡量也是实现中国梦过程的基础和核心。

表 6-5-1　中国经济现代化路径图的基本目标[①]

两大阶段	六小阶段	大致时间	阶段目标
路径创新 2002—2050	新工业化	2002—2010	经济现代化水平接近初等发达水平,进入世界前 70 名
	新信息化	2011—2020	经济现代化水平晋级初等发达国家,进入世界前 60 名 基本完成工业化和市场化,完成第一次经济现代化
	服务经济	2020—2050	经济现代化水平晋级中等发达国家,进入世界前 40 名 基本完成信息化,全面进入第二次经济现代化

---

① 中国现代化战略研究课题组:《中国现代化报告 2005——经济现代化研究》,北京大学出版社 2005 年版,第 226 页。

两大阶段	六小阶段	大致时间	阶段目标
迎头赶上 2051—2100	新知识化	2051—2060	经济现代化水平保持中等发达水平,进入世界前 30 名
	体验经济	2061—2080	经济现代化水平达到发达国家水平,进入世界前 20 名
	高级经济	2081—2100	经济现代化水平走到发达国家前列,进入世界前 10 名 全面实现经济现代化

　　面对目标图,我国的经济现代化实现程度如何? 习近平在十九大报告中回顾了十八大以来我国经济建设所取得的重大成就,主要包括:"坚定不移贯彻新发展理念,坚决端正发展观念、转变发展方式,发展质量和效益不断提升。经济保持中高速增长,在世界主要国家中名列前茅,国内生产总值从五十四万亿元增长到八十万亿元,稳居世界第二,对世界经济增长贡献率超过百分之三十。供给侧结构性改革深入推进,经济结构不断优化,数字经济等新兴产业蓬勃发展,高铁、公路、桥梁、港口、机场等基础设施建设快速推进。农业现代化稳步推进,粮食生产能力达到一万二千亿斤。城镇化率年均提高一点二个百分点,八千多万农业转移人口成为城镇居民。区域发展协调性增强,'一带一路'建设、京津冀协同发展、长江经济带发展成效显著。创新驱动发展战略大力实施,创新型国家建设成果丰硕,天宫、蛟龙、天眼、悟空、墨子、大飞机等重大科技成果相继问世。南海岛礁建设积极推进。开放型经济新体制逐步健全,对外贸易、对外投资、外汇储备稳居世界前列。"①在此基础上,又提出了贯彻新发展理念,建设现代化经济体系的新的要求,如深化供给侧结构性改革;加快建设创新型国家;实施乡村振兴战略;实施区域协调发展战略;加快完善社会主义市场经济体制;推动形成全面开放新格局等,这些都是中国特色社会主义进入新时代对经济发展的要求与期望。以十八大、十九大报告思想作为

---

① 《习近平谈治国理政》第 3 卷,外文出版社 2020 年版,第 2—3 页。

理论指导,以中国梦实现为总体目标,对中国梦经济发展指标进行分析,分别从经济总量增长、结构优化、城镇化、居民人均收入和进出口差额五个方面,对经济发展目标的实现进行客观的考察。

(1)经济发展状况

世界银行按人均收入将世界各国家划分为高收入、中等偏上、中等偏下、低收入国家和最不发达国家等类型,一国所属国家类型代表了该国的整体经济发展水平,我国对 21 世纪中叶中国梦的现阶段整体目标设定为"中等发达国家"。因此对人均收入情况进行分析和测算,是考核中国梦实现程度的首要内容。按照现有国际和国内统计指标体系特征,一般使用人均 GDP 来测度人均收入水平,并进而确定一国的整体经济发展水平。人均 GDP 作为经济发展指标体系的首要指标,在进行国际纵向比较时,会根据相应汇率,将其转化为美元计价。GDP 是当年国内生产总值(包括现价和不变价格),通常指一年时间内所有劳务与非劳务产量的总和。

改革开放后,快速发展成为我国经济发展的第一特征,人均国内生产总值在第一个十年增长了近 20 倍,第二个十年较上个十年增长了 5 倍。步入 21 世纪之后,经济发展在保持第一特征的基础上稳定发展。自 1992 年社会主义市场经济体制确立以来,我国在宏观经济上发挥国家这只"有形的手",微观经济上发挥市场这只"无形的手",并且市场越来越起着决定性作用,经济发展方式也发生结构式的变化。表 6-5-2 统计数据显示,中国经济从 1978 年国内生产总值 3678.7 亿元到 2018 年的 900309.5 亿元;经初步核算,2019 年我国国内生产总值达到了 990865 亿元,比上年增长 6.1%;2020 年 10 月 29 日十九届五中全会公报宣称,2020 年我国国内生产总值达到 1015986.2 亿元,比上年增长 2.3%,我国发展保持强劲势头。新时代我国以经济发展为重点,人民的物质与精神生活水平不断提升,这就为 2020 年全面建成小康社会、达到"三步走"战略目标的第三步目标即达到中等发达国家的水平,打下决定性基础。

表 6-5-2　国内生产总值

指标	总量指标				指数(%) (2018 为以下各年)			平均增长速度 (%)	
	1978	2000	2017	2018	1978	2000	2017	1979— 2018	2001— 2018
人口(万人)									
总人口(年末)	96259	126743	139008	139538	145.0	110.1	100.4	0.9	0.5
城镇人口	17245	45906	81347	83137	482.1	181.1	102.2	4.0	3.4
乡村人口	79014	80837	57661	56401	71.4	69.8	97.8	-0.8	-2.0
就业(万人)									
就业人员数	40152	72085	77640	77586	193.2	107.6	99.9	1.7	0.4
第一产业	28318	36043	20944	20258	71.5	56.2	96.7	-0.8	-3.2
第二产北	6945	16219	21824	21390	308.0	131.9	98.0	2.9	1.5
第三产业	4890	19823	34872	35938	734.9	181.3	103.1	5.1	3.4
城镇登记 失业人数	530	595	972	974	183.8	163.7	100.2	1.5	2.8
国民经济核算									
国民总收入 (亿元)	3678.7	99066.1	820099.5	896915.6	3663.3	487.8	106.3	9.4	9.2
国内生产总值 (亿元)	3678.7	100280.1	820754.3	900309.5	3677.2	483.7	106.6	9.4	9.2
第一产业	1018.5	14717.4	62099.5	64734.0	556.0	201.9	103.5	4.4	4.0
第二产业	1755.2	45664.8	332742.7	366000.9	5627.9	524.7	105.8	10.6	9.6
第三产业	905.1	39897.9	425912.1	469574.6	5201.7	542.6	107.6	10.4	9.9
人均国民 总收入(元)	385	7846	59153	64400	2515.0	442.2	105.8	8.4	8.6
人均国内生产 总值(元)	385	7942	59201	64644	2524.5	438.5	106.1	8.4	8.6

数据来源:《中国统计年鉴·2019》。

（2）产业结构指标

产业结构体现了一个国家经济的集约型发展。根据产业结构的"国际标准模式"和世界银行有关三次产业增加值占国内生产总值的比重的数据,一般而言经济越发达,农业、工业占比越低,服务业占比越高,产业结构就越优化。如 2012 年高收入、中等偏上、中等偏下和低收入国家的三产结构均值分别为 3∶30∶67、8∶32∶60、19∶29∶52 和 33∶21∶46。

根据国家统计局的数据,相比于 2017 年上半年,2018 年同期国民生产总值保持近 10% 的增长率。其中,第三产业增加值占 GDP 的 52.2%,以 10.3% 的增长率高于第一产业 4.2% 和第二产业近 10% 的增长率。就第三产业内部的构成部分来看,传统产业如交通和餐饮仍是保持第三产业平稳增长的有力杠杆。但是另一方面,随着信息时代的来临,电子商务、商业保险、现代旅游等为第三产业注入了新鲜的血液,其增加值较之上一年比重不断上升,并不断优化着国民经济结构方式。

我国是在传统农业大国基础上发展而来的发展中国家,工业是国民经济的重要支撑,而第三产业一直处于劣势地位,这也是我们落后于发达国家的地方。因此,中国梦提出要转变经济发展形式,大力发展第三产业,完善市场管理体制,实施创新发展战略,为 2020 年全面建成小康社会铺好道路。由表 6-5-3 得知,第三产业贡献率从 1990 年的 20% 到 2000 年的 36.2%,这十年增长 16 个百分点。进入 21 世纪,第三产业的进展迅速,甚至成为带动国民经济的重要途径。到 2018 年,第一产业比重由 1981 年的 40.5% 降到 4.2%,第三产业从 1981 年的 41.8% 提升到 59.7%,第三产业贡献率已经占到国民经济的近 60%,逐渐成为国民经济主导力量。

表 6-5-3　三次产业和主要行业贡献率

本表按不变价格计算　　　　　　　　　　　　　　(单位:%)

年份	国内生产总值	第一产业	第二产业	第三产业	工业	批发和零售业	金融业
1978	100.0	9.8	61.8	28.4	62.2	12.7	1.9
1979	100.0	20.9	53.6	25.6	52.8	8.1	-0.6
1980	100.0	-4.8	85.6	19.2	74.9	-1.7	1.8
1981	100.0	40.5	17.7	41.8	15.0	24.4	1.7
1982	100.0	38.6	28.8	32.6	27.3	-0.4	8.9

续表

年份	国内生产总值	第一产业	第二产业	第三产业	工业	批发和零售业	金融业
1983	100.0	23.9	43.5	32.7	37.3	9.3	6.0
1984	100.0	25.6	42.7	31.7	39.8	8.4	5.6
1985	100.0	4.1	61.2	34.8	54.7	14.0	4.0
1986	100.0	9.8	53.2	36.9	45.6	7.0	11.1
1987	100.0	10.2	55.0	34.8	48.0	8.4	7.6
1988	100.0	5.4	61.3	33.4	58.1	7.2	7.7
1989	100.0	15.9	44.0	40.1	53.6	−17.5	28.5
1990	100.0	40.2	39.8	20.0	38.6	−7.9	3.1
1991	100.0	6.8	61.1	32.2	56.5	3.8	1.8
1992	100.0	8.1	63.2	28.7	56.6	4.8	2.6
1993	100.0	7.6	64.4	28.0	58.3	3.9	4.3
1994	100.0	6.3	66.3	27.4	61.6	3.8	3.9
1995	100.0	8.7	62.8	28.5	57.3	4.3	4.1
1996	100.0	9.3	62.2	28.5	58.1	4.3	3.9
1997	100.0	6.5	59.1	34.5	67.8	5.2	4.7
1998	100.0	7.2	59.7	33.0	54.5	4.5	3.2
1999	100.0	5.6	56.9	37.4	54.3	6.1	3.3
2000	100.0	4.1	59.6	36.2	56.9	6.0	3.8
2001	100.0	4.6	46.4	49.0	42.0	8.9	4.1
2002	100.0	4.1	49.4	46.5	44.3	7.9	3.9
2003	100.0	3.1	57.9	39.0	51.6	8.1	3.5
2004	100.0	7.3	51.8	40.8	47.6	5.3	2.1
2005	100.0	5.2	50.5	44.3	43.1	9.0	5.4
2006	100.0	4.4	49.7	45.9	42.3	11.4	7.4
2007	100.0	2.7	50.1	47.3	43.8	11.2	7.9
2008	100.0	5.2	48.6	46.2	43.4	13.7	6.0
2009	100.0	4.0	52.3	43.7	40.7	11.1	8.6
2010	100.0	3.6	57.4	39.0	49.6	12.3	4.4
2011	100.0	4.1	52.0	43.9	45.9	11.4	5.0

续表

年份	国内生产总值	第一产业	第二产业	第三产业	工业	批发和零售业	金融业
2012	100.0	5.0	50.0	45.0	41.9	11.7	7.4
2013	100.0	4.2	48.5	47.2	40.5	12.4	8.5
2014	100.0	4.6	47.9	47.5	39.2	12.5	8.7
2015	100.0	4.5	42.5	53.0	35.5	8.5	15.2
2016	100.0	4.1	38.2	57.7	30.8	10.2	5.6
2017	100.0	4.8	35.7	59.6	31.8	10.6	5.4
2018	100.0	4.2	36.1	59.7	31.7	9.2	5.4

数据来源:《中国统计年鉴·2019》。

注:贡献率指三次产业或主要行业增加值增量与 GDP 增量之比。

（3）城镇化指标

城镇化是实现中国梦的必经之路。从经济发展的阶段性特征来看,一国由农业国向工业国转变过程中,城镇化率将不断提高,它反映一国城镇化的比率。与西方国家不同,受城乡二元体制束缚,"农民"要成为"市民",必然经历"农民—农民工—市民"的过渡阶段,农民工进城务工仍然作为农民身份,无法共享城镇化发展成果,这容易造成城镇化进程统计结果的偏差。因此,应采用新型城镇化率对城镇化水平加以测量。按照我国对新型城镇化的界定,基于我国具体国情,主要参考人口城镇化指标,介绍城乡人口的总量变化与比例对比。

根据统计资料显示,1978 年至 2018 年,城镇人口由约 1.7 亿增加到约 8.3 亿,城镇化率从 17.9% 提高到 59.6%。由此可见,中国已经进入全面建设小康社会的历史新阶段,城镇化进程将不仅仅是人口的转移,更重要的是生产方式、生活方式的稳步改革推进。党的十八届三中全会提出,坚持走中国特色新型城镇化道路,推进以人为核心的城镇化,推动大中小城市和小城镇协调发展、产业和城镇融合发展,促进城镇化和新农村建设协调推进。优化城市空间结构和管理格局,增强城市综合承载能力,有利于最大化推进城镇化进程。

表 6-5-4　城镇化增长速度

指标	总量指标				指数(%)（2018 为以下各年）			平均增长速度(%)	
	1978	2000	2017	2018	1978	2000	2017	1979—2018	2001—2018
人口（万人）总人口（年末）	96259	126743	139008	139538	145.0	110.1	100.4	0.9	0.5
城镇人口	17245	45906	81347	83137	482.1	181.1	102.2	4.0	3.4
乡村人口	79014	80837	57661	56401	71.4	69.8	97.8	-0.8	-2.0

数据来源:《中国统计年鉴·2019》。

（4）民生问题指标

民生问题是伴随着人类社会发展始终的重要问题,保障和改善民生对于实现中国梦具有重要意义。保证并提高居民收入,保障其物质生活,精神世界才能得以充实。民生关乎实现中国梦的群众基础,是实现中国梦的基石,也是中国梦"以人为本"的实践价值所在。人人享受经济发展成果,实现个人社会价值,是经济社会发展的重大战略和宏观调控的重要目标,也是构建社会主义和谐社会的基本要求。因此,城镇居民收入及其差异也是中国梦评价指标体系的重要构成方面。

城镇居民失业率。就业是民生之本。根据我国统计数据,自 1978 年到 2018 年以来,城镇居民人均可支配收入从 343 元增长到 39251 元,进入到 21 世纪后,增长速度从 7.2% 上升到 8.4%。城镇居民收入和失业率呈负相关,因此,我国城镇登记失业率从 2014 的 4.09% 下降到 2018 年的 3.80%,失业问题在不断解决。随着我国经济发展水平的提高,以及社会保障体系的建立和健全,劳动力市场越来越完善,人们工作的积极性日益高涨,促进了社会失业率的持续降低。数据显示,一方面,受高等教育程度对失业率的作用日益明显,为抑制失业率的增长,国家要积极发展高等教育事业,努力提高人们文化水平;另一方面,预期寿命和城镇失业率呈正向关系,即预期寿命越长,失业率就越高。这种关系表明,严重的人口老龄化会增加城镇失业率。我国的人口老龄化现象比较突出,甚至已经显现出一定的负面影响,给国家经济的发展带来了一定的压力。为了缓解这种压力,增加社会就业机会,促进经济的健康发展,国家要重视人口老龄化问题,并积极推出一系列有效的应对措施。

城乡居民收入对比情况。考虑到不同区域城乡居民收入差距各异,本课题衡量了不同地区间的城乡居民收入差距。2012—2018 年间,一方面,我国的城乡居民人均可支配收入均呈直线上升趋势,相比于改革开放初期,增长25 倍以上。2018 年,城镇居民人均可支配收入同比上年增加 5.6% 以上,农村居民人均可支配收入同比上年增加 6.6% 以上。另一方面,城镇居民之间的可支配收入差距不断拉大扩大,发展出现不平衡。根据国家统计局数据,2018年,我国的居民收入基尼系数为 0.468,已经超过了国际标准警戒线(0.4),这表明我国居民收入之间的差距较大。2018 年,我国农村居民可支配收入比城镇居民人均可支配收入少近 2.5 万元,但前者增长指数比后者较高,说明城镇居民人均可支配收入的增速比农村稍低。

表 6-5-5　城乡居民人均收入

年份	全国居民可支配收入		城镇居民可支配收入		农村居民可支配收入	
	绝对数（元）	指数（1978＝100）	绝对数（元）	指数（1978＝100）	绝对数（元）	指标（1978＝100）
1978	171.2	100.0	343.4	100.0	133.6	100.0
1980	246.8	131.6	477.6	127.0	191.3	139.0
1985	478.6	213.2	739.1	160.4	397.6	268.9
1990	903.9	243.8	1510.2	198.1	686.3	311.2
1995	2363.3	347.6	4283.0	290.3	1577.7	383.6
2000	3721.3	500.7	6255.7	382.3	2282.1	489.0
2001	4070.4	543.8	6824.0	414.1	2406.9	512.3
2002	4531.6	610.4	7652.4	469.1	2528.9	539.2
2003	5006.7	666.3	8405.5	510.6	2690.3	564.9
2004	5660.9	725.1	9334.8	549.0	3026.6	606.1
2005	6384.7	803.4	10382.3	600.9	3370.2	646.6
2006	7228.8	896.2	11619.7	662.5	3731.0	697.6
2007	8583.5	1015.4	13602.5	742.2	4327.0	767.7

续表

年份	全国居民可支配收入		城镇居民可支配收入		农村居民可支配收入	
	绝对数（元）	指数（1978＝100）	绝对数（元）	指数（1978＝100）	绝对数（元）	指标（1978＝100）
2008	9956.5	1112.2	15549.4	803.5	4998.8	833.1
2009	10977.5	1234.8	16900.5	881.0	5435.1	908.3
2010	12519.5	1363.3	18779.1	948.5	6272.4	1012.1
2011	14550.7	1503.3	21426.9	1028.1	7393.9	1127.4
2012	16509.5	1662.5	24126.7	1126.8	8389.3	1248.1
2013	18310.8	1797.1	26467.0	1205.4	9429.6	1364.5
2014	20167.1	1940.5	28843.9	1287.1	10488.9	1490.5
2015	21966.2	2084.4	31194.8	1371.5	11421.7	1602.3
2016	23821.0	2216.1	33616.2	1448.0	12363.4	1702.1
2017	25973.8	2378.4	36396.2	1541.6	13432.4	1825.5
2018	28228.0	2532.1	39250.8	1627.6	14617.0	1945.3

数据来源:《中国统计年鉴·2019》。

（5）对外经济贸易情况

改革开放使中国打开了自己的大门,在真正意义上成为国际的一员。习近平提出,中国梦不仅是中国人民的梦,也是世界人民的梦。2008年以来我国对外经济发展迅速,2013年我国货物进出口贸易总额超过美国、日本等国家,跃居世界第一位。但近年来,我国在出口贸易方面遇到一些瓶颈,如反"倾销"事件、国家贸易主义、人民币强行升值等。出口贸易是拉动我国经济发展的重要动力,必须进一步优化出口商品结构,改善国际经济贸易条件,充分发挥自身的优势,并将"走出去"和"引进来"相结合起来,提高对外开放水平,增强国际竞争力,为中国梦的实现提供一个良好的国际环境。

2014—2018年,我国的货物进出口总额、出口总额和进口总额在2015年、2016年连续下降后再呈持续上升趋势,说明我国的进出口规模在进一步扩大,而且出口总额始终大于进口总额,呈贸易顺差趋势。2011—2015年,我国进出口贸易顺差逐年扩大;2015年之后,进出口贸易顺差开始收窄。2018

年,我国进出口贸易顺差持续收窄,为2.32万亿元,同比下降18.5%。总体上看,贸易顺差收窄符合我国从贸易大国转向贸易强国的地位。

表6-5-6 对外经济贸易基本情况

指标	2014	2015	2016	2017	2018
货物进出口总额 (亿元人民币)	264241.8	245502.9	243386.5	278099.2	305008.1
出口总额	143883.8	141166.8	138419.3	153309.4	164127.8
进口总额	120358.0	104336.1	104967.2	124789.8	140880.3
进出口差额	23525.7	36830.7	33452.1	28519.6	23247.5
货物进出口总额 (亿美元)	43015.3	39530.3	36855.6	41071.4	46224.2

数据来源:《中国统计年鉴·2019》。

2. 经济发展的主观评价

(1)公共服务设施满意度

公共服务根据内容和形式分为基础公共服务、经济公共服务、社会公共服务、公共安全服务。其中的经济公共服务是通过国家权力介入或公共资源投入为公民及组织从事经济发展活动所提供的各种服务。公共设施是指市民提供公共服务产品的各种公共性、服务性设施。公共设施是国民经济各项事业发展的基础。现代社会中,经济越发展,社会公众对公共服务设施满意度越高。因此,在一定意义上公共设施服务质量的好坏是衡量某个地区经济发展水平的重要标志之一。

在对公共服务满意度调查研究中,研究者以济南市市政公用行业(公交、出租、供水、供热、供气、路灯)服务满意度调查为例,对其进行相关的调查研究。如表6-5-7是六个行业满意度标准的频率和满意率分布状况。经研究发现,路灯行业的服务满意度标准的频率分布相对分散,说明公众对路灯行业服务的感知不太相同,表明路灯在不同地区分布不均衡。

表 6-5-7 各行业满意度标准的频率及满意率分布①

	很满意（%）	满意（%）	基本满意（%）	不太满意（%）	不满意（%）	很不满意（%）	满意率（%）
公交	4.3	24.1	51.9	14.3	3.7	1.7	80.3
出租	2.7	22	56.7	13.1	3.6	1.9	81.4
供水	4.4	30	45.4	14	4	2.2	79.8
供热	2.6	19	45.9	21	7.8	3.7	67.5
供气	4	26	50.7	12.5	4.4	2.5	80.7
路灯	4	23.1	43.6	19.5	6.3	3.5	70.7

  在对公共设施满意度的调查中,研究者以农村的公共基础设施("医疗诊所""老年活动站""室外活动健身场地")满意度为例,对医疗诊所的"日常看病是否便利"的调查结果显示,在不同地域分布方面,中部和西部地区有20%的村民认为"不便利",略高于东部地区的15%。(见图6-5-1)

中部村民医疗设施满意度 东部村民医疗设施满意度 西部村民医疗设施满意度

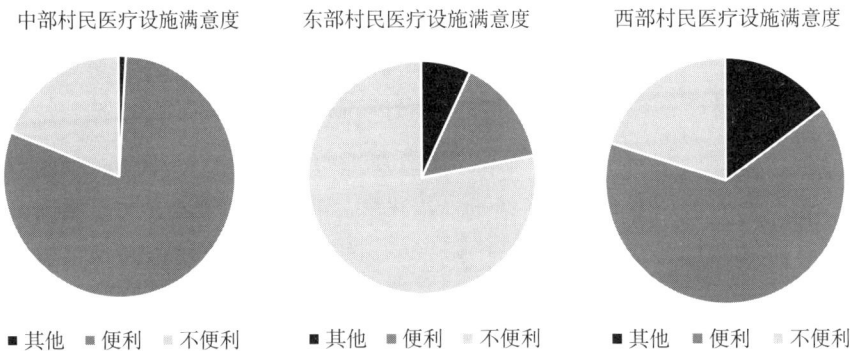

■其他 ■便利 ■不便利 ■其他 ■便利 ■不便利 ■其他 ■便利 ■不便利

图 6-5-1 东、中、西部地区对医疗设施满意度比较②

  对老年活动站设施评价的调查结果显示,有237位村民选择"无"此设施,占总数的51.5%,而100位村民选择"有,但作用不大",只有60位村民选

① 王佃利、宋学增:《公共服务满意度调查实证研究——以济南市市政公用行业的调查为例》,《中国行政管理》2009年第6期。
② 杨贵庆、杨建辉等:《农村住区公共服务设施村民满意度调研及需求分析》,《小城镇建设》2011年第11期。

择"有,且有用",这在一定程度上表明老年活动站设施普遍缺乏。从不同的地区对比来看,"无法享受此项设施服务"的村民东中西部占比依次上升,西部接近七成村民"无法享受此项设施服务"。(见图6-5-2)

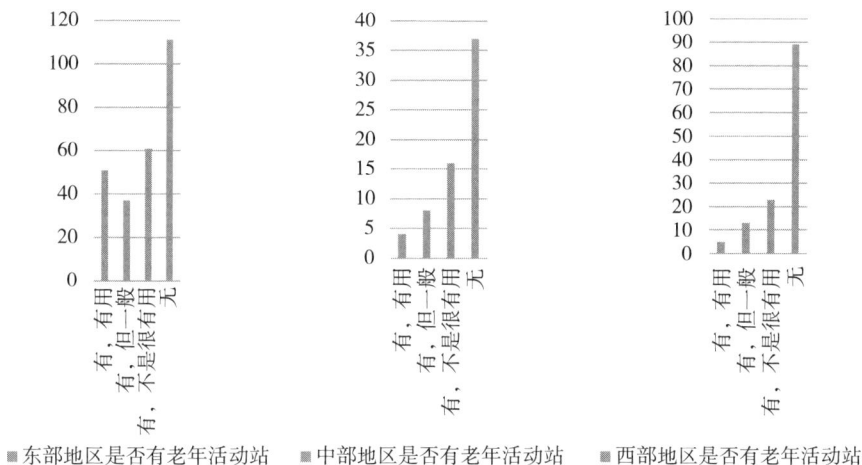

■东部地区是否有老年活动站　　■中部地区是否有老年活动站　　■西部地区是否有老年活动站

图6-5-2　东、中、西部对老年活动站设施的评价①

对室外活动健身场地的满意度调查总体显示,东部农村住区居民的满意度比西部地区高一些,但仍有79.5%的村民选择"无"和"有,但设施不完善"。(见图6-5-3)

(2)收入满意度

收入是经济社会最为重要的客观参数。作为主观范畴,所谓收入满意度是指公众在一定时期内,对个人及家庭收入的主观感受与预期理想状态的比较评价。居民收入满意度构成要素的两个维度分别为:一是收入水平要素,包括绝对水平和相对水平;二是收入分配制度要素,包括农村的社会保障制度、教育、医疗等公共服务和各种税负担。其中收入水平对收入满意度作用最大,收入的绝对水平和相对水平共同发挥作用,其次是收入分配制度要素。②

---

① 杨贵庆、杨建辉等:《农村住区公共服务设施村民满意度调研及需求分析》,《小城镇建设》2011年第11期。

② 李春玲、魏中龙:《北京市农村居民收入满意度构成要素研究》,《首都经济贸易大学学报》2012年第3期。

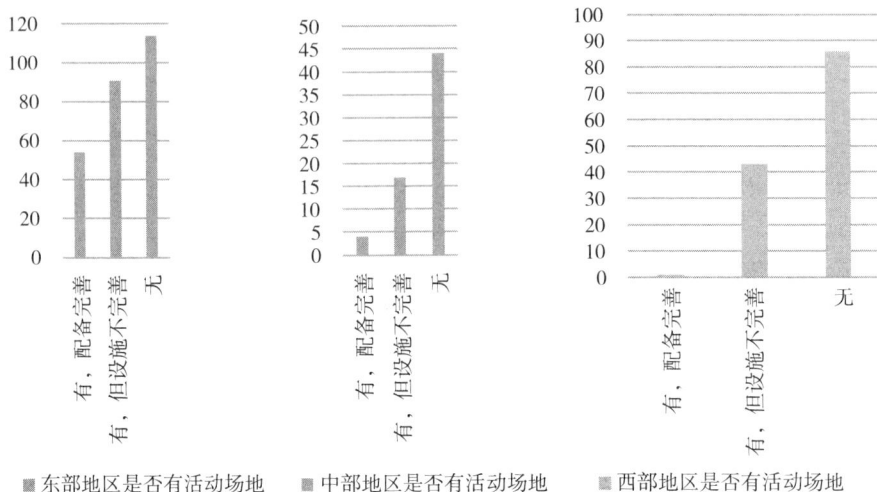

■东部地区是否有活动场地　■中部地区是否有活动场地　■西部地区是否有活动场地

图 6-5-3　东、中、西部地区是否有活动场地①

十八大以来,以习近平同志为核心的党中央以中国梦为指导,着眼全面建成小康社会的战略目标,提出了一系列新理念新思想新战略,着力加大惠民政策力度,增加社会公共服务投入,居民收入快速增长,收入结构不断优化,居民消费稳步提升,生活质量不断提高,正向全面建成小康社会阔步前进。

根据国家统计局于 2016 年 3 月 8 日在网站上刊发的报告,介绍了十八大以来居民收入及生活状况。在实现中国梦的过程中,政府一方面要采取积极的财政政策和货币政策促进经济增长,不断提高城乡居民的可支配收入水平;同时政府更应通过收入分配和再分配政策,促进收入公平分配,提高居民收入满意度,从而提高主观幸福水平。

(3)居民消费观

改革开放以来,国家经济稳步壮大,社会经济体制不断完善推动我国全面建设小康社会,经济基础决定上层建筑,国家经济的发展潜移默化地影响人们的价值观念,最显著的是人们的生活方式以及消费观念的转型。生产力的发展以及国家分配体制的完善使人们的收入水平显著提升,人们的消费观念、消

---

① 杨贵庆、杨建辉等:《农村住区公共服务设施村民满意度调研及需求分析》,《小城镇建设》2011 年第 11 期。

费选择以及消费行为也随生活水平的提高而变化,人们传统的集约式消费观念慢慢退出社会主流,求实消费、从众消费、攀比消费、绿色消费、科学消费、品质消费等消费观念混杂一体。随着全球经济一体化的推进,西方社会的经济发展模式以及消费模式也深刻影响我国居民消费方式、生活方式。一方面能够让人们消费观念与世界接轨,走向国际市场,这给人们带来了更多国家间的消费行为。另一方面西方为消费而消费的消费观念也会侵蚀我国原有的科学消费观,不同经济发展水平的国家衍生出来的消费理念必定是参差不齐的,这在一定程度上导致人们盲目消费。因此,通过分析我国居民当前消费水平以及消费方式,不仅能够引导人们科学理性消费,还可以探索国家经济发展水平以及经济发展模式的变化情况。

表 6-5-8　转型期居民的主要购物因素①

广告或促销活动 = 0.534 * 3 + 0.193 * 2 + 0.11 * 1 = 3.7	1
亲戚朋友的推荐和影 = 0.172 * 3 + 0.36 * 2 + 0.226 * 1 = 1.978	2
按照自己的意愿购买 = 0.19 * 3 + 0.211 * 2 + 0.301 * 1 = 1.863	3
品牌知名度及其影响力 = 0.017 * 3 + 0.118 * 2 + 0.199 * 1 = 0.537	4
其他 = 0.023 * 3 + 0.012 * 2 + 0.021 * 1 = 0.183	5

从表 6-5-8 结果显示来看,影响居民消费的主要因素分别是:广告促销、亲戚朋友推荐、自己的购买意愿、品牌知名度及影响力、其他。由此说明产品通过大众传媒以及它的推广度成为影响人们消费的主导因素,其中按照自己的意愿购买因素位列第三。它一方面说明居民消费观念受很多外在因素影响,另一方面也显示当前我国经济发展水平还尚未满足人们自由消费的程度。这是在我国开放性经济发展模式下,居民消费受大众传媒影响呈现出后现代化趋势,是我国经济发展模式的反映。总体而言人们消费慢慢与时俱进,但是更预示只有不断发展国家经济才能更好满足人们的消费

---

① 何晨阳:《我国社会转型期居民消费观念实证研究》,兰州大学研究生学位论文 2011 年 5 月,第 28 页。

欲望,突破人们消费的局限性。

表 6-5-9 我国城乡居民的食品消费观念情况①

区域 消费观念	城镇	农村
吃饱就行	12%	18.1%
营养健康	62.3%	58.1%
方便省事	14.2%	18%
生活品味	1.3%	0.2%
满足新奇	10.2%	5.5%

由表 6-5-9 人们消费产品的侧重点来看,营养健康是城乡居民消费最显著的因素,这说明全面建设小康社会时期,我国居民消费观念已经从传统温饱型观念向科学健康理念转变,这是人们共享经济发展成果的体现。但是其中"吃饱就行"以及"方便省事"因素中城乡居民都占有一定比例,其中农村居民所占比重要高于城镇居民,这说明居民消费观念存在城乡差异,我国经济发展要更加注重社会发展公平,统筹城乡发展、区域发展。再者,"生活品味""满足新奇"因素城乡所占比重都较小,尤其是在农村,说明居民消费水平还尚未达到品质消费程度。

综上所述,当前我国居民消费观念呈现出由传统消费向现代消费转变的趋势,国家经济的发展促进人们消费观念、消费选择、消费行为更加健康科学合理。但是,人们还主要以物质产品消费为主,文化产品消费还较少,同时经济的发展还不能满足人们品质消费的欲望。因此,我国经济发展要在满足人们物质享受的同时,要加大文化产业建设,让人们全面发展,提高人们生活品质。

(二)政治发展指标的评价

政治发展指标在一定意义上可以说是中国梦实现的指标体系的重要组成部分。从主观评价方面来看,中国梦实现的政治发展指标可以从人们的政治

---

① 何晨阳:《我国社会转型期居民消费观念实证研究》,兰州大学研究生学位论文 2011 年 5 月,第 32 页。

认同程度、民主权利满意度来衡量;从客观评价方面来看,政治发展指标可以从社会安全指数、党风廉政指数、法治指标体系来衡量。

1. 政治发展客观评价

(1)社会安全指数

社会安全指数是社会安全状态的一个合成指数,指的是一定时期内,社会治安、交通安全、生活安全、生产安全等的总体变化情况。

社会治安。社会治安环境的好坏直接关系到整个社会的稳定,社会治安一直是各级党委、人大、政府以及人民群众关注的问题,与改革开放前相比,当前的社会治安问题确实逐渐增多,刑事犯罪活动发生很大的变化,新的犯罪活动不断出现。社会治安指标可以采用万人刑事犯罪率指标来加以衡量,据国家统计局统计人民法院审理刑事案件罪犯情况来看(见表 6-5-10),2018 年度,全国刑事罪犯总人数 1428772 人,其中青少年罪犯人数占罪犯总人数的 17%。与 2014 年相比,全国刑事罪犯人数有所上升,青少年罪犯人数尤其是不满 18 岁的未成年人罪犯人数则持续下降。这类数据说明党和政府历来十分重视保护青少年健康成长,预防青少年违法犯罪工作,从而使得我国青少年犯罪率持续减少。另外,根据有关部门发布的数据,2019 年上半年,全国刑事案件同比下降 6%,其中,八类严重暴力案件下降 11.1%,涉枪案件下降 44%。① 多年以来,中国命案发生率每 10 万人低于 1 起,成为中国社会稳定奇迹的重要组成部分,成为最安全的国家之一,受到国际社会的高度评价。

表 6-5-10　人民法院审理刑事案件罪犯情况　　　(单位:人)

年份	刑事罪犯总数				青少年罪犯占刑事率犯比重（%）
		青少年罪犯			
			不满 18 岁	18 岁至 25 岁	
1997	526312	199212	30446	168766	37.9
1998	528301	208076	33612	174464	39.4

① 郭声琨:《上半年八类严重暴力案件同比下降 11.1%》,2019 年 10 月 12 日,人民网—法治频道,http://legal.people.com.cn/n1/2019/1012/c42510-31396963.html。

续表

年份	刑事罪犯总数				青少年罪犯占刑事率犯比重（%）
		青少年罪犯			
			不满 18 岁	18 岁至 25 岁	
1999	602380	221153	40014	181139	36.7
2000	639814	220981	41709	179272	34.5
2001	746328	253465	49883	203582	34.0
2002	701858	217909	50030	167879	31.0
2003	742261	231715	58870	172845	31.2
2004	764441	248834	70086	178748	32.6
2005	842545	285801	82692	203109	33.9
2006	889042	303631	83697	219934	34.2
2007	931745	316298	87506	228792	33.9
2008	1007304	322061	88891	233170	32.0
2009	996666	302023	77604	224419	30.3
2010	1006420	287978	68193	219785	28.6
2011	1050747	282429	67280	215149	26.9
2012	1173406	282990	63782	219208	24.1
2013	1157784	265439	55817	209622	22.9
2014	1183784	249576	50415	199161	21.1
2015	1231656	236341	43839	192502	19.2
2016	1219569	204657	35743	168914	16.8
2017	1268985	183471	32778	150693	14.5
2018	1428772	243275	34365	208910	17.0

数据来源:《中国统计年鉴·2019》。

交通安全。现代交通的发达虽然给人们带来了无尽的便利,但同时也增加了许多安全隐患。以 2018 年交通事故情况来看,如表 6-5-11 所示,交通事故的总发生数为 244937 起,死亡人数高达 63194 人,受伤人数为 258532 人,造成直接财产损失 138455.9 万元,其中机动车死亡人数最多。以上这么大的数据,让我们震惊不已。生命、幸福和安全是息息相关的,但在残酷的交通事故前,生命是如此的脆弱与不堪一击。只要少引发一次事故,就会让一个美好的家庭更加幸福。维护交通安全是每个人应该具备的社会公德,同时也是构筑和谐社会的重要因素。因此,交通安全需要每个公民从自身做起,从小事做起,让"平安大道"更加畅通无阻。

表 6-5-11　2018 年交通事故情况

类别	发生数（起）	死亡人数（人）	受伤人数（人）	直接财产损失（万元）
总计	244937	63194	258532	138455.9
机动车	216178	58091	227438	131023.5
汽车	166906	46161	169046	118671.6
摩托车	45868	10663	55071	10682.8
拖拉机	2120	780	2114	662.3
非机动车	25556	3741	28987	5466.3
自行车	1840	372	1720	376.6
行人乘车人	3045	1325	1968	1904.9
其他	158	37	139	61.2

数据来源:《中国统计年鉴·2019》。

生活安全。生活安全可以采用火灾事故指标来衡量。2019 年,在各级应急管理系统和消防救援队伍的不懈努力下,重大安全风险防控取得显著成效。全年共接报火灾 23.3 万起,死亡 1335 人,伤 837 人,直接财产损失 36.12 亿元,与 2018 年相比,四项数字分别下降 4%、8.7%、0.8%和 1.9%,火灾总量没有出现波动,总体保持稳中有降的态势,是近七年来火灾起数和伤亡人数最少的一年。全年仅发生重大火灾 1 起,同比减少 4 起,未发生特别重大火灾,仅比新中国成立以来唯一全年未发生重特大火灾的 2016 年多 1 起,特别重大火灾则连续四年实现了零发生。重点场所火灾防控成效显著,但高层建筑火灾呈多发之势。城乡居民住宅火灾死亡人占比大,电气因素及老幼病残等弱势群体应引起重点关注。火灾严重危害人民生命财产,直接影响社会稳定,是常见的一种灾害。因此,消防安全十分的重要,在我们的生活中,应该时时刻刻地加强消防安全意识,小心谨慎地使用火。只有这样,我们才能共同建设美好家园,共建美丽的中国梦。

（2007年新等级标准实施）

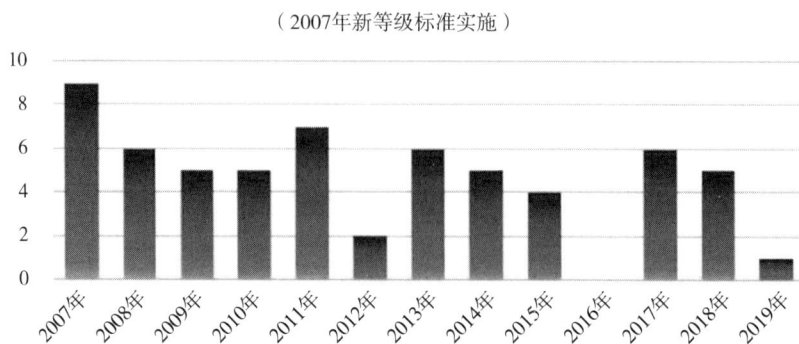

图 6-5-4　近年来重特大火灾情况

来源：中国消防。

生产安全。生产安全可以采用工伤事故死亡率指标来衡量。2019 年，全国安全生产形势总体保持稳定态势，事故起数和死亡人数分别下降 18.3% 和 17.1%。较大事故、重特大事故起数分别下降 10.2% 和 5.3%。到 2020 年，安全生产理论体系更加完善，安全生产责任体系更加严密，安全监管体制机制基本成熟，安全生产法律法规标准体系更加健全，全社会安全文明程度明显提升，事故总量显著减少，重特大事故得到有效遏制，职业病危害防治取得积极进展，安全生产总体水平与全面建成小康社会目标相适应。

表 6-5-12　"十三五"期间安全生产指标

序号	指标名称	降幅
1	生产安全事故起数	10%
2	生产安全事故死亡人数	10%
3	重特大事故起数	20%
4	重特大事故死亡人数	22%
5	亿元国内生产总值生产安全事故死亡率	30%
6	工矿商贸就业人员十万人生产安全事故死亡率	19%
7	煤矿百万吨死亡率	15%
8	营运车辆万车死亡率	6%
9	万台特种设备死亡人数	20%

注：降幅为 2020 年末较 2015 年末下降的幅度。

数据来源：国务院办公厅关于印发安全生产"十三五"规划的通知（国办发〔2017〕3 号）。

（2）党风廉政指数

建立高效、廉洁的政府是现代政治文明的重要组成部分。从 2018 年人民检察院审查逮捕、审查起诉的情况看（见表 6-5-13），贪污贿赂案批捕、决定逮捕的人数为 5037 人，决定起诉的人数为 17340 人。相比 2015 年有大幅度下降（2015 年贪污贿赂立案人数 37247 人）。随着贪污贿赂犯罪成为一类犯罪，以习近平同志为核心的党中央领导集体加大反腐败力度，坚持"老虎""苍蝇"一起打。截至 2019 年 9 月底，全国纪检监察机关立案查处涉黑涉恶腐败和"保护伞"案件移送司法机关 5500 人，有效净化了政治生态，党风政风明显好转。目前中国正在进行国家监察体制改革，设立国家监察委员会，构建权威高效的国家监察体系，促使反腐倡廉建设取得新进展。

表 6-5-13 2018 年人民检察院审查逮捕、审查起诉情况

案件分类	批捕、决定逮捕合计		决定起诉合计	
	件	人	件	人
合计	714896	1056616	1189480	1692846
危害公共安全案	62044	93997	363833	401108
破坏社会主义市场经济秩序案	45738	74231	60454	113285
侵犯公民人身、民主权利案	116385	157004	161740	223648
侵犯财产案	249595	335402	305889	424775
妨害社会管理秩序案	235745	389681	282174	509569
危害国防利益案	240	331	247	378
军人违反职责案				
贪污贿赂案	4535	5037	13332	17340
渎职侵权案	390	473	1636	2384
其他	224	460	175	359

数据来源：《中国统计年鉴·2019》。

（3）社会法治指标体系

社会法治建设指标是一个综合性的法治社会指标体系，主要用于判断某

一社会的法律状况或法治状况的指数。法治社会建设包括立法层面、司法层面、执法层面、普法层面等各个方面,涵盖内容非常广泛。

立法指标。我国的立法包括全国人大及其常委会立法、国务院及其部门立法、一般地方立法、民族自治地区立法、经济特区和特别行政区立法。我国立法权属于人民,立法机关由民意产生,我国法制的民主化程度由立法程序中体现民主程度和立法过程中的透明度来加以反映。因此立法指标可以通过人大会议通过/否决/搁置的法律案数、选民参选率、立法听证参与率来衡量。以人大会议通过/否决/搁置的法律案数为例,2020 年栗战书在《全国人民代表大会常务委员会工作报告》中指出:"一年多来,全国人大常委会认真行使立法权、监督权、决定权、任免权,共审议法律草案、决定草案 48 件,通过 34 件,其中制定法律 5 件,修改法律 17 件,作出有关法律问题和重大问题的决定 12 件。"①截至 2020 年 8 月 11 日十三届全国人大常委会第二十一次会议闭幕,我国现行有效的法律共计 279 部,包括宪法 1 部、宪法相关法 46 部、刑法 1 部、民商法 32 部、行政法 91 部、经济法 73 部、社会法 24 部、诉讼与非诉讼程序法 11 部。通过以上数据说明我国的立法系统正在不断的完善中,进而推动了我国法制建设的发展。

司法指标。司法是维护社会正义的最后一道防线,司法指标可以通过各类案件上诉案件数量和在一审中的比率、诉讼案件办结率、检察院抗诉数量及比率来衡量。以各类案件上诉案件数量和在一审中的比率为例,如表 6-5-14 所示,2018 年,刑事案件在一审中的比率为 8.64%、民商事案件比率为 89.43%、知识产权案件比率为 2.03%、行政案件比率为 1.84%。我国民主法制现代化建设进程加快,公民民主权利意识不断增强,社会公众普遍以法律为武器维护自身权益,人民法院收案件数呈逐年上升趋势。

---

① 栗战书:《全国人民代表大会常务委员会工作报告》,《人民日报》2020 年 6 月 1 日。

表 6-5-14　人民法院审理一审案件情况　　　　（单位:件）

年份	收案	刑事	民商事			行政	行政赔偿
				知识产权	海事海商		
2012	8442657	996611	7316463			129583	
2013	8876733	971567	7781972	88583	11224	123194	
2014	9489787	1040457	8307450	95522	12174	141880	
2015	11444950	1126748	10097804	109386	17546	220398	
2016	12088800	1101191	10762124	134248	16336	225485	
2017	12907729	1294377	11373753	201039	15367	230432	9167
2018	13920964	1203055	12449685	283414	15784	256656	11568

数据来源:《中国统计年鉴·2019》。

注:1. 一审案件指人民法院按照诉讼级别管辖按第一审程序审理的案件。

2. 2002 年起,经济纠纷和海事海商并入民事案件中。

3. 2017 年起,行政赔偿案件从行政案件中分离出来。

执法指标。执法行为是一项极为严肃的国家活动,执法指标可以通过行政执法责任制覆盖率、办案责任制执行率、行政复议率以及行政应诉率来加以衡量。[①] 以行政复议率以及行政应诉率为例,行政复议是行政机关依法解决行政争议、化解社会矛盾、加强层级监督的一项重要法律制度。而《中华人民共和国行政复议法》的颁布实施,是我国民主法制建设的重要成果。从各省区市受理的行政复议和应诉案件情况看,2019 年全国受理的行政复议案件以广东、上海、辽宁等地的案件最多;行政应诉案件以广东、山东、河南等地的案件最多。通过办理行政复议案件,化解了一大批行政争议,为维护群众权益和社会稳定发挥了重要作用。

表 6-5-15　省区市受理行政复议案件情况

省份	数量	省份	数量	省份	数量	省份	数量
广东	31392	河北	7040	黑龙江	3868	山西	1726
上海	14847	浙江	6859	陕西	3652	海南	1609

---

① 张建:《评执法指标》,《政治与法律》2003 年第 5 期。

省份	数量	省份	数量	省份	数量	省份	数量
辽宁	14665	河南	6829	重庆	3596	云南	1571
山东	13723	安徽	6185	贵州	3017	宁夏	555
江苏	10309	福建	5284	江西	2917	青海	395
北京	9298	湖南	4495	内蒙古	2203	新疆	295
吉林	7682	广西	4424	甘肃	1992	兵团	146
四川	7048	湖北	3993	天津	1832	西藏	42
总计	183489						

数据来源:司法部行政复议与应诉局 2019 年全国行政复议、行政应诉案件统计数据。

表 6-5-16　省区市行政应诉案件情况

省份	数量	省份	数量	省份	数量	省份	数量
广东	20071	湖南	8443	天津	4265	甘肃	2199
山东	17240	重庆	7409	江西	4260	内蒙古	2078
河南	15609	广西	7125	上海	4060	吉林	2047
浙江	15421	安徽	7121	海南	3511	宁夏	1738
江苏	13663	辽宁	7028	陕西	3476	新疆	682
北京	9906	福建	6958	黑龙江	3222	青海	630
贵州	9577	湖北	6194	云南	3041	兵团	127
四川	9454	河北	4857	山西	2727	西藏	21
总计	204160						

数据来源:司法部行政复议与应诉局 2019 年全国行政复议、行政应诉案件统计数据。

普法指标。普法指标可以通过普通公民普法教育比率、经济合同履行率以及交通安全处罚率来衡量。以公民普法教育比率为例,普法教育是社会主义法制建设一项长期的基础性工程,不可能一蹴而就。党的十八大以来,习近平多次以"法治宣传教育"为主题发表了重要讲话,作出了重要指示,为深入开展法治宣传教育指明了方向,并积极利用大众媒体开展法治宣传教育。据相关统计,全国共举办法治宣传广播栏目 5200 多个、电视栏目 3800 多个、报刊栏目 6000 多个,形成了以中央电视台"今日说法"等为代表的一批普法品牌栏目。同时全国普法办还开通中国普法官方微博、微信和客户端,各地各部门创办普法网站 3700 多个,普法官方微博、微信 2600 多个,定期组织法治微电影作品展、知识竞赛、征文等活动,每年参与的人数超过 1 亿人次。① 在 2016 年 4 月,我国还开展了"七五"普法工作。通过以上开展普法栏目的数据可以看出,我国公民学习法律知识的途径越来越多,而不仅仅局限于书本,公民普法教育率是呈逐年上升趋势的。

2. 政治发展主观评价

(1)政治认同度

政治认同度,顾名思义就是人们对本国政治体系的信任程度,即对本民族国家、政治体制、执政党等方面的认可、支持和服从程度。它是决定国家、民族向心力、凝聚力的关键因素。十八大以来,以习近平同志为核心的党中央在内政外交国防、治党治国治军等诸多方面和领域,提出了一系列新思想、新观点、新论断、新要求。同时在党的十八大报告中鲜明提出了要坚定中国特色社会主义的三个自信,即道路自信、理论自信、制度自信,在建党 95 周年大会上的讲话又提出文化自信,这"四个自信"是总结我党九十多年奋斗历程得出的结论,是实现伟大的中国梦的政治基础。有学者在大学生思想政治状况调查分析中认为,政治认同表现在民族身份认同、道路和理论认同、制度认同、执政党认同等诸多方面。②

首先,从民族认同方面来看,有 91.3% 的大学生为自己是中华民族的一员而感到自豪,80.3% 的大学生赞同"国家兴亡,我的责任",大学生普遍具有强烈的民族自豪感和责任感。③ 中华民族是一个历史悠久的伟大民族,是一个由 56 个民族共同组成的统一的多民族国家。中国梦的基本内涵所追求的国家富强、民族振兴、人民幸福,是每一个中国人民以及海外华侨同胞梦寐以

---

① 吴爱英:《认真总结"六五"普法工作　深入开展法治宣传教育》,《中国司法》2016 年第 6 期。
② 沈壮海、肖洋:《2016 年度大学生思想政治状况调查分析》,《思想理论教育导刊》2017 年第 1 期。
③ 沈壮海、肖洋:《2016 年度大学生思想政治状况调查分析》,《思想理论教育导刊》2017 年第 1 期。

求的理想目标。因此,民族认同程度成为中国梦的政治认同程度中必不可少的有机组成部分。

其次,从道路和理论认同方面来看,有88.3%的大学生赞同"实现民族复兴必须坚持中国特色社会主义道路",94.1%的大学生支持国家改革创新发展之路,88.4%的大学生认为"中国特色社会主义理论体系是我国现代化建设的理论指南"。道路关乎党的命脉,关乎国家前途、民族命运、人民幸福。改革开放以来,我们党既不走封闭僵化的老路,也不走改旗易帜的邪路,而是走具有中国特色的社会主义新道路。

再次,从中国特色社会主义制度认同方面来看,有88.8%的大学生认为"中国特色社会主义制度具有独特优势",86.4%的大学生认同人民代表大会制度。对共产党领导的多党合作和政治协商制度、民族区域自治制度和基层群众自治制度表示赞同的大学生比例均在87.3%以上。[1] 因此,加强大学生对中国特色社会主义制度认同的教育,目的是让大学生们更好地去相信这个制度是适合我国的国情,是最好的制度。

最后,从执政党认同方面来看,有88.4%的大学生赞同"没有共产党就没有新中国",88.1%的大学生认为"中国共产党是中华民族的先锋队",86.3%的大学生认为"中国共产党的领导是我国发展进步的根本保证",结果表明中国共产党在历史贡献、先进性质和重要作用三个方面均获得了大学生的高度肯认。[2] 中国共产党作为我国的执政党,是历史的选择,人民的选择,是中国特色社会主义事业的坚强领导核心。中国特色社会主义最本质的特征是中国共产党的领导,同时中国特色社会主义制度的最大优势也是中国共产党的领导。因此只有共产党的领导才能为中国梦的实现提供强有力的保障。

(2)公民自身民主权利满意度

我国是中国特色社会主义国家,人民群众当家作主,享有广泛的政治权

---

[1] 沈壮海、肖洋:《2016年度大学生思想政治状况调查分析》,《思想理论教育导刊》2017年第1期。
[2] 沈壮海、肖洋:《2016年度大学生思想政治状况调查分析》,《思想理论教育导刊》2017年第1期。

利。各项制度的建立和实施都为人民群众参与政治提供了各种保障。党的十八大报告把"支持和保证人民通过人民代表大会行使国家权力"放在政治体制改革第一条,说明了我国公民自身民主权利得到了充分的发挥。据中国全面建设小康社会进程统计监测报告(2011)监测,2010 年中国在民主法制方面的实现程度为 93.6%,比 2000 年提高 8.7 个百分点,平均每年提高 0.87 个百分点。从该数据中说明了我国公民的主人翁意识、民主参与意识在不断提高。

(三)文化发展指标的评价

文化是一个国家的软实力,是一个民族的灵魂,是一个政党的根基,是一个人的精神支撑。中国作为一个具有上下 5000 年文明史的古老国家,要实现国家富强、民族振兴、人民幸福的伟大中国梦,就必须掀起社会主义文化建设新高潮,发挥文化引领社会风气、传播正能量、创新科学技术、推动社会发展的作用。

党的十八大以来,中国特色社会主义思想文化建设取得重大进展。"加强党对意识形态工作的领导,党的理论创新全面推进,马克思主义在意识形态领域的指导地位更加鲜明,中国特色社会主义和中国梦深入人心,社会主义核心价值观和中华优秀传统文化广泛弘扬,群众性精神文明创建活动扎实开展。公共文化服务水平不断提高,文艺创作持续繁荣,文化事业和文化产业蓬勃发展,互联网建设管理运用不断完善,全民健身和竞技体育全面发展。主旋律更加响亮,正能量更加强劲,文化自信得到彰显,国家文化软实力和中华文化影响力大幅提升,全党全社会思想上的团结统一更加巩固。"[1]为了发展社会主义文化强国建设事业,突出文化在国家发展中的重要性,习近平在国内外很多不同的场合及讲话中都提到了文化。在习近平看来,"文化是一个国家、一个民族的灵魂"[2]。"坚持文化自信是更基础、更广泛、更深厚的自信,是更基本、更深沉、更持久的力量。"[3]"我们说要坚定中国特色社会主义道路自信、理论自信、制度自信,说到底是要坚定文化自信。"[4]只有坚持社会主义文化建设,

---

① 《习近平谈治国理政》第 3 卷,外文出版社 2020 年版,第 4 页。
② 《习近平谈治国理政》第 3 卷,外文出版社 2020 年版,第 32 页。
③ 《习近平谈治国理政》第 3 卷,外文出版社 2020 年版,第 311 页。
④ 《习近平谈治国理政》第 2 卷,外文出版社 2017 年版,第 339 页。

树立 14 亿多中华儿女的文化自信,中国才能在当代世界文化发展舞台上永久地拥有一席之地,实现中国梦之文化上的崛起和屹立不倒。2014 年 3 月,习近平访欧期间,在巴黎联合国教科文组织总部发表演讲,指出:"没有文明的继承和发展,没有文化的弘扬和繁荣,就没有中国梦的实现。"[①]

文化建设重要体现在人民的教育文化水平、精神文化生活、法律意识以及文化产业和文化事业的发展状况上,等等。根据这些指标的性质,在本课题中分别从客观和主观两个方面对实现中国梦的文化指标评价进行阐述。

1. 文化发展客观评价

文化事业与文化产业是文化发展的一体两翼,在社会主义文化建设和实践过程中协调共生。衡量中国梦实现中的文化发展,客观地说,集中体现在文化产业的发展和文化事业的建设这两方面。文化产业发展水平主要可以使用国家文化相关行业的固定资产投资和增加值、中国网民规模和互联网普及率以及广播电视事业发展情况等来度量。文化事业是国家或社会资助和扶持的文化事业组织在具有一定目标、规模和系统而对社会发展有影响的文化活动中,为社会主体提供公益性文化产品和公益性文化服务,具有公益性、均等性和服务性。文化事业的建设水平主要可以使用国家科学研究与开发机构基本情况、教育经费情况和文化事业单位的数量等来度量。

表 6-5-17 文化相关行业固定资产投资汇总表　　（单位:亿元）

年份	教育	文化体育和娱乐业
2010	4033.6	2959.4
2011	3894.6	3162.0
2012	4613.0	4271.3
2013	5433.0	5231.1

数据来源:中国文化及相关产业统计年鉴·2015。

---

① 习近平:《出席第三届核安全峰会并访问欧洲四国和联合国教科文组织总部、欧盟总部时的演讲》,人民出版社 2014 年版,第 17 页。

表 6-5-18 文化相关行业增加值汇总表 （单位:亿元）

年份	教育	文化体育和娱乐业
2010	12018	2674.7
2011	14363.7	3133.5
2012	16172.1	3529.6
2013	18428.8	3866.3

数据来源:中国文化及相关产业统计年鉴·2015。

(1)国家文化相关行业的固定资产投资和增加值

从纵向分析,2010—2013 年,我国教育、文化、体育和娱乐业的固定资产投资均呈增长的趋势,其中,文化体育和娱乐业增长速度较快。相应地,这些文化相关行业的增加值也呈增长趋势,其中,教育行业增长速度较快。从横向分析,教育行业的固定资产投资和增加值均比文化体育与娱乐业的固定资产投资和增加值多,而且两者之间的增加值相差很大,固定资产投资相差度在2012 年后日益减小,2013 年之际已接近平等。可见,国家社会对教育、文化、体育和娱乐业均是比较重视和支持的,教育行业的投资回报率更为乐观,国家的文化建设颇有成效。

(2)中国网民规模和互联网普及率

作为一种高速度、高水平发展的新兴技术产业,互联网具有新媒体功能和多种营销渠道,横跨各个产业领域,前所未有地改变了人们的生活方式、工作方式和思维方式。在网络新思维的指引下,围绕文化与科学技术深度融合的发展现状,互联网为中国文化产业创造了很好的机遇条件,为文化产业释放了潜在的市场价值,既推动了文化产业的自主创新,为文化产业注入了新的生机与活力,更扩大了文化产业的发展空间。借助互联网的线上平台优势,文化产品可以进一步在更大范围内传播、销售,丰富了文化产品的宣传途径,拓宽了文化产品的买卖渠道,打破了文化产品与人们之间的时空限制。由此可见,互联网的普及不仅反映了我国现代化信息技术的进步,而且更有助于推进文化产业的繁荣昌盛。

根据中国互联网络信息中心(CNNIC)于 2020 年 9 月 29 日发布的《第 46

次中国互联网络发展状况统计报告》显示,截至 2020 年 6 月,我国网民规模达
9.40 亿,较 2020 年 3 月增长 3625 万,互联网普及率达 67.0%,较 2020 年 3 月
提升 2.5 个百分点。从下面的图表中,我们可以看出,2017—2020 年,我国的
网民数量和互联网覆盖率呈持续上升趋势,且 2020 年 3 月的新网民数量最多
(由于受新冠肺炎疫情的影响,居家线上教学和线上办公成为主流),之后的
互联网覆盖率增长速度也有所加快。由于我国各个地区的经济发展水平不
同,各地互联网普及率也不一样,数字鸿沟的现象还比较严重。但随着移动网
络智能设备的普及化、"宽带中国"战略的高速发展,我国互联网发展的地区
差异势必会日益缩小。

图 6-5-5 中国网民规模和互联网普及率汇总表

数据来源:中国互联网络信息中心(CNNIC)2020 年 9 月发布的《第 46 次中国互联网络发展状况统计报告》。

(3)广播电视事业发展情况

党的十八大以来,我国的广播电视综合人口覆盖率相比于 2010 年,有了
较大提高,特别是在农村,其覆盖率增幅更大;公共广播电视节目的在套数、播
出时间和制作时间上,均有增加。其中,2018 年,我国的数字电视相比于 2010
年,增加了 11274 万户,城乡覆盖率大大提高。与此相适应,广播电视的从业
人员和收入总体上也呈上升趋势,2018 年的广播电视总收入比 2010 年提高

了 4650.27 亿元,超过了 2 倍。其次,随着人民生活水平的提高,电影行业发展势头良好。2018 年,我国的电影银幕比 2010 年增加了 53823 块,电影票房收入也是一路上升,且国产电影收入比重越来越大,国产电影受欢迎程度越来越高。广播、电视、电影综合人口覆盖率的提高,投资回报额的增加,说明了我国影视文化行业的发展前景一片大好,也大大满足了人民日益增长的美好精神文化生活需求(见表 6-5-19)。

表 6-5-19　广播电视事业发展情况汇总表

指标	2010	2017	2018
广播			
广播节目综合人口覆盖率(%)	96.78	98.71	98.94
农村	95.64	98.24	98.58
公共广播节目套数(套)	2549	2825	2900
公共广播节目播出时间(万小时)	1266.0	1491.9	1526.7
广播节目制作时间(万小时)	681.4	788.8	801.8
电视			
电视节目综合人口覆盖率(%)	97.62	99.07	99.25
农村	96.78	98.74	99.01
有线广播电视实际用户数(万户)	18872	21446	21832
农村	7293	7504	7404
数字电视	8870	19404	20144
有线广播电视实际用户数占家庭总户数比重(%)	46.40	48.32	49.01
农村有线广播电视实际用户数占农村家庭总户数比重	29.35	31.70	31.19
公共电视节目套数(套)	3272	3493	3559
公共电视节目播出时间(万小时)	1635.5	1881.0	1925.0
电视剧播出数(万部)	24.92	23.13	21.76
进口电视剧播出数	0.88	0.15	0.08
电视剧播出数(万集)	635.86	698.74	707.70
进口电视剧播出数	19.51	4.03	2.65
电视动画播出时间(万小时)		36.28	37.45

续表

指标	2010	2017	2018
进口电视动画播出时间		1.15	0.89
电视节目制作时间(万小时)	274.3	365.2	357.7
电影			
国有电影制片厂(个)	38	38	
电影故事片厂	31	31	
电影院线(条)	37	48	48
银幕(块)	6256	50776	60079
全国电影票房收入(亿元)	157.21	559.11	609.76
国产电影票房收入		301.04	378.97
进口电影票房收入		258.07	230.79
广播电视其他			
广播电视总收入(亿元)	2301.87	6070.21	6952.14
广播电视从业人员数(万人)	75.09	97.69	97.89

数据来源:《中国统计年鉴·2019》。

(4)国家科学研究与开发机构基本情况

2014—2018年,我国的科学研究与开发机构数量变化幅度不大,甚至逐年减少。其中,中央科学研究与开发机构数量小幅度增加后又减少,地方性的则持续减少。可见,中央对科学研究与开发机构的重视度提高,控制权增大。其次,我国的研究与试验发展投入不管在人力方面还是在经费资金方面,均持续有所增加,且84.9%的资金都来源于我国政府。其中,基础研究的投入最少,应用研究的投入居中,试验发展的投入最多,占资金经费的50%以上。尤其是试验发展的投入有大幅度上升,这表明我国对试验发展最为重视。最后,在科技产出及成果情况中,论文、著作和发明专利均呈持续增长趋势。其中,科技论文仍以国内为主,发明专利申请件数持续高增长;授权数持续高增长到2017年,2018年略有减少。可见,政府资金人力投入的增加也带来了较好的收效(见表6-5-20)。

表 6-5-20　科学研究与开发机构基本情况汇总表　　　（单位:个）

机构基本情况					
机构数(个)	3677	3650	3611	3547	3306
中央属	720	715	734	728	717
地方属	2957	2935	2877	2819	2589
研究与试验发展(R&D)投入情况					
R&D 人员(万人)	42.3	43.6	45.0	46.2	46.4
R&D 人员全时当量(万人年)	37.4	38.4	39.0	40.6	41.3
基础研究	6.6	7.1	8.4	8.4	8.5
应用研究	12.8	13.1	12.7	14.3	14.7
试验发展	18.0	18.1	17.9	17.8	18.0
R&D 经费支出(亿元)	1926.2	2136.5	2260.2	2435.7	2691.7
基础研究	258.9	295.3	337.4	384.4	423.1
应用研究	552.9	618.4	642.1	699.4	792.1
试验发展	1114.4	1222.8	1280.7	1351.9	1476.5
政府资金	1581.0	1802.7	1851.6	2025.9	2285.0
企业资金	62.9	65.4	90.4	91.9	102.6
R&D 项目(课题)情况					
R&D 项目(课题)数(项)	91465	99559	100925	112472	117871
R&D 项目(课题)人员全时	34.0	34.9	34.4	35.9	36.8
当量(万人年)					
R&D 项目(课题)经费支出(亿元)	1272.7	1513.8	1592.5	1720.8	1925.4
科技产出及成果情况					
发表科技论文(篇)	171928	169989	175169	177572	176003
国外发表	47032	47301	50010	54500	58440
出版科技著作(种)	5023	5662	5714	5459	5722
专利申请数(件)	41966	46559	52331	56267	61404
发明专利	32265	35092	39854	43426	47740
专利授权数(件)	24870	30104	32442	35350	36778
发明专利	15786	19720	21816	24283	23098

数据来源:《中国统计年鉴·2019》。

（5）教育经费情况

2012—2017 年,我国的教育经费整体呈持续增加状态,2015 年、2017 年的增加额度最大,且其中大部分的教育经费来源于国家。国家财政性教育经费持续增加,80%均是国家财政性教育经费;民办学校中举办者的投入除2014 年相比前一年有所减少外其他年份是逐年增加,社会捐赠的经费在 2015年相比前两年有所增加外在 2016 年、2017 年逐年减少;学杂费是事业收入的主要来源,学杂费逐年增加,事业收入也随之持续增加;其他的教育经费也是逐年增加,涨幅较大。由此可见,现如今,随着中国教育事业以及慈善事业的发展,我国教育经费来源途径总体上比较多元化,80%以上来源于国家的大力财政投入,其次是事业收入,社会捐赠的作用日益渐小。教育经费的提高不仅表明了国家对教育的重视,也体现了我国教育事业取得了较好成绩。

表 6-5-21　教育经费情况　　　　　　　（单位:万元）

年份地区	合计	国家财政性		民办学校中举办者投入	社会捐赠经费			其他教育经费
		教育经费	一般公共预算教育经费			事业收入	学杂费	
2012	286553052	231475698	203141685	1281753	956919	46198404	35048301	6640278
2013	303647182	244882177	214056715	1474089	855445	49262087	37376869	7173384
2014	328064609	264205820	225760099	1313476	796700	54271581	40530393	7477031
2015	361291927	292214511	258618740	1876620	869960	58097239	43173611	8233597
2016	388883850	313962519	277006325	2032733	810447	62768292	47709339	9309860
2017	425620069	342077546	299197838	2250061	849974	69575734	52932815	10866754

数据来源:《中国统计年鉴·2019》。

注:1.“民办学校中举办者投入”1992—2006 年数据为社会团体和公民个人办学总经费。

　　2. 从 2017 年起,“公共财政教育经费”改为“一般公共预算教育经费”。“一般公共预算教育经费”数据 1992—2012 年包括教育事业费、基建经费、教育费附加、科研经费和其他经费,2012 年起包括教育事业费、基建经费和教育费附加。

（6）文化事业单位的数量

2010—2014 年,我国的文化相关行业法人单位和主要文化机构的数量均有所增加。虽然教育单位数量增长量较小,但文化体育和娱乐业的单位数量在 2012 年后几乎翻了一番。随着我国社会主义精神文明建设,我国文化事业单位的数量持续增加,而且 2012 年中国梦提出后,我国的文化产业类型更加丰富多彩,人民的精神文明需求日益具有现代化的特征。在主要文化机构情况汇总表中,图书馆、文化馆、博物馆、艺术表演团体和场馆大多带有公益性,由政府投资,这些文化机构数量的增加也表明了我国对公共文化事业发展的重视以及大力支持。

表 6-5-22　文化相关行业法人单位数量汇总表　　（单位:个）

年份	教育	文化体育和娱乐业
2010	342408	95633
2011	346390	102775
2012	355072	121126
2013	413908	230544
2014	444038	263384

数据来源:中国文化及相关产业统计年鉴·2015。

表 6-5-23　主要文化机构情况汇总表　　（单位:个）

年份	公共图书馆	文化馆(站)				博物馆	艺术表演团体	艺术表演场馆
			省级、地市级文化馆	县市级文化馆	乡镇(街道)文化站			
2012	3076	43876	382	2919	40575	3069	7321	1279
2013	3112	44260	385	2930	40945	3473	8180	1344
2014	3117	44423	385	2928	41110	3658	8769	1338
2015	3139	44291	386	2929	40976	3852	10787	2143
2016	3153	44497	389	2933	41175	4109	12301	2285
2017	3166	44521	390	2938	41193	4721	15742	2455
2018	3176	44464	390	2936	41138	4918	17123	2478

数据来源:《中国统计年鉴·2019》。

注:1. 2007 年以前艺术表演团体为文化系统内数据,2007 年起含非文化部门单位。

2. 2015 年以前艺术表演场馆为公有制艺术表演场馆,2015 年起含民营艺术表演场馆。

3. 1996 年以前文化站数据未包括其他部门所属乡镇文化站。1996—1998 年包括其他部门所属文化站,1999 年以后,其他部门所属文化站划归文化部门管理。

2. 文化发展主观评价

衡量中国梦实现中的文化发展,主观地说,一方面,从居民自身的实际情况角度来反映我国文化发展状况,包括居民的教育文化水平和娱乐教育文化用品及服务消费价格分类指数;另一方面,通过对抽象的意识形态概念和指标的测度分析,可以从精神信念层面对中国梦的实现程度进行分析和把握。本文主要是分析大学生的社会主义核心价值观认同感。

表 6-5-24　各地区各级受教育水平情况汇总表① （单位:%）

	2005 年				2010 年				2013 年			
	全国	东部	中部	西部	全国	东部	中部	西部	全国	东部	中部	西部
文盲	8.37	9.02	10.14	13.84	5.06	3.87	5.28	6.99	4.99	4.05	4.82	6.80
小学	29.69	29.93	32.45	39.92	28.06	25.14	27.87	33.51	26.36	22.87	25.83	32.96
初中	40.67	39.85	41.06	31.92	42.21	43.28	44.21	38.27	40.81	42.13	42.28	37.05
高中	14.45	14.47	11.92	9.69	15.21	16.53	15.18	12.84	16.52	17.67	13.67	13
大专及以上	6.82	6.73	4.43	4.63	9.46	11.18	7.46	8.39	11.32	13.33	9.4	9.72

表 6-5-25　各级各类学校毕业生情况汇总表 （单位:万人）

年份	普通本专科	专科	普通高中	中等职业教育	初中	职业初中	普通小学	特殊教育	学前教育
2012	624.7	320.9	791.5	674.6	1660.8	0.9	1641.6	4.9	1433.6
2013	638.7	318.7	799.0	674.4	1561.5	0.7	1581.1	5.1	1491.7
2014	659.4	318.0	799.6	622.9	1413.5	0.3	1476.6	4.9	1527.2
2015	680.9	322.3	797.7	567.9	1417.6	0.2	1437.3	5.3	1590.3
2016	704.2	329.8	792.4	533.6	1423.9	0.2	1507.4	5.9	1623.2
2017	735.8	351.6	775.7	496.9	1397.5	0.1	1565.9	6.9	1652.7
2018	753.3	366.5	779.2	487.3	1367.8	0.1	1616.5	8.1	1790.6

数据来源:《中国统计年鉴·2019》。

---

① 杜文姬:《我国教育水平发展现状浅析》,《管理观察》2015 年第 24 期。

表 6-5-26 各级各类学校情况汇总表 （单位：所）

年份	普通高等学校	高职（专科）院校	普通高中	中等职业教育	初中	职业初中	普通小学	特殊教育	学前教育
2012	2442	1297	13509	12654	53216	49	228585	1853	181251
2013	2491	1321	13352	12262	52804	40	213529	1933	198553
2014	2529	1327	13253	11878	52623	26	201377	2000	209881
2015	2560	1341	13240	11202	52405	22	190525	2053	223683
2016	2596	1359	13383	10893	52118	16	177633	2080	239812
2017	2631	1388	13555	10671	51894	15	167009	2107	254950
2018	2663	1418	13737	10229	51982	11	161811	2152	266677

数据来源：《中国统计年鉴·2019》。

（1）居民教育文化水平

截至 2013 年年底，整体上，在我国范围内，文盲率为 4.99%，受高等教育水平达到 27.84%，受义务教育率为 67.17%。根据联合国教科文组织 2015 年的统计，中国的文盲率已降低至 3.6%，成年人文盲人口在过去 20 年减少 1.3 亿（即下降 70%）。新中国的扫盲教育成果斐然，但仍存在地区差异。其中，东部地区的文盲率低至 4.05%，受高等教育水平占比为 30.95%，受义务教育率高达 65%；中部地区的文盲率低至 4.82%，受高等教育水平占比为 27.07%，受义务教育率高达 68.11%；西部地区的文盲率为 6.80%，受高等教育水平占比为 23.19%，受义务教育率为 70.01%。东部地区经济文化发展水平较高，故其受高等教育水平的占比较大，文盲率最低；中部地区的文盲率和受高等教育水平与全国水平大致相同；西部地区，由于经济文化事业发展起步较晚、速度较缓，文盲率和受高等教育率均在全国整体水平以下，与东部和中部仍存在较大差距，教育文化事业发展动力不足。

同时，根据各级各类学校毕业生情况汇总表来看，2012—2018 年，学前教育和普通本专科的毕业生数量一直呈增长的趋势，特殊教育、普通高中和高职（专科）院校的毕业生数量变动则不是很大，初中和中等职业教育的毕业生数量则呈现或快或慢的下降趋势。结合现实要素的思考，这些变化趋势表明现在的家庭越来越重视学前教育,这也是近年来我国的早教中心和幼儿园数量急剧增多并大面积覆盖的重要原因;高职(专科)院校和普通高等学校的毕业生数量的持续增加,表明我国毕业生的学历不再仅仅停留在中学水平,大部分学生都拥有了高等教育的学历。与此相适应,近年来我国学前教育机构和普通高等学校的数量也一直在增加,但受 20 世纪末计划生育的实行,生源的减少在一定程度上导致我国普通小学、初中、中等职业教育学校的数量也有小幅下降。

总结以上三个表格可见,自从习近平 2012 年提出中国梦后,我国高等院校为满足越来越多的受教育需求,数量不断增加,毕业生的学历也越来越高,文盲大幅度减少。尽管存在地区文化教育发展的不平衡,但整体上,居民的受教育水平和质量都在不断提升。

(2)居民娱乐教育文化用品及服务消费价格分类指数

2010—2014 年,居民娱乐教育文化用品及服务的总体价格在上升,2011年价格有所下降,但在 2013 年上升幅度最大,相差 1.3。其中,文娱耐用消费品及服务价格在下降,但下降速度有所减缓;教育消费品及服务价格在 2013年上涨最多,但在 2014 年有所下降。居民文化娱乐消费价格始终保持在 101左右,波动幅度并不大。同时,居民旅游消费价格在 2010—2012 年之间呈下降趋势,但之后,又呈直线上升状态,特别是 2013 年的上升幅度最大,比上一年高 2.3%。简要分析可以得出,2010—2014 年,我国的文化相关用品和服务的价格都在上升,可见,居民对文化用品和服务的需求增加。2012 年后旅游价格上升最快,2012 年后更是出现了"旅游热",居民的旅游热情高涨,精神文化生活活动更加丰富多彩。

表 6-5-27 居民娱乐教育文化用品及服务消费价格分类指数汇总表

年份	娱乐教育文化用品及服务	文娱耐用消费品及服务	教育	教材及参考书	教育服务	文化娱乐	文化娱乐用品	书报杂志	文娱费	旅游
2010	100.6	94.3	101.4	102.6		101.0	99.7	100.6	102.3	104.9
2011	100.4	93.7	101.3	101.1	101.4	101.1	100.6	101.0	101.5	103.8

续表

年份	娱乐教育文化用品及服务	文娱耐用消费品及服务	教育	教材及参考书	教育服务	文化娱乐	文化娱乐用品	书报杂志	文娱费	旅游
2012	100.5	94.5	101.7	101.7	101.7	101.3	100.4	101.4	101.9	101.7
2013	101.8	96.3	102.7	102.3	102.8	101.4	100.2	101.0	102.4	104.0
2014	101.9	97.3	102.4	101.3	102.5	101.3	100.3	101.6	101.8	105.0

数据来源：中国文化及相关产业统计年鉴·2015。

注：上年＝100，这是环比指数，是每年与上一年的比值，指在计算 2010 年的时候，以 2009 年为基数 100；计算 2011 年的时候，2010 年则为基数 100。

（3）大学生社会主义核心价值观认同感

从整体上来看，当代大学生对社会主义核心价值观的认同感比较高，均值都在 80 分以上。国家层面价值目标认同度均值为 82.4 分，社会层面价值取向认同度均值为 81.32 分，公民个人层面价值准则认同度均值最高，为 82.61 分。而在这十二个社会主义核心价值目标中，诚信这一价值目标维度的均值最高，为 84.24 分。这表明当代大学生的文明理念较强，提倡营造良好的社会文明新风尚，处处传播正能量，摈弃社会不良风气，倾向形成一个文明道德的中国。

表 6-5-28　大学生对社会主义核心价值观的认同状况（均值）[1]

目标维度	指标	指标均值	目标维度均值
富强	虽然中国已经成为全球第二大经济体，但从大国到强国还有很长的路要走，富强仍然是我们追求的目标	85.53	81.5
	富强是中国现代化的首要目标	77.30	
民主	政府应该提倡在各级各类会议和活动中营造各抒己见、畅所欲言的民主氛围	82.22	82.27
	发展社会主义民主政治，是中国社会现代化的重要使命之一	82.26	

[1]　郭朝辉：《当代大学生社会主义核心价值观认同感实证研究》，《西南民族大学学报》（人文社科版）2014 年第 9 期。

续表

目标维度	指标	指标均值	目标维度均值
文明	国家应大力弘扬民族传统美德,提高全体社会成员的思想道德素质,营造良好的社会文明新风尚	86.18	83.77
	应把文明作为中国特色社会主义的精神追求	81.25	
和谐	团结和睦的社会环境是实现民族复兴的前提和基础	84.79	80.97
	我们应该摈弃一切违背人与人和谐相处、人与自然和谐共生的发展模式	76.93	
自由	社会应为每一个成员的自由全面发展创造良好的环境,但自由是相对的,而非绝对的自由	83.79	80.14
	社会发展应以每个人的自由全面发展为终极目标	76.45	
平等	社会主义社会应该努力实现社会平等	82.44	81.37
	平等是考察社会文明进步的基本价值指引	80.24	
公平	没有公平正义就没有社会和谐,只有坚持公平正义,社会才具备内在和谐的灵魂	82.73	82.18
	构建社会主义和谐社会,应把社会公正作为一个核心的价值目标	81.90	
法治	只有在法律的框架内妥善处理好各种利益关系,才能营造和谐的社会	80.56	80.93
	让权力在阳光下运行,应把权力关进制度的笼子里	81.20	
爱国	对国外品牌的盲目抵制不是理性爱国之举	81.06	80.49
	作为在校大学生,勤奋学习,善于实践,完成好学业就是最好的爱国	79.90	
敬业	每一个社会成员都应该对所从事的职业尽心尽力,在自己的本职工作中实现人生价值	87.53	82.80
	就业前要科学合理地做好职业生涯规划,一旦入职,就要兢兢业业,干一行,爱一行	78.00	
诚信	言必行,行必果,个人的诚信关键在于言行	84.74	84.24
	考试作弊是一种欺骗行为,既损害了集体公平,又不利于个人成长	83.51	
友善	只有做到与人为善,才能造就和谐的人际关系	79.84	82.31
	与人为善,是做人的基本准则之一	84.62	

（四）社会发展的指标评价

中国梦涵盖的内容极为广泛,就社会认同层面来说,可将评价中国梦实现程度的主客二级指标延伸出五个三级分指标,分别是国民幸福指数、国民心理健康程度、医疗卫生水平、劳动者就业情况、居民生活服务情况(食品安全、交通便捷、住房率、旅游业发展),并将三级指标的五个方面划分为客观评价与主观评价。

1. 社会发展的客观评价

（1）居民生活服务性产业(衣食住行)

居民生活服务性产业对人们的衣食起居有着重要影响,它为人民生活提供必要的物质产品与精神消费品。我国居民的生活服务情况主要从衣食住行等几个方面来论述。随着我国经济迅速发展,国家越来越重视第三产业的发展,政策性支持也不断向第三产业倾斜。第三产业在国民经济发展中的比重不断上升,居民对生活服务性产业需求不断增大。作为第三产业的重要组成部分,服务性产业在其中的比重不断上升。第三产业总体所占比重越高,对经济发展的带动力越强。同时,第三产业对生产性服务的需求越高,第三产业生产服务在生产服务总体中所占比重也越大。因此,居民生活服务性产业作为第三产业的重要组成部分,是我国向前发展的重要支撑点。

①房地产事业发展趋势

从 2019 年中国统计年鉴数据能够看到,从 2014—2017 年我国房地产开发企业成套住宅销售数量呈平稳上涨态势,一定程度上体现中国梦自提出到实施过程中,居民对住房的需求加大,越来越多的居民有经济条件购买房,生活最基本保障得到改善;另一方面,房地产开发企业成套住宅竣工数量 2017 年、2018 年连续两年下降到十八大以来最低点,这充分体现了习近平反复强调的"房子是用来住的,不是用来炒的"理念。同时,2011 年过后,高档公寓、别墅销售量呈平稳上下波动趋势,反映出社会贫富差距得以较好地控制,朝共同富裕的社会最终目标在慢慢靠近。房地产事业发展趋势总体是向上发展的,但同时也出现了种种问题,需要国家运用宏观调控等手段引导房地产企业健康发展,更好地满足居民的居住需求。

表6-5-29　房地产开发企业成套住宅竣工与销售情况

年份地区	住宅竣工套数合计(套)	别墅、高档公寓	住宅销售套数合计(套)	别墅、高档公寓
2012	7642379	161899	9446424	184001
2013	7493133	126444	11046279	202081
2014	7659418	145182	10104351	167469
2015	7050109	126972	10578898	191594
2016	7455409	218297	12822565	258582
2017	6770598	153900	13361411	294616
2018	6182425	136666	13298420	281405

数据来源:《中国统计年鉴·2019》。

②居民餐饮及住宿状况

餐饮住宿业是满足人们基本需求的基础行业,它给人们生活提供最基本的保障,它的发展关乎人们生活的总体质量水平,更关系到社会最基本的和谐与安定。作为发展潜力巨大的服务性行业,为我国经济发展作出了巨大的贡献。特别是改革开放40多年以来中部地区餐饮住宿业的迅速发展,出现网络平台订餐等外卖新兴行业崛起,成为我国区域经济发展中不可忽视的中坚力量。从表6-5-30来看,住宿和餐饮业法人企业的个数从45508个增加到46872个,营业额从8150.6亿元增加到9682.6亿元,保持持续快速增长的趋势。这是第三产业经济发展的结果,但是也出现很多食品安全问题、住宿安全问题等。国家要加大力度打击各种违法商业行为,完善国家食品安全法,让居民的饮食起居得到有力保障。

表6-5-30　2014—2018年我国住宿和餐饮发展状况

指标	2014	2015	2016	2017	2018
住宿和餐饮业					
法人企业(个)	45508	44884	45855	45664	46872
年末从业人数(万人)	432.4	413.2	407.4	405.3	412.2
营业额(亿元)	8150.6	8512.2	8938.2	9276.7	9682.6

指标	2014	2015	2016	2017	2018
餐费收入（亿元）	5453.7	5709.5	5967.9	6135.4	6405.4
年末餐饮营业面积（万平方米）	9570.0	9276.7	9468.2	9590.4	10283.3
住宿业					
法人企业（个）	18874	18937	19496	19780	20614
年末从业人数（万人）	197.9	191.2	186.3	182.1	178.0
营业额（亿元）	3535.2	3648.2	3811.1	3963.9	4059.7
客房收入（亿元）	1739.2	1803.1	1907.2	2051.2	2130.6
餐费收入（亿元）	1333.5	1366.1	1405.8	1403.3	1407.7
客房数（万间）	319.9	337.2	378.3	393.2	394.8
床位数（万位）	523.0	549.7	605.5	626.2	637.3
年末餐饮营业面积（万平方米）	4014.2	3910.4	4080.5	4239.9	4827.9
餐饮业					
法人企业（个）	26634	25947	26359	25884	26258
年末从业人数（万人）	234.5	222.1	221.1	223.2	234.2
营业额（亿元）	4615.3	4864.0	5127.1	5312.8	5622.9
餐费收入（亿元）	4120.2	4343.5	4562.1	4732.1	4997.7
年末餐饮营业面积（万平方米）	5555.8	5366.3	5387.7	5350.5	5455.4

数据来源：《中国统计年鉴·2019》。

③国家旅游业发展

旅游业作为我国国民经济的战略性产业在创汇、扩大内需和带动国际投资等方面都起着十分重要的作用。随着我国经济的发展以及人们物质生活水平的提高，人民群众对于旅游休闲等服务业的需求呈现增长态势，旅游业的发展对带动区域经济的起飞起到了无可替代的作用。我国旅游业的迅速发展，同时也提升了与之相关的其他产业的发展，相关主体的服务项目不断创新，使得整个旅游行业整合度更高，更具有专业性。从表6-5-31可以看到，从2014—2018年我国旅行社数量、入境游客以及国际国内旅游收入都呈显著增长趋势。这与近年来国家对旅游等服务行业政策性支持密切相关。从目前国内旅游业发展情况来看,随着人们经济水平的提高,我国旅游业的年增长率超过10%,成为国民经济不可缺少的部分。同时,整个旅游行业的发展也更加趋于专业化、理性化,进入成熟阶段。

表 6-5-31 我国旅游发展状况

指标	2014	2015	2016	2017	2018
旅行社数(个)	26650	27621	27939	29717	
星级饭店数(个)	12803	12327	11685	9566	
入境游客(万人次)	12849.83	13382.04	13844.38	13948.24	14119.83
外国人	2636.08	2598.54	2815.12	2916.53	3054.29
港澳同胞	9677.16	10233.64	10456.26	10444.59	10451.93
台湾同胞	536.59	549.86	573.00	587.13	613.61
入境过夜游客	5562.20	5688.57	5926.73	6073.84	6289.57
国内居民出境人数(万人次)	1165932	12786.00	13513.00	14272.74	16199.34
因私出境人数	11002.91	12172.00	12850.00	13581.56	15501.69
国内游客(亿人次)	36.11	40.00	44.40	50.01	55.39
旅游收入					
国际旅游收入(亿美元)	569.13	1136.50	1200.00	1234.17	1271.03
国内旅游收入(亿元)	30311.86	34195.05	39390.00	45660.77	51278.29

数据来源:《中国统计年鉴·2019》。

注:2015 年以后,"国际旅游收入"补充完善了停留时间为 3—12 个月的入境游客花费和游客在华短期旅居的花费,与以前年度不可比。

(2)医疗卫生水平评价

医疗卫生事业的发展切实关乎人民群众的身体健康,为更好地解决我国医疗卫生事业发展中所面临的问题,使得人们真正能够享受医疗改革的发展成果,党的十八大报告重点提出了"健康是人发展的基础,全心全意为人民健康着想、做到以预防为主、逐渐覆盖农村"的医疗改革方针。十九大报告更是鲜明地提出:"实施健康中国战略。人民健康是民族昌盛和国家富强的重要标志。要完善国民健康政策,为人民群众提供全方位全周期健康服务。"[1]

---

[1] 《习近平谈治国理政》第 3 卷,外文出版社 2020 年版,第 38 页。

优化医疗资源配置,满足居民的健康需要,让人民群众享受最优化的医疗政策,必须从当前我国群众看病难、看病贵的现实情况出发。在我国医疗资源配置中,要考虑并涉及诸多因素,例如投入、产出、供需、就医引导等。医疗卫生事业的发展涉及众多资源的调配、重组、优化,不同指标能反映出绩效的不同侧面,效绩评价不仅会对产出结果进行评价,更重要的是对投入和投入转换为产出,进而转化为结果进行评价,这样的绩效评价指标体系可以按照"投入—产出—过程—结果"的逻辑进行。如表6-5-32所示。

表6-5-32　农村卫生资源绩效评价①

投入类	过程类	产出类	效果类
支出总额 (亿元)	支出金额到位率 (%)	机位数量(万个) 床位数张(千人) 卫生人员(人/千人) 中高级技术人员比例(%) 诊疗人次数(亿次)	人口平均寿命(年) 人口死亡率(%) 5岁以下儿童死亡率(%) 孕产妇死亡率(1/10万) 流行病发病率(1/10万) 农村卫生保障覆盖率(%) 地方病受灾率(%)
人均支出 (元)	支出资金使用率 (%)		

党的十八届五中全会报告指出,全面发展中国医疗卫生事业,深化国家医药卫生体制改革,科学合理控制药品价格,建设医疗、医保、医药一体化,让基本医疗体系全面覆盖城乡。从2019年统计年鉴数据来看,从2012—2018年每千人口卫生人员占有数有了较大的增长,我国医疗卫生体系正在健康的轨道上不断前行。

(3)劳动者就业现状

就业是民生之本,事关国家发展和人民福祉。顺畅的就业保证了社会有充足的人力资源,就业不仅仅关乎劳动者自身的生存发展,同时也牵连着国家经济发展战略的设定。

各行业劳动力在不同部门之间的资源配置情况构成就业结构,其中主要

---

① 徐佳、胡守忠、宋新明:《我国医疗卫生资源配置的绩效评价研究》,《劳动保障世界》(理论版)2010年第7期。

包括就业产业结构、就业所有制结构和就业区域结构三个主导的结构。一是就业的产业结构。我国的经济发展直接影响产业结构构成,而产业结构是就业结构构成的基础,我国第三产业的快速发展直接导致劳动力向第三产业转移,第一产业劳动力人数在持续降低,越来越多的劳动者走向城市,从 2014 年的 22790 万人降到了 2018 年的 20258 万人;第二产业劳动者从业人数从 2014 年的 23099 万人降到了 2018 年的 21390 万人;而第三产业从 2014 年的 31364 万人,到 2018 年已达 35938 万人,这表明中国梦实施以来,大量的国家政策引导劳动者向第三产业发展,并且已经取得了较好的成效①。

表 6-5-33　每千人口卫生技术人员　　　　　　（单位:人）

年份地区	卫生技术人员			执北（助理）医师			注册护士		
	合计	城市	农村	合计	城市	农村	合计	城市	农村
2012	4.94	8.54	3.41	1.94	3.19	1.40	1.85	3.65	1.09
2013	5.27	9.18	3.64	2.04	3.39	1.48	2.04	4.00	1.22
2014	5.56	9.70	3.77	2.12	3.54	1.51	2.20	4.30	1.31
2015	5.84	10.21	3.90	2.22	3.72	1.55	2.37	4.58	1.39
2016	6.12	10.79	4.04	2.31	3.92	1.61	2.54	4.91	1.49
2017	6.47	10.87	4.28	2.44	3.97	1.68	2.74	5.01	1.62
2018	6.83	10.91	4.63	2.59	4.01	1.82	2.94	5.08	1.80

数据来源:《中国统计年鉴·2019》。

注:1. 2002 年以前,执业(助理)医师系医生,执业医师系医师,注册护士系护士(士)。

2. 城市包括直辖市区和地级市辖区,农村包括县及县级市。

3. 合计项分母系数为常住人口数,分城乡项分母系数为推算户籍人口数。

表 6-5-34　劳动者就业基本情况

项目	2014	2015	2016	2017	2018
劳动力	79690	80091	80694	80686	80567
就业人数（万人）	77253	77451	77603	77640	77586
第一产业	22790	21919	21496	20944	20258
第二产业	23099	22693	22350	21824	21390

---

① 张英杰:《当前我国就业存在的主要问题及应对策略》,《经济纵横》2015 年第 2 期。

续表

项目	2014	2015	2016	2017	2018
第三产业	31364	32839	33757	34872	35938
按城乡分就业人员(万人)					
城镇就业人员	39310	40410	41428	42462	43419
乡村就业人员	37943	37041	36175	35178	34167
按登记注册类型分城镇 非私营单位就业人员(万人)					
国有单位	6312	6208	6170	6064	5740
城镇集体单位	537	481	453	406	347
股份合作单位	103	92	86	77	66
联营单位	22	20	18	13	12
有限责任公司	6315	6389	6381	6367	6555
股份有限公司	1751	1798	1824	1846	1875
港澳台商投资单位	1393	1344	1305	1290	1153
外商投资单位	1562	1446	1361	1291	1212
工商登记注册的私营个体 就业人员(万人)					
城镇私营企业	9857	11180	12083	13327	13952
城镇个体	7009	7800	8627	9348	10440
乡村私营企业	4533	5215	5914	6554	7424
乡村个体	3575	3882	4235	4878	5597
城镇登记失业人数(万人)	952	966	982	972	974
城镇登记失业率(%)	4.09	4.05	4.02	3.90	3.80

数据来源:《中国统计年鉴·2019》。

注:1. 全国就业人员1990年及以后的数据根据劳动力调查、人口普查推算(下表同)。

2. 2013年部分经济类型单位、部分行业就业人员数、工资总额变动较大,系将原属于乡镇企业的规模以上法人单位纳入劳动工资统计范围所致(以下相关表同)。

2. 社会发展主观评价方法

(1)居民幸福指数

居民幸福指数是一个国家居民对社会的认可度,并将它作为评价社会良性运行与协调发展的重要指标之一,国民幸福感是国民对生活幸福与否的主观感受,它具有主观不确定性、差异性等特征。"幸福指数"指标体系涵盖较广,既反映了人们物质生活与精神生活的发展状态,也是社会和谐稳定发展的最终目的。关注广大居民的幸福指数,思民众之所思,想民众之所想,构建有中国特色的幸福指数评价体系,有助于各级政府贯彻落实发展为了人民、发展成果由人民共享的原则,将人民群众幸福指数融入物质文明和精神文明建设中去,把国家发展与人民群众幸福感结合起来,实现幸福指数与 GDP 的同步提高,让人民群众在提升经济发展水平的同时也过上幸福的生活。

有学者以马斯洛需求层次理论为依据,从生存状况满意度、生活质量满意度、情感认知满意度和人际及个人与城市的满意度四个方面设计了居民幸福指数主观评价指标体系,见表 6-5-35。

表 6-5-35　主观评价指标体系幸福指数[1]

一级指标	二级指标	三级指标
主观指标体系 幸福指数	生存状况满意度	对收入水平满意度的评价 对工作满意度的评价 对所在城市政府公共政策的评价 对所在城市政府服务的评价
	生活质量满意度	对住房满意度的评价 对医疗满意度的评价 对出行方便满意度的评价 对家庭生活满意度的评价 对业余及休闲娱乐生活满意度的评价
	情感认知满意度	对心态愉悦满意度的评价 对精神紧张度的评价 对自己得到他人及社会关爱的评价 对生活积极乐观与充满信心的评价 与过去对比现在生活满意度的评价 与周围人或地区相比生活满意度的评价
	人际及个人与城市满意度	对自己人际交往满意度的评价 对自己人生价值实现满意度的评价 对他人及社会对自己认可度的评价 自己对未来预测(如:感情、事业)的评价 在精神上对自己市民身份认同感的评价 对城市发展与个人幸福关系的评价 对自己城市文化及城市理念认同度的评价

---

[1]　曾鸿、赵明龙:《城市居民幸福指数指标体系构建及综合评价》,《商业经济研究》2012 年第 14 期。

浙江省社会科学院调研中心以浙江省居民的主观幸福感为主题做了调查,该调查从工作与收入情况、健康情况、家庭情况与人际关系、社会因素等方面进行了考察,调查发现:居民生活状态的总体评价中"比较幸福"占 34.2%,"一般幸福"占 49.3%,以上两项共占 83.5%,表明绝大多数人对生活的状态都是比较认可的,有 8.2%、0.8%的调查对象感到"不幸福"、"非常不幸福"。总体满意率比较乐观,但是其中的问题也不容忽略。① 因此,我国从该省居民状况来看,大部分居民对生活持满意状态,但是非常幸福所占指数依然较低,因此,我国未来社会发展规划要以数据为依据,提高居民对生活的满意度,打造新型强国为民的社会主义社会。

(2)心理健康状况

心理健康问题直接影响人们的生活健康,对国家的和谐、稳定也具有重要的影响力。一个具有良好心理健康素养的社会公民,他能够清楚地意识到自身存在的问题,并能够运用干预措施防患于未然。因此,调查分析当前我国公民普遍的心理健康状况,建立良好的心理健康评估机制,设计出适合我国公民心理健康的制度量表,具有重要意义。良好的制度安排可以对公众的心理问题及时采取有效的干预措施,起到预防和缓解的效果,最终有利于推动我国公民的心理健康发展。

纵观国内外分析研究,结合我国公民健康素养所特有的因素,可以将心理健康素养理解为三个维度,即人们对心理健康本身的认知、正确解决心理问题的方法和公众对心理问题的了解。

居民心理健康状况一定程度上可以通过居民生活方式体现出来,安桂花、师玉生等人采用《健康促进生活方式量表》和《K10 量表》在甘肃省随机选取890 名城乡居民(有效问卷 820 份)对居民心理健康水平与生活方式的关系进行调查,调查结果显示居民生活方式状况与心理健康水平有紧密联系,一个心理健康的人影响着他的行为模式,居民的生活方式也是其心理健康水平的相对体现。从表 6-5-36 可以看出,城镇化进程中居民生活方式总分的平均值

① 应焕红:《浙江人幸福吗?——浙江居民幸福指数调查》,《观察与思考》2011 年第 8 期。

为 123.60,标准差为 14.60,6 项生活方式因子分数差别不大,但分值还较低,说明居民的生活方式还不够完善。可见,居民保持良好的锻炼习惯、提高健康责任意识、保持良好的人际关系、促进自我的全面发展是保持心理健康的重要途径。当前,我国社会要实现和谐稳定发展,还要不断关注居民心理健康问题,以生活方式良性健康发展引导心理健康水平提高,真正实现人的全面发展。

表 6-5-36　新型城镇化推进中居民生活方式的总体状况表①

生活方式各因子	人数	最小值	最大值	均值	标准差
自我实现均分	820	1.56	4.00	2.65	0.42
人际关系均分	820	1.44	3.22	2.50	0.33
体育锻炼均分	820	1.00	3.62	2.20	0.48
健康责任均分	820	1.22	3.33	2.19	0.38
营养均分	820	1.44	3.33	2.25	0.38
压力应对均分	820	1.25	3.50	2.47	0.38
生活方式总分	820	81.00	162.00	123.60	14.60

表 6-5-37　新型城镇化推进中居民心理健康的总体状况②

	人数	最小值	最大值	均值	标准差
心理健康总分	820	14	38	26.64	4.82

---

① 安桂花、师玉生、郭娟娟:《新型城镇化推进中居民生活方式与心理健康的调查研究》,《社会心理科学》2014 年第 4 期。
② 安桂花、师玉生、郭娟娟:《新型城镇化推进中居民生活方式与心理健康的调查研究》,《社会心理科学》2014 年第 4 期。

表 6-5-38　新型城镇化推进中居民生活方式与心理健康的关系研究①

各因子	自我实现	人际关系	体育运动	健康责任	营养	压力应对	方式总分
自我实现							
人际关系	.595 **						
体育运动	.244 **	.359 **					
健康责任	.173 *	.334 **	.520 **				
营养	.264 **	.377 **	.579 **	.514 **			
压力应对	.498 **	.541 **	.404 **	.360 **	.398 **		
方式总分	.650 **	.733 **	.742 **	.681 **	.738 **	.732 **	
心理健康	−.150 *	−.161 *	−.203 **	−.031	−.137	−.160 **	−.198 **

（3）居民生活满意度

社会发展的最终目的是实现人的全面发展,居民生活满意度是人们生活幸福的直观体现,所以需要以量化的指标体系衡量居民生活满意程度,并进行科学的分析论证。生活满意度综合反映了居民对生存和发展的需要。但居民生活满意度也不是一成不变的,我们要建立的是与现今实际情况相符合的居民生活满意度的指标体系。从现实状况来看,对居民生活满意度影响的主体因素分别是"家庭经济水平""家庭关系和睦程度""社会交往状况""受社会公共服务程度""身体健康状况"等方面。其中,"家庭经济水平"发挥最根本作用,而家庭经济水平总体上又受制于国家经济水平,所以国家经济水平发展是居民生活满意度提高的首要因素,经济发展是居民生活的物质前提与基本保障。居民生活满意度的高低与经济水平的强弱呈正相关,因此,国家应该以经济发展为基础,让人民群众充分享受经济发展的成果,不断加强城市区域经济建设,带动就业与创业。

---

① 安桂花、师玉生、郭娟娟:《新型城镇化推进中居民生活方式与心理健康的调查研究》,《社会心理科学》2014 年第 4 期。

表 6-5-39 居民生活满意度指标体系①

生活满意度指标	1 分	2 分	3 分	4 分	5 分	样本个数	样本均值
您的收入较高	47	552	552	788	157	2096	3.2176
您的家庭收入提高了	16	158	263	1416	239	2092	3.8145
水利设施较发达	123	233	304	1121	305	2086	3.5997
对自己的经济状况很满意	36	349	347	1130	188	2050	3.5278
家务主要由您承担	54	561	244	924	241	2024	3.3641
您对配偶非常满意	2	40	83	1321	567	2013	4.1977
您和配偶能够相互理解	5	39	79	1393	495	2011	4.1606
您和配偶经常会因为经济问题争吵	224	1052	317	329	89	2011	2.5062
您和配偶的关系更加融洽	4	59	169	1307	473	2012	4.083
孩子的学习很让您费心	79	529	258	733	156	1755	3.204
夜子的生活很让您费心	67	584	242	728	144	1765	3.1688
一年中,孩子大部分时间都在身边	84	702	107	765	221	1879	3.1794
您的孩子对您非常孝敬	2	25	131	1335	427	1920	4.125
您和兄弟姐妹的关系很好	2	29	116	1448	439	2034	4.1273
您对自己的家庭生活很满意	2	70	193	1431	390	2086	4.0244
相对于同龄人,您身体健康状况较好	22	107	167	1378	416	2090	3.9852
您亲人都很健康	13	137	170	1407	362	2089	3.9421
您对自身健康状况很满意	28	118	106	1325	513	2090	4.0416
您附近道路状况较从前有较大改善	45	113	106	1302	526	2092	4.0282
您周围噪音污染比较严重	182	902	464	467	74	2089	2.6884
您附近废水排放量较大	190	971	480	374	70	2085	2.5986

---

① 陈耀辉、陈万琳:《江苏省城镇居民生活满意度评价分析》,《数理统计与管理》2013 年第 9 期。

生活满意度指标	1分	2分	3分	4分	5分	样本个数	样本均值
您周围空气污染比较严重	179	917	485	412	89	2082	2.6652
和以前相比,您周围的环境更加清洁	27	157	384	1234	285	2087	3.7633
您在当前地区居住时间较长	1	43	36	1395	613	2088	4.2337
您对周围居住环境很满意	21	141	334	1287	300	2083	3.8181
在和其他人相处市,大部分情况下您都能应付自如	1	62	364	1443	219	2089	3.8698
在现代生活中,您认为大部分人都是善良的、友好的	4	60	340	1426	263	2093	3.9001
在和别人交流过程中,您认为自己的大部分观点都能够被别人接受	2	66	682	1175	165	2090	3.6866
您对自己社会关系很满意	6	68	291	1450	275	2090	3.9187
您对税费改革和农业补贴实施效果非常满意	12	20	114	1102	845	2093	4.3129
您对学杂费减免落实情况非常满意	23	68	246	1120	627	2084	4.0845
您对小学、中学教育质量非常满意	19	154	585	995	332	2085	3.7036
您觉得,社会对每个人都是公平的	68	235	651	955	180	2089	3.4519
您对社会治安非常满意	60	320	409	1101	201	2091	3.5084
您对社会展疗保障政策实施效果非常满意	23	111	233	1113	502	1982	3.9889
您对社会很满意	8	65	231	1346	428	2078	4.0207
您的学历	36	340	1175	504	26	2081	3.0692

如表6-5-39基于与居民生活满意度相关的37个指标,对江苏省21个城镇居民进行抽样调查。表格中赋予"非常满意""比较满意""说不清楚"

"不太满意"以及"很不满意"分别为5—1分,从表格数据可以看到,总体来说居民非常满意比例为7%,比较满意率为38%,26%的居民持说不清楚态度,不太满意和很不满意比例为28%。因此,江苏省城镇居民生活满意度总体较为乐观,但是仍然存在相当比例的居民生活不太满意。从具体的指标来看江苏省城镇居民对于社会公共服务满意度较高,从表格中可以看到居民对社会治安、学杂费减免政策落实以及税费改革和农业补贴效果非常满意人数占总样本人数居多,居民生活的物质文化环境较为乐观,但是居民对于居住环境表现明显不满意态度,从表格数据来看,居民对居住地区噪音污染、废水排放量较大、空气污染严重不满意人数较多。由此可见,居民居住的生态环境没有得到良好改善,这与我国粗放型经济发展模式密切相关,居民居住环境的好坏直接影响居民生活的质量,我们要全面建成小康社会,提高居民生活满意度,必须坚持经济、政治、文化、社会、生态五位一体建设,大力发展节约型绿色经济,让人们生活在健康绿色环境中,还人们一片蓝天。

(五)生态文明指标体系

十八大报告强调,要将生态文明放在突出地位,并将生态理念建设与制度建设、国土建设与资源节约建设等一起纳入生态文明的维度,并且上升到"五位一体"(包括经济、政治、文化、社会和生态)的战略高度,这是保障人民幸福、建设美丽中国的必由之路,是中国梦实现的重要内容。因此,我们对于可持续发展的生态文明指标进行测度和评价,是助力中国梦实现的重要组成部分。生态文明评价的客观方面将主要使用以下指标进行评析:单位 GDP 能耗、常用耕地面积指数、环境质量指数(主要包括水环境质量、城市空气质量和国土绿化三个指标);主观方面主要使用居民环保意识。

1. 生态文明的客观评价

(1)单位 GDP 能耗

能源作为经济发展的动力支撑,其质量和结构直接影响着生态可持续。经济增长离不开能源,为了反映此能源消费结构下对环境的影响,我们采用单位 GDP 能耗为测度指标。该指标是指在通常一年时期内,每生产万元 GDP(国内生产总值)所消耗多少吨标准煤的量。

根据中国统计年鉴数据资料显示(见表6-5-40),自中国梦提出后,全国节能减排工作不断向前推进,由于产业结构不断优化,技术水平不断改进,能源结构不断升级,节能环保产业不断发展,单位GDP能耗不断减少,且降幅点增大,成绩可观。

表6-5-40　平均每万元国内生产总值能源消费量

年份	万元国内生产总值能源消费量(吨标准煤/万元)	万元国内生产总值煤炭消费量(吨/万元)	万元国内生产总值焦炭消费量(吨/万元)	万元国内生产总值石油消费量(吨/万元)	万元国内生产总值原油消费量(吨/万元)	万元国内生产总值燃料油消费量(吨/万元)	万元国内生产总值电力消费量(万千瓦小时/万元)
国内生产总值按2010年可比价格计算							
2010	0.88	0.85	0.09	0.11	0.10	0.01	0.10
2011	0.86	0.86	0.09	0.10	0.10	0.01	0.10
2012	0.83	0.85	0.09	0.10	0.10	0.01	0.10
2013	0.79	0.81	0.09	0.10	0.09	0.01	0.10
2014	0.76	0.73	0.09	0.10	0.09	0.01	0.10
2015	0.71	0.66	0.07	0.09	0.09	0.01	0.10
国内生产总值按2015年可比价格计算							
2015	0.63	0.58	0.06	0.08	0.08	0.01	0.08
2016	0.60	0.53	0.06	0.08	0.08	0.01	0.08
2017	0.57	0.49	0.06	0.08	0.08	0.01	0.08

数据来源:《中国统计年鉴·2019》。

在2013年的"全国发改委系统工作会议"上,国家对当年的排放量和能耗作出了下降3.5%的期望。国家发改委副主任解振华总结,2013年年度能耗下降率完成得很顺利,到年底或将会超额完成目标。2014年解振华在"中国循环经济发展论坛"上表示,相比年初的预定目标,2014年单位GDP能耗将会超出预期的0.7%—0.8%。在前三季度的改革中,化学污染气体排放量降幅显著,GDP能耗也降至4.6%,创造了经济新常态以来的佳绩。根据已有资料显示,2015年上半年GDP能耗相比上一年减少5.9%,而到2017年,GDP能耗相比2015年又减少9.5%。

（2）常用耕地面积指数

指能够正常种植和收获农作物的土地资源,包括经常耕作、可复耕和开荒后可耕作用地,是与基期常用耕地面积的百分比。我国是一个人口大国,粮食安全是头等大事,而人均耕地面积在世界范围内一直处于较低的水平,为了实现给农业留下更多良田的目标,保证我们的粮袋子,需要对耕地面积情况进行有关评价和考察。如下表所示,分地区耕地面积总量总体上呈下降趋势,值得我们警惕。

表6-5-41　中国耕地面积发展状况　　　　（单位:千公顷）

地区	2012	2013	2014	2015	2016	2017
地方合计	135158.4	135163.4	135057.3	134998.7	134920.9	134881.2

数据来源:《中国统计年鉴·2019》。

有研究者从土地数量、土地质量、土地生态、土地利用制度等几个指标进行测量分析,发现有些乡镇为了响应国家政策和实现自身的可持续发展,在保持适度的建设用地面积基础上,进一步扩大林地和耕地面积;实施土地规划,完善水利系统;提高其流转率和保护率;加强土地数量、质量、生态和利用制度之间的协调性等,通过这些措施使粮食主产区走上了土地节约集约利用的生态发展道路。①

（3）环境质量指数

环境质量是包括水环境、大气环境、土壤环境、生态环境、地质环境、噪声等环境要素优劣的一个综合概念。由于环境统计数据的限制,环境质量指数的计算目前暂由水环境质量、城市空气质量和国土绿化等环境要素构成。

①水环境质量

从表6-5-42中数据可以看出,新时代我国水环境建设实现了重大突破,进入了初步稳定和发展的新阶段。2012年水资源总量相比2011年增加了6270.1

---

① 张合兵等:《中原粮食主产区土地生态文明建设水平测度——以新郑市为例》,《中国人口·资源与环境》2015年第5期。

亿立方米,到了 2013 年却出现了回落,虽然相比 2011 年水资源总量还是有所增加的,但与去年同期相比却减少了 1570.9 亿立方米,2014 年随着生态文明建设的大力推行这种降势有所减缓,相比同期水资源总量减少 691 亿立方米,水资源建设取得重大进展,到 2016 年达到最高值,增加了 4503.8 亿立方米;2017 年、2018 年又连续回落,2019 年有所回升,2019 年,全国水资源总量 29041.0 亿立方米,比多年平均值偏多 4.8%,比 2018 年增加 5.7%。人均水资源量与水资源总量呈正相关,也是由 2012 年开始,相比于 2011 年人均水资源增加 456 立方米,2013 年相较 2012 年开始回落,人均减少 126.5 立方米,2014 年降幅有所回升,较 2013 年人均减少 61.1 立方米,2015 年、2016 年开始增加,2016 年相较于 2015 年增加了 315.7 立方米,2017 年、2018 年又连续回落,甚至降到了 2000 立方米以下。2020 年 7 月,水利部发布了 2019 年度《中国水资源公报》,《公报》显示 2019 年全国降水量和水资源总量比多年平均值偏多,大中型水库和湖泊蓄水总体稳定,全国用水总量比 2018 年略有增加,用水效率进一步提升,用水结构不断优化。2019 年,全国人均综合用水量 431 立方米,万元国内生产总值(当年价)用水量 60.8 立方米。按可比价计算,万元国内生产总值用水量和万元工业增加值用水量分别比 2018 年下降 5.7% 和 8.7%。

表 6-5-42　水资源发展状况

年份 地区	水资源总量 (亿立方米)	地表 水资源量	地下 水资源量	地表水与地下 水资源重复量	人均水资源量 (立方米/人)
2011	23256.7	22213.6	7214.5	6171.4	1730.2
2012	29528.8	28373.3	8296.4	7140.9	2186.2
2013	27957.9	26839.5	8081.1	6962.7	2059.7
2014	27266.9	26263.9	7745.0	6742.0	1998.6
2015	27962.6	26900.8	7797.0	6735.2	2039.2
2016	32466.4	31273.9	8854.8	7662.3	2354.9
2017	28761.2	27746.3	8309.6	7294.7	2074.5
2018	27462.5	26323.2	8246.5	7107.2	1971.8

数据来源:《中国统计年鉴·2019》。

河流水质。我国河流状况自 2012 年开始,水质状况不断好转。表 6-5-43 显示,Ⅰ类水、Ⅱ类水和Ⅲ类水呈增长趋势,Ⅳ类、Ⅴ类和劣Ⅴ类水呈下降趋势,其中Ⅰ—Ⅲ类水比例从 2012 年的 67.2% 上升至 2015 年的 74.2%,增长了 7 个百分点;而 2016 年与 2015 年同比,Ⅰ—Ⅲ类水比例上升 3.5 个百分点,劣Ⅴ类水比例下降 1.7 个百分点;2017 年与 2016 年同比,Ⅰ—Ⅲ类水比例上升 2.1 个百分点,劣Ⅴ类水比例下降 1.5 个百分点;2018 年与 2017 年同比,Ⅰ—Ⅲ类水比例上升 1.0 个百分点,劣Ⅴ类水比例下降 1.3 个百分点;可见,河流水质状况正平稳向好,但速度减缓。再看表 6-5-44,十大水资源分区,自 2012—2014 年,西南诸河区、西北诸河区水质一直评为优,珠江区和东南区一直评为良,松花江区一直维持中。长江流域经历良—中—良,水质得到了维持,黄河区、辽河区和海河区的水质状况从差到中,取得了重大进展,而海河区的水质比较差,还需要进一步的关注和治理。

表 6-5-43 河流水质(一)

年份 \ 水质分类(百分比)	Ⅰ类	Ⅱ类	Ⅲ类	Ⅳ类	Ⅴ类	劣Ⅴ
2012	5.5	39.7	21.8	11.8	5.5	15.7
2013	4.8	42.5	21.3	10.8	5.7	14.9
2014	5.9	43.5	23.4	10.8	4.7	11.7
2015	8.1	44.3	21.8	9.9	4.2	11.7
2016	76.9			13.3		9.8
2017	78.5			13.2		8.3
2018	81.6			12.9		5.5

数据来源:《中国水资源公报 2012—2018 年》。

表 6-5-44　河流水质(二)

水资源分区 水质状况 年份	西南诸河区	西北诸河区	珠江区	东南诸河区	长江区	松花江区	黄河区	辽河区	淮河区	海河区
2012	优	优	良	良	良	中	差	差	差	劣
2013	优	优	良	良	中	中	差	差	差	劣
2014	优	优	良	良	良	中	中	中	中	劣

数据来源:《中国水资源公报 2012—2014 年》。

②城市空气质量——中国环境监测总站

环境问题与人们的健康问题直接相关,在生活质量不断提高的今天尤其引起人们的注意,在环境质量方面须集中力量优先解决好城市雾霾、热岛效应等突出空气质量问题。2013 年 5 月发布的关于三大经济区域和全国 74 个城市的空气质量报告,一方面,这些城市中超过半数已经达标,甚至有 39.9% 的城市超标,轻度空气质量破坏约占 29.4%,重度和严重破坏之和不到 2.2%;另一方面,与上一个月相比,空气达标总数反而下降了 3.4%,重度与严重破坏日也有所回升。[①] 空气质量问题值得深思。近些年国家对节能减排工作的支持和媒体对绿色出行的倡导,环保工作得到持续发展。最新数据显示,截止到 2020 年 8 月,全国 337 个地级及以上城市平均空气质量优良天数比例为 93.0%,轻度污染天数比例为 6.6%,中度污染天数比例为 0.3%,重度及以上污染天数比例为 0.1%。与去年同期相比,优良天数比例上升 5.9 个百分点,重度及以上污染天数比例下降 0.1 个百分点。$PM_{2.5}$ 平均浓度为 $17\mu g/m^3$,同比下降 15.0%;PM_{10} 平均浓度为 $34\mu g/m^3$,同比下降 15.0%;SO_2 平均浓度为 $8\mu g/m^3$,同比持平;NO_2 平均浓度为 $17\mu g/m^3$,同比下降 10.5%;CO 日均值第 95 百分位浓度平均为 $0.8mg/m^3$,同比下降 11.1%;O_3 日最大 8 小时平均第 90 百分位浓度平均为 $138\mu g/m^3$,同比下降 8.6%。[②] 空气质量状况相较于往

---

① 《2013 年 5 月 74 个城市空气质量状况报告》,《资源与人居环境》2015 年第 7 期。

② 《2020 年 8 月全国城市空气质量报告》,http://www.cnemc.cn/jcbg/kqzlzkbg/202009/t20200922_799644.shtml。

年同期有所下降,在发展经济的同时也要注意环境保护和污染治理。

③国土绿化——中国国土绿化公报

2015年,为深入贯彻党的各项重要会议精神,落实人与自然的和谐关系,提出了动员全民搞绿化的活动策略,积极号召广大人民群众植树造林,在国家政策的指导下,国土绿化事业在质和量上都有了飞跃。

2012年国土绿化公报显示:全年完成造林面积601万公顷;城市已有区绿化占有率、绿地率已达到39.2%和35.3%;全年新增公路绿化里程15.8万公里;全年新建农田林网4.1万公顷,绿化垦区矿山2541.6公顷、道路6496.6公里、江河沿岸2259.7公里;各级各类学校绿化率平均达到32%;沙漠化用地综合整治完成153.5万公顷;添加湿地用地约9万公顷,恢复湿地面积近2万公顷;完成植被修复1000万公顷;全国共完成森林抚育824万公顷;全国改善林业有害生物防治面积782万公顷等。① 再来看2015年的国土绿化公报,全国完成:植树造林632.45万公顷;扩展森林任务831.4万公顷;城市已有区占有率36.34%;增加公路绿色长度7.36万公里;在线铁路绿色行程2023公里;沙漠化用地整治191.9万公顷;增加湿地用地34.5万公顷;人为植草1097.32万公顷等。② 从2012年和2015年的数据对比可以看出,通过这些项目提高了国土绿化的速度,使得土地使用者在增加产量和收入的同时也促进了生态文明的发展,进一步优化国家的形象,从而在国际舞台上占有一席之地。

2019年是我国植树节设立40周年。各地、各部门(系统)深入贯彻习近平生态文明思想,认真落实党中央、国务院关于国土绿化工作的决策部署,坚持绿化为民、绿化惠民,坚持山水林田湖草系统治理,坚持走科学、生态、节俭的绿化发展之路,组织动员全社会力量推进大规模国土绿化行动,国土绿化事业取得了新成绩。全国共完成造林706.7万公顷、森林抚育773.3万公顷、种草改良草原314.7万公顷、防沙治沙226万公顷、保护修复湿地9.3万公顷,为

---

① 全国绿化委员会办公室:《2012年中国国土绿化状况公报》,《国土绿化》2013年第3期。
② 全国绿化委员会办公室:《2015年中国国土绿化状况公报》,《中国绿色时报》2016年3月14日。

维护国土生态安全、建设生态文明和美丽中国作出了新贡献。①

2. 生态文明的主观评级——环保意识

党的十八大提出要"大力推进生态文明建设",这不仅关乎人民的幸福,更关乎国家的发展。生态文明建设仅仅依靠政府的投资和绿色技术的革新是远远不够的,观念只有内化于心才能外化于行,所以关键是提高居民的环保意识,让他们积极参与到环保活动中,共同建设美丽中国。通过生态文明建设活动影响公众的环保意识,进一步解决环境问题。对生态文明的主观评价指标主要指环保意识,研究从居民整体环保意识和生态文明建设对居民环保意识的影响两个方面进行评价。

(1)居民整体环保意识

从居民环保意识的年龄分布看:以金华市居民为研究对象,调查发现,随着金华市生态环保活动的开展,市民的环保意识有了显著的改善。由图6-5-6可知,在2012年一项对金华市民环保意识的问卷中,通过对该市居民节能减排、垃圾分类等环保观念和行为的测评,发现该市居民的环保意识总体得分68分,并且环保意识随着年龄的增长而呈下降趋势,其中得分最高的是小于18岁的青少年群体,总体得分为75分。其次是30岁以内的中青年群体,总体得分为72分。然后是42岁以内的中年人,总体得分为64分,而处于42岁以上的高龄群体的环保意识降低。

该研究小组在第二年又对该市的居民的环保意识进行了追踪调查,调查显示一年后该市的环保意识总体得分相比去年提高10分,年龄与得分呈正相关,得分最高的仍然是青少年,各年龄群体的环保意识都在保持增长的趋势。②

从环保意识的四个维度看:有研究小组以潮州市居民为调研对象,对该市公众的环保意识进行了调查(见表6-5-45)。经过调研,评估得出潮州市居

---

① 全国绿化委员会办公室:《2019年中国国土绿化状况公报》,《国土绿化》2020年第3期。
② 王斯文:《金华居民环保意识对 $PM_{2.5}$ 污染影响研究》,《金华职业技术学院学报》2014年第2期。

（单位：分）

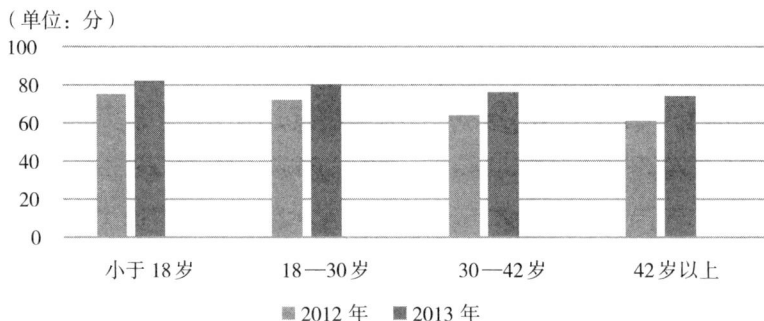

图 6-5-6　居民环保意识年龄分布

民的综合得分为 65.39 分。① 具体得分如下：

表 6-5-45　潮州市公众环保意识得分情况

项目	环保认知	环保态度	环保行为	环保满意度	综合得分
得分	64.90	80.02	60.26	56.39	65.39

环保认知方面，得分刚刚超过 60 分，总体水平不高。通过 5 个相关的问题可以看出居民的认知水平有喜有忧。首先是"喜"的一面，公众对日常型的环保知识还是有一定的掌握。例如在"温室气体""全球变暖"等问题的回答中，绝大多数人都选择了正确的选项，结果还是令人满意的。其次是"忧"的一面，公众对经济发展与环保之间的关系存在误区，对于谁污染谁治理，公众表示了很低的认可。再有，问卷中对"中华环保世纪行"的环保倡议行动仅有 5.2%的人听说过，公众对于日常型环保知识之外的相关知识缺乏明显的认知。

环保态度方面，居民平均分为 80.02 分，表现出了环境保护的较高认同与参与度。被调查者几乎都非常重视环境保护问题，表示赞同和愿意参与各项环保行动。但是另一方面，一旦涉及切身利益，公众的态度就发生了明显的转变，他们表示不是很愿意为环保付费，并且超过 55%的居民认为可以牺牲环境来发展经济。

---

① 高涛、陈宜菲：《潮州市居民环保意识调查与分析》，《经济研究导刊》2014 年第 35 期。

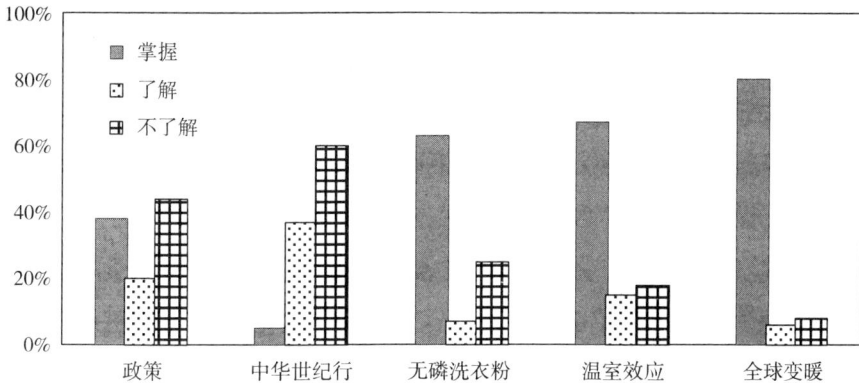

图 6-5-7　潮汕市居民对环境知识了解情况

表 6-5-46　居民对保护环境的主观调查

问题	选项	比例（％）
1. 您认为保护环境	非常重要	99.4
	不太重要	0.6
	不重要	0
2. 为了保护环境,您是否愿意放慢经济发展速度	同意	45.0
	不太同意	27.9
	不同意	27.1
3. 您对垃圾分类持什么态度	赞成	87.0
	不太赞成	10.2
	不赞成	2.8

环保行为方面,没有与环保态度保持正相关的趋势,经过调查发现高态度的意愿下却是低行为的付出。例如拒绝一次性餐具的使用,是否经常参加环保活动等问题的回答中,分别只有 7.7% 和 4.7% 的人表示支持和经常参加。这些数据显示,快节奏的时代人们追求生活的便利,再多的意愿也敌不过生活的诱惑,所以大多数人知道得多但是做得却很少,没有将态度内化为信念,外化为行动。

环境保护工作评价方面,该市居民大体上还是满意的,但是得分不高,仅为 56.39 分。满意的地方:80.4% 的被调查者对该市的绿化工作表示满意;88.1% 的人认为韩江的水质较好,污染较轻;89.8% 的人对滨江长廊的保护工作表示认可;且大多数人对污染型的重工业提出了质疑,认为这些传统工业对大气和水环境带来的影响是直接的,特别是固体废弃物的排放,成为潮州市现阶段最严重的环境问题。但是对于该市的环保工作,90.6% 的被调查者认为其环保工作落后于他们现有的物质文化需求,环保工作有待进一步加强。

(2)生态文明建设对居民环保意识的影响

该研究对经济欠发达地方居民的环保意识现状,和"创卫"对该地区居民环保意识的影响进行了前后的对比。"创卫"是生态文明建设的一部分,随着政府的大力推进和民众的积极实践,对公众的环保意识起到了很大的促进作用。具体表现在参与意识更加浓厚、相关措施更加落实、环保理念更加增强三个方面,可以用作中国梦的评价指标。

参与意识更加浓厚。创建卫生城市工作推广以后,居民参与度显著上升,环境质量不断提高。但是也存在乱扔垃圾、浪费资源一系列破坏环境的现象。从这一方面来讲居民的环保意识还有待加强,需要大众媒体、教育部门、政府做好舆论宣传工作,发挥自身职能,鼓励人人都参与到保护环境活动中,创造人与自然和谐相处的氛围。

相关措施更加落实。意识是行为的指导,行为是意识的归宿。环保行为在居民的平常活动中表现为:社区垃圾实现分类处理,以往脏乱差的问题得以改善;居民节约用水用电的态势进一步发展,以实际行动投入到环保中来。此外,外部条件也会起到一定的促进作用,领导小组的监督和倡导,民众的响应与支持,随着实践的不断深入,居民就会将这些要求内化于心,从而外显为环保行为。

环保理念更加增强。以前居民为了方便大量使用一次性塑料袋,并随意扔弃,使得"白色污染"成为生活中最为头疼的问题。基于这一严重破坏生态环境的不良行为,政府提出"限塑令",超市、市场等场所开始收取塑料袋的费用,环保部门也开始监督塑料袋的使用,提倡循环使用,对不合格的行为予以批评和处罚,并要求其作出整顿。

总之,中国梦自提出以来,经济、政治、文化、社会、生态等各方面的发展都有显著改善,但也存在不少问题。我们任重道远,需要采取积极有效的措施,改善中国梦实现的环境,扫除阻碍中国梦实现的各种障碍,推动中国梦早日实现!

结束语:中国人民是具有伟大梦想精神的人民

习近平在十三届人大一次会议上的重要讲话中指出,中国人民是具有伟大梦想精神的人民。确实,在几千年历史长河中,伟大梦想精神深深地融入中华民族血脉,成为中华优秀文化的基因,成为中华民族历经磨难而屹立不倒、克服险阻而坚毅前行的精神支撑。今天,只要我们始终发扬这种伟大梦想精神,就一定能够实现中华民族伟大复兴。

一、伟大梦想精神是融入中华民族 血脉的优秀文化基因

梦想是人们对美好未来的向往、憧憬和追求。人类历史表明,一个民族如果只重物质生活、囿于世俗当下,注定是不会走远的。人们常说,伟大的民族拥有伟大的梦想。可以说,中华民族正是这样的民族。在广袤的中华大地上,中国人民不论条件多么艰苦、环境多么严酷,都能生生不息、创造不止,创造出灿烂的中华文明。究其原因,重要的一点就在于中国人民始终心怀梦想、不懈追求。即便是刀耕火种、牛耕人拉的艰苦条件,哪怕是面朝黄土背朝天的辛苦劳作,都未能泯灭中国人民的生活梦想,反而催生出丰富多彩的梦想世界。盘古开天、女娲补天、伏羲画卦、神农尝草、夸父追日、精卫填海、愚公移山等中国古代神话,作为一种"神化"的现实生活,表达了古代中国人民改天换日、填海移山、改造自然的强烈愿望,"深刻反映了中国人民勇于追求和实现梦想的执

596

着精神"①。正是基于这样的追求和执着,中国人民形成了对理想社会生活的梦想,不仅提出了小康生活的理念,而且历练出天下为公的博大情怀。

在中华文化发展的历史长河中,中国人民一直保持、延续着强烈的伟大梦想精神。从夸父追日、嫦娥奔月等古代飞天神话,到"敢上九天揽月"的现代豪迈,再到神舟、天宫、天眼、悟空、墨子等重大空间科技成果的相继问世;从女娲补天、大禹治水等环境治理传说,到"天堑变通途""高峡出平湖"的伟大创造,再到南水北调的人间壮举;从悟空大闹龙宫、哪吒闹海的古代想象,到"敢下五洋捉鳖"的现代誓言,再到"蛟龙"不断刷新载人、深潜世界纪录,可以说,伟大梦想精神始终一脉相承,已经深深地融入中华民族血脉,化为中华民族重要的文化基因,代表着中华民族独特的精神标识,为中华民族攻坚克难、超越自我提供了不懈动力。"中国人民相信,山再高,往上攀,总能登顶;路再长,走下去,定能到达。"②

二、伟大梦想精神是推动中华民族砥砺前行的有力支撑

梦想是对现实的折射,也是对现实的超越。伟大梦想的具体内容会随历史条件的改变而改变,但是伟大梦想精神却始终是推动中华民族砥砺前行的有力支撑。

在世界历史上的很长一段时期内,中华民族长期居于领跑地位,在为人类文明作出巨大贡献的同时,也诞生出许多奇伟壮丽的伟大梦想。鸦片战争以后,中华民族屡遭西方列强欺凌,到了最危险的时候。但是,苦难并没有压倒中华民族,中华民族并未因此失掉自信、丢了魂魄、泯灭梦想,反而激发出实现中华民族复兴的伟大梦想。中国人民百折不挠、坚忍不拔,以同敌人血战到底的气概、在自力更生的基础上光复旧物的决心、自立于世界民族之林的能力,

---

① 习近平:《在第十三届全国人民代表大会第一次会议上的讲话》,《人民日报》2018 年 3 月21 日。

② 习近平:《在第十三届全国人民代表大会第一次会议上的讲话》,《人民日报》2018 年 3 月21 日。

为实现这个伟大梦想进行了 170 多年的持续奋斗。2012 年 11 月 29 日,习近平在参观"复兴之路"展览时深情地指出:"大家都在讨论中国梦,我认为,实现中华民族伟大复兴,就是中华民族近代以来最伟大的梦想。这个梦想,凝聚了几代中国人的夙愿,体现了中华民族和中国人民的整体利益,是每一个中华儿女的共同期盼。"①这是对历史的深刻总结,是对近代以来中华民族伟大梦想的自觉表达,言简意赅地揭示了这一梦想的伟大之处:

其一,深厚的家国情怀。自古以来,中华民族对小我与大我、小家与国家关系的就有独到的理解。自中华民族以屈辱的姿态进入近代史以后,中国人对家的悲欢离合与国的兴衰荣辱之间的内在关联有了更深刻、更真切的理解,因而催生出愈加浓烈的家国情怀,并因此涵养出以国家富强、民族振兴、人民幸福为基本内涵的中国梦。正因为如此,古有"齐家治国平天下"之追求,今有"家是最小国、国是千万家"之吟唱。

其二,博大的天下胸怀。正所谓"心有多大,梦就有多大"。习近平强调,中国梦是奉献给世界的梦。"穷则独善其身,达则兼善天下。"这是中华民族始终崇尚的品德和胸怀。中国梦是和平、发展、合作、共赢的梦,我们追求的是中国人民的福祉,也是各国人民共同的福祉。随着中国不断发展,中国已经并将继续尽己所能,为世界和平与发展作出自己的贡献。

其三,重要的文化标识。实现中华民族伟大复兴的中国梦,这一重要理念富于想象力、极具亲和力,它唤醒了中华民族的集体记忆,塑造着中华民族的共同理想,具有强大的"指南针"功能。而其内含的寻梦、追梦、圆梦的"梦系列",高度契合了中华民族的昨天、今天和明天,形象地反映了实现中华民族伟大复兴的艰难历程,成为中华民族站起来、富起来、强起来的文化标识。

三、伟大梦想精神是激励中华民族
实现美好生活的强大动力

伟大梦想是人们的奋斗目标和精神支柱,也是激励人们奋力前行的强大

---

① 《十八大以来重要文献选编》(上),中央文献出版社 2014 年版,第 84 页。

动力。中国梦是历史的、现实的,也是未来的。经过长期努力,中国特色社会主义进入新时代。今天,中国人民比历史上任何时期都更接近、更有信心和能力实现中华民族伟大复兴。但是,行百里者半九十。中华民族伟大复兴,绝不是轻轻松松、敲锣打鼓就能实现的。中华民族伟大复兴的圆梦之旅,犹如人之登山。人处山脚,气力很充足,身手敏捷;达于山腰,气力有大减,行动迟缓;近于山顶,气力似殆尽,步履艰辛。可见,离山顶愈近,愈需要凝神聚力。唯有以登高望远的梦想激励,以不达山顶誓不休的决心自勉,才能继续永攀高峰。当前,要解决好人民日益增长的美好生活需要和不平衡不充分的发展之间的矛盾,要取得决胜全面建成小康社会的胜利,要顺利开启全面建设社会主义现代化国家的新征程,必须继续发扬伟大梦想精神。

其一,进一步凝聚在伟大梦想的旗帜下。恩格斯晚年曾经指出,历史创造离不开由"无数个力的平行四边形"形成的"意志合力"。实现中华民族伟大复兴的中国梦,就是这样一种意志合力,它表达出 14 亿多中国人利益的最大公约数,具有打通群体隔膜、整合社会共识的强大功能。我们要以实现中华民族伟大复兴为引领目标,继续发扬勇于追求和实现梦想的执着精神,凝聚起同心共筑中国梦的磅礴伟力。

其二,进一步落实在实干兴邦的实践中。"樱桃好吃树难栽,不下苦功花不开。"梦想之花要绽放,离不开辛勤浇灌。习近平在首次正式阐述中国梦时,就强调"空谈误国,实干兴邦"。新时代是梦想成真的时代,是实干兴邦的时代。实现伟大梦想,离不开进行伟大斗争、建设伟大工程、推进伟大事业的生动实践,离不开实干苦干的工作作风。我们要有钉钉子精神,一锤一锤接着敲;要有脚踏实地的作风,一步一个脚印走,用辛勤的付出、不懈的奋斗、锲而不舍的执着,继续谱写实现中华民族伟大复兴的壮丽篇章。

附录:中国梦大众认同调查问卷

您好!

　　为了了解中国梦的学习宣传与社会反响情况,我们"实现中华民族伟大复兴中国梦的基本问题研究"课题组组织本次中国梦大众认同问卷调查。本次调查仅为科学研究使用,采取匿名填写方式,请您根据自己的实际情况作出判断和回答,在符合您的情况的选项的数字上画"√"。我们绝对保证您个人信息的安全,并对您的回答严格保密。真诚地谢谢您的无私帮助和支持!

中国梦大众认同调研组

2016 年 12 月

　　一、个人基本情况

　　A1. 性别　①男　②女

　　A2. 年龄

　　①18 岁以下　　②19—30 岁　③31—45 岁

　　④46—55 岁　　⑤56 岁以上

　　A3. 家庭居住地

　　①直辖市、省会城市　②地、县级市

　　③乡镇　　　　　　　④农村

　　A4. 婚姻状况

　　①未婚　②已婚

　　A5. 文化程度

　　①高中以下　②高中　③本科

④硕士　　　⑤博士

A6. 政治面貌

①共产党员　②共青团员

③民主党派　④其他

A7. 职业或社会身份

①国家公务人员　　　　②教育与科研人员

③企业职工或管理人员　④农民或外出务工人员

⑤青年学生　⑥军人　⑦其他(请说明)

A8. 您的月收入情况

①2000 元以下　②2000—4000 元　③4001—6000 元

④6001—8000 元　⑤8001—10000 元　⑥10000 元以上

二、基本问题(以下各题,除注明为"只选一个选项"外,其余可根据自己对问题的判断,任意选择一个或多个选项;在选项序号上画"√")

1. 您认为习近平是在哪一次活动中第一次讲中国梦?(只选一个选项)

(1)中华人民共和国第十二届全国人民代表大会

(2)中国共产党第十八次全国代表大会

(3)参观国家博物馆"复兴之路"展览

(4)中国人民政治协商会议第十二届全国委员会

2. 您认为中国梦的基本含义是

(1)国家富裕强大　　　　(2)人民生活幸福

(3)中华民族在世界上有地位　(4)世界各国友好和平

3. 中国梦将在完成一系列具体目标中实现。党的十八大提出的"两个一百年"奋斗目标是

(1)到 2020 年全面建成小康社会

(2)到 2049 年建成富强、民主、文明、和谐的社会主义现代化国家

(3)实现中华民族伟大复兴

(4)建立和平安定繁荣的世界

4. 您认为"全面建成小康社会"的目标要求是

(1)到 2020 年,国内生产总值和城乡居民人均收入比 2010 年翻一番

(2)人民生活水平质量普遍提高

(3)国民素质和社会文明程度显著提高

(4)生态环境质量总体提高

(5)各方面制度成熟完备

(6)世界和平发展更加稳固

(7)世界上没有战争

5. 您认为富强民主的现代化国家的具体要求是

(1)经济总量世界第一　　(2)人民生活水平和质量居世界前列

(3)科学技术世界领先　　(4)文化教育交流遍布世界

(5)国家军事力量强大　　(6)人民普遍参与国家政治生活

6. 您认为文明和谐的现代化国家的具体要求是

(1)公民文明素养世界美誉　　(2)大国强国关系协调

(3)国家形象具有世界影响力　　(4)社会保障全面提升

(5)生态环境美丽　　　　　　(6)劳动力充分就业

(7)居住环境优美舒适　　　　(8)人与人和谐互助

7. 中国梦归根到底是人民的梦。您的梦想是

(1)有更好的教育　　(2)有更稳定的工作　　(3)有更满意的收入

(4)有更可靠的社会保障　　(5)有更高水平的医疗卫生服务

(6)有更舒适的居住条件　　(7)有更优美的环境

8. 对于实现个人梦想,您认为最重要的影响因素是

(1)国家政策　　(2)干部实干　　(3)乡邻互助

(4)个人勤劳　　　　　　(5)世界和平

9. 中国梦是国家的梦、民族的梦,是每个中国人的梦。您认为实现中
国梦

(1)国家前途和个人前途都光明

(2)国家前途光明个人前途无定

(3)个人前途美好国家前途不妙

(4)国家前途与个人前途都不好把握

(5)国家前途和个人前途都不乐观

10. 实现中国梦必须走正确的道路。您认为实现中国梦的道路可以有

(1)美国式的道路　　　(2)苏联式的道路

(3)中国自己的道路　　(4)北欧式的福利道路

(5)朝鲜式的军事道路

11. 实现中国梦要弘扬中国精神。您认为中国精神包括

(1)以爱国主义为核心的民族精神　　(2)个人的自由精神

(3)与世界各国的合作精神

(4)以改革创新为核心的时代精神

(5)中国传统的伦理道德精神

12. 实现中国梦要凝聚中国力量。您认为中国力量来自

(1)中国各民族团结的力量

(2)个人人生出彩的奋斗力量

(3)港澳台同胞与内地人民携手相助的力量

(4)社会各阶层和谐包容的力量

(5)世界人民大团结的国际力量

13. 中国梦的实现需要科学正确的理论指导。您认为实现这个梦的指导理论包括

(1)西欧的福利社会思想　　　(2)美国的自由社会理论

(2)中国传统的儒家思想理论　(4)中国特色社会主义理论

(5)苏联的社会主义理论

14. 中华民族伟大复兴中国梦的实现离不开世界。您认为中国梦的实现

(1)与世界各国人民的梦想相互支持、相互帮助、共同发展

(2)为世界各国人民实现自己梦想提供和平发展的力量

(3)为世界各国人民提供更广阔的市场和更丰富的产品

(4)为世界各国人民发展提供更充足的资本和更宝贵的合作契机

(5)使中国能为人类发展作出更大贡献

15. 您认为能够带领人民实现中国梦的政党是

（1）中国国民党　　　（2）农工民主党　　　（3）中国共产党

（4）中国民主同盟　（5）知识分子　　　　（6）其他（请注明）

16. 下列是宣传中国梦的常规活动方式,您参与过的活动有

（1）讲师团宣讲　　　　　（2）理论普及读物学习

（3）单位理论培训　　　　（4）理论研讨会

（5）社区或社团演讲活动　（6）学校教学教育

（7）个人自发性学习活动

17. 您认为下列活动或媒体对您的思想观念的影响是

内容/程度	5 很大	4 较大	3 一般	2 较少	1 没有
学校正式教育					
家庭环境教育					
电视报纸等传统媒体					
互联网、微信等新媒体					
日常生活朋友圈					
职业培训活动					
政治宣讲活动					
社会论坛讲解					

18. 您对下列宣传教育活动途径所产生效果的评价是

内容	1 无效	2 不太有效	3 一般	4 有效	5 非常有效
通过有组织系统的理论宣传教育					
通过参与中国梦社会实践活动					
通过社会大众传播媒介或网络					
通过树立正面典型人物					

续表

内容	1 无效	2 不太有效	3 一般	4 有效	5 非常有效
通过群众自发开展的学习活动					
通过对日常生活现象的分析评价					
通过党组织开展的集中学习活动					
其他					

19. 您更愿意接受什么样的理论教育活动

（1）个人自学　　　（2）理论培训　　　（3）报告会

（4）网络视频学习　（5）其他（请说明）

20. 您对实现"全面建成小康社会"的目标（只选一个选项）

（1）非常有信心　　　（2）有信心　　　（3）基本有信心

（4）不太有信心　　　（5）没有信心

21. 您对当前党和国家的反腐败工作（只选一个选项）

（1）非常有信心　　　（2）有信心　　　（3）基本有信心

（4）不太有信心　　　（5）没有信心

22. 政府为实现中国梦实行了一些新的政策措施。您对下列政策措施的满意度是

政策措施	5 非常满意	4 满意	3 一般	2 不太满意	1 不满意
去产能去库存					
法治中国建设					
高考制度性改革					
环境保护责任追究制度					
反腐败斗争					
网络安全管理					
精准扶贫减困					

政策措施	5 非常满意	4 满意	3 一般	2 不太满意	1 不满意
文化产业建设					
社会主义核心价值观建设					
军队战斗力建设					
"亲诚惠容"的周边国家关系政策					
"一带一路"建设					

23. 下列选项是对于近两年我国社会发展的判断,请在能代表您的想法的数字上打"√"

很不同意——很同意

(1)经济结构更加优化 12345

(2)交通基础设施全面跃升 12345

(3)公共服务体系全面覆盖 12345

(4)新增就业持续增加 12345

(5)贫困人口大幅减少 12345

(6)生态环境保护取得新进展 12345

(7)改革开放不断深入 12345

(8)人民民主不断扩大 12345

(9)依法治国开启新征程 12345

(10)文化软实力不断增强 12345

(11)生活水平和质量加快提高 12345

(12)全方位外交取得重大进展 12345

(13)强军兴军迈出新步伐 12345

(14)党风廉政建设成效显著 12345

(15)科学技术突破飞跃 12345

24. 与 2012 年相比,现在您认为对于实现中国梦(在代表您的想法的数字上打"√")

很不同意——很同意

（1）国家更有信心 12345

（2）人民更加自觉参与 12345

（3）社会更加认同 12345

（4）国防更有保障 12345

（5）国际社会更加合作 12345

（6）中国梦更加深入人心 12345

再次感谢您的大力支持！

中国梦大众认同调研组

2016 年 12 月

主要参考文献

1.《马克思恩格斯选集》第1—4卷，人民出版社2012年版。

2.《马克思恩格斯文集》第1—10卷，人民出版社2009年版。

3.《列宁选集》第1—4卷，人民出版社2012年版。

4.《列宁专题文集》，人民出版社2009年版。

5.《斯大林选集》上、下卷，人民出版社1979年版。

6.《毛泽东选集》第1—4卷，人民出版社1991年版。

7.《毛泽东文集》第1—8卷，人民出版社1993—1999年版。

8.《邓小平文选》第1—3卷，人民出版社1994年、1994年、1993年版。

9.《江泽民文选》第1—3卷，人民出版社2006年版。

10.《胡锦涛文选》第1—3卷，人民出版社2016年版。

11.《习近平关于实现中华民族伟大复兴的中国梦论述摘编》，中央文献出版社2013年版。

12.《习近平谈治国理政》第1—3卷，外文出版社2018年、2017年、2020年版。

13.《习近平总书记系列重要讲话读本》，学习出版社、人民出版社2014年版。

14.《习近平新时代中国特色社会主义思想学习纲要》，学习出版社、人民出版社2019年版。

15.《改革开放三十年重要文献选编》上、下册，中央文献出版社2008年版。

16.《中国共产党第十七次全国代表大会文件汇编》，人民出版社2007年版。

17.《中国共产党第十八次全国代表大会文件汇编》，人民出版社2012年版。

18.《中国共产党党章汇编》，中共中央党校出版社2007年版。

19.《新时期党的建设文献选编》，人民出版社1991年版。

20.《中国梦》，学习出版社2013年版。

21.《中国梦我们的梦》，学习出版社2013年版。

22.《世界社会主义五百年》，学习出版社、党建读物出版社2014年版。

23.《中国共产党90年主要成就与经验》，党建读物出版社2011年版。

24. 李慎明：《中国共产党与中华民族伟大复兴》，社会科学文献出版社2012年版。

25. 周天勇：《中国梦与中国道路》，社会科学文献出版社2011年版。

26. 谭书敏：《中华民族伟大复兴的六十年》，电子科技大学出版社 2009 年版。

27. 任学安：《复兴之路》，中国民主法制出版社 2008 年版。

28. 李洪峰：《伟大复兴与战略思维》，党建读物出版社 2006 年版。

29. 蔡丽：《祖国统一与中华民族的伟大复兴》，中国文史出版社 2005 年版。

30. 刘明福：《中国梦：中国的目标、道路及自信力》，中国友谊出版社 2012 年版。

31. 刘明福：《中国梦：后美国时代的大国思维与战略定位》，中国友谊出版公司 2010 年版。

32.《我的中国梦：国家千人计划专家心语》，党建读物出版社、人民出版社 2012 年版。

33. 李希光：《软实力与中国梦》，法律出版社 2011 年版。

34. 吴旭：《为世界打造"中国梦"如何扭转中国的软实力逆差》，新华出版社 2009 年版。

35. 赵家祥、丰子义：《马克思东方社会理论的历史考察和当代意义》，高等教育出版社 2002 年版。

36. 安启念：《东方国家的社会跳跃与文化滞后》，中国人民大学出版社 1994 年版。

37. 江丹林：《东方复兴之路——非西方社会发展理论与建设有中国特色社会主义》，广东教育出版社 1996 年版。

38. 杨信礼：《发展哲学引论》，陕西人民出版社 2001 年版。

39. 郭熙保：《经济发展：理论与政策》，中国社会科学出版社 2000 年版。

40. 朱哲：《中国共产党与中华民族复兴软实力》，湖北人民出版社 2009 年版。

41. 漆思：《中华复兴的和谐发展道路》，中国社会科学出版社 2008 年版。

42. 李伟：《中华民族伟大复兴的难题和抉择》，中华工商联合出版社 2008 年版。

43. 黄平、崔之元：《中国与全球化：华盛顿共识还是北京共识》，社会科学文献出版社 2005 年版。

44. 何新：《中华复兴与世界未来》，四川人民出版社 1996 年版。

45. 姜义华：《中华文明的根柢：民族复兴的核心价值》，上海人民出版社 2012 年版。

46. 朱坚劲：《东方社会往何处去：马克思的东方社会理论》，上海社会科学院出版社 1996 年版。

47. 纳麒：《走向复兴的探索：中国特色社会主义道路的理论框架》，中国社会科学出版社 2009 年版。

48. 章传家、王西欣：《实现中华民族伟大复兴的安全保障》，人民出版社 2010 年版。

49. 毕京京、张彬、王西欣：《实现中华民族伟大复兴的政治宣言》，人民出版社 2012 年版。

50. 林培雄、王西欣：《实现中华民族伟大复兴的领导核心》，人民出版社 2012 年版。

51. 朱育和：《民族复兴与中国共产党》，清华大学出版社 2004 年版。

52. 谷源洋：《发展中国家跨世纪的发展》，中国社会科学院出版社 1997 年版。

53. 何传启：《东方复兴：现代化的三道路》，商务印书馆 2003 年版。

54. 陆德明：《中国经济发展的动因分析》，山西经济出版社 1999 年版。

55. 孙学峰:《中国崛起困境——理论思考与战略选择》,社会科学文献出版社 2011 年版。

56. 相蓝欣:《2025 中国梦》,湖南人民出版社 2010 年版。

57. 杨超:《共筑"中国梦"——实现中华民族的伟大复兴》,研究出版社 2013 年版。

58. 王英梅、王晋京:《"中国梦"学习读本》,国家行政学院出版社 2013 年版。

59. 邱敦红:《复兴之路——当代中国与世界若干重要问题》,当代世界出版社 2007 年版。

60. 冷溶:《科学发展观与中国特色社会主义——中国特色社会主义理论研究前沿报告》,社会科学文献出版社 2006 年版。

61. 顾海良:《马克思经济思想的当代视界》,经济科学出版社 2005 年版。

62. 李崇富、姜辉:《马克思主义 150 年》,学习出版社 2002 年版。

63. 许征帆等:《社会主义发展道路论》,山东人民出版社 1999 年版。

64. 许征帆:《时代风云变幻中的马克思主义》,中国人民大学出版社 1996 年版。

65. 杨瑞森:《关于若干现实理论问题的思考》,南开大学出版社 1990 年版。

66. 田心铭:《认识的反思》,人民出版社 2000 年版。

67. 沙健孙:《中国共产党通史》,湖南人民出版社 1999 年版。

68. 陈先达:《走向历史的深处——马克思历史观研究》,中国人民大学出版社 2006 年版。

69. 徐崇温:《当代资本主义新变化》,重庆出版社 2004 年版。

70. 张雷声:《资本主义的社会矛盾及其历史走向》,安徽人民出版社 2000 年版。

71. 张雷声:《马克思的发展理论与科学发展观》,经济科学出版社 2006 年版。

72. 田克勤:《马克思主义中国化的理论轨迹》,中共党史出版社 2006 年版。

73. 胡钧:《中国社会主义市场经济研究》,山东人民出版社 1999 年版。

74. 陶德麟等:《中国社会稳定问题研究》,山东人民出版社 1999 年版。

75. 陈学明等:《走向马克思——苏东剧变后西方四大思想家的思想轨迹》,东方出版社 2002 年版。

76. 李君如:《中国共产党执政规律新认识》,浙江人民出版社 2003 年版。

77. 叶秀山、王树人主编:《西方哲学史》,江苏人民出版社 2006 年版。

78. 宋士昌:《科学社会主义通论》(4 卷),人民出版社 2004 年版。

79. 刘林元:《中国马克思主义理论的丰碑》,南京大学出版社 2001 年版。

80. 赵明义等:《有中国特色社会主义的真谛》,山东人民出版社 1999 年版。

81. 聂运麟:《中国特色社会主义理论体系研究》,人民出版社 2011 年版。

82. 梅荣政:《中国特色社会主义基本问题研究》,武汉大学出版社 2007 年版。

83. 秦宣:《中国特色社会主义史》(上、下),高等教育出版社 2009 年版。

84. 唐家柱:《现代化进程中的中国特色社会主义理论体系研究》,人民出版社 2008 年版。

85. 秦刚:《中国特色社会主义理论体系》,中共中央党校出版社 2008 年版。

86. 罗文东、吴波、代金平:《中国特色社会主义理论体系新论》,人民出版社 2008
年版。

87. 田鹏颖等:《中国发展新战略布局研究总论》,社会科学文献出版社 2017 年版。

88. 王雪梅:《中国特色社会主义理论体系创新性研究》,中国社会科学出版社 2011
年版。

89. 俞吾金:《意识形态论》,上海人民出版社 1993 年版。

90. 郑永廷等:《社会主义意识形态发展研究》,人民出版社 2002 年版。

91. 樊浩等:《中国大众意识形态报告》,中国社会科学出版社 2012 年版。

92. 张骥:《中国文化安全与意识形态战略》,人民出版社 2010 年版。

93. 敖带芽:《社会主义意识形态建设:热问题与冷思考》,人民出版社 2011 年版。

94. 刘建军:《马克思主义信仰论》,中国人民大学出版社 1998 年版。

95. 冯天策:《信仰导论》,广西人民出版社 1992 年版。

96. 荆学民:《当代中国社会信仰论》,人民出版社 2008 年版。

97. 张国臣等:《理想信念信仰》,中国社会出版社 2011 年版。

98. 郑承军:《理想信念的引领与建构——当代大学生的社会主义核心价值观研究》,
清华大学出版社 2010 年版。

99. 王彦坤、梁跃民:《理想之舟——中国特色社会主义共同理想研究》,河北人民出版
社 2008 年版。

100. 王玉樑:《理想·信念·信仰与价值观》,陕西人民出版社 2001 年版。

101. 姚亚平:《社会精神资源的整合与开发——论当代中国社会的共同理想》,江西人
民出版社 2002 年版。

102. 叶泽雄:《社会理想论》,武汉大学出版社 1998 年版。

103. 谷生然:《社会信仰论》,中国社会科学出版社 2009 年版。

104. 钟璞:《信念教育论》,西南交通大学出版社 2008 年版。

105. 颜吾佴、孔琳等:《大学生的自我认知与理想信念》,北京交通大学出版社 2007
年版。

106. 冯天策:《当代中国主流信仰的情感变迁及价值研究》,北京师范大学出版集团、
安徽大学出版社 2010 年版。

107. 王希环:《信念论》,长城出版社 1997 年版。

108. 罗国杰:《马克思主义思想政治教育理论基础》,高等教育出版社 1992 年版。

109. 邱伟光、张耀灿:《思想政治教育学原理》,高等教育出版社 1999 年版。

110. 张耀灿、郑永廷等:《现代思想政治教育学》,人民出版社 2001 年版。

111. 黄钊:《三德教育论纲》,武汉大学出版社 1997 年版。

112. 石云霞:《新中国成立以来中国共产党思想理论教育历史研究》,中国社会科学出
版社 2007 年版。

113. 陈秉公:《思想政治教育学原理》,辽宁人民出版社 2001 年版。

114. 秦在东:《社会主义精神质量:逻辑关联与价值转换》,华中师范大学出版社 1999

年版。

115. 骆郁廷:《精神动力论》,武汉大学出版社 2003 年版。

116. 沈壮海:《思想政治教育有效性研究》,武汉大学出版社 2001 年版。

117. 佘双好等:《当代社会思潮对高校师生的影响及对策研究》,中央编译出版社 2012 年版。

118. 王永贵等:《经济全球化与我国社会主流意识形态建设研究》,人民出版社 2010 年版。

119. 陈金龙:《中国共产党纪念活动史》,社会科学文献出版社 2017 年版。

120. 梅萍、林更茂:《建构社会主义和谐社会伦理秩序研究》,中国社会科学出版社 2011 年版。

121. 项久雨:《思想政治教育价值论》,中国社会科学出版社 2003 年版。

122. 万美容:《思想政治教育方法发展研究》,中国社会科学出版社 2007 年版。

123. 梁丽萍:《中国人的宗教心理》,社会科学文献出版社 2004 年版。

124. 徐讯:《民族主义》(修订版),中国社会科学出版社 2005 年版。

125. 林尚立:《当代中国政治形态研究》,天津人民出版社 2000 年版。

126. 石永义等:《现代政治学原理》,中国人民大学出版社 2000 年版。

127. 施培公:《后发优势——模仿创新的理论与实证研究》,清华大学出版社 1999 年版。

128. 胡鞍钢等:《知识与发展:21 世纪的新追赶战略》,北京大学出版社 2001 年版。

129. 叶自成:《新中国外交思想:从毛泽东到邓小平》,北京大学出版社 2001 年版。

130. 李红杰、余万里主编:《改革开放三十年的中国外交》,当代世界出版社 2008 年版。

131. 何传启主编:《中国现代化报告概要(2001—2010)》,北京大学出版社 2010 年版。

132. 何传启主编:《如何成为一个现代化国家:中国现代化报告概要(2001—2016)》,北京大学出版社 2017 年版。

133. 何传启主编:《中国现代化报告 2011——现代化科学概论》,北京大学出版社 2011 年版。

134. 何传启主编:《中国现代化报告 2019——生活质量现代化研究》,北京大学出版社 2019 年版。

135. 季正聚、孙来斌主编:《马克思主义经典作家关于经济文化落后国家社会发展道路的基本观点研究》,人民出版社 2017 年版。

136. 孙来斌主编:《科学发展观视野下的当代中国经济追赶战略》,中国社会科学出版社 2012 年版。

137. 孙来斌主编:《中国梦之中国复兴》,武汉大学出版社 2015 年版。

138. 宋俭主编:《中国梦之中国道路》,武汉大学出版社 2015 年版。

139. 佘双好主编:《中国梦之中国精神》,武汉大学出版社 2015 年版。

140. 丁俊萍主编:《中国梦之中国力量》,武汉大学出版社 2015 年版。

141. 魏波:《中国复兴的哲学探讨》,中国社会科学出版社 2018 年版。

142. [美]托马斯·弗里德曼:《世界又热又平又挤》,王玮沁等译,湖南科学技术出版社 2009 年版。

143. [美]杰里米·里夫金:《欧洲梦》,杨治宜译,重庆出版社 2006 年版。

144. [美]巴拉克·奥巴马:《无畏的希望:重申美国梦》,罗选民等译,法律出版社 2008 年版。

145. [印度]阿噶瓦拉:《中国的崛起:威胁还是机遇?》,陶治国等译,山西经济出版社 2004 年版。

146. [美]艾伦:《中国梦:全球最大的中产阶级的崛起及其影响》,孙雪等译,文汇出版社 2011 年版。

147. [美]亚历山大·温特:《国际政治的社会理论》,秦亚青译,上海世纪出版集团 2000 年版。

148. [美]孟德卫:《1500—1800:中西方的伟大相遇》,江文君等译,新星出版社 2007 年版。

149. [美]戴维·伊斯顿:《政治生活的系统分析》,王浦劬等译,华夏出版社 1999 年版。

150. [美]约翰·罗尔斯:《正义论》,何怀宏等译,中国社会科学出版社 1988 年版。

151. [美]明恩溥:《中国人的素质》,秦悦译,学林出版社 2001 年版。

152. [英]珍妮·克莱格:《中国的全球战略:走向一个多极世界》,葛雪蕾、洪漫、李莎译,新华出版社 2010 年版。

153. [古希腊]柏拉图:《理想国》,郭斌河、张竹明译,商务印书馆 1986 年版。

154. [德]黑格尔:《历史哲学》,王造时译,商务印书馆 1963 年版。

155. [法]卢梭:《社会契约论》,何兆武译,商务印书馆 2006 年版。

156. [英]亚当·斯密:《国民财富的性质和原因的研究》,郭大力、王亚南译,商务印书馆 1974 年版。

157. [英]大卫·李嘉图:《政治经济学及赋税原理》,郭大力、王亚南译,商务印书馆 1962 年版。

158. [意]尼科洛·马基雅维里:《君主论》,潘汉典译,商务印书馆 2005 年版。

159. [英]霍华德等:《马克思主义经济学史(1929—1990)》,顾海良、张新等译,中央编译出版社 2003 年版。

160. [苏]波克罗夫斯基:《俄国历史概要》,贝璋衡等译,三联书店 1978 年版。

161. [英]约翰·阿特金森·霍布森:《帝国主义》,卢刚译,商务印书馆 2017 年版。

162. [德]鲁道夫·希法亭:《金融资本——资本主义最新发展的研究》,福民等译,王辅民校,商务印书馆 1994 年版。

163. [意]梅洛蒂:《马克思与第三世界》,高铦译,商务印书馆 1981 年版。

164. [美]莫里斯·梅斯纳:《毛泽东的中国及其发展》,张瑛等译,社会科学文献出版社 1992 年版。

165.［美］伊曼纽尔·沃勒斯坦:《沃勒斯坦精粹》,黄光耀等译,南京大学出版社 2003年版。

166.［美］迈克尔·P.托达罗:《经济发展与第三世界》,印金强等译,中国经济出版社1992 年版。

167.［波］W.布鲁斯、K.拉斯基:《从马克思到市场:社会主义对经济体制的求索》,银温泉译,吴敬琏校,上海三联书店、上海人民出版社 1998 年版。

168.［美］杰拉尔德·迈耶等编:《发展经济学的先驱》,谭崇台等译,经济科学出版社1988 年版。

169.［美］查尔斯·K.威尔伯主编:《发达与不发达问题的政治经济学》,高铦等译,中国社会科学出版社 1984 年版。

170.［德］安德烈·冈德·弗兰克:《依附性积累与不发达》,高铦、高戈译,译林出版社1999 年版。

171.［美］C.P.欧曼、G.韦格纳拉加:《战后发展理论》,吴正章等译,中国发展出版社2000 年版。

172.［美］彼德·M.布劳:《社会生活中的交换与权力》,李国武译,商务印书馆 2008年版。

173.［美］莱斯利·里普森:《政治学的重大问题——政治学导论》,刘晓等译,华夏出版社 2001 年版。

174.[巴西]特奥托尼奥·多斯桑托斯:《帝国主义与依附》,杨衍永等译,社会科学文献出版社 1999 年版。

175.［美］赫伯特·马尔库塞:《单向度的人》,刘继中译,上海译文出版社 2006 年版。

176.［德］尤尔根·哈贝马斯:《重建历史唯物主义》,郭官义译,社会科学文献出版社2000 年版。

177.［捷］奥塔·希克:《第三条道路——马克思列宁主义理论与现代工业社会》,张斌译,人民出版社 1982 年版。

178.［美］弗朗西斯科·洛佩斯·塞格雷拉主编:《全球化与世界体系》,白凤森等译,社会科学文献出版社 2003 年版。

179.［美］舒尔茨:《改造传统农业》,梁小民译,商务印书馆 1987 年版。

180.［美］舒尔茨:《论人力资本投资》,吴珠华译,北京经济学院出版社 1990 年版。

181.［法］弗朗索瓦·佩鲁:《新发展观》,张宁、丰子义译,华夏出版社 1987 年版。

182.［美］赫希曼:《经济发展战略》,曹征海等译,经济科学出版社 1991 年版。

183.［美］罗伯特·海尔布罗纳:《现代化理论研究》,俞新天等译,华夏出版社 1989年版。

184.［美］塞缪尔·亨廷顿等:《现代化:理论与历史经验的再探讨》,罗荣渠主编,上海译文出版社 1993 年版。

185.［美］钱纳里等:《工业化和经济增长的比较研究》,吴奇等译,上海三联书店 1995年版。

186. [美]道格拉斯·C.诺思:《经济史中的结构与变迁》,陈郁等译,上海三联书店1994年版。

187. [美]雷迅马:《作为意识形态的现代化:社会科学与美国对第三世界政策》,牛可译,中央编译出版社2003年版。

188. [美]英格尔斯:《从传统人到现代人——六个发展中国家中的个人变化》,顾昕译,中国人民大学出版社1992年版。

189. [美]本尼迪克特:《文化模式》,王玮等译,三联书店1988年版。

190. [英]马林诺夫斯基:《文化论》,费孝通译,华夏出版社2002年版。

191. [英]安东尼·史密斯:《民族主义:理论、意识形态、历史》,叶江译,上海人民出版社2006年版。

192. [美]罗伯森·罗兰:《全球化:社会理论和全球文化》,梁光严译,上海人民出版社2000年版。

193. [英]戴维·赫尔德等:《全球大变革:全球化时代的政治、经济与文化》,杨雪冬等译,社会科学文献出版社2001年版。

194. [瑞士]索绪尔:《普通语言学教程》,高名凯译,商务印书馆1980年版。

195. [美]克利福德·格尔茨:《文化的解释》,韩莉译,译林出版社1999年版。

196. [美]里斯本小组:《竞争的极限:经济全球化与人类的未来》,张世鹏译,中央编译出版社2000年版。

197. 世界银行:《2020年的中国——新世纪的发展挑战》,中国财政经济出版社1997年版。

198. 世界银行:《2000/2001年世界发展报告:与贫困作斗争》,中国财政经济出版社2001年版。

199. 世界环境与发展委员会:《我们共同的未来》,王之佳等译,吉林人民出版社1997年版。

200. [苏]戈尔巴乔夫:《改革与新思维》,苏群译,新华出版社1987年版。

201. [苏]罗·亚·麦德维杰夫:《让历史来审判》,赵洵、林英译,人民出版社1981年版。

202. [日]富永健一:《社会结构与社会变迁——现代化理论》,董兴华译,云南人民出版社1988年版。

203. [日]中村哲:《近代东亚经济的发展和世界市场》,吕永和等译,商务印书馆1994年版。

204. [韩]宋丙洛:《韩国经济的崛起》,张胜纪、吴壮译,商务印书馆1994年版。

205. [英]安东尼·吉登斯:《现代性与自我认同》,赵旭东等译,三联书店1998年版。

206. [英]狄帕克·拉尔:《发展经济学的贫困》,刘沪生译,贝多广校,上海三联书店1992年版。

207. [英]A.P.瑟尔沃:《增长与发展》(第六版),郭熙保译,中国财政经济出版社2001年版。

208. [美]德布拉吉·瑞:《发展经济学》,陶然等译,北京大学出版社 2002 年版。

209. [美]吉利斯、波金斯等:《发展经济学》(第四版),黄卫平总译校,彭刚等译,中国人民大学出版社 1998 年版。

210. [美]约瑟夫·E.斯蒂格里茨:《社会主义向何处去——经济体制转型的理论与证据》,周立群等译,吉林人民出版社 1998 年版。

211. [美]基思·格里芬:《可供选择的经济发展战略》,倪吉祥等译,经济科学出版社 1992 年版。

212. [美]戴维·哈维:《新帝国主义》,付克新译,吴默闻校,中国人民大学出版社 2019 年版。

213. Teodor Shanin [ed.], *Late Marx and the Russian Road*: *Marx and ' the peripheries of capitalism'*, New York: Monthly Review Press, 1983.

214. Klaus Nürnberger, *Beyond Marx and Market*: *Outcomes of a Century of Economic Experimentation*, New York: Zed Books Ltd, 1998.

215. John E. Roemer, *A Future for Socialism*, Cambridge, Mass: Harvard University, 1994.

216. David Schweickart, James Lawler, Hillel Ticktin & Bertell Ollman, *Market Socialism*: *The Debate Among Socialists*, New York: Routledge, 1998.

217. Dean LeBaron, *Mao, Marx & The Market*: *Capitalist Adventures in Russia and China*, New York: John Wiley & Sons, Inc., 2002.

218. B. N. Ghosh, *Political Economic of Development and Underdevelopment*, New York: International Academic Press, 1996.

219. Robert Pollin [ed.], *Capitalism, Socialism, and Radical Political Economy*, Northampton: Edward Elgar Publishing, Inc., 2000.

220. James A. Yunker, *On the Political Economy of Market Socialism*, Burlington: Ashgate Publishing Ltd., 2001.

221. John Gooding, *Socialismin Russia*: *Lenin and his Legacy*, 1890—1991, New York: Palgrave, 2002.

222. Stanley Moore, *Marx versus Market*, University Park, Pennsylvania: The Pennsylvania State University Press, 1993.

223. Richard D. Wolff, Stephen A. Resnick, *Contending Economic Theories*: *Neoclassical, Keynesian, and Marxian*, Cambridge: The MIT Press, 2012.

后　记

　　发展问题,是长期困扰人类的历史难题,也是当今世界普遍关心的时代课题。就个人研究而言,我自 20 世纪 90 年代中期开始投身马克思主义理论研究领域,一直将经济文化落后国家社会发展道路问题作为自己关注和研究的两个重点之一(另一个重点是马克思主义理论教育思想史,特别是马克思主义"灌输论"研究)。从石云霞教授指导硕士学位论文选题"'跨越论'分析"开始,到颜鹏飞教授指导博士后研究项目"跨越论与落后国家经济发展道路",再到 2004 年中央马克思主义理论研究与建设工程启动时参加"经典作家关于经济文化落后国家社会发展道路的基本观点研究"重大课题,又到 2013 年主持国家社科基金重大项目"实现中华民族伟大复兴中国梦的基本问题研究",都是围绕经济文化落后国家社会发展道路这一主题。应该说,在各位专家的指导、帮助之下,个人的研究取得了一些成绩,先后出版《"跨越论"与落后国家经济发展道路》(武汉大学出版社 2006 年版)、《科学发展观视野下的当代中国经济追赶战略》(中国社会科学出版社 2012 年版)、《中国梦之中国复兴》(武汉大学出版社 2015 年版)、《马克思主义经典作家关于经济文化落后国家社会发展道路的基本观点研究》(人民出版社 2017 年版)等著作,先后在《马克思主义研究》《政治学研究》《当代世界与社会主义》《求是》《人民日报》《光明日报》《经济日报》等重要报刊上发表近百篇相关研究论文,并获得全国高等学校科学研究(人文社科)优秀成果奖、湖北省社会科学研究优秀成果奖、北京市哲学社会科学研究优秀成果奖等政府学术奖励。

　　发展问题研究对于中国的学者而言具有特殊的意义。从一定意义上讲,一部世界经济史,也是一部世界各国相互追赶、一些国家交替领先的历史。在世界历史舞台上,几乎每个国家和民族都有其值得骄傲的高光时刻、精彩篇章。作为东方文明古国,中国曾经创造了辉煌灿烂的文明,并在世界历史上长期领跑。但近代以后被西方超越,并自鸦片战争开始逐渐陷入落后挨打的局面。实现中华民族伟大复兴,是数代中国人的夙愿。对于这一夙愿,先后有过不同的概括和表达,诸如奋斗目标、民族理想等。相比其他提法而言,中国梦的提法富于想象力、更具亲和力。它既准确表达了奋斗目标、民族理想的含义,又因"梦"给人以遐想,不仅表现在它为每个中华儿女留下了自己的想象空间,而且表现在寻梦、追梦、圆梦的"梦系列"高度契合了中华民族的昨天、今天和明天,形象地反映了实现中华民族伟大复兴的艰难历程、动态过程。此外,中国梦因与其他国家人民的梦想相通而便于国际交流,是中国故事国际表达的典范。总体来看,中国梦的提法具有大众性,便于传播,易于接受。话语是时代的记录,话语的创新为人们追寻时代的发展轨迹提供了敏感信息。中国梦以及与之相关的中国道路、中国精神、中国力量、中国故事、中国声音等话语的高频使用和广泛传播,表明当代中国社会政治生活中形成了新的话语群。这一话语群的形成,实现了学术话语与政治话语、民间话语与官方话语、中国话语与外国话语之间的有效对接,具有重要的象征意义,不仅体现了以党中央领导集体亲民务实、善于沟通的新形象,而且成为中华民族在精神文化上"站起来""富起来"的文化标识。作为中国的学者,从理论上关注这一重大选题,无疑会带着特殊的感情、体会到特别的责任、需要特别的投入。

正是凭借这种特殊的责任感、使命感,一批中青年学者在2013年走到一起,组成了国家社科基金重大项目"实现中华民族伟大复兴中国梦的基本问题研究"课题组。大家通力协作、努力攻关,顺利地完成了课题研究任务。本书是在结项报告的基础上修改、加工而来,是课题组集体智慧的结晶。课题组根据中国梦理念提出时间不长、基础研究有待加强的实际,力求搞清基本理论和基本实践问题,围绕实现中华民族伟大复兴中国梦基本问题展开研究,并选择以基本内涵、重大价值、实现路径、大众认同、世界意义、评价体系为子课题,着重开展研究。这些问题,既相对独立,又联成整体,构成了当前关于中国梦研究需要高度重视、亟待厘清的重大基本问题。根据研究的需要,课题组强化了资料收集和数据采集。有关情况大致表现如下:(1)关于研究资料的收集。课题组收集了国内外研究著作320多种,论文2100多篇。(2)关于有关数据的取得。跟踪联合国教科文组织、世界银行、国家统计局近5年最新资料,长期使用中国知网、万方、维普、CALIS联合目录等数据库。(3)关于中国梦的大众认同调查。接受本次调研对象分布在北京、天津、河北、安徽、湖北、江西、浙江、辽宁、山东、四川、重庆、甘肃等12个省市,囊括了华北地区、东北地区、东南地区、中部地区、西南地区和西北地区,调研范围辐射全国各地区,调研范围分布全面合理,共发放问卷2869份,获得有效问卷2743份。在占有这些材料的基础上,课题研究取得了较为丰富的阶段性成果,其中含有研究报告7份、论文71篇、专著3部、译著1部。内容紧紧围绕课题研究任务,成果社会反响良好,《中国社会科学文摘》全文转载5篇,人大报刊复印资料全文转载7篇,《光明日报》《求是》《红旗文摘》等报刊转载30余篇,研究观点多次被新华社、人民日报、光明日报等新闻报道引用,研究成果先后被国家社科基金《成果要报》《人民日报(内参)》《中央马克思主义理论研究和建设工程参考资料》《高校思想政治理论课参考资料》《智库成果要报》采用。

本书各部分作者如下:

导　论:孙来斌、刘传春、李玉姣

第一章:刘近、孙来斌

第二章:孙来斌、张驰、高越风

第三章:杨军

第四章:阮建平、林一斋

第五章:张乾元、孙来斌、张珹

第六章:梅萍、董朝霞、魏伟

结语、参考文献、后记:孙来斌

作为课题首席专家,孙来斌负责整个研究思路和写作大纲的设计,以及书稿的统稿工作。

参加课题研究的团队成员,分别来自北京大学、武汉大学、华中科技大学、华中师范大学、湖南大学、中国地质大学、四川师范大学、武汉科技大学等高校相关专业。部分成员的名字出现在最终成果的名单上，一些专家的贡献体现在阶段性成果的署名上，还有的则是默默当了幕后英雄。正是得益于各位成员的通力协作、各界友人的大力支持，本课题研究产生了良好的社会反响，并得以顺利申请免鉴定结项。在这里，我要向长期支持、关心和帮助课题研究的各界人士，特别是武汉大学的各位师友，表示衷心的感谢。

要特别感谢季正聚研究员对课题研究的指导和支持。他带领的研究团队参与了课题的论证及阶段性研究工作，由于工作变动的缘故而未能参加结项成果的写作。

要特别感谢张雷声教授、颜鹏飞教授、石云霞教授、骆郁廷教授、喻立平研究员、宋俭教授，课题研究因为得到各位在课题开题时的宝贵指导而得以顺利完成。

要特别感谢参与课题调研、资料准备的各位成员，包括平凡、高鑫、王晓南等诸位博士。

本书得以顺利出版，要感谢人民出版社的关心和指导，特别是崔继新编审的热情帮助和大力支持。

本书关涉的选题意义重大、内容涵盖面广，需要我们不断深入研究。由于课题组水平所限，特别是本人学识所限，本书难免存在错谬之处，敬请各位读者批评指正。

孙来斌

2020 年 12 月于北大燕园

责任编辑:崔继新

编辑助理:李　航

封面设计:周方亚

版式设计:东昌文化

责任校对:白　玥

图书在版编目(CIP)数据

实现中华民族伟大复兴中国梦的基本问题研究/孙来斌 等 著. —北京:
　人民出版社,2021.6
ISBN 978－7－01－023316－1

Ⅰ.①实…　Ⅱ.①孙…　Ⅲ.①中国特色社会主义-社会主义建设模式-研究
　Ⅳ.①D616

中国版本图书馆 CIP 数据核字(2021)第 061278 号

实现中华民族伟大复兴中国梦的基本问题研究

SHIXIAN ZHONGHUA MINZU WEIDA FUXING ZHONGGUOMENG DE JIBEN WENTI YANJIU

孙来斌 等　著

人 民 出 版 社 出版发行

(100706　北京市东城区隆福寺街 99 号)

北京新华印刷有限公司印刷　新华书店经销

2021 年 6 月第 1 版　2021 年 6 月北京第 1 次印刷
开本:710 毫米×1000 毫米 1/16　印张:39.25
字数:577 千字

ISBN 978－7－01－023316－1　定价:138.00 元

邮购地址 100706　北京市东城区隆福寺街 99 号
人民东方图书销售中心　电话 (010)65250042　65289539